HO
78/79

Internationaler Modell-Eisenbahn-Katalog
International Model Railways Guide
Guide international des chemins de fer de modèle réduit

B. STEIN

Symposion-Verlag

ISBN 3-920877-16-0
Copyright © 1978 by Symposion-Verlag, D-7300 Esslingen
Foto und Text: Bernhard Stein, Wolfgang Stein, Reilingen
Lithographie: Standard Color, Echterdingen
Satz: studiodruck, NT-Raidwangen
Druck: Industriedruckerei Wörner, Gerlingen
Printed in West Germany.
Alle Rechte, auch die der auszugsweisen Wiedergabe,
nur mit ausdrücklicher Genehmigung des Verlags.
All publishing and distribution rights for North America
by Gunther Blessing

Inhaltsverzeichnis
Index
Table des matières

Vorwort des Autors

Allen, die etwas anderes vermuten, sei vorweg verraten: Dieses Buch wurde nicht aus Fonds der Industrie finanziert! Keiner der im redaktionellen Teil vertretenen Hersteller von Modelleisenbahnfahrzeugen hat auch nur einen einzigen Pfennig für die Aufnahme seiner Erzeugnisse bezahlt. Aber die meisten Firmen waren von meiner Idee begeistert, ein Buch zu machen, in dem alle Modelleisenbahnfahrzeuge der Baugröße HO aufgeführt sind, die der Weltmarkt zu bieten hat. Und sie haben mich entsprechend unterstützt. Es gab aber auch Skeptiker genug, die bezweifelten, daß es mir je gelingen würde, alle diese Modelle vor die Kamera zu bekommen. Ihnen zum Trotz liegt die erste Ausgabe jetzt auf dem Tisch.

Fast alle Hersteller der bekannten Marken haben mir bereitwillig ihre Erzeugnisse als Fotomuster zur Verfügung gestellt. Nur in ganz wenigen Fällen mußte ich mir die Modelle mit Unterstützung durch den Verlag über den Fachhandel beschaffen. Fazit: Mit wenigen, sicher zu verschmerzenden Ausnahmen konnte ich das ganze Weltprogramm an HO-Serienfahrzeugen zusammentragen und darüberhinaus einen repräsentativen Querschnitt an Kleinserien-Modellen und Modelleisenbahnfahrzeug-Bausätzen. Insgesamt sind es mehr als 4000 Modelle.

Die zweite Frage der Skeptiker war: „Wird ein solches Buch denn auch gekauft werden? Jeder der großen Hersteller bringt doch alljährlich seinen eigenen Katalog." Auch diese Tatsache stand meinen Überlegungen nicht entgegen. Denn nur die „ganz Großen" können sich Kataloge in so hohen Auflagen leisten, daß grundsätzlich jeder Interessent mit einem Exemplar bedient werden kann. Aber wie viele mittelgroße und kleine Hersteller mit durchaus attraktiven und ernst zu nehmenden Modellen gibt es, die, wenn überhaupt, nur über kleine Prospektauflagen verfügen, mit mitunter mehr als dürftigen, einfarbigen Abbildungen? In vielen Fällen reichen die wenigen Exemplare kaum hin, den Eigenbedarf des Handels zu decken und verschwinden dort unter dem Ladentisch. Außerdem – und dies gilt auch für die meisten Kataloge der Großen – entsprechen die Abbildungen nicht exakt den Originalmodellen, da als Druckunterlagen üblicherweise immer noch Fotoretuschen verwendet werden.

Bei den Abbildungen in diesem Buch handelt es sich hingegen ausschließlich um Reproduktionen nach unretuschierten Farbdiapositiven, die mit einer Spezialkamera auf Profi-Filmmaterial hergestellt wurden. Alle Modelle wurden unter gleichen Beleuchtungsverhältnissen fotografiert und die meisten, soweit dies möglich war, auch im gleichen Aufnahmewinkel. Durch diese Darstellungsart wird eine objektive Beurteilung der einzelnen Modelle in den Abbildungen erst möglich. Insofern können also die Herstellerkataloge zu diesem Buch und umgekehrt nicht als Konkurrenten angesehen werden. Dies ergibt sich letztlich auch aus den unterschiedlichen Zielsetzungen. Die Herstellerkataloge werden als Verkaufshilfen nach absatzfördernden Gesichtspunkten produziert. Dieses vorliegende Buch hingegen dient der unabhängigen Marktinformation.

Diese erste Ausgabe erscheint dreisprachig. Um hierbei Raum zu sparen, habe ich für die stets wiederkehrenden technischen Angaben unter den Abbildungen Symbole gewählt, die man sich leicht merken kann.

Die Gliederung wurde in alphabetischer Reihenfolge nach Herstellern vorgenommen, geordnet nach Triebfahrzeugen, Güterwagen und Reisezugwagen. Ferner finden sich Informationen über die betreffenden Hersteller selbst, deren Lieferprogramme, Systeme, Spezialitäten und Handelsniederlassungen. Modelleisenbahnzubehör wurde hingegen nur in dem Umfang aufgenommen, wie die einzelnen Hersteller daran interessiert waren, mit einigen Erzeugnissen ihres Lieferprogrammes und einer Kurzinformation über ihr Unternehmen hier vertreten zu sein.

So wird dieses wohl einmalige Standardwerk sicherlich schnell seine Freunde finden, sei es als Nachschlagewerk beim internationalen Fachhandel oder als Sammelband bei den Modelleisenbahnliebhabern in aller Welt.

Den Firmen und Fachleuten, die mich bei dieser nicht leichten Aufgabe unterstützt haben, gilt mein besonderer Dank.

Author's Preface

The secret be at first given away to all who suspect something else: This book was not financed by funds of the industry. No one of the model railway manufacturers entered in the editorial section did pay a cent for the representation of his products. But most firms were fond of my idea of making a book to specify in all the HO scale model railway vehicles available in the world market. And they supported me in an appropriate manner. There were, however, a lot of sceptics questioning if I would ever succeed in getting all these models before my camera. Defying them, the first edition lies on the table now.

Nearly all manufacturers of the known makes placed their models at my disposal for photographing. In few cases the models had to be procured from the specialized trade with the publishers' support. Result: With few exceptions, which can be certainly got over, I could collect the whole world programme of HO scale series vehicles and, moreover, give a representing survey of limited series models and model railway kits. Altogether there are more than 4000 models.

The sceptics' second question was, "Will such a book even be bought since each of the great manufacturers will issue his own catalogue every year?" This fact didn't either oppose my consideration. For only quite the "great" ones can afford catalogues in so high a circulation to serve every interested party with a copy. But how many medium and small manufacturers have attractive and respectable models and dispose at best of small folder circulations with often very poor unicoloured illustrations? In many cases, the few copies hardly suffice to cover the requirements of the trade and disappear underneath the counter. Moreover – and that is right also for the catalogues of the great ones – the pictures don't show exactly the original models, because retouched photos are still in use as printing patterns.

On the contrary, the pictures in this book are all reproductions from unretouched colour slides taken with a special camera on professional films. All models were photographed under the same lighting conditions and most of them, if it was possible, in the same angle position. It is possible but by this kind of representation to give an objective opinion on the shown models. So far the manufacturers' catalogues cannot be regarded as business rivals to this book and vice versa. This finally also results from the different objects in view. The manufacturers' catalogues are made as selling aids in sales promotion aspects. This book on the other hand helps to the independent market information.

This first edition comes out in three languages. To spare space with this, I took some symbols for the recurrent specifications of the illustrations. They are easy to remember.

The arrangement is made after manufacturers in alphabetical order and then listed as engines, goods wagons, and passenger cars. Further there are informations about the producers themselves, the programmes, systems, specialities, and representations. Model railway accessories, however, were only included in the range the concerned manufacturers were interested to be represented with some of their products and brief informations about the enterprise.

So, this probably unique standard work should meet its friends, both as a reference book with the international specialized trade and as a compilation for model railway collectors and amateurs throughout the world.

I have to return my special thanks to the firms and experts who supported me with this difficult task.

Préface de l'auteur

Tout d'abord je décèle à tous ceux qui pourraient supposer autre chose: Ce n'est pas l'industrie qui a fourni les fonds nécessaires pour ce livre! Aucun des fabricants de véhicules de chemin de fer modèle réduit représentés dans la partie rédactionnelle n'a payé un seul centime pour la présentation de ses produits. Mais la plupart des firmes étaient enthousiastes de l'idée de faire un livre contenant tous les véhicules de chemin de fer modèle réduit d'échelle HO du marché mondial. Et ils m'ont assisté dans ce sens. Mais il y avait aussi pas mal de sceptiques qui se demandaient si j'arriverais jamais à réunir tous les modèles devant la caméra. En dépit de tous ces doutes voilà la première édition.

Presque tous les fabricants de marques connues nous ont mis à disposition leurs modèles pour en prendre des photos. Dans les cas très rares où cela n'a pas été possible, les modèles on été procurés pour la plupart à l'aide de l'éditeur par les commerçants spécialisés. Résultat: A l'exception d'un très petit nombre de modèles je suis parvenu à représenter le programme mondial complet en véhicules de série HO et à donner une vue représentative de l'ensemble de modèles de petites séries ainsi que de véhicules de chemin de fer modèle réduit en boîtes de construction. La représentation comprend plus de 4000 modèles au total.

La deuxième question des sceptiques était: «Est-ce qu'un tel livre sera aussi acheté, étant donné que chaque fabricant distribue annuellement un catalogue de ses produits?»

Mais ce fait n'était pas non plus au contraire de mes réflexions. Car ce sont seulement «les grands» qui peuvent se payer des catalogues d'un tirage aussi important qu'un exemplaire peut être fourni à tout intéressé. Mais combien y-a-t-il de fabricants plus ou moins importants qui, avec leurs modèles bien attractifs et sérieux, sont seulement en mésure de distribuer de petits dépliants, parfois avec des représentations très simples et unicolores. Souvent il n'y a même pas assez d'exemplaires pour satisfaire le besoin du commerce, où ils disparaissent sous le comtoir. En plus, et c'est le cas pour la plupart des catalogues des grands – les images ne correspondent pas exactement aux modèles originaux, parce qu'on utilise en général pour l'impression des photos rétouchées.

Les photos représentées dans ce livre sont uniquement des reproductions d'après des diapositives en couleur non rétouchées, prises avec une caméra spéciale sur matériel de film professionnel. Tous les modèles ont été photographiés sous les mêmes conditions d'éclairage et pour la plupart, autant que possible, partant du même angle optique. C'est cette manière de représentation qui perment de juger objectivement des différents modèles. Par tous ces motifs les catalogues des fabricants et ce livre ne font pas concurrence l'un à l'autre. Cela résulte aussi des intentions différentes. Les catalogues des fabricants sont produits du point de vue d'activer le débit et pour faciliter la vente. Le présent livre, par contre, sert d'information de marché indépendante.

La première édition paraîtra en trois langues. Afin d'épargner de place j'ai remplacé les désignations techniques se répétant sous les photos par des symboles faciles à retenir.

La présentation des firmes se fait par ordre alphabétique; les modèles sont présentés par ordre chronologique: engins de traction, voitures à voyageurs et wagons à marchandises. En plus, on trouve dans ce livre des informations concernant les fabricants-mêmes, leur programme de livraison, systèmes, spécialités et comptoirs. En ce qui concerne les accessoires pour chemin de fer modèle réduit, ils ont seulement été repris dans le livre selon le désir des fabricants d'être représenter avec quelques produits de leur programme et une brève information concernant leur entreprise.

Ainsi, cet oeuvre standard unique trouvera, j'en suis sûr, bien vite des amis, soit comme aide-mémoire pour le commerce spécialisé international, soit comme recueil pour les amateurs de chemin de fer modèle réduit du monde entier.

Je remercie bien vivement les firmes et experts de leur assistance dans la réalisation de ce projet pas toujours facile.

Zeichen und Symbole
Signs and symbols
Signes et symboles

Um die wichtigsten Informationen zu jedem Modell auf einen Blick zu vermitteln, ist ein Teil der immer wiederkehrenden Angaben in den nachfolgenden Zeichen und Symbolen formuliert. Sie bilden die letzte(n) Zeile(n) der Beschreibung bei den Abbildungen der Modelle. Die letzte Position ist die Bestellnummer des Herstellers.

To give the most important informations to every model at a glance, part of the recurrent specifications is formulated by the following signs and symbols. They make the last line(s) of the description belonging to the picture of the model concerned. The rightmost item is the manufacturer's order number.

Pour donner les informations les plus importantes de chaque modèle d'un seul coup, une partie des spécifications citées à plusieurs reprises est formulée par les signes et symboles expliqués au-dessous. Ils constituent la dernière ligne (les dernières lignes) de la description des modèles représentés sur les photos. La position à droite est le numéro de commande du fabricant.

Symbol	Bedeutung	Meaning	Signification
II	Zweileiter-System, Schienen isoliert	Two-conductor system, rails insulated	Système à deux conducteurs, rails isolés
III	Dreileiter-System Schienen und Mittelleiter isoliert	Three-conductor system, rails and center-conductor insulated	Système à trois conducteurs, rails et conducteur central isolés
I:I	Mittelleiter-Punktkontakt-System, Schienen nicht isoliert	Center-conductor stud-contact system, rails not insulated	Système à conducteur et plots de contact, rails non isolés
=	Motor oder elektrische Einrichtungen arbeiten mit Gleichstrom	Motor or electric equipment are operated by direct current	Moteur ou installations électriques vont par courant continu
≈	Motor oder elektrische Einrichtungen arbeiten mit Wechselstrom	Motor or electric equipment are operated by alternating current	Moteur ou installations électriques vont par courant alternatif
⨝	Ferngesteuerte Entkupplungseinrichtung im Fahrzeug	Remote controlled uncoupler in the vehicle	Dételeur télécommandé dans le véhicule
P	Aufbau vorwiegend aus Kunststoff	Major body portion of plastic	Boîte pour la plupart en matière plastique
Z	Aufbau vorwiegend aus Druckguß (Zink o. ä.)	Major body portion of die-cast (zinc or the like)	Boîte pour la plupart en zamac (zinc ou autres)
M	Aufbau vorwiegend aus Messing	Major body portion of brass	Boîte pour la plupart en laiton
F	Aufbau vorwiegend aus Stahlblech	Major body portion of sheet-steel	Boîte pour la plupart en tôle d'acier
A	Aufbau vorwiegend aus Aluminium	Major body portion of aluminium	Boîte pour la plupart en aluminium
H	Aufbau vorwiegend aus Holz	Major body portion of wood	Boîte pour la plupart en bois
⊠	Inneneinrichtung	Interior fittings	Aménagements intérieurs
☀	Eingebaute Innen-, Front- oder Schlußbeleuchtung	Operating interior lighting, head or tail lights	Éclairage intérieur, feux avants ou arrières installés
(☀)	Passende Beleuchtung vorgesehen	Suitable lighting provided	Éclairage convenable prévu
A	1. Klasse-Wagen	1st class coach	Voiture 1ère classe
B	2. Klasse-Wagen	2nd class coach	Voiture 2ème classe
C	3. Klasse-Wagen	3rd class coach	Voiture 3ème classe
◂2▸	Anzahl der angetriebenen Achsen	Number of driven axles	Nombre d'essieux entraînes
◂222▸	Länge über Puffer bzw. Länge ohne Kupplungen in mm	Length over buffers resp. length without couplings in mm	Longueur hors tampons ou longueur sans attelages en mm
⬤K	Bausatz	Kit	Boîte d'assemblage
(⬤K)	Auch als Bausatz lieferbar	Also available as a kit	Livrable aussi à monter
*	Weitere Varianten (Farbe, Beschriftung usw.) lieferbar	Several more versions (colour, lettering etc.) available	Plusieurs versions (couleur, inscriptions etc.) livrables
1234	Bestellnummer des Herstellers	Manufacturer's order number	Numéro de commande du fabricant
[2345]	Bestellnummer einer Zugpackung, die das Modell enthält	Order number of a train set containing the model	Numéro de commande d'une garniture contenant le modèle

Bahngesellschaften
Railway companies
Sociétés de chemin de fer

AA	Ann Arbor Railroad	(USA)
ACL	Atlantic Coast Line	(USA)
A.L.	Alsace-Lorraine	(F)
Amtrak	Amtrak Passenger Service	(USA)
AT & SF	Atchison, Topeka & Santa Fe Railway (Santa Fe)	(USA)
B & A	Boston & Albany Railroad	(USA)
BAR	Bangor & Aroostook Railroad	(USA)
BDŽ	Bulgarski Derzani Železnici	(BG)
B & LE	Bessemer & Lake Erie Railroad	(USA)
BLS	Berner Alpenbahn-Gesellschaft Bern-Lötschberg-Simplon	(CH)
BM	Boston & Maine Railroad	(USA)
BN	Burlington Northern Inc.	(USA)
B & O	Baltimore & Ohio Railroad	(USA)
BR	British Railways Board	(GB)
BRT	British Railways Transport Commission	(GB)
BT	Bodensee-Toggenburg-Bahn	(CH)
CB & Q	Chicago, Burlington & Quincy Railroad (Burlington Route)	(USA)
CFF	Chemins de fer féderaux suisses (SBB/FFS)	(CH)
CFL	Société nationale des chemins de fer luxembourgeois	(L)
CFR	Calle Ferrate Romane	(R)
CGW	Chicago Great Western Railroad	(USA)
CIE	Coras lompair Eireann	(EIR)
CIL	Chicago Indianapolis Louisville Railroad (Monon Route)	(USA)
CIWL	Compagnie internationale des wagons-lits et des grands express européens (ISG)	
CIWLT	Compagnie internationale des wagons-lits et du tourisme	
CN	Canadian National Railways	(CDN)
CNJ	Central Railroad of New Jersey (Jersey Central Lines)	(USA)
CNW	Chicago & North Western Railway	(USA)
C & O	Chesapeake & Ohio Railway	(USA)
CP	Caminhos de Ferro Portugueses	(P)
CP	Canadian Pacific Railway (CP Rail)	(CDN)
CRR	Clinchfield Railroad	(USA)
ČSD	Československe státni dráhy	(ČS)
C & S	Colorado & Southern Railway Company	(USA)
DB	Deutsche Bundesbahn	(D)
D & H	Delaware & Hudson Railroad Corporation	(USA)
DL & W	Delaware, Lackawanna & Western Railroad (Lackawanna)	(USA)
DR	Deutsche Reichsbahn	(DDR)
ex DR	Deutsche Reichsbahn	(D)
D & RGW	Denver & Rio Grande Western Railroad (Rio Grande)	(USA)
DSB	Danske Statsbaner	(DK)
DSG	Deutsche Schlafwagen- und Speisewagen-Gesellschaft	(D)
DT & I	Detroit, Toledo & Irontown Railroad	(USA)
EBT	Emmental-Burgdorf-Thun-Bahn	(CH)
ERIE	Erie Railroad	(USA)
EST	Réseau de l'Est	(F)
ÉTAT	Chemins de fer d'État français	(F)
FFS	Ferrovie federale svizzere (SBB/CFF)	(CH)
FGEX	Fruit Growers Express Company	(USA)
FNM	Ferrovie Nord Milano	(I)
FS	Ferrovie dello Stato	(I)
GATX	General American Tank Line	(USA)
GB	Gotthard-Bahn	(CH)
GM & O	Gulf, Mobile & Ohio Railroad	(USA)
GN	Great Northern Railway	(USA)
GR	Grasse River Railroad	(USA)
GTW	Grand Trunk Western Railway System	(CDN)
GWR	Great Western Railway	(GB)
HWB	Hattwil-Wohusen-Bahn	(CH)
IC	Illinois Central Railroad Company	(USA)
IHB	Indiana Harbor Belt Railroad Company	(USA)
INTERFRIGO	Société ferroviaire internationale des transports frigorifiques	
ISG	Internationale Schlafwagen-Gesellschaft (CIWL)	
JNR	Japanese National Railways	(J)
JŽ	Jugoslovenske Železnice	(YU)
K.bay.Sts.B.	Königlich bayrische Staatsbahn	(D)
KPEV	Königlich Preußische Eisenbahn-Verwaltung	(D)
K.W.St.E.	Königlich Württembergische Staats-Eisenbahn	(D)

LMS	London, Midland & Scottish Railway	(GB)
L & N	Louisville & Nashville Railroad	(USA)
LNER	London & North Eastern Railroad	(GB)
LV	Lehigh Valley Railroad Company	(USA)
MÁV	Magyar Államvasutak Vezérigazgató-sága	(H)
MIDI	Réseau du Midi	(F)
MILW	Chicago, Milwaukee, St. Paul & Pacific (Milwaukee Road)	(USA)
MITROPA	Mitteleuropäische Schlafwagen und Speisewagen AG	(D/DDR)
MKT	Missouri-Kansas-Texas Railroad Company (Katy Railroad)	(USA)
MP	Missouri Pacific Railroad Company	(USA)
MZA	Madrid-Zaragoza-Alicante	(E)
NC	Nashville, Chattanooga & St. Louis (Dixie Line)	(USA)
NH	New York, New Haven & Hartford Railroad (New Haven)	(USA)
NKP	New York, Chicago & St. Louis Railroad (Nickel Plate Road)	(USA)
NMBS	Nationale Maatschappij der Belgische Spoorwegen (SNCB)	(B)
NOB	Nord-Ost-Bahn	(CH)
NORD	Réseau du Nord	(F)
NP	Northern Pacific Railway Company	(USA)
NS	N.V. Nederlandse Spoorwegen	(NL)
NSB	Norges Statsbanor	(N)
NSWGR	New South Wales Government Railway	(AUS)
N & W	Norfolk & Western Railway Company	(USA)
NYC	New York Central System (Railroad)	(USA)
ÖBB	Österreichische Bundesbahnen	(A)
ONT	Ontario Northland Railway	(CDN)
OUEST	Réseau de l'Ouest	(F)
PC	Penn Central Transport Company	(USA)
PKP	Polskie Koleje Państwowe	(PL)
PLM	Paris-Lyon-Méditerranée	(F)
PO	Paris-Orléans	(F)
PRR	Pennsylvania Railroad Company	(USA)
RDG	Reading Company	(USA)
REA	Railway Express Agency	(USA)
RENFE	Red Nacional de los Ferrocarriles Españoles	(E)
Rh.B.	Rhätische Bahn	(CH)
RI	Chicago, Rock Island & Pacific Railroad (Rock Island, The Rock)	(USA)
SAR	South Africa Railways and Harbours (SAS)	(ZA)
SBB	Schweizerische Bundesbahnen (CFF/FFS)	(CH)
SCL	Seaboard Coast Line	(USA)
SihlTB	Sihl-Tal-Bahn	(CH)
SJ	Statens Järnsväger	(S)
SKGLB	Salzkammergut-Lokalbahn	(A)
SLSF	St. Louis – San Francisco (Frisco)	(USA)
SNCB	Société nationale des chemins de fer belges (NMBS)	(B)
SNCF	Société nationale des chemins de fer français	(F)
SOO	Minneapolis, St. Paul & Sault Ste. Marie (SOO Line)	(USA)
SP	Southern Pacific Company	(USA)
SR	Southern Railway	(GB)
SR	Southern Railroad/Railway System	(USA)
StLB	Steiermärkische Landesbahnen	(A)
SWEG	Südwestdeutsche Eisenbahn-Gesellschaft	(D)
SŽD	Sovietskie Železnye Dorogi	(SU)
TEE	Trans Europ Express	
UIC	Union internationale des chemins de fer	
UP	Union Pacific Railroad Company	(USA)
VGN	Virginian Railway	(USA)
VR	Victorian Railway	(AUS)
VR	Valtion Rautatiet	(SF)
V & SAR	Victoria & South Australia Railways	(AUS)
V & T	Virginia & Truckee Railway	(USA)
VTG	Vereinigte Tanklager und Transport-mittel GmbH	(D)
WAB	Wabash Railroad	(USA)
WM	Western Maryland Railway Company	(USA)
WP	Western Pacific Railroad Company	(USA)

Vom Kinderspielzeug zum Objekt sinnvoller Freizeitgestaltung von Millionen

Die Geschichte der Modelleisenbahn ist so alt wie die des großen Vorbildes selbst. Kaum waren in England die ersten Schienen verlegt und die ersten Züge darüber gerollt, befaßten sich auch schon geschäftstüchtige Fabrikanten mit der Herstellung von Eisenbahnmodellen aus Holz und Feinblech. Die kleinen Züge von 1830 hatten zwar kaum Ähnlichkeit mit irgendwelchen Vorbildern, aber es waren sehr beliebte Kinderspielzeuge.

Die Pioniere vorbildgetreuer Modelle im heutigen Sinn waren Engländer, die gegen Ende des vorigen Jahrhunderts zahlreiche Clubs gründeten und sich mit dem maßstäblichen Nachbau von Eisenbahnfahrzeugen und dem Betrieb von Modellbahnanlagen beschäftigten. Mit Beginn dieses Jahrhunderts breitete sich das Interesse an vorbildorientierten Modelleisenbahnen weiter aus. Neben den bisherigen Lokomotiven mit Uhrwerk- und Dampfantrieb erschienen in Deutschland die ersten elektrisch betriebenen. Sie waren in einem ziemlich großen Maßstab gebaut (etwa 1:25) und benötigten unzuverlässige Naßbatterien. Die Märklin-Starkstrombahnen (110 V Gleichstrom) waren zwar auch als Kinderspielzeuge konzipiert, doch beim Betrieb mußten

die Väter dabeisein, und sie beschäftigten sich selbst damit.

Die Erzeugnisse der Firma Märklin setzten sich rasch durch und verhalfen dem Modelleisenbahngedanken in kurzer Zeit zur Weltgeltung. Andere Hersteller schossen danach wie Pilze aus dem Boden, in Deutschland, England und in den USA. Aber nur wenige konnten sich am Weltmarkt profilieren, denn der starke Wettbewerb zwang zu immer besseren Systemen und vorbildtreueren Modellen zu vernünftigen Preisen.

Dem Aufbau von großzügigen Modellbahnanlagen stand noch in vielen Fällen der Mangel an geeigneten Räumen entgegen. Erst Mitte der dreißiger Jahre, als kleinere, mit Schwachstrom betriebene Motoren zur Verfügung standen und die Spurweite 16,5 mm eingeführt wurde, fand die Modelleisenbahn weiteste Verbreitung unter nahezu allen Bevölkerungsschichten. Heute zählt das Spiel mit der Modellbahn zu den beliebtesten Freizeitbeschäftigungen und Hobbies von Millionen in aller Welt. Modelleisenbahner in allen Altersklassen und Berufsgruppen sind vom technischen Fahrbetrieb und den kreativen Gestaltungsmöglichkeiten beim Fahrzeug- und Anlagenbau begeistert. Darüberhinaus gibt es eine große Anzahl von Menschen, die mit Leidenschaft Modelle sammeln.

From the toy to the ingenious leisure shaping object for millions of people

The history of model railways began at the same time with that of the prototype. As soon as the first trains ran in England on recently laid rails, some smart manufacturers began to produce models of wood and tin-plate. The miniature trains of 1830, however, were hardly similar to any prototype, but they became very popular toys.

The pioneers of more authentic models in the sense of today were some clubs in England founded around the end of the past century. They engaged in building scale models and operating them on layouts. In the beginning of this century, the interest in model railways spread out. Besides the usual steam and clockwork driven model locomotives, the first electrically driven ones occured in Germany, they were built in a rather big scale (about 1:25) and needed unreliable wet batteries. The Märklin high-voltage trains (110 V DC) also were intended as toys for children, but fathers had to be with them when operated, and they played themselves, too.

The firm of Märklin and its products made the idea of model railways well-known all over the world in a short time. More and more manufacturers emerged in Germany, England, and the USA. But only few got renowned in the world market, because the hard competition forced them to make better working systems and more realistic models at reasonable prices.

Building large layouts still was opposed by the lack of suitable rooms. Only in the mid 'thirties when smaller low-voltage driven motors were available and the 16.5 mm model gauge was introduced, the model railway found favour with nearly all classes of society. Today, playing model railways is one of the most popular leisure shapings and hobbies of millions of people throughout the world. Modellers of any age and profession enjoy the adventure of operating trains and the possibilities of creativity in constructing layouts and vehicles. Moreover, there is a vaste number of people passionately collecting models.

More than 60 firms worldwide produce model railways and accessories in large series, employing over 50 000 people. In addition to that, there are about 300 more medium and small enterprises engaged in manufacturing special accessories and custom models. Altogether, about 40000 items are offered. The annual world turnover of this branch is estimated to be greater than 1000 million dollars.

Du jeu d'énfant au passe-temps raisonnable de millions

L'histoire du chemin de fer modèle réduit est aussi vieille que son grand original-même. Peu après la réalisation des premiers réseaux ferroviaires en Angleterre et la circulation des premiers trains à travers les rails, des fabricants s'entendants aux affaires s'occupaient de la construction de chemins de fer modèle réduit en bois et en tôle fine. Bien que n'ayant aucune ressemblance avec un original quelconque, ces trains en miniature de 1830 se vendèrent rapidement en tant que jouets d'enfants.

Les premiers à poser la première pierre de l'idée du modélisme ferroviaire de nos jours, c'étaient les Anglais. Vers la fin du dernier siècle ils ont fondé de nombreux clubs et s'occupaient de la reproduction de véhicules ferroviaires fidèles à l'échelle et de la réalisation de réseaux de chemins de fer modèle réduit. Ce n'est qu'au début de ce siècle que l'intérêt pour les chemins de fer modèle réduit conforme à l'original s'est développé d'avantage. Outre les locomotives entraînées par rouages ou par vapeur, les premières motrices électriques étaient construites en Allemagne, mais à l'échelle relativement grande (1:25 environ) et avec des batteries humides. De même, les chemins de fer électriques fonctionnant sur courant continu de 110 V de Märklin ont également été conçus comme jouets d'enfants, mais les pères devaient les surveiller et eux aussi, ils aimaient s'occuper des modèles.

Les produits de la firme Märklin connurent une réussite rapide procurant ainsi une réputation colossale à l'idée-même du chemin de fer modèle réduit. Par la suite, d'autres fabricants s'installèrent en nombres importants en Allemagne, Angleterre et aux États Unis. Mais seulement quelques-uns d'entre eux réussirent au marché mondial. La compétition pesante les obligeait à développer des systèmes de plus en plus parfaits et des modèles plus fidèles à l'original à bon marché.

Faute de locaux convenables, la réalisation de grands réseaux de chemins de fer modèle réduit n'était, dans beaucoup de cas, pas possible. Ce n'est que dans les années 30, qu'on réussit à construire des moteurs moins grands fonctionnant sur courant faible et lorsqu'on a introduit l'écartement de 16,5 mm. Dès lors, le chemin de fer modèle réduit connut la plus grande propagation parmi toutes les couches sociales. De nos jours, le jeu avec le chemin de fer modèle réduit est un objet de passe-temps le plus aimé et un hobby de millions dans le monde entier. Des modélistes ferroviaires de toutes les classes d'âge et tous les groupes de profession s'enthousiasment de l'aventure du service technique de circulation et de multiples possibilités créatrices, comme l'assemblage de véhicules ou la réalisation d'un réseau. Aussi il n'y a pas mal d'hommes qui collectionnent avec passion des modèles ferroviaires.

Plus de 60 firmes, à travers le globe, s'occupent de la fabrication de chemins de fer modèle réduit et d'accessoires en séries assez importantes. Ils occupent plus de 50 000 employés. En plus, il existe encore 300 entreprises environ, moyennes ou petites, qui fabriquent des accessoires spéciaux et de petites séries de modèles pour amateurs. Au total, on offre 40 000 articles environ. La recette annuelle mondiale obtenue dans ce secteur économique est évaluée à plus d'un milliard de Dollars.

Associations de chemins de fer modèle réduit et normes

L'accroissement du modelisme dans le monde entier demandait une normalisation des véhicules ferroviaires modèle réduit et des accessoires. Dès 1935 on a fondé aux USA la National Model Railroad Association (NMRA), organisation supérieure des clubs nombreux, ayant des organisations sécondaires en Angleterre et dans les Pays Bas. La NMRA a fixé des normes concernant les échelles de construction, les écartements, les profils de rails et de roues ainsi que les systèmes d'accouplage et d'autres. De nos jours encore, ces normes sont appli-

Über 60 Firmen mit mehr als 50 000 Beschäftigten stellen weltweit Modellbahnen und Zubehör in größeren Serien her. Hinzu kommen nochmals rund 300 mittelgroße und kleine Unternehmen, die sich mit der Fertigung von Spezialzubehör und Kleinserien-Liebhabermodellen befassen. Insgesamt werden ca. 40 000 Artikel angeboten. Den Weltjahresumsatz dieses Wirtschaftszweiges schätzt man auf weit über eine Milliarde Dollar.

Modelleisenbahnverbände und Normen

Die stetige Zunahme von Modellbahnsystemen verlangte nach Vereinheitlichung der Fahrzeuge und des Zubehörs. Bereits 1935 wurde die National Model Railroad Association (NMRA) als Dachorganisation der zahlreichen amerikanischen Clubs gegründet, mit Zweigorganisationen in England und den Niederlanden. Die NMRA arbeitete Normen aus, die unter anderem Maßstäbe, Spurweiten, Schienen- und Radprofile und Kupplungen betreffen. Sie gelten heute in fast unveränderter Form, und alle Hersteller, die für den amerikanischen Markt produzieren, halten sich daran. Außerdem veröffentlicht die NMRA empfohlene Verbesserungen (Recommended Practices) und gibt nützliche Datensammlungen heraus (Data Sheets).

Mit dem gleichen Ziel wurde, allerdings erst 1953 der Modellbahnverband Europa (MOROP) gegründet als Spitzenverband europäischer Modellbahnvereine. Die von dieser Institution herausgegebenen Richtlinien, die Normen Europäischer Modellbahnen (NEM), werden noch nicht von allen europäischen Herstellern genau eingehalten. Daher ist die Absicht dieser Normierungen, austauschbare Fahrzeuge zu schaffen, die auf Gleisanlagen verschiedener Fabrikate laufen, noch nicht verwirklicht.

In Großbritannien versuchte nach dem zweiten Weltkrieg das British Railway Modelling Standards Bureau (BRMSB) einheitliche Baumaßstäbe, Räder und Gleise einzuführen. Diese Organisation hatte jedoch keine ausreichende Basis in der Industrie und in den Vereinen, und die Hersteller hielten ihre Normen für nicht durchführbar. Die britische Standardkupplung dagegen ist ein Ergebnis industrieller Zusammenarbeit.

Die NMRA-Standards und die NEM weisen besonders in der Baugröße HO einige Differenzen auf, vom Maßstab und der Spurweite abgesehen. Dennoch sollten Fahrzeuge die nach NMRA-Maßen gebaut sind, ohne Schwierigkeiten auf NEM-Gleisen laufen, unter Umständen auch umgekehrt.

HO: 87mal kleiner als das Vorbild

Die übliche Normalspurweite der Eisenbahn beträgt 1435 mm. Eine Modellspur von 16,5 mm entspricht demnach einem Verkleinerungsmaßstab von 1:87. Dieses Verhältnis wird im internationalen Modellbahnwesen mit Baugröße HO bezeichnet, das bedeutet Halb-Null. Diese Bezeichnung geht auf die bereits anfangs des Jahrhunderts festgelegte Baugröße O zurück, die etwa der doppelten Größe entspricht mit einer Spurweite von 32 mm und einem Maßstab von 1:45 (Frankreich 1:43,5, USA 1:48).

In Großbritannien wird statt HO die Baugröße OO verwendet, die beide eine gemeinsame Vergangenheit haben. Vor dem zweiten Weltkrieg wurde HO und OO weitgehend synonym als Bezeichnung für Spurweiten von 16 oder 16,5 und Baumaßstäben von 1:72 bis 1:91 verwendet, abhängig vom jeweiligen Hersteller. Mit zunehmender Standardisierung wurde HO schließlich mit 16,5 mm Spurweite und Maßstab 1:87 festgelegt, während OO als Bezeichnung für den Maßstab 1:76 und 16,5 mm Spurweite blieb. Diese gemischte Größe (maßstäbliche Spurweite wäre 18,9 mm) wird noch heute angewandt, denn mit Rücksicht auf ihre Exportchancen bauen die britischen Hersteller ihre Modelle passend zum internationalen HO-Gleissystem. Außerdem sind die Vorbilder bei britischen Eisenbahnen allgemein etwas kleiner als kontinentaleuropäische Fahrzeuge, so daß die Maßstabsdifferenz zwischen HO und OO oft nicht bemerkt wird. Einige Versuche, eine maßstabstreue OO-Spurweite einzu-

Model railway associations and standards

The vast increase of model railway systems made standardizations of vehicles and accessories necessary. Already in 1935, the National Model Railroad Association (NMRA) was founded as the head organization of the numerous American clubs with branch offices in England and the Netherlands. The NMRA have worked out standards concerning scales, gauges, rail and wheel contours, couplings, and others. They are valid nearly unchanged still today and all manufacturers supplying the American market apply them. Moreover, the NMRA suggest certain improvements as Recommended Practices and issue useful informations as Data Sheets.

With the same intention, but not until 1953, the Model Railways Organization of Europe (MOROP) was established as a head association of European model railways societies. The standards published by this institution, the Norms of European Model Railways (NEM), are not kept by all European manufacturers yet. So, the aim of these standardizations, to make interchangeable vehicles running on track layouts of all makes, is not reached.

In Great Britain after WW II, the British Railway Modelling Standards Bureau (BRMSB) tried to introduce uniform scales, wheels, and tracks. But this organization had no adequate basis with industry or clubs, and the manufacturers thought these standards to be unapplicable. The British Standard Coupling, however, originated from industrial cooperation.

The NMRA standards and the NEM differ especially in HO scale with some specifications except scale and gauge. Vehicles built according to NMRA standards should nevertheless run on NEM track without trouble, conditionally also vice versa.

HO: 87 times smaller than the prototype

The railway standard gauge is 1435 mm. A model gauge of 16.5 mm therefore comes up to a reducing scale of 1:87. This ratio is with railway modellers throughout the world called HO size, that means Half-Nought. This designation resembles to the O scale laid down already in the beginning of the century, corresponding to about the double size with a 32 mm gauge and a 1:45 scale (France 1:43.5, USA 1:48).

In Great Britain the OO size is used instead of HO, both having a common history. Before WW II, HO and OO largely were used as a synonym for 16 or 16.5 mm gauges and scales between 1:72 and 1:91, depending on the manufacturer. With the extending standardization, HO was established as 16.5 mm gauge and 1:87 scale and OO as 16.5 mm gauge and 1:76 scale. This mixed size (scale gauge would be 18.9 mm) is in use still today, because with regard to export prospects British manufacturers make models running on the international HO gauge track. Moreover, British prototypes usually are smaller than continental ones, so the scale difference between HO and OO often is not noticed. Some attempts to introduce a OO scale gauge were not very successful. The NMRA define OO as 1:76 scale and 19 mm gauge and the BRMSB did as 1:76 and 18 mm (later on called EM), but there are no industrially made model railways using those sizes.

Some other sizes have a commercial meaning today. The 1 size with a 1:32 scale and a 45 mm gauge mainly is used for garden railways. The S size with 1:64 scale and 22.5 mm gauge is only made in the USA, but there are no serial producers. The TT size with 1:120 and 12 mm had its most successful times in the 'fifties and early 'sixties and has today still importance in the GDR. The very popular N size derives from some experiments in the 'twenties (then called OOO) and was standardized as 1:160 scale and 9 mm in 1960. For the present only produced by Märklin is the Z size with 1:220 scale and 6.5 mm gauge.

In general, the railway modeller will choose the size approaching to his intention of a layout and to his disposable rooms. For an open-air garden railway, an N scale model railway certainly would be unsuit-

quées presque sans aucune modification et la plupart des fabricants produisant pour le marché américain tiennent compte de ces normes. De plus, la NMRA publie des améliorations recommandées (Recommended Practices) et des recueils de données (Data Sheets).

Dans le même sens on a fondé en 1953 l'association des chemins de fer modèle réduit de l'Europe – MOROP – en tant qu'organisation supérieure des associations de chemins de fer modèle réduit européennes. Les normes des chemins de fer modèle réduit européens – NEM – fixées par cette organisation, ne sont pas encore respectées par tous les fournisseurs européens. Ainsi, il n'est pas encore possible d'échanger les véhicules ferroviaires modèle réduit et de les faire circuler sur les circuits de voie de différents fabricants, comme c'est prévu par ces normalisations.

Après la guerre, le British Railway Modelling Standards Bureau (BRMSB) tenta d'introduire des échelles, roues et voies unifiées en Grande-Bretagne. Cette organisation, cependant, n'avait pas une base suffisante dans l'industrie et dans les clubs et les fabricants regardaient ces normes pour non practicables. Par contre, l'attelage standard anglais est un résultat de coopération industrielle.

Les standards NMRA et les normes NEM se distinguent, surtout en ce qui concerne les normalisations à l'échelle HO. Il est cependant possible de faire circuler les véhicules construits d'après les standards NMRA sur voies des normes NEM et, sous certaines conditions, les véhicules NEM roulent sur voies NMRA.

HO: 87 fois plus petit que l'original

L'écartement normal usuel du chemin de fer est de 1435 mm. L'écartement modèle réduit de 16,5 mm correspond donc à l'échelle de réduction de 1:87. Dans le secteur du modélisme ferroviaire on utilise pour cette proportion la désignation HO. Cela signifie Demi-Zero, rappelant la grandeur O fixée dès le début du siècle avec une échelle de 1:45 et un écartement de 32 mm, c'est-à-dire correspondant au double environ. (France 1:43,5, USA 1:48).

En Grande-Bretagne on emploie la grandeur OO au lieu de HO qui ont une histoire commune. Avant la guerre mondiale II les désignations HO et OO étaient employées pour les écartements 16 ou 16,5 mm et les échelles de 1:72 à 1:91, selon le fabricant. A cause des normalisations, HO fut fixé pour un écartement de 16,5 mm et une échelle de 1:87, et OO était conservé pour l'écartement de 16,5 mm et l'échelle de 1:76. Cette grandeur mixte (l'écartement correcte serait de 18,9 mm) est conservée jusqu'aujourd'hui. Vu les chances d'exportation, les fabricants anglais ont adoptés l'ecartement le plus propagé, ce qui permet de faire circuler leur modèles sur les voies d'échelle HO. Les grands originaux des chemins de anglais étant d'ailleurs un peu moins grands que ceux du continent européen, la différence entre les modèles en échelle HO et ceux en échelle OO n'est pas apparente. Les tentatives d'introduire écartement OO fidèle l'échelle ne réussirent pas. La NMRA définit OO avec une échelle de 1:76 et un écartement de 19 mm, le BRMSB indique l'échelle de 1:76 et l'écartement de 18 mm (plus tard appelé EM), mais il n'y a pas de modèles industriels pour ces grandeurs.

Quelques autres grandeurs ont aujourd'hui une importance économique. Les chemins de fer de jardins surtout sont construits en grandeur 1 avec un écartement de 45 mm et une échelle de 1:32. La grandeur S avec un écartement de 22,5 mm et une échelle de 1:64 est fabriquée aux Etat Unis, mais pas en grandes séries. La grandeur TT (12 mm, 1:120) avait beaucoup de succès dans les années 50 et 60 et; en RDA elle a quelque importance aujourd'hui même. La grandeur N très populaire rappelle les expérimentations dans les années 20 (alors OOO); elle fut normée en 1960 avec une échelle de 1:160 et un écartement de 9 mm. La grandeur Z avec une échelle de 1:220 et un écartement de 6,5 mm est fabriquée par Märklin seulement.

führen, waren nicht sehr erfolgreich. Die NMRA definiert OO als Maßstab 1:76 und 19 mm Spurweite, das BRMSB gab 1:76 und 18 mm an (später in EM umbenannt), doch für diese Baugrößen gibt es keine industriell gefertigten Modelle.

Einige weitere Baugrößen haben heute wirtschaftliche Bedeutung. Hauptsächlich Gartenbahnen werden in Größe 1 mit 45 mm Spurweite und Maßstab 1:32 gebaut. Die Baugröße S mit 22,5 mm Spurweite und Maßstab 1:64 wird nur in den USA gefertigt, jedoch nicht mehr in Großserie. Die Baugröße TT (12 mm, 1:120) war in den fünfziger und Anfang der sechziger Jahre sehr erfolgreich und hat heute in der DDR noch einiges Gewicht. Die inzwischen sehr beliebte Baugröße N geht zurück auf Versuche in den Zwanzigerjahren (damals OOO) und wurde 1960 als Maßstab 1:160 und 9 mm Spurweite normiert. Vorläufig nur von Märklin hergestellt wird die Größe Z mit Maßstab 1:220 und 6,5 mm Spurweite.

Der Modelleisenbahner wählt im allgemeinen die Baugröße, die seinen Vorstellungen von einer Modellanlage unter Berücksichtigung der verfügbaren Räumlichkeiten am nächsten kommt. Für eine Gartenbahn unter freiem Himmel dürfte die Baugröße N wohl ungeeignet sein, vielmehr kommt das größte in Frage, was der Markt zu bieten hat, also Größe 1 oder vielleicht noch O. Mit großen freien Innenräumen kann man schon eine interessante Anlage mit Spur O bauen, aber mit HO oder OO bringt man auf der gleichen Fläche viermal soviel Bahnanlagen und Landschaft unter. Allerdings muß man hier schon überlegen, worauf mehr Wert zu legen ist, auf feine Detaillierung der Modelle oder großzügige Streckenführung. Dies gilt besonders für die kleineren Baugrößen TT, N und Z, die bei eingeschränkten Raumverhältnissen sicher geeignete Alternativen bieten. Dann ist es vernünftiger, eine Modellbahn in

able, therefore the greatest size available should come into question, i. e. 1 or maybe O scale. With large interior rooms, an interesting O scale layout can be built, but using an HO or OO system one can set up four times the extent of lines and landscape on the same area. Nevertheless the compromise has to be considered between minute detailation of the models and large lines. This is specially true for the smaller sizes TT, N, and Z, which can quite be selected with small room conditions. For then it might be more reasonable to have a model railway in a smaller scale with interesting possibilities of manœuvring than a large scale one with only a simple track oval.

Well, most railway modellers prefer the golden mean of HO scale. The models are small enough for building interesting layouts in hobby rooms or lofts and big enough for reproducing the good detailation possible by modern model railways technique. Moreover, this size is in the range to allow self-construction of vehicles without needing special precision-mechanical tools.

Nearly 80 p.c. of all model railways are made in HO/OO scale, certainly caused by these deliberations. Accordingly large is the offered range of industrial makes. More than 40 serial producers offer a programme of about 5000 HO scale railway vehicles, added by the limited series and custom-made fancy models.

Within this vaste range there are model railways according to narrow-gauge prototypes of local, field, and mining railways. They have, of course, also in an HO scale layout their own narrow-gauge track. So, besides the standard gauge vehicles, narrow-gauge vehicles are represented in this book, running on HOm (12 mm), HOn3 (10.5 mm), HOe (9 mm), and HOz (6.5 mm) gauge track.

Le modéliste ferroviaire choisit, en général, l'écartement qui s'accorde le mieux avec ses idées d'une installation de chemin de fer modèle réduit compte tenu de l'espace disponible. Pour un chemin de fer modèle réduit en plein air dans un jardin, la grandeur N serait impropre; plutôt la grandeur 1 ou O qui convient. Si l'on dispose de grands espaces intérieurs, on peut réaliser un réseau encore assez intéressant à l'échelle O. Mais avec un système d'échelle HO ou OO on peut quadrupler le réseau sur la même surface. Dans ce cas, néanmoins, il faut bien se demander si l'on préfère le détaillage des modèles ou la circulation à grandes vues. Ceci est encore plus important si l'on prend en considération un réseau bien moins grand d'échelle TT, N ou Z. En cas d'espace insuffisant il est plus raisonnable de choisir un chemin de fer modèle réduit d'une échelle moins grande offrant des possibilités de circulation encore intéressantes, que de choisir un tel en échelle plus grande ne permettant que l'installation d'un seul ovale de voie.

Or, la plupart des modélistes ferroviaires préfèrent la bonne taille moyenne, c'est-à-dire l'échelle HO. Compte tenu des espaces dans les pièces de passe-temps ou dans les greniers aménagés, les modèles à l'échelle HO sont assez réduits pour pouvoir réaliser un réseau encore bien intéressant et assez grands pour présenter un bon détaillage de manière à correspondre aux conditions techniques du modélisme de nos jours. De plus, cette échelle permet toujours le montage de véhicules sans utiliser des outils de mécanicien de précision.

Vu ces réflexions, près de 80 % de tous les modélistes ferroviaires se sont décidés pour l'échelle HO/OO. L'offre en produits industriels correspond à cette préférence. Plus de 40 fabricants de grandes séries offrent au marché mondial un programme de 5000 véhicules ferroviaires modèle réduit en échelle HO, sans compter les modèles des fabricants de petites séries et d'exemplaires isolés pour amateurs.

L'assortiment varié comprend aussi des véhicules ferroviaires modèle réduit d'après des prototypes de chemins de fer à voie étroite de lignes secondaires, de campagne et de mine qui ont, bien entendu, leur voie étroite aussi sur le réseau modèle réduit en échelle HO. De ce fait on trouve dans la partie principale de ce livre, en plus de modèles de grandes séries à l'écartement normal, aussi des véhicules à voie étroite aptes au roulement sur écartements HOm (12 mm), HOn3 (10,5 mm), HOe (9 mm), et HOz (6,5 mm).

Baugrößen, Maßstab und Spurweite
Sizes, scales, and gauges
Grandeurs, échelle et écartement

Baugröße Size Grandeur	1	O	S	OO*	EM	OO	HO	HOm	HOn3	HOe	HOn2	HOz	TT	N	Z	
Maßstab Scale Échelle	1:32	1:45**	1:64	1:76	1:76	1:76	1:87	1:87	1:87	1:87	1:87	1:87	1:120	1:160	1:220	
Spurweite Gauge Échartement	45	32	22.5	19	18	16.5	16.5	12	10.5	9	7	6.5	12	9	6.5	mm
Vorbild Prototype Original	1435	1435	1435	1435	1435	1435	1435	1000	915	750	610	600	1435	1435	1435	mm

*NMRA   ** USA: 1:48   France: 1:43.5

kleinerem Maßstab zu wählen mit interessantem Fahrbetrieb als eine in größerem Maßstab mit einem einfachen Gleisoval.

Nun, die meisten Modellbahner bevorzugen das goldene Mittelmaß, die Baugröße HO. Die Modelle sind klein genug, um in Hobbyräumen oder auf ausgebauten Dachböden interessante Anlagen aufbauen zu können, und groß genug, um die gute Detaillierung zu zeigen, die in der heutigen Modellbahntechnik möglich ist. Außerdem liegt diese Größe noch in einem Bereich, der den Selbstbau von Fahrzeugen ohne spezielle Feinmechanikerwerkzeuge zuläßt.

Nahezu 80 % aller Modelleisenbahner haben sich wohl aufgrund dieser Überlegungen für die Baugröße HO/OO entschieden. Entsprechend groß ist auch das Angebot an Industrieerzeugnissen. Über 40 Großserienhersteller bieten am Weltmarkt ein Programm von etwa 5000 Modellbahnfahrzeugen an, dazu kommen unzählige Kleinserienmodelle und Sonderanfertigungen.

In diesem reichhaltigen Angebot finden sich auch Modellbahnen nach Schmalspur-Vorbildern bei Lokal-, Feld- und Grubenbahnen. Sie haben natürlich auch in einer HO-Anlage ihr eigenes Schmalspur-Gleis. Daher ist in diesem Buch neben den Voll-

Electrical systems in HO scale railways

Traction currents used in operating model railways are AC and DC. There are three ways of current supply to the traction units, two-conductor, three-conductor, and center-conductor stud contact systems.

The international two-conductor DC system is most wide-spread. Traction current is supplied through the electrically insulated rails of the two-conductor track and collected through the wheels of the vehicles and sometimes through additional pick-ups gliding over the rails. Direction is reversed by changing the polarity of the traction current. To avoid short circuits between the rails, all metal wheel sets of the vehicles running on two-conductor track have to be insulated.

The three-conductor track has an additional live center-rail. All three rails are electrically insulated. Traction current is supplied by either outer rail and the center-rail and collected by center pick-ups and wheels or pick-ups on the corresponding side of the vehicles. So, two circuits on the same track are possible and two engines can be operated independently by two controllers. This system with DC drive is only used in Germany by TRIX (TRIX EXPRESS).

Systèmes électriques de chemins de fer modèle réduit HO

Le courant de traction pour les chemins de fer modèle réduit est courant alternatif ou courant continu. En parlant du mode d'alimentation en courant de régime on distingue trois systèmes: le système à deux conducteurs, à trois conducteurs et à conducteur central et plots de contact.

Le système international à deux conducteurs et courant continu est le plus propagé. L'amenée du courant de régime se fait par les deux rails divisés l'un de l'autre de la voie à deux conducteurs, le captage du courant se fait par les roues des engins de traction et quelquefois aussi par les frotteurs de contact supplémentaires. L'inversion du sens de marche est réalisée par inversion du sens du courant de régime. Afin d'éviter des courts-circuits pendant la traction, il faut que les essieux montés en métal des véhicules ferroviaires modèle réduit circulant sur voies à deux conducteurs soient divisés ou isolés électriquement.

La voie à trois conducteurs a un rail à conducteur central supplémentaire. Tous les trois rails sont divisés électriquement. L'alimentation en courant de traction se fait par un rail extérieur et le conducteur central et par les roues et les frotteurs de contact des engins moteurs. Cette construction permet d'alimenter la voie par deux circuits électriques et de contrôler de traction indépendants l'un de l'autre par deux pupitres de commande. Cet système à courant continu est fabriqué uniquement en Allemagne par TRIX (TRIX EXPRESS).

spur-Modellen auch Schmalspurfahrzeuge vertreten, die auf Gleisen der Spurweiten HOm (12 mm), HOn3 (10,5 mm), HOe (9 mm) und HOz (6,5 mm) fahren.

Elektrische Systeme bei HO-Modellbahnen

Als Fahrstrom zum Betrieb von Modellbahnen wird Wechsel- oder Gleichstrom verwendet. Nach der Art der Stromzufuhr zu den Triebfahrzeugen unterscheidet man drei Systeme: Zweileiter-, Dreileiter- und Mittelleiter-Punktkontakt-System.

Das internationale Zweileiter-Gleichstrom-System ist am weitesten verbreitet. Die Fahrstrom-Zufuhr erfolgt über die elektrisch isolierten Schienen des Zweileiter-Gleises, die Stromaufnahme über die Räder der Fahrzeuge und manchmal auch über zusätzliche Schienen-Schleifkontakte. Die Fahrtrichtung wird durch Umpolen des Fahrstroms geändert. Um Kurzschlüsse zwischen den Schienen zu vermeiden, müssen die Räder der Radsätze gegeneinander isoliert oder aus nichtleitendem Material sein.

Das Dreileiter-Gleis hat eine zusätzliche stromführende Mittelschiene. Alle drei Schienen sind elektrisch voneinander getrennt. Fahrstrom wird über je eine Außenschiene und die Mittelschiene zugeführt und durch Mittelschleifer und Räder oder Schleifkontakte an der entsprechenden Seite der Fahrzeuge aufgenommen. Auf diese Weise können zwei getrennte Stromkreise auf dem gleichen Gleis gespeist und damit zwei Triebfahrzeuge mit zwei Fahrreglern unabhängig gesteuert werden. Dieses System mit Gleichstrombetrieb wird nur in Deutschland von TRIX hergestellt (TRIX EXPRESS).

Beim Wechselstrom-Mittelleiter-System (Märklin) sind die Außenschienen nicht isoliert und, zur besseren Stromführung, die Räder der Metallradsätze miteinander leitend verbunden. Die Stromzufuhr erfolgt über die Schienen und über isolierte Punktkontakte, die in der Schwellenmitte eingelassen sind, die Stromaufnahme über die Räder und Mittelschleifer an beleuchteten Fahrzeugen und Triebfahrzeugen. Die Fahrtrichtung wird durch ein eingebautes Spezialrelais gewechselt, das auf einen Überspannungsimpuls (24 V Wechselstrom) reagiert, manchmal auch über einen Handschalter am Fahrzeug. Im Gegensatz zum Zweileiter-System können Kehrschleifen ohne besondere Schaltungen verlegt werden, da die Außenschienen gleiche Polarität haben. Neben der Firma Märklin liefern auch einige andere Hersteller einen Teil ihrer Triebfahrzeuge für dieses System.

Umrüstung von Fahrzeugen

Die Umrüstung von HO-Modellbahnwagen von einem Gleissystem auf ein anderes ist in der Regel leicht möglich durch Austausch der Radsätze. Die meisten Hersteller führen passende Austausch-Radsätze in ihrem Lieferprogramm. Modellbahnwagen mit isolierten Metallrädern oder Kunststoffrädern können auf Zweileiter- und Punktkontaktgleisen eingesetzt werden, wenn das Radprofil und der Radabstand auf der Achse nicht zu weit von den Normwerten abweichen. In vielen Fällen können Probeläufe den Austausch der Räder ersparen.

Die Umrüstung von Triebfahrzeugen ist dagegen meist recht schwierig. Nur erfahrene Bastler und Fachleute erzielen zuverlässige Ergebnisse. Für bestimmte Modelle liefern einige Zubehörhersteller Umbausätze.

Verschiedene Kupplungssysteme

Wenn Fahrzeuge verschiedenen Fabrikats miteinander eingesetzt werden sollen, ist darauf zu achten, daß die Kupplungen zusammenarbeiten. Nach den NEM werden die Kupplungen in drei Klassen (A, B, C) eingeteilt. Kupplungen der Klasse A müssen einen horizontal beweglichen Haken mit einem nach oben klappbaren Bügel aufweisen (Typ Märklin). Automatisches Entkuppeln ist nicht gefordert, aber sicheres Ziehen und Schieben. Der Bügel muß 9 (+ 0,5) mm über der Schiene angebracht sein. Kupplungen der Klasse B können Verbesserungen haben, wie Vorentkupplung (Märklin RELEX, Rivarossi, HAG), aber sie müssen mit Klasse A kuppeln.

The AC center-conductor system (Märklin) has the outer rails not insulated and, for better contact, the metal wheels of the wheel sets electrically connected. Traction current ist supplied by the two rails and stud contacts integrated in the ties, and collected by the wheels and pick-up shoes under traction and lighted vehicles. Reverse of direction is made by a special built-in relay acting upon a higher voltage impulse (24 V AC) or sometimes by a manual lever. Unlike the two-conductor track, with this system reversing loops can be laid without any problems, because the outer rails have the same polarity. Besides the firm of Märklin some other manufacturers produce part of their engines for this system.

Alteration of vehicles

Alteration of HO scale wagons and coaches from one track system to another usually is easy to do by exchanging the wheel sets. Most manufacturers carry suitable wheel sets in their programme. Rolling stock with insulated wheels of metal or plastics can be run on two-conductor and stud contact tracks, if the wheel contours and distances do not differ too much to the standards. Anyway, test runs can conditionally save exchange wheel sets.

Alteration of engines on the contrary mostly is rather difficult. Only experienced model constructors will succeed in getting reliable results. Some accessory manufacturers supply alteration sets for certain models.

Different coupling systems

When running together model railway vehicles of different makes, it is important to look for matching couplings. Couplings are classified by the NEM standards as A, B, and C. Class A couplings must have a horizontally movable hook with an upwards tipping bow (type Märklin). Automatic uncoupling is not required, but safe pushing and pulling. The bow must be 9 (+ 0.5) mm above the rail. Class B couplings can have improvements like pre-uncoupling devices (Märklin RELEX, Rivarossi, HAG), but they have to work with class A ones. Simple hooks like on many locomotives belong to the class B. All other couplings belong to the class C, for instance claw, prototype, or chain couplers or those with another height. Most models built on the European continent have class A or B couplings and for the class C ones there are mostly exchange couplings supplied (Fleischmann, TRIX EXPRESS).

British made or imported OO scale models usually have British Standard Couplings (type Hornby) or slight modifications of it (Mainline, Grafar). Other types used in Britain generally can be exchanged for them, some also for NEM class A or B couplings.

In the USA and Canada the serially produced models are equipped with the horn-hook coupler, the versions of which are all fully compatible. Moreover, there are some special couplings (KaDee) not matching other systems, but nearly all American models have coupling holders provided for all systems used in America. So, the exchange is rather easy. Suitable NEM class A or B couplings, however, are only available for European makes provided for both European and American systems (Rivarossi). Some vehicles come out with two kinds of bogies (Lima) with integrated couplers.

Model railway vehicles

The model railway vehicles offered worldwide mostly originate from serial production, i.e. they are fabricated on the assembly line by expedient methods. This generally requires minimum runs of more than 10 000 pieces, on an average it is 20 000 and more. The basic parts of the models preponderantly are made of plastics or zinc die-cast, materials to be processed and shaped rationally by machine. The costs of construction, preparation, and machines, however, are very high. The development of an HO scale locomotive amounts from 100 000 to 450 000 DM. Of course these costs have to be apportioned to each sample of a series and to its price. Fancy models made in a number on the break-even point of economic serial production therefore will be more expensively priced than models with good market

---

Pour le système à conducteur central et plots de contact sur courant alternatif (système Märklin) les deux rails de roulement ne sont pas divisés électriquement. Afin d'assurer une meilleure transmission du courant de traction, les essieux montés en métal des véhicules ne sont pas isolés. L'amenée du courant se fait par les deux rails de roulement et par les plots de contact divisés de ces rails électriquement. Les plots de contact sont logés dans le ballast. Le captage du courant pour les engins de traction se fait par les roues et frotteurs de contact. L'inversion du sens de marche est aussurée à l'aide d'un relais spécial incorporé dans les engins de traction entraîné par une impulsion de surtension (24 V courant alternatif) ou, rarement, à l'aide d'un commutateur manuel. Contrairement aux voies à deux conducteurs on peut réaliser aisément des boucles de retour avec ce système, sans montages électriques compliqués. Outre la firme Märklin il y a encore quelques autres fabricants qui produisent une partie de leurs engins de traction pour ce système.

Adaptation de véhicules à un autre système

L'adaptation de wagons et voitures modèle réduit d'échelle HO à un autre système se fait en général sans difficultés en échangeant les essieux montés. La plupart des fabricants offrent de tels essieux montés échangeables dans leur programme. Il est possible de faire circuler les véhicules équipés d'essieux montés en métal divisés électriquement ou d'essieux montés en matière plastique aussi bien sur voies à deux conducteurs que sur voies à plots de contact sans aucun échange, pourvu que les profiles de roues soient approximativement conformes aux mesures normalisées. Une marche d'essai peut bien souvent éviter l'échange des roues.

En ce qui concerne les engins de traction, il est, pour la plupart, assez difficile de les adapter à un autre système et ce n'est que le bricoleur versé qui réussit à le faire. Quelques-uns des fabricants d'accessoires livrent des garnitures d'échange pour certains modèles.

Différents systèmes d'accouplage

En cas de circulation mixte avec des véhicules ferroviaires modèle réduit de fabrications différentes il faut veiller à ce qu'ils travaillent ensemble. Il y a trois classes de normes NEM: A, B et C.

La classe A comprend les attelages à crochet mobile en sens horizontal et étrier rabattable (type Märklin). Le dételage automatique n'est pas exigé, mais il faut que les manœuvres se fassent d'une façon sûre. L'étrier doit être fixé une hauteur de 9 (+ 0,5) mm au-dessus des rails. Les attelages de classe B peuvent comporter des améliorations comme dispositifs de dételage préalable (Märklin RELEX, Rivarossi, HAG), mais ils doivent s'ajuster aux attelages de la classe A. Les crochets, comme on en équipe beaucoup de locomotives, font aussi partie de la classe B. La classe C enfin, renferme tous les autres attelages, comme des griffes, des chaînes ou des imitations originales ou ceux ayant une autre hauteur. La plupart des modèles européens ont des attelages de la classe A ou B et pour les véhicules avec attelages de la classe C il y a d'ordinaire des organes échangeables (Fleischmann, TRIX EXPRESS).

Les modèles en échelle OO fabriqués en Angleterre ou importés sont pour la plupart équipés d'attelages standard anglais (type Hornby) ou de tels légèrement modifiés (Mainline, Grafar). Les autres types usuels en Angleterre peuvent en général être échangés, quelques uns aussi contre des attelages NEM classe A ou B.

Aux États Unis et au Canada les modèles de grandes séries sont munis des versions compatibles de l'attelage à griffes NMRA. De plus, il y a quelques attelages spéciaux (KaDee), qui ne s'ajustent pas aux autres systèmes. Mais presque tous les modèles américains sont pourvus de dispositifs aptes à recevoir tous les systèmes usuels américains. Par conséquent, l'échange est très facile à réaliser. Des attelages convenables de la classe A ou B des NEM,

Einfache Haken wie bei vielen Lokomotiven sind auch in der Klasse B eingestuft. Alle anderen Kupplungen gehören zur Klasse C, z. B. Klauen-, Ketten- oder Originalkupplungen oder solche mit einer anderen Höhe. Die meisten in Europa gebauten Modelle haben Kupplungen der Klasse A oder B, und für die Fahrzeuge mit Kupplungen aus Klasse C stehen meist Austauschkupplungen zur Verfügung (Fleischmann, TRIX EXPRESS).

Modelle in Baugröße OO, die in England hergestellt sind oder importiert werden, sind überlicherweise mit britischen Standardkupplungen (Typ Hornby) oder leicht abgeänderten Versionen ausgerüstet (Mainline, Grafar). Andere Typen, die in England verwendet werden, können allgemein dagegen ausgetauscht werden, in einigen Fällen auch gegen NEM-Kupplungen der Klasse A oder B.

Die Serienmodelle in den USA und in Kanada sind mit der NMRA-Klauenkupplung ausgestattet, deren verschiedene Ausführungen voll kompatibel sind. Außerdem gibt es noch einige Spezialkupplungen (KaDee), die nicht zu anderen Systemen passen, aber fast alle amerikanische Modelle haben Halterungen, die für alle in Amerika üblichen Systeme vorgesehen sind. Der Austausch ist daher sehr einfach. Passende NEM-Kupplungen Klasse A oder B sind jedoch nur für europäische Modelle nach amerikanischen Vorbildern erhältlich, die für europäische und amerikanische Kupplungssysteme vorbereitet sind (Rivarossi). Manche Fahrzeuge werden auch mit zwei Arten von Drehgestellen hergestellt (Lima).

Modellbahnfahrzeuge

Die weltweit angebotenen Modellbahnfahrzeuge stammen meist aus einer Serienproduktion, das heißt, sie werden am Fließband nach rationellen Fertigungsmethoden hergestellt. Dies erfordert eine Mindestauflage von etwa 10 000 Stück, durchschnittlich sind es 20 000 Stück und mehr. Die formgebenden Teile der Modelle werden heute vorwiegend aus Kunststoffen oder Zinkdruckguß gefertigt, Materialien, die sich mit Maschinen rationell verarbeiten und formen lassen. Die Kosten für Konstruktion, Entwicklung und Maschinen sind jedoch sehr hoch. Bei einer HO-Lokomotive belaufen sie sich auf etwa 100 000 bis 450 000 DM. Natürlich müssen diese Kosten auf die einzelnen Modelle einer Serie umgelegt werden und damit auf ihren Preis. Liebhabermodelle, die in einer Stückzahl an der unteren Grenze einer wirtschaftlichen Serie hergestellt werden, stellen sich daher ungünstiger im Verkaufspreis als populäre Modelle mit guten Marktchancen, die schon in der ersten Auflage in hohen Stückzahlen produziert werden können. Die Werkzeugkosten wiederum sind abhängig vom Typ und vom Grad der Detaillierung eines Modells. Eine super-detaillierte Modell-Lokomotive aus über 300 Einzelteilen muß zwangsläufig teurer werden als ein ähnlicher Typ aus nur 70 Teilen.

Kleinserienmodelle werden in einer Auflage unter 10 000 Stück und großenteils in Handarbeit gefertigt, oft sind es nur 500 Stück. Als Werkstoff für Gehäuse und Details wird hauptsächlich Messing verwendet. Um das Risiko der hohen Entwicklungskosten möglichst gering zu halten, wird ein Modell meist erst dann aufgelegt, wenn die Serie bereits verkauft ist. Kleinserien-Liebhabermodelle werden von den Herstellern oft Jahre im voraus angekündigt, und wenn die Nachfrage nicht den Erwartungen entspricht, bleibt es bei der Ankündigung. Wird die Serie tatsächlich aufgelegt, sind die Modelle nicht selten auch beim Handel schon ausverkauft, bevor sie die Manufaktur verlassen. Daher kann dieses Buch nicht mehr als eine Übersicht über die Entwicklung auf diesem Gebiet bringen. Wahrscheinlich wird ein Teil der abgebildeten Kleinserienmodelle zum Erscheinungszeitpunkt nicht mehr erhältlich sein.

Neben den fahrbereiten Fertigmodellen erfreuen sich die Fahrzeuge zum Selbstzusammenbauen stetig zunehmender Beliebtheit. Diese Bausatzmodelle werden in allen Preislagen angeboten und unterscheiden sich erheblich voneinander im Schwierigkeitsgrad des Zusammenbaus. Es gibt Fahrzeug-

chances produced already in the first run in high numbers. The tool costs themselves depend on the type and on the grade of detailation of a model. A super-detailed model locomotive of up to 300 parts has necessarily to get more expensive than a similar one consisting of only 70 parts.

Custom-built models are produced in a series of less than 10 000 pieces and largely hand-crafted, often a run has only 500 pieces. The material used for the basic elements mostly is brass. For minimizing the risk of the high construction costs, a series mostly is started not until it is ordered completely or the sale is contracted. Custom-built fancy models often are announced years in advance, and if there is no sufficient demand, the announcement rests. When the run is actually done, the models are not seldom already sold out before leaving the factory. Therefore this book can only give a summary about proceedings on this field. Probably part of the represented models will not be available any more on the date of publication.

Besides the finished ready-to-run models, the vehicles for self assembling or kits get a continuously growing popularity. These kit models are offered in all price-ranges and differ considerably regarding the difficulty of assembling. There are model vehicle kits of largely prefabricated basic parts which can be assembled with a screwdriver and cement even by a less experienced beginner. But there are also some consisting of semi-manufactured parts or of rough castings, to be worked out with precision tools and with a lot of experience in metal working and adhesive technique.

Assembling model railway vehicles is especially in America a popular and wide-spread hobby. A peculiarity from there are model wagon and coach kits of mainly wooden parts. Skilful modellers with a lot of patience and dexterity make of them unique models which can stand comparision with every industrial top model. To these kits some pages are specially dedicated in the appendix. It can, however, be only a summary, because only few manufacturers were able to make assembled samples disposable. Most models had to be mounted by our editorial staff. Anyway, we shall try to remove that deficiency with the next edition.

In addition to complete kits there are also alteration sets. They contain parts of several materials for alteration, improvement, modification, or detailation of the type of a serial model.

Electric controls

As traction power for HO scale vehicles mostly low-voltage current is used today: up to 14 V direct current (two-conductor system, three-conductor system) or up to 16 V alternating current (Märklin system). In general, the mains current (100 to 240 V AC) is changed by transformers into electrically harmless traction current. The so-called power-packs or controllers (transformers with regulators) are available from nearly all model railway manufacturers. There are also firms specialized in model railway controllers offering transformers and regulators as separate or as compact units.

In principle, every industrial transformer usual in the trade giving the required voltage and current could be used with a suitable potentiometer and eventually a rectifier and a pole reverser. But the special model railway controllers generally are more qualified and good operation is guaranteed. Regarding the fact that even children will handle them, they are constructed electrically safe and officially tested. Most of them have overload protections cutting out the current with an overload or short circuit.

Some smaller train sets are delivered with battery controllers. All DC driven model railways can of course be operated with batteries, but the usual dry batteries will run down relatively fast. On places without mains connection, however, a 12 V automobile battery with a suitable regulator could be used as a shift. A well charged one should give energy for at least 50 hours of running with a medium-size HO scale locomotive.

cependant, sont livrables seulement pour les modèles européens d'après les prototypes américains. Ils sont preparés pour les systèmes européens et américains (Rivarossi). Quelques véhicules sont fabriqués avec deux sortes de bogies (Lima).

Véhicules ferroviaires modèle réduit

La plupart des véhicules ferroviaires offerts dans le monde entier sont des maquettes de grandes séries, fabriqués à la chaîne selon des méthodes de production rationnelles. Cela nécessite un tirage minimum qui, en général, n'est pas inférieur à 10 000 exemplaires; en moyenne une série s'élève à 20 000 exemplaires et même plus. De nos jours, les éléments d'assemblage sont surtout en matières artificielles ou en zamac, c'est-à-dire en matières permettant un moulage mécanique et la mise en œuvre de méthodes de fabrication rationnelles. La fabrication en séries nécessite cependant des outils très chers. Les frais d'outils et d'étude pour une locomotive en échelle HO jusqu'à la fabrication en séries se situent entre 100 000 DM et 450 000 DM. Ces frais doivent être répartis entre les différents modèles d'une même série et déterminent ainsi leurs prix définitifs. Le prix de vente de modèles d'amateurs, qui sont produits en nombres à la limite extrême d'une grande série, est donc bien moins avantageux que le prix de vente pour les modèles ayant de bonnes chances de réussite au marché et qui peuvent être fabriqués en nombres importants. Les frais d'outils, d'un autre côté, dependent du type et du degré de détaillage. Une locomotive modèle réduit d'un détaillage extrême peut comprendre jusqu'à 300 pièces détaillées et doit coûter plus cher qu'un modèle d'un type semblable se composant de 70 pièces détachées seulement.

Les modèles de petites séries sont fabriqués surtout à la main et la série est en-dessous de 10 000 exemplaires, souvent pas plus de 500 exemplaires. Pour les pièces de façonnage on emploie, en général, du laiton. Afin de réduire le risque qui pourrait résulter des frais de développement pour le fabricant, un certain modèle est seulement mis en production lorsque la série est déjà vendue. C'est pourquoi les modèles d'amateurs de petites séries sont souvent annoncés par les fabricants quelques années à l'avance. S'il n'y a pas assez de commandes, l'annonce ne sera pas réalisée. Ainsi, il arrive bien souvent que les modèles d'une série mise en production sont déjà équisés chez les commerçants spécialisés avant qu'ils quittent la manufacture. Une grande partie des modèles de petites séries qui sont représentés dans la partie principale de ce livre ne seront probablement plus disponibles.

Outre les modèles complèment montés prêts à rouler il y a les modèles à monter, appelés «kit», qui sont de plus en plus recherchés dans le monde entier. Ces kits de construction, néanmoins, qui sont offerts à tout niveau de prix, différent bien l'un de l'autre par la difficulté de montage. On offre des kits de véhicules ferroviaires modèle réduit dont les éléments de façonnage sont largement préfabriqués de manière que même un laïque sans grande expérience arrive à le monter à l'aide d'un tournevis et de colle. Mais il y en a aussi en éléments demi-fabriqués ou même en moulages à l'état brut, pour le façonnage desquels on a besoin d'outillages de précision spéciaux et qui demandent pour leur assemblage une grande expérience en ce qui concerne le traitement du métal et la technique de collage.

Le montage individuel de véhicules ferroviaires modèle réduit est surtout en Amérique un hobby populaire et propagé. Comme spécialité on y trouve des kits de wagons modèle réduit dont les éléments à monter sont pour la plupart en bois. Les bricoleurs experts en font avec patience et habileté des modèles extraordinaires qu'on peut bien comparer avec tout modèle spécial de l'industrie. Spécialement à ces modèles sont dédié quelques pages de l'appendice. Il n'a cependant pas été possible de donner plus qu'une revue, les fabricants des kits n'ayant pas été en mesure de mettre à disposition des modèles montés pour en prendre des photos. La plus grande partie des modèles représentés était assemblé dans les locaux de notre rédaction. En tous

bausätze aus weitgehend vorgefertigten Teilen, die auch ein wenig erfahrener Laie nur mit Schrauben-zieher und Klebstoff zusammensetzen kann. Es gibt aber auch solche, die aus halbfertigen oder Roh-gußteilen bestehen, die mit Spezialwerkzeugen bearbeitet werden müssen und die beim Zusammen-bau ein hohes Maß an Erfahrung in der Metallbearbeitung und der Klebetechnik voraussetzen.

Das Zusammenbauen von Modellbahnfahrzeugen ist vor allem in Amerika ein beliebtes und weit verbreitetes Hobby. Eine Spezialität dort sind Modell-bahnwagen-Bausätze vorwiegend aus Holzteilen. Daraus fertigen versierte Bastler mit viel Geduld und Fingerspitzengefühl einzigartige Modelle, die den Vergleich mit jedem industriellen Spitzenmodell bestehen können. Diesen Bausätzen sind speziell einige Seiten im Anhang gewidmet. Das kann jedoch nicht mehr als eine Übersicht sein, denn nur wenige Hersteller konnten zusammengebaute Modelle als Fotomuster zur Verfügung stellen. Die meisten Modelle mußten in der Redaktion zusammengebaut werden. Auf alle Fälle werden wir versuchen, diese Lücke in der nächsten Ausgabe zu schließen.

Außer kompletten Bausätzen gibt es verschiedene Umbau- und Umrüstsätze. Sie enthalten Teile aus verschiedenen Materialien zur Änderung, Verbesserung, Modifikation oder Detaillierung des Typs eines Serienmodells.

Elektrische Steuerung

Als Antriebsenergie für HO-Modellbahnen wird heute meist Schwachstrom mit niedriger Spannung verwendet: bis 14 V Gleichstrom (Zwei- und Dreileiter-System) oder bis 16 V Wechselstrom (System Märklin). In der Regel wird der Haushalts-Netzstrom (100 bis 240 V Wechselstrom) mit Transformatoren in den elektrisch ungefährlichen Fahrstrom umgesetzt. Die sogenannten Fahrpulte (Transformatoren mit Reglern) führen die meisten Modellbahn-Se-rienhersteller im Programm. Es gibt auch Firmen, die sich auf die Herstellung von Modellbahn-Steuerge-räten spezialisiert haben. Sie bieten Transformato-ren und Fahrregler getrennt oder in Kompakteinheiten an.

Im Prinzip könnte jeder handelsübliche Industrie-transformator, der die geforderte Spannung und Stromstärke liefert, mit geeignetem Regelwiderstand und gegebenenfalls mit Gleichrichter und Polwender verwendet werden. Doch die speziellen Modellbahn-Fahrgeräte sind im allgemeinen besser geeignet und garantieren störungsfreien Betrieb. Im Hinblick auf die Tatsache, daß auch Kinder mit den Geräten umgehen, sind sie elektrisch sicher konstruiert und von offiziellen Stellen geprüft. Sie sind meist mit Schutzschaltern ausgerüstet, die bei Überlastung oder Kurzschluß den Fahrstrom sofort abschalten.

Kleinere Zugpackungen werden oft mit Batteriereg-lern geliefert. Grundsätzlich können alle Gleich-strom-Modellbahnen mit Batterien betrieben werden, doch die handelsüblichen Trockenbatterien sind dabei doch ziemlich rasch erschöpft. An Orten ohne Netzanschluß kann man sich jedoch mit einer Autobatterie und einem geeigneten Regler behelfen. Wenn sie gut geladen ist, dürfte man eine mittlere HO-Lokomotive mindestens 50 Stunden damit betreiben können.

Für den realistischen Ausbau des Modellbahnbe-triebs bietet der internationale Markt eine Fülle von elektrischem Zubehör an: Schalter, Kontaktgeber, Relais und Spezialschaltungen bis hin zum kom-pletten Stellwerk. Sehr interessant und leicht anzu-schließen sind die modernen Mehrzugsysteme, die mit Hochfrequenz-Modulation arbeiten (Jouefmatic, TRIX e.m.s.). Realistisch langsames Anfahren und verzögertes Anhalten gelingt mit elektronischen Fahrgeräten oder Adaptern, durch Phasen-anschnittsteuerung (ARWE, Digitol, Troller). Und für vollautomatischen Zugbetrieb und Blockstellensi-cherung gibt es regelrechte Kleincomputer, die die Züge auf verschiedenen Streckenabschnitten über-wachen.

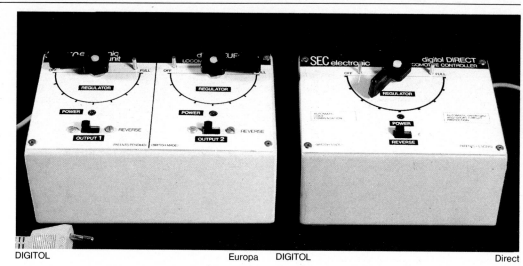

DIGITOL   Europa

Fahrtransformator, Leistung 40 VA, 2 × 0 bis 12 V Gleich-strom
Traction power transformer, output 40 VA, 2 × 0 to 12 V DC
Transformateur de traction, puissance 40 VA, 2 × de 0 à 12 V courant continu

DIGITOL   Direct

Fahrtransformator, Leistung 40 VA, 0 bis 12 V Gleichstrom, 16 V Wechselstrom
Traction power transformer, output 40 VA, 0 to 12 V DC, 16 V AC
Transformateur de traction, puissance 40 VA, de 0 à 12 V courant continu, 16 V courant alternatif

DIGITOL   Gemini

Fahrpult mit automatischer Brems- und Anfahrverzögerung, Leistung 40 VA, 0 bis 12 V Gleichstrom, 16 V Wechselstrom
Controller with automatic brake and acceleration facility, output 40 VA, 0 to 12 V DC, 16 V AC
Pupitre de commande avec automatisme de freinage et démarrage, puissance 40 VA, de 0 à 12 V courant continu, 16 V courant alternatif

For realistic extensions of model railway operation, the international market offers plenty of electric accessories: switches, impulse contacts, relays, and special circuits up to the complete control panel. Very interesting and easy to join are the modern multi-train systems based on high-frequency modulation (Jouefmatic, TRIX e.m.s.). Realistic smooth acceleration and retarded slow-down is managed by electronical controllers or adapters operating on phase modulation (ARWE, Digitol, Troller). And for fully automatic block control systems there are kind of computers surveying trains on several line sections.

Texts and pictures

In the main section of this book, nearly all HO scale models produced in series and available in the market are represented and described in alphabetical

TITAN   110

Fahrtransformator, Leistung 30 VA, 0 bis 14 V Gleichstrom, 14 V Wechselstrom
Traction power transformer, output 30 VA, 0 to 14 V DC, 14 V AC
Transformateur de traction, puissance 30 VA, de 0 à 14 V courant continu, 14 V courant alternatif

cas, nous tenterons de combler cette lacune dans notre prochaine édition.

Outre les kits complets on connaît encore les kits d'échange. Ils contiennent des éléments en différentes matières déstinés à l'échange, l'amélioration et au changement de types de modèles industriels de grandes séries.

Commande électrique

Pour l'entraînement de chemins de fer modèle réduit d'échelle HO on utilise aujord'hui, presque sans exception, du courant faible: courant continu jusqu' à 14 V (système à deux et à trois conducteurs) ou courant alternatif jusqu' à 16 V (système Märklin). En général, la prise de courant du menage sert de source de courant. Le courant du secteur (de 100 à 240 V) est transformé par transformateurs en courant de traction non dangereux. Les pupitres de traction (transformateur avec regleurs de commande) font partie du programme de la plupart des fabricants de séries de chemins de fer modèle réduit. Toutefois, il y a aussi des firmes qui se sont spécialisées dans la production d'appareils de commande pour chemins de fer modèle réduit. Elles offrent des transformateurs et régulateurs de traction séparés ou en unités compactes.

En principe, on peut employer tout transformateur d'industrie, comme on en trouve dans le commerce, s'il fournit la tension et le courant demandés, avec un régulateur et aussi un redresseur et un inverseur. En général, les appareils de commande spéciaux pour chemins de fer modèle réduit, s'adaptent mieux. En considération de ce que des enfants aussi jouent avec ces appareils, ils sont construits avec une sécurité particulière et soumis à des essais officiels. Ils sont, pour la plupart, équipés de disjoncteurs provoquant la mise hors circuit immédiate en cas de court-circuit ou de surcharge.

Souvent des petites garnitures de train sont livrées avec régulateurs à batteries. Il est vrai, les chemins de fer modèle réduit à courant continu fonctionnent aussi sur courant à batteries, mais les batteries qu'on trouve le commerce s'épuisent assez rapidement. Dans les localités qui ne disposent pas de courant de secteur on peut bien se servir d'une batterie pour voitures à 12 V, conjointement avec un régulateur convenable. A condition d'être bien chargé elle pourrait bien donner l'énergie pour au moins 50 heures de marche avec une locomotive HO moyenne.

Pour élargir les installations ferroviaires modèle réduit, le marché international offre de nombreux accessoires électriques: d'interrupteurs, de contacteurs, de relais, et de circuits spéciaux jusqu'au poste de manœuvre. Très intéressant et facile à attacher sont les systèmes modernes pour le contrôle de plusieurs trains, fonctionnant selon la modulation de haute fréquence (Jouefmatic, TRIX e.m.s.).

TITAN

Universaltransformator, Leistung 60 VA, 10 Spannungen von 2 bis 25 V Wechselstrom, Anschlüsse für bis zu 4 Bahnschaltgeräten (Fahrregler)

Universal transformer, power output 60 VA, 10 voltages from 2 to 25 V AC, terminals for up to 4 power controllers

Transformateur unversel, puissance 60 VA, 10 voltages de 2 à 25 V courant alternatif, raccords pour jusqu' à 4 regulateurs de courant

Bahnschaltgerät für 5 bis 16 V Wechselstrom	
Circuit controller for 5 to 16 V AC	
Regulateur de 5 à 16 V courant alternatif	108
Bahnschaltgerät für 0 bis 14 V Gleichstrom	
Circuit controller for 0 to 14 V DC	
Regulateur de 0 à 14 V courant continu	109

✉
DIGITOL
Southern Electronic Consultants
Trains & Models
Solinger Straße 87
D-4018 Langenfeld

ARWE Automation
Am Schwanenweiher 2
D-6744 Kandel

TITAN GmbH
Fabrik für Kleintransformatoren und Schaltgeräte
D-7170 Schwäbisch Hall

Le démarrage lent, très réaliste, et le freinage temporisé sont réalisés par des appareils de commande ou des adapteurs électroniques avec des convertisseurs de phases (ARWE, Digitol, Troller). Pour le cantonnement pendant la marche automatique des trains on offre même de vrais petits ordinateurs qui contrôlent tout à fait automatiquement les mouvements sur les différentes sections de voie.

Textes et photos
Presque tous les modèles de grandes séries d'échelle HO, actuellement disponibles au marché, sont représentés et décrits par ordre alphabétique des firmes dans la partie principale de ce livre. Faute de temps, seulement les fournisseurs japonais, avec leurs modèles d'après des prototypes japonais, n'ont pas pu représentés dans cette première édition, mais ils apparaîtront dans la prochaine édition. Comme jusqu'à ce jour les modèles japonais d'après des prototypes japonais n'ont trouvé qu'un marché modeste en dehors du Japon on peut bien admettre que ce fait ne réduit pas la valeur de cet aide-mémoire international.

ARWE

Fahrplancomputer mit selbständiger Variation des Zugverkehrs
Schedule computer with automatic variation of running
Computer d'horaire avec variation de circulation automatique

Brems- und Anfahrbaustein mit einstellbarer Verzögerung
Brake and start element with adjustable retardation
Élément de freinage et de démarrage avec retardement variable

Texte und Abbildungen
Im Hauptteil dieses Buches sind fast alle zur Zeit erhältlichen Serienmodelle in Baugröße HO abgebildet und beschrieben, gegliedert in alphabetischer Reihenfolge nach Firmennamen. In dieser ersten Ausgabe fehlen lediglich die japanischen Hersteller mit ihren japanischen Modellen, die aus Termingründen nicht mehr mit aufgenommen werden konnten, aber in der nächsten Ausgabe erscheinen werden. Da japanische Modelle nach japanischen Vorbildern außerhalb Japans bisher kaum einen Markt gefunden haben, dürfte ihr Fehlen den Wert dieses internationalen Standardwerks nicht wesentlich schmälern.

Die im Hauptteil und im Neuheiten-Nachtrag abgebildeten Modelle wurden zum überwiegenden Teil im Atelier des Autors mit einer Spezialkamera auf Kodak-Professional-Film aufgenommen. In einigen Fällen, wenn keine Modelle von den Herstellern als Fotomuster zur Verfügung standen, wurden die Aufnahmen außerhalb des Ateliers in herkömmlichen Verfahren gemacht. Zwangsläufig sind diese Aufnahmen von geringerer Qualität. Nur in wenigen Ausnahmefällen wurden Industriefotos für die Reproduktionen verwendet.

Bei der Übersetzung der in deutscher Sprache verfaßten Fachtexte hielten wir uns weitgehend an die von der UIC herausgegebenen Richtlinien und Fachausdrücke.

Wichtiger Hinweis
Diese Arbeit wurde von der Modellbahnindustrie bereitwillig unterstützt. Nur in wenigen Ausnahmefällen mußten die Informationen über Dritte beschafft werden. Die Auswertung und Zusammenstellung dieser Informationen wurde sehr gewissenhaft vorgenommen. Dennoch können wir keine Gewähr übernehmen. Irgendwelche Rechtsansprüche, die aus irrtümlich verwechselten Texten oder Bildern, Übersetzungsfehlern, fehlenden Angaben, Druckfehlern oder falsch angegebenen Bestellnummern entstehen könnten, sind daher im voraus auszuschließen. Die in den Kopfzeilen und im Text abgebildeten Firmen- und Markenzeichen von Herstellern und Bahngesellschaften sind auch ohne Hinweis auf ihre Schutzrechte nicht frei verwendbar.

order after the name of the firms. In this first edition only the Japanese manufacturers are missing with their Japanese type models. They could not be entered for reasons of time, but they will appear in the next issue. Because Japanese models according to Japanese prototypes have not found a considerable market outside Japan, this lack probably will not detract from the value of this international standard work.

The models shown in the main part and in the news appendix were for the most part photographed in the author's workshop with a special camera and Kodak Professional films. In few cases samples from the manufacturers could not be disposable, the pictures were taken outside the workshop using conventional methods. Of course those pictures are of a lower standard. Only for single exceptional reproductions industrial photographs were used.

With the foreign language translation of the technical texts written in German we generally kept to the standards and terms issued by the UIC.

Important notice
The model railway industry have willingly supported this work. Only in few exceptional cases the informations had to be procured from other sources. Exploitation and compilation of these informations have been done very conscientiously. Nevertheless, we cannot take any guarantee. Any kind of legal claims resulting from pictures or texts changed by mistake, translation errors, missing specifications, misprints or erroneous order numbers, have to be excluded in advance. The brands and trade-marks of manufacturers and railway companies shown in the toplines and within the text may not be used without reservation, even if their special rights are not pointed to.

La plupart des modèles représentés dans la partie principale et au supplément de nouveautés ont été photographiés dans l'atelier de l'auteur avec une caméra spéciale sur film Kodak professionel. Quelques-uns des fournisseurs ne pouvaient pas procurer les modèles en échantillons de photos; dans ces cas très rares les photos ont été prises à l'extérieur de l'atelier selon des procédés conventionnels. Par conséquent, la qualité de ces photos est moins bonne. L'utilisation de photos industrielles se limite à quelques cas exceptionnels.

Pour la traduction des textes rédigés en langue allemande on a largement observé les instructions et la terminologie de l'UIC.

Remarque importante
L'industrie de chemins de fer modèle réduit nous a assisté dans notre travail de grand coeur. Dans peu de cas seulement nous avons été obligés de procurer les informations nécessaires par des tiers. Bien que les informations aient été recueillies avec beaucoup de soin, nous ne pouvons pas prendre en charge une guarantie quelconque. Il faut donc exclure tous droits qui pourraient résulter d'une confusion, d'une erreur de traduction, d'informations incomplètes, d'erreurs d'impression ou de numéros de commande érronés. Les marques des différents fabricants représentées en tête des colonnes et dans le texte ne peuvent pas être utilisées librement, même s'il n'y a pas d'indications sur les droits de marques déposées.

Firma, Gleissystem
Introduction, track system
Présentation, système de voie

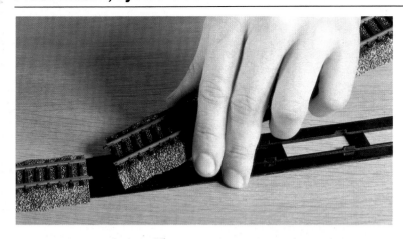

Die Firma ADE Modelleisenbahnen GmbH wurde 1975 gegründet und hat sich spezialisiert auf die Herstellung von Spitzenerzeugnissen der Modellbahntechnik in der Baugröße HO. Zur Zeit umfaßt das Lieferprogramm ca. 30 Schnellzugwagen der DB in kaum noch zu übertreffender Vorbild- und Maßstabtreue, ein sinnvoll durchdachtes Gleissystem und verschiedenes Zubehör. Das Programm wird ständig erweitert. Auch der Bau von Triebfahrzeugen ist für die nächste Zeit geplant.

Das ADE-Gleissystem (NEM) besteht aus Geraden in verschiedenen Längen (1/1 = 232 mm), 6 Radien, einem Weichenpaar 10° (1201 + 1202), 2 Innenbogenweichen R1/R2 (1211 + 1212), und R2/R1 (1213 + 1214), einer doppelten Kreuzweiche 10°, zwei Kreuzungen (10° und 20°), 2 Gleisverbindungen und allen erforderlichen Herz- und Abzweigstücken. Die Besonderheit des ADE-Gleises ist der komplette Gleiskörper mit sehr naturgetreuer Schotterböschung aus Plastik sowie die Befestigungsart mit Hilfe von Kunststoff-Führungsleisten, die auf die Unterlage geschraubt oder genagelt werden. Das Gleis wird dann einfach aufgeklipst. Der verbleibende Hohlraum kann zur Aufnahme von Zuleitungskabel genutzt werden und enthält auch die Weichenantriebe.

Die Belieferung erfolgt über den Fachhandel.

The firm ADE Modelleisenbahnen GmbH was founded in 1975 and is engaged in manufacturing top products of model railways technique in HO scale. At present, the available programme contains about 30 express coaches of the DB as nearly incomparable reproductions in the exact scale, an ingeniously constructed track system and several accessories. The programme will be enlarged. The construction of driven vehicles is intended in the sooner future.

The ADE track system (NEM) consists of straight sections (1/1 = 232 mm), 6 circles, a pair of switches 10° (1201 + 1202), 2 curved switches R1/R2 (1211 + 1212) and R2/R1 (1213 + 1214), a double slip switch 10°, 2 crossings (10° and 20°), 2 parallel track crossovers and all required frog and branch sections. The peculiarity of the ADE track is the foundation of a realistic ballast embankment from plastic and the fastening method by plastic holding ledges to be screwed or nailed to the ground. The track sections click to these ledges. The remaining space is used for wiring and even for the switch motors.

Items available from specialized dealers only.

Fondée en 1975, la firme ADE Modelleisenbahnen GmbH s'est spécialisée dans la fabrication de produits de haute qualité de chemin de fer modèle réduit et d'échelle HO. Actuellement le programme comprend une trentaine de voitures de grandes lignes de la DB, executées d'une façon incomparable de reproduction et d'échelle, de plus, un système de voie bien approfondi et des accessoires variés. Le programme est constamment élargi. Ainsi, on projette la fabrication de motrices prochainement.

Le système de voie ADE (NEM) comprend: des sections droites de différentes longueurs (1/1 = 232 mm), 6 courbes, une paire d'aiguilles de 10° (1201 + 1202), deux aiguilles à déviation R1/R2 (1211 + 1212) et R2/R1 (1213 + 1214), une traversée-jonction double de 10°, deux croisements (10° et 20°), deux éléments de jonction et tous les cœurs et les éléments d'embranchement. Une particularité de la voie ADE, c'est l'installation de la voie avec un lit de ballast et un remblai en matière plastique, très fidèle à la nature. La fixation se fait à l'aide de listels de guidage en matière synthétique, vissés ou cloués sur des supports. Ensuite la voie y est simplement attachée. L'espace vide peut être utilisé pour le logement des cables d'amenée, et il contient les mécanismes d'aiguilles.

Les articles sont en vente dans le commerce spécialisé seulement.

1202

1231

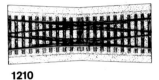

1210

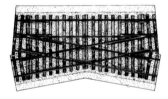

1232

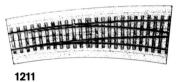

1211

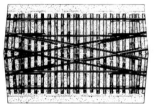

1241

1214

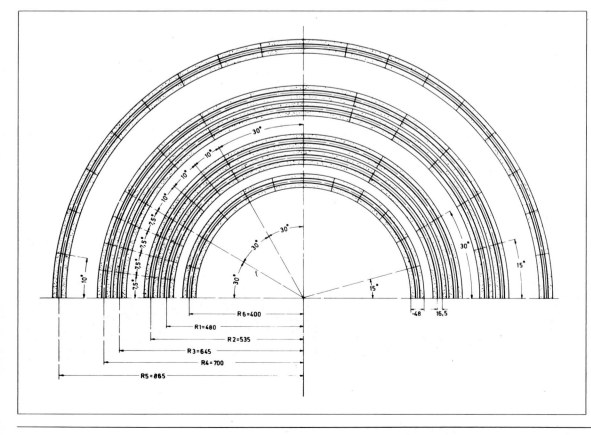

1242

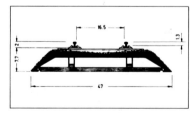

⊠

ADE Modelleisenbahnen GmbH
Kelterstraße 17
D-7441 Unterensingen

Marcel Csuka
Herzogstraße 17
CH Zürich

Ets. V.D. Perre
Keienberglaan 28
B Grimbergen

Zeta Import-Export
Van Broekhusenstraat 45
NL Ammerzoden

Nahverkehrswagen der DB
Short distance traffic coach of the DB
Voiture de banlieue de la DB
II = ℙ ⊠ ⚕ B ⊦304⊦(Ⓚ)   3030

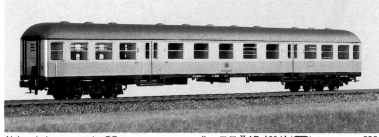

Nahverkehrswagen der DB
Short distance traffic coach of the DB
Voiture de banlieue de la DB
II = ℙ ⊠ ⚕ AB ⊦304⊦(Ⓚ)   3031

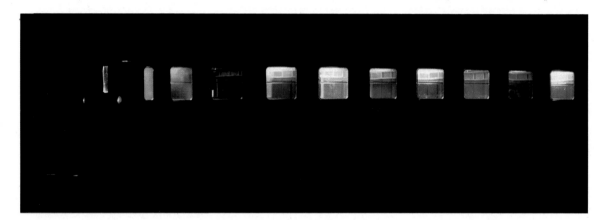

Alle ADE Reisezugwagen sind mit Soffittenlampen beleuchtet. Die Stromaufnahme erfolgt über die Radlager. Die Umrüstung auf Mittelschleifer ist möglich.

All ADE passenger coaches are lighted by tubular lamps. The current is fed by the wheel bearings. Alteration to centerconductor is possible.

Toutes les voitures voyageurs ADE sont éclairées par des ampoules tubulaires. L'amenée de courant se fait par les paliers de roues. Il est possible de monter un conducteur central.

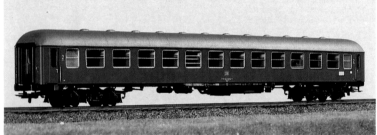

Schnellzugwagen der DB
Express coach of the DB
Voiture grandes lignes de la DB
II = ℙ ⊠ ⚕ B ⊦304⊦(Ⓚ)   3001

Schnellzugwagen der DB
Express coach of the DB
Voiture grandes lignes de la DB
II = ℙ ⊠ ⚕ A ⊦304⊦(Ⓚ)   3004

Schnellzugwagen der DB
Express coach of the DB
Voiture grandes lignes de la DB
II = ℙ ⊠ ⚕ AB ⊦304⊦(Ⓚ)   3002

Schnellzugwagen der DB mit Gepäckabteil
Express coach of the DB with luggage
compartment
Voiture grandes lignes de la DB
avec compartiment à bagages
II = ℙ ⊠ ⚕ B ⊦304⊦(Ⓚ)   3003

RHEINGOLD Fernschnellzugwagen der DB
RHEINGOLD main line coach of the DB
Voiture grandes lignes RHEINGOLD
de la DB
II = ℙ ⊠ ⚕ A ⊦304⊦(Ⓚ)   3251

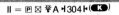

RHEINGOLD Großraumwagen der DB
RHEINGOLD main line saloon coach
of the DB
Voiture-salon grandes lignes
RHEINGOLD de la DB
II = ℙ ⊠ ⚕ A ⊦304⊦(Ⓚ)   3252

TEE Fernschnellzug-Abteilwagen der DB
TEE main line compartment coach
of the DB
Voiture grandes lignes TEE
à compartiments de la DB

II = 🅿 ⊠ 🛱 A ⊦304⊦(**K**)   3151

TEE Fernschnellzug-Großraumwagen
der DB
TEE main line saloon coach of the DB
Voiture-salon grandes lignes TEE de la DB

II = 🅿 ⊠ 🛱 A ⊦304⊦(**K**)   3152

APFELPFEIL Touristikwagen
APFELPFEIL touring coach
Voiture de tourisme APFELPFEIL

II = 🅿 ⊠ 🛱 ⊦304⊦(**K**)   3161

IAO (Internationale Apfelfahrten-Organi-
sation ist ein großes europäisches Touri-
stik-Unternehmen im See-Kreuzfahrt-
Geschäft mit eigenem APFELPFEIL
Wagenpark für Zubringer-Sonderzüge zu
den Hafenstädten.

IAO (International Apfel Voyage Organization) is a great European touring enterprise in sea cruise business.

The own APFELPFEIL passenger rolling
stock is for special trains to the sailing
ports.

IAO (Organisation Internationale de Voyages Apfel) est une grande entreprise
de tourisme en Europe sur le secteur
croisières. Elle a un parc de voitures
APFELPFEIL à lui, qui sont utilisées pour
les trains spéciaux allant aux villes maritimes.

Schnellzugwagen der DB
(neue Farbgebung)
Express coach of the DB
(new colours)
Voiture grandes lignes de la DB
(couleur nouvelle)

II = 🅿 ⊠ 🛱 B ⊦304⊦(**K**)   3101

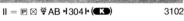

Schnellzugwagen der DB
(neue Farbgebung)
Express coach of the DB
(new colours)
Voiture grandes lignes de la DB
(couleur nouvelle)

II = 🅿 ⊠ 🛱 AB ⊦304⊦(**K**)   3102

Die ADE Reisezugwagen sind mit ADE-
MATIC-Kurzkupplung ausgerüstet, die
vorbildtreues Puffer-an-Puffer-Fahren
ermöglicht auf Radien über 358 mm.
Sie paßt zu den NEM-Kupplungen Klasse A
und B. Die einzeln gefederten Radsätze
entsprechen NEM-Maßen und können
gegen passende RP 25 oder Wechselstrom-
Räder ausgetauscht werden.

The ADE passenger coaches are equipped
with ADEMATIC short couplings to run
buffer-to-buffer like the original on a radius
greater than 358 mm. They can operate
with NEM class A and B couplings.
The seperately suspended wheel sets are
made to NEM measures and can be
exchanged for RP 25 or AC stud contact
wheels.

Les voitures voyageurs ADE sont équipées
d'attelages serrés ADEMATIC, qui permettent une circulation tampons contre
tampons, fidèle à l'original sur un rayon
de plus de 358 mm. Ils peuvent être adaptés
aux organes NEM classe A et B. Les essieux
montés sont suspendus isolément et
correspondent aux normes NEM. Ils peuvent être échangés avec des roues RP 25
ou des roues à plots de contact et courant
alternatif.

Schnellzugwagen der DB
(neue Farbgebung)
Express coach of the DB
(new colours)
Voiture grandes lignes de la DB
(couleur nouvelle)

II = 🅿 ⊠ 🛱 A ⊦304⊦(**K**)   3104

Firma, Dampflokomotiven
Introduction, steam locomotives
Présentation, locomotives à vapeur

Oldtimer-Dampflokomotive
„J.M. Bowker" (1875)
Old time steam locomotive
"J.M. Bowker" (1875)
Locomotive à vapeur ancienne
«J.M. Bowker» (1875)

II = Ⓟ ✥✦2✦ �916180⏗
Virginia & Truckee   5072-B
Kansas City & St. Louis   5072-C
Western & Atlantic   5072-D

Oldtimer-Dampflokomotive „Reno" (1873)
Old time steam locomotive "Reno"
(1873)
Locomotive à vapeur ancienne «Reno»
(1873)

II = Ⓟ ✦2✦ 916200⏗
Virginia & Truckee   5070-B
Kansas City, St. Louis & Chicago   5070-C

Oldtimer-Dampflokomotive „Inyo" (1875)
Old time steam locomotive "Inyo" (1875)
Locomotive à vapeur ancienne «Inyo»
(1875)

II = Ⓟ ✦2✦ 916200⏗
Kansas City, St. Louis & Chicago   5066-C
Virginia & Truckee   5066-B

Oldtimer-Dampflokomotive Nr. 91
Old time steam locomotive No. 91
Locomotive à vapeur ancienne No. 91

II = Ⓟ ✦2✦ 916220⏗
Atchison Topeka & Santa Fe   5067

Oldtimer-Dampflokomotive „Genoa"
(1872)
Old time steam locomotive "Genoa"
(1872)
Locomotive à vapeur ancienne «Genoa»
(1872)

II = Ⓟ ✦2✦ 916200⏗
Virginia & Truckee   5067-B
Western & Atlantic   5067-C

AHM (Associated Hobby Manufacturers) bietet ein breites Sortiment an Spielwaren und Hobbyartikeln an, das in Qualität und Preis sorgfältig zusammengestellt ist. Schiffs-, Fahrzeug- und Flugzeugmodelle in verschiedenen Größen und Ausführungen und Modelleisenbahnen in Baugröße HO, O und N werden für AHM zum Teil exclusiv von namhaften Firmen in aller Welt gefertigt, u.a. in den USA, in Österreich (Roco, Liliput), Deutschland (Pola), England (Airfix), Italien (Rivarossi, Casadio), Jugoslawien (Mehanotehnika), Japan und Hong Kong (Kader). Das aktuelle Programm kann dem AHM Hobby Newsletter (14-tägig) entnommen werden.
Das HO-Bahnsystem entspricht den NMRA-Normen. Die zuverlässigen Fahrzeuge sind exakte Modelle und haben NMRA-Klauenkupplungen. Sie werden in kompletten Zugpackungen und einzeln geliefert.
Die Gleise (NMRA Code 100) sind aus Messing oder Neusilber. Erhältlich sind gerade Stücke (1/1 = 229 mm), drei Radien (381 mm, 457 mm, 559 mm), flexibles Gleis (914 mm), Entkuppler, Eingleiser und ein beleuchteter Prellbock. Für Abzweigungen stehen eine Kreuzung (30°), Weichen (14° 15', 9° 30', symm. 11°, 3-Weg 9° 30'), einfache und doppelte Kreuzungsweiche (9° 30') und Bogenweichen (Radius 559 - 457 mm) zur Verfügung. Dazu passend gibt es einen mechanischen Bahnübergang, Brücken und Auffahrten und eine ferngesteuerte Drehscheibe (⌀ 40 cm, Brücke 35 cm) für bis zu 11 Lokschuppen. Zur elektrischen Steuerung dienen handliche Transformatoren, Schalter und Anschlüsse.
Die AHM-Schmalspurbahn läuft auf HOe-Gleisen (9 mm). Der Fahrzeugpark besteht aus 5 Lokomotiven und 8 Wagen. Das Gleissystem hat Gerade, 2 Radien (178 mm, 229 mm), Kreuzungen (auch HO/HOe) und ein Entkupplungsgleis und kann mit Spur-N-Gleis erweitert werden.
HO-Anlagenzubehör gibt es in großer Auswahl: über 50 Gebäudebausätze, Nutzfahrzeuge, Militärfahrzeuge, Figuren und Landschaftsteile.
Lieferung erfolgt über den Fachhandel oder, falls AHM-Erzeugnisse dort nicht vorrätig sind, gegen Vorauskasse direkt.

AHM (Associated Hobby Manufacturers) offers a wide range of toys and hobby products specially selected and harmonized in quality and price. Ship, vehicle, and airplane models in various sizes and executions and model railways in HO, O, and N scale are made for AHM (part of them exclusively) by renowned manufacturers throughout the world, among others in the USA, in Austria (Roco, Liliput), Germany (Pola), Britain (Airfix), Italy (Rivarossi, Casadio), Yugoslavia (Mehanotehnika), Japan, and Hong Kong (Kader). The very actual programme can be seen in the AHM Hobby Newsletter (twice a month).
The HO railway system comes up to NMRA standards. The reliable vehicles are scaled exactly and have horn-hook couplers. They are available in complete train sets or as items.
The trackage (NMRA Code 100) is of brass or nickel-silver. Disposable are straight-sections (1/1 = 9''), three radii (15'', 18'', 22''), flexible track (36''), uncoupler, and a lighted bumper. For deviations there are a crossing (30°), switches (14° 15', 9° 30', symm. 11°, 3-way 9° 30'), single and double-slip switch (9° 30') and curved switches (radius 22''-18''). Suitable additions are a mechanical level-crossing, bridges and trestle sets, and a remote controlled turntable, (⌀ 16'', bridge 14'') for up to 11 engine sheds. Electrical supervision is made by handy power packs, controllers and connections.

The AHM narrow-gauge railway runs on HOe track (9 mm). The vehicles are 5 locomotives and 8 cars. The trackage has straight sections, two radii (7'', 9''), crossings (also HO/HOe) and an uncoupler and can be enlarged by N gauge track.
HO layout accessories are available in a great selection: more than 50 buildings as kits, tractors, military vehicles, figures, and sceneries.
AHM items are delivered through hobby shops, or, if not available there, directly by advance payment.

La firme AHM (Associated Hobby Manufacturers) offre un programme bien varié en jouets et articles d'amusement soigneusement assorti tant au point de vue qualité que prix. Des fabricants considérables du monde entier, entre outre aux Etats-Unis, en Autriche (Roco, Liliput), Allemagne (Pola), Angleterre (Airfix), Italie (Rivarossi, Casadio), Yougoslavie (Mehanotehnika), Japon et Hong Kong (Kader), construisent en partie exclusivement pour AHM des modèles de bateaux, de véhicules et d'avions en différents tailles et détails ainsi que des chemins de fer modèle réduit d'échelle HO, O et N. Le programme actuel est repris dans la brochure «Hobby Newsletter» des AHM (publication 2 fois par mois).
Le système de chemin de fer d'échelle HO correspond aux normes NMRA. Les véhicules éprouvés sont des maquettes exactes équipées d'attelages-griffes NMRA. Ils sont livrables en garnitures de trains complets et en détail.
Les voies (NMRA Code 100) sont en laiton ou en argentan. Le programme comporte des sections droites (1/1 = 229 mm), trois rayons (381 mm, 457 mm et 559 mm), une voie flexible (914 mm), un élément dételeur, un enrailleur et un heurtoir éclairé.
Pour réaliser un embranchement ont peut acquérir un croisement (30°), des aiguillages (14° 15', 9° 30', symétrique 11°, aiguillage à 3 voies 9° 30'), une traversée-jonction simple et double (9° 30') et des aiguillages enroulés (rayon 559 - 457 mm). De plus, il y a un passage à niveau mécanique, des ponts et rampes d'accès et un pont tournant télécommandé (40 cm de diamètre, le pont 35 cm) pour jusqu'à 11 remises à machines. Pour la commande électrique on se sert de transformateurs, interrupteurs et prises de courant maniables.
Le chemin de fer à voie étroite AHM circule sur voies HOe (9 mm). Le parc AHM comprend 5 locomotives et 8 véhicules. Le système de voie se compose de sections droites, 2 rayons (178 mm et 229 mm), de croisements (aussi entre voies HO/HOe) et d'un élément dételeur. Il est possible d'élargir l'installation par voie à écartement N.
Le programme offre plus de 50 kits d'immeubles, des véhicules industriels, des véhicules militaires, des figurines et des éléments de paysage.
La livraison se fait par le commerce spécialisé ou, au cas où les produits n'y seraient pas disponibles, directement contre payement d'avance.

✉

AHM
Associated Hobby Manufacturers, Inc.
A Subsidiary of General Hobbies Corp.
401 East Tioga Street
USA Philadelphia, Pa. 19134

Rangierlokomotive Reihe C 16 „Little Joe"	II = ℙ ⚐ ✦2✦ ⊦105⊦		Rangierlokomotive Typ Saddle Tank	Oliver Iron Mining Co.	5155-C
Switching locomotive class C 16 "Little Joe"	Baltimore & Ohio	5018-B	Switching locomotive type Saddle Tank	Reliance Rock Co.	5155-B
Locomotive de manœuvre série C 16 «Little Joe»	Baltimore & Ohio	5017-B	Locomotive de manœuvre type Saddle Tank	Pennsylvania	5155-D
				Santa Fe	5155-E
			II = ℙ ⚐ ✦3✦ ⊦130⊦	Baltimore & Ohio	5155-F
				New York Central	5155-G

Rangierlokomotive mit Tender Reihe C 16a	II = ℙ ⚐ ✦2✦ ⊦185⊦		Personenzuglokomotive „Casey Jones" (1896)	II = ℙ ⚐ ✦2✦ ⊦185⊦	
Switching locomotive with tender class C 16a	Baltimore & Ohio	5074-B	Passenger train locomotive "Casey Jones" (1896)	Illinois Central	5151-B
Locomotve de manœuvre avec tender série C 16a	Union Pacific	5074-C	Locomotive à voyageurs «Casey Jones» (1896)	Illinois Central	5152-B
	Chicago & North Western	5074-D		Arcade & Attica	5151-C
	New York & New Haven	5074-E			

Rangierlokomotive mit Tender	Baltimore & Ohio	5141-C	Schwere Rangierlokomotive ALCO (1927)	Missouri Pacific	5082-D
Switching locomotive with tender	Pennsylvania	5141-B	Heavy switching locomotive ALCO (1927)	Indiana Harbor Belt	5082-B
Locomotive de manœuvre avec tender	Union Pacific	5141-D	Locomotive de manœuvre lourde ALCO (1927)	Santa Fe	5082-C
	Burlington Route	5141-E		Reading Co.	5082-E
II = ℙ ⚐ ✦3✦ ⊦230⊦	Chicago & North Western	5141-F	II = ℙ ⚐ ✦4✦ ⊦270⊦		
	Central RR. New Jersey	5141-G			

Schwere Pacific-Schnellzuglokomotive Typ USRA
Heavy Pacific fast train locomotive USRA type
Locomotive de vitesse Pacific lourde type USRA

II = ℙ ⚐ ✦3✦ ⊦330⊦

Santa Fe	5087-C
Santa Fe	5088-B
Erie	5087-B
Baltimore & Ohio	5087-D
Pennsylvania	5088-C
Chicago & North Western	5088-D
Burlington Route	5088-E

Schwere Pacific-Schnellzuglokomotive Reihe PS-4 für den „Crescent Limited"-Zug der Southern Railway
Heavy Pacific fast train locomotive class PS-4 for the "Crescent Limited" train of the Southern Railway
Locomotive de vitesse Pacific lourde série PS-4 pour le train «Crescent Limited» de la Southern Railway

II = ℙ ⚐ ✦3✦ ⊦330⊦

5087-E

Dampflokomotiven
Steam locomotives
Locomotives à vapeur

Personenzuglokomotive
Reihe J 3a Hudson
Passenger train locomotive
class J 3a Hudson
Locomotive à voyageurs
série J 3a Hudson

II = Ⓟ ⚒ ◀3▶ ◀340▶
New York Central   5096-B

Schnellzuglokomotive ALCO Hudson
mit Stromlinienverkleidung
Streamlined fast train locomotive
ALCO Hudson
Locomotive de vitesse aérodynamique
ALCO Hudson

II = Ⓟ ⚒ ◀3▶ ◀350▶
New York Central   5095-B

Schwere Mehrzwecklokomotive
Reihe S 3 Berkshire
Heavy multi-purpose locomotive
class S 3 Berkshire
Locomotive lourde mixte série S 3
Berkshire

II = Ⓟ ⚒ ◀4▶ ◀350▶
Nickel Plate Road   5061-B
Pere Marquette   5061-C
Chesapeake & Ohio   5061-D

Berkshire-Lokomotive der High Iron
Company für den „Golden Spike"-
Jubiläumszug
Berkshire locomotive of the High Iron
Company for the "Golden Spike"
centennial train
Locomotive Berkshire de la High Iron
Company pour le train de centenaire
«Golden Spike»

II = Ⓟ ⚒ ◀4▶ ◀350▶   5061-E

Schwere Güterzuglokomotive Reihe S 1
Santa Fe
Heavy freight train locomotive class S 1
Santa Fe
Locomotive à marchandises lourde
série S 1 Santa Fe

II = Ⓟ ⚒ ◀5▶ ◀380▶
Baltimore & Ohio   5099-B

Schwere Güterzuglokomotive
Typ USRA Y 6b Mallet
Heavy freight train locomotive
type USRA Y 6b Mallet
Locomotive à marchandises lourde
type USRA Y 6b Mallet

II = Ⓟ ⚒ ◀8▶ ◀420▶
Pennsylvania   5090-B
Santa Fe   5090-C
Norfolk & Western   5090-D

Schwere Güterzuglokomotive
Typ Baldwin AC 11 Cab Forward
Heavy freight train locomotive
type Baldwin AC 11 Cab Forward
Locomotive à marchandises lourde
type Baldwin AC 11 Cab Forward

II = Ⓟ ⚒ ◀8▶ ◀450▶
Southern Pacific   5111-B

Dampf-, Elektro- und Diesellokomotiven
Steam, electric and Diesel locomotives
Locomotives à vapeur, électrique et Diesel

Elektrische Schnellzuglokomotive
Typ GG 1
Electric fast train locomotive type GG 1
Locomotive électrique de vitesse
type GG 1
II = Ⓟ ⚡ ← 3 → ⊢300⊣

Pennsylvania		5160-C
Pennsylvania rot/red/rouge		5160-B
Amtrak		5160-D
Golden Spike		5160-F
Penn Central		5160-E

Schwere Güterzuglokomotive Typ Mallet
ALCO „Big Boy"
Heavy freight train locomotive
type Mallet ALCO "Big Boy"
Locomotive à marchandises lourde
type Mallet ALCO «Big Boy»

II = Ⓟ ⚡ ← 8 → ⊢475⊣		
Union Pacific		5114-B

Die langen AHM-Gliederlokomotiven
befahren ohne Schwierigkeiten Radien
ab 457 mm. Alle Treibachsen sind über
Kardangelenke angetrieben.

The long articulated locomotives of
AHM run on 18'' radius without trouble.
All drivers are powered by use of
universal joints.

Les locomotives longues articulées
AHM roulent sur rayon de 457 mm sans
aucune difficulté. Tous les essieux
moteurs sont entrainés par des joints
cardans.

Rangierlokomotive Plymouth MDT
Switching locomotive Plymouth MDT
Locotracteur Plymouth MDT
II = Ⓟ ⚡ ← 1 → ⊢105⊣

Santa Fe	5001-C	
Pennsylvania	5001-B	

Illinois Central		5001-D
Reading Co.		5001-E
Union Pacific		5001-F
Baltimore & Ohio		5001-G
New Haven		5001-H
Penn Central		5001-I

Rangierlokomotive General Electric
Switcher General Electric
Locotracteur General Electric

II = Ⓟ ⚡ ← 1 → ⊢110⊣

Union Pacific		5153-D
Santa Fe		5153-B
Pennsylvania		5153-C
Milwaukee Road		5153-E
Baltimore & Ohio		5153-F

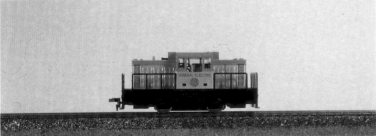

Rangierlokomotive General Electric CC
Switcher General Electric CC
Locotracteur General Electric CC

II = Ⓟ ⚡ ← 1 → ⊢110⊣

General Electric		5011-B
Union Pacific		5011-C
Santa Fe		5011-D
Burlington Northern		5011-E
SOO Line		5011-F
Milwaukee Road		5011-G

Strecken-Rangierlokomotive ALCO RS 2
Road switcher ALCO RS 2
Locomotive de manœuvre ALCO RS 2
II = Ⓟ ⚡ ← 2 → ⊢180⊣

Erie Lackawanna	5131-E	
Pennsylvania	5131-B	

Santa Fe		5131-C
Monon RR.		5131-D
New York Central		5131-F
Union Pacific		5131-G
Penn Central		5131-H
Louisville & Nashville		5131-J

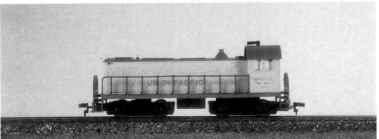

Rangierlokomotive ALCO 1000
Yard switcher ALCO 1000
Locomotive de manœuvre ALCO 1000

II = Ⓟ ⚡ ← 2 → ⊢155⊣

Union Pacific		5010-F
Chesapeake & Ohio		5010-B
Burlington Route		5010-C
Pennsylvania		5010-D
Santa Fe		5010-E
Southern Pacific		5010-G

Rangierlokomotive EMD SW-1
Switching locomotive EMD SW-1
Locomotive de manœuvre EMD SW-1

II = Ⓟ ⚡ ← 2 → ⊢155⊣

Southern Ry.		5014-C
Chicago & North Western		5014-B
Pennsylvania		5014-D
Santa Fe		5014-E
Illinois Central		5014-F
Southern Pacific		5014-G

Personenzuglokomotive EMD E-8
Passenger train locomotive EMD E-8
Locomotive à voyageurs EMD E-8
II = Ⓟ ♛ ♦ 2♦ ⊣252⊢

Illinois Central	5121-D
Pennsylvania rot/red/rouge	5121-R
Wabash	5121-B
Chesapeake & Ohio	5121-C
Union Pacific	5121-E

Northern Pacific	5121-F
Pennsylvania grün/green/verte	5121-S
Baltimore & Ohio	5121-H
Santa Fe	5121-P
Burlington Northern	5121-J
Lackawanna	5121-K
Milwaukee Road	5121-M
Southern Ry.	5121-N

Alle AHM-Diesellokomotiven (außer zweiachsigen) sind auch ohne Motor erhältlich. An die Bestellnummer wird „D" angehängt.

All AHM Diesel locomotives (except 4-wheeled ones) are available as dummy units. The order No. is followed by a "D".

Toutes les locomotives Diesel AHM (sauf ceux à 2 essieux) sont livrables sans moteur. Une «D» est ajoutée au No. de commande.

Mehrzwecklokomotive EMD GP-18
Multi-purpose locomotive EMD GP-18
Locomotive tous services EMD GP-18

II = Ⓟ ♛ ♦ 2♦ ⊣185⊢

Reading Co.	5021-E
Chicago & North Western	5021-B
Great Northern	5021-C
SOO Line	5021-D
Santa Fe	5021-F

Nebenstrecken-Lokomotive BL-2
Branch line locomotive BL-2
Locomotive de lignes secondaires BL-2
II = Ⓟ ♛ ♦ 4♦ ⊣200⊢

Chesapeake & Ohio	5040-B
Florida East Coast	5040-C

Missouri Pacific	5040-D
Western Maryland	5040-E
Monon RR.	5040-F
Bangor & Aroostock	5040-G
Rock Island	5040-H
Chicago & Eastern Illinois	5040-I

Mehrzwecklokomotive EMD FT
Multi-purpose locomotive EMD FT
Locomotive tous services EMD FT

II = Ⓟ ♛ ♦ 4♦ ⊣175⊢

Atlantic Coast Line	5080-F

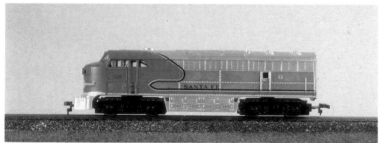

Mehrzwecklokomotive FM A
Multi-purpose locomotive FM A
Locomotive tous services FM A
II = Ⓟ ♛ ♦ 2♦ ⊣190⊢ 5024-

Santa Fe	E	Seaboard Coast	B
Reading	C	Balt. & Ohio	F

North. Pacific	G	Milwaukee Road	H
East Caroline	I	Illinois Central	J
Union Pacific	K	Canadian Nat.	L
N.Y. Central	M	Penn Central	N
Mo. Kans.Tex.	P	Louisv. & Nashv.	Q
Burl. Northern	R	Southern Ry.	T

Schwere Mehrzwecklokomotive
GE U 25 C
Heavy multi-purpose locomotive
GE U 25 C
Locomotive mixte lourde GE U 25 C
II = Ⓟ ♛ ♦ 4♦ ⊣225⊢

Burlington Route	5054-D
Pennsylvania	5054-B
Northern Pacific	5054-C
Santa Fe	5054-E
Seaboard Coast	5054-F
Louisville & Nashville	5054-G

Schwere Mehrzwecklokomotive
EMD FP-45
Heavy multi-purpose locomotive
EMD FP-45
Locomotive mixte lourde EMD FP-45
II = Ⓟ ♛ ♦ 4♦ ⊣250⊢

Amtrak	5150-G
Pennsylvania	5150-B
Santa Fe	5150-C
Union Pacific	5150-D
Northern Pacific	5150-E
Baltimore & Ohio	5150-F

Schotterbett-Nivelliermaschine
Mainliner Duomatic 07-32
Roadbed levelling machine Mainliner
Duomatic 07-32
Machine à niveler le lit de ballast
Mainliner Duomatic 07-32

II = Ⓟ ⊣250⊢ 5295-B

Flachwagen mit Rungen der	ll = Ⓟ ⊩140⊩	6245
Virginia & Truckee	mit Seitenwänden	
Flat car with stakes of the	with side walls	
Virginia & Truckee	avec parois latérales	
Wagon plat à ranchers de la	ll = Ⓟ ⊩140⊩	6248
Virginia & Truckee		

Flachwagen mit Behältern der	ll = Ⓟ ⊩140⊩	6255
Virginia & Truckee		
Flat car with tanks of the		
Virginia & Truckee		
Wagon plat avec reservoirs de la		
Virginia & Truckee		

Flachwagen mit Schiffschrauben	Southern RR.	5391-E
Flat car with propellers	Reading Co.	5391-B
Wagon plat avec hélices	Great Northern	5391-C
ll = Ⓟ ⊩175⊩	Milwaukee Road	5391-D

Flachwagen mit PKW	ll = Ⓟ ⊩175⊩	
Flat car with automobiles	Santa Fe	5336-D
Wagon plat avec voitures		

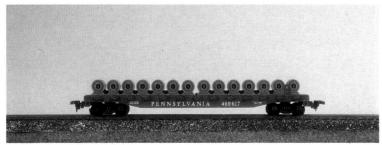

Flachwagen mit Blechrollen	ll = Ⓟ ⊩175⊩	
Flat car with plate rolls	Southern RR.	5337-B
Wagon plat avec rouleaux de tôle		

Flachwagen mit Blechrollen	ll = Ⓟ ⊩175⊩	
Flat car with plate rolls	Pennsylvania	5337-C
Wagon plat avec rouleaux de tôle		

Flachwagen mit 20'-Containern	ll = Ⓟ ⊩175⊩	
Flat car with 20' containers	Southern RR.	5335-C
Wagon plat avec containers de 20'		

Flachwagen mit 20'-Containern	ll = Ⓟ ⊩175⊩	
Flat car with 20' containers	New Haven	5482-C
Wagon plat avec containers de 20'		

Flachwagen der US Army mit	ll = Ⓟ ⊩195⊩	
2 Fahrzeugen	LKW/trucks/camions	5372
Flat car of the US Army with 2 vehicles	Traktoren/tractors/tracteurs	5378
Wagon plat de la US Army avec		
2 véhicules		

Flachwagen der US Army mit 2 Panzern	ll = Ⓟ ⊩195⊩	5370
Flat car of the US Army with 2 tanks		
Wagon plat de la US Army avec 2 chars		

Tiefladewagen der US Army mit Panzer	II = ℗ ⊢200⊦		5380
Center depressed flat car of the			
US Army with tank			
Wagon à plateforme surbaissée de la			
US Army avec char			

Hochbordwagen 40'		Chicago & North Western	5437
40' gondola		Reading Co.	5436
Wagon tombereau de 40'		Southern RR.	5435
II = ℗ ⊢145⊦		Norfolk Southern	5434
Burlington Route	5439	Utah Coal Route	5433
New Haven	5438	Monon RR.	5432

200-t Schwertransportwagen mit	II = ℗ ⊢171⊦	
Stammholz	Santa Fe	5386
200-ton heavy load carrier with logs		
Wagon pour transports lourds de 200 t		
avec tiges		

Hochbordwagen 40'		Denver & Rio Grande W.	5445
40' gondola		Boston & Maine	5444
Wagon tombereau de 40'		Jersey Central	5443
II = ℗ ⊢145⊦		Seaboard Coast	5442
Southern Pacific	5278-G	Cotton Belt	5441
Southern Pacific white	5446	Union Pacific	5440

Hochbordwagen 40'		Chicago & Eastern Illinois	5278-B
40' gondola		New York Central	5278-C
Wagon tombereau de 40'		Great Northern	5278-D
		Burlington Northern	5278-F
II = ℗ ⊢145⊦		Michigan Central	5430
Penn Central	5278-E	Pennsylvania	5431

Hochbordwagen 40' mit Ladung	Canadian National	5547
40' gondola with load	Pennsylvania	5531
Wagon tombereau de 40' chargé	Monon RR.	5532
II = ℗ ⊢145⊦	Norfolk Southern	5534
	Rock Island	5535
	Reading Co.	5536

Hochbordwagen 40' mit Ladung	Ann Arbor RR.	5546
40' gondola with load	Burlington Route	5539
Wagon tombereau de 40' chargé	Southern RR.	5542
	Illinois Central	5543
	Pittsburgh & Lake Erie	5544
II = ℗ ⊢145⊦	Denver & Rio Grande W.	5545

Hochbordwagen 50' mit Verstrebungen	II = ℗ ⊢175⊦	
50' outside braced gondola	Milwaukee Road	5299-E
Wagon tombereau de 50' à entretoises	Rock Island	5299-F

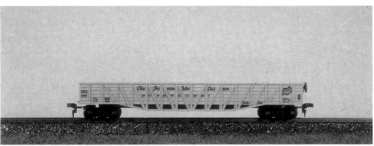

Hochbordwagen 50' mit Verstrebungen	II = ℗ ⊢175⊦	
50' outside braced gondola	Ohio Seamless Tube	5299-B
Wagon tombereau de 50' à entretoises	Sante Fe	5299-C
	Pittsburgh & Lake Erie	5299-D

Hochbordwagen 50'	II = ℗ ⊢175⊦	
50' gondola	Burlington Route	
Wagon tombereau de 50'		5333-B

Offener Güterwagen mit Gatterwänden
Trellis sided car
Wagon à bords de treillage

II = 🅿 ⊢175⊩
Western Maryland   5394-E

Offener Güterwagen mit Gatterwänden
Trellis sided car
Wagon à bords de treillage

II = 🅿 ⊢175⊩
Burlington Northern   5392-B
Union Pacific   5392-C
Denver & Rio Grande W.   5392-D

Gedeckter Oldtimer-Güterwagen
Old time box car
Wagon couvert ancien

II = 🅿 ⊢125⊩
California Fast Freight L.   6242
Missouri Pacific   6241

Viehwagen
Stock car
Wagon à bestiaux

II = 🅿 ⊢135⊩
Clinchfield   5202-B

Viehwagen
Stock car
Wagon à bestiaux

II = 🅿 ⊢135⊩
Union Pacific   4202-C
Southern Pacific   5202-D

Viehwagen
Stock car
Wagon à bestiaux

II = 🅿 ⊢135⊩
L. H. & St. Louis   5202-E

Obst- und Gemüsewagen
Fruit car
Wagon transport de fruits

II = 🅿 ⊢135⊩
Atlantic Coast line   5201-C
Central of Georgia   5201-B

Obst- und Gemüsewagen
Fruit car
Wagon transport de fruits

II = 🅿 ⊢135⊩
Nashv. Chattan. & St. Louis   5201-E
Chcago & Ill. Midland   5201-D

Viehwagen
Stock car
Wagon à bestiaux
II = 🅿 ⊢147⊩

	Great North.	5403	Union Pac.	5404
	Reading	5405	Milwaukee	5406
	N.Y. Central	5407	Pennsylvania	5408
	Nickel Plate	5409	Atl. Coast L.	5410
SOO line 5412	Mo. Kans. Tex. 5400	North. Pac.	5411	Wabash	5413
Rio Grande 5401	Chicago & N.W. 5402	Erie RR.	5414

Viehwagen
Stock car
Wagon à bestiaux
II = 🅿 ⊢150⊩

Great Northern   5275-E
Chicago & North Western   5275-B
Union Pacific   5275-C
Denver & Rio Grande W.   5275-D
New York Central   5275-F
Pennsylvania   5275-G

Kühlwagen Reefer car Wagon réfrigérant	II = P ⊣150⊢ Pacific Fruit Express Armour Refrigerator Line	 5274-G 5274-H

Gedeckter Güterwagen Box car Wagon couvert	II = P ⊣150⊢ American Sugar Great Northern	 5279-B 5279-C

Kühlwagen Reefer car Wagon réfrigérant	II = P ⊣150⊢ Santa Fe Missouri Kansas Texas Wabash	 5274-B 5274-C 5274-D

Kühlwagen Reefer car Wagon réfrigérant	II = P ⊣150⊢ Therm Ice	 5312

Gedeckter Güterwagen Box car Wagon couvert	II = P ⊣150⊢ Polaroid	

Kühlwagen Reefer car Wagon réfrigérant	II = P ⊣150⊢ American Refrigerator Transit	 5310

Kühlwagen Reefer car Wagon réfrigérant	II = P ⊣150⊢ Denver & Rio Grande Burlington Route Southern Pacific	 5274-I 5274-E 5274-F

Maschinenkühlwagen Mechanical refrigerator car Wagon frigorifique	II = P ⊣150⊢ New York Central	 5317

Gedeckter Güterwagen	II = P ⊬150⊢		Gedeckter Güterwagen	II = P ⊬150⊢	
Box car	Milwaukee Road	5486-E	Box car	Louisville & Nashville	5224
Wagon couvert	Santa Fe	5486-F	Wagon couvert		
	Burlington Route	5486-D			

Gedeckter Güterwagen	II = P ⊬150⊢		Gedeckter Güterwagen	II = P ⊬150⊢	
Box car	Western Maryland	5486-G	Box car	Penn Central	5394-E
Wagon couvert	Reading Co.	5386-B	Wagon couvert		
	Chesapeake & Ohio	5486-C			

Gedeckter Güterwagen	II = P ⊬150⊢		Gedeckter Güterwagen	II = P ⊬150⊢	
Box car	Nickel Plate Road	5279-C	Box car	Great Northern	5232
Wagon couvert			Wagon couvert		

Gedeckter Güterwagen	II = P ⊬150⊢		Gedeckter Güterwagen	National Cylinder Gas	5238-C
Box car	Bangor & Aroostock	5241-D	Box car	Union Carbide	5238-B
Wagon couvert			Wagon couvert	Pennsylvania	5238-D
			II = P ⊬150⊢	New Haven	5238-E

Gedeckter Güterwagen	Missouri Kansas Texas	5298-D	Gedeckter Güterwagen	II = P ⊬150⊢	
Box car	Minneapolis & St. Louis	5298-F	Box car	Pennsylvania	5298-B
Wagon couvert	Rutland Ry.	5298-G	Wagon couvert	Santa Fe	5298-C
II = P ⊬150⊢	New Haven	5298-H		Minneapolis & St. Louis	5298-E

Kühlwagen 50'	II = ℗ ⊦180⊦	
50' reefer car	Kellogg's	
Wagon réfrigérant de 50'		5487-B

Gedeckter Güterwagen 50'	II = ℗ ⊦180⊦	
50' box car	Chessie System C & O	
Wagon couvert de 50'		5317

Verschlagwagen für Vieh 50'	Milwaukee Road	5421-F
50' lattice sided stock car	Union Pacific	5421-B
Wagon à claire-voie pour bestiaux de 50'	Northern Pacific	5421-C
	Great Northern	5421-D
II = ℗ ⊦178⊦	Chicago & North Western	5421-E

Privat-Kühlwagen	Morell	5296-C	Bordens	5296-H
Private owner reefer car	Doggie Diner	5296-D	Rath Ham	5296-E
Wagon réfrigérant de particuliers	Farmers Coop.			5296-F
II = ℗ ⊦152⊦	Merchants Biscuit Co.			5296-G
Keith Tank Line	5296-J	Berkshire Ham		5296-I
Oscar Meyer	5296-B	Chateau Wines		5296-K

Gedeckter Güterwagen 50'	Maine Central	5422-D
50' box car	Northern Pacific	5422-B
Wagon couvert de 50'	Canadian Pacific	5422-C
	Susquehanna	5422-E
II = ℗ ⊦180⊦	Louisville & Nashville	5422-F

Maschinenkühlwagen 50'	II = ℗ ⊦177⊦	
50' mechanical refrigerator car	New York Central	
Wagon frigorifique de 50'		5332-D

Gedeckter Güterwagen 50'	II = ℗ ⊦180⊦	
50' box car	Lipton Soup	
Wagon couvert de 50'		5242-D

Gedeckter Güterwagen 50'	II = ℗ ⊦180⊦	
50' box car	Scotties	
Wagon couvert de 50'		5424-E

Gedeckter Güterwagen 50'	II = ℗ ⊦180⊦	
50' box car	Rail Box	
Wagon couvert de 50'		5271-B

Gedeckter Schiebewandwagen 58'	Ray-O-Vac	5270-F
58' all door box car	Southern Ry.	5270-B
Wagon couvert à parois coulissantes	Southern Pacific	5270-C
de 58'	Union Pacific	5270-D
II = ℗ ⊦200⊦	Detroit, Toledo & Irontown	5270-E

Gedeckter Schüttgutwagen 47'
47' covered hopper car
Wagon-trémie couvert de 47'
II = Ⓟ ⊦168⊦

		Burlington	5254	Norfolk & W.	5255
		Naugatuck Pl.	5256	Warps Pl.	5258
		Milwaukee	5259	Union Carb.	5260
		Fla. Tile	5261	Union Pacific	5262
Balt.& Ohio	5257	Elgin Joliet	5263	G. W. Malting	5264
Quaker Cane	5252	Wabash	5253	Staley	5265
Jack Frost	5250				

Erztransportwagen
Ore carrier
Wagon transport de minerai
II = Ⓟ ⊦187⊦

Union Pacific	5273-D
Southern Pacific	5273-B
SOO Line	5273-C
Chicago & North Western	5273-E
Lake Superior & Ishpeming	5273-F
Great Northern	5273-G

Offener Schüttgutwagen
Open hopper car
Wagon-trémie ouvert
II = Ⓟ ⊦150⊦

Minneapolis & St. Louis	5460-B
Erie RR.	5461
SOO Line	5462
K, O & G	5463

Offener Schüttgutwagen
Open hopper car
Wagon-trémie ouvert
II = Ⓟ ⊦150⊦

Manayunk Mining & Smelting	5460-K
Pennsylvania	5464
Peabody	5466
Southern Pacific	5467
Canadian National	5469

Schüttgutwagen mit Entladevorrichtung
Hopper car with operating doors
Wagon-trémie à trappes mobiles
II = Ⓟ ⊦150⊦
Cheesie System B & O   5272-I

Great Northern	5272-B
Pennsylvania	5272-C
Boston & Maine	5272-D
Penn Central	5272-E
Reading Co.	5272-F
Burlington Route	5272-G

Drahtseilrollenwagen
Cable coil car
Wagon de funiculaire

II = Ⓟ ⊦195⊦
Norfolk & Western	5204-C
Pittsburgh & Lake Erie	5204-B
Burlington Route	5204-D

Feinschüttgutwagen
Center flow hopper car
Wagon-trémie à granuleux fins

II = Ⓟ ⊦163⊦
Shell Chemicals	5427-B
Great Northern	5427-C
Gulf	5427-E

Feinschüttgutwagen
Center flow hopper car
Wagon-trémie à granuleux fins

II = Ⓟ ⊦163⊦
Enjay Chemicals	5427-D
Cargill	5427-F
Frisco	5427-G

Feinschüttgutwagen 56'
56' center flow hopper car
Wagon-trémie de 56' à granuleux fins
II = Ⓟ ⊦198⊦

W.R. Grace	5395-E
A C F	5395-F
Reading Co.	5395-C
Penn Central	5395-D

Feinschüttgutwagen 56'
56' center flow hopper car
Wagon-trémie de 56' à granuleux fins
II = Ⓟ ⊦198⊦

Wonder	5395-J
Dupont	5395-F
Canadian Pacific	5395-G
Illinois Central	5395-H
Lehigh Valley	5395-I

Kesselwagen
Tank car
Wagon-citerne

II = ℗ ⊣146⊢
General Dynamics 5276-D
American Chem. & Plastics 5276-E

Kesselwagen
Tank car
Wagon-citerne

II = ℗ ⊣146⊢
Michigan Alkali 5276-G
Burlington 5276-B

Kesselwagen
Tank car
Wagon-citerne

II = ℗ ⊣146⊢
Frontier Chemical 5276-F
Chicago Great Western 5276-C

Kesselwagen mit Wärmetauscher
In-transit heated tank car
Wagon-citerne à thermo-regulateur
II = ℗ ⊣175⊢

Jack Frost 5297-F
Dupont Freon 5297-B
Gen. American Tank Co. 5297-C
Therm Ice 5297-D
Dupont Chemicals 5297-E

Großraum-Kesselwagen
High-capacity tank car
Wagon-citerne de grande capacité

II = ℗ ⊣220⊢
Chicago Great Western 5334-C

Dreikammer-Kesselwagen
Three-dome tank car
Wagon-citerne à trois sections
II = ℗ ⊣146⊢
Union 5480-J
Shell 5480-B

Republic 5480-C
Mobilgas 5480-D
Texaco 5480-E
Atlantic 5480-F
Esso 5480-G
Gen. American Tank Co. 5480-H

Sechskammer-Kesselwagen
Six-dome tank car
Wagon-citerne à six sections

II = ℗ ⊣146⊢
Pure Oil Co. 5429-C
Roma Wine 5429-B
Penn Salt Chemical 5429-D

Sechskammer-Kesselwagen
Six-dome tank car
Wagon-citerne à six sections

II = ℗ ⊣146⊢
Jefferson Lake Sulphur Co. 5429-E
Dow Chemical Co. 5429-F
Firestone 5429-G

Großraum-Faßwagen
High-capacity cask wagon
Wagon-foudre de grande capacité

II = ℗ ⊣144⊢
Huckley & Schmidt 5428-E
Standard Brands 5428-D

Großraum-Faßwagen
High-capacity cask wagon
Wagon-foudre de grande capacité

II = ℗ ⊣144⊢
Milwaukee Vinegar 5428-B
Heinz Vinegars 5428-C

Spezialwagen
Special cars
Wagons spéciaux

Funktionsfähiger Kran auf sechsachsigem Fahrgestell mit Auslegerstütz- und Arbeitswagen
Operating crane on 12-wheeled chassis with boom support and work flat car
Grue opérable sur un chassis à six essieux avec wagon plat de support pour la potence et de travaux

II = ℙ ⊢278⊦

Santa Fe	5218
Illinois Central	5216
Pennsylvania	5217

Heliumtransportwagen
Helium carrier
Wagon transport d'hélium

II = ℙ ⊢147⊦

Department of Mines	5423-C
Atomic Energy Commission	5423-D
Southern Pacific	5423-E

Heliumtransportwagen
Helium carrier
Wagon transport d'hélium

II = ℙ ⊢147⊦

Union Pacific	5423-B
Wabash	5423-F
New York Central	5423-G

Oldtimer-Güterzugbegleitwagen
Old time caboose
Fourgon de queue ancien

II = ℙ ⊢85⊦

Virginia & Truckee	6251
Western & Atlantic	6252

Güterzugbegleitwagen
Caboose
Fourgon de queue

II = ℙ ⊢128⊦

Santa Fe	5343	Balt. & Ohio	5344
North. Pac.	5345	Milwaukee	5346
Ill. Central	5348	Union Pac.	5349
Southern Pac.	5350	Norf. & West.	5351
Canadian Nat.	5352	N.Y. Central	5353
SOO Line			5277-G
Ches. & Ohio	5347	Reading	5340
New Haven	5341	Pennsylv.	5342

Güterzugbegleitwagen mit Weitsichtkanzel
Wide vision caboose
Fourgon de queue à coupole panoramique

II = ℙ ⊢128⊦

Santa Fe	5485-E
Reading Co.	5485-B
Louisville & Nashville	5485-C
Erie RR.	5485-D
Baltimore & Ohio	5485-F
Union Pacific	5485-G

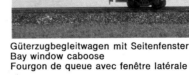

Güterzugbegleitwagen mit Seitenfenster
Bay window caboose
Fourgon de queue avec fenêtre latérale

II = ℙ ⊢135⊦

Burlington Northern	5331-C

Schienenreinigungswagen
Track cleaning car
Wagon pour nettoyer la voie

II = ℙ ⊢122⊦

Atlantic Sugar Refinery	5203-F
Detroit & McKeenack	5203-B
Monsanto	5203-C

Schienenreinigungswagen
Track cleaning car
Wagon pour nettoyer la voie

II = ℙ ⊢122⊦

Diamond Sugar	5203-E
Denver & Rio Grande W.	5203-D
Cargill	5203-G

Oldtimer-Personenwagen
Old time passenger coach
Voiture voyageurs ancienne

II = ℙ ⊢160⊢

Western & Atlantic	6228-B
Virginia & Truckee	6228-C
Kansas City & St. Louis	6228-D

Oldtimer-Personenwagen mit
Gepäckraum
Old time passenger and baggage
combine car
Voiture ancienne avec compartiment
à bagages

II = ℙ ⊢160⊢

Kansas City & St. Louis	6228-D
Western & Atlantic	6228-B
Virginia & Truckee	6228-C

Oldtimer-Gepäckwagen
Old time baggage car
Fourgon à bagages ancien

II = ℙ ⊢160⊢

Virginia & Truckee	6229-C
Western & Atlantic	6229-B
Kansas City & St. Louis	6229-D

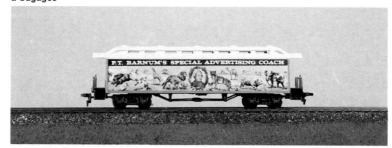

Reisewagen des Zirkus Barnum & Bailey
Circus car of Barnum & Bailey's
Fourgon du cirque Barnum & Bailey

II = ℙ ⊢160⊢   6234-B

Reisezugwagen 72' (1920)
72' passenger coach (1920)
Voiture voyageurs de 72' (1920)

II = ℙ ⊢270⊢

		Santa Fe	6264
		Pennsylvania	6274
		New York Central	6294
		Crescent Ltd. (Southern)	6205-CL
New Haven	6244	Chesapeake & Ohio	6205-C
Baltimore & Ohio	6214	Milwaukee Road	6205-M

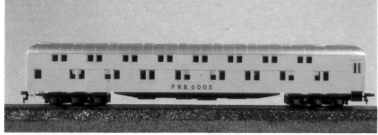

Pullmanwagen 83'
83' Pullman car
Voiture Pullman de 83'

II = ℙ ⊢295⊢

		Chesapeake & Ohio	6201-C
		Milwaukee Road	6201-M
		Pennsylvania Work Train	6201-W
		Baltimore & Ohio	6210
Royal American Shows	6201-RC	New Haven 6220 Santa Fe	6260
Crescent Ltd.	6201-CL	Pennsylvania	6270

Speisewagen 83'
83' dining-car
Voiture-restaurant de 83'

II = ℙ ⊢295⊢

Crescent Ltd.	6204-CL
Chesapeake & Ohio	6204-C
Milwaukee Road	6204-M
Royal American Shows	6204-RC
Pennsylvania Work Train	6204-W
Baltimore & Ohio	6213
New Haven	6223
Santa Fe	6263
Pennsylvania	6273

Aussichts-Schlußwagen 83'
83' observation tail car
Voiture de queue panoramique

II = ℙ ⊢295⊢

Crescent Ltd.	6202-CL
Chesapeake & Ohio	6202-C
Milwaukee Road	6202-M
Royal American Shows	6202-RC
Baltimore & Ohio	6211
New Haven	6221
Santa Fe	6261
Pennsylvania	6271

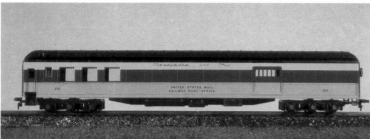

Doppelstock-Schlafwagen
Duplex sleeping car
Voiture-lits à étages

II = ℙ ⊢295⊢

		New Haven	6281-N
		Crescent Ltd.	6207-CL
		Santa Fe	6281-S
		Pennsylvania	6281-P
Pennsylvania	6207-W	Chesapeake & Ohio	6207-C
Baltimore & Ohio	6281-B	Milwaukee Road	6207-M

Personenwagen mit Gepäckraum 83'
83' passenger and baggage combine car
Voiture avec compartiment à bagages
de 83'

II = ℙ ⊢295⊢

		Crescent Ltd.	6203-CL
		Milwaukee Road	6203-M
		Baltimore & Ohio	6212
		New Haven	6222
		Santa Fe	6262
Chesapeake & Ohio	6203-C	Pennsylvania	6272

Gepäck- und Postwagen
Baggage and mail car
Fourgon postal à bagages

II = ℙ ⊢270⊢

		Crescent Ltd.	6206-CL
		Chesapeake & Ohio	6206-C
		Baltimore & Ohio	6280-B
		New Haven	6280-N
		Santa Fe	6280-S
Milwaukee Road	6206-M	Pennsylvania	6280-P

34

Reisezugwagen 85' (1930)
85' passenger coach (1930)
Voiture voyageurs de 85' (1930)
II = ℗ ⊢310⊢

Burlington Northern	6404-BN
Southern Pacific	6404-SP
Illinois Central	6404-IC
Lackawanna	6404-L
New York Central	6404-CE
Golden Spike	6404-CM
Pennsylvania	6423
Union Pacific	6433
Northern Pacific	6443
Baltimore & Ohio	6463

Pullmanwagen 85'
85' Pullman car
Voiture Pullman de 85'
II = ℗ ⊢310⊢

Baltimore & Ohio	6460
Burlington Northern	6401-BN
Southern Pacific	6401-SP
New York Central	6401-CE
Illinois Central	6401-IC
Lackawanna	6401-L
Pennsylvania	6420
Union Pacific	6430
Northern Pacific	6440

Aussichtswagen 85'
85' vista dome coach
Voiture panoramique de 85'
II = ℗ ⊢310⊢

Burlington Northern	6405-BN
Southern Pacific	6405-SP
Illinois Central	6405-IC
New York Central	6405-CE
Union Pacific	6434
Northern Pacific	6444
Baltimore & Ohio	6464

Schlafwagen 85'
85' sleeping car
Voiture-lits de 85'
II = ℗ ⊢310⊢

New York Central	6406-CE
Burlington Northern	6406-BN
Southern Pacific	6406-SP
Baltimore & Ohio	6284-B
Northern Pacific	6284-G
Pennsylvania	6284-P
Union Pacific	6284-U
Illinois Central	6406-IC
Lackawanna	6406-L

Aussichts-Schlußwagen 85'
85' observation tail car
Voiture de queue panoramique de 85'
II = ℗ ⊢310⊢

Burlington Northern	6402-BN
Southern Pacific	6402-SP
New York Central	6402-CE
Illinois Central	6402-IC
Lackawanna	6402-L
Golden Spike	6402-CM
Pennsylvania	6421
Union Pacific	6431
Northern Pacific	6441
Baltimore & Ohio	6461

Die AHM-Personenwagen gibt es auch
unlackiert. Die Buchstaben am Ende
der Bestellnummer sind „NF".
Die Wagen der 1920-Serie (vorige Seite)
sind mit Inneneinrichtung, Beleuchtung
und weiteren Details lieferbar.
Bestellnummer: statt 62 . . steht 63 · ·

There are also undecorated versions
of the AHM passenger cars. The code
letters in the order number are "NF".
The 1920 series cars (previous page)
are available with interior fittings,
lighting, and more details. Order No.
63 . . instead of 62 · ·

Les voitures AHM sont aussi livrables
sans décoration. Pour cela il faut
ajouter au numéro de commande les
lettres «NF». Les voitures de la série
1920 (page précédente) sont livrables
avec aménagement intérieur, éclairage ·
et d'autres détails.
Il faut indiquer le numéro 63 . . au
lieu de 62 . .

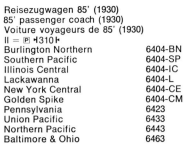

Postwagen 72'
72' post office car
Voiture-postale de 72'
II = ℗ ⊢270⊢

Chicago & North Western	6403-CN
Burlington Northern	6403-BN
Southern Pacific	6403-SP
Illinois Central	6403-IC
Lackawanna	6403-L
New York Central	6403-CE
Pennsylvania	6422
Union Pacific	6432
Northern Pacific	6442
N. Y. Central 6452 Balt. & Ohio 6462	

Gepäckwagen 72'
72' baggage car
Fourgon à bagages de 72'
II = ℗ ⊢270⊢

Illinois Central	6407-IC
Baltimore & Ohio	6285-B
Northern Pacific	6285-G
Pennsylvania	6285-P
Union Pacific	6285-U
Burlington Northern	6407-BN
Southern Pacific	6407-SP
Lackawanna	6407-L
New York Central	6407-CE

**Firma, Dampflokomotiven
Introduction, steam locomotives
Présentation, locomotives à vapeur**

Schnellzuglokomotive Reihe Royal Scot
„Royal Scots Fusilier" der LMS
Express locomotive class Royal Scot
"Royal Scots Fusilier" of the LMS
Locomotive de vitesse série Royal Scot
«Royal Scots Fusilier» de la LMS

II = Ⓟ ✚3➤ ⊦268⊦   54120-0

Schnellzuglokomotive Reihe Royal Scot
„Royal Scot" der BR
Express locomotive class Royal Scot
"Royal Scot" of the BR
Locomotive de vitesse série Royal Scot
«Royal Scot» des BR

II = Ⓟ ✚3➤ ⊦268⊦   54121-3

Tenderlokomotive Reihe 14xx der GWR
Tank locomotive class 14xx of the GWR
Locomotive-tender série 14xx de la GWR

II = Ⓟ ✚2➤ ⊦118⊦   54152-7

Tenderlokomotive Reihe 14xx der BR
Tank locomotive class 14xx of the BR
Locomotive-tender série 14xx des BR

II = Ⓟ ✚2➤ ⊦118⊦   54153-0

Seit vielen Jahren sind die Modellbausätze von Airfix bei Bastlern und Sammlern in aller Welt ein Begriff. Das große Programm von Schiffs-, Fahrzeug- und Flugzeugmodellen, von historischen Figuren und Szenen wurde vor kurzem durch eine Modellbahn im Maßstab OO auf dem HO-Zweileiter-Gleichstromsystem erweitert. Außer in Zugpackungen mit Gleisen werden die fein detaillierten Fahrzeuge separat angeboten. Die Airfix-Fallhakenkupplung hat die gleiche Höhe wie die britische Standardkupplung, ist aber viel zierlicher ausgeführt. Sie kann meist gegen andere Systeme ausgewechselt werden.
Das Gleisprogramm besteht aus Geraden (1/1 = 168 mm), zwei Radien (372 mm, 438 mm), einer Kreuzung (22,5°) und Handweichen (22,5°). Zur Stromversorgung gibt es einen Batterieregler (auch in Zugpackungen) und einen Transformator. Zubehör für HO- und OO-Anlagen steht im Airfix-Bausatzprogramm reichlich zur Verfügung: unmotorisierte Lokomotiven, Güterwagen, Bahngebäude, Militärfahrzeuge und Landschaftsteile. Die Flugzeuge und Schiffe im Maßstab 1 : 72 sollten nur mit OO-Bahnen kombiniert werden. Die Bausätze sind nicht bemalt, passende Speziallackfarben liefert Airfix.
Airfix-Produkte sind im Fachhandel erhältlich.

For many years, the Airfix model kits have had a good name among modellers and collectors all over the world. Some time ago, the large programme of ship, vehicle, and airplane models, of historical figures and scenes was extended by a model railway in OO scale on the HO two-rails DC system.
Besides in train sets with track, the well detailed vehicles are offered separately. The Airfix vertical hook coupling has the same height as the British standard coupling, but it is much smaller. Mostly it can be exchanged for other systems.
The trackage consists of straight sections (1/1 = 6⁵/₈″), two radii (14⁵/₈″, 17¹/₄″), a crossing (22.5°) and manual switches (22.5°). For current supply there are a battery controller (also in the train sets) and a transformer.
A great deal of accessories for HO and OO layouts can be chosen from the Airfix kits programme: unpowered locomotives, goods wagons, premises, military vehicles and sceneries. The airplanes and ships in 1 : 72 scale should only be used with OO scale railways. The kits are unpainted, suitable special paints are supplied by Airfix.
Airfix items are available in one-line shops.

Depuis longtemps déjà bricoleurs et collectionneurs du monde entier connaissent les boîtes de construction Airfix. Le vaste programme de modèles de bateaux, véhicules et avions, de figurines et paysages historiques comprend depuis peu un chemin de fer modèle réduit d'échelle OO circulant sur le système HO à deux conducteurs et courant continu.
En plus garnitures de trains complets avec éléments de voies, les véhicules soigneusement détaillés sont aussi livrables séparément L'attelage Airfix à crochet basculant a la même hauteur que l'attelage standard anglais, mais il est bien plus fin. Il est, pour la plupart, interchangeable avec des attelages d'autres systèmes.
Le programme de voie comprend des sections droites (1/1 = 168 mm), deux éléments courbes (372 mm, 438 mm), un croisement (22,5°) et des aiguillages manuels (22,5°). Pour l'alimentation en courant il y a un régulateur à piles (aussi dans les garnitures de trains complets) et un transformateur.
Le programme de boîtes de construction Airfix est bien assorti en accessoires pour installations en écartement HO et OO: locomotives sans moteur, wagons marchandises, immeubles ferroviaires, véhicules militaires et éléments de paysages. Les avions et bateaux à l'échelle 1 : 72 devraient être combinés avec des chemins de fer d'échelle OO seulement. Les kits de construction ne sont pas peints; Airfix peut livrer les vernis spéciaux convenables.
Les produits Airfix sont en vente chez les commerçants spécialisés.

✉
Airfix Products Ltd.
Haldane Place
GB Garratt Lane SW 18 4 NB

Dampf- und Diesellokomotiven, Güterwagen
Steam and Diesel locomotives, goods wagons
Locomotives à vapeur et Diesel, wagons marchandises

Tenderlokomotive Reihe 61xx Prairie
der GWR
Tank locomotive class 61xx Prairie
of the GWR
Locomotive-tender série 61xx Prairie
de la GWR

II = Ⓟ ✦ 3 ✦ ⊢165⊢   54150-1

Tenderlokomotive Reihe 61xx Prairie
der BR
Tank locomotive class 61xx Prairie
of the BR
Locomotive-tender série 61xx Prairie
des BR

II = Ⓟ ✦ 3 ✦ ⊢165⊢   54151-4

Dieselelektrische Mehrzwecklokomotive
Reihe 31 der BR
Diesel electric multi-purpose locomotive
class 31 of the BR
Locomotive Diesel électrique mixte
série 31 des BR

II = Ⓟ ✦ 2 ✦ ⊢225⊢   54101-9

Dieselektrische Mehrzwecklokomotive
Reihe 31 der BR (neue Farbgebung)
Diesel electric multi-purpose locomotive
class 31 of the BR (new colours)
Locomotive diesel électrique mixte
série 31 des BR (nouveau coloris)

II = Ⓟ ✦ 2 ✦ ⊢225⊢   54100-6

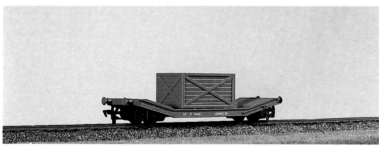

Tiefladewagen Lowmac der BR mit Ladung
Lowmac well wagon of the BR with load
Wagon à plate-forme surbaissée Lowmac
des BR chargé

II = Ⓟ ⊢135⊢
Kiste/crate/caisse   54330-5
Container 20'   54333-4

Tiefladewagen Lowmac der BR
mit Sattelanhänger
Lomac well wagon of the BR
with semi-trailer
Wagon à plate-forme surbaissée Lowmac
des BR avec semi-remorque

II = Ⓟ ⊢135⊢   54334-7

Kastenwagen der BR
Box van of the BR
Wagon couvert des BR

II = Ⓟ ⊢83⊢
XP   54300-4
Blue Circle   54303-3

Kastenwagen der BR
Box van of the BR
Wagon couvert des BR

II = Ⓟ ⊢83⊢
Lyons Tea   54302-0
Express Dairy Co.   54301-7

Reisezugwagen, Bremswagen
Passenger coaches, brake-vans
Voitures voyageurs, wagons-freins

AIRFIX

Bremswagen der GWR
Brake-van of the GWR
Wagon-frein de la GWR

II = ℗ ⊢108⊢   54363-5

Bremswagen der BR
Brake-van of the BR
Wagon-frein des BR

II = ℗ ⊢108⊢   54360-6

Personenwagen mit Seitengang
Corridor coach
Voiture à couloir latéral

II = ℗ ⊠ AC ⊢250⊢
BR   54203-4
LMS   54202-1

Personenwagen mit Seitengang
und Dienstabteil
Corridor coach with guard's compartment
Voiture à couloir latéral avec compartiment
de service

II = ℗ ⊠ C ⊢240⊢
BR   54205-0
LMS   54204-7

Nahverkehrswagen mit Gepäckraum
Suburban coach with luggage space
Voiture de banlieue avec compartiment
à bagages

II = ℗ ⊠ B ⊢250⊢
GWR   54250-0
BR   54257-1

Wendezug-Steuerwagen der GWR
Control trailer for reversing trains
of the GWR
Voiture-pilote pour trains réversibles
de la GWR

II = ℗ ⊠ AC ⊢265⊢   54255-5

Wendezug-Steuerwagen der BR
Control trailer for reversing trains of the BR
Voiture-pilote pour trains réversibles
des BR

II = ℗ ⊠ AC ⊢265⊢   54256-8

Inter-City-Schnellzugwagen Mk IID der BR
Inter-City express coach Mk IID of the BR
Voiture grandes lignes Inter-City Mk IID
des BR

II = ℗ ⊠ A ⊢265⊢   54201-8
II = ℗ ⊠ B ⊢265⊢   54206-3

Inter-City-Schnellzugwagen Mk IID der BR
mit Gepäckraum
Inter-City express coach Mk IID of the BR
with luggage space
Voiture grandes lignes Inter-City Mk IID
des BR avec compartiment à bagages

II = ℗ ⊠ B ⊢265⊢   54200-5

Dampf-, Elektro- und Diesellokomotiven, Güterwagen
Steam, electric and Diesel locomotives, freight car
Locomotives à vapeur, électriques et diesel, wagon

Stromlinien-Schnellzuglokomotive Reihe T-1 der Pennsylvania RR.
Streamlined express locomotive class T-1 of the Pennsylvania RR.
Locomotive de vitesse aérodynamique série T-1 de la Pennsylvania RR.

II = Ⓜ ✦ 4 ✦ •425•• S-118

Eine der großen amerikanischen Lokomotivfabriken, deren technische Entwicklungen in die Geschichte eingingen, ist ALCO (American Locomotive Company). Unter der gleichen Marke werden HO-Eisenbahnfahrzeuge aus Feinmessing in hervorragender Detaillierung angeboten. Die Modelle werden in limitierten Auflagen, evtl. auch Neuauflagen, in Japan hergestellt. Ein abgeschlossenes Lieferprogramm kann daher nicht angegeben werden. Aussichten auf Lieferbarkeit könnten außer für die abgebildeten Fahrzeuge für etwa 15 Lokomotiven, drei Personenwagen und fünf Güterwagen bestehen.

One of the great American locomotive works whose technical developments became part of history is ALCO (American Locomotive Company). With the same name, HO scale railway vehicles of refined brass in an outstanding detailation are offered. The models are made in limited runs, maybe reruns, in Japan. So, a compact programme cannot be shown. Prospects of supply might exist for about 15 engines (besides the represented ones), three coaches, and five freight cars.

ALCO (American Locomotive Company) est une des plus grandes usines de locomotives américaines dont les développements techniques font partie de l'histoire ferroviaire. Sous la même marque on offre des véhicules ferroviaires en laiton à l'échelle HO d'un détaillage excellent. Les modèles sont fabriqués en nombres limités au Japon; éventuellement ils seront à nouveau mis en fabrication dans les années à venir. Il n'est donc pas possible d'indiquer un programme de livraison complet. Outre les véhicules représentés il existe des possibilités de livraison de 15 locomotives, 3 voitures voyageurs et 5 wagons marchandises environ.

ALCO Models
P.O.Box 211
USA Port Jefferson, NY 11777

Rangierlokomotive mit Tender Reihe B 11 L der New York Central
Switching locomotive with tender class B 11 L of the New York Central
Locomotive de manœuvre avec tender série B 11 L de la New York Central

II = Ⓜ ✦ 3 ✦ •203•• S-116

Elektrische Mehrzwecklokomotive Reihe EP-5 der New Haven
Electric multi-purpose locomotive class EP-5 of the New Haven
Locomotive éelectrique mixte série Ep-5 de la New Haven

II = Ⓜ ✦ 6 ✦ •238•• E-114

Diesellokomotive General Motors EMD DD-40
Diesel locomotive General Motors EMD DD-40
Locomotive Diesel General Motors EMD DD-40
II = Ⓜ •8 ✦ •342•• D-149

Diesellokomotive General Electric U-50 C
Diesel locomotive General Electric U-50 C
Locomotive Diesel General Electric U-50 C

II = Ⓕ Ⓕ 6 ✦ •270••

Schwere elektrische Mehrzwecklokomotive „Little Joe" der Milwaukee Road
Heavy multi-purpose electric locomotive "Little Joe" of the Milwaukee Road
Locomotive électrique mixte lourde «Little Joe» de la Milwaukee Road

II = Ⓜ ✦ 8 ✦ •300•• E-103

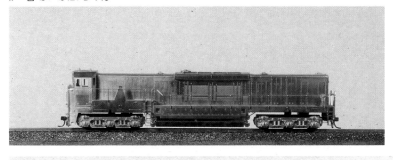

Diesellokomotive ALCO C-855
Diesel locomotive ALCO C-855
Locomotive Diesel ALCO C-855
II = Ⓜ ✦ 8 ✦ •330••

16-achsiger Schwerlast-Tiefladewagen „Queen Mary"
32-wheel center depressed heavy-duty carrier "Queen Mary"
Wagon à plateforme surbaissée à 16 essieux pour transports pondéreux «Queen Mary»
II = Ⓜ •430••

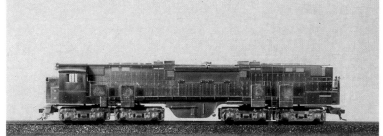

Amerikanische Güterwagen
American freight cars
Wagons marchandises américains

Großraum-Tabaktransportwagen 95'
der Southern RR.
95' high-capacity tobacco car of the
Southern RR.
Wagon transport de tabac de grande
capacité de 95' de la Southern RR.

Ⓗ ⊢295⊢ Ⓚ   5006

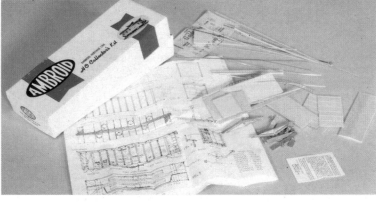

Isolierter Großraumwagen 60'
der Burlington Route
Insulated 60' high-capacity box car
of the Burlington Route
Wagon isolé de grande capacité de 60'
de la Route Burlington.

Ⓗ ⊢220⊢ Ⓚ   6

Ambroid stellt neben Modellbau-Hilfs-
mitteln HO-Güterwagenbausätze aus Holzteilen her. Das Lieferprogramm umfaßt
ca. 15 Modelle nach amerikanischen Vorbildern, darunter einige konstruktive Raritäten. Mehrere historische Modelle werden
in limitierten Auflagen (5000 Stück) mit
beurkundeter Seriennummer gefertigt.
Obwohl die Bauteile sauber bearbeitet sind,
verlangt der Zusammenbau etwas hand-
werkliches Geschick. Die Bausätze sind
nicht bemalt. Beschriftungen liegen jedoch
bei. Drehgestelle und Kupplungen sind in
den Packungen nicht enthalten.
Lieferung erfolgt über den Fachhandel.

En plus de divers éléments de construction
pour le modélisme, la firme Ambroid construit des wagons marchandises d'échelle
HO en kits de construction en bois. Le programme comprend 15 maquettes environ
d'après des prototypes américains, dont
quelques rarétes en ce qui concerne la
construction. Plusieurs modèles historiques sont construits en séries limités
(5000 exemplaires) avec numéro de série
vérifié.
Quoique les différents éléments à monter
soient bien façonnés, le montage demande
quelques aptitudes techniques. Les boîtes
de construction sont livrées sans décoration, mais accompagnées d'inscriptions.
Les boîtes ne contiennent ni bogies ni
attelages.
La livraison se fait par le commerce spécialisé.

Selbstentladewagen für Mehl der Gen.
American Transportation Co.
Covered hopper car for flour of the Gen.
American Transportation Co.
Wagon-trémie couvert pour farine de la
Gen. American Transportation Co.

Ⓗ ⊢135⊢ Ⓚ   23

Ambroid manufactures HO scale freight
car kits, besides some model constructing
aids. The programme contains about 15
models according to American prototypes,
among them some rare constructions.
Several historical models are made in limited runs (5000 pieces) with verified serial
number.
Though the parts are worked out finely, the
assembly requires some handicraft skill.
The kits are not decorated, but inscriptions
are enclosed. Trucks and couplers are not
included in the sets.
Delivery is made by the one-line trade.

✉
Ambroid Company
612 Montello Street
USA Brockton, Ma. 02403

Gedeckter Milchtransportwagen der
New York, Ontario & Western RR.
Covered milk car of the New York,
Ontario & Western RR.
Wagon couvert transport de lait de la
New York, Ontario & Western Co.

Ⓗ ⊢160⊢ Ⓚ   21

Gleisräumwagen
River flanger car
Wagon de vidage de voie

Ⓗ ⊢120⊢ Ⓚ   19

Lohnbüro-Wagen
Payroll car
Wagon-bureau de payement

Ⓗ ⊢190⊢ Ⓚ   24
(limitierte Auflage)
(limited run)
(série limitée)

Güterzugbegleitwagen der Atchison
Topeka & Santa Fe
Caboose of the Atchison Topeka
& Santa Fe
Fourgon de queue de la Atchison
Topeka & Santa Fe

Ⓗ ⊢120⊢ Ⓚ   22
(limitierte Auflage)
(limited run)
(série limitée)

Elektrolokomotiven
Electric locomotives
Locomotives électriques

American GK Locomotive Works ist ein neuer HO-Modellbahnhersteller. Das Programm besteht aus guten Nachbildungen moderner amerikanischer Triebfahrzeuge. Die abgebildeten Elektrolokomotiven sind auf schweren Druckguß-Fahrgestellen montiert und mit Schwungrad-Motor angetrieben. In Vorbereitung ist ein dreiteiliger BART-Triebwagen mit Aluminiumgehäuse. An Zubehör gibt es HO-Modellautos und eine Bahnstation (Bausatz).

American GK Locomotive Works is a new HO scale railway manufacturer. The programme consists of good reproductions of modern American engines. The shown electric locomotives are mounted on heavy die-cast underframes and driven by flywheel motors. Moreover, a three-units BART rail motor train with aluminium body will be available. Accessories are HO scale automobiles and a railway station (kit).

La firme American GK Locomotive Works est un nouveau constructeur de chemin de fer modèle réduit d'échelle HO. Son programme se compose de bonnes reproductions d'engins de traction modernes américains. Les locomotives représentées sont montées sur châssis lourds en zamac, avec entraînement par volant de moteur. Il est projeté un autotrail BART à 3 éléments avec caisse en aluminium. Comme accessoires le programme

offre des voitures routières d'échelle HO et une gare (en kit de construction).

Die Lokomotiven sind ohne Stromabnehmer abgebildet.

The locomotives are shown without pantographs.

Les locomotives sont représentées sans pantographes.

Güterzuglokomotive GE E 60 CF			Personenzuglokomotive GE E 60 CP		
Freight train locomotive GE E 60 CF	Penn Central	12 (112)	Passenger train locomotive GE E 60 CP	Amtrak	2 (102)
Locomotive à marchandises GE E 60 CF	Milwaukee Road	13 (113)	Locomotive à voyageurs GE E 60 CP	Penn Central	3 (103)
II = P ⚡ ↕6↕ ⊢220⊦	New Haven	14 (114)	II = P ⚡ ↕6↕ ⊢250⊦	New Haven	4 (104)
	Great Northern	15 (115)		silber/silver/argentée	5 (105)
(II = P ⊢220⊦	110)	Burlington Northern	16 (116)	(II = P ⊢250⊦	101)
Black Mesa & Lake Powell	11 (111)	Conrail	17 (117)		

Dampflokomotiven
Steam locomotives
Locomotives à vapeur

ARBOUR

Die Firma Arbour erreichte in kurzer Zeit viel Beachtung mit ihren drei exklusiven Dampflokomotiven in Baugröße HO. Die Modelle werden als Präzisions-Bausätze mit sehr vielen Details angeboten. Die Gußelemente bestehen aus „Ney-300", einer Legierung mit ähnlichen Eigenschaften wie Messing. Der Zusammenbau durch Schrauben und Löten oder Kleben erfordert Übung und Zeit. Die übersichtlichen Anleitungen mit Stücklisten und großen Detailzeichnungen sind wertvolle Hilfen. Die Lokomotiven können durch andere Tender variiert werden. Die Fahrzeuge entsprechen NMRA-Normen und sind für übliche Kupplungen vorbereitet. Die Lieferung erfolgt über Fachhändler oder direkt.

In a short time, the Arbour manufacture gained much attention with its three exclusive HO scale steam locomotives. The models are offered as precision craft kits with a lot of details. The castings are made from "Ney-300", an alloy with similar qualities like brass. The assembly by screws and solder or special adhesives requires some practice and some time. The clear instructions with parts lists and large graphics are useful aids.
The locomotives can be altered by other tenders. The vehicles correspond to NMRA standards and are prepared for the usual couplers.
Delivery is made by specialized dealers or directly.

Oldtimer-Dampflokomotive Rogers der Sierra Railroad (1893) mit Holz- oder Ölbrenner
Old time steam locomotive Rogers of the Sierra Railroad (1893) with wood or oil burner

Locomotive à vapeur ancienne Rogers de la Sierra Railroad (1893) avec brûler à bois ou à huile
II = Z ↕3↕ ⊢200⊦ Ⓚ   102

Güterzuglokomotive Lima Berkshire-Kanawha Reihe K-4 der Chesapeake & Ohio
Freight train locomotive Lima Berkshire-Kanawha class K-4 of the Chesapeake & Ohio

Locomotive à marchandises Lima Berkshire-Kanawha série K-4 de la Chesapeake & Ohio
II = Z ↕4↕ ⊢350⊦ Ⓚ   103

Avec ses trois locomotives à vapeur exclusives à l'échelle HO la firme Arbour a attiré en peu de temps une attention considerable. Les modèles sont offerts en kits de précision avec beaucoup de détails. Les moulages sont en «Ney-300», un alliage avec des propriétés ressemblant au laiton. Pour le montage, qui se fait en visant, soudant ou collant les pièces, il faut quelques aptitudes et du temps. Les instructions détaillées avec listes de pièces et grands dessins de détail sont des ressources précieuses. Les locomotives sont variables avec d'autres tenders. Les véhicules sont conformes aux normes NMRA et aptes à recevoir les attelages d'usage.
Les articles sont livrés par le commerce spécialisé ou directement.

C&O

Güterzug-Gelenklokomotive Lima Allegheny Reihe H-8 der Chesapeake & Ohio
Articulated freight train locomotive Lima Allegheny class H-8 of the Chesapeake & Ohio

Locomotive à marchandises articulée Lima Allegheny série H-8 de la Chesapeake & Ohio
II = Z ↕6↕ ⊢430⊦   101

✉
Arbour Models
P.O. Box 1352
USA Syracuse, NY. 13201

Athearn

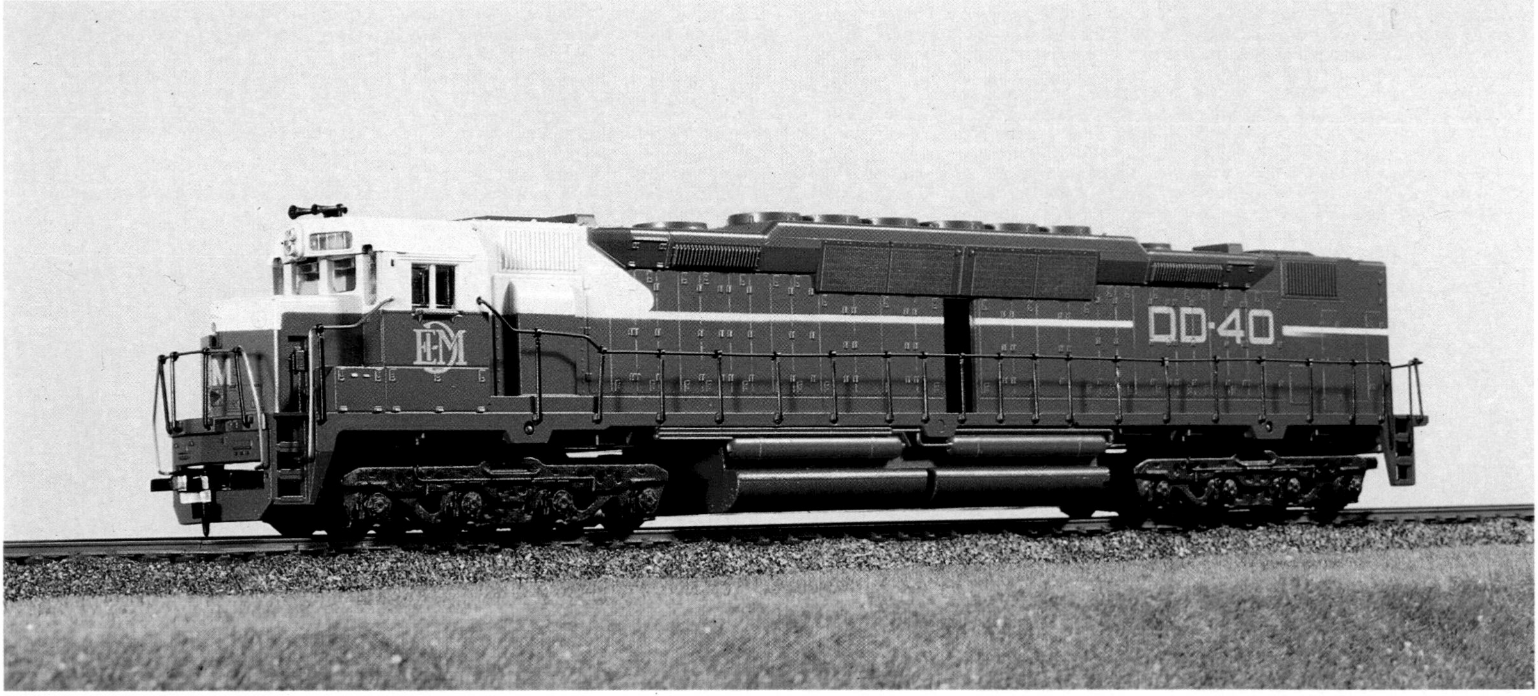

Diesellokomotive GM EMD DD-40		Baltimore & Ohio	4241 (4281)
Diesel locomotive GM EMD DD-40		Burlington Route	4242 (4282)
Locomotive Diesel GM EMD DD-40		Pennsylvania	4244 (4284)
II = 🄿 8 ⊣295⊢	4243	Union Pacific	4245 (4285)
(2 Motoren /2 motors/2 moteurs	4283)	Southern Pacific	4246 (4286)

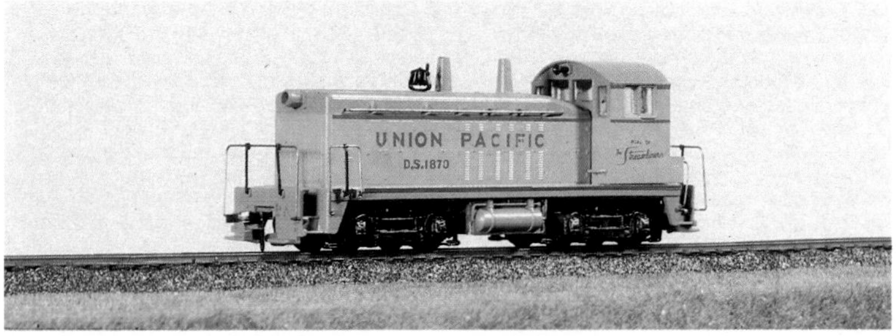

Rangierlokomotive EMD SW-1500 Cow		Illinois Central	4003
Switching locomotive EMD SW-1500 Cow		Southern RR.	4004
Locomot. de manœuvre EMD SW-1500 Cow		Santa Fe Freight	4005
II = 🄿 4 ⊣150⊢		Southern Pacific	4006
Union Pacific	4007	Pennsylvania	4008
Burlington Route	4002	Baltimore & Ohio	4009

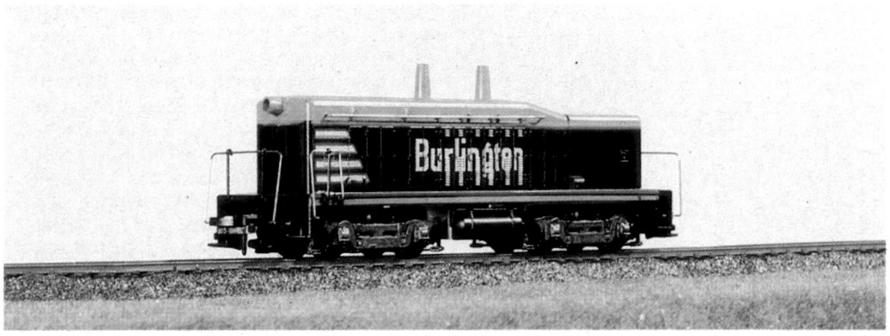

Ergänzungseinheit EMD SW-1500 Calf		Southern RR.	4029
Supplementary unit EMD SW-1500 Calf		Santa Fe Freight	4030
Elément supplément. EMD SW-1500 Calf		Southern Pacific	4031
II = 🄿 4 ⊣150⊢		Union Pacific	4032
Burlington Route	4027	Pennsylvania	4033
Illinois Central	4028	Baltimore & Ohio	4034

Athearn ist auf dem amerikanischen Markt ein bedeutender Hersteller von HO-Modellbahnfahrzeugen, besonders von Bausätzen. Das Programm umfaßt etwa 20 amerikanische Diesellokomotiv-Typen in vielen Ausführungen, Güterwagen, Personenwagen, Sattelschlepper und viele Einzelteile zum Eigen- oder Umbau von Fahrzeugen. Die Lokomotiven sind Fertigmodelle, an denen nur noch Kleinteile anzubringen sind. Schwere Metallfahrgestelle und Antrieb auf alle Achsen (zum großen Teil mit Schwungrad) bringen gute Fahreigenschaften. Die Details sind genau und stabil ausgeführt. Die Wagen sind komplette, beschriftete Bausätze aus Kunststoff. Alle Fahrzeuge haben NMRA-Drehgestelle und Klauenkupplungen.
Athearn produziert die einzelnen Modelle in ein bis zwei größeren Auflagen jährlich, so daß nicht immer alle am Lager sind, die hier abgebildeten sollten jedoch zur Zeit beim Fachhandel allgemein erhältlich sein.

Athearn is on the American market an important manufacturer of HO scale model railway vehicles, especially of kits. The programme contains about 20 American type Diesel locomotives in various liveries, freight cars, coaches, tractor trucks and a lot of parts for scratchbuilding or alterations of vehicles.
The locomotives are ready-to-run and require only assembly of detailation parts. Heavy metal underframes and all-wheel drive (many locomotives with flywheel) give good running qualities. The details are exact and sturdy. The cars are complete, lettered kits of styrene. All vehicles have NMRA trucks and horn-hook couplers.
Athearn uses batch production, where models of one type are produced at the same time once or twice a year. So, not all of them are always in stock, but the presented ones should generally be available from the one-line trade at present.

Au marché américain la firme Athearn est un fabricant important de véhicules modèle réduit d'échelle HO et particulièrement de kits de construction. Le programme comprend 20 types environ de locomotives Diesel américaines en différentes versions, des wagons marchandises, voitures voyageurs, semi-remorques et de nombreuses pièces détachées pour le montage ou la modification de véhicules.
Les locomotives sont des modèles complets auxquels il faut seulement ajouter des petites pièces de détail. Des châssis en métal lourds avec tous les essieux entraînes (pour la plupart par volant) assurent de bonnes qualités de roulement. Les détails sont exécutés d'une façon exacte et stable. Pour wagons et voitures il y a des maquettes complètes à monter en matière plastique avec inscription. Tous les véhicules sont équipés de bogies et d'attelagés à griffes NMRA.
Athearn produit les différents modèles en quantités assez importants une ou deux fois par an. C'est pourquoi on ne trouve pas toujours chaque modèle en stock. Les modèles représentés ci-contre devraient être disponible actuellement chez les commerçants spécialisés.

🖂
Athearn
11929 S. Western Ave.
USA Los Angeles, CA 90047

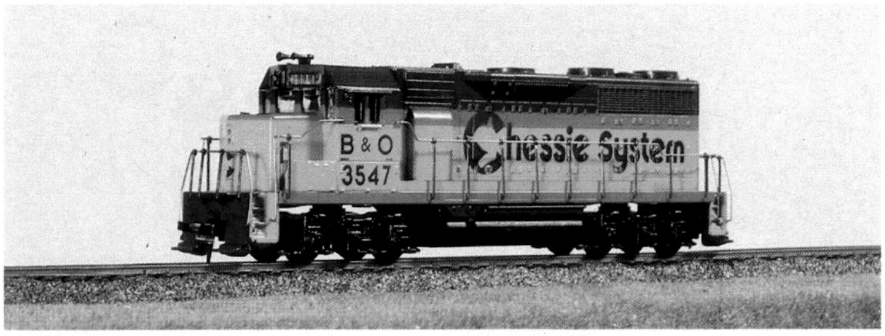

Diesellokomotive EMD GP-35		Baltimore & Ohio	4202
Diesel locomotive EMD GP-35		Burlington Route	4203
Locomotive Diesel EMD GP-35		Illinois Central	4204
II = 🄿 4 ⊣190⊢		Santa Fe Freight	4205
Chessie System B & O	4208	Southern Pacific	4206
Atlantic Coast Line	4201	Erie Lackawanna	4207

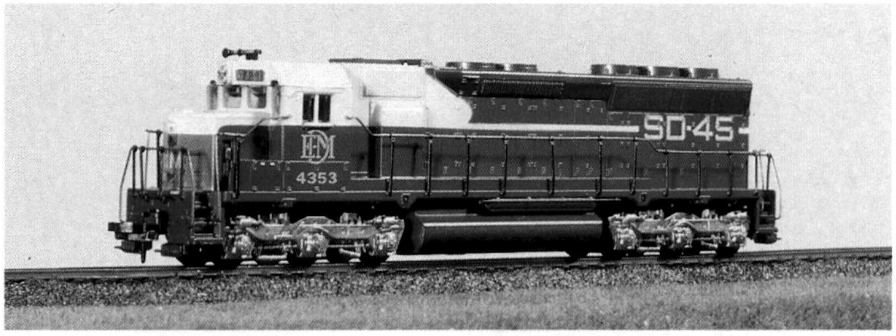

Diesellokomotive EMD SD-45		Seabord Coast Line	4161
Diesel locomotive EMD SD-45		Southern Pacific	4162
Locomotive Diesel EMD SD-45		Union Pacific	4163
		Burlington Route	4164
		Santa Fe Freight	4165
II = 🄿 6 ⊣220⊢	4167	Pennsylvania	4166

Diesellokomotive EMD F-7 A	Santa Fe	3201	
Diesel locomotive EMD F-7 A	Santa Fe Freight	3203	
Locomotive Diesel EMD F-7 A	Pennsylvania	3205	
	Pennsylvania Freight	3207	
‖ = ℙ ⚓ ✦4✦ ⊣175⊢	Southern Pacific	3209	
	Southern Pacific Daylight	3235	

Burlington Northern	3211	Canadian National	3225
Union Pacific	3213	Chesapeake & Ohio	3227
Denver & Rio Grande W.	3215	Northern Pacific	3229
Milwaukee Road	3217	Chicago & North Western	3231
Baltimore & Ohio	3219	Canadian Pacific	3237
New Haven	3221	Amtrak	3233

Ergänzungseinheit EMD F-7 B	Santa Fe	3001
(ohne Motor)	Santa Fe Freight	3003
Supplementary unit EMD F-7 B (dummy)	Pennsylvania	3005
Élément supplémentaire EMD F-7 B	Pennsylvania Freight	3007
(sans moteur)	Southern Pacific	3009
‖ = ℙ ⊣165⊢	Southern Pacific Daylight	3035

Burlington Northern	3011	Canadian National	3025
Union Pacific	3013	Chesapeake & Ohio	3027
Denver & Rio Grande W.	3015	Northern Pacific	3029
Milwaukee Road	3017	Chicago & North Western	3031
Baltimore & Ohio	3019	Canadian Pacific	3037
New Haven	3021	Amtrak	3033

Diesellokomotive EMD GP-9	Baltimore & Ohio	3152
Diesel locomotive EMD GP-9	Southern Pacific	3153
Locomotive Diesel EMD GP-9	Union Pacific	3154
	Burlington Route	3155
‖ = ℙ ⚓ ✦4✦ ⊣190⊢		

Diesellokomotive EMD GP-9	Great Northern	3157
Diesel locomotive EMD GP-9	Santa Fe Freight	3156
Locomotive Diesel EMD GP-9	Milwaukee Road	3159
‖ = ℙ ⚓ ✦4✦ ⊣190⊢		

Diesellokomotive EMD SD-9	Southern Pacific	3805
Diesel locomotive EMD SD-9	Santa Fe Freight	3801
Locomotive Diesel EMD SD-9	Burlington Northern	3802
	Milwaukee Road	3803
‖ = ℙ ⚓ ✦6✦ ⊣210⊢	Pennsylvania	3804
	Union Pacific	3806

Diesellokomotive EMD FP-45	Amtrak	3624
Diesel locomotive EMD FP-45	Santa Fe	3621
Locomotive Diesel EMD FP-45	Milwaukee Road	3622
	Baltimore & Ohio	3623
‖ = ℙ ⚓ ✦6✦ ⊣245⊢		

Diesellokomotive EMD F-45	Burlington Northern	3603
Diesel locomotive EMD F-45	Santa Fe Freight	3601
Locomotive Diesel EMD F-45		
‖ = ℙ ⚓ ✦6✦ ⊣235⊢		

Diesellokomotive EMD F-45	Die Athearn-Lokomotiven sind auch	
Diesel locomotive EMD F-45	unlackiert oder ohne Motor lieferbar.	
Locomotive Diesel EMD F-45	The Athearn locomotives are also avail-	
	able as dummy units or undecorated.	
‖ = ℙ ⚓ ✦6✦ ⊣235⊢	Les locomotives Athearn sont aussi	
Great Northern	3602	livrables sans peinture ou sans moteur.

Diesellokomotive GE U28 B	Western Pacific	3403
Diesel locomotive GE U28 B	Burlington Northern	3401
Locomotive Diesel GE U28 B	Norfolk & Western	3402

II = P ☶ ♦4♦ ┥210┝

Diesellokomotive GE U28 C	Union Pacific	3422
Diesel locomotive GE U28 C	Southern Pacific	3421
Locomotive Diesel GE U28 C	Penn Central	3423

II = P ☶ ♦6♦ ┥235┝

Diesellokomotive GE U30 B	Illinois Central	3442
Diesel locomotive GE U30 B	Burlington Route	3441
Locomotive Diesel GE U30 B	Santa Fe Freight	3443
	Chessie System	3444

II = P ☶ ♦4♦ ┥210┝

Diesellokomotive GE U30 C	Pennsylvania	3463
Diesel locomotive GE U30 C	Chesapeake & Ohio	3460
Locomotive Diesel GE U30 C	Milwaukee Road	3462

II = P ☶ ♦6♦ ┥235┝

Diesellokomotive GE U33 B	Auto-Train	3485
Diesel locomotive GE U33 B	Rock Island	3481
Locomotive Diesel GE U33 B	New York Central	3482
	Seaboard Coast Line	3483
	Spirit of '76	3484

II = P ☶ ♦4♦ ┥210┝

Diesellokomotive GE U33 C	Great Northern	3502
Diesel locomotive GE U33 C	Santa Fe Freight	3501
Locomotive Diesel GE U33 C	Southern Pacific	3503

II = P ☶ ♦6♦ ┥235┝

Rangierlokomotive Baldwin S-12	Milwaukee Road	3705
Switching locomotive Baldwin S-12	New York Central	3706
Locomotive de manœuvre Baldwin S-12	Pennsylvania	3707
	Southern Pacific	3708

II = P ☶ ♦4♦ ┥150┝

Rangierlokomotive Baldwin S-12	Great Northern	3704
Switching locomotive Baldwin S-12	Santa Fe Freight	3701
Locomotive de manœuvre Baldwin S-12	Baltimore & Ohio	3702
	Erie Lackawanna	3703

II = P ☶ ♦4♦ ┥150┝

Diesellokomotive ALCO PA-1		New York Central	3303
Diesel locomotive ALCO PA-1		Pennsylvania	3304
Locomotive Diesel ALCO PA-1		Santa Fe	3305
II = P ☶ ♦6♦ ┥220┝		Southern Pacific Daylight	3306
Erie Lackawanna	3309	Union Pacific	3307
Baltimore & Ohio	3302	Nickel Plate Road	3310

Ergänzungseinheit ALCO PB-1		New York Central	3343
Supplementary unit ALCO PB-1		Pennsylvania	3344
Élément supplémentaire ALCO PB-1		Santa Fe	3345
II = P ☶ ♦6♦ ┥210┝		Southern Pacific Daylight	3346
Erie Lackawanna	3349	Union Pacific	3347
Baltimore & Ohio	3342	Nickel Plate Road	3350

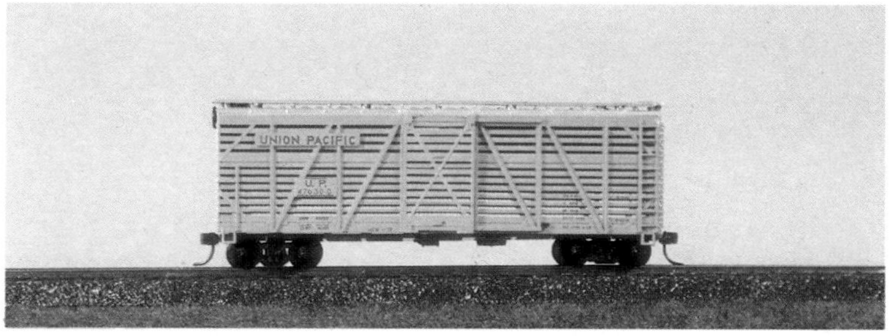

Zweistöckiger Verschlagwagen 40'
40' double-deck stock car
Wagon à bestiaux à étages de 40'

II = Ⓟ ⊣145⊢ Ⓚ

Union Pacific	1779
Great Northern	1771
Rock Island	1772
Texas & Pacific	1773
Santa Fe	1776
Denver & Rio Grande W.	1777

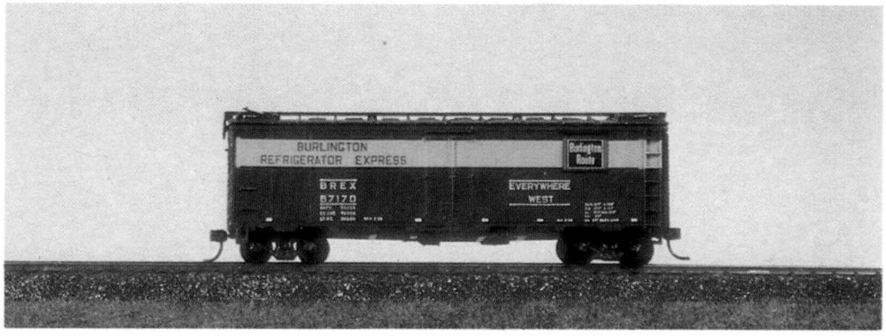

Eiskühlwagen 40'
40' ice bunker reefer car
Wagon réfrigérant de 40'
II = Ⓟ ⊣145⊢

Burlington Route	1610
Pacific Fruit Express	1601
Carnation	1602
Blatz	1603
Canadian National	1604
Santa Fe Chief	1605
Railway Express Agency	1609
Bangor & Aroostook	1615

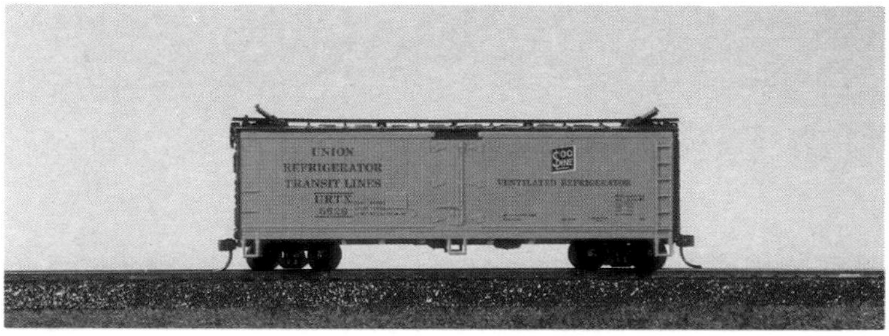

Eiskühlwagen 40'
40' ice bunker reefer car
Wagon réfrigérant de 40'
II = Ⓟ ⊣145⊢ Ⓚ *

SOO Line	5213
Canada Dry	5202
Kraft	5205
Oscar Mayer	5209
Swift Refrigerator Line	5212
Pacific Fruit Express	5214
Great Northern	5216
Burlington Route	5217

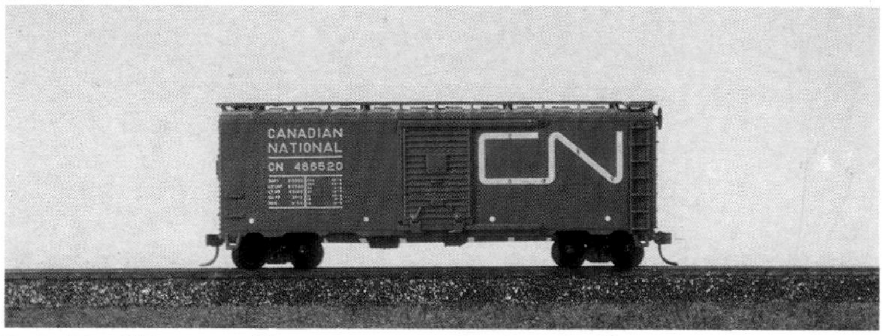

Gedeckter Güterwagen 40'
40' box car
Wagon couvert de 40'
II = Ⓟ ⊣145⊢ Ⓚ *

Canadian National	1209
Great Northern	1204
Southern Pacific	1205
Penn Central	1206
Illinois Central	1207
Norfolk & Western	1210
Grand Trunk Western	1211
Santa Fe	1221

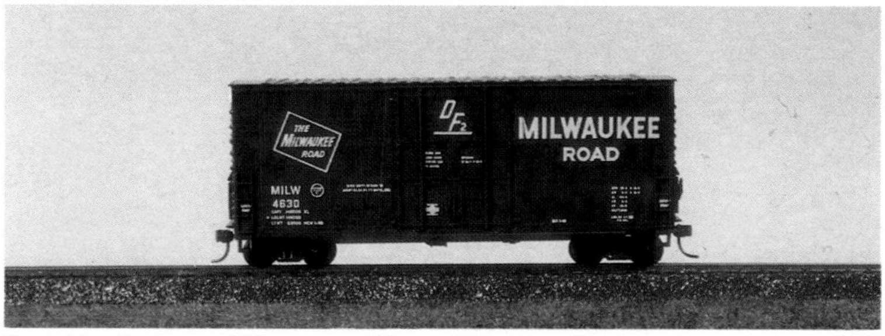

Gedeckter Hochraum-Güterwagen 40'
40' hi-cube box car
Wagon couvert haut de 40'

II = Ⓟ ⊣145⊢ Ⓚ

Milwaukee Road	1963
Burlington Route	1961
Illinois Central	1962
Denver & Rio Grande W.	1964
Santa Fe	1965
Union Pacific	1966

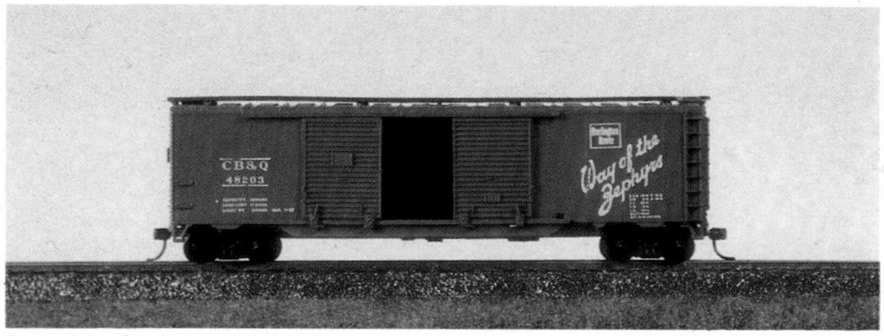

Gedeckter Güterwagen 50'
50' box car
Wagon couvert de 50'
II = Ⓟ ⊣180⊢ Ⓚ

Burlington Route	5040
Missouri Kansas Texas	5033
Santa Fe	5034
Southern Pacific	5035
Union Pacific	5036
Rock Island	5037
Pennsylvania	5038
Seaboard Coast Line	5041

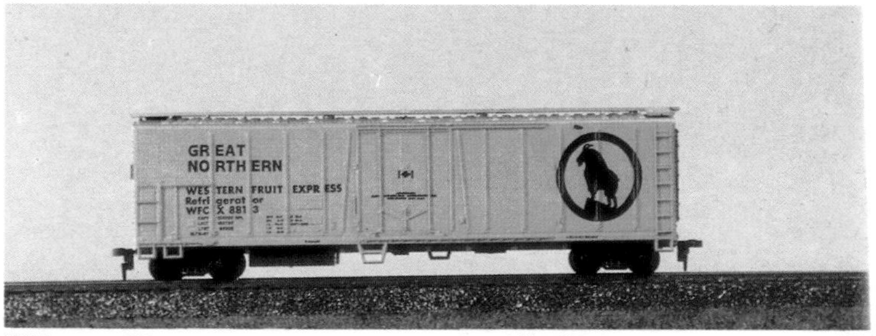

Kühlwagen 50'
50' reefer car
Wagon réfrigérant de 50'

II = Ⓟ ⊣180⊢ Ⓚ

Great Northern	1634
Burlington Route	1632
Fruit Growers Express	1633
Pacific Fruit Express	1636
Santa Fe	1637

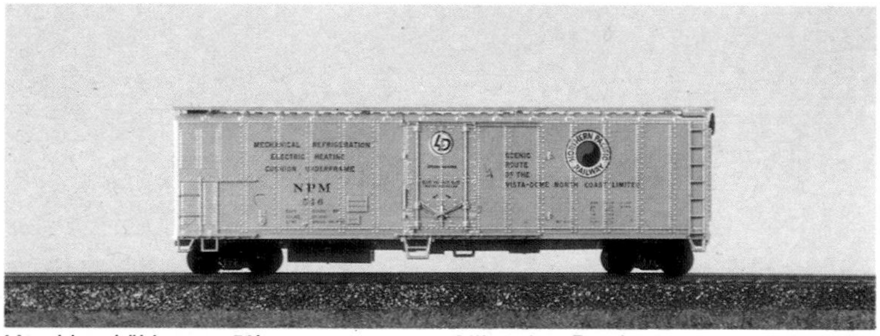

Maschinenkühlwagen 50'
50' mechanical refrigerator car
Wagon frigorifique de 50'
II = Ⓟ ⊣180⊢ Ⓚ

Northern Pacific	1628
Canadian Pacific	1619
Milwaukee Road	1620
Jersey Central	1622
Burlington Route	1623
Libby's	1625
Pacific Fruit Express	1627
Santa Fe	1630

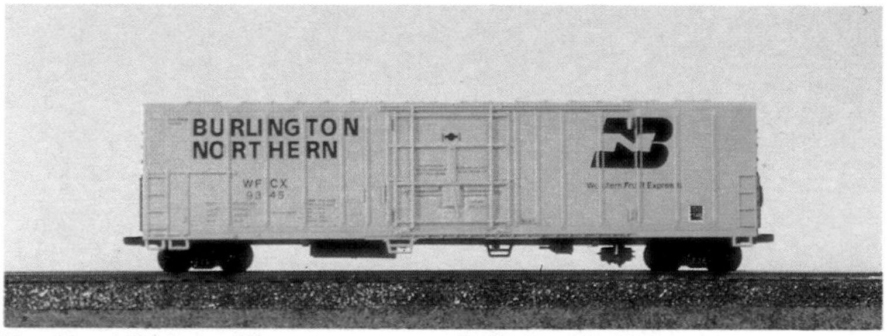

Maschinenkühlwagen 57'
57' mechanical refrigerator car
Wagon frigorifique de 57'

II = Ⓟ ⊣200⊢ Ⓚ

Burlington Northern	5466
American Refrigerator Transit	5461
Santa Fe	5462
Bangor & Aroostook	5463
Burlington Route	5464
Pacific Fruit Express	5465

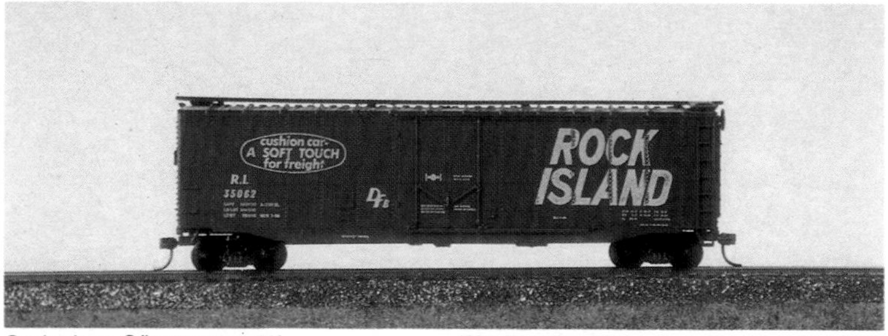

Gedeckter Güterwagen 50'
50' box car
Wagon couvert de 50'
II = Ⓟ ⊣180⊢ Ⓚ

Rock Island	1326
Illinois Central	1322
Western Pacific	1323
Missouri Kansas Texas	1324
Santa Fe	1325
Penn Central	1327
Canadian Pacific	1328
Milwaukee Road	1330

Güterwagen und Reisezugwagen
Freight cars and passenger cars
Wagons marchandises et voitures voyageurs

Schüttgutwagen 55'	United Carbon	1914
55' hopper car	Santa Fe	1915
Wagon-trémie de 55'	Borg Warner	1917
II = ℗ ⊢195⊢ 🄚 *	Cotton Belt	1918
Burlington Route 1923	Firestone	1919
Diamond Plastic 1913	Chevron	1920

Schüttgutwagen 54'	Burlington Route	5302
54' hopper car	Missouri Kansas Texas	5305
Wagon-trémie de 54'	Milwaukee Road	5306
II = ℗ ⊢190⊢ 🄚 *	Northern Pacific	5307
SOO Line 5311	Rock Island	5310
Santa Fe 5301	Union Pacific	5312

Schneefräse	Great Northern	1196
Rotary snow plough	Canadian National	1195
Chasse-neige rotative	New York Central	1197
	Union Pacific	1198
II = ℗ ⊢200⊢ 🄚		

Güterzugbegleitwagen	Union Pacific	1252
Caboose	Pennsylvania	1253
Fourgon de queue	Burlington Route	1254
II = ℗ ⊢125⊢ 🄚 *	Milwaukee Road	1256
Northern Pacific 1266	New Haven	1259
Santa Fe 1250	Canadian National	1262

Begleitwagen mit Weitsichtkanzel	Illinois Central	5364
Wide-vision caboose	Penn Central	5365
Fourgon à coupole large	Rock Island	5366
II = ℗ ⊢125⊢ 🄚 *	Santa Fe	5367
Burlington Northern 5361	Union Pacific	5368
Chesapeake & Ohio 5362	Chessie System	5369

Begleitwagen mit Seitenfenster	Baltimore & Ohio	1287
Bay window caboose	Chicago & North Western	1289
Fourgon à fenêtre latérale	New Haven	1290
II = ℗ ⊢135⊢ 🄚	New York Central	1291
Burlington Route 1288	Pennsylvania	1292
Santa Fe 1286	Southern Pacific	1293

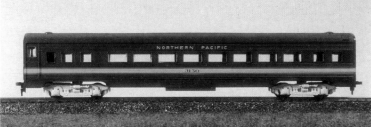

Stromlinien-Reisezugwagen	Burlington Route	1813
Streamlined passenger coach	New Haven	1814
Voiture voyageurs aérodynamique	Baltimore & Ohio	1815
II = ℗ (♀) ⊢255⊢ 🄚 1816	New York Central	1817
Santa Fe 1811	Southern Pacific Daylight	1818
Pennsylvania 1812	Amtrak	1819

Sromlinien-Aussichtswagen	Burlington Route	1823
Streamlined vista dome car	New Haven	1824
Voiture panoramique aérodynamique	Baltimore & Ohio	1825
II = ℗ (♀) ⊢255⊢ 🄚 1826	New York Central	1827
Santa Fe 1821	Southern Pacific Daylight	1828
Pennsylvania 1822	Amtrak	1829

Sromlinien-Gepäckwagen	Burlington Route	1783
Streamlined baggage car	New Haven	1784
Fourgon à bagages aérodynamique	Baltimore & Ohio	1785
II = ℗ (♀) ⊢255⊢ 🄚 1786	New York Central	1787
Santa Fe 1781	Southern Pacific Daylight	1788
Pennsylvania 1782	Amtrak	1789

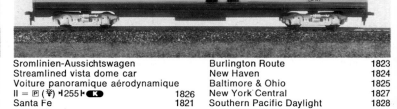

Stromlinien-Schlußwagen	Burlington Route	1833
Streamlined tail car	New Haven	1834
Voiture de queue aérodynamique	Baltimore & Ohio	1835
II = ℗ (♀) ⊢255⊢ 🄚 1836	New York Central	1837
Santa Fe 1831	Southern Pacific Daylight	1838
Pennsylvania 1832	Amtrak	1839

Amerikanische Diesellokomotiven
American Diesel locomotives
Locomotives Diesel américaines

atlas

Diesel-Lokomotive SD 24
Diesel locomotive SD 24
Locomotive Diesel SD 24
II = Ⓟ ⚲ ⧫6⧫ ⊣210⊢

Burlington	7003
Santa Fé	7001
Union Pacific	7002
Southern	7004

Diesel-Lokomotive SD 35
Diesel locomotive SD 35
Locomotive Diesel SD 35
II = Ⓟ ⚲ ⧫6⧫ ⊣210⊢

Southern Pacific	7014
Santa Fé	7011
Pennsylvania	7012
Chessie System	7013
Baltimore & Ohio	7016
Seaboard Coast Line	7018

ATLAS ist eine Handelsmarke für Modelleisenbahnen und Zubehör in den Baugrößen O, HO und N, die in Europa für die ATLAS Tool Co. hergestellt werden.

Das HO-Fahrzeugprogramm besteht aus 6 Diesellokomotiven in verschiedenen amerikanischen Ausführungen.

ATLAS-Gleise (NMRA, Code 100) sind in Messing oder Neusilber lieferbar.
Es gibt Gerade (1/1 = 229 mm), 3 Radien (380, 457 und 559 mm), flexibles Gleis (915 mm), 8 Kreuzungen (12,5° bis 90°), Weichen (20°, 12,5° und 9,5°, symm. 19°), Bogenweichen (R 457 – 559 mm), eine Kreuzungsweiche (12,5°), Entkuppler, Eingleiser, Prellbock und eine Drehscheibe (∅ 229 mm, 11 Anschl.).

Brücken, Gebäudebausätze und elektrisches Zubehör stehen zur Verfügung.

Lieferung erfolgt über den Fachhandel.

ATLAS is a trade-mark for model railroads and accessories in O, HO and N scale made in Europe for ATLAS Tool Co.

The HO rolling stock consists of 6 Diesel locomotives in several American decorations.

ATLAS tracks (NMRA, Code 100) have brass or nickel-silver rails. There are straight sections (1/1 = 9″), 3 radii (15″, 18″, 22″), flexible track (36″), switches (20°, 12.5°, 9.5°, symm. 19°), curved switches (R18″ – 22″), a double-slip switch (12.5°), uncoupler, rerailer, bumper, and a turntable (∅ 9″, 11 junctions).

Bridges, buildings as kits and electrical equipment are disposable.

Items available from specialized dealers.

ATLAS est une marque de commerçe de chemins de fer et d'accessoires en échelle O, HO et N. Ils sont fabriqués en Europe pour ATLAS Tool Co.

Le programme de vehicules HO comprend 6 locomotives Diesel en différentes versions américaines.

Les voies ATLAS (NMRA, Code 100) sont livrables en laiton ou en argentan.
Il y a des sections droites (1/1 = 229 mm), 3 rayons (380, 457 et 559 mm), de voie flexible (915 mm), 8 croisements (de 12,5° à 90°), des aiguilles (20°, 12,5° et 9,5°, symetr. 19°), des aiguilles courbes (R 457 – 559 mm), une traversée-jonction double (12,5°), un decrocheur, un enrailleur, un heurtoir et une plaque tournante (∅ 229 mm, 11 jonctions).

Des ponts, des maquettes immeubles à monter et des accessoires électriques sont à disposition.

La vente se fait par des détaillants spécialisés.

✉
ATLAS Tool Co., Inc.
378 Florence Avenue
USA Hillside, N.J. 07205

Diesel-Lokomotive GP 38 Hi-Nose
Diesel locomotive GP 38 Hi-Nose
Locomotive Diesel GP 38 Hi-Nose
II = Ⓟ ⚲ ⧫4⧫ ⊣205⊢

Santa Fé	7021
Burlington Northern	7022
Canadian National	7023

Diesel-Lokomotive GP 40
Diesel locomotive GP 40
Locomotive Diesel GP 40
II = Ⓟ ⚲ ⧫4⧫ ⊣205⊢

Rio Grande	7038
Santa Fé	7031
Chessie System	7032
Illinois Central	7033

Diesel-Lokomotive GP 40
Diesel locomotive GP 40
Locomotive Diesel GP 40
II = Ⓟ ⚲ ⧫4⧫ ⊣205⊢

Cotton Belt	7037
Milwaukee Road	7034
Louisville & Nashville	7035
Western Maryland	7039

Diesel-Lokomotive FP 7
Diesel locomotive FP 7
Locomotive Diesel FP 7
II = Ⓟ ⚲ ⧫4⧫ ⊣180⊢

Santa Fé	7041
Union Pacific	7042
Pennsylvania	7043
Amtrak	7044
SOO Line	7050
Baltimore & Ohio	7051

Diesel-Lokomotive GP 38 Low-Nose
Diesel locomotive GP 38 Low-Nose
Locomotive Diesel GP 38 Low-Nose
II = Ⓟ ⚲ ⧫4⧫ ⊣205⊢

Detroit Toledo & Irontown	7065
Union Pacific	7061
Illinois Central Gulf	7062
Grand Trunk Western	7063
Penn Central	7066

Diesel-Lokomotive GP 38 Low-Nose
Diesel locomotive GP 38 Low-Nose
Locomotive Diesel GP 38 Low-Nose
II = Ⓟ ⚲ ⧫4⧫ ⊣205⊢
Chesapeake & Ohio 7064

Alle Lokomotiven sind auch unlackiert lieferbar.
Each type of locomotive is also available undecorated.
Toutes les locomotives sont aussi livrables sans peinture.

Dampflokomotiven
Steam locomotives
Locomotives à vapeur

Oldtimer-Lokomotive Typ American „Jupiter" der Central Pacific
Old time locomotive type American "Jupiter" of the Central Pacific

Locomotive ancienne type American «Jupiter» de la Central Pacific

II = Ⓟ ♒♦2♦ ⊦185⊦   670

Oldtimer-Lokomotive Typ American der Union Pacific
Old time locomotive type American of the Union Pacific

Locomotive ancienne type American de la Union Pacific

II = Ⓟ ♒♦2♦ ⊦185⊦   671

BACHMANN ist einer der ältesten amerikanischen Hersteller von Spielwaren und Freizeitartikeln. Die Firma besteht seit 1833. Heute liefert BACHMANN Modellbahnen in Spur HO und N und Zubehör in Baugröße HO, O und N, außerdem eine Serie fein detaillierter Flugzeugmodelle „Mini-Planes" in verschiedenen Maßstäben (1:90 bis 1:1800).
Das HO-Programm wird größtenteils von der KADER Industrial Co. (Hong Kong) hergestellt. Das System entspricht den NMRA-Normen, die Fahrzeuge sind robust gebaut und haben NMRA-Klauenkupplungen. Die zuverlässigen Lokomotiven sind auf Druckguß-Fahrgestellen montiert. Zugpackungen werden mit Gleis, Transformator (auch einzeln erhältlich) und Zubehör geliefert.
Das Gleissystem (Messing) besteht aus einer Geraden (229 mm), einem Radius (457 mm), flexiblem Gleis (914 mm), einer Kreuzung (90°), Hand- und Elektroweichen, einem Eingleiser und einem beleuchteten Prellbock. Funktionsfähiges Zubehör sind ein automatischer Bahnübergang, eine Klappbrücke und Ladestationen für Postsäcke, Stammholz, Geröll und Vieh. Die PLASTICVILLE-Serie bietet Gebäude, Brücken, Signale und weitere Details als zusammensteckbare Bausätze.

BACHMANN was one of the first American manufacturers of toys and hobby products. The house was founded in 1833. Today, BACHMANN distributes model railways in HO and N gauge and accessories in HO, O, and N scale,

moreover a series of finely detailed aeroplane models "Mini-Planes" in different scales (from 1:90 to 1:1800). The greater part of the HO programme is manufactured by the well-known KADER Industrial Co. (Hong Kong). The system comes up to NMRA standards, the vehicles are built robust and have horn-hook couplers. The reliable locomotives run on die-cast chassis. Train sets are equipped with tracks, transformer (also available separately) and accessories.
The track system (brass) consists of a straight section (9''), a radius (18''), flexible track (36''), a crossing (90°), manual and electric switches, a rerailer, and a lighted bumper. Operating accessories are an automatic level crossing, a bascule bridge, and loading yards for mail, logs, gravel, and cattle. Buildings, bridges, signals, and more scenics are among the PLASTICVILLE series as snap-together kits.

BACHMANN était un des premiers fabricants américains de jouets et d'amusements. La maison existe depuis 1833. Aujourd'hui, BACHMANN livre des chemins de fer de modèle réduit en écartement HO et N et des accessoires en échelle HO, O et N, de plus une série de maquettes d'aviation en différentes échelles (de 1:90 à 1:1800). La plupart du programme HO est fabriqué par la Cie. renommée KADER Industrial (Hong Kong). Le système correspond aux normes NMRA, les véhicules sont robustes et ont des attelages griffes NMRA. Les motrices éprouvées sont montées sur des chassis en fonte. Les garnitures de trains sont équipées de voies, d'un transformateur (livrable aussi en détail) et d'accessoires.
Le système de voie (laiton) comprend une section droite (229 mm), un rayon (457 mm), une voie flexible (914 mm), un croisement (90°), des aiguilles manuelles et électriques, un enrailleur et un heurtoir éclairé. Des accessoires fonctionnants sont un passage à niveau automatique, un pont basculant et des installations de chargement pour sacs postaux, tiges, éboulis et bestiaux. La série PLASTICVILLE offre des bâtiments, des ponts, des signaux et d'autres détails à monter par les attacher.

Schwere Güterzuglokomotive Typ Northern mit 56'-Tender der Santa Fe (eingebaute Raucheinrichtung)
Heavy freight train locomotive type Northern with 56' tender of the Santa Fe (built-in smoke generator)

Locomotive à marchandises lourde type Northern avec tender de 56' de la Santa Fe (installation de fumée)

II = Ⓟ ♒♦4♦ ⊦410⊦   660

Schwere Güterzuglokomotive Typ Northern mit 56'-Tender der Burlington Route (eingebaute Raucheinrichtung)
Heavy freight train locomotive type Northern with 56' tender of the Burlington Route (built-in smoke generator)

Locomotive à marchandises lourde type Northern avec tender de 56' de la Route Burlington (installation de fumée)

II = Ⓟ ♒♦4♦ ⊦410⊦   664

✉

BACHMANN Bros., Inc.
1400 E. Erie Avenue
USA Philadelphia, PA. 19124

B & B Marketing, Inc.
6380 Wilshire Boulevard
USA Los Angeles, CA. 90048

D.M.A. Industries, Ltd.
10440 Bellevois Street
CDN Montreal 460

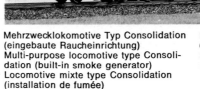

Rangier-Tenderlokomotive Typ Saddle Tank
Switching locomotive type Saddle Tank
Locomotive-tender de manœuvre type Saddle Tank

II = Ⓟ ♒♦3♦ ⊦110⊦	Pennsylvania	612
	Santa Fe	616

Mehrzwecklokomotive Typ Consolidation (eingebaute Raucheinrichtung)
Multi-purpose locomotive type Consolidation (built-in smoke generator)
Locomotive mixte type Consolidation (installation de fumée)

II = Ⓟ ♒♦4♦ ⊦260⊦	Great Northern	654
	Santa Fe	651
	Reading Co.	650

Diesellokomotiven und Triebwagen
Diesel locomotives and railcar
Locomotives Diesel et autorail

Diesel-Rangierlokomotive Typ Plymouth	II = ℗ ⚡ ✚ 2✦ ⊦100⊦		Dieselelektrische Lokomotive EMD FT	Santa Fe	680
Diesel switching locomotive	Santa Fe	606	Diesel electric locomotive EMD FT	Union Pacific	683
type Plymouth	Burlington Route	604	Locomotive Diesel électrique EMD FT		
Locomotive Diesel de manœuvre			II = ℗ ⚡ ✚ 2✦ ⊦170⊦	II = ℗ ⊦170⊦	
type Plymouth			Amtrak	681	Santa Fe	690
			Burlington Route	682	Union Pacific	693

Dieselelektrische Lokomotive EMD F9	Burlington Northern	510	Dieselelektrische Lokomotive EMD GP 40	II = ℗ ⚡ ✚ 2✦ ⊦200⊦	
Diesel electric locomotive EMD F9	Amtrak	519	Diesel electric locomotive EMD GP 40	Conrail	579
Locomotive Diesel électrique EMD F9			Locomotive Diesel électrique EMD GP 40	Penn Central	561
II = ℗ ⚡ ✚ 4✦ ⊦175⊦	II = ℗ ⊦175⊦			Burlington Northern	570
Santa Fe	507	Santa Fe	527		
Chessie System	516	Chessie System	536		

Dieselelektrische Lokomotive EMD GP 40	II = ℗ ⚡ ✚ 2✦ ⊦200⊦		Dieselelektrische Lokomotive EMD GP 40	II = ℗ ⚡ ✚ 2✦ ⊦200⊦	
Diesel electric locomotive EMD GP 40	Canadian Pacific	575	Diesel electric locomotive EMD GP 40	Canadian National	575A
Locomotive Diesel électrique EMD GP 40	Chessie System	576	Locomotive Diesel électrique EMD GP 40	Santa Fe	567
	Illinois Central Gulf	571		II = ℗ ⊦200⊦	
				Santa Fe	587

Diesellokomotive General Electric U33B	II = ℗ ⚡ ✚ 2✦ ⊦200⊦		Diesellokomotive General Electric U36B	Chessie-System	626
Diesel locomotive General Electric U33B	Rock Island	728	Diesel locomotive General Electric U36B	Santa Fe	632
Locomotive Diesel General Electric U33B	Seabord Coast Line	720	Locomotive Diesel General Electric U36B		
	Burlington Route	721	II = ℗ ⚡ ✚ 4✦ ⊦200⊦	II = ℗ ⊦200⊦	
	Santa Fe	722	Auto-Train	622	Auto-Train	642
			Illinois Central Gulf	621	Illinois Central Gulf	641

Elektrischer Schnelltriebwagenzug	Triebfahrzeug	Einheit ohne Motor	Zug aus vier Einheiten
Budd Metroliner der Amtrak Co.	Engine unit	Dummy unit	Four-units train
Electric high-speed rail motor-train	Motrice	Élément sans moteur	Train à quatre éléments
Budd Metroliner of the Amtrak Co.	II = ℗ ⚡ ✚ 4✦ ⊦300⊦	II = ℗ ⊦300⊦	II = ℗ ⚡ ✚ 4✦ ⊦1205⊦
Train automoteur électrique de vitesse	1300	1301	270
Budd Metroliner de la Cie. Amtrak			

Dreistöckiger Autotransportwagen 89' mit 15 PKW	
89' tri-level automobile transporter with 15 cars	
Wagon transport d'automobiles à 3 étages de 89' avec 15 voitures	
II = Ⓟ ⊢310⊢	
Santa Fe	1265
Penn Central	1264

Oldtimer-Rungenwagen	II = Ⓟ ⊢120⊢	
Old time flat car with stakes	Union Pacific	1411
Wagon plat à ranchers ancien	Central Pacific	1416

Oldtimer-Flachwagen mit Wassertanks	II = Ⓟ ⊢120⊢	
Old time flat car with water tanks	Union Pacific	1413
Wagon plat ancien avec reservoirs d'eau	Central Pacific	1418

Oldtimer-Hochbordwagen	II = Ⓟ ⊢120⊢	
Old time gondola	Central Pacific	1417
Wagon tombereau ancien	Union Pacific	1412

Flachwagen 51' mit Blechrollen	II = Ⓟ ⊢180⊢	
51' flat car with plate rolls	Santa Fe	1181
Wagon plat de 51' avec rouleaux de tôle		

Flachwagen 51' mit Containern	II = Ⓟ ⊢180⊢	
51' flat car with containers	Penn Central - Sea Land	1161
Wagon plat de 51' avec containers	New Haven - U.S. Lines	[1199]

Tiefladewagen 52' mit Rakete der USAF	II = Ⓟ ⊢190⊢	1225
52'depressed center flat car with space missile of the USAF		
Wagon à plate-forme surbaissée de 52' avec fusée de la USAF		

Seitlich kippbarer Niederbordwagen mit Ladung und Ladestation	Geröll/gravel/éboulis	
Open side-dumping car with load and loading yard	II = Ⓟ ⊢150⊢	1426
Wagon à bords bas à benne basculante chargé avec installation de chargement	Stämme/logs/tiges	
	II = Ⓟ ⊢150⊢	1427

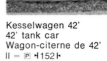

Schwertransportwagen 48' mit Stämmen	II = Ⓟ ⊢171⊢	
48' heavy load transporter with logs	Great Northern	[979]
Wagon pour transports lourds de 48' avec tiges	Louisville & Nashville	[979]

Schüttgut-Selbstentladewagen 42'	Canadian Pacific	1035
42' open quad offset hopper car	Louisville & Nashville	[1039]
Wagon-trémie à déchargement auto-	Lehigh Valley	[1039]
matique de 42'	Missouri-Kansas-Texas	[1039]
II = Ⓟ ⊢152⊢	Rock Island	[1039]

Kesselwagen 42'	Shell	922
42' tank car	Penn Salt	[939]
Wagon-citerne de 42'	Mobilgas	[939]
II = Ⓟ ⊢152⊢	Canadian Pacific	[939]

Güterwagen
Freight cars
Wagons marchandises

BACHMANN

Offener Hochbordwagen
Gondola
Wagon tombereau
II = Ⓟ ⊦120⊦

Union Pacific	[959]
Burlington	[959]
Southern Railway	[959]
Canadian Pacific	[959]
Pittsburgh & Lake Erie	[959]

Gedeckter Oldtimer-Güterwagen
Old time box car
Ancien wagon couvert
II = Ⓟ ⊦120⊦

Central Pacific	1415
Union Pacific	1410

Gedeckter Güterwagen 41'
41' box car
Wagon couvert de 41'
II = Ⓟ ⊦150⊦

Illinois Central	904
Chesapeake & Ohio	[919]
Santa Fé	[919]
Rock Island	[919]

Verschlagwagen 41'
41' stock car
Wagon à bestiaux de 41'
II = Ⓟ ⊦150⊦

Santa Fé	[1239]
Chicago & North Western	[1239]
Great Northern	[1239]
Union Pacific	[1239]

Geschlossener Hochraum-Güterwagen 41'
41' hi-cube box car
Wagon couvert haut de 41'
II = Ⓟ ⊦150⊦

Union Pacific	1204
Burlington	[1219]

Kühlwagen 41'
41' reefer car
Wagon réfrigérant de 41'
II = Ⓟ ⊦150⊦

Canadian National-Meat	1108
State of Maine	[1259]
Gerbers	[1259]
Swift Refrigerator Line	[100]

Geschlossener Güterwagen 51'
51' box car
Wagon couvert de 51'
II = Ⓟ ⊦180⊦

Rock Island	[1159]
Chesapeake & Ohio	[1159]

Geschlossener Güterwagen 51'
51' box car
Wagon couvert de 51'
II = Ⓟ ⊦180⊦

Canadian Pacific	[1159]
Santa Fé	[1159]
Penn Central	[110]

Kühlwagen 51'
51' reefer car
Wagon réfrigérant de 51'
II = Ⓟ ⊦180⊦

Pacific Fruit Express	1124
Santa Fé	[1139]
Swift Refrigerator Line	[1139]
New York Central	[1139]
Peterborough	[1139]

Schiebewandwagen der Southern Railway
All-door loading car of the
Southern Railway
Wagon à parois coulissantes de la
Southern Railway

II = Ⓟ ⊦200⊦   1220

Güterwagen und Reisezugwagen
Freight cars and passenger cars
Wagons marchandises et voitures voyageurs

BACHMANN

| Drahtseilrollenwagen 57' mit schwenkbarem Dach 57' cable coil car with opening top Wagon de funiculaire de 57' avec toit mobile | II = Ⓟ ⊢220⊢ Bessemer & Lake Erie Pittsburn & Lake Erie | 1224 1229 | Gedeckter Schüttgut-Selbstentlade- wagen 56' 56' covered center-flow hopper car Wagon-trémie couvert de 56' à déchargement automatique | II = Ⓟ ⊢196⊢ Great Northern Shell DuPont W. R. Grace | 1005 [1019] [1019] [1019] |

| Oldtimer-Güterzugbegleitwagen Old time caboose Fourgon de queue ancien | II = Ⓟ ⊢88⊢ Union Pacific Central Pacific | 1414 1419 | Güterzugbegleitwagen 36' 36' caboose Fourgon de queue de 36' II = Ⓟ ⊢125⊢ | Penn Central Santa Fe Illinois Central Gulf Burlington Northern Burlington Route | 981 [999] [999] [999] [160] |

| Güterzugbegleitwagen 36' mit Weitsicht-Kanzel 36' wide-vision caboose Fourgon de queue de 36' à coupole large II = Ⓟ ⊢125⊢ | Santa Fe Reading Burlington Northern Chessie System Rock Island Conrail | 1057 [1069] [1069] [1069] [120] [150] | Begleitwagen mit Schaffner und Platt- form zur automatischen Aufnahme von Postgut während der Fahrt Caboose with brakeman and platform for automatic pick-up of mail on-the-fly | Fourgon avec conducteur et plate-forme pour assurer automatiquement le service postal en roulant II = Ⓟ ⊢125⊢ | 1428 |

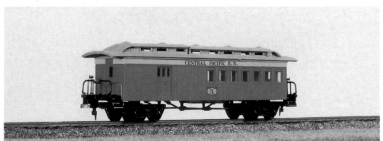

| Oldtimer-Personenwagen Old time passenger coach Voiture voyageurs ancienne | II = Ⓟ ⊢164⊢ Union Pacific Central Pacific | 1421 1423 | Oldtimer-Personenwagen mit Gepäck- abteil Old time coach with baggage space Voiture ancienne avec compartiment à bagages | II = Ⓟ ⊢164⊢ Central Pacific Union Pacific | 1422 1420 |

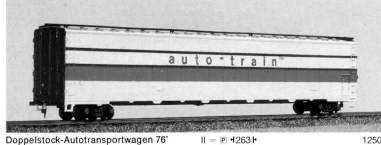

| Personenwagen mit Aussichtsdach Full-dome passenger car Voiture voyageurs avec toit panoramique | II = Ⓟ ⊠ ⊢292⊢ Amtrak Auto-Train Santa Fe | 1254 1252 1255 | Doppelstock-Autotransportwagen 76' zum Auto-Train 76' double-deck automobile transporter for the Auto-Train Wagon à étages de 76' transport d'autos pour l'Auto-Train | II = Ⓟ ⊢263⊢ | 1250 |

Schmalspurbahnen HOm und HOe
Narrow-gauge railways HOm and HOe
Chemins de fer à voie étroite HOm et HOe

Diesellokomotive V 51/V 52 der DB
Diesel locomotive V 51/V 52 of the DB
Locomotive Diesel V 51/V 52 de la DB
II = Ⓟ Ⓦ ♦4 ► ⊢113 ►

V 51-HOe	1001
V 52-HOm	1201

Niederbordwagen der DB
Low sided wagon of the DB
Wagon à bords bas de la DB
II = Ⓟ ⊢97 ►

HOe	2001
HOm	2201

Die Firma Bemo, gegründet 1976, ist spezialisiert auf die Herstellung von Schmalspurbahnen in Baugröße HO mit 12 mm (HOm) und 9 mm (HOe) Spurweite. Lieferbar sind bis jetzt eine Diesellokomotive, ein Dampflok-Bausatz, zehn Wagen, ein HOm-Gleissystem und eine Rollbock-Umsetzanlage. Ferner umfaßt das Programm Zurüstteile, Kupplungen, Radsätze (HO, HOm und HOe) und eine Mallet-Lokomotive USRA Y 6 b in der Baugröße N.

Die Bemo-Fahrzeuge sind maßstäblich exakte, fein detaillierte Modelle nach deutschen Vorbildern. Zurüstteile und Originalkupplungen werden mitgeliefert.

Die Rollbockanlage (Best.Nr. 5510) dient zum automatischen Umsetzen von HO-Regelspur-Fahrzeugen auf Schmalspur-Rollböcke (HOm und HOe). Die Grube für 4 Rollböcke kann mit weiteren Bausätzen verlängert werden.

Das 12 mm-Gleissystem (HOm oder TT) besteht aus Neusilber-Vollprofil-Schienen auf Kunststoff-Schwellenband. Es gibt Gerade (1/1 = 162,3 mm), zwei Radien (330 und 515 mm), Weichen (12 °) für Über- oder Unterflurantriebe und flexibles Gleis (500 mm) zum Selbstbau.

Lieferung erfolgt über den Fachhandel.

Rollbock der DB/ex DR
Jack up truck of the DB/ex DR
Chariot-tréteau de la DB/ex DR
II = Ⓟ ⊢27 ► Ⓚ

HOe (2)	2010
HOm (2)	2210

Les véhicules Bemo sont des modèles fidèles à l'échelle, finement détaillés d'après les prototypes allemands. Des ornements et les attelages originaux sont ajoutés.

Avec l'installation à chariots-tréteau (Réf. 5510) les véhicules à voie normale HO sont déplacés automatiquement sur des chariots à voie étroite (HOm et HOe). La fosse prévue pour quatre chariots peut être allongée par d'autres installations.

Le système de voie de 12 mm (HOm ou TT) se compose de rails en argentan sur traverses en matière plastique. Il y a des sections droites (1/1 = 162,3 mm), deux rayons (330 et 515 mm), des aiguillages (12 °) pour commandes sur-table ou sous-table et une voie flexible (500 mm) à monter.

La vente se fait chez les commerçants spécialisés.

Gedeckter Güterwagen der DB
Covered wagon of the DB
Wagon couvert de la DB
II = Ⓟ ⊢97 ►

HOe	2004
HOm	2204

Gedeckter Güterwagen der DB
Covered wagon of the DB
Wagon couvert de la DB
II = Ⓟ ⊢97 ►

HOe	2005	braun/brown/brun	2002
HOm	2205	braun/brown/brun	2202

The Bemo manufacture, founded in 1976, is spezialized in HO scale narrow-gauge railways on 12 mm (HOm) and 9 mm (HOe) track. Available are a Diesel locomotive, a steam loco kit, 10 wagons and coaches, a HOm track system, and a jack up truck installation. Moreover, the programme has detailation parts, couplings, wheel sets (HO, HOm and HOe) and an N scale USRA Y 6 b Mallet locomotive.

The Bemo vehicles are made exact in scale and splendidly detailed according to German prototypes. Additional details and original couplings are enclosed.

By the jack up truck installation (Order No. 5510), HO standard-gauge vehicles can be put automatically onto narrow-gauge trucks (HOm and HOe). The pit takes four trucks and can be extended by more kits.

The 12 mm track system (HOm or TT) has nickel-silver solid profile rails on plastic tie strings. There are straight sections (1/1 = 162.3 mm), two radii (330 and 515 mm), switches (12 °) for over- or underfloor drives and flexible track (500 mm) as kit.

Items available from specialized dealers.

Pufferwagen der DB (für Rollböcke)
Buffer wagon of the DB (for trucks)
Wagon à tampons de la DB (pour chariots)
II = Ⓟ ⊢101 ►

HOe	2003
HOm	2203

Personenwagen der DB
Passenger coach of the DB
Voiture voyageurs de la DB
II = Ⓟ ⊠ B ⊢97 ►

HOe	3002
HOm	3202

Personenwagen der DB
Passenger coach of the DB
Voiture voyageurs de la DB
II = ⊠ B ⊢97 ►

HOe	3003
HOm	3203

Personenwagen der SWEG
Passenger coach of the SWEG
Voiture voyageurs de la SWEG
II = Ⓟ ⊠ B ⊢97 ►

HOe	3004

BEMO Modelleisenbahnen GmbH
Stuttgarter Str. 59
D-7336 Uhingen

The Model Dockyard Pty. Ltd.
216 – 218 Swanston Street
AUS-Melbourne 3000

Inter-Hobby L. Dircken
Halenstraat 17
B-2000 Antwerpen

Roland Zumstein & Co.
Postfach
CH-8036 Zürich

Mondial Makets France
42, rue Victor Hugo
F-92120 Montrouge

ZETA Import-Export
Van Broekhuisenstrat 35
NL-4045 Ammerzoden

Post- und Gepäckwagen der DB
Mail and luggage van of the DB
Fourgon postal à bagages de la DB
II = Ⓟ ⊢97 ►

HOe	3001
HOm	3201

Hilfspackwagen der DB
Auxiliary luggage van of the DB
Fourgon auxiliaire de la DB
II = Ⓟ ⊢97 ►

HOe	3005
H0m	3205

La maison Bemo, fondée en 1976, s'est specialisée dans la fabrication des chemins de fer à voie étroite en échelle HO d'écartement de 12 mm (HOm) et 9 mm (HOe). Livrables sont à l'heure actuelle une loco-motive Diesel, une loco vapeur à monter, 10 wagons et voitures, un système de voie HOm et une installation à chariots-tréteau. De plus, le programme comprend des éléments de construction, des attelages, des éssieux montés (HO, HOm et HOe) et, en échelle N, une locomotive Mallet USRA Y 6 b.

Leichte Consolidation Dampflokomotive
„Old Lady"
Light Consolidation steam locomotive
"Old Lady"
Locomotive à vapeur Consolidation légère
«Old Lady»

II = Ⓩ ✦4✦ ⊣260⊢ ⬤Ⓚ   100925

Dampflokomotive Reihe E-6 Atlantic
der Pennsylvania RR.
Steam locomotive class E-6
of the Pennsylvania RR.
Locomotive à vapeur série E-6 Atlantic
de la Pennsylvania RR.

II = Ⓩ ✦2✦ ⊣250⊢ ⬤Ⓚ   100600

Personenzug-Dampflokomotive
Casey Jones
Passenger train steam locomotive
Casey Jones
Locomotive à vapeur à voyageurs
Casey Jones

II = Ⓩ ✦3✦ ⊣255⊢ ⬤Ⓚ   101100

Dampflokomotive Reihe K-11 Pacific
der New York Central
Steam locomotive class K-11 Pacific
of the New York Central
Locomotive à vapeur série K-11 Pacific
de la New York Central

II = Ⓩ ✦3✦ ⊣280⊢ ⬤Ⓚ   100200

Die Firma Bowser ist ein bedeutender amerikanischer Großhändler für Modellbahnen und Zubehör. Außerdem besteht eine eigene Fertigung von Lokomotiven in Baugröße HO, einem großen Programm an Zurüstteilen, einigen Straßenbahnmodellen und einem Oberleitungssystem. Das Unternehmen wurde 1946 gegründet und beschäftigt 15 Mitarbeiter.

Die Lokomotiven werden im allgemeinen als Bausätze aus Zinkdruckguß-Elementen mit einigen Messingteilen geliefert. Die feine Detaillierung setzt trotz guter Paßgenauigkeit einige Erfahrung beim Zusammenbau voraus. Die technische Ausführung der Fahrzeuge entspricht den NMRA-Normen, Kupplungen sind im Satz nicht enthalten. Dampflokomotiven und Tender sind auch separat erhältlich.

Bowser beliefert nur den Fachhandel.

The Bowser Co. is an important American wholesaler for model railways and accessories. Moreover, its a manufacturing company for HO scale locomotives, a large programme of additional fittings, some tramway models, and a catenary system. The enterprise was founded in 1946 and employs 15 people.

In general, the locomotives come out as kits of zinc die-cast elements with some brass parts. The minute detailation requires some experience for the assembly, in spite of the well-shaped parts. The technical execution is made on NMRA standards, couplers are not enclosed in the sets. Steam locomotives and tenders are also available separately.

Bowser sells only to hobby dealers.

La firme Bowser est un important marchand en gros américain pour chemins de fer modèle réduit et accessoires. De plus la firme produit elle-même des locomotives à l'échelle HO, de nombreuses pièces détachées, quelques modèles de tramway et un système de ligne aérienne. L'entreprise a été fondée en 1946 et occupe 15 personnes.

En général les locomotives sont livrées comme maquettes à monter en éléments en zamac avec quelques pièces en laiton. Malgré la bonne préfabrication, les détails fins demandent quelques aptitudes pour le montage. L'execution technique des véhicules correspond aux normes NMRA; les attelages ne sont pas compris dans le set. Locomotives à vapeur et tenders sont aussi livrables séparément.

Bowser vend par le commerce spécialisé uniquement.

✉
Bowser Manufacturing Co.
21 Howard Street
USA Montoursville, PA. 17754

Dampflokomotive Reihe H-9 Consolidation
der Pennsylvania RR.
Steam locomotive class H-9 Consolidation
of the Pennsylvania RR.
Locomotive à vapeur série H-9
Consolidation de la Pennsylvania RR.

II = Ⓩ ✦4✦ ⊣260⊢ ⬤Ⓚ   100900

Hohes Gewicht und hohe Untersetzung bringen gute Fahreigenschaften. Motoren sind einzeln lieferbar.
Heavy weight and reduced gear give good running qualities. Motors are available as items.

Poids lourd et rapport de réduction assurent de bonnes qualités de roulement. Les moteurs sont livrables isolément.

Dampf-, Elektro- und Diesellokomotiven
Steam, electric, and Diesel locomotives
Locomotives à vapeur, électrique et Diesel

Bowser

Dampflokomotive Reihe K-4 Pacific
der Pennsylvania RR.
Steam locomotive class K-4 Pacific
of the Pennsylvania RR.
Locomotive à vapeur série K-4 Pacific
de la Pennsylvania RR.
ll = Z +3+ ⊦290⊦ **K**   100500

Dampflokomotive Reihe L-1 Mikado
der Pennsylvania RR.
Steam locomotive class L-1 Mikado
of the Pennsylvania RR.
Locomotive à vapeur série L-1 Mikado
de la Pennsylvania RR.
ll = Z +4+ ⊦290⊦ **K**   100800

Dampflokomotive Reihe I-1 Decapod
der Pennsylvania RR.
Steam locomotive class I-1 Decapod
of the Pennsylvania RR.
Locomotive à vapeur série I-1 Decapod
de la Pennsylvania RR.
ll = Z +5+ ⊦360⊦ **K**   100700

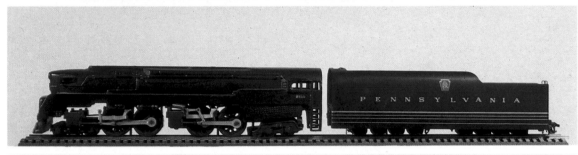

Schnellzuglokomotive Reihe T-1 Duplex
der Pennsylvania RR.
Express locomotive class T-1 Duplex
of the Pennsylvania RR.
Locomotive de vitesse série T-1 Duplex
de la Pennsylvania RR.
ll = Z ♛ +4+ ⊦420⊦ **K**   101000

Güterzuglokomotive Typ Mallet Challenger
der Union Pacific
Freight train locomotive type Mallet
Challenger of the Union Pacific
Locomotive à marchandises type Mallet
Challenger de la Union Pacific
ll = Z +6+ ⊦400⊦ **K**   100300

Elektrische Schnellzuglokomotive
Reihe GG-1 der Pennsylvania RR.
Electric express locomotive class GG-1
of the Pennsylvania RR.
Locomotive électrique de vitesse
série GG-1 de la Pennsylvania RR.
ll = Z ♛ +4+ ⊦240⊦ **K**

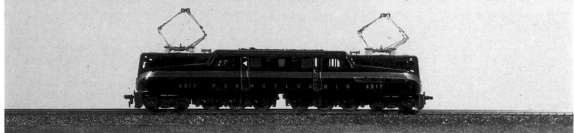

Mehrzweck-Diesellokomotive
Fairbanks Morse 1600 PS
Multi-purpose Diesel locomotive
Fairbanks Morse 1600 HP
Locomotive Diesel mixte
Fairbanks Morse 1600 CV
ll = Z ♛ +4+ ⊦185⊦ **K**

Sonderfahrzeuge und Signale
Special vehicles and signals
Véhicules spéciaux et signaux

BRAWA

Bahnmeistereiwagen der DB
Service railcar of the DB
Draisine de service de la DB

II = Ⓟ ✦2✦ ⊢66⊣   0454

Kleinturmtriebwagen R 2 der DB
Light tower railcar R 2 of the DB
Petit autorail à plateforme R 2 de la DB

II = Ⓟ ✦2✦ ⊢81⊣   0453

Die Firma BRAWA stellt seit 1950 Modellbahnzubehör her und beschäftigt 70 Mitarbeiter. Ein umfangreiches Programm wird in Baugröße HO, N und Z angeboten.
Das HO-Sortiment umfaßt Bahndienstfahrzeuge für Zweileiter-Gleichstrom-Systeme, Licht- und Formsignale mit Stecksockel und Messingmasten und mit Fahrstromsteuerung, Bahnhofs- und Straßenleuchten, automatische Bahnschranken, motorisierte Schiebebühnen und Verladeanlagen, ein Trolleybus-System mit funktionsfähiger Oberleitung, Seilbahnen, elektrisches Zubehör, ein ausbaufähiges Gleisbildstellwerk und Landschaftsbauartikel. Belieferung erfolgt über den Fachhandel.

The firm BRAWA has manufactured model railway accessories since 1950 and employs 70 people. A wide programme is offered in HO, N, and Z scale.
The HO assortment contains light rail vehicles with two-rails DC drive, light and semaphore signals with plug base and brass masts and with traction current control, yard and street lamps, automatic gates, motorized traverse tables and container terminals, a trolley bus system with operating catenary, cable railways, electrical accessories, an extensible diagram control panel, and scenery items. Delivery is made by the one-line trade.

La firme BRAWA fabrique des accessoires pour chemins de fer modèle réduit depuis 1950 et emploie 70 ouvriers. Un programme volumineux est offert en échelle HO, N et Z.
L'assortiment HO comprend des véhicules d'entretien pour les systèmes à deux conducteurs sur courant continu, des signaux lumineux et sémaphoriques avec socles à fiches et poteaux en laiton et avec contrôle du courant de traction, des lampes pour gares et rues, des barrières automatiques, des ponts roulants et des installations de chargement motorisées, un système de trolleybus avec caténaire fonctionnable, des funiculaires, des accessoires électriques, un poste de commande géographique extensible et des éléments de paysage.
La vente se fait par le commerce spécialisé.

Gerätezug
Tool train
Train d'agrès

II = Ⓟ ⊢120⊣   0455

Rottenkraftwagen der DB
Rail truck of the DB
Camion sur rails de la DB
II = Ⓩ ✦1✦ ⊢80⊣   0456
Anhänger/trailer/remorque
II = Ⓟ ⊢55⊣   0458

Kleinlokomotive Köf II der DB
Rail tractor Köf II of the DB
Locotracteur Köf II de la DB

II = Ⓩ ✦2✦ ⊢85⊣   0460

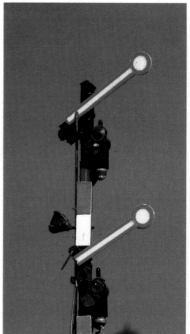

✉

Artur Braun Modellspielwaren
Waldmühlenweg 82 - Postfach 1120
D-7050 Waiblingen

Ing. Oscar Kauffert
Neubaugasse 56
A - Wien VII

Australian Model Railroads Imports
P.O. Box 160
AUS Mermaid Beach 4218

Et. Van der Perre N.V.
Keienberglaan 28
B-1850 Grimbergen

Canadian ABC Co. Ltd.
333 Port Royal West
CDN Montreal

John Vestergaard Hobbyleg Aps
Bøssemagervej 11
DK-8800 Viborg

R.S. de Massini
19, Route Nationale N. 32 Chamant
F-60300 Senlis

Mantua Model
46040 Santa Lucia di Roverbella
I Mantova

J. Th. Kamlag B.V.
Bloemendalerweg 30-38
NL Weesp

Bröderna Jonssons Ind. AB
Karlavägen 24
S Stockholm - 26

Paul Wagner Inc.
211 Lincolnway West
USA New Oxford, PA. 17350

Stevens International
P.O. Box 1908
USA Cherry Hill, NJ. 08034

Signale und Bahnschranken
Signals and gates
Signaux et barrières

Signalbrücke (8621) mit Licht-Einfahr-signalen (8822) und Licht-Vorsignalen (8825). Signalkörbe und Halterungen liegen den Signalen bei.
Signal gantry (8621) with entry light signals (8822) and distant light signals

(8825). Signal baskets and supports are enclosed with the signals.
Passerelle à signaux (8621) avec signaux lumineux d'entrée (8822) et à distance (8825). Les ballons de signal et les supports sont ajoutés aux signaux.

Das BRAWA Programm enthält etwa 85 verschiedene Bahnhofs-, Straßen- und Parkleuchten, Scheinwerfer, beleuchtete Verkehrszeichen und Reklametafeln. The BRAWA programme has about 85 different yard, street and park lamps,

spotlights, lighted road signs, and luminous advertisings.
Le programme BRAWA comprend à peu près 85 différents éclairages pour gares, rues et parcs, des phares, des signaux de circulation et enseignes lumineux.

Die Bahnschranken (1190, 1195, 1196) werden über Motoren vorbildlich lang-sam geöffnet und geschlossen.
Der Antrieb ist für Ober- und Unterflur-montage geeignet, hat regulierbare Geschwindigkeit, Endabschaltung und Anschlüsse für Blinklicht und Läutewerk (1141). Die Betätigung erfolgt über Moment- oder Gleiskontakte. Die Schranken sind Einzelaggregate und daher beliebig aufzustellen.

Les barrières (1190, 1195 et 1196) sont lentement ouvertes et fermées à l'aide de moteurs. La propulsion à vitesse réglable s'adapte au service sur-table ou sous-table; elle a des sectionneurs terminaux et des connexions pour feu clignotant et sonnerie (1141). L'actionnement se fait par contacts brusques ou contacts de voie. Les barrières sont des groupes individuels et peuvent donc être installées à volonté.

The gates (1190, 1195, 1196) are opened and closed by motors very slowly like the original. The drive can be mounted over or under floor, has an adjustable speed, self-cancelling operation, and contacts for flashing light and bells. Operation is started by impulse or track contacts. The gates are single installations and can therefore be placed anywhere.

Gleisbildstellwerk, Containerkran und Schiebebühne
Control panel, container crane, and traverse table
Poste de commande géographique, grue à containers, et pont roulant

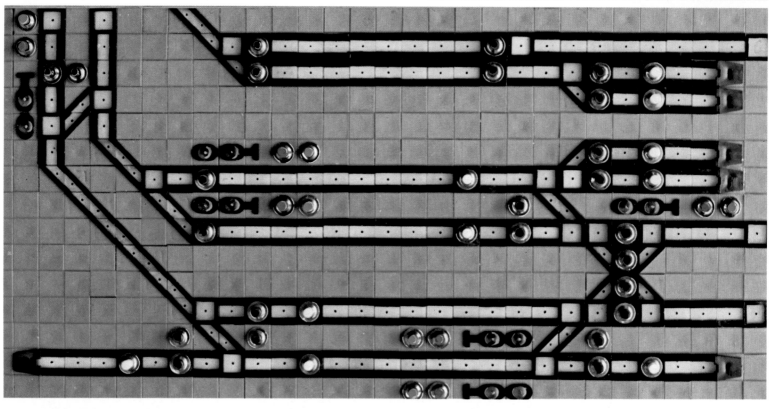

Das Gleisbildstellwerk wird aus vor-gefertigten hitzebeständigen Kunststoff-teilen zusammengesetzt. Alle Gleis-führungen lassen sich darstellen und feldweise ausleuchten. Schalter, Beleuchtungen und verschiedene Sym-bole werden von oben eingesetzt. Die Grundpackung (9000) enthält alle Teile für ein Chassis (33 x 16 cm), Deckplatten, Streckenplatten und Symbole. Weitere Platten, Beleuchtun-gen und Schalter sind einzeln erhältlich.

The control panel is put together of prefabricated heat-resistant plastic parts. All track layouts can be figured and lighted square by square. Keys, lightings, and different symbols are set in from above. The basic set (9000) contains all the parts for a chassis (33 x 16 cm), cover plates, line plates, and symbols. More plates, lightings, and keys are available separately.

Le poste de commande géographique à touches se compose d'éléments préfabriqués en matière plastique résistant à la chaleur. Tous les tracés de voie peuvent être reproduits et illuminés par sections. Interrupteurs, éclairages et différents symboles sont installés d'en haut. La boîte de base (9000) contient tous les éléments pour le châssis (33 x 16 cm), plaques de recouvrement, plaques de ligne et symboles. D'autres plaques, éclairages et interrupteurs sont livrables indivi-duellement.

Die Brücke des Containerkrans über-spannt drei Gleise oder zwei Gleise und eine Straße. Je ein Motor zum Heben und Senken der Last und zum Fahren der Laufkatze und ein vollauto-matischer ferngesteuertes Greifer ermöglichen fern-gesteuertes Umsetzen der Container zwischen Güterwagen oder LKW. Den Kran gibt es als stationäre Aus-führung (1161) oder mit fahrbarer Brücke und drittem Motor (1162).

The gantry of the container crane extends over three tracks or two tracks and a truck lane. One motor for raising and lowering the load, another for driving the traveller, and automatic grabs make a remote controlled transfer of containers possible between

wagons or trucks. There is a stationary version of the crane (1161) or a movable one with a third motor driving the gantry (1162).

Le pont de la grue à containers passe en-dessous de trois voies ou de deux voies et une rue. Un moteur pour le levage ou la descente de la charge et un autre pour le chariot de pont roulant ainsi que les griffes automatiques permettent le transbordement télé-commandé des containers entre wagons marchandises et camions. La grue est livrable en exécution fixe (1161) ou avec pont mobile et un troisième moteur (1162).

Die Schiebebühne (1180) hat 12 An-schlußmöglichkeiten, die für alle Zwei- und Dreileitergleise ohne Bettung geeignet sind. Der Gleisabstand beträgt 58 mm, die Bühne ist 290 mm lang. Nur die Abstellgleise in Linie mit der Bühne werden mit Fahrstrom versorgt. Eine Oberleitungsgarnitur für die Anlage ist in Vorbereitung.

The traverse table (1180) has 12 possible junctions suitable for all two- or three-conductor tracks without roadbed. The distance between the tracks is 58 mm, the platform is 290 mm long. Only the sidings in line with the plat-form are connected to the traction current. An overhead wiring set for the installation is being prepared.

Le pont roulant (1180) a 12 embranche-ments possibles convenables à toutes les voies à deux ou à trois conducteurs sans lit. L'entre-voie est de 58 mm, la longueur du pont est de 290 mm. Seulement les voies de garage en alignement avec le pont sont alimentées par le courant. Une garniture de ligne aérienne pour cette installation est en étude.

Güterwagen
Freight cars
Wagons marchandises

Gedeckter Güterwagen
Box car
Wagon couvert
II = ℗ ⊢125⊦ 🄚
Southern Pacific   902
Pennsylvania

Michigan Central
Chicago, Lake Shore & Eastern
Baltimore & Ohio
Cutler & Savidge
Colorado Midland
Central Pacific

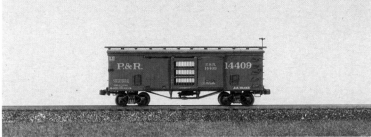

Gedeckter Güterwagen mit Entlüftung
Ventilator box car
Wagon couvert à aérage
II = ℗ ⊢125⊦ 🄚

Philadelphia & Reading   953
Norfolk & Western
Georgia, Midland & Gulf
Mobile & Ohio

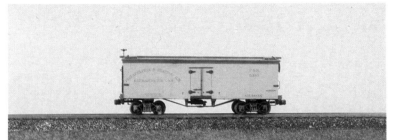

Kühlwagen
Reefer car
Wagon réfrigérant
II = ℗ ⊢125⊦ 🄚

Philadelphia & Reading   971
Central of New Jersey
Lehigh Valley
Milwaukee Road

Güterzugbegleitwagen
Caboose
Fourgon de queue
II = ℗ ⊢120⊦ 🄚

grün/green/vert   993
rot/red/rouge
gelb/yellow/jaune

Central Valley ist ein kleines Unternehmen, das seit 1946 HO-Modellbahnartikel herstellt. Lieferbar sind einige amerikanische Güterwagen als Bausätze aus Holz- und Metallteilen, mit lackierten und beschrifteten Wänden, mit Druckguß-Drehgestellen und modifizierten RP-25-Rädern. Bei etwas Erfahrung ist der Zusammenbau nicht schwer. Verschiedene Drehgestelle für Spur HO und HOn3 werden auch einzeln angeboten.
Lieferung erfolgt über den Fachhandel.

Central Valley is a small enterprise manufacturing HO scale model railway items since 1946. Available are some American type freight cars as kits of wood and metal parts, with decorated sides, with die-cast trucks and modified RP-25 wheels. Wih some experience, the assembly is not difficult. Several HO and HOn3 gauge trucks are also offered separately.
Delivery is made by specialized dealers.

Central Valley et une petite entreprise produisant des articles en echelle HO depuis 1946. Livrables sont des wagons américains en boîtes de construction en bois et métal, avec les parois decorées, bogies en fonte et roues RP-25 modifiées. Avec quelque expérience l'assemblage n'est pas trop difficile à réaliser. Des bogies pour écartements HO et HOn3 sont offertes aussi en détail.
La livraison se fait par des détaillants specialisés.

✉
Central Valley
1300 Saticoy Street
USA North Hollywood, CA. 91605

Dampf- und Elektrolokomotive
Steam and electric locomotive
Locomotive à vapeur et électrique

Güterzuglokomotive Baldwin Mallet
Reihe CC-2 der Pennsylvania RR.
Freight train locomotive Baldwin Mallet
class CC-2 of the Pennsylvania RR.
Locomotive à marchandises Baldwin
Mallet série CC-2 de la Pennsylvania RR.

II = Ⓜ ✦8✦ ⊢324⊦   ST-207

Custom Brass vertreibt Messingmodelle in Baugröße HO, die in Japan in limitierten Serien gefertigt werden. Das angekündigte Programm umfaßt Dampflokomotiven nach amerikanischen und russischen Vorbildern, amerikanische Elektro- und Diesellokomotiven, Straßenbahnen, Güter- und Personenwagen und eine Serie Signale (Custom Signals). Die Fahrzeuge sind exakt ausgeführte Nachbildungen mit RP-25 Rädern. Die Messingoberfläche ist mit farblosem Schutzlack überzogen. Auskunft über die Lieferbarkeit einzelner Modelle gibt der Fachhandel.

Custom Brass vend des modèles en laiton à l'échelle HO, construits au Japon en série limitées. Le programme annoncé comprend des locomotives à vapeur d'après des prototypes américains et russes, des locomotives Diesel et électriques américaines, de tramways, wagons marchandises et voitures voyageurs et une série de signaux (Custom Signals). Les véhicules sont des reproductions exactes avec roues RP-25. La surface en laiton est revêtu d'un vernis enduit incolore. Pour tout renseignement supplémentaire demandez les commerçants spécialisés.

Schnellzuglokomotive GE/ALCO Bi-Polar
Reihe EP-2 der Milwaukee Road
Express locomotive GE/ALCO Bi-Polar
class EP-2 of the Milwaukee Road
Locomotive de vitesse GE/ALCO
Bi-Polar série EP-2 de la Milwaukee Road

II = Ⓜ ✦8✦ ⊢262⊦   EL-300

Custom Brass distributes HO scale brass models made in Japan in limited runs. The announced programme has American and Russian type steam locomotives, American electric and Diesel locomotives, tramways, freight and passenger cars, and a series of signals (Custom Signals). The vehicles are minutely finished reproductions with RP-25 wheels. The brass surface is coated by a colourless varnish. Informations about available models can be got from specialized dealers.

✉
Custom Brass - NJ International
P.O. Box 825
USA Bellmore, NY. 11710

Custom Brass - NJ International
Box 92, Station S
CDN Toronto 382, Ontario

The Model Dockyard
216-218 Swanson St.
AUS Melbourne 3000

Old Pullman Modellbahnen
Postfach 126
CH-8712 Stäfa

M.G. Sharp
82 Staniforth Road
GB Sheffield, S9 3HE

Stromlinien-Reisezugwagen
Streamlined passenger cars
Voitures voyageurs aérodynamiques

Reisezugwagen
Passenger coach
Voiture voyageurs

II = P ⊢295⊢ **K**   701

Con-Cor liefert Reisezugwagen, Drehge-stelle, Signale, Oldtimer-Lkw und weiteres Zubehör in Baugröße HO, sowie ein großes Modellbahnprogramm in Baugröße N.

Die Wagen sind Stromlinienmodelle nach Vorbildern der Bauart Santa Fe und Budd. Sie werden als Bausätze geliefert, die recht einfach zu montieren sind. Die Kunststoff-teile sind fix und fertig lackiert und be-schriftet. Drehgestelle, Metallräder und NMRA-Klauenkupplungen sind enthalten. Die sieben abgebildeten Grundtypen und einen Schlafwagen gibt es unbeschriftet und in den Ausführungen für 15 amerikani-sche Bahngesellschaften. Die Grundfarbe ist aluminium-silber mit Ausnahme der nachstehend gekennzeichneten Versionen. Die angegebenen Bestellnummern gehö-ren zu unbeschrifteten Modellen, die anderen Nummern ergeben sich durch Auf-zählen der letzten Stelle.

Con-Cor liefert über den Fachhandel.

Con-Cor fournit des voitures voyageurs, des bogies, des signaux, des camions an-ciens et autres accessoires en échelle HO et un grand programme de chemins de fer modèle réduit en échelle N.

Les voitures sont des modèles aérodynami-ques d'après des prototypes du type Santa Fe et Budd. Elles sont livrées en kits de con-struction faciles à monter. Les éléments en matière plastique sont complètement ver-nis et pourvus d'inscriptions. Bogies, roues en métal et attelages à griffes NMRA sont emballés. Les 7 types de base représentés ainsi qu'une voiture-lits sont livrables sans décoration ou dans la version correspon-dant aux modèles pour 15 sociétés ferro-viaires américaines. La peinture de base est en argent-aluminium, exceptées les versions caractérisées ci-après. Les numé-ros commande indiqués concernent les modèles sans decorations; les autres nu-méros sont obtenus en continuant comp-ter le dernier nombre.

La firme Con-Cor vend par l'intermédiaire des détaillants spécialisés.

Aussichtswagen
Vista dome car
Voiture panoramique

II = P ⊢295⊢ **K**   711

Con-Cor supplies passenger cars, bogies, signals, old time trucks and more acces-sories in HO scale and a large N scale model railway programme.

The cars are streamlined models according to Santa Fe and Budd prototypes. They come out as kits, which are easily to assemble. The plastic parts are quite ready painted and lettered. Bogies, metal wheels, and horn-hook couplers are included. The seven shown types and a sleeping car are available undecorated and in the deco-rations for 15 American railway companies. The basic colour is aluminium silver except where noted hereafter. The given order numbers belong to the unlettered ver-sions, the other numbers can be got by counting up the last position.

Con-Cor delivers to the one-line trade.

Speisewagen
Dining-car
Voiture-restaurant

II = P ⊢295⊢ **K**   721

✉
JMC International - Con-Cor
1025 Industrial Drive
USA Bensenville, Ill. 60106

Santa Fe	
Pennsylvania	
Baltimore & Ohio	
New York Central	
California Zephyr	
Southern Pacific	
Penn Central	
Burlington Northern	
Union Pacific	gelb/yellow/jaune
Great Northern	grün/green/verte
Milwaukee Road	gelb/yellow/jaune
Delaware & Hudson	
Amtrak	
Southern Railway	
Southern Pacific Daylight	orange

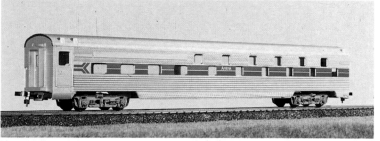

Liegewagen
Slumbercoach
Voiture-couchettes
II = P ⊢295⊢ **K**   751

Schlafwagen
Sleeping car
Voiture-lits
II = P ⊢295⊢ **K**   791

Gepäckwagen
Baggage car
Fourgon à bagages

II = P ⊢275⊢ **K**   741

Schlußwagen
Observation tail car
Voiture de queue

II = P ⊢295⊢ **K**   731

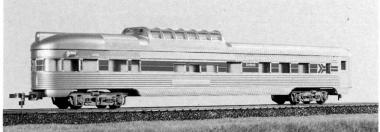

Aussichts-Schlußwagen
Observation and vista dome car
Voiture de queue panoramique

II = P ⊢295⊢ **K**   771

Gleissystem, Gleisbildstellwerk
Track system, diagram control panel
Système de voie, poste de commande géographique

Conrad

Lieferung erfolgt über den Fachhandel.

Delivery is made by the one-line trade.

La livraison se fait par des détaillants spécialisés.

✉
Ludwig Conrad & Co. KG
Modellbahn-Zubehör
D-8501 Röckenhof/Nürnberg

Die Firma Conrad stellt seit 1960 Modellbahnzubehör her. Das derzeitige Programm bietet ein ausbaufähiges HO-Zweileiter-Gleissystem, ein modulares Gleisbildstellwerk, vorbildtreue Lichtsignale als Metallbausätze und ein elektronisches Steuerungssystem.
Die elektronischen Bausteine sind durch den einheitlichen Aufbau leicht zu installieren. Die Schaltungen bieten elegante Lösungen für alle in der Modellbahntechnik gestellten Forderungen. Es gibt geeignete Ausführungen für jedes Bahnsystem. Sämtliche elektronischen Bauelemente sind auch einzeln lieferbar.

The firm Conrad has made model railway accessories since 1960. The present programme offers an extensible HO gauge two-conductor track system, a modular control panel, exact scale light signals as metal kits and an electronic control system.
The electronic controls are easy to install because of their uniform construction. The circuits give ingenious performances for all requirements of model railway technique. There are suitable versions for every railway system. The electronic elements are also available as items.

La firme Conrad construit depuis 1960 des accessoires pour chemins de fer modèle réduit. Le programme actuel offre un système de voie extensible à deux conducteurs en échelle HO, un poste de commande géographique composite, des signaux lumineux fidèles à l'original en boîtes de construction métalliques, et un système de contrôle électronique.
Par leur construction uniforme, les éléments électroniques sont faciles à monter. Le schéma de branchement offre des solutions élégantes répondant à toutes les exigences posées par la technique de modélisme. Le programme comprend des constructions aptes à tous les systèmes ferroviaires. Tous les éléments électroniques se vendent aussi séparément.

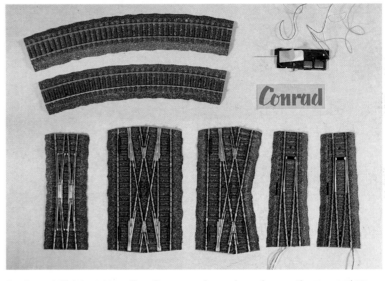

Das Conrad-Gleis besteht aus Neusilberschienen auf einem in Struktur und Farbe vorbildtreu nachgebildeten Kunststoff-Schotterbett. Der Zwischenraum ist durch Querrippen verstärkt. Die wesentlichen Abmessungen entsprechen den NEM, die Profilhöhe beträgt 2,3 mm und ist damit für nahezu alle HO-Modellbahnfahrzeuge geeignet. Das Programm umfaßt Gerade (1/1 = 232 mm), fünf Radien (478 mm, 533 mm, 644 mm, 699 mm, 855 mm), elektromagnetische Weichen (10°, R = 855 mm), Kreuzungen (10°, 20°), eine doppelte Kreuzungsweiche (10°), Innenbogenweichen (R = 478 mm - 533 mm), einfache und doppelte Gleisverbindung (10°). Die Herzstücke der Weichen und Kreuzungen sind die gleichen und werden als separate Teile angesetzt. Die Weichenantriebe haben Endabschaltung und zwei zusätzliche Umschaltkontakte. Zur Ergänzung des Schotterbetts in Winkeln oder bei Bahnsteigen gibt es passende Füllstücke.

The Conrad track consists of nickel-silver rails on a plastic ballast bed exactly reproduced in structure and colour. The space below is reinforced by cross-bars. The essential measurements correspond to NEM standards, the profile height is 2.3 mm and therefore fit for nearly all HO scale railway vehicles. The programme contains straight sections (1/1 = 232 mm) five radii (478 mm, 533 mm, 644 mm, 699 mm, 855 mm), remote controlled switches (10°, R = 855 mm), crossings (10°, 20°), a double-slip switch (10°), curved switches (R = 478 mm - 533 mm), single and double track crossover (10°). The frogs for switches and crossings are the same and are applied as separate parts. The switch motors are self-cancelling and have two additional change-over contacts. As completion of the ballast bed in angles or at platforms, there are suitable fillers.

La voie Conrad se compose de rails en argentan sur ballast en matière plastique, reproduction fidèle de l'original en ce qui concerne la structure et la couleur. L'espace au bas est renforcé par traverses intermédiaires. Les dimensions essentielles sont conformes aux normes NEM, la hauteur de profil est de 2,3 mm et ainsi convenable à presque tous les véhicules ferroviaires modèle réduit d'échelle HO. Le programme comprend des sections droites (1/1 = 232 mm), cinq rayons de courbes (478 mm, 533 mm, 644 mm, 699 mm, 855 mm), des aiguillages électromagnétiques (10°, R = 855 mm), des croisements (10°, 20°), une traversée-jonction double (10°), des aiguillages à courbure intérieure (R = 478 mm - 533 mm), des jonctions de voie simples et doubles (10°). Les éléments cœur d'aiguillage et cœur de croisement sont les mêmes; ils sont appliqués séparément. Les commandes d'aiguillages à déclenchement en fin de course sont munies de deux contacts commutateur supplémentaires. Pour combler le ballast aux coins ou à l'emplacement des quais, on offre des éléments de remplissage adéquats.

Das Gleisbildstellpult (15 x 25 cm) wird anschlußfertig in einem Holzrahmen geliefert. Die Grundausführung enthält 7 Weichenschalter und Abdeckungen mit und ohne Streckensymbole. Umbau und Erweiterung ist durch den modularen Aufbau sehr einfach. Alle erforderlichen Abdeckplatten Symbole, Schalter, Beleuchtungen, Befestigungen und Anschlüsse stehen zur Verfügung.

The diagram control panel (15 x 25 cm) comes out ready for connection in a wooden case. The basic equipment has 7 switch keys and cover plates with and without line symbols. Alteration and extension is very easy by the modular construction. All required cover plates, symbols, keys, lightings, fastenings, and junctions are disposable.

Le poste de commande géographique (15 x 25 cm) fonctionnant est livrable dans un cadre en bois. L'équipement de base comprend 7 touches d'aiguillages et des symboles de recouvrement avec ou sans symboles de ligne. La construction composite permet facilement tout développement ultérieur. Plaques de recouvrement, symboles, touches, éclairages, éléments de fixation et branchements nécessaires sont disponibles.

Diesellokomotiven und Güterwagen
Diesel locomotives and freight cars
Locomotives Diesel et wagons marchandises

Diesellokomotive EMD F-3	6036	II = Ⓟ ☵ ✚ 2 ✚ �mu021 180 �mu02	
Diesel locomotive EMD F-3		U.S. Army	6111-6
Locomotive Diesel EMD F-3			6017
		Chessie System B & O	6099

Cox Hobbies Inc. ist ein bedeutender Hersteller und Lieferant von funktionalem Spielzeug und Hobbyartikeln. Die Schwerpunkte des Programms liegen bei ferngesteuerten Flugzeug- und Automodellen, Modell-Verbrennungsmotoren, Fernsteuerungsanlagen und Autorennbahnen. Daneben werden CB-Funkgeräte und Zinkdruckguß-Nutzfahrzeugmodelle angeboten.

Das HO-Modelleisenbahn-Sortiment ist nicht sehr umfangreich, aber interessant. Es besteht in erster Linie aus Zugpackungen mit Schienenkreis (Radius 457 mm), Oval oder Acht (Messinggleise), mit Zubehör und zum Teil mit Transformator. Einige Modelle sind einzeln lieferbar. Die Fahrzeuge entsprechen NMRA-Normen und sind mit NMRA-Klauenkupplungen ausgerüstet.

An Zubehör gibt es eine Sägemühle, eine funktionsfähige Container-Verladeanlage (beides auch in Zugpackungen) und eine motorisierte Stückgut-Verladestation. Die Gebäude werden aus vorgefertigten Elementen zusammengesetzt.

Cox liefert über den Fachhandel.

Cox Hobbies Inc. is an important manufacturer and supplier of functional toys and hobby products. The essentials of the programme are radio-controlled airplane and car models, model combustion engines, radio control sets, and car racing layouts. Moreover, CB transceivers and zinc die-cast trucks and construction vehicles are offered.

The HO scale model railway assortment ist not very extensive but interesting. Mainly it consists of train sets with track circle (radius 18″), oval or figure-8, with accessories, and some with power pack. Several models are available separately.

The vehicles come up to NMRA standards and are fitted with horn-hook couplers.

As accessories there are a saw-mill, an operating container terminal (both also in train sets), and a motorized cargo conveyor set. The buildings are put together of prefabricated elements.

Cox delivers through the one-line trade.

Cox Hobbies Inc. est un fabricant et fournisseur important de jouets fonctionnels et d'articles de passe-temps. Les points principaux du programme sont les modèles d'avion et de voitures télécommandées, les maquettes de moteurs à combustion interne, les installations de télécommande et les circuits routiers. De plus, le programme offre des appareils émetteur-récepteur CB et des maquettes de véhicules industriels en zamac.

L'assortiment en chemins de fer modèle réduit d'échelle HO n'est pas important mais intéressant. Il se compose en premier lieu de garnitures de train complet avec cercle de voie (rayon 457 mm), circuit en ovale ou en huit (voies en laiton), avec accessoires et, en partie, aussi avec transformateur. Quelques-uns des modèles sont aussi livrables séparément. Les véhicules sont conformes aux normes NMRA et équipés d'attelages à griffes NMRA.

Comme accessoires il y a une scierie, une installation de chargement pour containers fonctionnante (les deux aussi en garnitures de train complet) et une station de chargement motorisée pour marchandises en détail. Les immeubles sont montés en assemblant les pièces préfabriquées.

Cox livre par l'intermédiaire du commerce spécialisé.

✉
Cox Hobbies Inc.
A subsidiary of Leisure Dynamics, Inc.
1505 East Warner Ave.
USA Santa Ana, CA. 92702

Leisure Dynamics of Canada, Ltd.
1315 Lawrence Ave., East
CDN Don Mills, Ontario

Nicht abgebildet:
Armee-Zug mit drei Geschützen, Panzer, LKW und Truppentransporter
Not shown:
Army train with three guns, tank, truck, and troop car
Non représenté:
Train militaire avec trois canons, char, camion et wagon pour le transport de troupes.

Diesellokomotive EMD GP-9	II = Ⓟ ☵ ✚ 2 ✚ mu02 185 mu02		
Diesel locomotive EMD GP-9		Big Pine Lumber Co.	6111-7
Locomotive Diesel EMD GP-9			6087
		Championship Train	6113-7
			6098

Gedeckter Güterwagen 40'	II = Ⓟ mu02 145 mu02		
40' box car		Northern Pacific	6120-5
Wagon couvert de 40'			6087
		Burlington Route	6120-6
			6099

Gedeckter Güterwagen 50'	II = Ⓟ mu02 180 mu02		
50' box car		Hooker Headers	6121-9
Wagon couvert de 50'			6098
		Burlington Northern	6099

Gedeckter Güterwagen 50'	II = Ⓟ mu02 180 mu02		
50' box car		Champion	6121-7
Wagon couvert de 50'			6098

Holztransportwagen mit Ladung und
Entladeeinrichtung
Log carrier with load and unloading
feature
Wagon transport de bois chargé, avec
dispositif de déchargement

II = Ⓟ ⊢155⊢

[6038]
[6087]

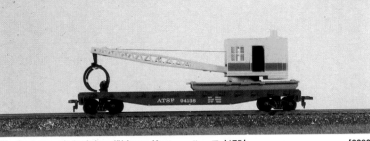

Flachwagen mit funktionsfähigem Kran
der Santa Fe
Flat car with operating crane of the
Santa Fe
Wagon plat avec grue mobile de la
Santa Fe

II = Ⓟ ⊢175⊢

[6038]
[6087]

Flachwagen mit Kastenaufbau und
Rennwagen (Championship Train)
Flat car with box casing and racing car
(Championship Train)
Wagon plat avec carcasse et voiture de
course (Championship Train)

II = Ⓟ ⊢175⊢

6151-2
[6098]

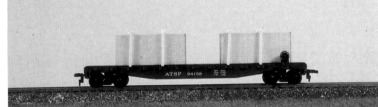

Flachwagen mit Kisten der Santa Fe
Flat car with crates of the Santa Fe
Wagon plat avec caisses de la Santa Fe

II = Ⓟ ⊢175⊢

6152-1
[6087]

Kesselwagen mit Feuerlöschanlage
Tank car with fire-extinguisher
Wagon-citerne à pompiers

ohne Feuerlöschanlage
without fire-extinguisher
sans extincteur

II = Ⓟ ⊢150⊢

6140-4
[6087]

II = Ⓟ ⊢150⊢

6140-3
[6099]

Begleitwagen zum Championship Train
Caboose for the Championship Train
Fourgon pour le Championship Train

II = Ⓟ ⊢125⊢

6171-3
[6098]

Güterzugbegleitwagen
Caboose
Fourgon de queue

II = Ⓟ ⊢125⊢
Big Pine Lumber Co.

6170-9
[6087]

Chessie System

[6099]

Flachwagen der U.S. Armee mit
Planiermaschine
Flat car of the U.S. Army with road
grader
Wagon plat de l'armée U.S. avec
machine à niveler

6150-7
[6017]

mit Panzer
with tank
avec char

II = Ⓟ ⊢175⊢

6150-8

Gedeckter Güterwagen 40' der
U.S. Armee
40' box car of the U.S. Army
Wagon couvert de 40' de l'armée U.S.

II = Ⓟ ⊢150⊢

6120-7
[6017]

Begleitwagen der U.S. Armee
Caboose of the U.S. Army
Fourgon de l'armée U.S.

II = Ⓟ ⊢125⊢

6171-8
[6017]

Firma, Dampflokomotiven
Introduction, steam locomotives
Présentation, locomotives à vapeur

Die Firma Electrotren stellt Modelleisenbahnen der Baugröße HO her. Die Modelle entsprechen größtenteils Vorbildern der Spanischen Staatsbahn (RENFE) und sind gut detailliert, exakt bemalt und beschriftet. Die beiden Lokomotiven gibt es in Gleichstrom- und Wechselstromausführung. Die Modellbahnwagen haben Metallfahrgestelle und sind mit Kupplungen der Klasse A (NEM) ausgerüstet. Die Radsätze sind isoliert und sowohl für NEM-Zweileitergleise als für Mittelleiter-Punktkontaktgleise geeignet. Eine Umrüstung der Wagen ist daher nicht erforderlich.

Viele Wagen werden mit reichhaltigem Ladegut geliefert. Die sorgfäitig gearbeiteten Teile sind auch einzeln erhältlich.

Electrotren bietet ein Wechselstrom-System auf Mittelleiter-Punktkontakt-Gleisen an. Die Hohlprofilschienen liegen auf einem geprägten Metall-Schotterbett. Das einfache Programm besteht aus einer Geraden (180 mm), einem Radius (360 mm), einem Weichenpaar (Hand- oder Elektrobetrieb) und einem Prellbock mit Federpuffern. Dazu passend gibt es eine funktionsfähige Oberleitung mit Streckenmasten und gestanzten Fahrleitungsteilen.

Der Fahrtransformator leistet 32 VA (Wechselstrom) und der Beleuchtungstransformator 60 VA.

Electrotren liefert ausschließlich über den Fachhandel.

The house of Electrotren manufactures model railways in HO scale. The models for the most part correspond to prototypes of the Spanish State Railways (RENFE) and are well detailed and exactly painted and lettered. The two locomotives are available with DC or AC drive. The model wagons have underframes of metal and are fitted with NEM class A couplings. The wheel sets are insulated and intended both for NEM two-rails track and for center stud contact track. Therefore, an alteration of the wagons is not required.

Many wagons are furnished with several kinds of load. The carefully made cargo pieces are also available seperately.

Electrotren provides an AC system on center stud contact tracks. The hollow profile rails are fixed to a structured metal ballast underlayer. The simple programme consists of a straight section (180 mm), one radius (360 mm), a pair of switches (manually or electrically operated) and a buffer stop with shock-absorber springs. There is a suitable operating catenary system with standard supports and punched wire sections.

The traction current transformer performs 32 VA (AC) and the lighting transformer 60 VA.

Electrotren items are available from specialized dealers only.

La firme Electrotren produit des chemins de fer de modèle réduit d'échelle HO. Les maquettes, construites d'après les prototypes des Chemins de Fer Espagnols (RENFE) pour la plupart, sont bien détaillées. Les peintures et inscriptions sont très précises. Les deux locomotives sont livrables pour l'amenée du courant continu et du courant alternatif. Les wagons ont des châssis en métal et sont munis d'attelages de la classe A (NEM). Les essieux montés sont isolés et aptes à la circulation sur voies NEM à deux conducteurs et sur voies à conducteur central et plots de contact. Il n'est pas nécessaire de changer les wagons.

Beaucoup de wagons sont pourvus de différents chargements. Les marchandises fabriqués soigneusement sont aussi livrables en détail.

Electrotren offre un système de courant alternatif sur voies à conducteur central avec plots de contact. Les rails de profils creux sont attachées à un lit de ballast en métal empreint. Le programme se compose d'une voie droite (180 mm), d'un rayon (360 mm), d'une paire d'aiguilles (manuelles ou électriques) et d'un heurtoir avec des ressorts d'amortissement. Il y a une ligne aérienne correspondante avec des supports et des sections de caténaire estampés. Elle est prête au fonctionnement.

Le transformateur de courant de traction fournit 32 VA (courant alternatif) et le transformateur d'éclairage a 60 VA.

La vente se fait exclusivement chez les détaillants spécialisées.

Electrotren

⊠
Electrotren
Fabricación de trenes eléctricos HO
Juan Pradillo, 9
E Madrid - 20

Vicente de Cobos y Solo de Zaldivar
Preysing, 48/22
A - 1150 Wien

Basar Valira
Av. Carlemany, 28
AND Les Escaldes

Etablissements O. Werenne
Av. D'Auderghem, 80
B - 1040 Bruxelles

Richard Schreiber
Keplerstraße 8
D - 8510 Fürth

Nyboder Hobby
Kronprinsessegade 51
DK - 1306 København

R. Duchesne
24, Rue de Laboissiere
F - 60730 Sainte Geneviève

The Tunbridge Wells Model Shop
96 — 98 Camden Road
Tunbridge Wells
GB Kent TN1 2 QL

La Mini Miniera
Via Mons Peano, 19
I - 12100 Cuneo

Oversea Sales Company Inc.
Tamagawa, P. O. Box 48
J Tokyo

Continental Models
Lothariuslaan 74
NL Bussum

Ferreteria la Campana
Portugal, 676
RCH Santiago de Chile

Eskader Modeller
Gumgshornsgatan, 8
S - 11460 Stockholm

Gewica. S. R. L.
P. O. Box 3397
YV Caracas - 101

Tenderlokomotive der ehemaligen M.Z.A.
(Spanien)
Tank locomotive of the former M.Z.A.
(Spain)
Locomotive-tender de l'ancienne M.Z.A.
(Espagne)

H ≈ Ⓟ ✦2✦ ⊦100⊦	4000
II = Ⓟ ✦2✦ ⊦100⊦	4001

180

188

190
195

Tenderlokomotive der ehemaligen M.Z.A.
(Spanien)
Tank locomotive of the former M.Z.A.
(Spain)
Locomotive-tender de l'ancienne M.Z.A.
(Espagne)

H ≈ Ⓟ ✦2✦ ⊦100⊦	4002
II = Ⓟ ✦2✦ ⊦100⊦	4003

Gelenk-Planenwagen der TRANSFESA, registriert bei der SNCF
Articulated tilt-covered wagon of the TRANSFESA, registered at the SNCF
Wagon à bâche articulé de la TRANSFESA, enregistré par la SNCF
II = ℗ ⊣305⊢   6100

Niederbordwagen (RENFE)
Low sided wagon (RENFE)
Wagon à bords bas (RENFE)
II = ℗ ⊣115⊢   1000

Niederbordwagen (RENFE) mit 2 PKW
Low sided wagon (RENFE) with 2 cars
Wagon à bords bas (RENFE) avec 2 autos
II = ℗ ⊣115⊢   1002

Rungenwagen (RENFE) mit Holz
Wagon with stanchions (RENFE) and timber
Wagon à ranchers (RENFE) avec bois
II = ℗ ⊣115⊢   1005

Niederbordwagen (RENFE) mit Säcken
Low sided wagon (RENFE) with sacks
Wagon à bords bas (RENFE) avec des sacs
II = ℗ ⊣115⊢   1006

Niederbordwagen (RENFE) mit 2 Jeeps
Low sided wagon (RENFE) with 2 jeeps
Wagon à bords bas (RENFE) avec 2 jeeps
II = ℗ ⊣115⊢   1009

Niederbordwagen (RENFE) mit Traktor
Low sided wagon (RENFE) with tractor
Wagon à bords bas (RENFE) avec
un tracteur
II = ℗ ⊣115⊢   1010

Niederbordwagen (RENFE) mit Panzer
Low sided wagon (RENFE) with tank
Wagon à bords bas (RENFE) avec un char
II = ℗ ⊣115⊢   1012

Niederbordwagen (RENFE) mit Säcken
Low sided wagon (RENFE) with sacks
Wagon à bords bas (RENFE) avec des sacs
II = ℗ ⊣115⊢   1014

Niederbordwagen (RENFE) mit Schwellen
Low sided wagon (RENFE) with ties
Wagon à bords bas (RENFE) avec des
traverses
II = ℗ ⊣115⊢   1015

Niederbordwagen (RENFE) mit Reisig
Low sided wagon (RENFE) with fagots
Wagon à bords bas (RENFE) avec des
fagots
II = ℗ ⊣115⊢   1016

Hochbordwagen (RENFE)
High sided wagon (RENFE)
Tombereau (RENFE)
II = ℗ ⊣115⊢   1100

Hochbordwagen (RENFE) mit Kisten
High sided wagon (RENFE) with chests
Tombereau (RENFE) avec des boîtes
II = ℗ ⊣115⊢   1103

Hochbordwagen (RENFE) mit Fässern
High sided wagon (RENFE) with casks
Tombereau (RENFE) avec des fûts
II = ℗ ⊣115⊢   1104

Hochbordwagen (RENFE) mit Fässern
High sided wagon (RENFE) with barrels
Tombereau (RENFE) avec des tonneaux
II = ℗ ⊣115⊢   1105

Hochbordwagen (RENFE) mit Ballen
High sided wagon (RENFE) with bales
Tombereau (RENFE) avec des ballots
II = ℗ ⊣115⊢   1106

Hochbordwagen (RENFE) mit Verschlag
High sided wagon (RENFE) with crate
Tombereau (RENFE) avec une cloison
II = ℗ ⊣115⊢   1107

Hochbordwagen (RENFE) mit Stückgut
High sided wagon (RENFE) with mixed
cargo
Tombereau (RENFE) avec des colis
II = ℗ ⊣115⊢   1108

Hochbordwagen (RENFE) mit Achsen
High sided wagon (RENFE) with axles
Tombereau (RENFE) avec des essieux
II = ℗ ⊣115⊢   1109

Hochbordwagen (RENFE)
High sided wagon (RENFE)
Tombereau (RENFE)
II = ℗ ⊣115⊢   1200

Hochbordwagen (RENFE) mit Kohlen
High sided wagon (RENFE) with coal
Tombereau (RENFE) avec de houille
II = ℗ ⊣115⊢   1201

Autotransportwagen der TRANSFESA,
registriert bei der SNCF
Automobile transport wagon of the
TRANSFESA, registered at the SNCF
Wagon transport d'automobiles de la
TRANSFESA, enregistré par la SNCF

mit 10 Autos/with 10 cars/avec 10 autos	
II = ℗ ⊢305⊢	6002
unbeladen/unloaded/sans charge	
II = ℗ ⊢305⊢	6000

Autotransportwagen der SEMAT
(RENFE)
Automobile transport wagon of the SEMAT
(RENFE)
Wagon transport d'automobiles de la
SEMAT (RENFE)

unbeladen/unloaded/sans charge	
II = ℗ ⊢305⊢	6001
mit 10 Autos/with 10 cars/ avec 10 autos	
II = ℗ ⊢305⊢	6003

Flachwagen der RENFE
Flat wagon of the RENFE
Wagon plat de la RENFE

II = ℗ ⊢190⊢   5120

Flachwagen der SEMAT (RENFE),
mit 8 Autos beladen
Flat wagon of the SEMAT (RENFE),
loaded with 8 cars
Wagon plat de la SEMAT (RENFE),
chargé de 8 autos

II = ℗ ⊢190⊢   5121

Niederbordwagen der RENFE
Low sided wagon of the RENFE
Wagon à bords bas de la RENFE

II = ℗ ⊢190⊢   5123

Rungenwagen der RENFE,
beladen mit Stammholz
Wagon with stanchions of the RENFE,
loaded with timber
Wagon à ranchers de la RENFE,
chargé de bois

II = ℗ ⊢190⊢   5124

Niederbordwagen der RENFE mit Plane
Low sided wagon of the RENFE with tilt
Wagon à bords bas de la RENFE avec bâche

II = ℗ ⊢190⊢   5126

Niederbordwagen mit Containern
der RENFE
Low sided wagon with containers of
the RENFE
Wagon à bords bas avec containers
de la RENFE

II = ℗ ⊢190⊢   5127

Schüttgut-Selbstentladewagen
der TRANSFESA (RENFE)
Self discharging hopper wagon
of the TRANSFESA (RENFE)
Wagon à déchargement automatique
de la TRANSFESA (RENFE)

II = ℗ ⊢190⊢   5200

Hochbordwagen der RENFE
High sided wagon of the RENFE
Wagon-tombereau de la RENFE

braun/brown/brun	
II = ℗ ⊢190⊢	5151
grau/grey/gris	
II = ℗ ⊢190⊢	5150

Hochbordwagen der RENFE
mit Kohlen
High sided wagon of the RENFE
with coal
Wagon-tombereau de la RENFE
avec de houille

II = ℗ ⊢190⊢   5152

Gedeckter Güterwagen (RENFE)
Covered wagon (RENFE)
Wagon couvert (RENFE)
II = ℗ ⊢95⊢
grau/grey/gris   804
braun/brown/brun   805

Güterwagen mit Bremserhaus (RENFE)
Covered wagon with cabin (RENFE)
Wagon couvert avec vigie (RENFE)
II = ℗ ⊢95⊢
braun/brown/brun   855
grau/grey/gris   854

Gedeckter Güterwagen (RENFE)
Covered wagon (RENFE)
Wagon couvert (RENFE)
II = ℗ ⊢115⊢   1300

Güterwagen mit Schlußlicht (RENFE)
Wagon with tail light (RENFE)
Wagon avec feux arrières (RENFE)
II ≈ ℗ ⚑ ⊢115⊢   1302
II = ℗ ⚑ ⊢115⊢   1303

Gedeckter Güterwagen der RENFE
Covered wagon of the RENFE
Wagon couvert de la RENFE
II = ℗ ⊢125⊢   1308

Bananenwagen der RENFE
Banana wagon of the RENFE
Wagon transport de bananes de la RENFE
II = ℗ ⊢125⊢   1315

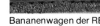 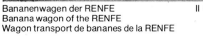

Gedeckter Güterwagen der RENFE
Covered wagon of the RENFE
Wagon couvert de la RENFE
II = ℗ ⊢125⊢   1316

Gedeckter Güterwagen der RENFE
Covered wagon of the RENFE
Wagon couvert de la RENFE
II = ℗ ⊢125⊢   1317

Kühlwagen der TRANSFESA (RENFE)
Refrigerator wagon of the TRANSFESA
(RENFE)
Wagon réfrigérant de la TRANSFESA
(RENFE)
II = ℗ ⊢140⊢   1305

Kühlwagen für Gefrierfisch
der INTERFRIGO (RENFE)
Refrigerator wagon for frozen fish
of the INTERFRIGO (RENFE)
Wagon transport de poisson frigorifié
de la INTERFRIGO (RENFE)
II = ℗ ⊢140⊢   1312

Kühlwagen der INTERFRIGO (RENFE)
Refrigerator wagon of the INTERFRIGO
(RENFE)
Wagon réfrigérant de la INTERFRIGO
(RENFE)
II = ℗ ⊢140⊢   1313

Silowagen der RENFE
Silo wagon of the RENFE
Wagon-silo de la RENFE
II = ℗ ⊢105⊢   1400

Privater spanischer Kühlwagen für
Gefrierfleisch
Privately-owned Spanish refrigerator
wagon for frozen meat
Wagon réfrigérant particuliers espagnol
pour transport de viande frigorifiée
II = P ⊢160⊢   1471

Kühlwagen der TRANSFESA,
registriert bei der FS
Refrigerator wagon of the TRANSFESA,
registered at the FS
Wagon réfrigérant de la TRANSFESA,
enregistré par les FS

II = P ⊢160⊢   1470

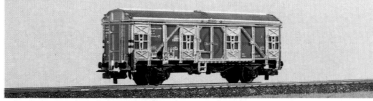

Schiebedachwagen (geschlossen) der
TRANSFESA, registriert bei der DB
Wagon with sliding roof (closed) of the
TRANSFESA, registered at the DB
Wagon à toit coulissant (fermé) de la
TRANSFESA, enregistré par la DB

II = P ⊢145⊢   1403

Schiebedachwagen (geschlossen)
der RENFE
Wagon with sliding roof (closed)
of the RENFE
Wagon à toit coulissant (fermé)
de la RENFE

II = P ⊢145⊢   1404

Schiebedachwagen (geschlossen)
der RENFE
Wagon with sliding roof (closed)
of the RENFE
Wagon à toit coulissant (fermé)
de la RENFE

II = P ⊢145⊢   1405

Gedeckter Güterwagen der TRANSFESA
(RENFE)
Covered wagon of the TRANSFESA
(RENFE)
Wagon couvert de la TRANSFESA
(RENFE)

II = P ⊢145⊢   1306

Sanitätswagen des Roten Kreuzes
Red Cross ambulance wagon
Wagon sanitaire de la Croix Rouge

II = P ⊢145⊢   1311

Gedeckter Güterwagen der TRANSFESA
(RENFE)
Covered wagon of the TRANSFESA
(RENFE)
Wagon couvert de la TRANSFESA
(RENFE)

II = P ⊢163⊢   1450

Bierwagen der RENFE
Beer wagon of the RENFE
Wagon transport de bière de la RENFE

MAHOU
II = P ⊢163⊢   1451
MORITZ
II = P ⊢163⊢   1452

Gedeckter Güterwagen der RENFE
Covered wagon of the RENFE
Wagon couvert de la RENFE

II = P ⊢163⊢   1453

Gedeckter Güterwagen der RENFE
Covered wagon of the RENFE
Wagon couvert de la RENFE

II = P ⊢163⊢   1454

Kesselwagen
Tank wagons
Wagons-citerne

Kesselwagen der RENFE
Tank wagon of the RENFE
Wagon-citerne de la RENFE

REPSOL	II = Ⓟ ⊣124⊢	1712
CAMPSA	II = Ⓟ ⊣124⊢	1710

Kesselwagen der RENFE
Tank wagon of the RENFE
Wagon-citerne de la RENFE

ARAL	II = Ⓟ ⊣124⊢	1713
FINA	II = Ⓟ ⊣124⊢	1711

Kesselwagen der RENFE
Tank wagon of the RENFE
Wagon-citerne de la RENFE

BP	II = Ⓟ ⊣93⊢	1803
SHELL	II = Ⓟ ⊣93⊢	1802

Kesselwagen der RENFE
mit Bremserhaus
Tank wagon of the RENFE
with brake cabin
Wagon-citerne de la RENFE
avec guérite

CAMPSA   II = Ⓟ ⊣105⊢   1900

Kesselwagen der RENFE
mit Bremserhaus
Tank wagon of the RENFE
with brake cabin
Wagon-citerne de la RENFE
avec guérite

ESSO   II = Ⓟ ⊣105⊢   1901

Dreiachsiger Schweröl-Kesselwagen   II = Ⓟ ⊣125⊢   1402
der TRANSFESA
6-wheel heavy oil tank wagon
of the TRANSFESA
Wagon-citerne transport d'huile lourde
à 3 essieux de la TRANSFESA

Schienenreinigungswagen   II = Ⓟ ⊣115⊢   1401
Track cleaning wagon
Wagon à nettoyer la voie

Vierachsiger Kesselwagen für Chemikalien   II = Ⓟ ⊣190⊢   5300
der ESSO Spanien
Bogie chemicals tank wagon
of the Spanish ESSO
Wagon-citerne transport de produits
chimiques de l'ESSO Espagne

Vierachsiger Druckgas-Kesselwagen   II = Ⓟ ⊣190⊢   5301
der BUTANO S.A. (Spanien)
Bogie compressed gas tank wagon
of the BUTANO S.A. (Spain)
Wagon-citerne transport de gaz liquide
de la BUTANO S.A. (Espagne)

Spanischer Weinwagen mit 2 Fässern   II = ⒽH ⊣105⊢   800
Spanish wine wagon with 2 casks
Wagon espagnol transport de vin à 2 fûts

Weinwagen mit 2 Fässern   II = ⒽH ⊣115⊢   801
und Bremserhaus
Wine wagon with 2 casks
and brake cabin
Wagon transport de vin à 2 fûts
avec guérite

Güterwagen und Personenwagen
Goods wagons and passenger coaches
Wagons marchandises et voitures voyageurs

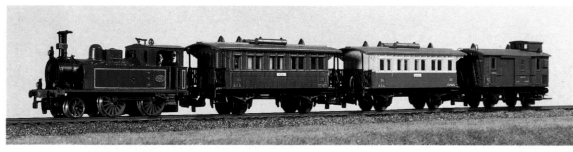

Personenzug der ehemaligen spanischen M.Z.A.-Gesellschaft. Die Lokomotive wurde 1877 in England gebaut.

Passenger train of the former Spanish M.Z.A. company. The locomotive was built in England in 1877.

Train voyageurs de l'ancienne compagnie espagnole M.Z.A. La locomotive était construite en 1877 en Angleterre.

Gedeckter Verschlagwagen der TRANSFESA mit Dienstabteil
Lattice sided covered wagon of the TRANSFESA with cabin
Wagon couvert à claire-voie de la TRANSFESA avec cabine
II = ℙ ⊦190⊦ — 5100

Personenwagen der ehemaligen M.Z.A.
Passenger coach of the former M.Z.A.
Voiture de l'ancienne M.Z.A.
II = ℙ C ⊦118⊦ — 1500
H ≈ ℙ ⚘C ⊦118⊦ — 1502
II = ℙ ⚘C ⊦118⊦ — 1504

Gedeckter Viehwagen der RENFE mit Dienstabteil
Covered cattle wagon of the RENFE with cabin
Wagon couvert à bestiaux de la RENFE avec cabine
weiß/white/blanc
II = ℙ ⊦190⊦ — 5101
braun/brown/brun
II = ℙ ⊦190⊦ — 5103

Personenwagen der ehemaligen M.Z.A.
Passenger coach of the former M.Z.A.
Voiture de l'ancienne M.Z.A.
II = ℙ C ⊦118⊦ — 1501
H ≈ ℙ ⚘C ⊦118⊦ — 1503
II = ℙ ⚘C ⊦118⊦ — 1505

Privater spanischer Verschlagwagen mit Kabine
Privately-owned Spanish goods wagon with cabin
Wagon particuliers espagnol à claire-voie avec cabine
II = ℙ ⊦190⊦ — 5102

Personenwagen der ehemaligen M.Z.A.
Passenger coach of the former M.Z.A.
Voiture de l'ancienne M.Z.A.
II = ℙ C ⊦118⊦ — 1506
H ≈ ℙ ⚘C ⊦118⊦ — 1507
II = ℙ ⚘C ⊦118⊦ — 1508

Gepäckwagen der ehemaligen M.Z.A.
Luggage wagon of the former M.Z.A.
Fourgon de l'ancienne M.Z.A.
II = ℙ ⊦98⊦ — 856

Personenwagen der ehemaligen M.Z.A. (1930)
Passenger coach of the former M.Z.A. (1930)
Voiture voyageurs de l'ancienne M.Z.A. (1930)
II = ℙ ⊠ B ⊦212⊦ — 5000
H ≈ ℙ ⊠ ⚘B ⊦212⊦ — 5002
II = ℙ ⊠ ⚘B ⊦212⊦ — 5004

Gepäckwagen der ehemaligen M.Z.A.
Luggage wagon of the former M.Z.A.
Fourgon de l'ancienne M.Z.A.
II = ℙ ⊦98⊦ — 857

Personenwagen der ehemaligen M.Z.A. (1930)
Passenger coach of the former M.Z.A. (1930)
Voiture voyageurs de l'ancienne M.Z.A. (1930)
II = ℙ ⊠ B ⊦212⊦ — 5001
H ≈ ℙ ⊠ ⚘B ⊦212⊦ — 5003
II = ℙ ⊠ ⚘B ⊦212⊦ — 5005

Funktionale Modellbausätze und Zubehör
Functional model kits and accessories
Programme fonctionnel et accessoires

FALLER

Funktionsfähiges Container-Terminal für Eisenbahn- und LKW-Verladung

Terminal de container fonctionnable pour déchargement de train et de camion

Operating container terminal for loading on train and truck

Das Lieferprogramm der Firma Faller umfaßt Modellbausätze aus Plastik und Combi-Kits (Kombination aus Plastik und Mikrowell-Teilen) in den Baugrößen HO und N, Landschaftsbauzubehör, eine funktionale, weit ausbaufähige Autobahn in der Baugröße HO neben anderen Modellspielwaren.

Spezialitäten der Baugröße HO: Funktionale Bausätze mit Antrieb durch 16-Volt-Wechselstrommotoren, Dorf- und Städtebausätze, Bahnhöfe, Stellwerke, Brückensysteme, Tunnelportale, Bäume und sonstiges Landschaftsbauzubehör. Insgesamt über 200 Modelle. Das HO-Autosystem (Faller Autobahn) kann in vielfältiger Weise mit der HO-Eisenbahn kombiniert werden. Beim Faller a.m.s.-racing-Programm handelt es sich hingegen um eine Rennbahn mit ausschließlich schnellen Wagen.

Die Firma Faller wurde 1946 gegründet, unterhält Werke in Gütenbach, Broggingen und Denzlingen (D) sowie in Braunau (A) und beschäftigt über 450 Leute. Umsatz im Jahre 1976: über 25 Mio. DM. Exportanteil: 25 %. Lieferung ausschließlich über den Fachhandel.

The programme of the Faller Manufacture consists of model-kits of plastic and combi-kits (a mixture of plastic and cardboard) for HO and N scales, scenery accessories, an extensible motorway HO and other model toys.

en tout. L'auto-système HO (Autoroute Faller) peut se combiner aisément et de différentes façons au chemin de fer HO. Par contre le programme Faller a.m.s.-racing ne comprend qu'une piste de course et des voitures de course exclusivement.

La maison Faller a été fondée en 1946. Elle est représentée à Gütenbach, Broggingen et Denzlingen (D) ainsi qu'à Braunau (A). Elle emploie plus de 450 personnes. Chiffre d'affaires: Plus de 25 Million DM. Exportation: 25 %. Distribution chez les commerçants spécialisés seulement.

✉

Gebr. Faller GmbH
Fabrik für Qualitätsspielwaren
D-7741 Gütenbach

Ing. Oskar Kauffert KG
Postfach 413
A-1047 Wien

Carl F. Myklestad A/S
Boks 42, Bryn
N Oslo 6

John Vestergaard Hobbyleg APS
Bøssemagervej 11
DK-8800 Viborg

Gebr. Faller AG
Rheinstraße 30-32
CH-4302 Augst

Tank-Containerwagen
Tank container wagon
Wagon à containers-citerne
II = P ⊣170⊢ 441

Open-top-Containerwagen
Open top container wagon
Wagon à containers
II = P ⊣170⊢ 442

Kühlcontainerwagen
Refrigerated container wagon
Wagon à container frigo
II = P ⊣170⊢ 440

Here are some specialities of the HO scale: functional kits with 16 Volt AC motor drive, village and town kits, stations, switch boxes, bridges, tunnel portals, trees and other landscape accessories. Over 200 models are available.

It is possible to combine in many ways the HO-Autosystem (Faller's motorway) with the HO railroad. On the other hand, Faller's a.m.s-racing-programme consists of a speedway with very fast cars.

The Faller Manufacture was founded in 1946 and is represented in Gütenbach, Broggingen and Denzlingen (Germany) as well as in Braunau (Austria). They count 450 workers. The yearly turnover is 25 Million DM. Exportation: 25 %. Items available from specialized dealers only.

Le programme de la maison Faller comprend des sets en plastique et combi-kits (mélange de plastique et de carton-pâte) de grandeur HO et N, des accessoires pour paysage, une autoroute fonctionnelle extensible HO et d'autres installations miniaturisées.

Spécialités de grandeur HO: Programme fonctionnel avec conduite motrice par moteur de 16 Volts sur courant alternatif, villages et villes, gares, postes d'aiguillages, systèmes de ponts, portails de tunnel, arbres et autres accessoires pour paysage. 200 modèles

Faller France S.à r.l.
Rue des Cressoniers
Z.i. de Gonesse
F-95500 Gonesse

Rivarossi S.p.A.
Via Pio XI, 157-159
I-22100 Como

Brio Scanditoy AB
S-28300 Osby

Codaco S.p.r.l
1072, Chaussée de Ninove
B-1080 Bruxelles

Vedeka b.v.
Herengracht 125
NL Amsterdam C

Faller (U.K.) Ltd.
M & R (Model Railways) Ltd.
27 Richmond Place
GB Brighton, Sussex BN2 2NA

Anmerkung: Alle Faller HO-Modelleisenbahnwagen haben Märklin- und Fleischmann-Kupplungen beigepackt.

Note: All Faller HO model wagons are supplied with Märklin and Fleischmann couplers.

Note: Tous les wagons de chemin de fer miniature Faller HO comprennent des attelages Märklin et Fleischmann.

Funktionale Modellbausätze und Zubehör
Functional model kits and accessories
Programme fonctionnel et accessoires

Das HO-Kieswerk ist eine Zusammenstellung von mehreren voll funktionsfähigen Modellen: Silos, Förderbänder, Kieswagen und Entladestellen. Die Förderbänder werden durch den bewährten Faller-Synchronmotor angetrieben. Der Kieswaggon entlädt sich selbst beim Überfahren eines Spezialgleises. Der Platzbedarf auf der Modelleisenbahnanlage ist sehr gering.

The container set (408) as well as the auto-train ramp (405) offer a perfect possibility of combination between Faller's HO auto-system and model railroad.

At the container terminal the railroad containers can be loaded on a truck or put to sleep on a parking area. The truck can drive forward or reverse. When reversing at a turnout the truck can put the container on a loading-ramp and pick it up again on the next manœuvre.

The auto-train ramp kit contains roads, control parts, loading wagon and loading ramp. The automobile drives up into the loading-wagon and down again on its own. All the parts are coming from Faller's auto-system and can be combined with the container kit.

The HO scale gravel works consist of several operating models: silos, conveying-belts, gravel-hoppers and unloading ramp. The conveying-belts are powered by the Faller synchro-motor. The gravel hopper unloads itself when driving on a special track. The space needed on the model railroad layout is minimal.

Le set de containers (408) et le système de transport de voitures par train (405) offrent une possibilité de combinaison idéale entre le Faller-Auto-System HO et le chemin de fer de modèle réduit. Au terminal des containers, il est possible de transborder containers du chemin de fer sur un camion ou bien de les déposer sur un parking prévu à cet effet. Le camion peut aller en marche arrière sur un embranchement de voie, le camion peut déposer le container sur une rampe de chargement puis le reprendre à la manœuvre suivante.

Verladewagen für 2 Autos
Auto loading wagon for 2 cars
Wagon de transbordement pour 2 voitures
II = P ⊢180⊢   4541

Sowohl die Container-Anlage (408) als auch die Auto-Zugverladung (405) bieten eine ideale Kombinationsmöglichkeit zwischem dem Faller-HO-Auto-System und der Modelleisenbahn.

Selbstentlade-Kieswaggon
Gravel hopper
Wagon-benne à déchargement
automatique

II = P ⊢155⊢   197

Beim Container-Terminal können die Container von der Bahn auf den Lkw umgeladen oder auf einen vorgesehenen Abstellplatz abgesetzt werden. Der Lkw kann den Betrieb vor- oder rückwärtsfahrend durchführen. Beim Rückwärtsfahren über eine Abzweigung kann der Lkw den Container auf einer Laderampe absetzen und beim nächsten Anfahren wieder aufnehmen.

Die funktionsfähige Auto-Zug-Verladung als Bausatz enthält Fahrbahnen, Steuerteile, Verladewaggon und Verladerampe. Das Auto fährt mit eigener Kraft auf den Verladewagen und wieder herunter. Alle Teile entstammen dem Faller-HO-Autosystem und können auch mit der Container-Anlage kombiniert werden.

Ce système d'opérations de transport de voitures par le train comprend des chaussées, des éléments de conduite, des wagons et de rampes de transbordement. La voiture monte et descend du wagon de chargement toute seule. Tous les éléments proviennent de l'Auto-System Faller HO et peuvent être combines au système de containers.

L'usine de gravier HO est un assemblage de plusieurs opérations: silos, tapis roulants, wagons-bennes à gravier, places de déchargement. Les tapis roulants fonctionnent avec le synchromoteur Faller éprouvé. Le wagon à gravier se décharge lui-même en passant sur une voie spéciale. Le besoin en espace sur le set de chemin de fer est très réduit.

Modellbausätze
Model kits
Sets de modèles réduits

Bogenbrücke bestehend aus 4 Teilen mit einer Gesamtlänge von 720 mm. Je zwei Teile mit 360 mm können auch für den Bau zweigleisiger Strecken verwendet werden. Kombinationen mit allen anderen Brücken des Lieferprogrammes sind möglich. Bestell-Nr. B 548

Arched bridge consisting of 4 parts, 720 mm long. The two-parts bridge, each part measuring 360 mm, may be used for building two-track sections. This bridge can be combined with all the other bridges of the programme. Order No. B 548.

Pont à arches comprenant 4 parties et mesurant en tout 720 mm. Pour sections à deux voies, on peut utilise 2 parties de pont, chacune d'elles mesurant 360 mm. Des combinaisons différentes avec tous les autres ponts du programme sont possibles. No. B 548.

Auszüge aus dem Lieferprogramm

Extracts of the programme

Extrait du programme

Brückenkombination, zusammengesetzt aus der Bogenbrücke B 533 mit 400 mm Länge und der Vorflutbrücke B 532 mit 200 mm Länge. Beide Brücken können einzeln und für zweigleisige Strecken auch paarweise nebeneinander verwendet werden.

Bridges combination consisting of the B 533 arched bridge, 400 mm long, and of the small trussbridge B 532, 200 mm long. Both bridges may be used separately or put parallel to each other on a double-tracked section.

Combinaison de ponts, composée d'un grand pont à arches B 533, 400 mm de long, et d'un petit pont à arches B 532, 200 mm de long. On peut utiliser les deux ponts séparément, soit par deux, parallèlement, pour la construction de sections à deux voies.

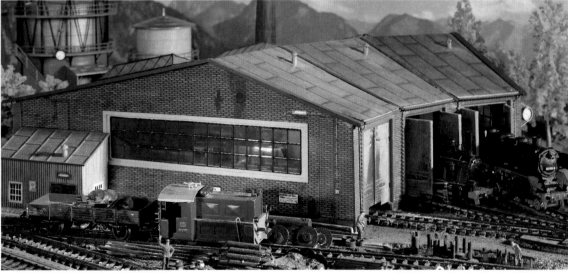

Ringlokschuppen, dreiständig in hervorragender Detailwiedergabe. Die Zufahrt erfolgt über eine Dreiwegweiche oder Drehscheibe. Bestellnummer: 1543 (Combi-Kit).

Roundhouses with three stalls and true to the smallest detail. Driving in is possible over a three-way switch or a turntable. Order No. 1543 (Combi-Kit).

Des rotondes à trois voies, rendues minutieusement dans tous leurs détails. La remise des locomotives se fait par pont tournant ou aiguillage triple. No de commande: 1543 (Combi-Kit).

Brückenstellwerk mit Glasfenstern. Nr. 1542 (Combi-Kit).

Bridge switch-blocks with glass windows. No. 1542 (Combi-Kit).

Postes d'aiguillages sur pont avec fenêtres vitrées. No. 1542 (Combi-Kit).

Stadttor (B 921), ein Beispiel der zahlreichen Modellbausätze.

Town portal (B 921), one of the numerous kits.

Porte de ville (B 921), un des nombreux éléments de construction en modèle réduit.

Firma, Programm
Introduction, programme
Présentation, programme

FLEISCHMANN

Bereits im Jahre 1887 begann die Firma Fleischmann in Nürnberg mit der Herstellung von angetriebenen Wasserspielzeugen und Schiffsmodellen, viele davon auch zu Demonstrationszwecken im Auftrag der Industrie. Später folgten technische Baukästen. Ab 1938 wurden Modelldampfmaschinen und eine elektrische Modelleisenbahn der Baugröße O entwickelt. Die Baugröße HO wird bei Fleischmann seit 1952 hergestellt. Heute stehen daneben die Modelleisenbahnen „piccolo" im Maßstab 1:160 (Baugröße N) und die Auto-Rennbahn „auto-rallye" (Maßstab 1:32) im Programm. Der Betrieb beschäftigt ca. 600 Mitarbeiter in zwei Werken.

Als erster europäischer Hersteller von Modelleisenbahnen des Zweileiter-Gleichstromsystems hatte die Firma Fleischmann einen großen Einfluß auf die heute gültige NEM-Norm, der das Fleischmann-HO-Modelleisenbahn-System weitgehend entspricht. Fleischmann rüstet seine Fahrzeuge allerdings mit senkrecht arbeitenden Haken-Klauenkupplungen aus (Klasse C), die mit den NEM-Kupplungen der Klasse A (System Märklin) nicht kuppeln. Austauschkupplungen stehen jedoch für alle Fahrzeuge zur Verfügung. Die nachträgliche Umrüstung bereitet keinerlei Schwierigkeiten. Außerdem gibt es auch Austausch-Radsätze für das Wechselstrom-Punktkontaktsystem (Märklin) für alle Fleischmann-Modelleisenbahn-Wagen. Auch einige Lokomotiven sind für das Wechselstrom-Punktkontaktsystem lieferbar.

Das Fleischmann-Gleis besteht aus Messing-Vollprofilschienen auf Kunststoffschwellen. Ein gerades Gleis (1/1 = 204 mm), drei Radien (siehe Abbildung), ein flexibles Gleis (981 mm) und ein von 80 bis 120 mm variables Ausgleichsstück sind die Grundelemente. Die Weichen (Doppelkreuzweiche ausgenommen) können zur Schaltung des Fahrstromes als „denkende Weichen" nur in die gestellte Richtung benutzt werden. Die für den Unterflurantrieb umsteckbaren Weichenantriebe haben Endabschaltungen und Rückmelde-Anschlußkontakte.

Die elektrischen Anschlüsse und Schaltkontakte des „Vario"-Systems sind beliebig an jeder Stelle in die Gleise einzusetzen. Eine elegante Fahrstrom-Kehrschleifen-Schaltung gibt es verdeckt in zwei elektrisch wirkenden Bahnübergängen eingebaut.

In the year 1887, the firm Fleischmann in Nuremberg started producing mechanically driven water-toys and model ships, part of them for demonstration purposes of the industry. Technical construction sets followed later. From 1938, model steam engines and an electric model railway in O scale were developped. HO scale models have been built since 1952 by Fleischmann. Nowadays, the programme includes also the N scale model railway "piccolo" (1:160) and the "auto-rallye" speedway (1:32 scale). The enterprise employs 600 people in two factories.

As the first European producer of the two-rails DC system, Fleischmann influenced the NEM standards of today and their HO system conforms with these norms mostly. However, Fleischmann vehicles are fitted with vertical claw-hook couplings (class C) which don't match the usual NEM-class A couplings (Märklin). But exchange couplings are available for all vehicles and the exchange is easy. Moreover, wheel-sets suitable to the AC stud contact system for the cars and some AC driven locomotives are disposable.

The Fleischmann track consists of brass profile rails on structured plastic tie-bars. Straight tracks (1/1 = 204 mm), 3 circles (see graphics), a flexible track (981 mm) and a variable make-up track (80 to 120 mm) are the basic sections. The switches (except double-slip) can be used as "thinking" ones for current supply only to the switched direction. The self-cancelling switch motors have directional notification contacts and can be turned to underfloor drives.

The electric contacts and connections of the "vario" system can be fixed anywhere to the tracks. A sophisticated reversing-loop current circuit is disguised in two level-crossings.

Dès 1887, la firme Fleischmann de Nuremberg s'est lancée dans la propulsion et de bateaux de modèle réduit. Une grande partie des produits servait également à des buts de démonstration pour l'industrie. Peu après, ces jouets ont été suivis par des boîtes de construction techniques. A partir de 1938, la firme s'est mis à construire des machines à vapeur et un chemin de fer électrique de modèle réduit d'échelle O. C'est à partir de 1952 que Fleischmann a commencé à construire des modèles d'échelle HO. De nos jours, le programme comprend, en outre, le chemin de fer miniature «piccolo» d'échelle N (1:160) et la piste de courses «auto rallye» (1:32). La firme emploie 600 personnes, réparties dans deux usines.

Premier constructeur européen de modèles réduits du type à deux conducteurs sur courant continu, Fleischmann a eu beaucoup d'influence sur la détermination des normes NEM. La plus grande partie du programme Fleischmann est conforme à ces normes. Toutefois, Fleischmann munit ses véhicules d'organes d'attelage à fonctionnement vertical (organes griffescrochets de classe C NEM) qui ne peuvent pas s'ajuster aux organes du système Märklin (classe A). Néanmoins on peut se procurer des organes d'échange pour tous les véhicules et l'échange se fait sans aucune difficulté. De même, il existe des jeux de roues d'échange qui permettent d'adapter le système de plots de contact et à courant alternatif Märklin à tous les véhicules ferroviaires Fleischmann. Quelques locomotives destinées au courant alternatif sont également en vente.

Les voies Fleischmann comprennent des rails de laiton posées sur des traverses en matière plastique. Comme éléments de base on peut citer une section droite (1/1 = 204 mm), trois courbes (cf. schéma), une voie flexible (981 mm) et un élément de compensation variable (80 à 120 mm). Les aiguilles (à l'exception de la traversée jonction double) peuvent être utilisées comme «aiguillages pensants» alimentant en courant dans la direction choisie uniquement. Les appareils de manœuvre d'aiguille adaptables à la propulsion soustable ont des connexions terminales et des contacts de rappel incorporés dans l'aiguillage permettant un éclairage du signal dépendant de la direction d'aiguillage.

Les connexions électriques et contacts d'interrupteurs du système «vario» peuvent être placés à n'importe quel endroit de la voie. Le montage électrique de la boucle de retour du courant de traction est élégamment déguisé en deux passages à niveau opérant électriquement.

Eine besondere Spezialität ist die Fleischmann-Zahnradbahn: Die mit Zahnrad-Antrieb ausgerüsteten Lokomotiven überwinden schiebend Steigungen bis zu 35 %. Die zugehörigen Zahnstangen mit verschiebbaren Haltefüßchen passen in alle NEM-HO-Zweileitergleise.

A Fleischmann speciality is a rack-railway: these locomotives fitted with an additional cog-wheel drive surmount 35 % gradients (pushing). The racks can be fastened to all NEM two-conductor tracks.

Fleischmann offre comme spécialité un chemin de fer à crémaillère. Les locomotives à crémaillère, en poussant, sont capables de maîtriser des rampes de 35 %. Les crémaillères et leurs pieds d'assemblage amovibles s'adaptent sur toutes les voies à deux conducteurs de normes NEM-HO.

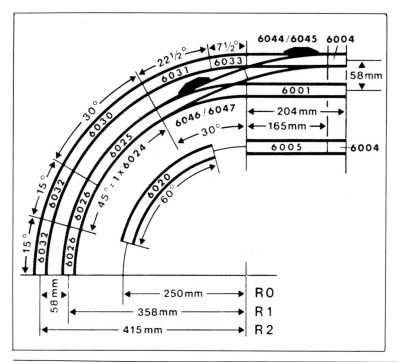

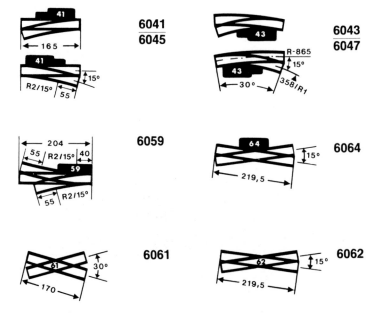

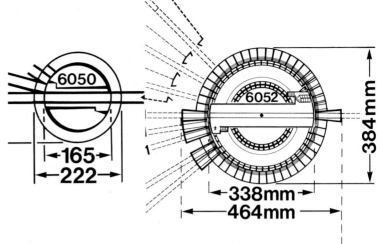

Zwei Drehscheiben stehen zur Wahl: die kleinere für Handbetrieb mit 15°-Teilung mit 24 Anschlußmöglichkeiten und eine elektrisch fernsteuerbare mit 7,5°-Teilung und 48 Anschlußmöglichkeiten. Zu diesen Drehscheiben gibt es passende Lokomotivschuppen als Bausätze.

Das Signal-Programm umfaßt Formsignale mit Relais für die Fahrstromsteuerung. Lichtsignale ohne Relais und ein mit dem Entkupplungsgleis kombinierbares Rangiersignal (Abdrücksignal).

Die Fahr-Transformatoren leisten 14,5 und 31 VA, der Licht-Transformator 50 VA. Zur Steuerung der Anlage hat man die Wahl zwischen einem steckbaren Tasten-Stellwerk, einem Gleisbild-Stellwerk nach dem Baukastenprinzip und außerdem einem vollautomatischen Blockstellen-System. Reichhaltiges elektrisches Zubehör ergänzt das Programm.

Wertvolle Hilfe bei der Anlagenplanung und beim Aufbau sowie bei der elektrischen Verdrahtung bieten Gleisanlagen-Hefte, eine Gleis-Zeichenschablone und zahlreiche Fachschriften.

Fleischmann makes two turntables: a smaller manually operated one with 24 compartments (15°) and a remote controlled one with 48 possibilities of junction (7.5°). Suitable engine-sheds as kits are available.

The signal programme contains semaphores with traction current control relays, colour light signals without relays and a shunting signal to be combined with the uncoupler track.

The traction current transformes give 14.5 and 31 VA, the lighting transformer 50 VA. For the control of the layout one can choose between modular push-button boxes, a track diagram control panel, and a fully automatic block switching system. Many electric accessories complete the programme.

Conceiving and realizing layouts and electric installation is supported by track layout brochures, a track pattern and some special magazines.

On peut choisir entre deux ponts tournants: Un pont tournant manuel divisé en compartiments des 15° et offrant 24 jonctions possibles et un pont tournant télécommandé divisé en compartiments de 7,5° et offrant 48 jonctions possibles. Des boîtes de construction permettent la construction de dépôts de machines accompagnent les ponts tournants.

Le programme de signaux comprend des sémaphores avec relais pour l'asservissement du courant de traction, des signaux lumineux sans relais et un signal de refoulement, combiné à une voie de dételage.

Les transformateurs pour le traction fournissent 14,5 et 31VA, le transformateur pour l'éclairage en fournit 50 VA. Pour contrôler l'installation, on a le choix entre un poste à boutons-poussoirs à éléments et un poste de commande géographique à touches. On dispose en outre d'un poste de bloc complètement automatique. Le programme est complété par un assortiment varié d'accessoires électriques.

Des manuels, de nombreux magazines spécialisés et des dessins de réseau sont une aide précieuse pour planifier et monter un réseau ferroviaire ou une installation électrique.

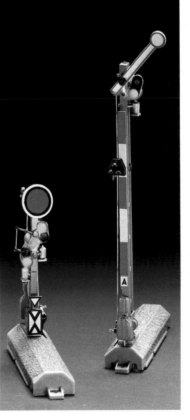

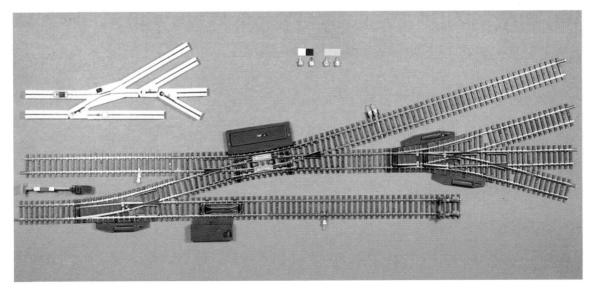

Die Firma Fleischmann liefert ausschließlich über den Fachhandel.

The Fleischmann products are available from specialized dealers only.

La vente des produits Fleischmann se fait exclusivement chez les détaillants spécialisés.

Gebr. Fleischmann
Kirchenweg 13
D-8500 Nürnberg

Mehrzweck Tenderlok „Schwarze Anna"
"Black Old Annie" tank locomotive
Locomotive-tender mixte «Anna la noire»
‖ = P ✚ 2✚ ⊢91⊢   4000

Mehrzweck-Tenderlokomotive BR 80, DB
Multi-purpose tank locomotive class 80, DB
Locomotive-tender mixte série 80, DB
‖ = P ♛✚ 2✚ ⊢115⊢ 4029

Tenderlokomotive mit Zahnradantrieb
Cog-wheel tank locomotive
Locomotive-tender à crémaillère
‖ = P ♛✚ 2✚ ⊢115⊢   4028

Tenderlokomotive BR 70 der DB
Tank locomotive class 70 of the DB
Locomotive-tender série 70 de la DB
‖ = P ✚ 2✚ ⊢112⊢   4016

Mehrzweck-Tenderlokomotive BR 064 der DB
Multi-purpose tank locomotive class 064 of the DB
Locomotive-tender mixte série 064 de la DB
‖ = P ♛✚ 3✚ ⊢143⊢   4064

Mehrzwecklokomotive mit Schlepptender
Multi-purpose locomotive with tender
Locomotive mixte avec tender séparé
‖ = P ♛✚ 3✚ ⊢189⊢   4125

Mehrzweck-Lokomotive BR 24 der DB
Multi-purpose locomotive class 24 of the DB
Locomotive mixte série 24 de la DB
‖ = P ♛✚ 3✚ ⊢199⊢   4140

Lokomotive BR 24 mit Witte-Windleit-blechen
Locomotive class 24 (DB) with Witte smoke deflectors
Locomotive série 24 (DB) avec déflecteurs de fumée Witte
‖ = P ♛✚ 3✚⊢ 199⊢   4141

Mehrzwecklokomotive BR 55 der DB
Multi-purpose locomotive class 55 of the DB
Locomotive mixte série 55 de la DB
‖ = P ♛✚ 3✚ ⊢223⊢   4145

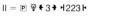

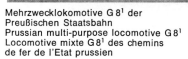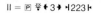

Mehrzwecklokomotive der SNCF, SNCB, SJ und FS
Multi-purpose locomotive of the SNCF, SNCB, SJ, and FS
Locomotive mixte des SNCF, SNCB, SJ et FS
‖ = P ♛✚ 3✚ ⊢223⊢   4146

Mehrzwecklokomotive G 8¹ der Preußischen Staatsbahn
Prussian multi-purpose locomotive G 8¹
Locomotive mixte G 8¹ des chemins de fer de l'Etat prussien
‖ = P ♛✚ 3✚ ⊢223⊢   4147

Dampf- und Elektrolokomotiven
Steam and electric locomotives
Locomotives à vapeur et électriques

FLEISCHMANN

Schnellzuglokomotive BR 01 der DB
Express locomotive class 01 of the DB
Locomotive de grande vitesse série 01
de la DB

II = ℙ ☿ ✦3✦ ��280 ꜝ   4170

Mehrzwecklokomotive BR 50 Kab. der DB
Multi-purpose locomotive class 50 Kab.
of the DB
Locomotive mixte série 50 Kab. de la DB

II = ℙ ☿ ✦3✦ ꜝ270 ꜝ   4175

Mehrzwecklokomotive BR 051 der DB
Multi-purpose locomotive class 051
of the DB
Locomotive mixte série 051 de la DB

II = ℙ ☿ ✦3✦ ꜝ270 ꜝ   4177

Europäische Mehrzwecklokomotive
mit Tender (SNCF)
European multi-purpose locomotive
with tender (SNCF)
Locomotive européenne mixte
avec tender (SNCF)

II = ℙ ☿ ✦3✦ ꜝ270 ꜝ   4178
II ≈ ℙ ☿ ✦3✦ ꜝ270 ꜝ   1178

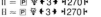

Zahnrad-Elektrolokomotive für Normal-
und Zahnradbetrieb
Electric cog-wheel locomotive for plain
or rack track
Locomotive électrique à crémaillère

II = ℙ ✦2✦ ꜝ97 ꜝ   4305

Nebenbahnlokomotive E 69 der DB
Branch line locomotive class E 69
of the DB
Locomotive pour lignes secondaires E 69
de la DB

II = ℙ ✦2✦ ꜝ97 ꜝ   4300

Nebenbahnlokomotive BR 169 der DB
Branch line locomotive class 169
of the DB
Locomotive pour lignes secondaires 169
de la DB

II = ℙ ✦2✦ ꜝ97 ꜝ   4303

Mehrzwecklokomotive BR 132 der DB
Multi-purpose locomotive class 132
of the DB
Locomotive mixte série 132 de la DB

II = ℙ ☿ ✦3✦ ꜝ160 ꜝ   4369

Mehrzwecklokomotive BR E 44 der DB
Multi-purpose locomotive class E 44
of the DB
Locomotive mixte série E 44 de la DB

II = ℙ ✦2✦ ꜝ182 ꜝ   4330

Mehrzwecklokomotive BR 151 der DB
Multi-purpose locomotive class 151
of the DB
Locomotive mixte série 151 de la DB

II = ℙ ☿ ✦3✦ ꜝ224 ꜝ   4380

Mehrzwecklokomotive BR 151 der DB
Multi-purpose locomotive class 151
of the DB
Locomotive mixte série 151 de la DB

II = ℙ ☿ ✦3✦ ꜝ224 ꜝ   4381

Mehrzwecklokomotive BR 110 der DB
Multi-purpose locomotive class 110
of the DB
Locomotive mixte, série 110 de la DB   II = Ⓟ ⚡ ✦ 2 ➔ ⊣195⊢   4335

Mehrzwecklokomotive BR 110 der DB
Multi-purpose locomotive class 110
of the DB
Locomotive mixte, série 110 de la DB   II = Ⓟ ⚡ ✦ 2 ➔ ⊣195⊢   4338

Schnellfahrlokomotive BR 112 der DB
(TEE)
Express locomotive class 112 of the DB
(TEE)
Locomotive de vitesse série 112
de la DB (TEE)   II = Ⓟ ⚡ ✦ 2 ➔ ⊣195⊢   4336

Schnellstfahrlokomotive BR 103 der DB
High speed locomotive class 103
of the DB
Locomotive de grande vitesse série 103
de la DB   II = Ⓟ ⚡ ✦ 3 ➔ ⊣223⊢   4375

Mehrzwecklokomotive Re 4/4''
der SBB/CFF
Multi-purpose locomotive Re 4/4''
of the SBB/CFF
Locomotive mixte Re 4/4'' des SBB/CFF   II = Ⓟ ⚡ ✦ 2 ➔ ⊣181⊢   4340
                                        H ≈ Ⓟ ⚡ ✦ 2 ➔ ⊣181⊢   1140

Schnellzuglokomotive Re 4/4'' der
SBB (TEE)
Express locomotive Re 4/4'' of the
SBB/CFF (TEE)
Locomotive de vitesse Re 4/4'' des
SBB/CFF (TEE)   II = Ⓟ ⚡ ✦ 2 ➔ ⊣181⊢   4341
                H ≈ Ⓟ ⚡ ✦ 2 ➔ ⊣181⊢   1141

Mehrzwecklokomotive Ae 6/6 der
SBB/CFF
Multi-purpose locomotive Ae 6/6
of the SBB/CFF
Locomotive mixte série Ae 6/6 des
SBB/CFF   II = Ⓟ ⚡ ✦ 3 ➔ ⊣215⊢   4370

Mehrzwecklokomotive Typ 1200 der NS
Multi-purpose locomotive type 1200
of the NS
Locomotive mixte série 1200 des NS   II = Ⓟ ⚡ ✦ 3 ➔ ⊣220⊢   4372

Mehrzwecklokomotive Rc 2 der SJ
Multi-purpose locomotive Rc 2
of the SJ
Locomotive mixte Rc 2 des SJ   II = Ⓟ ⚡ ✦ 2 ➔ ⊣179⊢   4365

Mehrzwecklokomotive Typ 1043 der ÖBB
Multi-purpose locomotive class 1043
of the ÖBB
Locomotive mixte série 1043 des ÖBB   II = Ⓟ ⚡ ✦ 2 ➔ ⊣179⊢   4366

Diesellokomotiven
Diesel locomotives
Locomotives Diesel

Dieselhydraulische Werkslokomotive Diesel hydraulic industrial locomotive Locomotive Diesel hydraulique	grün/green/verte II = Ⓟ ✦2✦ ⊩113⊩ rot/red/rouge II = Ⓟ ✦2✦ ⊩113⊩	4201 4200

Dieselhydraulische Lokomotive BR 260
der DB
Diesel hydraulic locomotive class 260
of the DB
Locomotive Diesel hydraulique
série 260 de la DB
II = Ⓟ ⚘✦3✦ ⊩123⊩ 4225

Dieselhydraulische Lokomotive BR 260
der SNCB
Diesel hydraulic locomotive class 260
of the SNCB
Locomotive Diesel hydraulique
série 260 de la SNCB
II = Ⓟ ⚘✦3✦ ⊩123⊩ 4226

Dieselhydraulische Mehrzwecklokomotive
BR 212 der DB
Diesel hydraulic multi-purpose
locomotive class 212 of the DB
Locomotive Diesel hydraulique mixte
série 212 de la DB
II = Ⓟ ⚘✦2✦ ⊩145⊩ 4230

Dieselhydraulische Mehrzwecklokomotive
BR 212 der DB
Diesel hydraulic multi-purpose
locomotive class 212 of the DB
Locomotive Diesel hydraulique mixte
série 212 de la DB
II = Ⓟ ⚘✦2✦ ⊩145⊩ 4231

Dieselhydraulische Mehrzwecklokomotive
BR 221 der DB
Diesel hydraulic multi-purpose
locomotive class 221 of the DB
Locomotive Diesel hydraulique mixte
série 221 de la DB
II = Ⓟ ⚘✦2✦ ⊩213⊩ 4235

Dieselhydraulische Mehrzwecklokomotive
BR 221 der DB
Diesel hydraulic multi-purpose
locomotive class 221 of the DB
Locomotive Diesel hydraulique mixte
série 221 de la DB
II = Ⓟ ⚘✦2✦ ⊩213⊩ 4236

Dieselelektrische Mehrzwecklokomotive
BR 68 000 der SNCF
Diesel electric multi-purpose
locomotive class 68 000 of the SNCF
Locomotive Diesel électrique
série 68 000 des SNCF
II = Ⓟ ⚘✦3✦ ⊩208⊩ 4280

Englische dieselhydraulische Mehrzwecklokomotive der Warship-Klasse
British Diesel hydraulic multi-purpose
locomotive of the Warship class
Locomotive Diesel hydraulique mixte
anglaise de la série Warship
II = Ⓟ ⚘✦2✦ ⊩210⊩ 4246

Englische dieselhydraulische Mehrzwecklokomotive der Warship-Klasse
British Diesel hydraulic multi-purpose
locomotive of the Warship class
Locomotive Diesel hydraulique mixte
anglaise de la série Warship
II = Ⓟ ⚘✦2✦ ⊩210⊩ 4247

Diesellokomotiven und Triebwagen
Diesel locomotives and rail cars
Locomotives Diesel et trains automoteurs

FLEISCHMANN

Dieselhydraulische Mehrzwecklokomotive
BR 204 der SNCB
Diesel-hydraulic multi-purpose locomotive
BR 204 of the SNCB
Locomotive Diesel hydraulique mixte,
série BR 204 des SNCB

II = Ⓟ ⌖ ✚3➔ �muⱼ223ⱼ   4272

Dieselelektrische Mehrzwecklokomotive
My 11 der DSB
Diesel-electric multi-purpose locomotive
My 11 of the DSB
Locomotive Diesel électrique mixte,
série My 11 de la DSB

II = Ⓟ ⌖ ✚3➔ ⱼ223ⱼ   4273

Diesel-Triebzug BR 614 der DB
in zweiteiliger Zusammenstellung

Railcar class 614 of the DB in two parts

Train automoteur Diesel, série 614 de la DB
en deux éléments

II = Ⓟ ⌧ ⌖ AB ✚3➔ ⱼ537ⱼ   4430

Triebwagen-Mittelwagen BR 914 der DB
Railcar supplementary coach class 914
of the DB
Remorque intermédiaire pour autorails,
série 914 de la DB

II = Ⓟ ⌧ (⌖) ⱼ257ⱼ   4432

Das Original des Diesel-Triebzug-Modelles
BR 614 fährt in der Regel zweiteilig unter
den Nummern 614038/614044. Jede Einheit leistet 500 PS. Der Zug erreicht eine
Reisegeschwindigkeit von 140 km/h. Die
DB verfügt bereits über 40 Einheiten.

Die Diesel-Triebwagenzüge der BR 614
werden im Nahverkehrs-, Regional- und
Eilzugbetrieb eingesetzt, vor allem dort, wo
die Strecken noch nicht elektrifiziert sind.
Auch für Gesellschaftsfahrten werden sie
oft eingesetzt.

Die Triebwagen-Einheit 614 ist in ihrer
Grundkonzeption zweiteilig und mit einer
Mittelwagen-Einheit konzipiert worden. Es
kann jedoch im Bedarfsfalle noch eine
weitere Mittelwageneinheit eingefügt werden. Durch die elektronische Steuer-Ausrüstung ist eine Verstärkung des Zuges bis
zu drei dreiteiligen Einheiten möglich. Und
es können am Zugschluß bedarfsweise
auch noch Güterwagen mit befördert
werden.

The original of this model Diesel rail car
BR 614 usually consists of 2 parts, number
614038/614044. Each unit provides 500
Horse-Power. The cruising speed of the
train reaches 140 km/h. At the moment the
DB has 40 units.

The Diesel rail cars BR 614 are used for
local, regional and through traffic, especially on sections which are not electrified.
They are also used for party travels.

The Diesel rail car 614 basically consists of
two parts. It is conceived to admit a centre
trailer. If needed, a second centre trailer
can be added.
Thanks to the electronical sequence
starting device, the train can be lengtened
up to three units. Moreover it is possible to
pull good wagons at the end of the train if
necessary.

L'original de cet autorail Diesel miniature
BR 614 comprend en règle générale 2
parties portant les numéros
614038/614044. Chaque unité fournit 500
Chevaux-vapeur. La vitesse commerciale
de ce train atteint 140 km/h. La DB en
dispose de 40 unités à l'heure présente.

Les autorails Diesel BR 614 sont utilisés
pour le trafic à petite distance, régional et
pour les trains de voyageurs directs. Ils
sont employés surtout sur les parcours
non-électrifiés et souvent pour les voyages
en groupes.

L'unité d'autorail 614 est fondamentalement composée de deux parties et conçue
pour admettre une remorque intermédiaire. Au besoin, on peut ajouter une seconde remorque intermédiaire. L'appareillage
d'asservissement électronique permet un
allongement du train allant jusqu'à trois
unités. De plus on peut, au besoin, tirer des
wagons de marchandises en queue de train.

Ⅾ Ⓑ

Schienenomnibus VT 98 + VS 98 der DB
Rail-bus train in two parts (VT 98 + VS 98)
of the DB
Autobus sur rails diesel-mécanique en
deux éléments VT 98 + VS 98 de la DB

II = Ⓟ ⌖ ✚2➔ ⱼ305ⱼ   4400

Schwertransport-Tiefladewagen
mit BBC-Generator
Double-truck high capacity low-bed flat
car loaded with BBC generator
Wagon à plate-forme surbaisée,
chargé d'un générateur BBC

II = Ⓟ ⊢290⊣   5299

Niederbordwagen mit Plane (DB)
Low-side gondola with tarp (DB)
Wagon tombereau bâché (DB)

II = Ⓟ ⊢99⊣   5200

Schienenreinigungswagen
Track-cleaner car
Wagon pour le nettoyage de la voie

II = Ⓟ ⊢99⊣   5569

Drehschemelwagen der DB
Cradle car of the DB
Wagon à traverse pivotante de la DB

II = Ⓟ ⊢99⊣   5220*

Offener Güterwagen mit Holzladung,
DB 020
DB gondola 020 loaded with pit-props
Wagon tombereau de la DB, chargé
de bois

II = Ⓟ ⊢99⊣   5203*

EUROP-O-Wagen der DB, Omm 55
DB gondola class Omm 55
Wagon EUROP-O de la DB,
type Omm 55

II = Ⓟ ⊢112⊣   5205

EUROP-O-Wagen der SNCF mit Kohleladung
SNCF gondola loaded with coal
Wagon EUROP-O de la SNCF, chargé
de charbon

II = Ⓟ ⊢112⊣   5206

EUROP-O-Wagen der SNCB, 1215 Bo
SNCB gondola class 1215 Bo
Wagon EUROP-O de la SNCB,
série 1215 Bo

II = Ⓟ ⊢112⊣   5207

Klappdeckelwagen der DB
Hinged covers wagon of the DB
Wagon tombereau couvert de la DB

II = Ⓟ ⊢99⊣   5210

Rungenwagen der DB
Flat car with stakes of the DB
Wagon à ranchers de la DB

II = Ⓟ ⊢135⊣   5221

Flachwagen der DB, beladen mit LKW
Flat car of the DB, loaded with truck
Wagon plat de la DB, chargé d'un
camion

II = Ⓟ ⊢135⊣   5222

Containerwagen BTms der DB
Container car of the DB
Wagon à containers (DB)

II = Ⓟ ⊢135⊣   5230

Bier-Behälterwagen der DB
Container car of the DB
Wagon à containers pour transports de
bière de la DB

II = Ⓟ ⊢135⊣   5231

Niederbordwagen der DB
Low sided wagon of the DB
Wagon à bords bas de la DB

II = Ⓟ ⊢155⊣   5281

Plattform-Rungenwagen der DB
Platform wagon with stakes of the DB
Wagon à ranchers de la DB

II = Ⓟ ⊢228⊣   5286

Kühlwagen
Refrigerated wagon
Wagon frigo
II = ℗ ⊣137⊢
DAB (DB)	5342
Transthermos (DB)	5340
Coca Cola (DB)	5377
Interfrigo (FS)	5341

Gedeckter Güterwagen
Covered wagon
Wagon couvert
II = ℗ ⊣125⊢	
Chiquita (DB)	5331
ASG (SJ)	5332

Gedeckter Güterwagen der DB
Covered wagon of the DB
Wagon couvert de la DB
II = ℗ ⊣125⊢   5330

Gedeckter Güterwagen der DB,
Gerätewagen
Covered tool car of the DB
Wagon-atelier de la DB
II = ℗ ⊣110⊢   5339

Gedeckter Schiebewandwagen
Covered wagon with sliding sides
Wagon couvert à parois coulissants
II = ℗ ⊣161⊢   5335

Güterzugbegleitwagen der DB
Parcel and crew car for freight trains, (DB)
Wagon d'accompagnement pour trains
de marchandises (DB)
II = ℗ ⊣98⊢   5300

Güterzugbegleitwagen mit Schlußlicht
Parcel and crew car with tail lights
Wagon d'accompagnement avec feu
arrière
II = ℗ ⚏ ⊣98⊢   5301

Gedeckter Schiebewandwagen der
Schweizerischen Post
Swiss covered mail-van with sliding sides
Fourgon postal suisse à parois
coulissants
II = ℗ ⊣161⊢   5336

Kleinviehwagen der DR
Animal van of the DR
Wagon à bestiaux de la DR
II = ℗ ⊣110⊢   5354

Gedeckter Güterwagen der DR
Covered wagon of the DR
Wagon couvert de la DR
II = ℗ ⊣109⊢   5355

Gedeckter Güterwagen „ISOVER"
Covered wagon "ISOVER"
Wagon couvert «ISOVER»
II = ℗ ⊣192⊢   5378

Gedeckter Großraumwagen
mit Schiebewänden
Covered high-capacity wagon
with sliding sides
Wagon couvert à grande capacité
avec parois·coulissants
II = ℗ ⊣228⊢   5389

Container-Tragwagen der DB mit
2 Containern
Container wagon of the DB
with 2 containers
Wagon à containers chargé de 2 containers
II = ℗ ⊣170⊢	
SCHÖLLER	5236
DB-Container	5232

Container-Tragwagen der DB mit
2 Containern
Container wagon of the DB
with 2 containers

Wagon à containers chargé de 2 containers
World Transport Agency
II = ℗ ⊣170⊢   5234

Güterwagen und Kranzug
Goods wagons and crane train
Wagons marchandises et train-grue

Kompletter Kranzug. Länge 485 mm.
Einheiten: 5201, 5202, 5595 und 5596.
Bestellnummer: 5597

Wrecking train as complete set.
Length: 485 mm. Cars 5201, 5202, 5595,
5596. Cat. No. 5597.

Train de secours avec wagon-grue de
90 tonnes. Lht: 485 mm. Les wagons 5201,
5202, 5595, 5596. Réf.: 5597.

Container-Tragwagen (DB)
mit 2 Containern
Container wagon (DB)
with 2 containers
Wagon à containers (DB)
chargé de 2 containers
II = ℙ ⊦170⊦
DANZAS   5233
CROWE   5235

Kesselwagen der DB
Tank wagon of the DB
Wagon-citerne de la DB
II = ℙ ⊦116⊦
SHELL   5401
ARAL   5403
ESSO   5400

Kesselwagen der DB
Tank wagon of the DB
Wagon-citerne de la DB
II = ℙ ⊦116⊦
BP   5402
EVA   5408
A.B. NYNÄS (SJ)   5405

Zement-Transportwagen (DB)   II = ℙ ⊦170⊦   5480
Cement car for compressed air unloading
(DB)
Wagon pour le transport de ciment (DB)

Druckgaskesselwagen   II = ℙ ⊦164⊦
High-pressure gas tank wagon   BUTAGAZ (SNCF)   5495
Wagon-citerne à gaz comprimé   SHELL (DB)   5491

Doppeldeck-Autotransportwagen (DB)   II = ℙ ⊦264⊦   5285
mit Autos
Double-deck autotrain (DB) wagon
with cars
Wagon à 2 étages pour le transport d'autos
(DB) chargé de voitures

Doppeldeck-Autotransportwagen   II = ℙ ⊦264⊦   5284
ohne Autos
Double-deck autotrain wagon without cars
Wagon pour le transport d'autos
sans voitures

Schüttgutwagen und Entladeeinrichtungen
Unloading cars and features
Wagons à déchargement automatique

FLEISCHMANN

Lorenkippwagen
Tipper truck
Fardier à benne basculante
II = Ⓟ ⊦83⊦   5500

Mitten Selbstentladewagen (DB)
Centre-unloading wagon (DB)
Wagon à déchargement automatique (DB)
II = Ⓟ ⊦115⊦   5502

Selbstentladewagen mit Schwenkdach
(DB)
Hopper car with movable roof (DB)
Wagon à déchargement automatique avec
toit mobile (DB)
II = Ⓟ ⊦122⊦   5510

Selbstentladwagen (SBB/CFF)
Hopper car (SBB/CFF)
Wagon à déchargement automatique
(SBB/CFF)
II = Ⓟ ⊦122⊦   5511

Großraum-Selbstentladewagen (DB)
High-capacity hopper car (DB)
Wagon à déchargement automatique
de grande capacité (DB)
II = Ⓟ ⊦138⊦   5520

Selbstentladewagen (DB)
Bogie hopper car (DB)
Wagon à déchargement automatique (DB)
II = Ⓟ ⊦133⊦   5525

In die Wagen auf dieser Seite sind mechanische Entladevorrichtungen eingebaut, die manuell oder durch spezielle Anlagen betätigt werden.

Die Entladestelle 6481 entleert Kipploren bei Durchfahrt und richtet die Mulde wieder auf.

Die Sattelwagen können mit einem Spezialgleis (6485) oder auf einer kompletten Rampe (6482), die die Entladevorrichtungen betätigen, geöffnet werden. Erneute Beladung kann aus einem passenden Silo (9482) erfolgen. Zum reibungslosen Ablauf wird Spezial-Schüttgut (6484) empfohlen.

Les wagons représentés sur cette page comportent des aménagements mécaniques de déchargement à manœuvrer à la main ou à l'aide de dispositifs spéciaux.

Les fardiers à benne basculante sont vidés et redressés lors de leur passage par le poste de déchargement (6481).

L'ouverture des wagons à grande capacité se fait par voie spéciale (6485) ou sur une rampe complète (6482) en manœuvrant les dispositifs de déchargement.

Pour reprendre charge on se sert d'un silo correspondant (9482). Il est conseillé d'utiliser des granuleux spéciaux (6484) pour assurer le bon fonctionnement du manœuvre de chargement et de déchargement.

The wagons shown on this page have built-in unloading devices to be operated manually or by special installations.

DB

The unloading point 6481 empties tipper trucks while moving through and sets up the bucket again.

The hopper cars can be opened by a special track (6485) or on a complete ramp (6482) operating the unloading devices. Reloading can be done with a suitable silo (9482). For good operation, special granulated cargo (6484) is recommended.

Oldtimer Reisezugwagen
Oldtimer passenger coaches
Voitures voyageurs anciennes

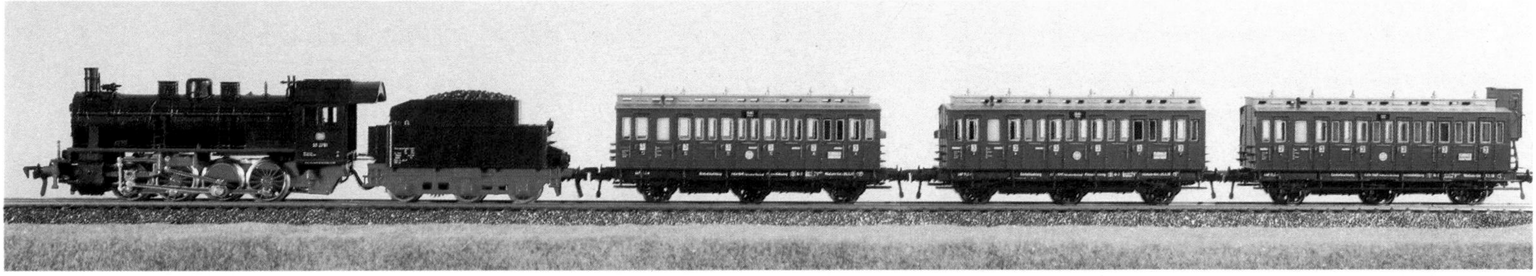

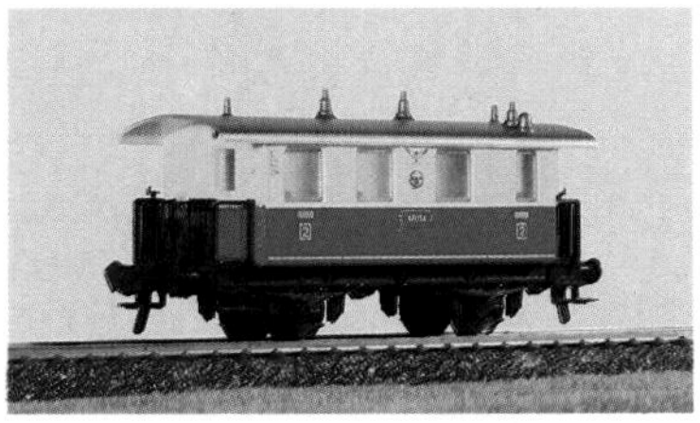

Lokalbahn-Personenwagen
Local coach
Voiture de compagnies privées
II = Ⓟ ⊠ (💡) B ⊣105⊢ 5056

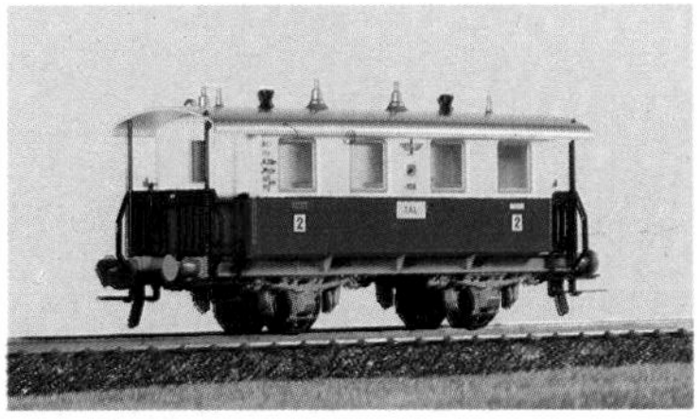

Personenwagen der „Edelweiß"-Lokalbahn
"Edelweiß" local coach
Voiture de la compagnie «Edelweiß»
II = Ⓟ ⊠ (💡) B ⊣105⊢ 5033

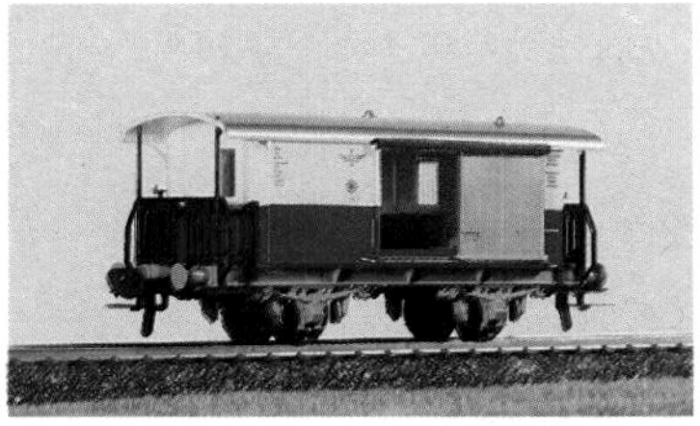

Packwagen der „Edelweiß"-Lokalbahn
Baggage car for "Edelweiß" local
Fourgon de la compagnie «Edelweiß»
II = Ⓟ ⊠ (💡) ⊣105⊢ 5054

Für alle Fleischmann-Reisezugwagen gibt es passende Innenbeleuchtungen und für Schnellzugwagen zusätzlich Zugschluß-beleuchtung.

Interior lighting sets for all passenger coaches and additional tail lights for express coaches are available.

Il y a des garnitures d'eclairage intérieur pour toutes les voitures et, pour les voitures de grandes lignes aussi des feux de fin de convoi.

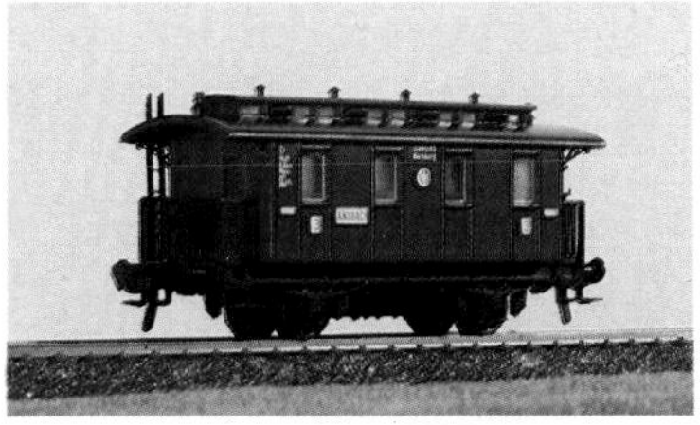

Personenwagen der ehemaligen DR
Passenger coach of the former DR
Voiture de l'ex DR
II = Ⓟ ⊠ (💡) C ⊣105⊢ 5051

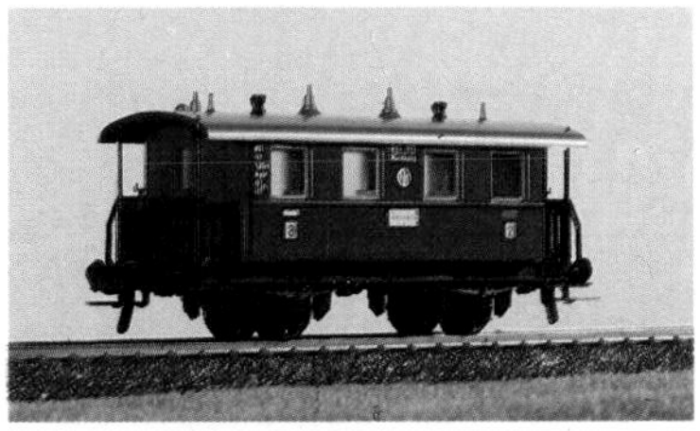

Personenwagen der ehemaligen DR
Passenger coach of the former DR
Voiture de l'ex DR
II = Ⓟ ⊠ (💡) BC ⊣105⊢ 5052

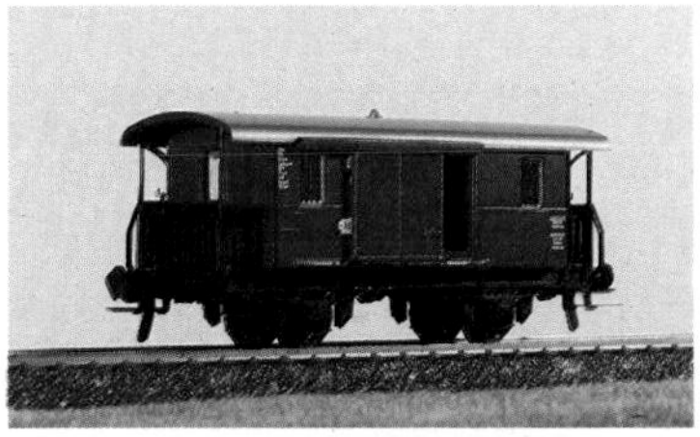

Packwagen der ehemaligen DR
Baggage car of the former DR
Fourgon de l'ex DR
II = Ⓟ ⊠ (💡) ⊣105⊢ 5055

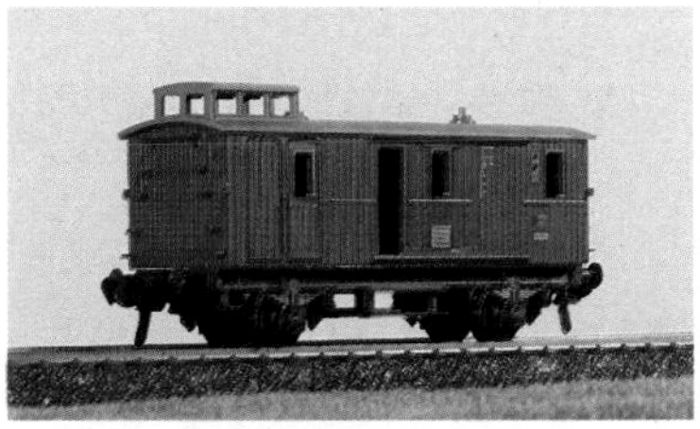

Packwagen der ehemaligen DR
Baggage car of the former DR
Fourgon de l'ex DR
II = Ⓟ (💡) ⊣120⊢ 5000

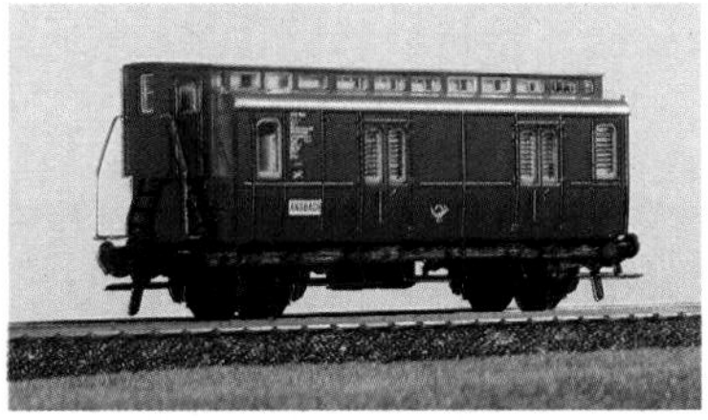

Postwagen der DB
German mail car (DB)
Fourgon postal de la DB
II = Ⓟ (💡) ⊣117⊢ 5050

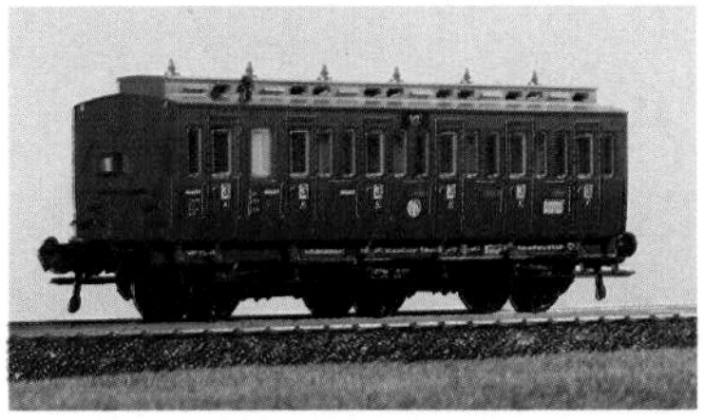

Abteilwagen der ehemaligen DR
Compartment coach of the former DR
Voiture à compartiments de l'ex DR
II = Ⓟ ⊠ (💡) C ⊣128⊢ 5092

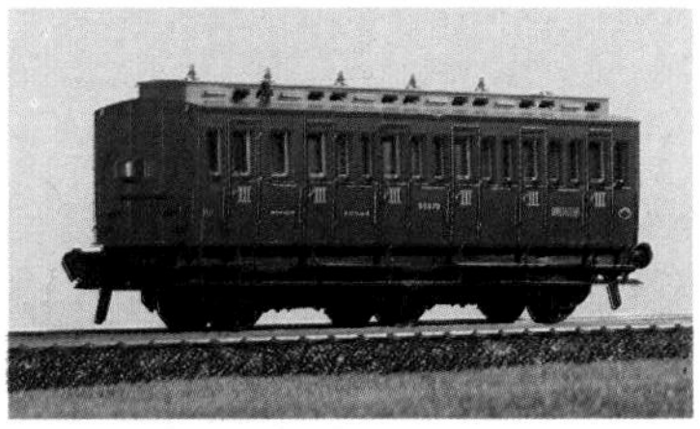

Abteilwagen
Compartment coach
Voiture à compartiments
II = Ⓟ ⊠ (💡) C ⊣128⊢ 5093

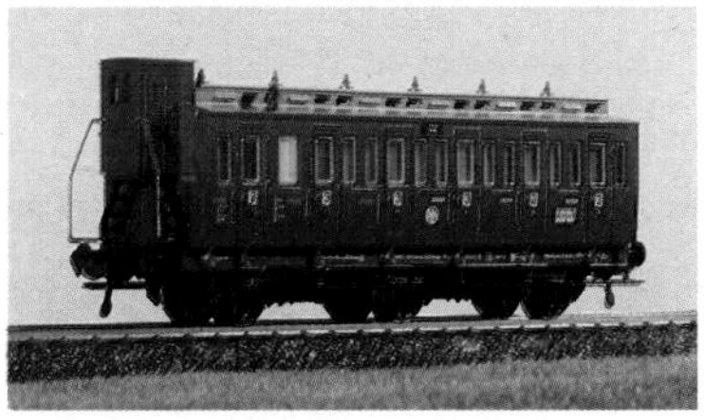

Abteilwagen mit Bremserhaus (DR)
Compartment coach with brakeman's cab (DR)
Voiture à compartiments avec vigie (DR)
II = Ⓟ ⊠ (💡) C ⊣128⊢ 5094

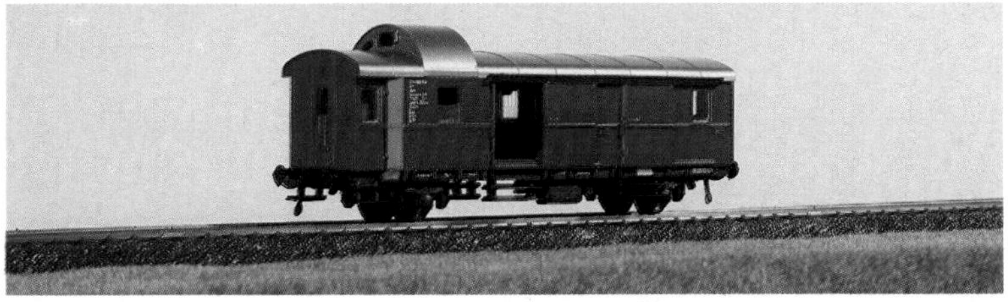

Gepäckwagen der DB
Baggage car of the DB
Fourgon de la DB
II = Ⓟ ⊠ (💡) ⊣149⊢ 5060

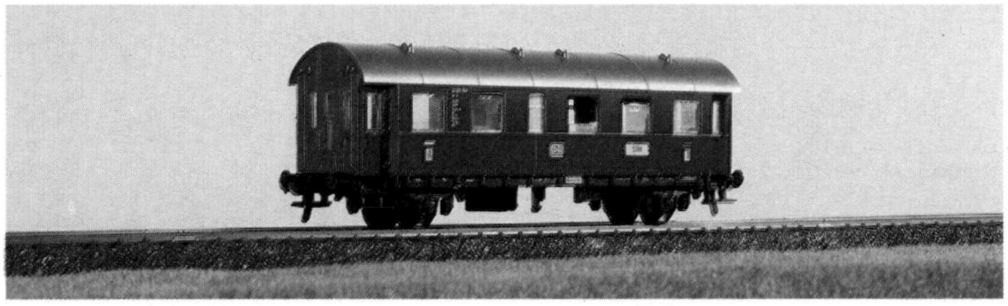

Personenwagen der DB
Passenger coach of the DB
Voiture voyageurs de la DB
II = Ⓟ ⊠ (💡) A ⊣149⊢ 5061
II = Ⓟ ⊠ (💡) B ⊣149⊢ 5064

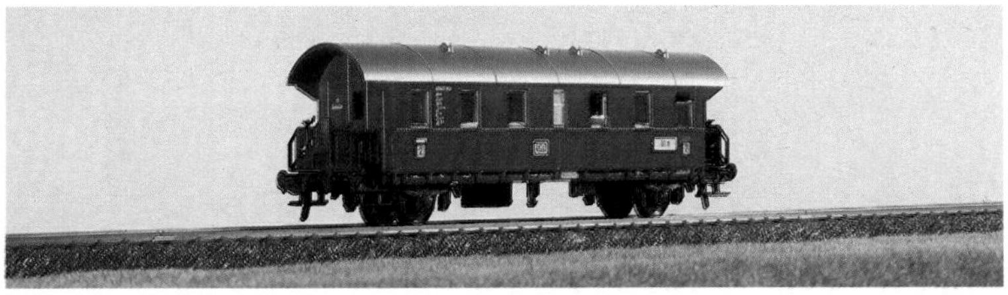

Personenwagen der DB
Passenger coach of the DB
Voiture compartiments de la DB
II = Ⓟ ⊠ (💡) B ⊣149⊢ 5062

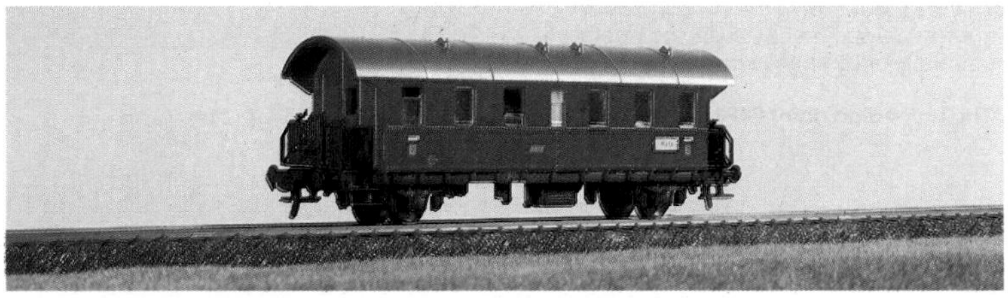

Personenwagen der SNCF
Passenger coach of the SNCF
Voiture voyageurs de la SNCF
II = Ⓟ ⊠ (💡) B ⊣149⊢ 5063

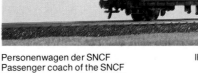

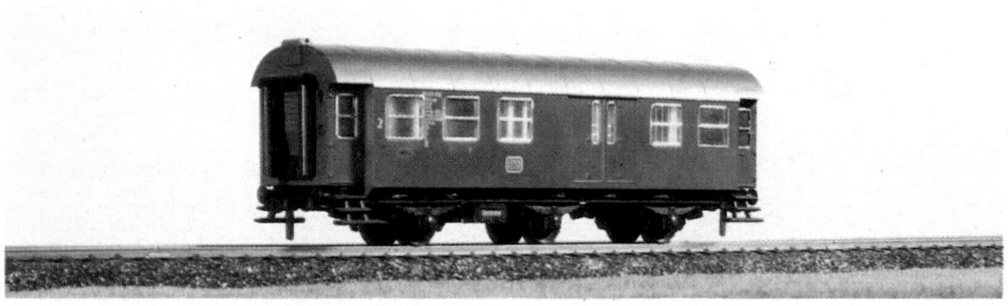

Personenwagen mit Gepäckabteil der DB II = Ⓟ (☀) B ⊣154⊢ 5090
German combine of the DB
Voiture voyageurs avec compartiment
à bagages de la DB

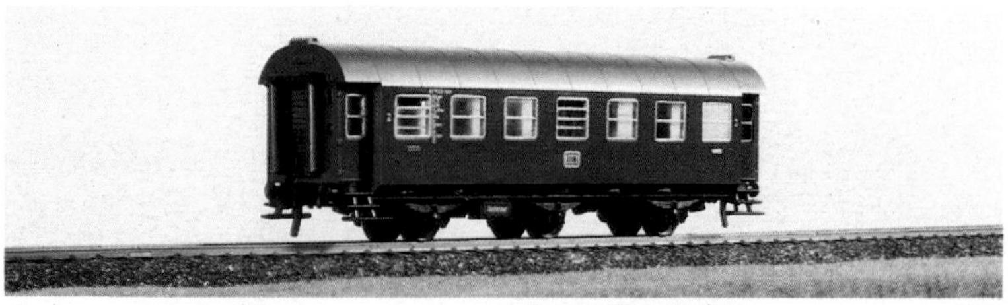

Personenwagen der DB II = Ⓟ (☀) B ⊣154⊢ 5091
Passenger coach of the DB
Voiture voyageurs de la DB

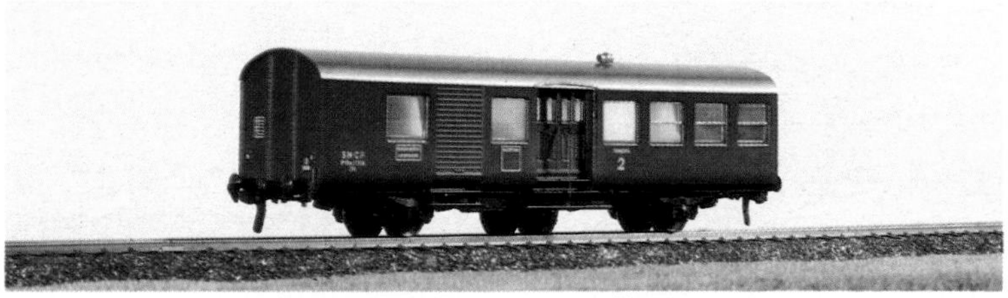

Personenwagen mit Gepäckabteil der SNCF II = Ⓟ (☀) ⊣167⊢ 5098
Passenger coach with baggage part
of the SNCF
Voiture voyageurs avec compartiment
à bagages de la SNCF

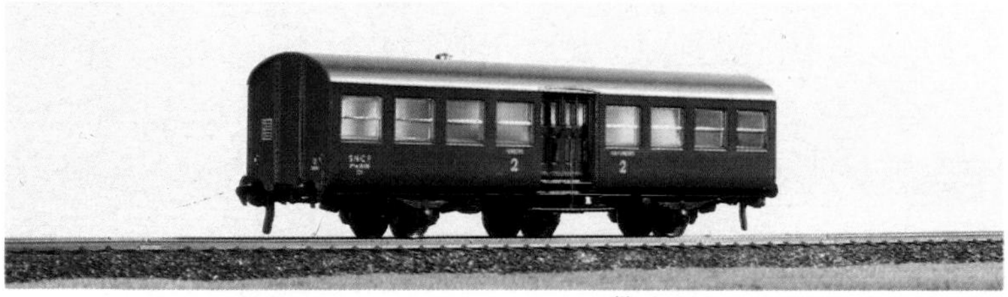

Personenwagen der SNCF II = Ⓟ (☀) ⊣167⊢ 5099
Passenger coach of the SNCF
Voiture voyageurs de la SNCF

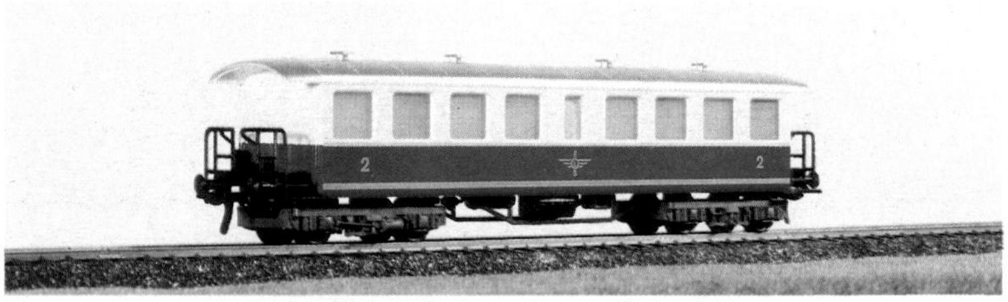

Personenwagen der „Edelweiß" Lokalbahn II = Ⓟ (☀) B ⊣205⊢ 5136
Passenger coach of the "Edelweiß" local
Voiture voyageurs de la compagnie
«Edelweiß»

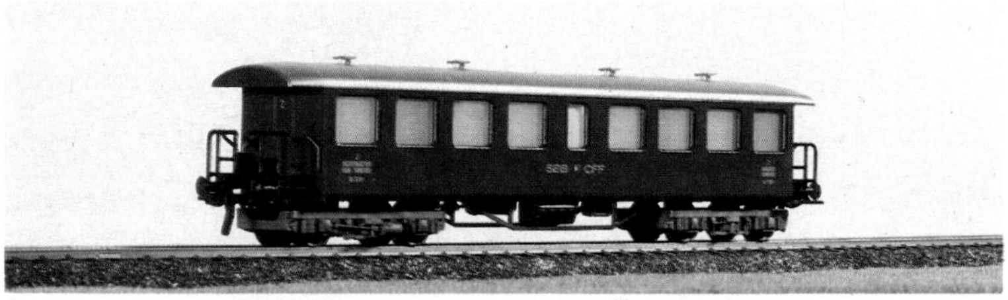

Personenwagen der SBB/CFF II = Ⓟ (☀) B ⊣205⊢ 5135
Passenger coach of the SBB/CFF
Voiture voyageurs des SBB/CFF

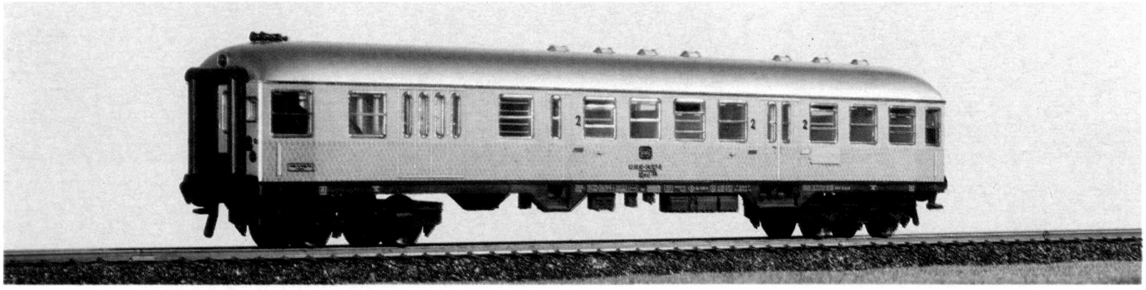

Nahverkehrswagen mit Gepäckraum und Steuerabteil, bei Vor- und Rückwärtsfahrt wechselndes Schluß- und Spitzenlicht (DB).

German combine with operator's cab for push-pull service in local trains.

Voiture banlieue avec compartiment à bagages et poste de conduite (DB), feu arrière et feu avant changeant lors de la marche avant ou arrière.

II = Ⓟ ⊠ ☀ B ⊣245⊢ 5120

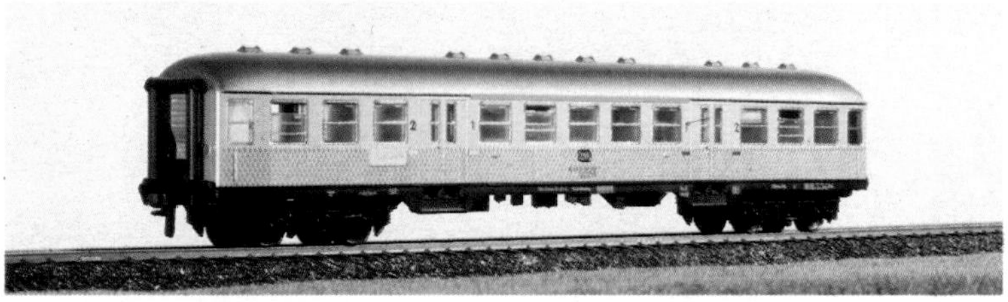

Nahverkehrswagen der DB II = Ⓟ ⊠ (☀) AB ⊣245⊢ 5121
German coach for local service
Voiture de banlieue de la DB

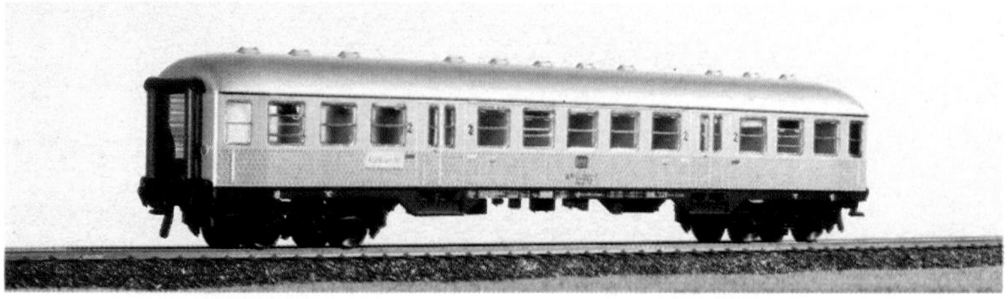

Nahverkehrswagen der DB II = Ⓟ ⊠ (☀) B ⊣245⊢ 5122
German coach for local service
Voiture de banlieue de la DB

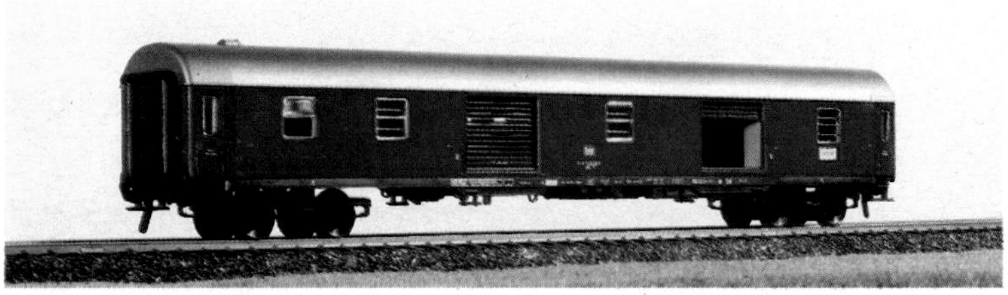

Gepäckwagen der DB II = Ⓟ ⊠ (☀) ⊣264⊢ 5101
Baggage car of the DB
Fourgon de la DB

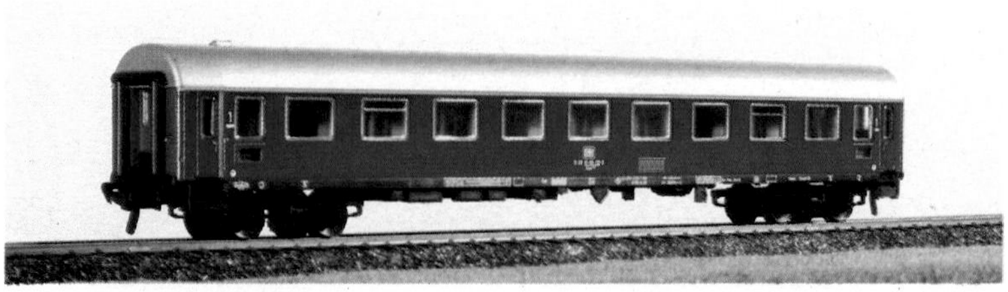

Schnellzugwagen der DB II = Ⓟ ⊠ (☀) A ⊣264⊢ 5103
Express coach of the DB
Voiture de grandes lignes de la DB

Schnellzugwagen der DB
Express coach of the DB
Voiture de grandes lignes de la DB

II = ℙ ⊠ (🍴) A ⊦264⊦   5104

Speisewagen der DB/DSG
Express dining-car of the DB/DSG
Voiture-restaurant de la DB/DSG

II = ℙ ⊠ (🍴) ⊦264⊦   5105

Schlafwagen der DB/DSG
Sleeping car of the DB/DSG
Voiture-lits de la DB/DSG

II = ℙ ⊠ (🍴) A B ⊦264⊦   5106

Speisewagen der DB/DSG
Dining-car of the DB/DSG
Voiture-restaurant de la DB/DSG

II = ℙ ⊠ (🍴) ⊦264⊦   5175

Schlafwagen der DB/DSG
Sleeping car of the DB/DSG
Voiture-lits de la DB/DSG

II = ℙ ⊠ (🍴) A B ⊦264⊦   5176

Schnellzug-Gepäckwagen der DB
Express luggage van of the DB
Fourgon de grandes lignes de la DB

II = ℙ ⊠ (🍴) ⊦264⊦   5190

DB

Schnellzugwagen der DB
Express coach of the DB
Voiture de grandes lignes de la DB
II = ℙ ⊠ (🍴) A ⊦264⊦   5191

Schnellzugwagen der DB
Express coach of the DB
Voiture de grandes lignes de la DB

II = ℙ ⊠ (🍴) B ⊦264⊦   5192

Österreichischer Schnellzugwagen
Austrian express coach
Voiture de grandes lignes des ÖBB

II = ℙ ⊠ (🍴) A ⊦264⊦   5159

Luxus-Fernschnellzugwagen der DB
De luxe Inter City express coach of the DB
Voiture de grandes lignes pour trains
Inter-City de la DB

II = ℙ ⊠ (🍴) A ⊦264⊦   5183

Luxus-Fernschnellzugwagen der DB
De luxe Inter City express coach of the DB
Voiture de grandes lignes pour trains
Inter-City de la DB

II = ℙ ⊠ (🍴) B ⊦264⊦   5184

TEE-Fernschnellzug-Speisewagen
TEE mainline dining car
Voiture-restaurant TEE
II = P ⊠ (♦) ⊦264⊦   5162

TEE-Fernschnellzugwagen
TEE mainline coach
Voiture grandes lignes TEE
II = P ⊠ (♦) A ⊦264⊦   5160

TEE-Fernschnellzug-Großraumwagen
TEE mainline saloon coach
Voiture-salon grandes lignes TEE
II = P ⊠ (♦) A ⊦264⊦

TEE-Fernschnellzugwagen mit Schlußlicht
TEE mainline coach with tail-lights
Voiture grandes lignes TEE avec feux de fin
de convoi
II = P ⊠♦A ⊦264⊦   5169

Schnellzugwagen der DB
Express coach of the DB
Voiture de grandes lignes de la DB
II = P ⊠ (♦) A ⊦264⊦   5173

Schnellzugwagen der DB
Express coach of the DB
Voiture de grandes lignes de la DB
II = P ⊠ (♦) B ⊦264⊦   5174

Leichtschnellzug-Gepäckwagen
der SBB/CFF
Luggage van for light express trains
of the SBB/CFF
Fourgon pour trains en matériaux légers
des SBB/CFF
II = P (♦) ⊦237⊦   5130

Leichtschnellzug-Personenwagen
der SBB/CFF
Light express coach of the SBB/CFF
Voiture pour trains en matériaux légers
des SBB/CFF
II = P (♦) B ⊦245⊦   5134
II = P (♦) A ⊦245⊦   5133

Reisezugwagen
Passenger coaches
Voitures voyageurs

Speisewagen der SBB/CFF
Dining-car of the SBB/CFF
Voiture-restaurant des SBB/CFF

II = ℙ (🍴) �muⵑ245ⵑ   5131

Schnellzugwagen der ÖBB   II = ℙ (🍴) B ⵑ245ⵑ   5158
Express coach of the ÖBB
Voiture grandes lignes des ÖBB

Schnellzugwagen der SNCF   II = ℙ (🍴) B ⵑ245ⵑ   5153
Express coach of the SNCF
Voiture grandes lignes de la SNCF

Schnellzugwagen der SJ   II = ℙ (🍴) B ⵑ240ⵑ   5155
Express coach of the SJ
Voiture grandes lignes des SJ

Schnellzugwagen der SNCB   II = ℙ ⊠ (🍴) B ⵑ245ⵑ   5152
Express coach of the SNCB
Voiture grandes lignes de la SNCB

Schnellzugwagen der British Railways   II = ℙ ⊠ (🍴) C ⵑ230ⵑ   5147
Express coach of the British Railways
Voiture grandes lignes des British
Railways

Schnellzugwagen der British Railways   II = ℙ ⊠ (🍴) AC ⵑ230ⵑ   5146
Express coach of the British Railways
Voiture grandes lignes des British
Railways

Schnellzugwagen mit Packabteil der BR   II = ℙ ⊠ (🍴) C ⵑ230ⵑ   5148
Express coach with luggage
compartment of the BR
Voiture grandes lignes avec compartiment à bagages des BR

Schnellzugwagen der NS   II = ℙ (🍴) AB ⵑ245ⵑ   5154
Express coach of the NS
Voiture grandes lignes des NS

Nahverkehrswagen der NS   II = ℙ ⊠ (🍴) B ⵑ245ⵑ   5156
Coach for local service of the NS
Voiture de banlieue des NS

Schnellzugwagen der DSB   II = ℙ ⊠ (🍴) B ⵑ245ⵑ   5157
Express coach of the DSB
Voiture grandes lignes des DSB

Elektrolokomotive, Güterwagen und Reisezugwagen
Electric locomotive, wagons and coaches
Locomotive électrique, wagons et voitures

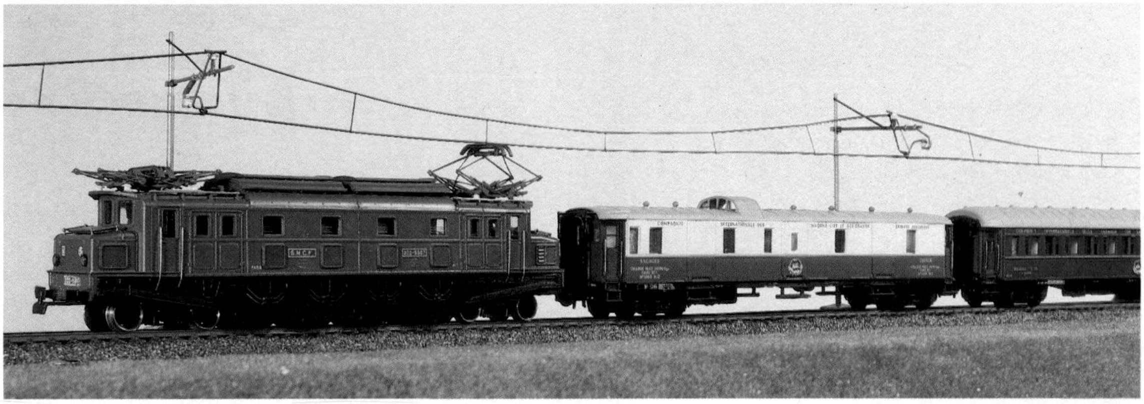

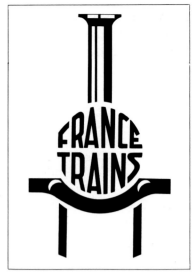

FRANCE TRAINS, 1967 gegründet, ist ein Familienunternehmen, das sich hauptsächlich mit der Herstellung von HO-Modellen nach französischen Vorbildern befaßt, die von 1900 bis 1939 gebaut wurden. Die mit viel Liebe maßstab- und vorbildtreu gefertigten Fahrzeuge sind fein detailliert und exakt beschriftet. Die spitzengelagerten NEM-Stahlradsätze sind zweiseitig isoliert und können gegen einseitig isolierte oder nicht isolierte ausgetauscht werden. Die Kupplungen entsprechen der NEM-Klasse A und sind in der Länge verstellbar. Die Reisezugwagen haben realistisch wirkende Inneneinrichtungen. Innenbeleuchtung wird nicht angeboten, der Einbau handelsüblicher Garnituren ist aber möglich.
Die Modelle sind auch als Bausätze lieferbar, ebenso Drehgestelle, Radsätze und viele Einzelteile.

FRANCE TRAINS, founded in 1967, is a family enterprise engaged in manufacturing HO scale models, most of them according to French prototypes built between 1900 and 1939. The vehicles are shaped very carefully true to scale and to the original and have the finest details and the exact inscriptions.
The double-insulated NEM wheel sets have point bearings and can be replaced by single-insulated or uninsulated ones. The NEM class A couplings are adjustable in length. All passenger coaches have realistic looking interior fittings. Lighting is not supplied, but some sets usual in the trade can be installed.
The models are also available as kits. Moreover, there are bogies, wheel sets and a lot of separate parts.

FRANCE TRAINS, fondée en 1967, est une entreprise de famille s'occupant de la fabrication de modèles à l'échelle HO principalement selon les prototypes français construits entre 1900 et 1939. Les véhicules, executés avec beaucoup de soins, fidèles à l'échelle et à l'original, ont les plus petits détails et les inscriptions exactes. Les essieux montés à axes en points d'après NEM en acier sont isolés bi-latéralement et peuvent être échangés contre des essieux montés isolés unilateralement ou non-isolés. Les attelages de normes NEM classe A sont réglables en longueur. Toutes les voitures ont des aménagements intérieurs très réalistes. Des éclairages ne sont pas offerts, mais on peut installer des garnitures qu'on trouve dans le commerce.
Les modèles sont livrables à monter, de même des bogies, des essieux montés et beaucoup de pièces détachées.

⊠
FRANCE TRAINS
Moulin du Gué-plat
Pommeuse
F-77120 Coulommiers

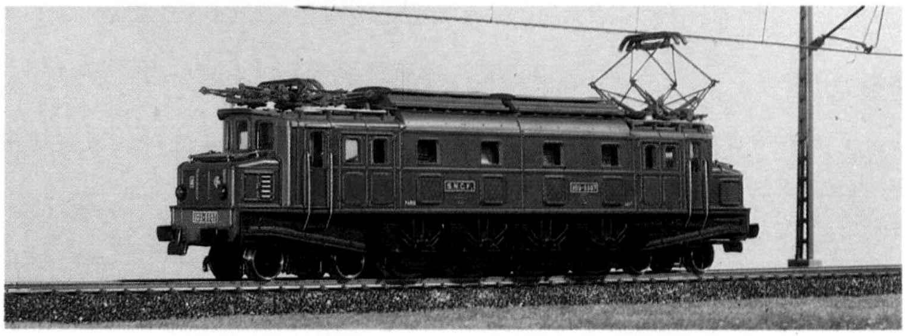

Elektrische Schnellzuglokomotive Reihe 2 D 2 5500 der SNCF
Electric express locomotive class 2 D 2 5500 of the SNCF
Locomotive électrique de vitesse série 2 D 2 5500 de la SNCF

II = Ⓟ ☼ ✦2✦ ⊣207⊢ 52
2D 2 E 500 Paris-Orléans (1933)
II = Ⓟ ☼ ✦2✦ ⊣207⊢ 51

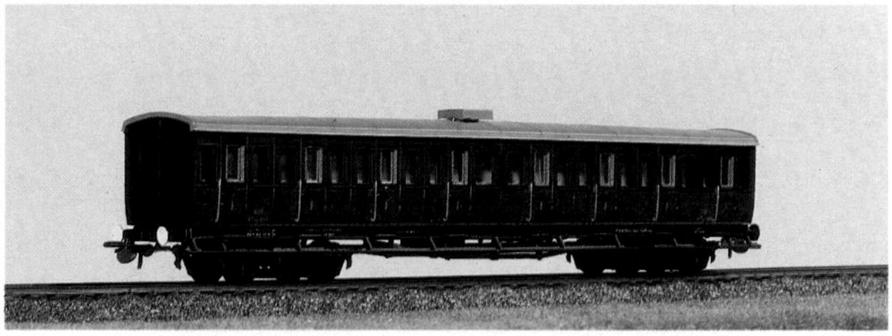

Abteilwagen ty der Ost-Bahn EST (1909-38)
Compartment coach ty of the eastern EST railways (1909-38)
Voiture à compartiments ty du réseau de l'EST (1909-38)

II = Ⓟ ⊠ A ⊣227⊢ (K) 211

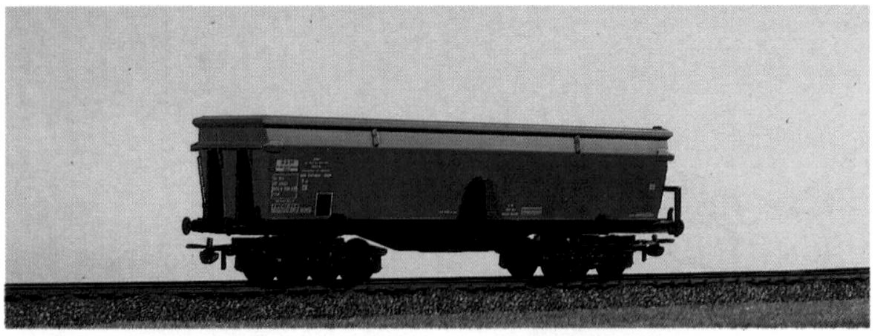

Offener Erz-Transportwagen Typ ARBEL der SNCF
Open wagon for ore transports type ARBEL of the SNCF
Wagon pour le transport des minerais type ARBEL de la SNCF

grau/grey/gris
II = Ⓟ ⊣160⊢ (K) 101
hell/light/clair
II = Ⓟ ⊣160⊢ (K) 104

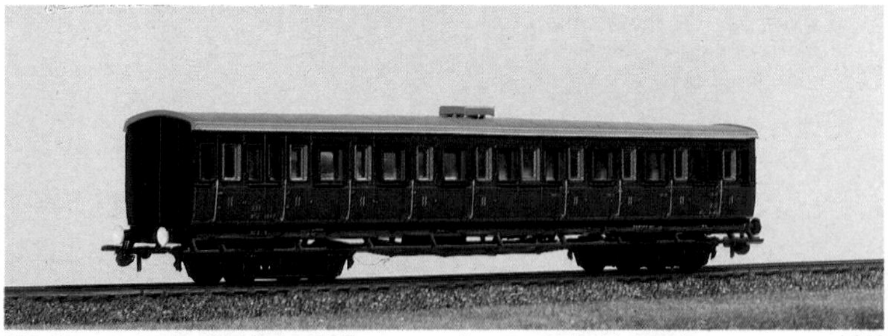

Abteilwagen ty der Ost-Bahn EST
Compartment coach ty of the eastern EST railways
Voiture à compartiments ty du réseau de l'EST

II = Ⓟ ⊠ B ⊣227⊢ (K) 212

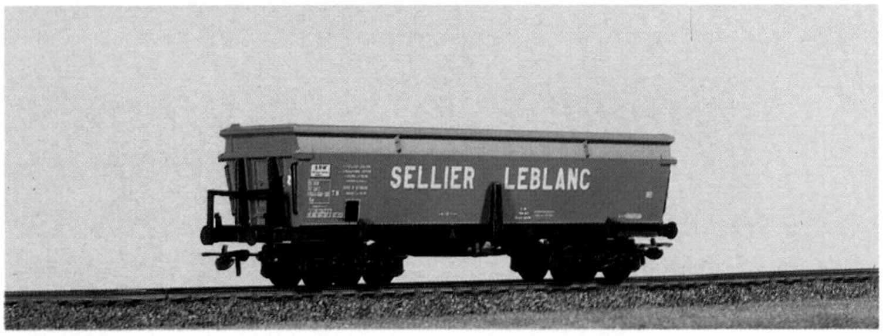

Offener Erz-Transportwagen Typ ARBEL der SNCF
Open wagon for ore transports type ARBEL of the SNCF
Wagon pour le transport des minerais type ARBEL de la SNCF

SELLIER LEBLANC
II = Ⓟ ⊣160⊢ (K) 105
STEMI
II = Ⓟ ⊣160⊢ (K) 102
SCRC
II = Ⓟ ⊣160⊢ (K) 103

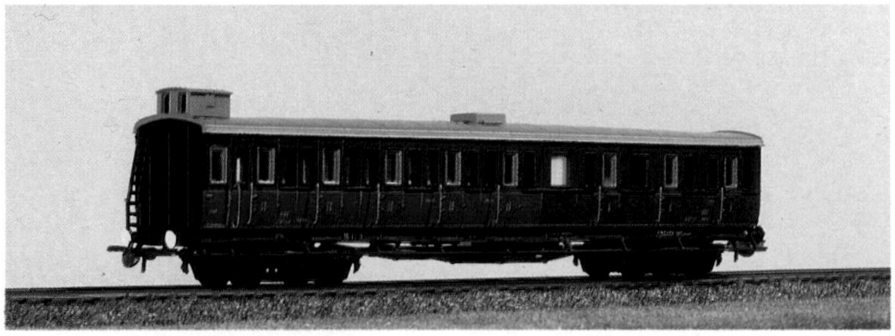

Abteilwagen ty der Ost-Bahn EST
Compartment coach ty of the eastern EST railways
Voiture à compartiments ty du réseau de l'EST

II = Ⓟ ⊠ AB ⊣227⊢ (K) 213

Reisezugwagen
Passenger coaches
Voitures voyageurs

Abteilwagen ty der Ost-Bahn EST
Compartment coach ty of the eastern
EST railways
Voiture à compartiments ty du réseau
de l'EST

II = P ⊠ A B ⊣227⊢ (K)　　214

Abteilwagen ty der Ost-Bahn EST
Compartment coach ty of the eastern
EST railways
Voiture à compartiments ty du réseau
de l'EST

II = P ⊠ C ⊣227⊢ (K)　　215

Abteilwagen Bauart ty Ost der SNCF
(1938)
Compartment coach type ty East of the
SNCF (1938)
Voiture à compartiments type ty Est
de la SNCF (1938)

II = P ⊠ A　⊣227⊢ (K)　　201
II = P ⊠ B　⊣227⊢ (K)　　202
II = P ⊠ AB ⊣227⊢ (K)　　203
II = P ⊠ AB ⊣227⊢ (K)　　204
II = P ⊠ C　⊣227⊢ (K)　　205

Gepäckwagen der PLM (1913-31)
Luggage van of the PLM (1913-31)
SNCF (1938)
Fourgon à bagages de la PLM (1913-31)

II = P ⊣227⊢ (K)　　259
II = P ⊣227⊢ (K)　　269

Schnellzugwagen Bauart OCEM der PLM
(1926-38)
Express coach type OCEM of the PLM
(1926-38)
Voiture grandes lignes type OCEM
de la PLM (1926-38)

II = P ⊠ B　⊣265⊢ (K)　　252
II = P ⊠ AB ⊣265⊢ (K)　　255

Liegewagen Bauart OCEM der PLM
Couchette coach type OCEM of the PLM
Voiture-couchettes type OCEM
de la PLM

II = P ⊠ A ⊣265⊢ (K)　　253

Schnellzugwagen Bauart OCEM der PLM
Express coach type OCEM of the PLM
Voiture grandes lignes type OCEM
de la PLM

II = P ⊠ AB ⊣265⊢ (K)　　254
II = P ⊠ A　⊣265⊢ (K)　　251

Schnellzugwagen Bauart Bacalan
der Süd-Bahn MIDI
Express coach type Bacalan of the
southern MIDI railways
Voiture grandes lignes type Bacalan
du réseau du MIDI

II = P ⊠ C ⊣265⊢ (K)　　256

Schnellzugwagen Bauart Bacalan der
PLM
Express coach type Bacalan of the PLM
Voiture grandes lignes type Bacalan
de la PLM

II = P ⊠ C ⊣265⊢ (K)　　257

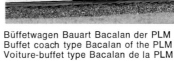

Büffetwagen Bauart Bacalan der PLM
Buffet coach type Bacalan of the PLM
Voiture-buffet type Bacalan de la PLM

II = P ⊠ C ⊣265⊢ (K)　　260

Schnellzugwagen der SNCF (1938-56)
Express coach of the SNCF (1938-56)
Voiture grandes lignes de la SNCF
(1938-56)

II = 🅿 ⊠ A ⊦265⊦ (🔘) 261

Schnellzugwagen der SNCF
Express coach of the SNCF
Voiture grandes lignes de la SNCF

II = 🅿 ⊠ B ⊦265⊦ (🔘) 262

Liegewagen der SNCF
Couchette coach of the SNCF
Voiture-couchettes de la SNCF

II = 🅿 ⊠ A ⊦265⊦ (🔘) 263

Schnellzugwagen der SNCF
Express coach of the SNCF
Voiture grandes lignes de la SNCF

II = 🅿 ⊠ AB ⊦265⊦ (🔘) 264

Schnellzugwagen der SNCF
Express coach of the SNCF
Voiture grandes lignes de la SNCF

II = 🅿 ⊠ C ⊦265⊦ (🔘) 266

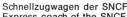

Schnellzugwagen der SNCF
Express coach of the SNCF
Voiture grandes lignes de la SNCF

II = 🅿 ⊠ C ⊦265⊦ (🔘) 267

Büffetwagen der SNCF
Buffet coach of the SNCF
Voiture-buffet de la SNCF

II = 🅿 ⊠ C ⊦265⊦ (🔘) 270

Schnellzugwagen der SNCF (UIC)
Express coach of the SNCF (UIC)
Voiture grandes lignes de la SNCF (UIC)

II = 🅿 ⊠ A ⊦265⊦ (🔘) 271

Schnellzugwagen der SNCF (UIC)
Express coach of the SNCF (UIC)
Voiture grandes lignes de la SNCF (UIC)

II = 🅿 ⊠ B ⊦265⊦ (🔘) 272

Salonwagen der SNCF (UIC)
Saloon coach of the SNCF (UIC)
Voiture-salon de la SNCF (UIC)

II = 🅿 ⊠ A ⊦265⊦ (🔘) 273

Schnellzugwagen der SNCF (UIC)
Express coach of the SNCF (UIC)
Voiture grandes lignes de la SNCF (UIC)

II = ℗ ⊠ AB ⊦265⊦ (**K**) 274

Schnellzugwagen der SNCF (UIC)
Express coach of the SNCF (UIC)
Voiture grandes lignes de la SNCF (UIC)

II = ℗ ⊠ B ⊦265⊦ (**K**) 276

Schnellzugwagen der SNCF (UIC)
Express coach of the SNCF (UIC)
Voiture grandes lignes de la SNCF (UIC)

II = ℗ ⊠ B ⊦265⊦ (**K**) 277

Büffetwagen der SNCF (UIC)
Buffet coach of the SNCF (UIC)
Voiture-buffet de la SNCF (UIC)

II = ℗ ⊠ B ⊦265⊦ (**K**) 280

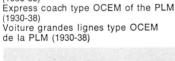

Schnellzugwagen Bauart OCEM der PLM
(1930-38)
Express coach type OCEM of the PLM
(1930-38)
Voiture grandes lignes type OCEM
de la PLM (1930-38)

II = ℗ ⊠ B ⊦265⊦ (**K**) 239

Liegewagen Bauart OCEM der PLM
Couchette coach type OCEM of the PLM
Voiture-couchettes type OCEM de la PLM

II = ℗ ⊠ A ⊦265⊦ (**K**) 238

Krankenwagen Bauart OCEM der PLM
(1936)
Ambulance coach type OCEM of the
PLM (1936)
Voiture sanitaire type OCEM de la
PLM (1936)

II = ℗ ⊠ C ⊦265⊦ (**K**) 240

Schnellzugwagen Bauart OCEM der AL
(Elsaß-Lothringen)
Express coach type OCEM of the AL
(Alsace-Lorraine)
Voiture grandes lignes type OCEM
de l'AL (Alsace-Lorraine)

II = ℗ ⊠ A ⊦265⊦ (**K**) 240 AL

Luxus-Salonwagen „Transatlantik"
der ÉTAT (1930-38)
Luxury saloon coach "Transatlantic"
of the ÉTAT (1930-38)
Voiture-salon de luxe «Transatlantique»
de l'ÉTAT (1930-38)

II = ℗ ⊠ A ⊦265⊦ (**K**) 232

Luxus-Salonwagen „Transatlantik"
mit Küche der ÉTAT
Luxury saloon coach "Transatlantic"
with kitchen of the ÉTAT
Voiture-salon de luxe «Transatlantique»
avec cuisine de l'ÉTAT

II = ℗ ⊠ A ⊦265⊦ (**K**) 231

Salonwagen „Transatlantik" der ÉTAT
Saloon coach "Transatlantic"
of the ÉTAT
Voiture-salon «Transatlantique»
de l'ÉTAT

II = P ⊠ B ⊢265⊢ (**K**)   234

Salonwagen „Transatlantik" mit Küche
der ÉTAT
Saloon coach "Transatlantic" with
kitchen of the ÉTAT
Voiture-salon «Transatlantique» avec
cuisine de l'ÉTAT

II = P ⊠ B ⊢265⊢ (**K**)   233

Schnellzugwagen der SNCF (1938-56)
Express coach of the SNCF (1938-56)
Voiture grandes lignes de la SNCF
(1938-56)

II = P ⊠ A ⊢265⊢ (**K**)   221

Schnellzugwagen der SNCF
Express coach of the SNCF
Voiture grandes lignes de la SNCF

II = P ⊠ B ⊢265⊢ (**K**)   222

Schnellzugwagen der SNCF
Express coach of the SNCF
Voiture grandes lignes de la SNCF

II = P ⊠ C ⊢265⊢ (**K**)   223

Schnellzugwagen mit Gepäckabteil
der SNCF
Express coach with luggage space of
the SNCF
Voiture grandes lignes avec compartiment à bagages de la SNCF

II = P ⊠ C ⊢265⊢ (**K**)   224

Büffetwagen der SNCF
Buffet coach of the SNCF
Voiture-buffet de la SNCF

II = P ⊠ B ⊢265⊢ (**K**)   225

Schnellzugwagen mit Krankentür
der SNCF
Express coach with ambulance door
of the SNCF
Voiture grandes lignes avec porte
sanitaire de la SNCF

II = P ⊠ C ⊢265⊢ (**K**)   226

Liegewagen der SNCF
Couchette coach of the SNCF
Voiture-couchettes de la SNCF

II = P ⊠ A ⊢265⊢ (**K**)   227

Verwaltungs-Dienstwagen der SNCF
Administration service coach of
the SNCF
Voiture de service économat de
la SNCF

II = P ⊢265⊢ (**K**)   248

Schnellzugwagen der SNCF (UIC)
Express coach of the SNCF (UIC)
Voiture grandes lignes de la SNCF (UIC)

II = 🅿 ⊠ A ⊢265⊦ (🅚)   241

Schnellzugwagen der SNCF (UIC)
Express coach of the SNCF (UIC)
Voiture grandes lignes de la SNCF (UIC)

II = 🅿 ⊠ B ⊢265⊦ (🅚)   242

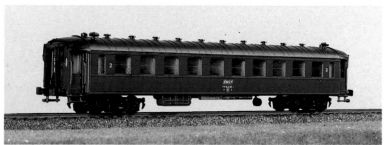

Schnellzugwagen der SNCF (UIC)
Express coach of the SNCF (UIC)
Voiture grandes lignes de la SNCF (UIC)

II = 🅿 ⊠ B ⊢265⊦ (🅚)   243

Schnellzugwagen mit Gepäckabteil der
SNCF (UIC)
Express coach with luggage space
of the SNCF (UIC)
Voiture grandes lignes avec comparti-
ment à bagages de la SNCF (UIC)

II = 🅿 ⊠ B ⊢265⊦ (🅚)   244

Büffetwagen der SNCF (UIC)
Buffet coach of the SNCF (UIC)
Voiture-buffet de la SNCF (UIC)

II = 🅿 ⊠ B ⊢265⊦ (🅚)   245

Schnellzugwagen mit Krankentür der
SNCF (UIC)
Express coach with ambulance door
of the SNCF (UIC)
Voiture grandes lignes avec porte
sanitaire de la SNCF (UIC)

II = 🅿 ⊠ B ⊢265⊦ (🅚)   246

Gepäckwagen der SNCF
Luggage van of the SNCF
Fourgon à bagages de la SNCF

UIC - 1966
II = 🅿 ⊢233⊦ (🅚)   282
1964
II = 🅿 ⊢233⊦ (🅚)   281
UIC - 1972
II = 🅿 ⊢233⊦ (🅚)   283

SNCF-Liegewagen, verliehen an die
CIWL (1945-63)
SNCF couchette coach, rented by the
CIWL (1945-63)
Voiture-couchettes de la SNCF,
louée à la CIWL (1945-63)

II = 🅿 ⊠ A ⊢265⊦ (🅚)   235

SNCF-Schlafwagen, verliehen an die
CIWL
SNCF sleeping car, rented by the CIWL
Voiture-lits de la SNCF, louée à la CIWL

II = 🅿 ⊠ A ⊢265⊦ (🅚)   236

SNCF-Speisewagen, verliehen an die
CIWL
SNCF dining-car, rented by the CIWL
Voiture-restaurant de la SNCF,
louée à la CIWL

II = 🅿 ⊠ A ⊢265⊦ (🅚)   237

Luxus-Speisewagen der CIWL (1931-39)
Luxury dining-car of the CIWL (1931-39)
Voiture-restaurant de luxe de la CIWL
(1931-39)

II = P ⊠ A ⊣265⊢ (K)   300

Luxus-Speisewagen der CIWL (1940-62)
Luxury dining-car of the CIWL (1940-62)
Voiture-restaurant de luxe de la CIWL
(1940-62)

II = P ⊠ A ⊣265⊢ (K)   301

Schlafwagen LX der CIWL,
Beschriftung franz./deutsch (1929-62)
Sleeping car LX of the CIWL,
inscription French/German (1929-62)
Voiture-lits LX de la CIWL,
inscription en français/allem. (1929-62)

II = P ⊠ A ⊣265⊢ (K)   302
Type Z (1933–68)
II = P ⊠ A ⊣265⊢ (K)   309

Schlafwagen Z der CIWL,
Beschriftung franz./schwedisch (1933-68)
Sleeping car Z of the CIWL,
inscription French/Swedish (1933-68)
Voiture-lits Z de la CIWL,
inscription en français/suedois (1933-68)

II = P ⊠ A ⊣265⊢ (K)   306

Schlafwagen Z der CIWL,
Beschriftung franz./griechisch
Sleeping car Z of the CIWL,
inscription French/Greek
Voiture-lits Z de la CIWL,
inscription en français/grec

II = P ⊠ A ⊣265⊢ (K)   307

Schlafwagen Z der CIWL,
Beschriftung franz./italienisch
Sleeping car Z of the CIWL,
inscription French/Italian
Voiture-lits Z de la CIWL,
inscription en français/italien

II = P ⊠ A ⊣265⊢ (K)   308
Type LX
II = P ⊠ A ⊣265⊢ (K)   303

Schlafwagen Z der PO-MIDI (1930-38)
Sleeping car Z of the PO-MIDI (1930-38)
Voiture-lits Z de la PO-MIDI (1930-38)

II = P ⊠ A ⊣265⊢ (K)   310
Type LX (1929–38)
II = P ⊠ A ⊣265⊢ (K)   311

Salonwagen mit Bar der CIWL (1951-66)
Saloon and bar coach of the CIWL
(1951-66)
Voiture-salon avec bar de la CIWL
(1951-66)

II = P ⊠ A ⊣265⊢ (K)   304

Gepäckwagen Typ Orient-Express
der CIWL (1949-66)
Luggage van type Orient-Express
of the CIWL (1949-66)
Fourgon à bagages type Orient-Express
de la CIWL (1949-66)

II = P ⊣240⊢ (K)   305

Pullman-Wagen mit Küche „Paris-Côte d'Azur" der CIWL (1929-70)
Pullman coach with kitchen "Paris-Côte d'Azur" of the CIWL (1929-70)
Voiture Pullman avec cuisine «Paris-Côte d'Azur» de la CIWL (1929-70)
II = Ⓟ ⊠ A ⊣265⊢ (K) 312

Pullman-Wagen „Süd-Express" der CIWL
Pullman coach "South Express" of the CIWL
Voiture Pullman «Sud Express» de la CIWL
II = Ⓟ ⊠ A ⊣265⊢ (K) 314

Gepäckwagen der CIWL
Luggage van of the CIWL
Fourgon à bagages de la CIWL
II = Ⓟ ⊣240⊢ (K) 315

Pullman-Salonwagen „Mistral" der CIWL (UIC)
Pullman saloon coach "Mistral" of the CIWL (UIC)
Voiture-salon Pullman «Mistral» de la CIWL (UIC)
II = Ⓟ ⊠ A ⊣265⊢ (K) 316

Pullman-Salonwagen „Flèche d'Or" der CIWL (1926-32)
Pullman saloon coach "Flèche d'Or" of the CIWL (1926-32)
Voiture-salon Pullman «Flèche d'Or» de la CIWL (1926-32)
II = Ⓟ ⊠ A ⊣265⊢ (K) 321

Gepäckwagen „Flèche d'Or" der CIWL
Luggage van "Flèche d'Or" of the CIWL
Fourgon à bagages «Flèche d'Or» de la CIWL
II = Ⓟ ⊣240⊢ (K) 325

CIWL-Speisewagen der MITROPA (DDR)
CIWL dining-car of the MITROPA (GDR)
Voiture-restaurant CIWL de la MITROPA (RDA)
II = Ⓟ ⊠ ⊣265⊢ (K) 331

CIWL-Schlafwagen LX der MITROPA (DDR)
CIWL sleeping car LX of the MITROPA (GDR)
Voiture-lits CIWL LX de la MITROPA (RDA)
II = Ⓟ ⊠ ⊣265⊢ (K) 332

Postbeiwagen Bauart OCEM der SNCF (1938-56)
Mail-van type OCEM of the SNCF (1938-56)
Allège postale type OCEM de la SNCF (1938-56)
II = Ⓟ ⊣214⊢ (K) 406
EST (1924-38) 401
NORD 402
ÉTAT 403

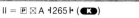

Postbeiwagen Bauart OCEM der SNCF (UIC)
Mail-van type OCEM of the SNCF (UIC)
Allège postale type OCEM de la SNCF (UIC)
II = Ⓟ ⊣214⊢ (K) 407
PO-MIDI (1924-38) 404
PLM 405

Dampflokomotiven
Steam locomotives
Locomotives à vapeur

FULGUREX

FULGUREX ist ein international bekanntes Handelsunternehmen, spezialisiert auf den Vertrieb von handgearbeiteten Kleinserienmodellen aus Feinmessing in den Baugrößen HO, O und I. Das Unternehmen wurde 1947 gegründet und vertritt zahlreiche Modelleisenbahnhersteller in Europa als Allein-Importeur. FULGUREX hat aber auch ein Exklusivprogramm an Lokomotiven und Wagen, das unter der eigenen Marke vertrieben wird und für das ein Reparaturdienst im Hause besteht. Der Inhaber, Graf Giansante-Coluzzi, besitzt eine der größten und attraktivsten Modelleisenbahnsammlungen der Welt.

Bei den nachstehend gezeigten Modellen handelt es sich um Spitzenerzeugnisse der oberen Preisklasse aus dem bisherigen Angebot der Firma FULGUREX. Ein Teil dieser Modelle ist zur Zeit noch lieferbar oder mit großer Wahrscheinlichkeit auf Vorbestellung in Zukunft wieder erhältlich.

Alle FULGUREX Modelleisenbahnfahrzeuge sind mit naturgetreu nachgebildeten Hakenkupplungen ausgerüstet. Umrüstung mit NEM-Kupplungen der Klassen A und B sowie auf System Fleischmann ist möglich. Die Radkränze entsprechen den NMRA-Normen. Die Modelle können jedoch auf den meisten Gleissystemen europäischer Hersteller eingesetzt werden.

Messrs. FULGUREX S.A. is an international well known firm who specializes in manufacturing and selling brass hand-crafted locomotives in HO, O and I gauge, both in electric and live-steam system. Established in 1947, this company started in buying and selling on exclusive basis model trains. FULGUREX have their own models made and sold all over the world under their trade-mark. One of the largest model train and old toy collection belongs to Count Giansanti-Coluzzi who ist the owner of the company.

The following models represent the nicest and most expensive locomotives made and distributed by FULGUREX. These models being made in limited runs can be acquired on a reservation basis.

All the FULGUREX models are equipped with model screw-couplings. These can be altered for standard commercial automatic couplers. Although the wheels correspond to NMRA standards, the FULGUREX models will run on most of the European built tracks.

Les Etablissements FULGUREX à Lausanne se sont acquis une réputation internationale en se spécialisant dans la fabrication et la commercialisation en séries limitées de modèles de locomotives. Exécution artisanale en laiton. Fonctionnement électrique et vapeur en écartements HO, O et I. Cette entreprise fondée en 1947 se dédia dès le début à la représentation exclusive de maisons spécialisées dans le modèle réduit de chemin de fer. En outre FULGUREX possède sa propre fabrication de locomotives et wagons de même qu'un service de réparation. Le Comte Giansanti-Coluzzi propriétaire des Etablissements FULGUREX possède une des plus grandes collection de trains modèles et de jouets anciens.

Les locomotives figurant ci-après représentent la quintessence des modèles commercialisés par la société FULGUREX tant au point de vue qualité que valeur. La sélection proposée couvre des modèles dont la production est épuisée, les articles actuellement livrables ainsi que les modèles qui seront à nouveau mis en fabrication dans les années à venir.

Tout ce matériel est muni d'accouplements modèles interchangeables avec les types standards automatiques. Normes de roulement: NMRA. Ce matériel est néanmoins apte à circuler sur la plupart des voies fabriquées en Europe.

✉
FULGUREX S.A.
Avenue de Rumine 33
CH-1005 Lausanne

Tenderlokomotive E 3/3 der SBB/CFF II = M +3+ +100+ 2008
Tank locomotive class E 3/3 of the SBB/CFF
Locomotive-tender série E 3/3 des SBB/CFF

Tenderlokomotive 050 TQ der SNCF II = M +5+ +150+ 2033
Tank locomotive class 050 TQ of the SNCF
Locomotive-tender série 050 TQ de la SNCF

Mallet-Tenderlokomotive Gt 2×2/2 der K.bay.Sts.B. II = M +8+ +202+ 2025
Mallet tank locomotive Gt 2×2/2 of the K.bay.Sts.B.
Locomotive-tender Mallet Gt 2×2/2 de la K.bay.Sts.B.

Tenderlokomotive 242 AT der PLM II = M +4+ +208+ 2019
Tank locomotive class 242 AT of the PLM
Locomotive-tender série 242 AT de la PLM

Dampflokomotive mit Schlepptender B 3/4 der SBB/CFF II = M +3+ +196+ 2042
Locomotive with tender class B 3/4 of the SBB/CFF
Locomotive à vapeur avec tender série B 3/4 des SBB/CFF

Dampflokomotive mit Schlepptender A 3/5 der SBB/CFF II = M +3+ +222+ 2011
Steam locomotive with tender class A 3/5 of the SBB/CFF
Locomotive à vapeur avec tender série A 3/5 des SBB/CFF

Dampf- und Elektrolokomotiven
Steam and electric locomotives
Locomotives à vapeur et électriques

FULGUREX

Dampflokomotive mit Schlepptender C 4/5
der SBB/CFF
Locomotive with tender class C 4/5
of the SBB/CFF
Locomotive à vapeur avec tender série C 4/5
des SBB/CFF

II = Ⓜ ✚4✚ ⊦215⊦   2041

Dampflokomotive mit Tender 231 C1
der PLM
Locomotive with tender class 231 C 1
of the PLM
Locomotive à vapeur avec tender
série 231 C 1 de la PLM

II = Ⓜ ✚3✚ ⊦276⊦   2012

Dampflokomotive 231 G der SNCF
Steam locomotive class 231 G of the SNCF
Locomotive à vapeur série 231 G de la SNCF

II = Ⓜ ✚3✚ ⊦276⊦   2020

Dampflokomotive mit Schlepptender
Serie 141 C der PLM
Steam locomotive with tender class 141 C
of the PLM
Locomotive à vapeur avec tender série 141 C
de la PLM

II = Ⓜ ✚4✚ ⊦271⊦   2013

Dampflokomotive 4-8-4 + 4-8-4
Beyer-Garratt
Steam locomotive 4-8-4 + 4-8-4
Beyer-Garratt
Locomotive à vapeur 4-8-4 + 4-8-4
Beyer-Garratt

II = Ⓜ ✚8✚ ⊦389⊦   2010

Dampflokomotive 4-6-0 Castle
der Great Western (England)
Steam locomotive 4-6-0 Castle
of the Great Western (Britain)
Locomotive à vapeur 4-6-0 Castle
de la Great Western (Angleterre)

II = Ⓜ ✚3✚ ⊦262⊦   2027
unlackiert
unpainted
sans peinture

Dampflokomotive mit Tender S 2/6
der K. bay. Sts. B
Locomotive with tender class S 2/6
of the K. bay. Sts. B
Locomotive à vapeur avec tender
série S 2/6 de la K. bay. Sts. B.

II = Ⓜ ✚2✚ ⊦250⊦   2015

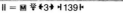

Elektrische Mehrzwecklokomotive Ae 3/5
der SBB/CFF
Electric multi-purpose locomotive
class Ae 3/5 of the SBB/CFF
Motrice tous services série Ae 3/5
des SBB/CFF

II = Ⓜ ⚡ ✚3✚ ⊦139⊦   2029

Elektrische Mehrzwecklokomotive Ae 3/6ᴵᴵ
der SBB/CFF
Electric multi-purpose locomotive
class Ae 3/6ᴵᴵ of the SBB/CFF
Motrice tous services série Ae 3/6ᴵᴵ
des SBB/CFF

II = Ⓜ ⚡ ✚3✚ ⊦164⊦   2017

Elektro- und Diesel-Lokomotiven, Personenwagen
Electric and Diesel locomotives, passenger coaches
Locomotives électriques et Diesel, voitures voyageurs

FULGUREX

Schwere Güterzuglokomotive Ce 6/8^{II}
der SBB/CFF „Krokodil"
Heavy goods train locomotive class
Ce 6/8^{II} of the SBB/CFF "Crocodile"
Locomotive lourde à marchandises
série 6/8^{II} des SBB/CFF «le Crocodile»
II = Ⓜ ✦6✦ �H225H

Diese Lokomotiven wurden 1921 gebaut
und stehen heute noch im Dienst der
SBB/CFF.

These locomotives were built in 1921
and are still in service of the SBB/CFF.

Ces locomotives étaient construites
en 1921 et sont employées par les SBB/CFF
aujourd'hui même.

Elektrische Mehrzwecklokomotive Ae 3/6^{III}   II = Ⓜ ♆ ✦3✦ H155H   2036
der SBB/CFF
Electric multi-purpose locomotive Ae 3/6^{III}
of the SBB/CFF
Motrice tous services Ae 3/6^{III}
des SBB/CFF

Elektrische Mehrzwecklokomotive Ae 4/7   II = Ⓜ ✦4✦ H193H   2006
der SBB/CFF
Electric multi-purpose locomotive Ae 4/7
of the SBB/CFF
Locomotive électrique tous services Ae 4/7
des SBB/CFF

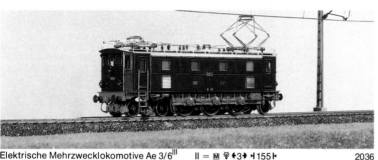

Schwere Berglokomotive Ae 6/8   II = Ⓜ ✦6✦ H242H   2014
der BLS (Schweiz)
Heavy mountain locomotive Ae 6/8
of the BLS (Switzerland)
Locomotive lourde de montagne Ae 6/8
de la BLS (Suisse)

Elektrische Schnellzuglokomotive   II = Ⓜ ✦4✦ H206H   2018
Serie 5500 der SNCF
Electric express locomotive class 5500
of the SNCF
Locomotive électrique de vitesse série 5500
de la SNCF

Dieselhydraulische Rangierlokomotive   II = Ⓜ ✦4✦ H146H   2034
Bm 4/4 der SBB/CFF
Diesel hydraulic switching locomotive
Bm 4/4 of the SBB/CFF
Locomotive de manœuvre Diesel hydrau-
lique Bm 4/4 des SBB/CFF

Dieselhydraulische Mehrzwecklokomotive   II = Ⓜ ✦4✦ H194H   2016
Bm 6/6 der SBB/CFF   II ≈ Ⓜ ✦4✦ H194H   2016 B
Diesel hydraulic multi-purpose locomotive
Bm 6/6 of the SBB/CFF
Locomotive Diesel hydraulique tous
services Bm 6/6 des SBB/CFF

Schnellzugwagen der ehemaligen   Express passenger coaches of the former
französischen Linie Paris – Orléans   French Paris – Orléans Line
(P.O.)   (P.O.)
Zugpackung aus vier Wagen   Train set of four coaches

Voitures de grandes lignes de l'ancienne   II = Ⓜ A H1080H   2049
compagnie française Paris – Orléans
(P.O.)
Garniture de quatre voitures

Dampflokomotiven und Reisezugwagen
Steam locomotives and passenger cars
Locomotives à vapeur et voitures voyageurs

GEM

GEM vertreibt exklusiv hergestellte Messingmodelle von amerikanischen Vorbildern in Baugröße O, HO und N. Ein aktuelles Programm kann nicht angegeben werden, da sich einerseits ausgelaufene Serien noch im Handel befinden, andererseits einige neue Modelle in Entwicklung sind. An HO-Fahrzeugen wurden bisher Dampf- und Diesellokomotiven, Oldtimer-Personenwagen und einige Güterwagen ausgeliefert.

Die Modelle sind gelungene Nachbildungen in exakter Größe und Ausstattung. Die Verarbeitung ist gut, die NMRA-Normen sind erfüllt. Die blanke Messingoberfläche wird nicht lackiert. Kupplungen sind nicht angebracht, passende NMRA-Universalkupplungen sind jedoch von GEM erhältlich.

Die Abbildungen zeigen Stücke aus zum Teil nicht mehr lieferbaren Serien (Sammlung Coluzzi, Fulgurex Lausanne). Ihre Ausführung ist jedoch typisch für alle GEM-Modelle, die oft hohen Sammlerwert erreichen.

La firme GEM vend des modèles en laiton exclusivement construits d'après des prototypes américains à l'échelle O, HO et N. Il n'est pas possible de présenter un programme actuel comme, d'une part, il y a encore des restants de séries en vente chez les commerçants spécialisés et, d'autre part, on est encore en train de développer de nouveaux modèles. Jusqu'ici on a livré en véhicules HO: des locomotives à vapeur et Diesel, des voitures voyageurs anciennes et quelques wagons marchandises.

Les modèles sont des reproductions réussies, exactes en taille et équipement. La finition est bonne, les normes NMRA sont respectées. La surface en laiton n'est pas vernis. Les attelages ne sont pas attachés, mais GEM livre des attelages NMRA convenables.

Les photos représentent des modèles de séries qui, en partie, ne sont plus livrable (collection Coluzzi, Fulgurex Lausanne). Leur construction cependant est typique pour tous les modèles GEM qui bien souvant atteignent une valeur de collection remarquable.

GEM distributes exclusively made brass models of American prototypes in O, HO, and N scale. An actual programme cannot be defined, since on the one hand, closed series are still within the trade, on the other hand, some new models are being developped. HO scale vehicles produced as yet are steam and Diesel locomotives, old time passenger cars, and some freight cars.

The models are excellent reproductions in exact size and outfit. The finish is made well according to NMRA standards. The bright brass surface is not painted. Couplers are not attached, but suitable NMRA universal couplers are provided by GEM.

The pictures show examples of partly sold out series (collection Coluzzi, Fulgurex Lausanne). Their execution, however, is typical for all GEM models, which often attain a high collectors value.

✉
GEM Models
3919 "M" Street
USA Philadelphia, PA. 19124

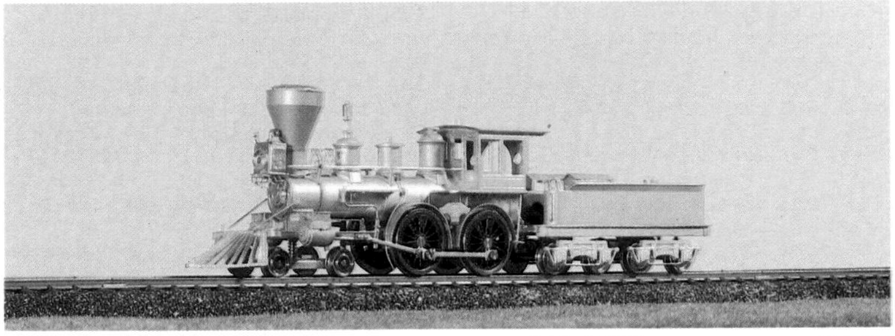

Oldtimer-Dampflokomotive American „William Crooks" der St. Paul & Pacific
Old time steam locomotive American "William Crooks" of the St. Paul & Pacific
Locomotive à vapeur ancienne American «William Crooks» de la St. Paul & Pacific
II = M +2+ ⊣180⊢ SH-103

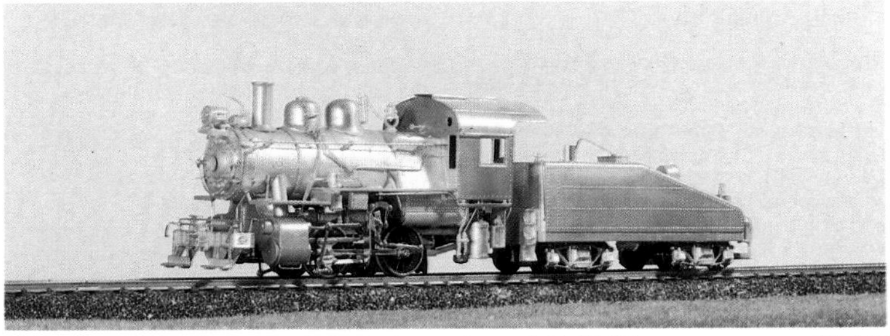

Rangierlokomotive mit Tender Reihe A-5s der Pennsylvania RR.
Switching locomotive with tender class A-5s of the Pennsylvania RR.
Locomotive de manœuvre tender série A-5s de la Pennsylvania RR.
II = M +2+ ⊣200⊢ GN-128

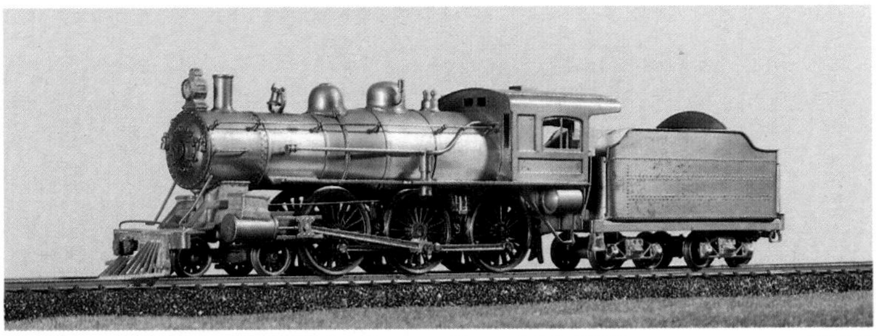

Dampflokomotive Ten-Wheeler Reihe F-12e der New York Central
Steam locomotive Ten-Wheeler class F-12e of the New York Central
Locomotive à vapeur Ten-Wheeler série F-12e de la New York Central
II = M +3+ ⊣236⊢ KT-107

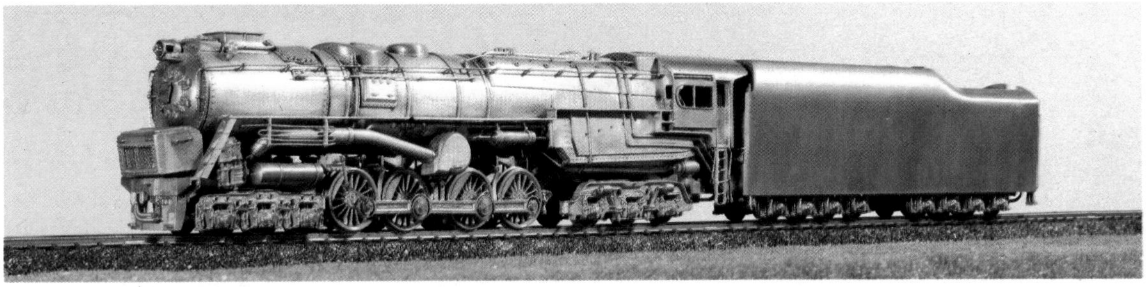

Schwere Dampfturbinen-Lokomotive Reihe S-2 der Pennsylvania RR.
Heavy steam turbine locomotive class S-2 of the Pennsylvania RR.
Locomotive à turbine à vapeur lourde série S-2 de la Pennsylvania RR.

II = M +4+ ⊣420⊢

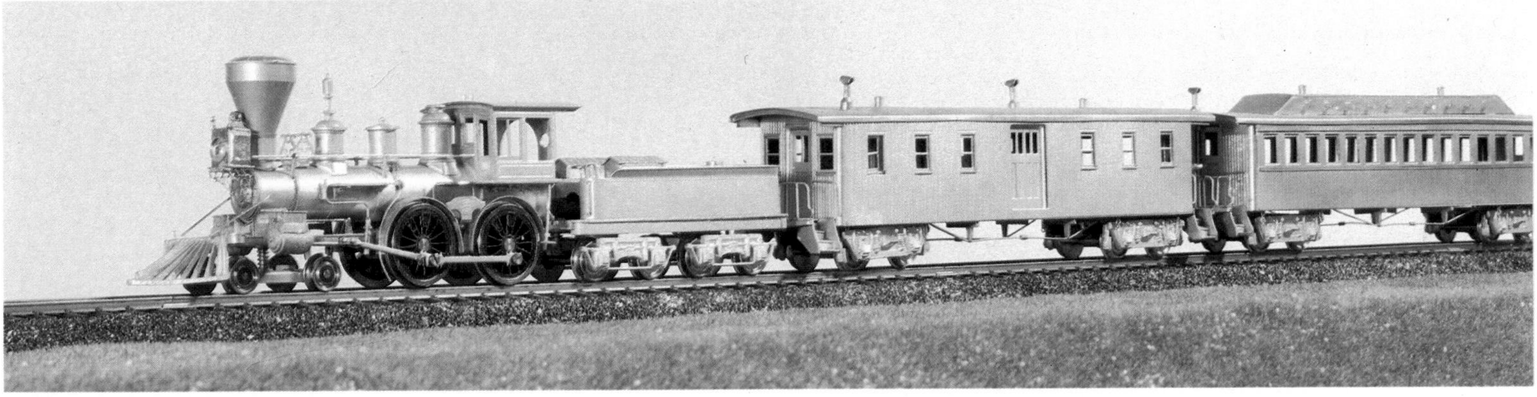

Oldtimer-Personenwagen der St. Paul & Pacific
Old time passenger coach of the St. Paul & Pacific
Voiture voyageurs ancienne de la St. Paul & Pacific
II = M ⊣182⊢ SH-105

Oldtimer-Gepäckwagen der St. Paul & Pacific
Old time baggage car of the St. Paul & Pacific
Fourgon à bagages ancien de la St. Paul & Pacific
II = M ⊣158⊢ SH-104

GRAHAM FARISH

Niederbordwagen
5 plank sided open wagon   II = Ⓟ ⊢75⊦
Wagon à bords bas

	LMS	12001
	GWR	12004

Niederbordwagen
5 plank sided open wagon   II = Ⓟ ⊢75⊦
Wagon à bords bas

	SR	12003
	LNER	12002

Graham Farish ist seit 1970 einer der bedeutendsten Hersteller von britischen Modellbahnen in Baugröße N.
Das Unternehmen begann 1947 mit der Produktion von Modellen in Spur OO (16,5 mm).
Das OO-Programm besteht aus Güterwagen und Reisezugwagen nach britischen Vorbildern, einem flexiblen Neusilber-Gleis (915 mm), Drehgestellen und Radsätzen. Die Fahrzeuge sind aus gut detaillierten, genau ausgeführten Kunststoffteilen zusammengesetzt.
Die Kunststoffräder haben einen schmalen Spurkranz und sitzen auf nadelgelagerten Messingachsen. Die Kupplungen sind zierlichere Ausführungen der britischen Standardkupplung und in die Fahrgestelle integriert. Sie können nicht ausgewechselt werden.
Graham Farish liefert über den örtlichen Fachhandel oder direkt.

Graham Farish is one of the most renowned manufacturers of British type model railways in N scale since 1970. The enterprise started production with OO gauge (16.5 mm) models in 1947. The OO programme consists of goods wagons and passenger coaches according to British prototypes, a flexible nickel silver track (915 mm), bogies, and wheel sets. The vehicles are assembled of well detailed and exactly shaped and designed plastic parts. The wheel sets have slim flange plastic wheels and needle point brass axles. The couplings are modifications of the British Standard Coupling and integrated in the chassis, they cannot be exchanged.

Supply is made by local dealers or direct.

Graham Farish est depuis 1970 un des fabricants les plus importants de chemins de fer modèle réduit anglais d'échelle N. L'entreprise a commencé en 1947 avec la production de modèles en écartement OO (16,5 mm).
Le programme en échelle OO se compose de wagons à marchandises et de voitures voyageurs d'après des prototypes anglais, d'une voie flexible en argentan (915 mm), de bogies et d'essieux montés. Les véhicules sont composés d'éléments en matière plastique bien détaillés. Les roues ont un boudin étroit et reposent sur axes à aiguilles en laiton. Les attelages sont plus fins que les attelages standard anglais; ils sont incorporés dans les chassis. Ils ne peuvent pas être échangés.
Graham Farish livre par l'intermédiaire du commerce local ou directement.

✉

Grafar Limited
Romany Works
Holton Heath
GB Poole, Dorset BH16 6JL

Hochbordwagen
7 plank sided open wagon   II = Ⓟ ⊢75⊦
Wagon tombereau

	LNER	12102
	GWR	12104

Hochbordwagen
7 plank sided open wagon   II = Ⓟ ⊢75⊦
Wagon tombereau

	SR	12103
	LMS	12101

Hochbordwagen
7 plank sided open wagon   II = Ⓟ ⊢75⊦
Wagon tombereau

	Wood & Co.	12116
	Bullcroft	12113

Hochbordwagen
7 plank sided open wagon   II = Ⓟ ⊢75⊦
Wagon tombereau

	South Leicester	12115
	Pritchard & Co.	12112

Hochbordwagen
7 plank sided open wagon   II = Ⓟ ⊢75⊦
Wagon tombereau

	Ellis & Sons	12114
	Frost	12111

Erzwagen
Mineral wagon   II = Ⓟ ⊢75⊦
Wagon à minerai

	LMS	12201
	GWR	12204

Schiebetür-Kastenwagen	II = ℗ ⊦84⊦	
Single vent box van	LNER	12302
Wagon couvert à portes à coulisses	SR	12303
	GWR	12304

Bremswagen der LMS
Brake van of the LMS
Wagon-frein de la LMS

II = ℗ ⊦84⊦   13101

Kühlwagen der LMS
Refrigerator wagon of the LMS
Wagon réfrigérant de la LMS

II = ℗ ⊦84⊦   12301

Privat-Güterwagen „John West"
Private owner wagon "John West"
Wagon de particuliers «John West»

II = ℗ ⊦84⊦   12413

Doppeltür-Kastenwagen der LMS
Twin vent box van of the LMS
Wagon couvert à contre-portes de
la LMS

II = ℗ ⊦84⊦   12401

Schiebetür-Kastenwagen	II = ℗ ⊦84⊦	
Single vent box van	Worthington	12312
Wagon couvert à portes à coulisses	Bass	12311

Schiebetür-Kastenwagen	II = ℗ ⊦84⊦	
Single vent box van	Knorr	12313
Wagon couvert à portes à coulisses	Terry's	12314

Schiebetür-Kastenwagen	II = ℗ ⊦84⊦	
Single vent box van	Zoflora	12315
Wagon couvert à portes à coulisses	Fyffes	12316

Doppeltür-Kastenwagen	II = ℗ ⊦84⊦	
Twin vent box van	GWR	12404
Wagon couvert à contre-portes	SR	12403

Doppeltür-Kastenwagen	II = ℗ ⊦84⊦	
Twin vent box van	Gibbs SR	12412
Wagon couvert à contre-portes	Anglo Sportsman	12411

Bremswagen	II = ℗ ⊦84⊦	
Brake van	SR	13103
Wagon-frein	LNER	13102

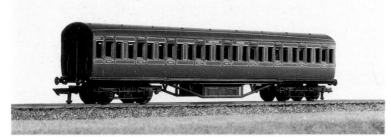

Nahverkehrs-Abteilwagen	II = 🅿 ⊠ AC ⊣235⊢	
Suburban compartment coach	SR	10603
Voiture de banlieue à compartiments	LMS	10601

Nahverkehrs-Abteilwagen mit Dienst- und Gepäckraum	II = 🅿 ⊠ C ⊣235⊢	
Suburban compartment coach with guard's and luggage space	SR	10613
Voiture de banlieue à compartiments de service et de bagages	LMS	10611

Nahverkehrs-Abteilwagen	II = 🅿 ⊠ AC ⊣235⊢	
Suburban compartment coach	BR	10605
Voiture de banlieue à compartiments	GWR	10604

Nahverkehrs-Abteilwagen mit Dienst- und Gepäckraum	II = 🅿 ⊠ AC ⊣235⊢	
Suburban compartment coach with guard's and luggage space	BR	10615
Voiture de banlieue à compartiments de service et de bagages	GWR	10614
	LNER	10612

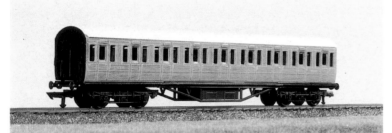

Nahverkehrs-Abteilwagen	II = 🅿 ⊠ AC ⊣235⊢	
Suburban compartment coach	LNER	10602
Voiture de banlieue à compartiments		

Schnellzugwagen mit Seitengang und Dienstabteil	II = 🅿 ⊠ AC ⊣235⊢	
Mainline corridor coach with guard's compartment	LNER	10632
Voiture grandes lignes à couloir latéral et à compartiment de service		

Schnellzugwagen mit Seitengang	II = 🅿 ⊠ AC ⊣235⊢	
Mainline corridor coach	LMS	10621
Voiture grandes lignes à couloir latéral	LNER	10622

Schnellzugwagen mit Seitengang und Dienstabteil	II = 🅿 ⊠ C ⊣235⊢	
Mainline corridor coach with guard's compartment	LMS	10631
Voiture grandes lignes à couloir latéral et à compartiment de service		

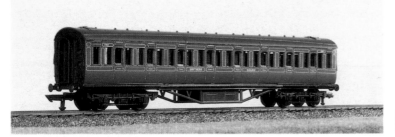

Schnellzugwagen mit Seitengang	II = 🅿 ⊠ AC ⊣235⊢	
Mainline corridor coach	SR	10623
Voiture grandes lignes à couloir latéral	GWR	10624

Schnellzugwagen mit Seitengang und Dienstabteil	II = 🅿 ⊠ C ⊣235⊢	
Mainline corridor coach with guard's compartment	SR	10633
Voiture grandes lignes à couloir latéral et à compartiment de service	GWR	10634

Elektro- und Diesellokomotiven
Electric and Diesel locomotives
Locomotives électriques et Diesel

Schwere Diesellokomotive V 188 der DB
Heavy Diesel locomotive V 188 of the DB
Locomotive Diesel lourde V 188 de la DB

II = Z ✦3✦ ⊢260⊢ **K**   0188

Diese einzige dieselelektrische Lokomotive
der DB wurde 1941 gebaut.

This only Diesel electric locomotive
of the DB was built in 1941.

Cette seule locomotive Diesel électrique
de la DB était construite en 1941.

Die Firma Günther wurde 1970 gegründet
und beschäftigt 10 Mitarbeiter. Sie stellen
Lokomotiven-Bausätze in der Baugröße
HO her, Umrüstsätze für Serienmodelle
und Zurüstteile. Außerdem werden technische Hilfsmittel, Spezialkleber und
Sprühlacke in Original-Bahnfarben geliefert.

Die präzise nach deutschen Vorbildern
gebauten Lokomotiven entsprechen dem
NEM-Gleichstrom-System. Es können
Originalkupplungen oder eine zu NEM-
Klasse A- und Fleischmann-Kupplungen
passende Spezialkupplung montiert
werden. Paßgenaue Teile und gute Anleitungen machen die Montage auch für den
Anfänger relativ leicht.

Belieferung erfolgt über den Fachhandel.

La firme Günther a été fondée en 1970 et
emploie 10 personnes. Ils fabriquent des
kits locomotives en échelle HO, des
ensembles d'échange pour plusieurs
modéles de grandes séries et des parts de
préparation. De plus, il y a des ressources
techniques, des colles spéciales et des
vernis de spray en couleurs originales de
chemin de fer.

Les locomotives sont construites
précisément selon les prototypes allemands et correspondent aux normes NEM
à courant continu. Outre les attelages
originaux, un attelage spécial peut être
monté convenable aux organes NEM
classe A et Fleischmann. L'assemblage
n'est pas très difficile à cause des éléments
exacts et des bonnes instructions, aussi
pour les commençants.

La vente se fait chez les commerçants
spécialisés.

Kleinlokomotive Kb der ehem. DR
Small shunter Kb of the former DR
Locotracteur Kb de l'anc. DR
II = Z ✦2✦ ⊢70⊢ **K**   203

Kleinlokomotive Kö I der DR
Small shunter Kö I of the DR
Locotracteur Kö I de la DR
II = Z ✦2✦ ⊢70⊢ **K**   202

✉
Horst Günther Modellbau
Metzstraße 40
D-7410 Reutlingen 1

Kleinlokomotive Köf II der DB
Small shunter Köf II of the DB
Locotracteur Köf II de la DB
II = Z ✦2✦ ⊢75⊢ **K**   200

Kleinlokomotive Köf II der DR
Small shunter Köf II of the DR
Locotracteur Köf II de la DR
II = Z ✦2✦ ⊢75⊢ **K**   200

The firm Günther was founded in 1970 and
employs 10 people. They manufacture
locomotive kits in HO scale, alteration sets
for series models, and detailation parts.
Moreover, they supply technical aids,
special cement, and spray paints in original
railway colours.

The locomotives built presisely according
to German prototypes and correspond to
the NEM DC standards. Original couplings
can be fitted or a special coupler operating
with NEM class A and Fleischmann
systems. Exactly shaped parts and good
instructions make the assembly not too
difficult, even for beginners.

Items are available from specialized
dealers.

Akku-Kleinlokomotive 322 der DB
Accumulator shunter 322 of the DB
Locotracteur à accumulateurs 322 de la DB
II = Z ✦2✦ ⊢75⊢ **K**   210

Turmtriebwagen VT 55 der DB
Tower railcar class VT 55 of the DB
Autorail à plate-forme mobile série VT 55
de la DB

II = Z ✦1✦ ⊢160⊢ **K**   55

Elektrische Personenzuglokomotive
E 32 der DB (Bj. 1925)
Electric passenger train locomotive
E 32 of the DB (built in 1925)
Locomotive électrique à voyageurs
E 32 de la DB (constr. 1925)

II = Z ✦3✦ ⊢148⊢ **K**   132

Elektrische Personenzuglokomotive
E 52 der ehem. DR (1926)
Electric passenger train locomotive E 52
of the former DR (1926)
Locomotive électrique à voyageurs E 52
de l'ancienne DR (1926)

II = Z ✦2✦ ⊢260⊢ **K**   152

Elektrolokomotive, Triebwagen, Umbausätze
Electric locomotive, railcars, alteration sets
Locomotive électrique, autorails, modifications

GÜNTHER

Turmtriebwagen VT 55 der DB für Oberleitungsreparaturen in gelber Ausführung

Tower railcar VT 55 of the DB for overhead maintenance in yellow livery

Autorail à plateforme mobile VT 55 de la DB d'entretien de la ligne aérienne en coloris jaune

II = Z +1+ +160+ K   55

Elektrische Mehrzwecklokomotive BR E 73 der ehem. DR
Electric multi-purpose locomotive class E 73 of the former DR
Locomotive électrique mixte série E 73 de l'ex DR

II = Z +2+ +128+ K   73

Diesel-Triebwagen BR VT 70 der ehem. DR
Diesel railcar class VT 70 of the former DR
Autorail Diesel série VT 70 de l'ex DR

II = Z +1+ +145+ K   670

Speichertriebwagen BR ETA 18 der ehem. DR
Accumulator railcar class ETA 18 of the former DR
Autorail à accumulateurs série ETA 18 de l'ex DR

II = Z +2+ +305+ K   418

Elektrotriebwagen BR ET 89 „Rübezahl" der ehem. DR
Electric railcar class ET 89 "Rubensal" of the former DR
Autorail électrique série ET 89 «Rubensal» de l'ex DR

II = Z +2+ +254+ K   489

Dampflokomotive Reihe 58 der ehem. DR mit Kohlenstaubtender (Umbausatz für Roco Nr. 4112)
Steam locomotive class 58 of the former DR with coal-dust tender (Alteration set for Roco No. 4112)

Locomotive à vapeur série 58 de l'ex DR avec tender à poussier (Garniture de modification pour Roco No. 4112)

II = Z K   58

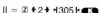

Dampflokomotive Reihe 01 der DB in alter Ausführung (Umbausatz für Fleischmann Nr. 4170)
Steam locomotive class 01 of the DB, old version (Alteration set for Fleischmann No. 4170)

Locomotive à vapeur série 01 de la DB, version ancienne (Garniture de modification pour Fleischmann No. 4170)

II = Z K   10

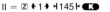

Elektrolokomotiven
Electric locomotives
Locomotives électriques

Die Firma HAG produziert Triebfahrzeuge und Wagen in der Baugröße HO nach Schweizer Vorbildern, darüberhinaus einen Wechselstromfahrtransformator (45 A), einen Einheitsmotor und Innenbeleuchtungsgarnituren für Personenwagen.
Das Unternehmen wurde 1944 gegründet und beschäftigt 40 Mitarbeiter.
Die Modelle sind gut detailliert und sehr robust gebaut. Die Triebfahrzeuge gibt es für Wechselstrombetrieb (System Märklin) und Gleichstrombetrieb. Die Modellbahnwagen hingegen werden ausschließlich für das Wechselstrom-Punktkontakt-Gleissystem (Märklin) hergestellt, können jedoch durch Austausch der Radsätze leicht auf das NEM-Zweileitersystem umgerüstet werden. Die Kupplungen entsprechen der NEM-Klasse B.

The Firm HAG produces tractive units and cars of HO scale, reproducing the Swiss prototypes. Moreover an AC transformer (45 A), a standard motor and interior-lighting-sets for passenger cars.

The enterprise was founded in 1944 and employs 40 persons.
The models are robust and well detailed. The tractive units work either on AC (Märklin system) or DC. On the other hand, the model cars are conceived for the Märklin track system. Nevertheless the cars can be adapted to the NEM two-conductors system easily by changing the wheel sets. The couplers are in accordance with the NEM class B.

La firme HAG construit des engins de traction et des wagons de grandeur HO, reproduisant les modèles originaux suisses. Le programme comprend en outre un transformateur de conduite à courant alternatif (45 VA), un moteur unifié et des garnitures d'éclairage intérieur pour les voitures voyageurs.
La firme a été fondée en 1944 et occupe 40 personnes.
Les modèls sont robustes et bién détaillés. Les engins de traction fonctionnent sur courant alternatif (système Märklin) ou sur courant continu. Par contre les voitures miniatures fonctionnent seulement sur

courant alternatif à plots de contact d'après le système Märklin. Néanmoins ces voitures peuvent s'adapter au système à deux conducteurs NEM après échange des jeux de roues. Les attelages sont conformes à la classe B du NEM.

✉
HAG Modelleisenbahnen
Parketteriestraße 15
CH-9016 St. Gallen

Paul Wagner Inc.
211 Lincolnway West
USA New Oxford PA 17350

M. Webb
Wollongong
AUS Sydney

Kyoritsu Kensetsu Kogyo Co., Ltd.
420 Miyauchi Nakahara-ku
Kawasaki-si 211 Japan

Bodensee-Toggenburg-Zug
Bodensee-Toggenburg Train
Train Bodensee-Toggenburg

Der HAG Lokomotivenmotor, lieferbar für Gleichstrom und Wechselstrom
The HAG locomotive motor, available for AC and DC
Le moteur des locomotives HAG, livrable pour courant alternatif et continu

Rangierlokomotive Te 101 der SBB/CFF
Switching locomotive Te 101 of the SBB/CFF
Motrice de manœuvres Te 101 des SBB/CFF

II = Ⓩ ⚡ ‡2‡ ⊢85⊣		131

Mehrzwecklokomotive Ae 4/7 der SBB/CFF
Multi-purpose locomotive Ae 4/7 of the SBB/CFF
Motrice tous services Ae 4/7 des SBB/CFF

II ≈ Ⓩ ⚡ ‡2‡ ⊢185⊣		140
II = Ⓩ ⚡ ‡2‡ ⊢185⊣		141

Schnellzuglokomotive Re 4/4' der SBB/CFF
Express locomotive Re 4/4' of the SBB/CFF
Motrice de grande vitesse Re 4/4' des SBB/CFF

II ≈ Ⓩ ⚡ ‡2‡ ⊢170⊣		220
II = Ⓩ ⚡ ‡2‡ ⊢170⊣		221

TEE-Lokomotive Re 4/4' der SBB/CFF
TEE locomotive Re 4/4' of the SBB/CFF
Locomotive électrique Re 4/4' TEE des SBB/CFF

II ≈ Ⓩ ⚡ ‡2‡ ⊢170⊣		230
II = Ⓩ ⚡ ‡2‡ ⊢170⊣		231

Mehrzwecklokomotive Re 4/4" der SBB/CFF
Multi-purpose locomotive Re 4/4" of the SBB/CFF
Motrice tous services Re 4/4" des SBB/CFF

II ≈ Ⓩ ⚡ ‡2‡ ⊢170⊣		160
II = Ⓩ ⚡ ‡2‡ Ⓜ ⊢170⊣		161

Schnellzuglokomotive des Swiss-Express (Re 4/4")
Express locomotive of the Swiss-Express (Re 4/4")
Motrice de vitesse du Swiss-Express (Re 4/4")

II ≈ Ⓩ ⚡ ‡2‡ ⊢170⊣		210
II = Ⓩ ⚡ ‡2‡ ⊢170⊣		211

Elektrolokomotiven und Reisezugwagen
Electric locomotives and passenger coaches
Locomotives électriques et voitures voyageurs

| Mehrzwecklokomotive Re 4/4 der BLS Multi-purpose locomotive Re 4/4 of the BLS Motrice tous services Re 4/4 de la BLS | I ≈ Z ⚡✦2✦ ⊦175⊦ II = Z ⚡✦2✦ ⊦175⊦ | 180 181 |

| Schwere Mehrzwecklokomotive Re 6/6 der SBB/CFF Heavy multi-purpose locomotive Re 6/6 of the SBB/CFF Motrice lourde tous services Re 6/6 des SBB/CFF | I ≈ Z ⚡✦2✦ ⊦225⊦ II = Z ⚡✦2✦ ⊦225⊦ | 200 201 |

| Schnelltriebwagen der SBB/CFF High speed railcar of the SBB/CFF Autorail rapide électrique des SBB/CFF | I ≈ Z ⊠ ⚡✦2✦ ⊦240⊦ II = Z ⊠ ⚡✦2✦ ⊦240⊦ | 150 151 |

| Triebwagen „Bodensee-Toggenburg" Railcar "Bodensee-Toggenburg" Autorail électrique «Bodensee-Toggenburg» | I ≈ Z ⊠ ⚡✦2✦ ⊦240⊦ II = Z ⊠ ⚡✦2✦ ⊦240⊦ | 190 191 |

| Personenwagen der SBB/CFF Passenger coach of the SBB/CFF Voiture voyageurs des SBB/CFF | I ≈ P ⊠ (⚡) B ⊦240⊦ | 400 |

| BT-Personenwagen BT passenger coach Voiture voyageurs BT | I ≈ P ⊠ (⚡) B ⊦240⊦ I ≈ P ⊠ (⚡)AB ⊦240⊦ | 425 430 |

| Personenwagen der SBB/CFF Passenger coach of the SBB/CFF Voiture voyageurs des SBB/CFF | I ≈ P ⊠ (⚡) A ⊦240⊦ | 415 |

| BT-Speisewagen BT dining-car Voiture restaurant BT | I ≈ P ⊠ (⚡) ⊦240⊦ | 407 |

| Steuerwagen der SBB/CFF mit Spitzen- bzw. Schlußlicht Control trailer of the SBB/CFF with front or tail lights Voiture-pilote des SBB/CFF avec feux d'avant ou arrières | I ≈ P ⊠ ⚡AB ⊦240⊦ II = P ⊠ ⚡AB ⊦240⊦ | 420 421 |

| BT-Steuerwagen mit Spitzen- bzw. Schlußlicht BT control trailer with front or tail lights Voiture-pilote BT avec feux d'avant ou arrières | I ≈ P ⊠ ⚡AB ⊦240⊦ II = P ⊠ ⚡AB ⊦240⊦ | 435 436 |

Reisezugwagen und Güterwagen
Passenger coaches and goods wagons
Voitures voyageurs et wagons marchandises

Durch die maßstäbliche Verkürzung der HAG-Modellbahnwagen können sie auch auf engen Radien eingesetzt werden.

Because of their scaled-down length. HAG coaches are eminently suitable for use on layouts with tight curves.

Grâce à exécution plus courte mais toujours à l'échelle, les voitures HAG peuvent s'utiliser facilement sur les réseaux à rayons serrés.

Speisewagen der SBB/CFF
Dining coach of the SBB/CFF
Voiture-restaurant des SBB/CFF
$H \approx P \boxtimes (\text{☼}) \vdash 240 \vdash$ 405

BT-Personenwagen, grüne Ausführung
BT passenger coach, green
Voiture voyageurs BT, verte
$H \approx P \boxtimes (\text{☼}) B \vdash 240 \vdash$ 445

Personenwagen der BLS
Passenger coach of the BLS
Voiture voyageurs de la BLS
$H \approx P \boxtimes (\text{☼}) B \vdash 240 \vdash$ 440

Niederbord-Rungenwagen der SBB/CFF
Low sided car with stanchions
of the SBB/CFF
Wagon à ranchers des SBB/CFF
$H \approx Z \vdash 115 \vdash$ 350

Personenwagen der BLS
Passenger coach of the BLS
Voiture voyageurs de la BLS
$H \approx P \boxtimes (\text{☼}) A \vdash 240 \vdash$ 450

Niederbord-Rungenwagen der SBB/CFF
Low sided car with stanchions
of the SBB/CFF
Wagon à ranchers des SBB/CFF
$H \approx Z \vdash 105 \vdash$ 360

Niederbordwagen mit Bremserhaus
der SBB/CFF
Low sided car with brakeman's cab,
SBB/CFF
Wagon à bords bas avec vigie, SBB/CFF
$H \approx Z \vdash 115 \vdash$ 340

Personenwagen der BLS
Passenger coach of the BLS
Voiture voyageurs de la BLS
$H \approx P \boxtimes (\text{☼}) B \vdash 240 \vdash$ 455

Hochbordwagen mit Bremserhaus,
SBB/CFF
Open wagon with brakeman's cab,
SBB/CFF
Wagon tombereau avec vigie, SBB/CFF
$H \approx Z \vdash 115 \vdash$ 320

Hochbordwagen mit Plattform
der SBB/CFF
Open wagon with platform
of the SBB/CFF
Wagon tombereau avec plateforme, SBB
$H \approx Z \vdash 115 \vdash$ 325

Personenwagen der BLS
Passenger coach of the BLS
Voiture voyageurs de la BLS
$H \approx P \boxtimes (\text{☼}) A \vdash 240 \vdash$ 460

Güterwagen mit Bremserhaus, SBB/CFF
Covered wagon with brakeman's cab,
SBB/CFF
Wagon couvert avec vigie des SBB/CFF
$H \approx Z \vdash 115 \vdash$ 330

Gedeckter Güterwagen der SBB/CFF
Covered wagon of the SBB/CFF
Wagon couvert des SBB/CFF
$H \approx Z \vdash 105 \vdash$ 310

Hallmark Models Inc. has been engaged in developping and importing high-class HO scale model railway vehicles since 1966. The plans are worked out with American railway companies cooperating and are realized from refined brass in Japan. Some special castings are custom-made in the USA. The models are manufactured in limited runs (500 to 1000 pieces), so they are available only for a certain time. Many new prototypes are in construction.

The models come out unpainted in natural brass finish and have even the smallest details attached in exact scale. The wheels follow NMRA RP-25 contour, running and traction are very smooth. Coupler pockets (RP-22) are provided.

More Hallmark items are some brass detailation parts and lighting sets. Delivery is possible by the specialized trade or directly.

Depuis 1966 la firme Hallmark Models Inc. s'occupe du développement et de l'importation de modèles de véhicules en échelle HO. Les constructions sont projetées en coopération avec des sociétés ferroviaires américaines et réalisées en laiton fin au Japon. Quelques-unes des pièces détachées spéciales sont fabriques sur mésure aux Etat Unis. Les modèles sont produits en séries limitées (500 à 1000 exemplaires) et, par conséquence, livrables pendant une période limitée seulement. Beaucoup de nouveaux prototypes sont actuellement en train du développement.

Les modèles livrés sans peinture sont pourvus du plus petit détail fidèle à l'échelle. Les roues correspondent aux normes NMRA RP-25, roulement et entraînement présentent une bonne harmonie. Supports d'attelages (RP-22) sont emballés.

Pièces détachées en zamac et aménagements d'éclairage sont d'autres produits Hallmark. La livraison se fait par les commerçants spécialisés ou directement.

Dampflokomotive ALCO/Bilger
Consolidation Reihe 2507 der Santa Fe
Steam locomotive ALCO/Bilger
Consolidation class 2507 of the Santa Fe
Locomotive à vapeur ALCO/Bilger
Consolidation série 2507 de la Santa Fe

II = Ⓜ ♦4♦ ⊣260⊢

Hallmark Models Inc. befaßt sich seit 1966 mit der Entwicklung und dem Import hochwertiger Modellbahnfahrzeuge in Baugröße HO. Die Konstruktionen werden in Zusammenarbeit mit amerikanischen Bahngesellschaften erstellt und in Japan aus Feinmessing exakt realisiert. Einige Spezialteile werden in den USA maßgefertigt. Die Modelle werden in limitierten Serien hergestellt (500 bis 1000 Stück) und sind daher nur begrenzte Zeit lieferbar. Viele neue Prototypen sind in Entwicklung.

An den Modellen, die unlackiert geliefert werden, sind auch die kleinsten Details maßstabgenau angebracht. Die Räder entsprechen NMRA RP-25, Lauf und Antrieb sind gut abgestimmt. Kupplungshalterungen (RP-22) sind beigefügt.

Weitere Hallmark-Erzeugnisse sind Messingguß-Zurüstteile und Beleuchtungseinrichtungen. Die Lieferung ist über den Fachhandel und direkt möglich.

Dampflokomotive Sixcoupled der Santa Fe
Steam locomotive Sixcoupled
of the Santa Fe
Locomotive à vapeur Sixcoupled
de la Santa Fe

II = Ⓜ ♦3♦ ⊣200⊢

✉
Hallmark Models, Inc.
4822 Bryan Street
USA Dallas, Texas 75204

Dampflokomotive Consolidation
der Colorado Midland
Steam locomotive Consolidation
of the Colorado Midland
Locomotive à vapeur Consolidation
de la Colorado Midland

II = Ⓜ ♦4♦ ⊣200⊢

Dampflokomotive Consolidation
Reihe 900 der Illinois Central
Steam locomotive Consolidation
class 900 of the Illinois Central
Locomotive à vapeur Consolidation
série 900 de la Illinois Central

II = Ⓜ ♦4♦ ⊣235⊢

Dampflokomotive Consolidation
Reihe 1306 der St. Louis - San Francisco
Steam locomotive Consolidation
class 1306 of the St. Louis - San Francisco
Locomotive à vapeur Consolidation
série 1306 de la St. Louis - San Francisco

II = Ⓜ ♦4♦ ⊣240⊢

Dampflokomotive Typ Santa Fe
der Santa Fe
Steam locomotive type Santa Fe
of the Santa Fe
Locomotive à vapeur type Santa Fe
de la Santa Fe

II = Ⓜ ♦5♦ ⊣265⊢

Dampf- und Diesellokomotiven
Steam and Diesel locomotives
Locomotives à vapeur et Diesel

HALLMARK

Dampflokomotive Mikado Reihe L-2-d
der Missouri-Kansas-Texas
Steam locomotive Mikado class L-2-d
of the Missouri-Kansas-Texas
Locomotive à vapeur Mikado série L-2-d
de la Missouri-Kansas-Texas
II = Ⓜ ✦4✦ ⊣290⊢

Dampflokomotive Mikado Reihe 1400
der Missouri Pacific
Steam locomotive Mikado class 1400
of the Missouri Pacific
Locomotive à vapeur Mikado série 1400
de la Missouri Pacific
II = Ⓜ ✦4✦ ⊣280⊢

Dampflokomotive Mikado Reihe 4200
der St. Louis - San Francisco
Steam locomotive Mikado class 4200
of the St. Louis - San Francisco
Locomotive à vapeur Mikado
série 4200 de la St. Louis-San Francisco
II = Ⓜ ✦4✦ ⊣290⊢

Dampflokomotive Mountain Reihe 2500
der Illinois Central
Steam locomotive Mountain class 2500
of the Illinois Central
Locomotive à vapeur Mountain série 2500
de la Illinois Central
II = Ⓜ ✦4✦ ⊣340⊢

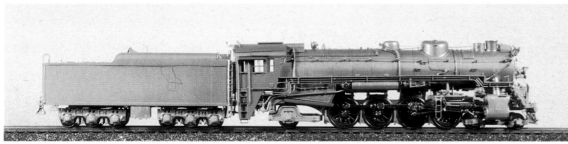

Dampflokomotive Mountain Reihe 2800
der Wabash
Steam locomotive Mountain class 2800
of the Wabash
Locomotive à vapeur Mountain série 2800
de la Wabash
II = Ⓜ ✦4✦ ⊣330⊢

Dampflokomotive Northern Reihe O-I 2900
der Wabash
Steam locomotive Northern class O-I 2900
of the Wabash
Locomotive à vapeur Northern
série O-I 2900 de la Wabash
II = Ⓜ ✦4✦ ⊣345⊢

Diesellokomotive GM EMD FT Typ A
Diesel locomotive GM EMD FT type A
Locomotive Diesel GM EMD FT type A
II = Ⓜ ✦4✦ ⊣185⊢

Ergänzungseinheit GM EMD FT Typ B
Supplementary unit GM EMD FT type B
Elément supplémentaire GM EMD FT type B
II = Ⓜ ⊣180⊢

Diesellokomotiven, Triebwagen, Wagen
Diesel locomotives, railcar, rolling stock
Locomotives Diesel, autorail, matériel roulant

HALLMARK

Diesellokomotive General Motors
EMD GP-18 mit niedriger Front
Diesel locomotive General Motors
EMD GP-18 with low hood
Locomotive Diesel General Motors
EMD GP-18 à capot bas
II = Ⓜ ♦2♦ ⊦190⊦
GP-18 mit hoher Front
GP-18 with high hood
GP-18 à capot haut
II = Ⓜ ♦2♦ ⊦190⊦

Diesellokomotive General Motors
EMD GP-38 mit niedriger Front
Diesel locomotive General Motors
EMD GP-38 with low hood
Locomotive Diesel General Motors
EMD GP-38 à capot bas
II = Ⓜ ♦2♦ ⊦200⊦

Diesellokomotive General Motors
EMD F-45
Diesel locomotive General Motors
EMD F-45
Locomotive Diesel General Motors
EMD F-45
II = Ⓜ ♦3♦ ⊦240⊦

Diesellokomotive General Electric U-30-CG
Diesel locomotive General Electric U-30-CG
Locomotive Diesel General Electric
U-30-CG
II = Ⓜ ♦3♦ ⊦230⊦

Gas-elektrischer Gepäcktriebwagen
Reihe M-160 der Santa Fe
Gas-electric motor baggage car
class M-160 of the Santa Fe
Fourgon automoteur gaz-électrique
série M-160 de la Santa Fe
II = Ⓜ ♦2♦ ⊦290⊦

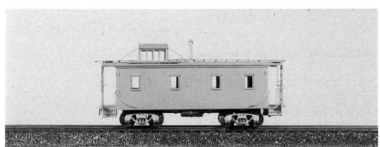

Einheits-Güterzugbegleitwagen
der Missouri-Kansas-Texas
Standard caboose
of the Missouri-Kansas-Texas
Fourgon de queue unifié
de la Missouri-Kansas-Texas
II = Ⓜ ⊦125⊦

Hallmark bietet etwa 20 Versionen von
Begleit- und Dienstwagen an. Außerdem
gibt es eine Reihe von Spezialfahrzeugen:
Kran, Schneepflug, Gleisbauwagen,
Schwertransporter u.a.

Hallmark offers about 20 versions of
cabooses and service cars. Moreover, there
is a series of special vehicles: crane, snow
flanger, track construction cars, heavy-
duty carriers etc.

Hallmark offre 20 versions environ de
fourgons de service. De plus, il y a une série
de véhicules spéciaux: grue, chasse-neige,
wagons de construction de la voie, wagons
pour transports lourds etc.

Salonwagen mit Aussichtsplattform (1929)
der Missouri-Kansas-Texas
Business car with platform (1929)
of the Missouri-Kansas-Texas
Voiture-salon à terrasse (1929)
de la Missouri-Kansas-Texas
II = Ⓜ ⊦295⊦
Weitere MKT-Personenwagen in
Vorbereitung
More MKT passenger cars being prepared
D'autres voitures MKT sont en étude.

112

Die Firma Heljan stellt Gebäudebausätze aus Kunststoff in den Baugrößen
HO und N her. Das HO-Programm
bietet Bahnhöfe, Bahnsteige, Stellwerke,
Lokschuppen, eine motorisierbare Drehscheibe (360 mm ⌀), Güterschuppen
und Verladeanlagen, Fabrik- und Lager-
gebäude und Wohnhäuser für Stadt
und Land. Die Modelle sind teils in
historischem Stil, teils modern gehalten,
etwa je zur Hälfte nach europäischen
und amerikanischen Vorbildern.
Der Zusammenbau der Bausätze ist
einfach, da die Teile genau passen und
die meisten Details eingearbeitet sind.
Zur weiteren Ausgestaltung stehen sor-
tierte Einzelteile wie Ladegut, Bänke,
Geländer, Telefonhäuschen, Masten und
Bogenlampen (nicht beleuchtet) zur Verfügung. Heljan liefert über den Fachhandel.

The firm of Heljan manufactures building
models as plastic kits in HO and
N scale. The HO programme offers
stations, platforms, signal boxes, engine
sheds, a manually operated turntable
(360 mm ⌀), freight yards and loading
installations, industrial plants, warehouses, and urban and rural dwelling-
houses. The models are designed partly
in old style, partly modern, according
both to European and to American
prototypes. The assembly of the kits
is easy, because the parts fit exactly
and have most details moulded in. For
further shaping, there are assorted items
as cargo, benches, fences, poles, tele-
phone boxes, and yard lamps (not lighted).
Heljan delivers through the specialized
trade.

La firme Heljan produit des maquettes
de bâtiments à monter en matière
plastique d'échelles HO et N.
Le programme HO offre des gares,
quais, postes d'aiguillage, remises à
machines, un pont tournant susceptible
d'être motorisé (360 mm ⌀), une halle à
marchandises et des installations de
chargement, usines et dépôts ainsi que
des immeubles pour la ville et la
campagne. Les modèles sont en partie
du style historique, en partie modernes,
à moitié environ d'après des prototypes
européens et à moitié d'après des
prototypes américains. L'assemblage
des maquettes est facile à réaliser
étant donné le bon façonnage des
différents éléments qui sont pour la
plupart pourvus de presque tous les
détails. Afin de compléter les installations, le programme offre de pièces
détachées variées comme, par exemple,
des marchandises, bancs, garde-corps,
cabine de téléphone, mâts et lampadaires (non éclairés). Heljan livre par
l'intermédiaire du commerce spécialisé.

✉

Heljan, Egestubben 24
DK-5270 Næsby

JMC International - Heljan
1025 Industrial Drive
USA Bensenville, Ill. 60106

Behelfsbrücke für eingleisigen Verkehr
in Holzgerüst-Bauweise
Auxiliary bridge for single-track traffic
as timber trestle construction
Pont auxiliaire pour circulation à voie
unique en construction de charpente

Ⓟ 650 x 300 x 110 mm Ⓚ   B-174

Sirupkocherei mit Laderampe
Molasses mine with loading platform
Installation de bouilloire à mélasse
avec quai de chargement

Ⓟ 260 x 100 x 180 mm Ⓚ   B-370

Lagerbetrieb mit Ladehof und Rampe
für einen Gleisanschluß
Warehouse plant with loading yard and
ramp for a track junction
Dépendances de magasin avec ferme

de chargement et quai pour une jonction
de voie

Ⓟ 380 x 275 x 95 mm Ⓚ   B-910

Schienenreinigungswagen, Zubehör
Track cleaning cars, accessories
Wagons pour le nettoyage de la voie, accessoires

Schienenreinigungswagen mit Tank
und rotierender Scheibe
Track cleaning car with tank and rotating
pad disk
Wagon pour le nettoyage de la voie avec
réservoir et disque tournant

Jägermeister		
II = ℗ ⊩137⊩		1301
⊟ ≈ ℗ ⊩137⊩		1351

Schienenreinigungswagen mit Tank
und rotierender Scheibe
Track cleaning car with tank and rotating
pad disk
Wagon pour le nettoyage de la voie avec
réservoir et disque tournant

Paulaner		
II = ℗ ⊩137⊩		1302
⊟ ≈ ℗ ⊩137⊩		1352

Herkat stellt interessantes Modellbahnzubehör für die Baugrößen HO und N her. An HO-Fahrzeugen gibt es eine Serie von Kühlwagen, die auch mit Schienenreinigungseinrichtung und Flüssigkeitstank, mit Schlußlicht oder Dampflokomotiven-Geräuschgenerator lieferbar sind. Eine Waschanlage für Reisezugwagen ist dem Original bei der DB funktional nachgebildet. Unter vielen Beleuchtungseinrichtungen (Glühlampen und Leuchtdioden) sind ca. 25 Bogenlampen und Laternen in Metallausführung.
Für Schaltungen in Anlagen aller Baugrößen stehen Widerstände, Gleichrichter, Relais und Schutzgas-Rohrkontakte zur Verfügung. Diese Kontakte werden zwischen den Schienen befestigt und über Dauermagnete an Fahrzeugen betätigt. Das Herkat-Gleisbildstellwerk ist zum Selbstbau vorgesehen. Die Streckenführung wird dabei nicht durch Zusammensetzen von aufwendigen Rasterelementen, sondern durch Haftsymbole auf einer geeigneten Grundplatte dargestellt. Die erforderlichen Schalter und Beleuchtungen werden durch Bohrungen gesteckt und mit Muttern gesichert.
Lieferung erfolgt über den Fachhandel.

Herkat manufactures interesting model railway accessories for HO and N scale. As HO gauge vehicles there is a series of refrigerator wagons, also available with track cleaning feature and liquid tank, with tail lights, or with steam locomotive sound generator. A carriage cleaning installation operates according to the original of the DB. Among a lot of lighting sets there are about 25 yard and street lamps with metal masts.

For circuits in layouts of all scales, resistors, rectifiers, relays, and Reed gas tube contacts are disposable. These contacts are fixed between the rails and operated by permanent magnets to be attached to vehicles. The Herkat diagram control panel is intended for individual construction. The track lines are represented not by assembling sophisticated square elements but by rubbing adhesive symbols onto a suitable base. The required keys and lightings are stuck through borings and secured by nuts.
Delivery is made by the one-line trade.

La firme Herkat produit des accessoires intéressants pour chemins de fer modèle réduit d'échelle HO et N. Comme véhicules à l'échelle HO le programme offre une série de wagons réfrigérants qui sont aussi livrables avec installation pour le nettoyage de la voie et un réservoir à liquides, avec feu arrière ou dispositif accoustique pour locomotive à vapeur. Une installation pour le nettoyage de voitures voyageurs est une reproduction exacte du prototype utilisé par la DB. Parmi de nombreuses installations d'éclairage (ampoules électriques et tubes luminescent) on trouve à peu près 25 lampadaires et lanternes en métal. Pour connexions dans les installations de tout écartement on met à disposition des résistances, redresseurs, relais et contacts de tubes à gaz. Ces contacts sont fixés entre les rails et sont actionnés par des aimants permanents des véhicules. Le poste de commande géographique à touches Herkat est prêt à monter. Le tracé de la ligne n'est pas représenter par assemblage d'éléments à divisions mais à l'aide de symboles adhésifs sur une plaque de fixation convenable. Les interrupteurs et éclairages nécessaires sont enfoncés dans des forages et fixés à l'aide d'écrous. La livraison se fait par les commerçants spécialisés.

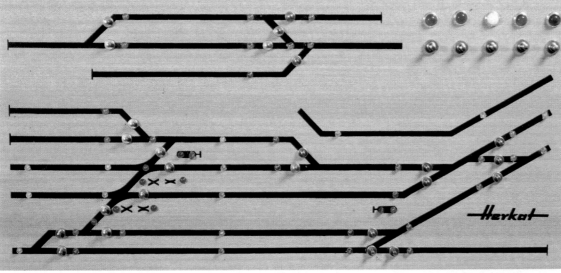

Als Grundplatte für das Gleisbildstellwerk ist eine Sperrholz-, Hartfaser- oder Kunststoffplatte (ca. 5 mm) oder bei sorgfältiger Verdrahtung eine Metallplatte mit Masseanschluß geeignet.

As a base for the diagram control panel, a fibre, plywood, or plastic board (ca. 5 mm) is suitable, with a careful wiring also a ground connected metal sheet can be used.

Une plaque en contreplaqué, fibre ou matière plastique (5 mm environ) peut servir de plaque de base pour le poste de commande géographique à touches; on peut aussi utiliser une plaque métallique, après câblage exact, avec mise à la masse.

✉
Herkat - K. Herbst
Gibitzenhofstraße 17
D-8500 Nürnberg

Gomark S. P. R. L.
Rue des Grands Carmes
B Bruxelles 1 (Bourse)

P. M. Hansen Ltd.
1179 Homer Street
CDN Vancouver, BC. V6B 2Y4

Roland Zumstein & Co.
Postfach
CH-8036 Zürich

S. Thomsen
Vesterbrogade 200
DK København V.

A. M. Richards
6, Richmond Way
Fetcham, Leatherhead,
GB Surrey, KT22 9NZ

Vedeka N. V. - A. A. van der Kolk
Herengracht 125
NL Amsterdam C

Waschanlage für Reisezugwagen
Typ Kullen der DB mit 6 federnden
rotierenden Bürsten
Cleaning installation for carriages
type Kullen of the DB with 6 spring loaded
rotating brushes

Installation pour le nettoyage de voitures
type Kullen de la DB avec 6 brosses
tournantes à ressort

mit Motor/with motor/avec moteur	
≈ ℗	1101
≈ ℗ Ⓚ	1102
ohne Motor/without motor/sans moteur	
℗ Ⓚ	1103

Amerikanische Stromlinien-Reisezugwagen
American streamlined passenger cars
Voitures voyageurs aérodynamiques américaines

HERKIMER

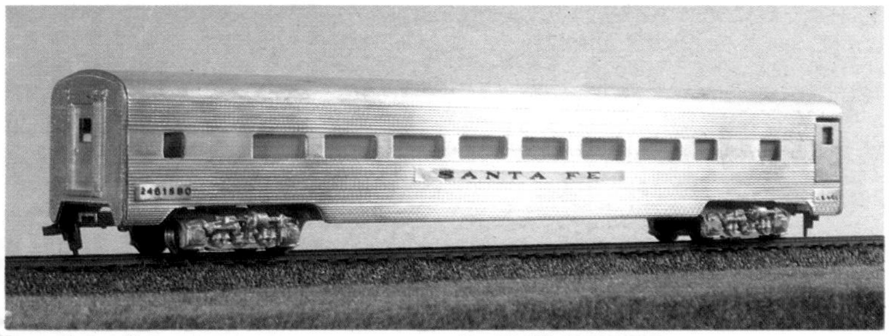

Stromlinien-Personenwagen
Streamlined passenger coach
Voiture voyageurs aérodynamique

II = A (☼) ⊣280⊢ K	21
II = A (☼) ⊣215⊢ K	31
II = A ☼ ⊣215⊢	131

Herkimer ist am Modellbahnmarkt mit einer Serie von HO-Stromlinien-Reisezugwagen vertreten, die amerikanischen Standardtypen nachgebildet sind. Die Wagen werden in Originiallänge (entspr. 80′) und in einer verkürzten Ausführung (entspr. 60′) angeboten. Die Gehäuse sind aus Aluminium mit Druckguß-Stirnwänden. Neben beleuchteten Fertigmodellen (60′) gibt es komplette Schnellbausätze, die Drehgestelle (NMRA) und Klauenkupplung (NMRA) enthalten. Die Beschriftung kann variiert werden. Gehäuse, Fahrgestelle, Kupplungen und Beleuchtungseinrichtungen sind auch separat lieferbar.
Vertrieb über den Fachhandel.

La firme Herkimer est représentée au marché de chemin de fer modèle réduit par une série de voitures voyageurs aérodynamiques d'échelle HO, construites d'après des types standards américains. Les voitures sont offertes en longueur originale (correspondant à 80′) et dans une version raccourcie (correspondant à 60′). Caisse en aluminium avec parois d'about en zamac. En plus de modèles complets (60′) avec éclairage il y a des kits de construction complets à montage rapide comprenant bogies (NMRA) et attelages à griffes (NMRA). L'inscription peut être variée. Caisses, chassis, attelages et aménagements d'éclairage sont aussi livrables séparément.
La vente se fait par le commerce spécialisé.

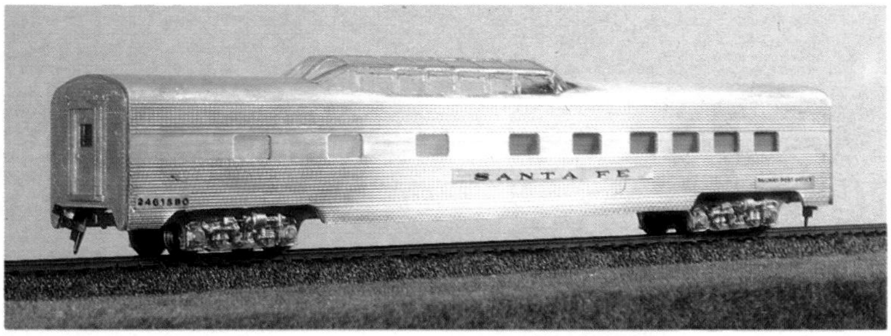

Stromlinien-Aussichtswagen
Streamlined vista dome car
Voiture aérodynamique panoramique

II = A (☼) ⊣280⊢ K	22
II = A (☼) ⊣215⊢ K	32
II = A ☼ ⊣215⊢	132

Herkimer is represented in the model railway market with a series of HO gauge streamlined passenger cars made according to American standard types. The cars are offered in full scale length (i.e. 80′) and in a shortened version (i.e. 60′). The bodies are of aluminium with die-cast end-walls. Besides lighted assembled models (60′) there are easy-to-build kits complete with NMRA trucks and horn-hook couplers. Lettering can be varied. Bodies, trucks, couplers, and lighting sets are also available separately.
Distrubution by the one-line trade.

✉
Herkimer Tool & Models Works, Inc.
P.O. Box 191
USA Herkimer, NY. 13350

Nicht abgebildet:
Not shown:
Non representé:

Stromlinien-Gepäckwagen
Streamlined baggage car
Fourgon à bagages aérodynamique

II = A (☼) ⊣280⊢ K	24
II = A (☼) ⊣215⊢ K	34
II = A ☼ ⊣215⊢	134

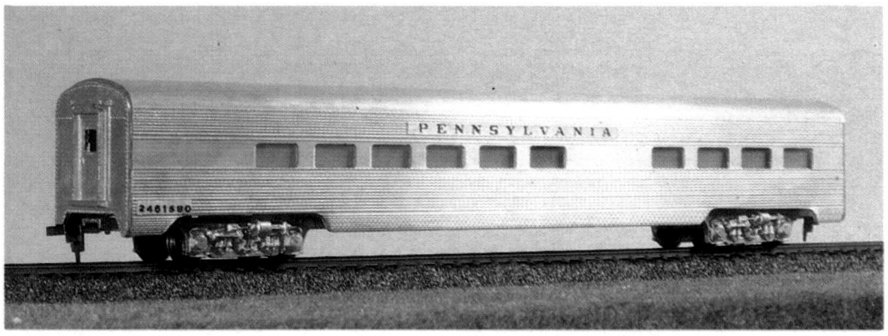

Stromlinien-Speisewagen
Streamlined dining-car
Voiture-restaurant aérodynamique

II = A (☼) ⊣280⊢ K	27
II = A (☼) ⊣215⊢ K	37
II = A (☼) ⊣215⊢	137

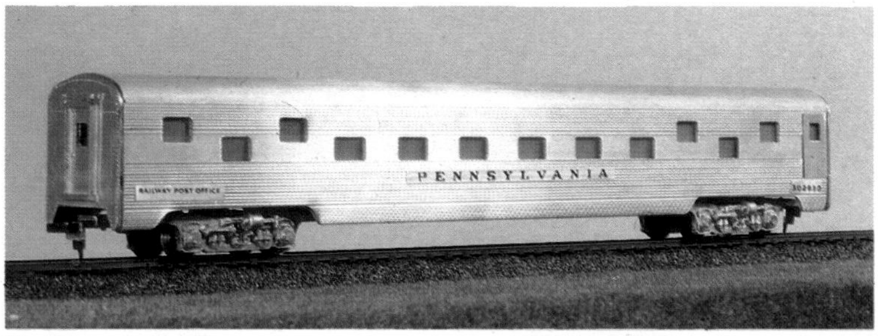

Stromlinien Schlafwagen
Streamlined sleeping car
Voiture-lits aérodynamique

II = A (☼) ⊣280⊢ K	26
II = A (☼) ⊣215⊢ K	36
II = A ☼ ⊣215⊢	136

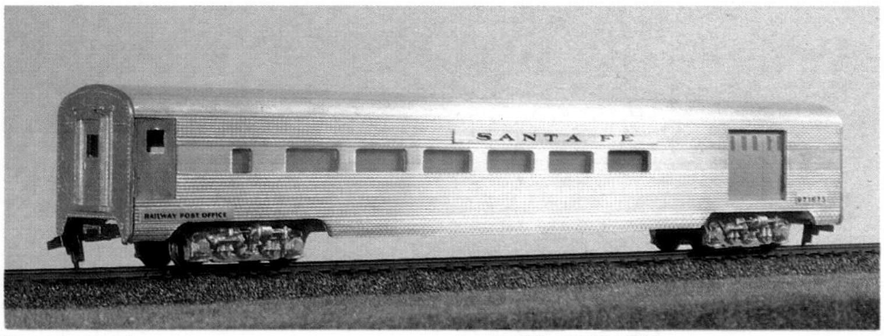

Stromlinien-Personenwagen mit Gepäckabteil
Streamlined baggage combine coach
Voiture aérodynamique avec compartiment à bagages

II = A (☼) ⊣280⊢ K	25
II = A (☼) ⊣215⊢ K	35
II = A ☼ ⊣215⊢	135

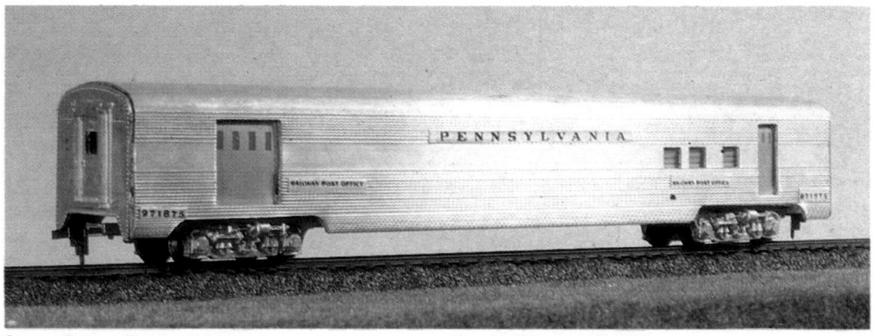

Stromlinien-Postpackwagen
Streamlined postal baggage car
Fourgon postal à bagages aérodynamique

II = A (☼) ⊣280⊢ K	28
II = A ☼ ⊣215⊢ K	38
II = A (☼) ⊣215⊢	138

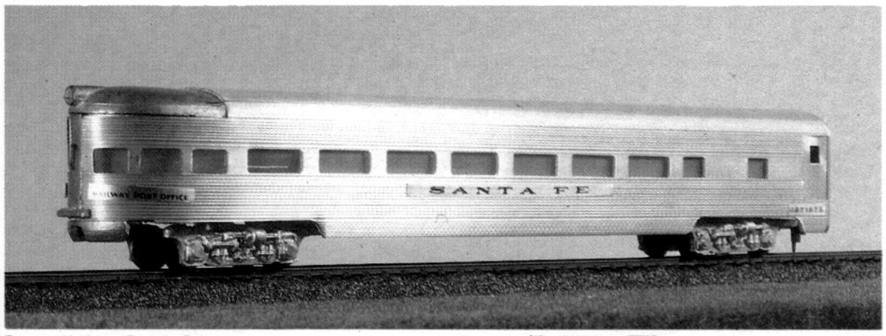

Stromlinien-Schlußwagen
Streamlined observation tail car
Voiture de queue aérodynamique

II = A (☼) ⊣280⊢ K	23
II = A (☼) ⊣215⊢ K	33
II = A ☼ ⊣215⊢	133

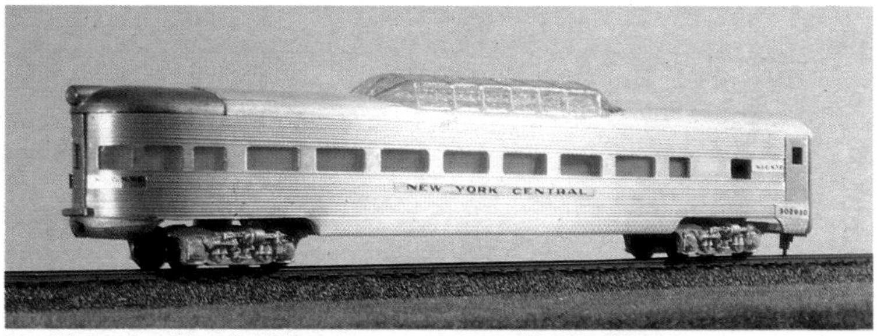

Stromlinien-Aussichts-Schlußwagen
Streamlined vista dome observation car
Voiture de queue aérodynamique panoramique

II = A (☼) ⊣280⊢ K	29
II = A (☼) ⊣215⊢ K	39
II = A ☼ ⊣215⊢	139

Firma, Dampflokomotiven
Introduction, steam locomotives
Présentation, locomotives à vapeur

HORNBY RAILWAYS

Tenderlokomotive Reihe 57xx Pannier
Tank locomotive class 57xx Pannier
Locomotive-tender série 57xx Pannier
II = Ⓟ ✦3✦ ⊦135⊦
Great Western
London Transport
R.041
[R.690]

Leichte Mehrzweck-Dampflokomotive
Ivatt Reihe 2 der BR
Lightweight multi-purpose steam
locomotive Ivatt class 2 of the BR
Locomotive à vapeur légère mixte Ivatt
série 2 des BR
II = Ⓟ ✦3✦ ⊦230⊦
R.852

Mehrzweck-Dampflokomotive
Reihe Hall „Kneller Hall" der GWR
Multi-purpose steam locomotive
class Hall "Kneller Hall" of the GWR
Locomotive à vapeur mixte
série Hall «Kneller Hall» de la GWR
II = Ⓟ ✦3✦ ⊦265⊦
R.761

Die Geschichte der Firma Hornby geht zurück auf das Jahr 1915. Damals baute Frank Hornby, der Erfinder der bekannten Meccano-Metallbaukästen, die erste mechanische Modelleisenbahn auf Spur-O Gleis. 1938 erschienen elektrisch betriebene Modellokomotiven in Baugröße OO (Hornby Dublo).
Das daraus entwickelte Bahnsystem wurde 1965 mit dem Tri-ang-Programm zusammengefaßt (Tri-ang-Hornby). Die heutige Marke Hornby Railways gehört zur Rovex-Gruppe.
Die robusten und gut verarbeiteten Fahrzeuge nach englischen Vorbildern sind auf das internationale Zweileiter-Gleichstrom-Gleissystem ausgelegt. Die Hornby-Fallhaken-Kupplung (Britische Standard-Kupplung) ist meist in die Fahrzeuge integriert und daher kaum gegen andere Systeme auszuwechseln. Das Gleisprogramm (vernickelte Stahlschienen) besteht aus Geraden (1/1 = 168 mm), drei Radien (371 mm, 438 mm, 505 mm), flexiblem Gleis (1000 mm), rechter und linker Kreuzung (22,5°), manuellen Normalweichen (22,5°, R = 438 mm) und manuellen Bogenweichen (R = 438 mm). Fernsteuerungen sind nachrüstbar. Zubehör sind ein Prellbock, eine motorisierbare Drehscheibe, Schaumstoff-Gleisbettungen, englische Licht- und Formsignale, Bahnhöfe und andere Gebäude als Bausätze. Transformatoren gibt es von 3 bis 25 VA, dazu Fahrregler, Moment- und Dauerschalter.
Hornby liefert über den Fachhandel.

The Hornby story dates back from the year 1915, when Frank Hornby, the inventor of the famous Meccano metal constructing sets, built his first O gauge mechanical model railway.
In 1938, electric OO scale model locomotives came out (Hornby Dublo). The railway system developped from them was combined with the Tri-ang programme in 1965 (Tri-ang-Hornby). This day's brand Hornby Railways belongs to the Rovex Group.
The robust and well finished vehicles according to British prototypes are intended for the international two-rails DC system. The Hornby vertical hook coupling (British Standard Coupling) mostly is integrated in the vehicles and can hardly be exchanged for other systems.
The track programme (nickel-plated steel rails) consists of straight sections

(1/1 = 168 mm), three radii (371 mm, 438 mm, 505 mm), flexible track (1000 mm), right and left-hand crossing (22.5°), manual straight switches (22.5°, R = 438 mm), and manual curved switches (R = 438 mm). Remote control can be built in. Accessories are a buffer stop, a turntable (can be motorized), track underlays, British style light and semaphore signals, stations, bridges, and other buildings as kits. There are transformers giving from 3 to 25 VA and suitable controllers, impulse and latch levers.
Hornby delivers to the specialized trade.

L'histoire de la firme Hornby remonte à l'an 1915. A cette époque, l'inventeur des fameuses boîtes de construction métalliques Meccano, M. Frank Hornby, construisit le premier chemin de fer modèle réduit mécanique sur voie en écartement O. L'apparition des premiers modèles de locomotives électriques d'échelle OO (Hornby Dublo) se fit en 1938. Le système ferroviaire, développé par la suite fut réuni avec le programme Tri-ang (Tri-ang-Hornby). La marque Hornby Railways de nos jours fait partie du groupe Rovex. Les véhicules robustes et bien façonnés d'après des prototypes anglais fonctionnent selon le système international à deux conducteurs sur courant continu. L'attelage Hornby à crochet basculant (attelage standard anglais) est, pour la plupart, incorporé dans les véhicules et ne peut donc guère être échangé contre un autre système. Le programme de voie (rails en acier nickelés) se compose de sections droites (1/1 = 168 mm), trois courbes (371 mm, 438 mm, 505 mm), d'une voie flexible (1000 mm), de croisements droits et gauches (22,5°), d'aiguillages simples manuels (22,5°, R = 438 mm). et d'aiguillages enroulés (R = 438 mm). Il est possible d'installer des dispositifs de télécommande. Comme accessoires il y a un heurtoir, une plaque tournante qui peut être motorisée, des infrastructures de la voie en matière mousse, des signaux lumineux et sémaphores anglais, des gares et d'autres immeubles en kits de construction. Les transformateurs sont offerts de 3 à 25 VA, de plus il y a des régulateurs, relais et interrupteurs pour actions brusques ou permanentes. La vente des articles Hornby se fait chez les détaillants spécialisées.

Schnellzug-Dampflokomotive Reihe A 3
„Flying Scotsman" der LNER
Express steam locomotive class A 3
"Flying Scotsman" of the LNER
Locomotive à vapeur de vitesse
série A 3 «Flying Scotsman» de la LNER
II = Ⓟ ✦3✦ ⊦295⊦
R.845

Schwere Güterzug-Dampflokomotive
Reihe 9 F „Evening Star" der BR
Heavy goods train steam locomotive
class 9 F "Evening Star" of the BR
Locomotive à vapeur lourde à marchandises série F 9 «Evening Star» des BR
II = Ⓟ ✦2✦ ⊦265⊦
R.065

✉
Hornby Hobbies, Rovex Limited
Westwood
GB Margate, Kent

Schnellzug-Dampflokomotive Reihe 7 P
Coronation „Duchess of Sutherland"
der LMS
Express steam locomotive class 7 P
Coronation "Duchess of Sutherland"
of the LMS
Locomotive à vapeur de vitesse
série 7 P Coronation «Duchess of
Sutherland» de la LMS
II = Ⓟ ✦2✦ ⊦295⊦
R.06◆

Diesellokomotiven, Reisezugwagen
Diesel locomotives, passenger coaches
Locomotives Diesel, voitures voyageurs

HORNBY RAILWAYS

Dieselelektrische Rangierlokomotive
Reihe 08 der BR
Diesel electric shunting locomotive
class 08 of the BR
Locomotive Diesel électrique de
manœuvre série 08 des BR

II = ℙ ✕ ✦3✦ ⊣115⊢   R. 156

Dieselhydraulische Mehrzwecklokomotive Reihe 35 Hymek der BR
Diesel hydraulic multi-purpose locomotive class 35 Hymek of the BR
Locomotive Diesel hydraulique mixte
série 35 Hymek des BR

II = ℙ ✦2✦ ⊣200⊢   R. 074

Dieselelektrische Mehrzwecklokomotive
Reihe 25 der BR
Diesel electric multi-purpose locomo-
tive class 25 of the BR
Locomotive Diesel électrique mixte
série 25 des BR

II = ℙ ⚑ ✦2✦ ⊣200⊢   R. 072

Dieselelektrische Mehrzwecklokomotive
Reihe 25 der BR (neue Farbgebung)
Diesel electric multi-purpose locomotive
class 25 of the BR (new livery)
Locomotive Diesel électrique mixte
série 25 des BR (nouveau coloris)

II = ℙ ⚑ ✦2✦ ⊣200⊢   R. 068

Schwere Dieselelektrische Mehrzwecklokomotive Reihe 47 der BR
Heavy Diesel electric multi-purpose
locomotive class 47 of the BR
Locomotive Diesel électrique lourde
mixte série 47 des BR

II = ℙ ⚑ ✦2✦ ⊣260⊢   R. 075

Schwere Dieselelektrische Mehrzwecklokomotive Reihe 37 der BR
Heavy Diesel electric multi-purpose
locomotive class 37 of the BR
Locomotive Diesel électrique lourde
mixte série 37 des BR

II = ℙ ⚑ ✦2✦ ⊣250⊢   R. 751

Dreiteiliger Inter-City Schnelltrieb-
wagenzug der BR
Three-units Inter-City high-speed motor
train of the BR
Train automoteur de vitesse Inter-City
à trois éléments des BR
II = ℙ ⊠ ⚑ ✦2✦ B ⊣735⊢   R. 695

Triebwagen
Power unit
Motrice
II = ℙ ⊠ ⚑ ✦2✦ ⊣235⊢   R. 069
II = ℙ ⊠ ⚑ ⊣235⊢   R. 070

Schnellzugwagen Mk. III
Express coach Mk. III
Voiture grandes lignes Mk. III
II = ℙ ⊠ (⚑) B ⊣266⊢   R. 439

Nicht abgebildete Güterwagen:	Not shown goods wagons:	Wagons marchandises non répresentés:
8 offene Güterwagen	8 open wagons	8 wagons ouverts
10 gedeckte Güterwagen	10 closed wagons	10 wagons couverts
6 Kesselwagen	6 tank wagons	6 wagons-citernes
4 Begleitwagen	4 brake vans	4 wagons-freins
und einige Sonderfahrzeuge	and some special vehicles	et des véhicules spéciaux

Inter-City-Schlafwagen Mk. I der BR
Inter-City sleeping car Mk. I of the BR
Voiture-lits Inter-City Mk. I des BR

II = ℙ ⊠ (⚑) ⊣266⊢   R. 924

Inter-City-Büffetwagen Mk. I der BR
Inter-City buffet car Mk. I of the BR
Voiture-buffet Inter-City Mk. I des BR

II = ℙ ⊠ (⚑) A ⊣266⊢   R. 923

Abteilwagen der GWR (1934)
Compartment coach of the GWR (1934)
Voiture à compartiments de la GWR
(1934)

II = Ⓟ ⊠ (🌱) AC ⊣240⊢   R. 429

Abteilwagen mit Dienstabteil der GWR
Compartment coach with guard's
compartment of the GWR
Voiture à compartiments et de service
de la GWR

II = Ⓟ ⊠ (🌱) C ⊣240⊢   R. 430

Speisewagen der GWR
Dining-car of the GWR
Voiture-restaurant de la GWR

II = Ⓟ ⊠ (🌱) AC ⊣240⊢   R. 454

Abteilwagen der SR   mit Dienstabteil
Compartment coach of the SR   with guard's compartment
Voiture à compartiments de la SR   avec compartiment de service

II = Ⓟ ⊠ (🌱) AC ⊣240⊢   R. 431   II = Ⓟ ⊠ (🌱) C ⊣240⊢   R. 432

Abteilwagen der LNER (1930)   mit Dienstabteil/with guard's compart-
Compartment coach of the LNER (1930) ment/avec compartiment de service
Voiture à compartiments de la LNER   II = Ⓟ ⊠ (🌱) AC ⊣240⊢   R. 436
(1930)   Schlafwagen/sleeping car/voiture-lits
II = Ⓟ ⊠ (🌱) AC ⊣240⊢   R. 435   II = Ⓟ ⊠ (🌱) A ⊣240⊢   R. 448

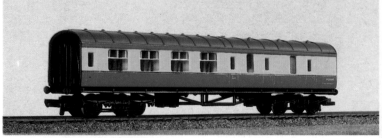
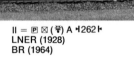

Pullman-Salonwagen   II = Ⓟ ⊠ (🌱) A ⊣262⊢   R. 229
Pullman parlour car   LNER (1928)   R. 229
Voiture-salon Pullman   BR (1964)   R. 230

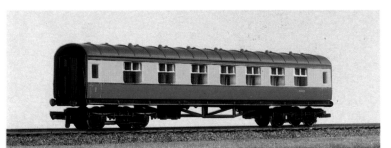

Personenwagen mit Seitengang der BR   II = Ⓟ ⊠ (🌱) AC ⊣240⊢   R. 437
Corridor coach of the BR
Voiture à couloir latéral des BR

Personenwagen mit Dienstabteil der BR   II = Ⓟ ⊠ (🌱) C ⊣240⊢   R. 438
Coach with guard's compartment of
the BR
Voiture avec compartiment de service
des BR

Dampflokomotiven
Steam locomotives
Locomotives à vapeur

INTERMODEL

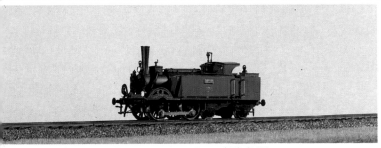

Oldtimer-Dampflokomotive Engert „Reuss" der ehem. Schweizer Centralbahn
Old time steam locomotive Engert "Reuss" of the former Swiss Centralbahn
Locomotive à vapeur ancienne Engert «Reuss de l'ex Centralbahn suisse

II = ▥ ✦2✦ ⊦115⊦

Kastenlokomotive Nr. 5 der Huttwil-Wohusen-Bahn
Box cab locomotive No. 5 of the Huttwil-Wohusen Railway
Locomotive-caisse No. 5 du Chemin de Fer Huttwil-Wohusen

II = ▥ ✦3✦ ⊦70⊦
II = ▥ ✦3✦ ⊦70⊦ **K**
II ≈ ▥ ✦3✦ ⊦70⊦

Tenderlokomotive BR 89⁰ der ehem. DR
Tank locomotive class 89⁰ of the former DR
Locomotive-tender série 89⁰ de l'ex DR

II = ▥ ✦3✦ ⊦115⊦

Tenderlokomotive Reihe 53 der SNCB/NMBS
Tank locomotive class 53 of the SNCB/NMBS
Locomotive-tender série 53 de la SNCB/NMBS

II = ▥ ✦4✦ ⊦125⊦
II = ▥ ⊦125⊦ **K**

Tenderlokomotive BR 75⁰ der ehem. DR
Tank locomotive class 75⁰ of the former DR
Locomotive-tender série 75⁰ de l'ex DR

II = ▥ ✦3✦ ⊦140⊦

Tenderlokomotive BR 77¹ der ehem. DR
Tank locomotive class 77¹ of the former DR
Locomotive-tender série 77¹ de l'ex DR

II = ▥ ✦3✦ ⊦155⊦

Intermodel ist seit 1976 die gemeinsame Marke zweier kooperierender Unternehmen mit ca. 15 Mitarbeitern. Das Produktionsprogramm besteht aus internationalen Spitzenmodellen in Kleinserien- und auch Einzelfertigung. Die Fahrzeuge werden nach den NEM-Normen für die Spurweiten O, Oe, HO, HOm, HOn3, HOe, N und Nm hergestellt.

Das Sortiment in Baugröße HO besteht aus ca. 50 Voll- und Schmalspurfahrzeugen nach historischen Vorbildern europäischer Bahnen. Die Aufbauten sind aus Messing gefertigt und vorbildtreu mit den kleinsten Einzelheiten versehen. Die Fahrgestelle sind Industrieausführungen oder Eigenkonstruktionen mit Schwungradantrieb. Alle Triebfahrzeuge werden für Zweileiter-Gleichstrombetrieb geliefert, einige auch für Wechselstrombetrieb mit Mittelschleifer. Serienmäßig sind Originalkupplungen montiert, die jedoch gegen automatische Kupplungen (NEM Klasse B oder C) ausgetauscht werden können. Die Modelle sind sorgfältig lackiert und beschriftet. Mehrere Fahrzeuge gibt es als Bausätze, die jedoch einige Erfahrung verlangen.

Intermodel liefert im Direktversand und über den Fachhandel. Für Bestellungen und Vorbestellungen sind die Typenbezeichnungen anzugeben.

Since 1976, Intermodel is the common brand of two cooperating enterprises with about 15 employees. They manufacture international top models in small series and even individually. The vehicles are made according to NEM standards for the O, Oe, HO, HOm, HOn3, HOe, N, and Nm gauges.

The HO scale programme consists of about 50 standard and narrow-gauge vehicles reproducing historical types of European railways. The bodies are worked out from brass and have the finest details attached truly to the prototype. The chassis are industrial makes or special constructions with flywheel drive. All engines are intended for two-rails DC operation, some are also available for AC power supply with a center pick-up. Usually, original type couplings are fitted, but they can be exchanged for automatic ones (NEM class B or C). The models are painted and lettered carefully. Several vehicles come also out as kits, which, however, require some experience.

Intermodel delivers by direct mailing and through the one-line trade. For orders and reservations, the type identifications are to be specified.

Intermodel est une marque de deux firmes en coopération depuis 1976 avec 15 employés environ. Ils produisent des modèles de haute qualité en petites séries et aussi en éxecutions spéciales. Les véhicules sont construits selon les normes NEM pour les écartements O, Oe, HO, HOm, HOn3, N et Nm.

Le programme en échelle HO se compose de 50 véhicules environ à voie normale et à voie étroite d'après des types historiques des chemins de fer européens. Les caisses sont faites en laiton et pourvus de détails les plus fins correspondant aux prototypes. Les châssis sont des exécutions industrielles ou des constructions spéciales avec moteur à balancier. Toutes les motrices sont designées pour la marche à courant continu à deux conducteurs, quelques-unes aussi pour la marche à courant alternatif à conducteur central. En général, les véhicules sont munis d'attelages originaux, mais ils peuvent être échangés contre des attelages automatiques (NEM classe B ou C). Les modèles sont soigneusement peints et marqués. Quelques véhicules sont aussi livrables en kits, mais il faut d'expérience pour les monter.

La livraison se fait directement par Intermodel et par les commerçants spécialisés. En cas de commande et de réservation, il faut indiquer les désignations des types.

✉
Intermodel
Postfach 2129
D-5657 Haan 2

Intermodel
Klaus Bachmann
Schonskanterweg 7
D-4050 Mönchengladbach 1

Dampf- und Elektrolokomotiven
Steam and electric locomotives
Locomotives à vapeur et électriques

INTERMODEL

Güterzuglokomotive BR 53 der ehem. DR
Goods train locomotive class 53
of the former DR
Locomotive à marchandises série 53
de l'ex DR

II = Ⓜ ✦2✦ ⊦200⊦

Schnellzuglokomotive BR 13⁰ der
ehem. DR (preußische S 3)
Express locomotive class 13⁰ of the
former DR (Prussian S 3)
Locomotive de vitesse série 13⁰ de
l'ex DR (S 3 prussienne)

II = Ⓜ ✦4✦ ⊦208⊦

Schnellzuglokomotitve BR 13¹² der
ehem. DR (preußische S 6)
Express locomotive class 13¹² of the
former DR (Prussian S 6)
Locomotive de vitesse série 13¹² de
l'ex DR (S 6 prussienne)

II = Ⓜ ✦2✦ ⊦208⊦

Schnellzuglokomotive BR 13¹⁷ der
ehem. DR (württemb. ADh)
Express locomotive class 13¹⁷ of the
former DR (Wurttemb. ADh)
Locomotive de vitesse série 13¹⁷ de
l'ex DR (ADh wurttemb.)

II = Ⓜ ✦2✦ ⊦210⊦

Schnellzuglokomotive BR 18¹ der
ehem. DR
Express locomotive class 18¹ of the
former DR
Locomotive de vitesse série 18¹ de
l'ex DR

II = Ⓜ ✦4✦ ⊦248⊦

Personenzuglokomotive Reihe B der SJ
Passenger train locomotive class B
of the SJ
Locomotive à voyageurs série B des SJ

II = Ⓜ ✦2✦ ⊦220⊦
II = Ⓜ ✦2✦ ⊦220⊦ Ⓚ
H ≈ Ⓜ ✦2✦ ⊦220⊦

Schnellzuglokomotive Reihe 10 der
SNCB/NMBS
Express locomotive class 10 of the
SNCB/NMBS
Locomotive de vitesse série 10 de la
SNCB/NMBS

II = Ⓜ ✦2✦ ⊦265⊦
H ≈ Ⓜ ✦2✦ ⊦265⊦

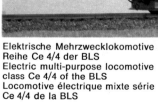

Elektrische Mehrzwecklokomotive
Reihe Ce 4/4 der BLS
Electric multi-purpose locomotive
class Ce 4/4 of the BLS
Locomotive électrique mixte série
Ce 4/4 de la BLS

II = Ⓜ ✦2✦ ⊦145⊦
II = Ⓜ ✦2✦ ⊦145⊦ Ⓚ
H ≈ Ⓜ ✦2✦ ⊦145⊦

Elektrische Kleinlokomotive Reihe Te 1
der SBB/CFF
Electric rail tractor class Te 1 of the
SBB/CFF
Locotracteur électrique série Te 1 des
SBB/CFF

II = Ⓜ ✦2✦ ⊦70⊦
II = Ⓜ ✦2✦ ⊦70⊦ Ⓚ

Elektrische Kleinlokomotive Reihe Te 1
mit Dachvorbau der SBB/CFF
Electric rail tractor class Te 1 with
extended roof of the SBB/CFF
Locotracteur électrique série Te 1
avec toit allongé des SBB/CFF

II = Ⓜ ✦2✦ ⊦70⊦

Elektrolokomotiven und Triebwagen
Electric locomotives and railcars
Locomotives électriques et autorails

INTERMODEL

Mehrzwecklokomotive BR E 42 der
ehem. DR
Multi-purpose locomotive class E 42
of the former DR
Locomotive mixte série E 42 de l'ex DR

II = Ⓜ ✚2➔ ⊣155⊢
⊟ ≈ Ⓜ ✚2➔ ⊣155⊢

Elektrische Mehrzwecklokomotive
BR E 62 der ehem. DR
Electric multi-purpose locomotive
class E 62 of the former DR
Locomotive électrique mixte série E 62
de l'ex DR

II = Ⓜ ✚3➔ ⊣145⊢

Elektrische Schnellzuglokomotive
BR E 00 der ehem. DR
Electric express locomotive
class E 00 of the former DR
Locomotive électrique de vitesse
série E 00 de l'ex DR

II = Ⓜ ✚2➔ ⊣150⊢

Elektrische Güterzuglokomotive BR E 77
der ehem. DR
Electric goods train locomotive
class E 77 of the former DR
Locomotive électrique à marchandises
série E 77 de l'ex DR

II = Ⓜ ✚2➔ ⊣180⊢

Elektrische Schnellzuglokomotive
BR E 06 der ehem. DR
Electric express locomotive
class E 06 of the former DR
Locomotive électrique de vitesse
série E 06 de l'ex DR

II = Ⓜ ✚3➔ ⊣180⊢

Elektrischer Gepäcktriebwagen De 4/4
der SBB/CFF (rot)
Electric motor luggage van class De 4/4
of the SBB/CFF (red)
Fourgon automoteur électrique série
De 4/4 des SBB/CFF (rouge)

II = Ⓜ ✚2➔ ⊣180⊢
II = Ⓜ ✚2➔ ⊣180⊢ Ⓚ
⊟ ≈ Ⓜ ✚2➔ ⊣180⊢

Elektrischer Gepäcktriebwagen
Reihe De 4/4 der SBB/CFF (grün)
Electric motor luggage van class De 4/4
of the SBB/CFF (green)
Fourgon automoteur électrique série
De 4/4 des SBB/CFF (vert)

II = Ⓜ ✚2➔ ⊣180⊢
II = Ⓜ ✚2➔ ⊣180⊢ Ⓚ
⊟ ≈ Ⓜ ✚2➔ ⊣180⊢

Elektrischer Gepäcktriebwagen
Reihe De 4/4 der SBB/CFF (unlackiert)
Electric motor luggage van class De 4/4
of the SBB/CFF (unpainted)
Fourgon automoteur électrique série
De 4/4 des SBB/CFF (sans peinture)

II = Ⓜ ✚2➔ ⊣180⊢
II = Ⓜ ✚2➔ ⊣180⊢ Ⓚ
⊟ ≈ Ⓜ ✚2➔ ⊣180⊢

Diesel-Gepäcktriebwagen Reihe Dm 2/4
der SBB/CFF
Diesel motor luggage van class Dm 2/4
of the SBB/CFF
Fourgon automoteur Diesel série Dm 2/4
des SBB/CFF

II = Ⓜ ✚2➔ ⊣200⊢
II = Ⓜ ✚2➔ ⊣200⊢ Ⓚ
⊟ ≈ Ⓜ ✚2➔ ⊣200⊢

Elektrotriebwagen Reihe Be 4/6 der
SBB/CFF
Electric rail motor coach class Be 4/6
of the SBB/CFF
Automotrice électrique série Be 4/6
des SBB/CFF

II = Ⓜ ✚2➔ ⊣235⊢
⊟ ≈ Ⓜ ✚2➔ ⊣235⊢

Triebwagen, Schmalspurlokomotiven
Railcars, narrow-gauge locomotives
Autorails, locomotives à voie étroite

INTERMODEL

Elektrotriebwagen BR ET 41 der ehem. DR
Electric rail motor coach class ET 41 of the former DR
Automotrice électrique série ET 41 de l'ex DR

II = Ⓜ ✚2➔ BC ⊣265⊢

Beiwagen BR ES 41 der ehem. DR
Trailer class ES 41 of the former DR
Remorque série ES 41 de l'ex DR

II = Ⓜ B ⊣255⊢

Triebwagenzug aus Elektro-Triebwagen BR ET 87 und zwei Beiwagen BR ES 87 der ehem. DR

Rail motor train of electric railcar class ET 87 and two trailers class ES 87 of the former DR

Train automoteur composé d'une automotrice série ET 87 et de deux remorques série ES 87 de l'ex DR

II = Ⓜ ✚2➔ BC ⊣490⊢

Elektrischer Gelenktriebwagen Reihe CFe 2/6 der BLS
Articulated electric railcar class CFe 2/6 of the BLS
Autorail électrique articulé série CFe 2/6 de la BLS

II = Ⓜ ✚2➔ C ⊣265⊢

Schneepflug der DB
Snow plough of the DB
Chasse-neige de la DB

II = Ⓜ ⊣122⊢

Oldtimer-Straßenbahnlokomotive „Glätteisen" (unlackiert)
Old time tramway locomotive "Flat-Iron" (unpainted)
Motrice de tramway ancienne «Carreau» (sans peinture)

II = Ⓜ ✚3➔ ⊣70⊢
HOm
HOn3
HOe

Oldtimer-Straßenbahnlokomotive (verschiedene Gesellschaften)
Old time tramway locomotive (several companies)
Locomotive de tramway ancienne (plusieurs compagnies)

II = Ⓜ ✚2➔ ⊣60⊢
HOe

Schmalspurfahrzeuge
Narrow-gauge vehicles
Véhicules à voie étroite

INTERMODEL

Tenderlokomotive BR 99^{31} der ehem. DR
Tank locomotive class 99^{31} of the former DR
Locomotive-tender série 99^{31} de l'ex DR

II = Ⓜ ✦4✦ ⊬95⊦
HOe

Tenderlokomotive Nr. 7 der Waldenburgbahn
Tank locomotive No. 7 of the Waldenburg Railway
Locomotive-tender No. 7 du Chemin de fer Waldenburg

II = Ⓜ ✦4✦ ⊬100⊦
HOe

Tenderlokomotive Mallet BR 99^{562} der ehem. DR
Tank locomotive Mallet class 99^{562} of the former DR
Locomotive-tender Mallet série 99^{562} de l'ex DR

II = Ⓜ ✦4✦ ⊬95⊦
HOe

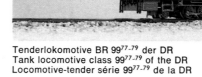

Tenderlokomotive BR 99$^{77-79}$ der DR
Tank locomotive class 99$^{77-79}$ of the DR
Locomotive-tender série 99$^{77-79}$ de la DR

II = Ⓜ ✦5✦ ⊬118⊦
HOe

Dampflokomotive mit Schlepptender BR 99^{465} der ehem. DR
Steam locomotive with tender class 99^{465} of the former DR
Locomotive à vapeur avec tender série 99^{465} de l'ex DR

II = Ⓜ ✦2✦ ⊬120⊦
HOe

Die Intermodel-Schmalspurfahrzeuge sind nach europäischen Lokalbahnen in verschiedenen Spurweiten gebaut. Daher gibt es Fahrgestelle für Spur HOm (12 mm), HOn3 (10,5 mm) und HOe (9 mm). Originalkupplungen oder übliche HO-Schmalspurkupplungen sind lieferbar.

The Intermodel narrow-gauge vehicles are constructed according to European local railways in different gauges. So, there are chassis for HOm (12 mm), HOn3 (10.5 mm), and HOe (9 mm) track. Available are original couplings or usual HO scale narrow-gauge couplings.

Les véhicules à voie étroite Intermodel sont construites d'après des chemins de fer d'intérêt local européens de différents écartements. C'est pourquoi il y a des châssis pour voie HOm (12 mm), HOn3 (10,5 mm) et HOe (9 mm). Des attelages originaux sont livrables ou des attelages d'usage pour chemins de fer à voie étroite HO.

Elektrolokomotive Reihe Ge 2/4 der Rhätischen Bahn
Electric locomotive class Ge 2/4 of the Rhaetic Railway
Locomotive électrique série Ge 2/4 du Chemin de Fer Rhétien

II = Ⓜ ✦2✦ ⊬100⊦
HOm
HOn3
HOe

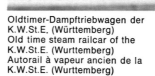

Oldtimer-Dampftriebwagen der K.W.St.E. (Württemberg)
Old time steam railcar of the K.W.St.E. (Wurttemberg)
Autorail à vapeur ancien de la K.W.St.E. (Wurttemberg)

II = Ⓜ ✦2✦ ⊬135⊦
HOe

Elektrischer Gepäcktriebwagen Reihe Fe 4/4 der BWB (Schweiz)
Electric motor luggage van class Fe 4/4 of the BWB (Switzerland)
Fourgon automoteur électrique série Fe 4/4 de la BWB (Suisse)

II = Ⓜ ✦4✦ ⊬125⊦
HOm
HOn3
HOe

Elektrotriebwagen Reihe Ce 4/4 der VBW (Schweiz)
Electric railcar class Ce 4/4 of the VBW (Switzerland)
Autorail électrique série Ce 4/4 de la VBW (Suisse)

II = Ⓜ ✦4✦ ⊬130⊦
HOm
HOn3
HOe

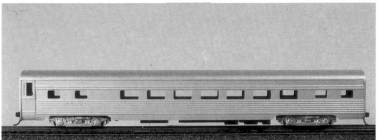

Reisezugwagen 85'   Ⓐ⊢296⊢ Ⓚ   HO 102
85' passenger coach
Voiture voyageurs de 85'

J-c Models ist ein Familienbetrieb, der seit 1939 auf die Herstellung von Reisezugwagen spezialisiert ist. Die HO-Wagen sind unverkürzte Modelle amerikanischer Vorbilder als Bausätze aus Metall-, Holz- und Kunststoffteilen. Sie sind nicht lackiert und werden ohne Drehgestelle und Kupplungen geliefert. Der Zusammenbau verlangt einige Erfahrung. Die Modelle sind im Fachhandel erhältlich.

J-c Models is a family enterprise specialized in manufacturing passenger rolling stock since 1939. The HO scale cars are unshortened models of American prototypes as kits of metal, wood, and plastic parts. They are not painted and come out without trucks and couplers. The assembly requires

some experience. The models are available from specialized dealers.

La firme J-c-Models est une entreprise de famille qui s'est spécialisée depuis 1939 dans la fabrication de voitures voyageurs. Les véhicules d'échelle HO sont des modèles non-raccourcis d'après des prototypes américains, livrables en kits de construction en métal, bois et matières plastiques. Les modèles ne sont pas vernis; ils sont livrés sans bogies et sans attelages. Le montage demande quelque routine. Les modèles sont en vente chez les commerçants spécialisés.

✉
j-c models
Box 445 Dept G
USA So. Bound Brook, NJ. 08880

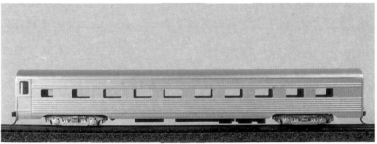

Komfort-Schlafwagen 85'   Ⓐ⊢296⊢ Ⓚ   HO 100
85' roomette sleeping car
Voiture-lits grand confort de 85'

Speisewagen 85'   Ⓐ⊢296⊢ Ⓚ   HO 101
85' dining-car
Voiture-restaurant de 85'

Gepäckwagen mit Schlafraum 85'   Ⓐ⊢296⊢ Ⓚ   HO 103
85' baggage and dormitory car
Fourgon de 85' avec compartiment-lits

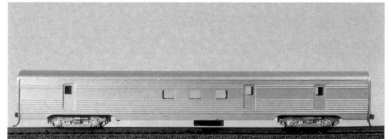

Postbegleitwagen 85'   Ⓐ⊢296⊢ Ⓚ   HO 104
85' post office car
Voiture postale de 85'

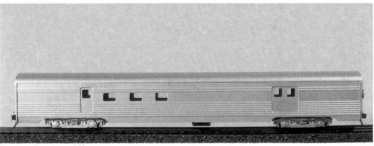

Postpackwagen 85'   Ⓐ⊢296⊢ Ⓚ   HO 105
85' baggage and mail car
Fourgon postal à bagages de 85'

Gepäckwagen 85'   Ⓐ⊢296⊢ Ⓚ   HO 106
85' baggage car
Fourgon à bagages de 85'

Reisezugwagen der Norfolk & Western   Ⓩ⊢235⊢ Ⓚ   HO 7
61' passenger coach of the
Norfolk & Western
Voiture voyageurs de 61' de la
Norfolk & Western

Personenwagen mit Gepäckabteil 62'   Ⓩ⊢235⊢ Ⓚ   HO 8
der Norfolk & Western
62' passenger and baggage combine
car of the Norfolk & Western
Voiture avec compartiment à bagages
de·62' de la Norfolk & Western

Modernisierter Reisezugwagen 70' der
Pennsylvania RR.
70' modernized passenger coach of the
Pennsylvania RR.
Voiture voyageurs modernisée de 70'
de la Pennsylvania RR.

Ⓩ ⊢275⊢ Ⓚ   HO 1

Reisezugwagen 70' der Pennsylvania RR.
70' passenger coach of the
Pennsylvania RR.
Voiture voyageurs de 70' de la
Pennsylvania RR.

Ⓩ ⊢275⊢ Ⓚ   HO 2
mit Aufsatzdach
with monitor roof
avec toit ajouté

Ⓩ ⊢275⊢ Ⓚ   HO 2M

Salonwagen mit Gepäckraum 70' der
Pennsylvania RR.
70' lounge car with baggage space of
the Pennsylvania RR.
Voiture-salon de 70' avec compartiment
à bagages de la Pennsylvania RR.

Ⓩ ⊢265⊢ Ⓚ   HO 3M
mit Normaldach
with standard roof
avec toit standard
Ⓩ ⊢265⊢ Ⓚ   HO 13

Gepäckwagen 60' der Pennsylvania RR.
60' baggage car of the Pennsylvania RR.
Fourgon à bagages de 60' de la
Pennsylvania RR.

Ⓩ ⊢220⊢ Ⓚ   HO 4

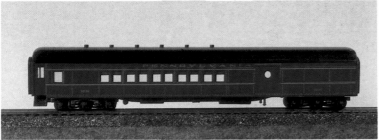

Pullman-Salonwagen mit Aussichtsplattform der Pennsylvania RR.
Pullman lounge car with observation
platform of the Pennsylvania RR.
Voiture-salon Pullman avec terrasse
de la Pennsylvania RR.

Ⓩ ⊢275⊢ Ⓚ   HO 5

Pullman-Wagen 70' New York Central
70' Pullman car of the New York Central
Voiture Pullman de 70' de la
New York Central

Ⓩ ⊢275⊢ Ⓚ   HO 6

Reisezugwagen 70' der New York Central
70' passenger coach of the New York
Central
Voiture voyageurs de 70' de la
New York Central

Ⓩ ⊢275⊢ Ⓚ   HO 12

Speisewagen 80' der New York Central
80' dining-car of the New York Central
Voiture-restaurant de 80' de la
New York Central

Ⓩ ⊢295⊢ Ⓚ   HO 13

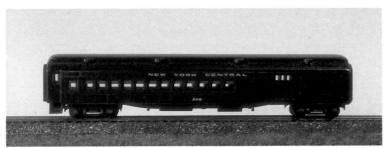

Personenwagen mit Gepäckabteil 65'
der New York Central
65' passenger and baggage combine
car of the New York Central
Voiture avec compartiment à bagages
de 65' de la New York Central

Ⓩ ⊢255⊢ Ⓚ   HO 11

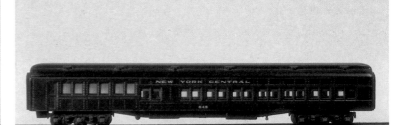

Postbegleitwagen 60' der New York
Central
60' post office car of the New York
Central
Voiture postale de 60' de la
New York Central

Ⓩ ⊢225⊢ Ⓚ   HO 10
Gepäckwagen
Baggage car
Fourgon à bagages
Ⓩ ⊢220⊢ Ⓚ   HO 9

Firma, Programm
Introduction, programme
Présentation, programme

Seit 1945 stellt Jouef technische Spielwaren her. Die erste mechanische Eisenbahn kam 1949, die erste elektrische 1955 auf den Markt. Preiswerte Qualität machten Jouef zum französischen Marktführer und international bekannt. Nach dem gleichen Konzept wurde eine Autorennbahn entwickelt. Heute stellen 1300 Beschäftigte in mehreren Betrieben jährlich über 4 Mio. Modellbahnfahrzeuge her.

Der Jouef-HO-Fahrzeugpark reicht von einfachen Modellen bis zu exakt detaillierten Superausführungen nach französischen und internationalen Vorbildern. Die Fahrzeuge arbeiten nach dem Zweileiter-Gleichstrom-Prinzip und sind mit allen NEM-Systemen kompatibel. Die Kupplungen entsprechen der NEM-Klasse A. Einige englische Modelle sind im OO-Maßstab gebaut und mit zusätzlichen britischen Kupplungen (Standard, Hornby) versehen.

Neben einem einfachen Formsignal gibt es Lichtsignale in stehender oder an einer Signalbrücke hängender Ausführung. Die Fahrstromsteuerung ist durch zusätzliche Relais möglich, mit denen auch ein vollautomatisches Blockstellen-System aufgebaut werden kann. Passende Taster, Schalter und Kontaktgleise sind vorhanden. Der Fahrtransformator leistet 12 VA und kann auch mit zweitem Wechselstrom-Anschluß (16 VA) geliefert werden

Ein funktionssicheres Mehrzug-System wird unter der Bezeichnung „Jouefmatic" angeboten. Damit können ohne Oberleitung bis zu 8 Züge auf einem Gleis unabhängig gesteuert werden. Kleine Empfänger (70×17×16 mm), die leicht in alle 12 V-Gleichstrom-Lokomotiven einzubauen sind, sprechen nur auf die Frequenz eines zugehörigen Fahrreglers (Sender) an, mit der der Fahrstrom moduliert wird. Der Fahrstrom ist Wechselstrom (Trägerfrequenz) von 20 V und liegt konstant am Gleis an, kann also auch zur Fahrzeugbeleuchtung benutzt werden. Erforderlich sind 2 Transformatoren (20 und 16 V Wechselstrom), ein Anschlußgerät und für jeden Kanal (max. 8) ein Fahrregler (Sender), die zu einem kompakten Pult zusammengesteckt werden.

Zur realistischen Anlagengestaltung bietet Jouef Brücken, Bahnübergänge (mechanisch und elektrisch), Bahnhöfe, Gebäude und Landschaftsteile als Bausätze.

Jouef has produced technical toys since 1945. The first mechanical railway appeared in 1949, the first electric one in 1955. Reasonably priced quality made Jouef leading in the French market and well-known all over the world. According to this conception, an automobile racing track was developped. Today 1300 employees in several works produce more than 4 millions of model railway vehicles a year.

The Jouef HO rolling stock extends from simple models to exactly detailed super executions of French and international prototypes. The engines operate in the two-rails DC system and are compatible to all NEM-systems. The couplings correspond to NEM class A. Some English models are built in OO scale and provided also with British couplings (Standard, Hornby system).

Besides a simple semaphore there are colour light signals standing on a post or suspended to a frame. Traction current control is possible by additional relays, which an automatic block-post system can also be constructed with. Requisite impulse controls, switches, and contact tracks are available. The traction current transformer supplies 12 VA and can be furnished with a second AC terminal (16 VA).

A well-operating multi-train systems is offered under the name of "Jouefmatic". By this, without catenary up to 8 independent trains can be run on the same track. Small receivers (70×17×16 mm), easily to be built in to all 12 V DC locomotives, react only upon the frequency of a corresponding controller (transmitter) modulated upon the traction current. The traction current (carrier frequency) is 20 V AC and permanently

Depuis 1945 la firma Jouef produit des jouets techniques. Le premier chemin de fer mécanique fut lancé au marché en 1949, le premier chemin de fer électrique en 1955. Qualité à bon marché a porté Jouef au premier rang parmi les constructeurs correspondants en France et lui ont rapporté une réputation internationale. Se basant sur cette expérience, on a développé un circuit routier. De nos jours, 1300 personnes sont employées dans plusieurs usines. La production annuelle s'élève à plus de 4 millions véhicules modèle réduit.

Le parc de véhicules Jouef d'échelle HO comprend des modèles simples aussi bien que des maquettes super exactement détaillées, construites d'après des prototypes français et internationaux. Les véhicules fonctionnent selon le système à deux conducteurs sur courant continu et sont adaptables à tous les systèmes NEM. Les attelages correspondent à la classe A de normes NEM. Quelques modèles anglais sont sonstruits en échelle OO et munis supplémentairement d'attelages anglais (Standard, système Hornby).

Outre un sémaphore simple, il y a des signaux lumineux, montables debout ou fixés sur une passerelle à signaux. L'asservissement du courant de traction peut être réalisé par des relais supplémentaires permettant aussi la réalisation d'un système de bloc automatique. Les boutons, interrupteurs et rails de commande à distance adéquats sont disponibles. Le transformateur de conduite fait 12 VA. Il est aussi livrable avec un deuxième raccord à courant alternatif (16 VA).

✉

JOUEF S. A.
72, rue des Archives
F - 75003 Paris

Johann Magosch
Untere Viaduktgasse 51
A - 1030 Wien

Cylops Industries Pty. Ltd.
William Street 24
AUS Leichhardt N. S. W. 2040

Eisenmann S. A.
Zoning Industriel
B - 1920 Diegem

Framos Spielwaren GmbH
Postfach 1123
D - 6909 Walldorf

RICO S. A.
Colon, 80 - Apart. 13
E - Ibi (Alicante)

connected to the track and can therefore be used for interior lighting, too. Required are 2 transformers (20 and 16 V AC), a coupler unit, and for each channel (max. 8) one controller (transmitter), to be put together to a panel.

For the realistic scenery design, Jouef offers bridges, level crossings (mechanical and electric), stations, buildings, and landscape elements as kits.

Sous le nom de «Jouefmatic» on offre un système de trafic multiple. Il est possible de faire circuler sans caténaire jusqu'à 8 trains sur la même voie et les controler séparément. Des petits récepteurs (70×17×16 mm), montables sans aucune difficulté dans toutes les locomotives à courant continu de 12 V, ne fonctionnent que sur fréquence d'un émetteur correspondant avec un courant alternatif de 20 V (fréquence porteuse) appliqué constamment à la voie. Ainsi, il peut aussi être utilisé pour l'éclairage des véhicules. Il faut 2 transformateurs (20 et 16 V courant alternatif), un coupleur et pour chaque canal (8 au maximum) un émetteur, le tout formant un ensemble compact.

Pour assurer une installation réaliste, Jouef offre des ponts, des passages à niveau (mécaniques et électriques), des gares, des immeubles·et des paysages en maquettes à monter.

Cavalcade
Foremost House
Thomas Road
GB - London E14 7BL

A/S Ivar D. Nygaard
Nils Hansens Vei 2
N - Oslo 6

S. I. O.
Herengracht 25
NL - Amsterdam

Importeux Representacoes Lda.
Travessa do Possolo, 13 a
P - Lisboa 3

Ab Berico
Scheelgatan 13
S - 21228 Malmö

Polk's Hobbies Inc.
346 Bergen Ave.
USA Jersey City, N. J. 07304

Pour la voie JOUEF on a le choix entre des rails en argent chinois ou en laiton, fixés sur des traverses en matière plastique noire. Le programme comprend des rails droits ($^1/_1$ = 247 mm), aussi variables de 87 à 117 mm, des rails courbes en 3 rayons et un rail flexible (1000 mm). De plus, on offre des aiguillages en 3 rayons (manuels ou électriques), un aiguillage symétrique électrique, 3 croisements, 2 traversées jonction double électriques et un rail de décrochage électrique. Comme accessoires on offre un rail heurtoir, un rail auto-enrailleur et des rails électriques spéciaux.

Bis zu 40 Gleise können an die Jouef-Drehscheibe angeschlossen werden (Ø 413 mm). Der Lokschuppen kann bis zum vollen Kreis erweitert werden.

Up to 40 tracks can be connected to the Jouef turntable (Ø 413 mm). The engine shed can be extended to a complete roundhouse.

Le pont tournant JOUEF (413 mm de Ø) permet de raccorder jusqu'à 40 voies. Le dépôt de machine peut être élargi jusau'au cercle intégral.

Beim Jouef-Gleis sind wahlweise Neusilber- oder Messing-Profilschienen auf schwarzen strukturierten Kunststoffschwellen befestigt. Das Programm umfaßt gerade Stücke ($^1/_1$ = 247 mm), auch variabel von 86 bis 117 mm, Kurven in drei Radien und ein flexibles Gleis (1000 mm). Außerdem gibt es Weichen in drei Winkeln (hand- oder fernbedient), eine elektrische symmetrische Weiche, drei Kreuzungen, zwei elektrische Doppelkreuzungsweichen und ein ferngesteuertes Entkupplungsgleis. Zubehör sind ein Prellbock, ein Eingleiser und elektrische Spezialgleise.

The Jouef track has either nickel-silver or brass rails on black structured plastic ties. The programme contains straight sections ($^1/_1$ = 247 mm), also variable from 86 to 117 mm, curved sections in three radii, and a flexible track (1000 mm). Moreover, there are three differently tapering switches (manual and electric), an electric symmetrical switch, three crossings, two double slip switches (electric) and a remote controlled uncoupler. Accessories are a buffer stop, a rerailer track and electric special tracks.

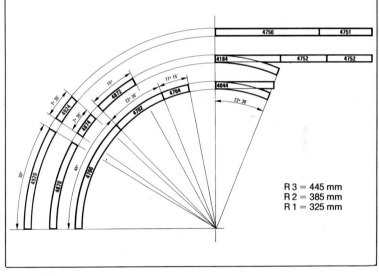

R 3 = 445 mm
R 2 = 385 mm
R 1 = 325 mm

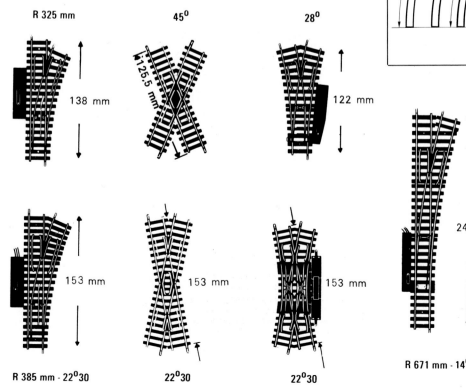

R 325 mm   45°   28°

138 mm   125,5 mm   122 mm

153 mm   153 mm   153 mm

R 385 mm - 22°30   22°30   22°30

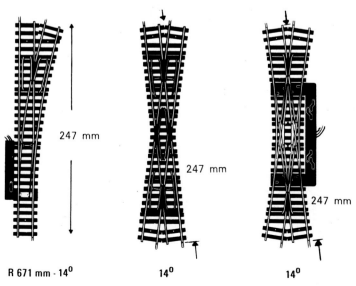

247 mm   247 mm   247 mm

R 671 mm - 14°   14°   14°

Dampflokomotiven
Steam locomotives
Locomotives à vapeur

Tenderlokomotive Typ 020 T der SNCF
Tank locomotive class 020 T of the SNCF
Locomotive-tender série 020 T de la SNCF
II = P ⚙ ◆2◆ ⊢117⊣   8299

Tenderlokomotive Typ 040 TA der SNCF
Tank locomotive class 040 TA of the SNCF
Locomotive-tender série 040 TA de la SNCF
II = P ⚙ ◆4◆ ⊢127⊣   8292

Dampflokomotive Typ 140 C
West Consolidation der SNCF
Steam locomotive class 140 C
West Consolidation of the SNCF
Locomotive à vapeur série 140 C
Ouest Consolidation de la SNCF
II = P ⚙ ◆2◆ ⊢230⊣   8282

Dampflokomotive Typ 140 C
Ost Consolidation der SNCF
Steam locomotive class 140 C
East Consolidaton of the SNCF
Locomotive à vapeur série 140 C
Est Consolidation de la SNCF
II = P ⚙ ◆2◆ ⊢230⊣   8283

Dampflokomotive 3.1265 Pacific
der französischen Nord-Bahn
Steam locomotive 3.1265 Pacific
of the French Nord Railways
Locomotive à vapeur 3.1265 Pacific
du Chemin de Fer Nord français
II = P ⚙ ◆2◆ ⊢274⊣   8252

Dampflokomotive Typ 231 K Süd-Ost
Pacific der SNCF
Steam locomotive class 231 K South-East
Pacific of the SNCF
Locomotive à vapeur série 231 K Sud-Est
Pacific de la SNCF
II = P ⚙ ◆2◆ ⊢274⊣   8256

Dampflokomotive Typ 231 K Pacific
der SNCF
Steam locomotive class 231 K Pacific
of the SNCF
Locomotive à vapeur série 231 K Pacific
de la SNCF
II = P ⚙ ◆2◆ ⊢277⊣   8255

Dampflokomotive Typ 141 R Mikado
für Ölbetrieb der SNCF
Steam locomotive class 141 R Mikado
with fuel tender of the SNCF
Locomotive à vapeur série 141 R Mikado
(fuel) de la SNCF
II = P ⚙ ◆2◆ ⊢279⊣   8273

Dampflokomotive Typ 141 R Mikado
für Kohlebetrieb der SNCF
Steam locomotive class 141 R Mikado
with coal tender of the SNCF
Locomotive à vapeur série 141 R Mikado
(charbon) de la SNCF
II = P ⚙ ◆2◆ ⊢279⊣   8274

Dampflokomotive Typ 141 P Mikado
der SNCF
Steam locomotive class 141 P Mikado
of the SNCF
Locomotive à vapeur série 141 P Mikado
de la SNCF
II = P ⚙ ◆2◆ ⊢280⊣   8269

Dampf- und Elektrolokomotiven
Steam and electric locomotives
Locomotives à vapeur et électriques

Dampflokomotive Typ 241 P Mountain
der SNCF
Steam locomotive class 241 P Mountain
of the SNCF
Locomotive à vapeur série 241 P Mountain
de la SNCF

II = P ♒ ✛2✛ ⊦320⊦   8241

Elektrische Mehrzwecklokomotive
Reihe BB 12000 der SNCF
Electric multi-purpose locomotive
class BB 12000 of the SNCF
Locomotive électrique tous services
série BB 12000 de la SNCF

II = P ♒ ✛2✛ ⊦173⊦   8334

Elektrische Mehrzwecklokomotive
Reihe BB 13000 der SNCF
Electric multi-purpose locomotive
class BB 13000 of the SNCF
Locomotive électrique tous services
série BB 13000 de la SNCF

II = P ♒ ✛2✛ ⊦173⊦   8335

Elektrische Mehrzwecklokomotive
Reihe BB 3600 der CFL (Luxemburg)
Electric multi-purpose locomotive
class BB 3600 of the CFL (Luxemburg)
Locomotive électrique tous services
série BB 3600 des CFL (Luxembourg)

II = P ♒ ✛2✛ ⊦173⊦   8845

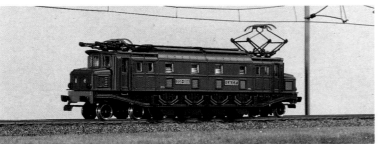

Elektrische Schnellzuglokomotive
Reihe 2D2 5500 der SNCF
Electric express locomotive
class 2D2 5500 of the SNCF
Locomotive électrique de vitesse
série 2D2 5500 de la SNCF

II = P ♒ ✛2✛ ⊦204⊦   8481

Elektrische Schnellzuglokomotive
Reihe 2D2 9100 der SNCF
Electric express locomotive
class 2D2 9100 of the SNCF
Locomotive électrique de vitesse
série 2D2 9100 de la SNCF

II = P ♒ ✛2✛ ⊦204⊦   8482

Elektrische Personenzuglokomotive
Reihe BB 25500 der SNCF
Electric passenger train locomotive
class BB 25500 of the SNCF
Locomotive électrique à voyageurs
série BB 25500 de la SNCF

II = P ♒ ✛2✛ ⊦169⊦   8362

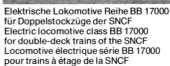

Elektrische Lokomotive Reihe BB 17000
für Doppelstockzüge der SNCF
Electric locomotive class BB 17000
for double-deck trains of the SNCF
Locomotive électrique série BB 17000
pour trains à étage de la SNCF

II = P ♒ ✛2✛ ⊦169⊦   8354

Elektrische Schnellzuglokomotive
Reihe BB 25100 der SNCF
Electric express locomotive
class BB 25100 of the SNCF
Locomotive électrique de vitesse
série BB 25100 de la SNCF

II = P ♒ ✛2✛ ⊦185⊦   8361

Elektrische Schnellzuglokomotive
Reihe BB 9200 der SNCF
Electric express locomotive
class BB 9200 of the SNCF
Locomotive électrique de vitesse
série BB 9200 de la SNCF

II = P ♒ ✛2✛ ⊦185⊦   8331

Elektrische Mehrzwecklokomotive
Reihe BB 15000 der SNCF
Electric multi-purpose locomotive
class BB 15000 of the SNCF
Locomotive électrique tous services
série BB 15000 de la SNCF

II = P ⚡ ↔2↔ ⊢200⊣   8345

Elektrische Mehrzwecklokomotive
Reihe CC 21000 der SNCF
Electric multi-purpose locomotive
class CC 21000 of the SNCF
Locomotive électrique tous services
série CC 21000 de la SNCF

II = P ⚡ ↔3↔ ⊢226⊣   8442

Elektrische Mehrzwecklokomotive
Reihe CC 7100 der SNCF
Electric multi-purpose locomotive
class CC 7100 of the SNCF
Locomotive électrique tous services
série CC 7100 de la SNCF

II = P ⚡ ↔3↔ ⊢212⊣   8445

Elektrische Schnellzuglokomotive
Reihe CC 40100 der SNCF
Electric express locomotive
class CC 40100 of the SNCF
Locomotive électrique de vitesse
série CC 40100 de la SNCF

II = P ⚡ ↔3↔ ⊢245⊣   8451

Elektrische Mehrzwecklokomotive
Re 4/4" der SBB/CFF
Electric multi-purpose locomotive
class Re 4/4" of the SBB/CFF
Locomotive électrique tous services
série Re 4/4" des SBB/CFF

II = P ⚡ ↔2↔ ⊢177⊣   8856

Elektrische TEE-Lokomotive Re 4/4"
der SBB/CFF
Electric TEE locomotive class Re 4/4"
of the SBB/CFF
Locomotive électrique TEE série Re 4/4"
des SBB/CFF

II = P ⚡ ↔2↔ ⊢177⊣   8857

Elektrische Mehrzwecklokomotive
Reihe 1300 der NS
Electric multi-purpose locomotive
class 1300 of the NS
Locomotive électrique tous services
série 1300 des NS

II = P ⚡ ↔3↔ ⊢212⊣   8891

Elektrische Schnellzuglokomotive
Reihe 7600 der RENFE
Electric express locomotive
class 7600 of the RENFE
Locomotive électrique de vitesse
série 7600 de la RENFE

II = P ⚡ ↔3↔ ⊢212⊣   8892

Elektrische Mehrzwecklokomotive
BR 139 der DB
Electric multi-purpose locomotive
class 139 of the DB
Locomotive électrique tous services
série 139 de la DB

II = P ⚡ ↔2↔ ⊢187⊣   8863

Elektrische Schnellzuglokomotive
BR 110 der DB
Electric express locomotive
class 110 of the DB
Locomotive électrique de vitesse
série 110 de la DB

II = P ⚡ ↔2↔ ⊢187⊣   8864

Elektro- und Diesellokomotiven
Electric and Diesel locomotives
Locomotives électriques et Diesel

Elektrische Schnellzuglokomotive
Reihe 1800 der SNCB/NMBS
Electric express locomotive class 1800
of the SNCB/NMBS
Locomotive électrique de vitesse série 1800
de la SNCB/NMBS

‖ = ℗ ⚡ ↔3↔ ⊢245⊣   8899

Diesel-Rangierlokomotive 020 Y 51130
der SNCF
Diesel shunting locomotive 020 Y 51130
of the SNCF
Locotracteur Diesel de manœuvre
020 Y 51130 de la SNCF

‖ = ℗ ⚡ ↔2↔ ⊢118⊣   8501

Diesel-Rangierlokomotive BR 245
der DB
Diesel shunting locomotive class 245
of the DB
Locotracteur Diesel de manœuvre série 245
de la DB

‖ = ℗ ⚡ ↔2↔ ⊢118⊣   8502

Französische Diesel-hydraulische
Werkslokomotive Typ MaK 3
French Diesel hydraulic works locomotive
type MaK 3
Locomotive d'usine Diesel hydraulique
française type MaK 3

‖ = ℗ ⚡ ↔3↔ ⊢120⊣   8527

Diesel-hydraulische Rangierlokomotive
BR 260 der DB
Diesel hydraulic shunting locomotive
class 260 of the DB
Locomotive Diesel hydraulique de
manœuvre série 260 de la DB

‖ = ℗ ⚡ ↔3↔ ⊢120⊣   8528

Diesel-hydraulische Rangierlokomotive
Reihe C 80 der SNCB/NMBS
Diesel hydraulic shunting locomotive
class C 80 of the SNCB/NMBS
Locomotive Diesel hydraulique de
manœuvre série C 80 de la SNCB

‖ = ℗ ⚡ ↔3↔ ⊢120⊣   8529

Diesel-elektrische Lokomotive
Reihe BB 66100 der SNCF
Diesel electric locomotive
class BB 66100 of the SNCF
Locomotive Diesel électrique
série BB 66100 de la SNCF

‖ = ℗ ⚡ ↔2↔ ⊢172⊣   8531

Diesel-elektrische Lokomotive
Reihe BB 67400 der SNCF
Diesel electric locomotive
class BB 67400 of the SNCF
Locomotive Diesel électrique
série BB 67400 de la SNCF

‖ = ℗ ⚡ ↔2↔ ⊢200⊣   8539

Diesel-elektrische Lokomotive
BB 67000 der SNCF mit Heizwagen
Diesel electric locomotive
BB 67000 of the SNCF with heating van
Locomotive Diesel électrique BB 67000
de la SNCF avec fourgon chaudière

‖ = ℗ ⚡ ↔2↔ ⊢333⊣   8538

Diesel-elektrische Lokomotive
Reihe CC 70000 der SNCF
Diesel electric locomotive class CC 70000
of the SNCF
Locomotive Diesel électrique
série CC 70000 de la SNCF

‖ = ℗ ⚡ ↔3↔ ⊢247⊣   8561

Diesellokomotiven und Triebwagen
Diesel locomotives and railcars
Locomotives Diesel et trains automoteurs

Jouef

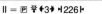

Diesel-elektrische Lokomotive
Reihe CC 72000 der SNCF
Diesel electric locomotive class CC 72000
of the SNCF
Locomotive Diesel électrique
série CC 72000 de la SNCF

II = ℗ ♈ ✚3✚ ⊢226⊢   8571

Diesel-elektrische Lokomotive Klasse 40
der British Railways
Diesel electric locomotive class 40
of the British Railways
Locomotive Diesel électrique classe 40
des British Railways

II = ℗ ♈ ✚2✚ ⊢279⊢   8912
(Baugröße 00)
(00 scale)
(échelle 00)

Wartungs-Draisine Typ DU 65 der SNCF
mit Anhänger
Maintenance track motor car type DU 65
of the SNCF with trailer
Draisine d'entretien type DU 65
de la SNCF avec remorque

II = ℗ ✚2✚ ⊢170⊢   8525

Diesel-Triebwagen mit Aussichts-
abteil X 4203 der SNCF
Observation Diesel railcar X 4203
of the SNCF
Autorail Diesel panoramique X 4203
de la SNCF

II = ℗ ⊠ ♈ ✚2✚ ⊢305⊢   8605

Gasturbinen-Triebwagenzüge werden in
Frankreich für das Netz des Städteschnell-
verkehrs eingesetzt.

Gas turbine powered rail motor trains
are used for the French inter city express
network.

En France les autorails à turbine
à gaz sont utilisés sur le réseau inter-city.

Turbotrain-Antriebseinheit (RTG)
TBDu 2038 der SNCF
Turbotrain motive power unit (RTG)
TBDu 2038 of the SNCF
Motrice Turbotrain (RTG) TBDu 2038
de la SNCF
II = ℗ ♈ ✚2✚ B ⊢302⊢   8611

Turbotrain-Zwischenwagen TRAu 22023
der SNCF
Turbotrain trailer TRAu 22023
of the SNCF
Remorque Turbotrain TRAu 22023
de la SNCF

II = ℗ A ⊢291⊢   5491

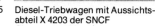

Turbotrain-Zwischenwagen TRABu 42025
der SNCF
Turbotrain trailer TRABu 42025
of the SNCF
Remorque Turbotrain TRABu 42025
de la SNCF

II = ℗ AB ⊢291⊢   5492

Turbotrain-Speisewagen TRBu 52030
der SNCF
Turbotrain dining trailer TRBu 52030
of the SNCF
Remorque-restaurant Turbotrain
TRBu 52030 de la SNCF

II = ℗ B ⊢291⊢   5493

Turbotrain-Schlußtriebwagen TBDu 2039
der SNCF (ohne Motor)
Turbotrain rear unit TBDu 2039
of the SNCF (unpowered)
Motrice d'extremité Turbotrain TBDu 2039
de la SNCF (sans moteur)

II = ℗ B ⊢302⊢   5494

Nahverkehrs-Triebwagen INOX Z 5100
der SNCF
INOX suburban railcar Z 5100
of the SNCF
Automotrice de banlieue INOX Z 5100
de la SNCF

II = ℗ ♒ ↔2↔ B ⊢263⊣   8701

Catenaries according to the 1500 V DC
prototype of the SNCF are made by the
firm CARMINA.
(photo: SOMMERFELDT catenary)

La firme CARMINA produit une caténaire
conforme au réseau à courant continu de
1500 V de la SNCF.
(photo: Caténaire SOMMERFELDT)

Nahverkehrs-Zwischenwagen INOX
ZR 25100 der SNCF
INOX suburban trailer ZR 25100
of the SNCF
Remorque de banlieue INOX ZR 25100
de la SNCF

II = ℗ B ⊢254⊣   5498

Eine Oberleitung nach dem Vorbild
des 1500 V-Gleichstromnetzes der SNCF
stellt die Firma CARMINA her.
(Abb.: SOMMERFELDT-Oberleitung)

✉
CARMINA
120, rue St. Denis
F-77400 Lagny-sur-Marne

Nahverkehrs-Schlußwagen INOX ZS 15100
der SNCF
INOX suburban rear trailer ZS 15100
of the SNCF
Remorque de banlieue de queue
INOX ZS 15100 de la SNCF

II = ℗ ♒ AB ⊢258⊣   5499

Turbotrain-Antriebseinheit
der AMTRAK-Linie
Turbotrain motive power unit
of the AMTRAK line
Motrice Turbotrain de la ligne AMTRAK

II = ℗ ♒ ↔2↔ ⊢302⊣   8998

Der Turbotrain-Triebwagenzug in der
Ausführung für die amerikanische
AMTRAK-Gesellschaft wird nur unter der
Marke POLK'S JOUEF über die General-
vertretung in den USA vertrieben.

The Turbotrain in the version for the
American AMTRAK company is distributed
under the brand of POLK'S JOUEF only
by the agent-general of the USA.

L'autorail Turbotrain construit pour
la société AMTRAK est distribué sous
la marque POLK'S JOUEF par l'agence
générale dans les États Unis seulement.

✉
Polk's Hobbies
346 Bergen Ave.
USA Jersey City, N.J. 07304

Turbotrain-Zwischenwagen
der AMTRAK-Linie
Turbotrain trailer of the AMTRAK line
Remorque Turbotrain de la
ligne AMTRAK

II = ℗ ⊢291⊣   5892

Turbotrain-Speisewagen
der AMTRAK-Linie
Turbotrain dining trailer
of the AMTRAK line
Remorque-restaurant Turbotrain
de la ligne AMTRAK

II = ℗ ⊢291⊣   5893

Turbotrain-Schlußtriebwagen
der AMTRAK-Linie (ohne Motor)
Turbotrain rear unit of the AMTRAK line
(unpowered)
Motrice d'extremité Turbotrain de la
ligne AMTRAK (sans moteur)

II = ℗ ⊢302⊣   5894

133

Flacher Rungenwagen der SNCF,
beladen mit einem 40-ft-Container
Flat wagon with stanchions of the SNCF,
loaded with a 40-ft container
Wagon plat à ranchers de la SNCF,
chargé d'un container 40 ft
CALBERSON
II = Ⓟ ⊢170⊢
SEALAND
II = Ⓟ ⊢170⊢

Flacher Rungenwagen der SNCF   II = Ⓟ ⊢170⊢   6550
beladen mit Holz
Flat wagon with stanchions of the SNCF,
loaded with timber
Wagon plat à ranchers de la SNCF,
chargé de bois

Niederbordwagen der SNCF,   DANZAS
beladen mit 20-ft-Container   II = Ⓟ ⊢198⊢   6453
Low sided wagon of the SNCF,
loaded with a 20-ft container
Wagon à bords bas de la SNCF,
chargé d'un container 20 ft

Niederbordwagen der SNCF mit Rungen   II = Ⓟ ⊢225⊢   6750
Low sided wagon of the SNCF
with stanchions
Wagon à bords bas de la SNCF à ranchers

Niederbordwagen der SNCF,   CNC – SNCF
beladen mit 20-ft-Container   II = Ⓟ ⊢198⊢   6454
Low sided wagon of the SNCF,
loaded with a 20-ft container
Wagon à bords bas de la SNCF,
chargé d'un container 20 ft

Niederbordwagen der SNCF,   II = Ⓟ ⊢140⊢   6520
beladen mit 2 Traktoren
Low sided wagon of the SNCF,
loaded with 2 tractors
Wagon à bords bas de la SNCF,
chargé de 2 tracteurs

Niederbordwagen der SNCF,   II = Ⓟ ⊢198⊢   6450
beladen mit 2 Containern
Low sided wagon of the SNCF,
loaded with 2 containers
Wagon à bords bas de la SNCF,
chargé de 2 containers

Niederbordwagen der SNCF,   II = Ⓟ ⊢140⊢   6601
mit Jeep und LKW beladen
Low sided wagon of the SNCF,
loaded with jeep and truck
Wagon à bords bas de la SNCF,
chargé d'un jeep et d'un camion

Niederbordwagen der SNCF,   II = Ⓟ ⊢198⊢   6451
beladen mit 2 Jeeps
Low sided wagon of the SNCF,
loaded with 2 jeeps
Wagon à bords bas de la SNCF,
chargé de 2 jeeps

Niederbordwagen der SNCF,   II = Ⓟ ⊢140⊢   6602
beladen mit Jeep und Panzer
Low sided wagon of the SNCF,
loaded with jeep and tank
Wagon à bords bas de la SNCF,
chargé d'un jeep et d'un char

Niederbordwagen der SNCF,   II = Ⓟ ⊢198⊢   6452
beladen mit Panzerwagen
Low sided wagon of the SNCF,
loaded with an armoured car
Wagon à bords bas de la SNCF,
chargé d'un char blindé

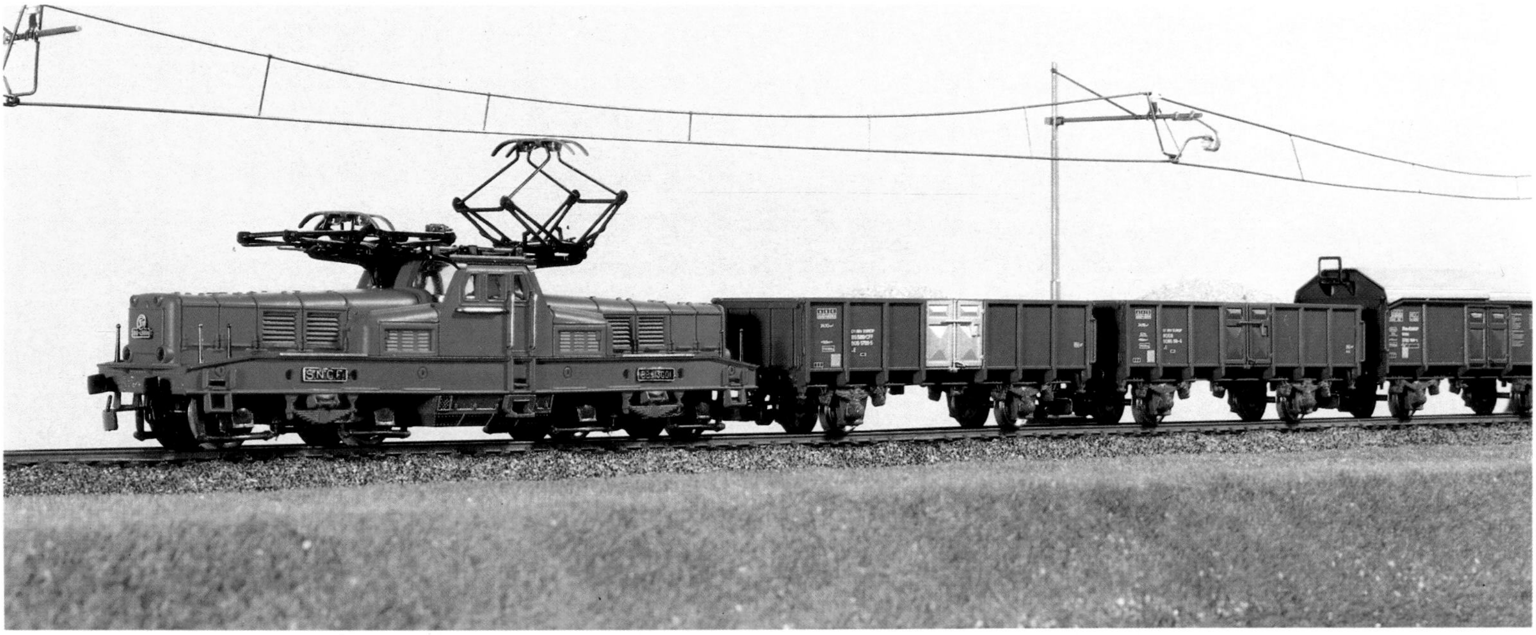

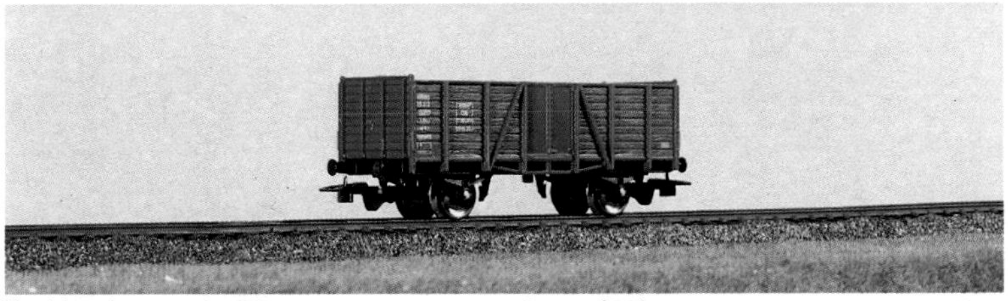

Hochbordwagen der DB — II = Ⓟ ⊣98⊢ — 6816
High sided open wagon of the DB
Wagon tombereau de la DB

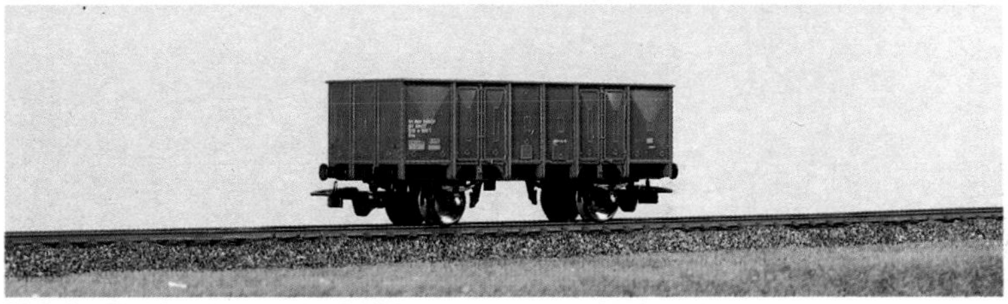

Einheits-Hochbordwagen der SNCF — II = Ⓟ ⊣98⊢ — 6225
Standard high sided open wagon of the SNCF
Wagon tombereau unifié de la SNCF

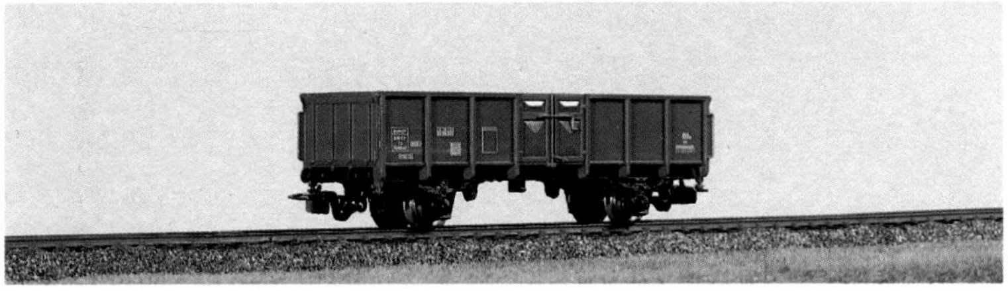

Hochbordwagen der SNCF — II = Ⓟ ⊣116⊢ — 6230
High sided open wagon of the SNCF
Wagon tombereau de la SNCF

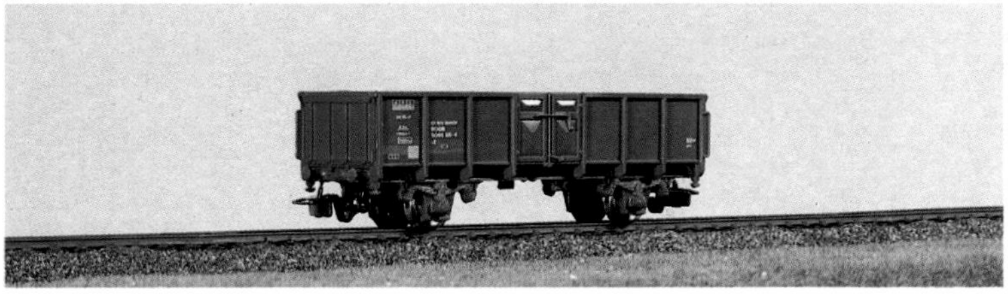

Hochbordwagen der DB — II = Ⓟ ⊣116⊢ — 6811
High sided open wagon of the DB
Wagon tombereau de la DB

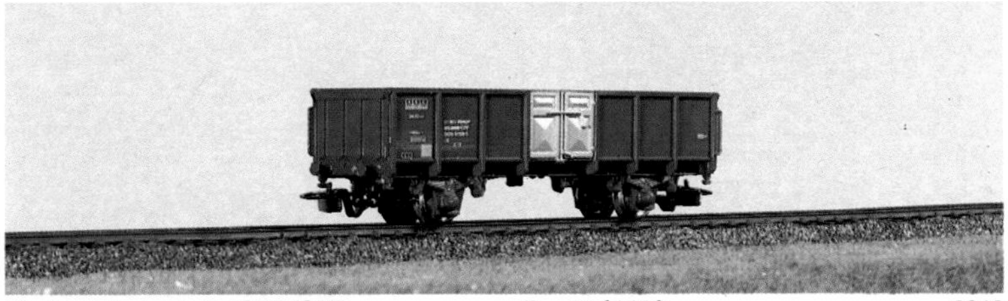

Hochbordwagen der SBB/CFF — II = Ⓟ ⊣116⊢ — 6812
High sided open wagon of the SBB/CFF
Wagon tombereau des SBB/CFF

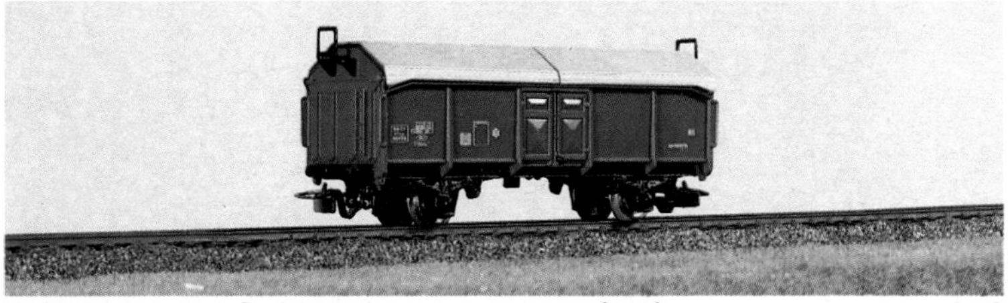

Hochbordwagen mit Schiebedach der SNCF — II = Ⓟ ⊣116⊢ — 6220
High sided wagon with sliding roof of the SNCF
Wagon tombereau à toit coulissant de la SNCF

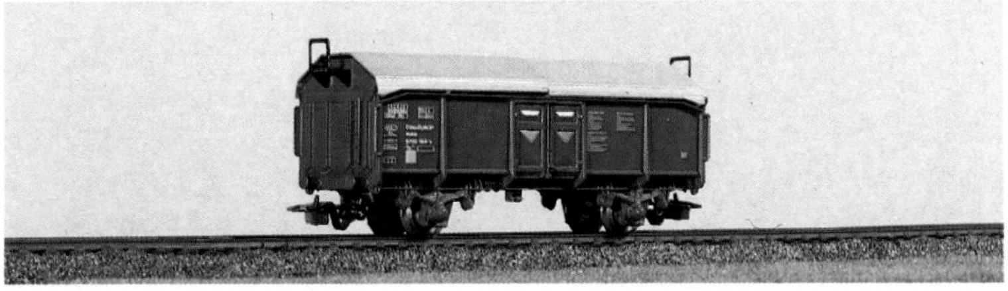

Hochbordwagen mit Schiebedach der DB — II = Ⓟ ⊣116⊢ — 6801
High sided wagon with sliding roof of the DB
Wagon tombereau à toit coulissant de la DB

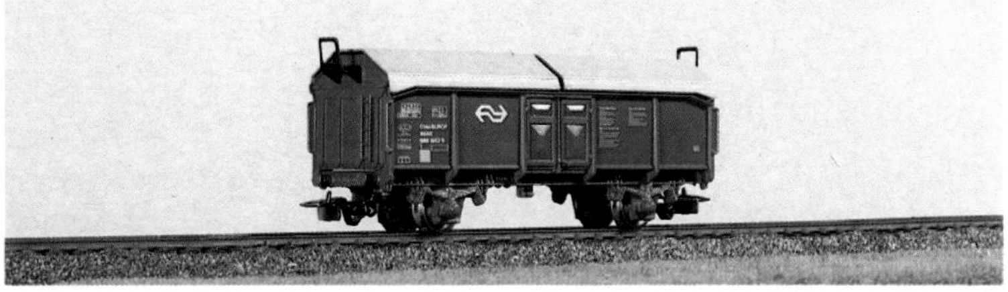

Hochbordwagen mit Schiebedach der NS — II = Ⓟ ⊣116⊢ — 6802
High sided wagon with sliding roof of the NS
Wagon tombereau à toit coulissant des NS

Bierwagen
Beer wagon
Wagon transport de bière
SNCF – KRONENBOURG
II = Ⓟ ⊦116⊦   6260
DB – SPATENBRÄU
II = Ⓟ ⊦116⊦   6261
SNCF – HEINEKEN
II = Ⓟ ⊦116⊦   6270

Gedeckter Güterwagen JOUEF der SNCF   II = Ⓟ ⊦116⊦   6262
Covered wagon JOUEF of the SNCF
Wagon couvert JOUEF de la SNCF

Kühlwagen EVIAN der SNCF   II = Ⓟ ⊦116⊦   6263
Refrigerator wagon EVIAN of the SNCF
Wagon réfrigérant EVIAN de la SNCF

Gedeckter Güterwagen CALBERSON   II = Ⓟ ⊦116⊦   6264
der SNCF
Covered wagon CALBERSON
of the SNCF
Wagon couvert CALBERSON
de la SNCF

Kühlwagen der SNCF   COCA COLA
Refrigerator wagon of the SNCF   II = Ⓟ ⊦116⊦   6265
Wagon réfrigérant de la SNCF   FINDUS
       II = Ⓟ ⊦116⊦   6266

Gedeckter Güterwagen AGFA-GEVAERT   II = Ⓟ ⊦116⊦   6267
der SNCF
Covered wagon AGFA-GEVAERT
of the SNCF
Wagon couvert AGFA-GEVAERT
de la SNCF

Bierwagen CARLSBERG der DSB   II = Ⓟ ⊦116⊦   6268
Beer wagon CARLSBERG of the DSB
Wagon transport de bière CARLSBERG
de la DSB

Gedeckter Güterwagen mit Schiebe-   II = Ⓟ ⊦235⊦   6730
wänden der SNCF
Covered wagon with sliding sides
of the SNCF
Wagon couvert à parois coulissantes
de la SNCF

Gedeckter Güterwagen mit Schiebe-   II = Ⓟ ⊦235⊦   6881
wänden der SBB/CFF
Covered wagon with sliding sides
of the SBB/CFF
Wagon couvert à parois coulissantes
des SBB/CFF

Getreidetransportwagen UNICOPA   II = Ⓟ ⊦175⊦   6541
der SNCF
Grain transport wagon UNICOPA
of the SNCF
Wagon transport de céreales UNICOPA
de la SNCF

Getreidetransportwagen HERFORDER PILS   II = Ⓟ ⊦175⊦   6542
der DB
Grain transport wagon HERFORDER PILS
of the DB
Wagon transport de céreales
HERFORDER PILS de la DB

Güterwagen
Goods wagons
Wagons marchandises

Kühlwagen
Refrigerator wagon
Wagon réfrigérant
SNCF – STEF
II = ℗ ⊣140⊢   6560
SNCF – INTERFRIGO
II = ℗ ⊣140⊢   6563
BR – TRAFFIC SERVICES LTD
II = ℗ ⊣140⊢   6564

Geschlossener Güterwagen NESTLÉ   II = ℗ ⊣140⊢   6561
der SNCF
Covered wagon NESTLÉ
of the SNCF
Wagon couvert NESTLÉ
de la SNCF

Geschlossener Güterwagen der SNCF   II = ℗ ⊣140⊢   6530
Covered wagon of the SNCF
Wagon couvert de la SNCF

Geschlossener Güterwagen der SNCF   II = ℗ ⊣192⊢   6531
Covered wagon of the SNCF
Wagon couvert de la SNCF

Geschlossener UIC-Güterwagen   SNCF
Covered UIC wagon   II = ℗ ⊣116⊢   6240
Wagon couvert UIC   SBB/CFF
                                    II = ℗ ⊣116⊢   6824

Geschlossener UIC-Güterwagen   NS
Covered UIC wagon   II = ℗ ⊣116⊢   6823
Wagon couvert UIC   CFL
                                    II = ℗ ⊣116⊢   6825

Geschlossener UIC-Güterwagen der SNCF   II = ℗ ⊣116⊢   6250
Covered UIC wagon of the SNCF
Wagon couvert UIC de la SNCF

Geschlossener UIC-Güterwagen   II = ℗ ⊣116⊢   6251
SERNAM der SNCF
Covered UIC wagon SERNAM
of the SNCF
Wagon couvert UIC SERNAM
de la SNCF

Geschlossener UIC-Güterwagen der DB   II = ℗ ⊣116⊢   6831
Covered UIC wagon of the DB
Wagon couvert UIC de la DB

Geschlossener UIC-Güterwagen   CFL
Covered UIC wagon   II = ℗ ⊣116⊢   6833
Wagon couvert UIC   SNCB/NMBS
                                    II = ℗ ⊣116⊢   6832

Großraum-Kühlwagen der INTERFRIGO   II = ℗ ⊣225⊢   6760
(SNCF)
High-capacity refrigerated wagon
of the INTERFRIGO (SNCF)
Wagon réfrigérant à grande capacité
de la INTERFRIGO (SNCF)

Bauxit-Transportwagen der SNCF
Bauxite transport wagon of the SNCF
Wagon transport de bauxite de la SNCF
II = ℗ ⊩198⊩ 6435

Zement-Transportwagen der SNCF
Cement transport wagon of the SNCF
Wagon transport de ciment de la SNCF
II = ℗ ⊩198⊩ 6421

Kesselwagen mit Sonnenschutzdach II = ℗ ⊩216⊩ 6511
BUTAGAZ der SNCF
Tank wagon with sun-shield BUTAGAZ
of the SNCF
Wagon-citerne avec pare-soleil BUTAGAZ
de la SNCF

Kesselwagen der SNCF
Tank wagon of the SNCF
Wagon-citerne de la SNCF

ARAL
II = ℗ ⊩198⊩ 6301
BP
II = ℗ ⊩198⊩ 6302
TOTAL
II = ℗ ⊩198⊩ 6308

Kesselwagen mit Sonnenschutzdach II = ℗ ⊩216⊩ 6512
SMTS der SNCF
Tank wagon with sun-shield SMTS
of the SNCF
Wagon-citerne avec pare-soleil SMTS
de la SNCF

Kesselwagen der SNCF
Tank wagon of the SNCF
Wagon-citerne de la SNCF

ELF
II = ℗ ⊩198⊩ 6303
ESSO
II = ℗ ⊩198⊩ 6305
FINA
II = ℗ ⊩198⊩ 6306

Kesselwagen mit Sonnenschutzdach II = ℗ ⊩216⊩ 6513
UGINE KUHLMANN der SNCF
Tank wagon with sun-shield
UGINE KUHLMANN of the SNCF
Wagon-citerne avec pare-soleil
UGINE KUHLMANN de la SNCF

Kesselwagen der SNCF
Tank wagon of the SNCF
Wagon-citerne de la SNCF

ESSO
II = ℗ ⊩198⊩ 6304
GULF
II = ℗ ⊩198⊩ 6309
SHELL
II = ℗ ⊩198⊩ 6307

Weinwagen der SNCF
Wine wagon of the SNCF
Wagon transport de vins de la SNCF
II = ℗ ⊩198⊩ 6430

Schienenreinigungswagen
Track cleaning wagon
Wagon à nettoyer la voie
II = ℗ ⊩198⊩ 6495

Güterwagen
Goods wagons
Wagons marchandises

Zum Einsatz kann der Kran auf Stützen verankert und in allen Funktionen betätigt werden.

In action, the crane can be stayed in supports and the mechanisms operate like the original.

La grue peut être haubannée sur étançons et actionnée dans toutes les opérations réalistes.

Hilfszug aus Kranwagen, 2 Transport-gestellen, Auslegerstützwagen und Nieder-bordwagen mit Stützen.
Breakdown train: crane wagon, 2 transport trucks, a boom support wagon and a flat wagon with supports.

Train de secours: wagon-grue, 2 chariots de transport, un wagon de support pour la flèche et un wagon chargé de supports.

II = ℗ ⊦390⊦   6963

Begleitwagen mit Schlußlicht (SNCF)
Service wagon with tail lights (SNCF)
Fourgon avec feux arrières (SNCF)
II = ℗ ⚑ ⊦116⊦   6480

Tiefladewagen der SNCF,
beladen mit Bulldozer
Well wagon of the SNCF,
loaded with a bulldozer
Wagon à plate-forme surbaissée de la SNCF
avec un bulldozer
II = ℗ ⊦170⊦   6581

Niederflurwagen der SNCF,
beladen mit Sattelanhänger
Flat wagon of the SNCF,
loaded with a semi-trailer
Wagon transport de semi-remorques
routières de la SNCF
II = ℗ ⊦150⊦   6965

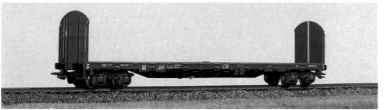

Flachwagen mit Endwänden der SNCF
Flat wagon with end-walls of the SNCF
Wagon plat à dossiers de la SNCF
II = ℗ ⊦225⊦   6751

Flachwagen mit Endwänden und Plane
der SNCF
Flat wagon with end-walls and tilt
of the SNCF
Wagon plat à dossiers et à bâche
de la SNCF
II = ℗ ⊦225⊦   6752

Auto-Transportwagen der STVA (SNCF)
mit 6 Autos
Automobile transporter of the STVA (SNCF)
with 6 cars
Wagon transport d'autos de la STVA
(SNCF) avec 6 voitures
II = ℗ ⊦170⊦   6540

Auto-Transportwagen der STVA (SNCF)
mit 8 Autos
Automobile transporter of the STVA (SNCF)
with 8 cars
Wagon transport d'autos de la STVA
(SNCF) avec 8 voitures
II = ℗ ⊦286⊦   6571

Hochbordwagen der SNCF
High sided open wagon of the SNCF
Wagon tombereau de la SNCF
II = ℗ ⊦140⊦   6500

Schüttgut-Selbstentladewagen der SNCF
Automatic unloading hopper wagon
of the SNCF
Wagon trémie à déchargement auto-
matique de la SNCF
II = ℗ ⊦140⊦   6575

Eilzugwagen der PLM	II = 🅿 (⚡) C ⊢250⊣	5108
Express coach of the PLM		
Voiture d'express de la PLM		

Eilzugwagen der SNCF	II = 🅿 (⚡) B ⊢250⊣	5111
Express coach of the SNCF		
Voiture d'express de la SNCF		

Eilzugwagen der PLM	II = 🅿 (⚡) AB ⊢250⊣	5109
Express coach of the PLM		
Voiture d'express de la PLM		

Eilzugwagen der SNCF	II = 🅿(⚡) AB ⊢250⊣	5112
Express coach of the SNCF		
Voiture d'express de la SNCF		

Eilzugwagen mit Gepäckabteil	PLM	
Express coach with luggage	II = 🅿 (⚡) C ⊢250⊣	5110
compartment	SNCF	
Voiture d'express avec compartiment	II = 🅿 (⚡) B ⊢250⊣	5113
à bagages		

Speisewagen der CIWL	II = 🅿 ⊠ (⚡) A ⊢230⊣	5600
Dining-car of the CIWL		
Voiture-restaurant de la CIWL		

Pullman-Salonwagen der CIWL	II = 🅿 ⊠ (⚡) ⊢230⊣	5610
Pullman saloon coach of the CIWL		
Voiture-salon Pullman de la CIWL		

Schlafwagen der CIWL	II = 🅿 ⊠ (⚡) ⊢230⊣	5620
Sleeping car of the CIWL		
Voiture-lits de la CIWL		

Gepäckwagen der CIWL mit Schlußlicht	II = 🅿 ⚡ ⊢230⊣	5630
Luggage wagon of the CIWL with		
tail lights		
Fourgon à bagages de la CIWL avec		
feux arrières		

Postwagen der SNCF	II = 🅿 (⚡) ⊢220⊣	5650
Mail-van of the SNCF		
Voiture postale de la SNCF		

Gepäckwagen der SNCF mit arbeitenden Schlußlichtern
Luggage wagon of the SNCF with operating tail lights
Fourgon à bagages de la SNCF avec feux arrières

II = ℗ ⚡ ⊦180⊦   5420

Modernisierter Nahverkehrswagen der SNCF
Modernized short-distance traffic coach of the SNCF
Voiture de banlieue modernisée de la SNCF

II = ℗ (⚡) A ⊦217⊦   5101

Modernisierter Nahverkehrswagen der SNCF
Modernized short-distance traffic coach of the SNCF
Voiture de banlieue modernisée de la SNCF

II = ℗ (⚡) B ⊦217⊦   5102

Modernisierter Nahverkehrswagen der SNCF
Modernized short-distance traffic coach of the SNCF
Voiture de banlieue modernisée de la SNCF

II = ℗ (⚡) AB ⊦217⊦   5103

Modernisierter Nahverkehrswagen mit Gepäckabteil der SNCF
Modernized short-distance traffic combine coach of the SNCF
Voiture de banlieue modernisée avec compartiment à bagages de la SNCF

II = ℗ (⚡) B ⊦217⊦   5104

Schnellzugwagen der SNCF
Express coach of the SNCF
Voiture de grandes lignes de la SNCF

II = ℗ (⚡) A ⊦277⊦   5291

Schnellzugwagen der SNCF
Express coach of the SNCF
Voiture de grandes lignes de la SNCF

II = ℗ (⚡) B ⊦277⊦   5292

Schnellzugwagen mit Gepäckabteil der SNCF
Express coach with luggage compartment of the SNCF
Voiture de grandes lignes avec compartiment à bagages de la SNCF

II = ℗ (⚡) A ⊦277⊦   5294

Schnellzug-Gepäckwagen der SNCF
Express luggage wagon of the SNCF
Fourgon de grandes lignes de la SNCF

II = ℗ (⚡) ⊦230⊦   5295

Schnellzugwagen der CFL
Express coach of the CFL
Voiture de grandes lignes des CFL

II = ℗ (⚡) AB ⊦277⊦   5761

Schnellzugwagen der CFL
Express coach of the CFL
Voiture de grandes lignes des CFL

II = ℗ (⚡) A ⊦277⊦   5762

Liegewagen der SNCF
Couchette coach of the SNCF
Voiture-couchettes de la SNCF
II = ℙ (⚑) B ⊣277⊢   5294

Dieser französische Bahnhof ist ein Gebäude aus dem großen JOUEF-Bausatzprogramm. Er kann als Kopfbahnhof (643 x 500 mm) oder als Durchgangsbahnhof (500 x 286 mm) aufgestellt werden.
Bestellnummern:
komplette Anlage   1020
Hauptgebäude   1021
Bahnsteige   1018
Glasüberdachung   1019

This French style station is a building from the great JOUEF kits programme. It can be put up as a dead end station (643 x 500 mm) or as a through station (500 x 286 mm).

Order numbers:
complete premises   1020
main house   1021
platforms   1018
glass roof   1019

Cette gare française est un bâtiment parmi le grand programme JOUEF de maquettes à monter. On peut composer ou bien une gare en cul-de-sac (643 x 500 mm) ou bien une gare de passage (500 x 286 mm).
Numéros de commande:
dépendances complets   1020
bâtiment principal   1021
quais   1018
verriere   1019

Abteilwagen der SNCF
Compartment coach of the SNCF
Voiture à compartiments de la SNCF
II = ℙ ⚑ A ⊣277⊢   5270

Grill-Restaurant-Wagen der SNCF
Grill-room dining car of the SNCF
Voiture de «Gril Express» de la SNCF
II = ℙ (⚑) ⊣277⊢   5482

Speisewagen der SNCF
Dining-car of the SNCF
Voiture-restaurant de la SNCF
II = ℙ (⚑) ⊣277⊢   5490

Großraum-Komfortwagen der SNCF
Comfort saloon coach of the SNCF
Voiture-salon grand confort de la SNCF
II = ℙ (⚑) A ⊣293⊢   5341

Komfort-Speisewagen der SNCF
Comfort dining-car of the SNCF
Voiture-restaurant grand confort de la SNCF
II = ℙ (⚑) ⊣293⊢   5343

Komfortwagen mit Gepäckabteil der SNCF
Comfort coach with luggage compartment of the SNCF
Voiture grand confort avec compartiment à bagages de la SNCF
II = ℙ (⚑) A ⊣293⊢   5342

INOX-Schnellzugwagen der SNCF
INOX express coach of the SNCF
Voiture de grandes lignes INOX
de la SNCF

II = Ⓟ (♀) A ⊢270⊢   5580

INOX-Schnellzugwagen mit Packabteil
der SNCF
INOX express coach with luggage
compartment of the SNCF
Voiture de grandes lignes INOX avec
compartiment à bagages de la SNCF

II = Ⓟ (♀) A ⊢270⊢   5593

TEE-Wagen der SNCF
TEE coach of the SNCF
Voiture TEE de la SNCF

II = Ⓟ ⊠ (♀) A ⊢261⊢   5540

TEE-Wagen mit Packabteil der SNCF
TEE coach with luggage compartment
of the SNCF
Voiture TEE avec compartiment
à bagages de la SNCF

II = Ⓟ ♀ A ⊢226⊢   5550

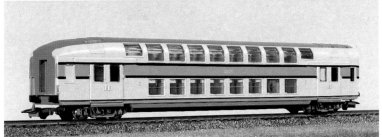

Doppelstockwagen der SNCF
Double-deck coach of the SNCF
Voiture à étage de la SNCF

II = Ⓟ ⊠ (♀) B ⊢280⊢   5084

Doppelstockwagen der SNCF
Double-deck coach of the SNCF
Voiture à étage de la SNCF

II = Ⓟ ⊠ (♀) B ⊢281⊢   5082

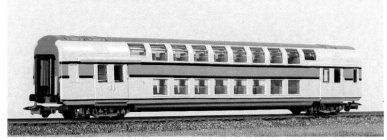

Doppelstockwagen der SNCF
Double-deck coach of the SNCF
Voiture à étage de la SNCF

II = Ⓟ ⊠ (♀) AB ⊢281⊢   5083

Doppelstock-Steuerwagen der SNCF
Double-deck coach with driving cab
of the SNCF
Voiture-pilote à étage de la SNCF

II = Ⓟ ⊠ (♀) B ⊢282⊢   5081

Inter-City-Wagen Mark III der BR	II = P ⊠ (♥) A ⊩306⊩ 5751
Inter City coach Mark III of the BR	Baugröße 00
Voiture Inter City Mark III des BR	00 scale
	échelle 00

Inter-City-Wagen Mark III der BR	II = P ⊠ (♥) B ⊩306⊩ 5752
Inter City coach Mark III of the BR	Baugröße 00
Voiture Inter City Mark III des BR	00 scale
	échelle 00

Schnellzugwagen der SBB/CFF	II = P (♥) A ⊩306⊩ 5781
Express coach of the SBB/CFF	
Voiture de grandes lignes des SBB/CFF	

Schnellzugwagen der SBB/CFF	II = P (♥) B ⊩306⊩ 5782
Express coach of the SBB/CFF	
Voiture de grandes lignes des SBB/CFF	

Schnellzugwagen der SBB/CFF	II = P (♥) AB ⊩306⊩ 5783
Express coach of the SBB/CFF	
Voiture de grandes lignes des SBB/CFF	

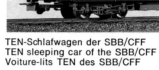

TEN-Schlafwagen der SBB/CFF	II = P (♥) ⊩306⊩ 5784
TEN sleeping car of the SBB/CFF	
Voiture-lits TEN des SBB/CFF	

Schnellzugwagen der DB	II = P (♥) A ⊩306⊩ 5790
Express coach of the DB	
Voiture de grandes lignes de la DB	

Schnellzugwagen der DB	II = P (♥) B ⊩306⊩ 5791
Express coach of the DB	
Voiture de grandes lignes de la DB	

TEN-Schlafwagen der DB	II = P (♥) ⊩306⊩ 5793
TEN sleeping car of the DB	
Voiture-lits TEN de la DB	

Schnellzug-Gepäckwagen der DB	II = P (♥) ⊩306⊩ 5792
Express luggage wagon of the DB	
Fourgon de grandes lignes de la DB	

Güterwagen
Freight cars
Wagons marchandises

Gedeckter Güterwagen 40'
mit Schiebetüren
40' box car with sliding doors
Wagon couvert de 40' avec portes coulissantes

II = ℗ ⊢150⊦ Ⓚ *

Gedeckter Güterwagen 40'
mit eingelassenen Türen
40' box car with plug doors
Wagon couvert de 40' avec portes montées

II = ℗ ⊢150⊦ Ⓚ *

Kar-Line stellt Güterwagenbausätze in Baugröße HO her. Von den abgebildeten Grundtypen gibt es zusammen fast 200 Versionen mit Beschriftungen von Bahngesellschaften der USA, von Kanada und Mexiko von 1930 bis heute. Die Modelle sind in den Abmessungen, den Details, den Farben und Beschriftungen genaue Nachbildungen. Die Oberfläche ist mit farblosem Schutzlack überzogen. Drehgestelle mit RP-25-Rädern (auch einzeln lieferbar) und KaDee-Kupplungen sind in den Bausätzen enthalten. Für den Zusammenbau der paßgenau vorbereiteten Kunststoff- und Metallteile dürfte auch ein Anfänger nicht mehr als eine halbe Stunde benötigen.
Kar-Line liefert direkt oder über den Fachhandel.

Kar-Line manufactures freight car kits in HO scale. There are nearly 200 versions of the shown basic types available with decorations of railway companies in the USA, in Canada, and Mexico from 1930 to the present. The models are exaxt reproductions in size, details, colours, and lettering. The surface is coated with a protective varnish. Trucks with RP-25 wheels (also as items) and KaDee couplers are enclosed with the kits. Even a beginner won't need more than half an hour for assembling the prepared plastic and metal parts.
Kar-Line supplies directly or through dealers.

Gedeckter Güterwagen 50'
50' box car
Wagon couvert de 50'

II = ℗ ⊢180⊦ Ⓚ *

Kar-Line fabrique des wagons marchandises à monter en échelle HO. Il y a presque 200 versions des types représentés, en décorations de sociétés ferroviaires des Etats Unis, du Canada et du Mexico de 1930 jusqu'aujourd'hui. Les modèles sont des reproductions exactes en taille, détails, couleurs et inscriptions. La surface

est revêtue d'un vernis enduit incolore. Les bogies avec roues RP-25 (aussi livrables en détail) et attelages KaDee sont emballés. Même un débutant réussira à monter les éléments préparés en matière plastique et en métal au bout d'une demi-heure.
Kar-Line livre directement ou par les détaillants spécialisés.

✉
Kar-Line Railroad Products Co.
274 Perry Street
USA East Aurora, NY. 14052

Dampflokomotiven
Steam locomotives
Locomotives à vapeur

Kemtron fertigt seit 1947 Modellbahnfahrzeuge und Zubehör in Baugröße HO. Als komplette Bausätze aus Messing und Zinkdruckguß werden Lokomotiven, Tender, Personen- und Güterwagen für Spur HO und HOn3 angeboten. Das große Programm an Einzelteilen besteht aus Lokaufbauten, Drehgestellen, Kupplungen, Zurüstteilen, Beleuchtungseinrichtungen und Gleisbauzubehör. Die Artikel können über Fachhändler bezogen werden.

Kemtron has manufactured HO scale model railway vehicles and accessories since 1947. As complete kits of brass and die-cast parts, locomotives, tenders, passenger and freight cars for HO and HOn3 gauge are offered. The great assortment of components has locomotive bodies, trucks, couplers, detailation parts, lighting sets, and track laying accessories. Items can be obtained from specialized dealers.

Schmalspur-Dampflokomotive C-16
Narrow-gauge steam locomotive C-16
Locomotive à vapeur à voie étroite C-16
HOn3 II = Ⓜ ⊣4⊢ Ⓚ   6350
Ursprungsausführung
Original version
Version originale
HOn3 II = Ⓜ ⊣4⊢ Ⓚ   6001

Depuis 1947 la firme Kemtron fabrique des véhicules ferroviaires modèle réduit et des accessoires en échelle HO. Locomotives, tenders, voitures voyageurs et wagons marchandises pour écartement HO et HOn3 sont offerts en kits de construction complets en laiton et zamac. Le programme varié en pièces détachées se compose de caisses de locomotives, bogies, attelages, pièces d'échange, éclairages intérieurs et accessoires pour la construction de la voie.
La vente des articles se fait par les détaillants spécialisés.

Dampflokomotive Mogul der Wabash RR.
Steam locomotive Mogul of the Wabash RR.
Locomotive à vapeur Mogul de la Wabash RR.

II = Ⓜ ⊣3⊢ Ⓚ   1400

✉
Kemtron Corporation
P. O. Box 23068
USA Los Angeles, CA. 90023

145

Dampflokomotive
Steam locomotive
Locomotive à vapeur

Dampflokomotive Prairie der Atchison
Topeka & Santa Fe
Steam locomotive Prairie of the Atchison
Topeka & Santa Fe
Locomotive à vapeur Prairie de la Atchison
Topeka & Santa Fe
II = Ⓜ ◀3▶

Key importiert Messingmodelle, die in kleinen Stückzahlen in Japan und Korea hergestellt werden. Es sind meist Nachbildungen von amerikanischen Dampflokomotiven. Die Fahrzeuge haben RP-25-Räder und werden ohne Kupplungen und unlackiert geliefert. Der Umfang des derzeitigen Programms ist nicht bekannt.

Key imports HO scale brass models, which are custom-made in Japan and Korea. They are mostly reproductions of American steam locomotives. The vehicles have RP-25 wheels and come out less couplings and unpainted. The range of the actual programme is not known.

La firme Key importe des modèles en laiton, produits en petits nombres au Japon et en Corée. Il s'agit de reproductions de locomotives à vapeur eméricaines. Les véhicules ont des roues RP-25 et sont livrés sans attelages et sans peinture. L'étendue du programme actuel n'est pas connue.

✉
Key Imports Inc.
12 Tara Hill Road
USA Tiburon, CA. 94920

Dampflokomotive und Güterwagen
Steam locomotive and freight cars
Locomotive à vapeur et wagons marchandises

Gelenk-Lokomotive Shay Reihe A
(ohne Motor)
Articulated steam locomotive Shay class A
(unpowered)
Locomotive à vapeur articulée Shay série A
(sans moteur)
Kelly Island Lime & Transport Co.
II = Ⓩ ◀114▶ Ⓚ

HO	105
HOn3	1053

Ein Motor- und Getriebesatz für diese Lokomotive wird von NortWest Short Line geliefert.
A motor and drive kit for this locomotive is supplied by NorthWest Short Line
Une garniture de moteur et de transmission pour cette locomotive est offerte par NorthWest Short Line

HO	II = Ⓚ	NWSL 1684
HOn3	II = Ⓚ	NWSL 1694

Stammholz-Transportwagen (2)
Log carrier (2)
Chariot transport de tiges (2)

HO	Ⓩ ◀70▶ Ⓚ	100
HOn3	Ⓩ ◀102▶ Ⓚ	103
HO	Ⓩ ◀102▶ Ⓚ	107

Ladekran-Aufbau
Loading crane body
Caisse de grue de chargement

Ⓩ Ⓚ	104

Keystone liefert Fahrzeuge und Zubehör zur realistischen Ausgestaltung von Nebenstrecken auf Anlagen der Baugröße HO und O. Das Fahrzeugprogramm umfaßt eine Gelenklokomotive Typ Shay in HO- und HOn3-Ausführung, Holztransportwagen und einen Begleitwagen. Es sind Bausätze aus Zinkdruckguß- und Holzteilen mit nicht ganz einfacher Montage. NMRA-Klauen- oder KaDee-Kupplungen sind vorgesehen, aber nicht enthalten. Die Holztransportwagen werden ohne Drehgestelle geliefert. An Zubehör gibt es Drehgestelle, eine Holzverladeanlage und viele Zinkdruckguß-Kleinteile zur Detaillierung von Fahrzeugen und Anlagen.

Keystone supplies vehicles and accessories for realistic shaping of branch lines on HO and O scale layouts. The vehicle programme has an articulated Shay type locomotive for HO and HOn3 gauge track, log carriers, and a caboose. They come out as kits of zinc die-cast and wood parts, whose assembly is not quite easy. Horn-hook or KaDee couplers are provided, but not enclosed. The log carriers are delivered less trucks. Available accessories are trucks, a log loader, and a lot of detailation die-cast parts for vehicles and sceneries.

Keystone livre des véhicules et accessoires pour le développement réaliste de lignes secondaires de réseaux en écartement HO et O. Le programme de véhicules comprend une locomotive articulée du type Shay à l'échelle HO et HOn3, des wagons pour le transport de bois et un wagon de queue. Il s'agit d'éléments à monter en zamac et en bois dont le montage n'est pas toujours facile à faire. Les véhicules sont aménagés pour recevoir des attelages NMRA à griffes ou KaDee mais ceux-ci ne sont pas compris. Les wagons pour le transport de bois sont livrés sans bogies. Comme accessoires on offre des bogies, une station de chargement pour bois et de nombreux petits éléments en zamac pour le détaillage de véhicules et d'installations.

Nebenstrecken-Begleitwagen
Branch line caboose
Fourgon pour lignes secondaires

	II = Ⓗ ◀70▶ Ⓚ	106

✉
Keystone Locomotive Works
1200 Warren Road
USA Ithaca, NY. 14850

Gebäude-Bausätze
Building kits
Maquettes à monter

Bahnhof „Calw"
Station "Calw"
Gare de «Calw»
℗ 550 x 160 x 160 Ⓚ
B 9518

Die Firma Kindler & Briel wurde 1895 als Spielwarenfabrik gegründet und hat sich in den letzten 20 Jahren auf Modellbahnzubehör spezialisiert. 200 Mitarbeiter fertigen heute ein großes Programm qualitativ hochwertiger Artikel für Baugröße HO, N und Z.
Der Hauptteil des HO-Sortiments besteht aus paßgenauen Gebäudebausätzen aus Kunststoff, die stilgerecht bis in die Einzelheiten das Original wiedergeben. Personen- und Güterbahnhöfe werden in historischer und moderner Ausführung hergestellt, dazu passende Bahnsteige, Stellwerke, Lokomotivschuppen, Bahnübergänge und einiges Zubehör für die Bahnanlagen. Viele Industrie- und Wohngebäude stehen zur Auswahl, von der Tankstelle bis zur Fabrik, vom Bauernhof bis zum Hochhaus. Zur realistischen Ausgestaltung von Landschaften gibt es Brücken, Tunnels, Straßenlampen, Bäume und Figuren. Viel Beachtung findet eine Serie von exakt detaillierten Lastwagen mit verschiedenen Aufbauten. Außerdem werden Fertiggelände (ohne Gebäude) angeboten, die sich für die meisten Gleissysteme eignen.
Lieferung erfolgt über den Fachhandel.

The house of Kindler & Briel was founded in 1895 as a toy factory and has specialized in model railway accessories for the last 20 years. 200 employees today manufacture a large programme of high-quality items for HO, N, and Z scale.
The main part of the HO scale assortment consists of well fitting building kits exactly reproduced from the original with the finest details. Passenger and freight stations are made in historical and modern versions with suitable platforms, signal boxes, engine sheds, level crossings, and many trackside accessories. A lot of industrial and dwelling-houses can be chosen, from the petrol station to the factory, from the farm-house to the sky-scraper. For realistic scenery shaping there are bridges, tunnels, street lamps, trees, and figures. Much notice is taken to a series of exactly detailed trucks and lorries. Moreover, scenic layouts (without buildings) suitable for nearly all track systems are offered.
Delivery is made through specialized dealers.

Oldtimer-Bahnhof „Dettingen"
Old time station "Dettingen"
Ancienne gare de «Dettingen»
℗ 340 x 120 x 150 Ⓚ
B 9498

Fondée en 1895 en tant que bimbeloterie, la firme Kindler & Briel s'est spécialisée pendant les derniers vingt ans dans la fabrication d'accessoires de chemins de fer modèle réduit. De nos jours, 200 employés s'occupent d'un grand programme d'articles de haute qualité pour écartements HO, N et Z.
La plus grande partie de l'assortiment d'échelle HO se compose d'immeubles en boîtes de construction en matières plastiques reproduisant l'original jusqu'au plus petit détail. On produit des gares voyageurs et des gares marchandises en executions historiques et modernes, des quais adéquats, des postes d'aiguillages, remises à locomotives, passages à niveau et quelques accessoires pour les installations ferroviaires. Sont disponibles de nombreux bâtiments d'habitation et industriels, de la station d'essence à l'usine, de la ferme au gratte-ciel. Pour la réalisation de paysages réalistes il y a des ponts, des tunnels, des éclairages de ville, des ponts et des figurines. Une série de camions avec différentes caisses très fidèles au détail attire beaucoup d'attention. De plus, le programme offre des paysages complets (sans bâtiments) adaptables à presque tous les systèmes de voie.

La livraison se fait par les commerçants spécialisés.

✉
KIBRI
Kindler & Briel
Otto-Lilienthal-Straße 40
D-7030 Böblingen

Kiesaufbereitungsanlage
Large gravel silo
Station de gravier
℗ 270 x 120 x 210 Ⓚ
B 9954

Aus kleinsten Anfängen heraus hatten die Brüder Klein, zwei Ingenieure, im Jahre 1947 mit der Herstellung einer Spielzeugeisenbahn begonnen, die robust und vor allem preiswert sein sollte. Inzwischen hat sich aus dieser Idee ein komplettes System in modellmäßiger Ausstattung und von hohem Spielwert entwickelt. Mit zum Konzept gehört der Verkauf in eigenen Fachgeschäften in Österreich. Der Auslandsverkauf erfolgt per Postversand. Das Unternehmen beschäftigt 150 Mitarbeiter.

Die Modelle können auch auf NEM-Zweileiter-Gleichstromgleisen eingesetzt werden. Lediglich bei den Triebfahrzeugen ist eine Umpolung der Fahrtrichtung erforderlich, wenn der Fahrbetrieb mit Lokomotiven anderen Fabrikats gleichzeitig erfolgt.

Die Gleise bestehen aus Hohlprofilschienen mit Stiftverbindungen und unzerbrechlichen Kunststoffschwellen. Das Programm umfaßt Gerade (1/1 = 200 mm), zwei Radien (384, 436,5 mm), Kreuzungen (15°, 30°), Weichen (15º), Bogenweichen, Doppel-

= 200 mm), two radii (384 and 436,5 mm), crossings (15º and 30º), switches (15º) and a turntable (∅ 355 mm).

The standard transformer performs 30 VA, just as an electronic traction current transformer rendering an extremely slow start. For all circuits and connexions there are suitable switches and required accessories.

The railway layouts can be completed by an automatic level-crossing, bridges, viaducts and ramps. For scenery constructions, terrain sections, tunnels, trees and other materials are available. Engine sheds, stations and more buildings are mounted models.

On peut compléter les installations ferroviaires par un passage à niveau automatique, des ponts, des viaducts et des rampes d'accès. Pour les idées de paysage il y a des éléments de terrain, des arbres et d'autres matériaux de construction. Le programme offre aussi des remises de locomotives, des gares et d'autres bâtiments en éléments préfabriqués.

Die flache Kleinbahn-Drehscheibe (10 mm) bietet 24 Anschlußmöglichkeiten. Der Ringlokschuppen aus Einzelelementen kann beliebig erweitert werden.

The flat Kleinbahn turntable (10 mm) has 24 possibilities of junction. The roundhouse of single sheds can be extended largely.

Le pont tournant plat (10 mm) offre 24 jonctions possibles. La rotonde construite en éléments détachés peut être élargie à volonté.

Photo: Kleinbahn

⊠

Kleinbahn
Gatterederstraße 4 - 6
A-1230 Wien

kreuzweichen (15º) und Drehscheibe (355 mm ∅).

Der Standardtransformator leistet 30 VA, ebenso ein elektronischer Fahrtransformator, der extrem langsames Anfahren ermöglicht. Für alle Schaltungen und Anschlüsse gibt es die passenden Schalter und das nötige Zubehör.

Die Bahnanlagen können durch einen vollautomatischen Bahnübergang, Brücken, Viadukte und Auffahrrampen ergänzt werden. Zum Landschaftsbau stehen Geländeteile, Tunnels, Bäume und sonstiges Baumaterial zur Verfügung. Lokschuppen, Bahnhöfe und weitere Gebäude gibt es als Fertigteile.

En 1947, les frères Klein, deux ingénieurs, se sont lancés peu à peu dans la production d'un chemin de fer modèle réduit. Celui-ci devait être robuste et, avant tout, de bon marché. Entre temps, cette idée s'est réalisée dans un système complet d'équipement modèle et d'une grande valeur de jeu. L'organisation comprend également la vente chez les détaillants spécialisés de la firme en Autriche. La vente à l'étranger se fait par expédition postale. L'entreprise emploie 150 personnes.

Les modèles sont aptes à circuler sur les voies NEM à deux conducteurs et courant continu. Pour les engins de traction seulement il faut regrouper les pôles du sens de la marche en cas de circulation simultanée avec des locomotives d'un autre fabricant.

Les voies se composent de rails assemblés à broches et de traverses en matière plastique infrangible. Le programme comprend une section droite (1/1 = 200 mm), deux courbes (384 et 436,5 mm), des croisements (15º et 30º), des aiguilles (15º), des aiguilles courbe, une traversée jonction double (15º) et un pont tournant (∅ 355 mm).

Le transformateur standard et le transformateur électronique pour la traction fournissent 30 VA. Le dernier perment un demarrage extraordinairement lent. Pour tous les montages et raccordements électriques le programme offre en plus les commutateurs correspondants et les accessoires nécessaires.

Zu den Licht- und Form-Hauptsignalen (mit Zugbeeinflussung) gibt es die entsprechenden Vorsignale und Signaltafeln.

For the colour light signals and the semaphores (with traction current control) there

are suitable distant signals and plates.

Les sémaphores et les signaux lumineux (avec commande de la marche des trains) sont accompagnés de signaux d'avertissement et de disques y correspondants.

From small extents, the Klein brothers, two engineers, had started manufacturing a toy railway in 1947. It was intended to be robust and worth the money. Meanwhile, this idea has developped to a complete system in model-like outfit and of great play value. Part of the conception is sale through own one-line shops in Austria. Foreign countries are supplied by direct mailing. The enterprise has 150 employees.

All of the models can operate on NEM-two-rails DC track. Merely the polarity of the driven vehicles has to be changed, if they shall run at the same time with locomotives of other makes. The couplings are from NEM class A.

The tracks consist of hollow-profile rails with pin connections and unbreakable plastic ties. The programme contains straights (1/1

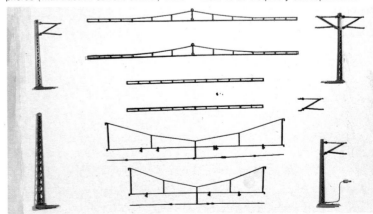

Oberleitung, aus gehärtetem Kupfer gestanzt, mit fertigen Weichen- und Kreuzungsstücken. Die Masten werden an das Gleis gesteckt oder angeschraubt.
Overhead wire punched from hardened copper, with prefabricated switch and

crossing sections. The masts are fixed to the track or by screws.
Ligne aérienne poinçonnée en cuivre trempé avec des éléments préfabriqués d'aiguillage et de croisement. Les poteaux sont fixés ou cissés à de la voie.

Dampf- und Elektrolokomotiven
Steam and electric locomotives
Locomotives à vapeur et électriques

Tenderlokomotive BR 80 der DB
Tank locomotive class 80 of the DB
Locomotive-tender série 80 de la DB

II = ℗ ⚓ + 3 ↔ ⊢124⊣   D 100

Tenderlokomotive der ÖBB
Tank locomotive of the ÖBB
Locomotive-tender des ÖBB

II = ℗ ⚓ + 3 ↔ ⊢124⊣   D 120

Tenderlokomotive BR 93 der ÖBB
Tank locomotive class 93 of the ÖBB
Locomotive-tender série 93 des ÖBB

II = ℗ ⚓ + 4 ↔ ⊢135⊣   D 93

Personenzuglokomotive BR 78 der ÖBB
Passenger train locomotive class 78
of the ÖBB
Locomotive pour trains voyageurs,
série 78 des ÖBB

II = ℗ ⚓ + 3 ↔ ⊢165⊣   D 78

Güterzuglokomotive BR 156 der ÖBB
Freight train locomotive class 156
of the ÖBB
Locomotive pour trains marchandises
série 156 des ÖBB

II = ℗ ⚓ + 4 ↔ ⊢193⊣   D 156

Güterzuglokomotive BR 52 der ÖBB
Freight train locomotive class 52
of the ÖBB
Locomotive pour trains marchandises
série 52 des ÖBB

II = ℗ ⚓ + 5 ↔ ⊢260⊣   D 52

Güterzuglokomotive BR 52 mit
Zugführerabteil im Tender
Freight train locomotive class 52 with
cab tender
Locomotive pour trains marchandises
série 52 avec tender-cabine

II = ℗ ⚓ + 5 ↔ ⊢260⊣   D 52 K

Oldtimer-Elektrolokomotive Serie 1280
der ÖBB
Oldtimer electric locomotive class 1280
of the ÖBB
Motrice ancienne, série 1280 des ÖBB

II = ℗ ⚓ + 3 ↔ ⊢125⊣   E 1280

Mehrzwecklokomotive der SBB/CFF,
Serie Be 4/4
Multi-purpose electric locomotive
class Be 4/4 of the SBB/CFF
Motrice tous services, série Be 4/4
des SBB/CFF

II = ℗ ⚓ + 2 ↔ ⊢135⊣   Be 4/4

Elektrische Mehrzwecklokomotive 1245
der ÖBB
Multi-purpose electric locomotive 1245
of the ÖBB
Motrice tous services 1245 des ÖBB

II = ℗ ⚓ + 2 ↔ ⊢135⊣
rot/red/rouge   1245 R
grün/green/verte   1245 G

Elektrolokomotiven, Diesellokomotiven, Triebwagen
Electric locomotives, Diesel locomotives, rail cars
Locomotives électriques, locomotives Diesel, autorails

KLEINBAHN

Elektrische Mehrzwecklokomotive BR 1041 der ÖBB	II = ℗ ⚡ ↤4↦ ⊢164⊣
Electric multi-purpose locomotive class 1041 of the ÖBB	rot/red/rouge 1041 R
Motrice tous services série 1041 des ÖBB	grün/green/verte 1041 G
Elektrische Mehrzwecklokomotive BR 1042 der ÖBB	II = ℗ ⚡ ↤4↦ ⊢180⊣
Electric multi-purpose locomotive class 1042 of the ÖBB	rot/red/rouge 1042 R
Motrice tous services série 1042 des ÖBB	grün/green/verte 1042 G

Schnellzuglokomotive Re 4/4 der SBB/CFF
Express locomotive Re 4/4 of the SBB/CFF
Locomotive de vitesse Re 4/4 des SBB/CFF

II = ℗ ⚡ ↤4↦ ⊢157⊣   Re 4/4

Elektrische Schnellzuglokomotive BR 1010 der ÖBB
Electric express locomotive class 1010 of the ÖBB
Motrice de vitesse série 1010 des ÖBB

II = ℗ ⚡ ↤6↦ ⊢180⊣
rot/red/rouge 1010 R
grün/green/verte 1010 G

Schnellzuglokomotive Ae 6/6 der SBB/CFF
Electric express locomotive Ae 6/6 of the SBB/CFF
Motrice de vitesse Ae 6/6 des SBB/CFF

II = ℗ ⚡ ↤6↦ ⊢194⊣   Ae 6/6

Schwere elektrische Berglokomotive BR 1020 der ÖBB
Heavy electric mountain service locomotive class 1020 of the ÖBB
Motrice lourde de montagne série 1020 des ÖBB

II = ℗ ⚡ ↤6↦ ⊢200⊣
rot/red/rouge 1020 R
grün/green/verte 1020 G

Diesel-Verschiebelokomotive 2060 der ÖBB
Diesel switching locomotive 2060 of the ÖBB
Locotracteur Diesel 2060 des ÖBB

II = ℗ ⚡ ↤2↦ ⊢81⊣
rot/red/rouge 2060 R
grün green/verte 2060 G

Dieselelektrische Mehrzwecklokomotive 2050 der ÖBB
Diesel electric multi-purpose locomotive 2050 of the ÖBB
Locomotive Diesel électrique tous services 2050 des ÖBB

II = ℗ ⚡ ↤4↦ ⊢192⊣
rot/red/rouge 2050 R
grün/green/verte 2050 G

Schnelltriebwagen „Roter Pfeil" der SBB/CFF
High-speed railcar "Red Arrow" of the SBB/CFF
Autorail rapide «Flèche rouge» des SBB/CFF

II = ℗ ⚡ ↤2↦ ⊢233⊣   RBe 2/4

Dieselhydraulischer Schnelltriebwagen VT 5046 der ÖBB
Diesel hydraulic high speed rail car VT 5046 of the ÖBB
Autorail Diesel hydraulique rapide VT 5046 des ÖBB

II = ℗ ⚡ ↤2↦ ⊢229⊣   VT 5046

Triebwagenschnellzug „TRANSALPIN"
der ÖBB, bestehend aus 5 Teilen
Electric high speed motor train
"TRANSALPIN" of the ÖBB - 5 parts.
Train automoteur «TRANSALPIN» des ÖBB
en 5 parties.

Kompletter Zug
Complete train
Train complet
II = Ⓟ ☒ ♎ ✦4➔ AB ⱶ1125ⱶ   4010

Schnellbahn-Triebwagen der ÖBB   II = Ⓟ ☒ ♎ ✦4➔ AB ⱶ660ⱶ   4030
Electric high speed rail car of the ÖBB
Train automoteur de grand parcours
des ÖBB

Doppel-Triebwagen der BLS   II = Ⓟ ☒ ♎ ✦2➔ AB ⱶ460ⱶ   AB Fe 4/8
Electric double rail car of the BLS
Autorail à 2 éléments de la BLS

Die Lokomotiven 1010, 1042, 1041, 1020,
Ae 6/6, Re 4/4, 2050 und die Triebwagen-
züge 4010 und 4030 sind mit 2 Motoren
ausgerüstet. Alle KLEINBAHN-Elektroloko-
motiven sind wahlweise auf Unterleitungs-
oder Oberleitungsstromversorgung umschaltbar.

The locomotives 1010, 1042, 1041, 1020,
Ae 6/6, Re 4/4, 2050 and the rail cars 4010
and 4030 are equipped with 2 motors.
All electric locomotives can be switched to
track or overhead line supply.

Les locomotives 1010, 1042, 1041, 1020,
Ae 6/6, Re 4/4, 2050 et les trains auto-
moteurs 4010 et 4030 sont equipé de
2 moteurs. Toutes les motrices sont
commutables pour alimentation en
courant-traction par voie ou ligne aérienne.

Dieselhydraulischer Schnelltriebwagen   II = Ⓟ ☒ ♎A ✦2➔ ⱶ435ⱶ   VT 5045
VT 5045 „Blauer Blitz" der ÖBB
Diesel hydraulic high speed motor train
VT 5045 "Blue Flash" of the ÖBB
Train automoteur Diesel hydraulique rapide
«Foudre Bleue» VT 5045 des ÖBB

Kranwagen, 6-achsig, funktionsfähig
Crane car with working crane, 12 wheels
Wagon grue à 6 essieux, fonctionnable

II = Ⓟ ⊣121⊢ 359

Niederbordwagen (DR)
Low-side car (DR)
Wagon à bords bas (DR)

II = Ⓟ ⊣119⊢ 333

Offener Güterwagen mit Bremserhaus der ÖBB
Open goods wagon with brakeman's cab of the ÖBB
Tombereau à guérite des ÖBB
II = Ⓟ ⊣102⊢ 324

Offener Güterwagen der ÖBB
Open goods wagon of the ÖBB
Tombereau des ÖBB

II = Ⓟ ⊣92⊢ 323

Offener Güterwagen der SBB/CFF
Open goods wagon of the SBB/CFF
Tombereau des SBB/CFF

II = Ⓟ ⊣108⊢ 325

Offener Güterwagen der SNCF
Open goods wagon of the SNCF
Tombereau de la SNCF

II = Ⓟ ⊣92⊢ 326

Offener Güterwagen mit Bremserhaus der ÖBB
Open goods wagon with brakeman's cab ÖBB
Tombereau à guérite des ÖBB

II = Ⓟ ⊣166⊢ 350

Offener Güterwagen der ÖBB
Open goods wagon of the ÖBB
Tombereau des ÖBB

II = Ⓟ ⊣156⊢ 349

Selbstentladewagen (DB)
Hopper car (DB)
Wagon à déchargement automatique (DB)

II = Ⓟ ⊣102⊢ 330

Schotterwagen der DB
Ballast car of the DB
Wagon à trémie de la DB

II = Ⓟ ⊣92⊢ 335

Talbot-Schotterwagen der ÖBB
Talbot ballast car of the ÖBB
Wagon à trémie Talbot des ÖBB

II = Ⓟ ⊣125⊢ 361

Erzwagen der ÖBB
Ore car of the ÖBB
Wagon à minerai des ÖBB

II = Ⓟ ⊣118⊢ 356

Tank-Container-Wagen der SBB/CFF
Tank container car of the SBB/CFF
Wagon à containers des SBB/CFF

II = Ⓟ ⊣132⊢ 314 R

Tank-Container-Wagen der SBB/CFF
Tank container car of the SBB/CFF
Wagon à containers des SBB/CFF

II = Ⓟ ⊣132⊢ 314 O

Containerwagen der SBB/CFF
Container car of the SBB/CFF
Wagon à containers des SBB/CFF

II = Ⓟ ⊣132⊢ 314 L

Containerwagen der SBB/CFF
Container car of the SBB/CFF
Wagon à containers des SBB/CFF

II = Ⓟ ⊣132⊢ 314 K

Gedeckter Güterwagen der ÖBB
Covered box car of the ÖBB
Wagon couvert des ÖBB

II = P ⊢108⊢ 300

Gedeckter Güterwagen mit Bremserhaus, ÖBB
Covered box car with brakeman's cab, ÖBB
Wagon couvert avec vigie, ÖBB

II = P ⊢116⊢ 301

Gedeckter Güterwagen der SBB/CFF
Covered box car with brakeman's cab, SBB/CFF
Wagon couvert avec vigie, SBB/CFF

II = P ⊢102⊢ 302

Gedeckter Güterwagen der SBB/CFF
Covered box car with brakeman's cab, SBB/CFF
Wagon couvert avec vigie, SBB/CFF

II = P ⊢108⊢ 305

Gedeckter Güterwagen der FS
Covered box car of the FS
Wagon couvert de la FS

II = P ⊢108⊢ 306

Gedeckter Güterwagen der ÖBB
Covered box car of the ÖBB
Wagon couvert des ÖBB

II = P ⊢118⊢ 307

Güterwagen der ÖBB
Covered box car of the ÖBB
Wagon couvert des ÖBB

II = P ⊢130⊢ 308

Gedeckter Güterwagen der DB
Covered box car of the DB
Wagon couvert de la DB

II = P ⊢130⊢ 309

Güterwagen „Intercontinentale" (ÖBB)
Freight car "Intercontinentale" (ÖBB)
Wagon couvert «Intercontinentale» (ÖBB)

II = P ⊢108⊢ 310

Kühlwagen (SBB/CFF)
Refrigerator car (SBB/CFF)
Wagon frigo (SBB/CFF)

II = P ⊢108⊢ 319

Kühlwagen (ÖBB)
Refrigerator car (ÖBB)
Wagon frigo (ÖBB)

II = P ⊢108⊢ 320

Dienstwagen der SBB/CFF
Caboose of the SBB/CFF
Voiture d'accompagnement, SBB/CFF

II = P ⊢102⊢ 321

Viehtransportwagen der ÖBB
Cattle car of the ÖBB
Wagon à béstiaux des ÖBB

II = P ⊢108⊢ 327

Gedeckter Güterwagen der ÖBB
Covered box car of the ÖBB
Wagon couvert des ÖBB

II = P ⊢92⊢ 331

Gedeckter Güterwagen der ÖBB
Covered box car of the ÖBB
Wagon couvert des ÖBB

II = P ⊢156⊢ 340
II = P ⊢166⊢ 341

Gedeckter Güterwagen der ÖBB
Covered box car of the ÖBB
Wagon couvert, ÖBB

II = P ⊢102⊢ 332

Klappdeckelwagen der ÖBB
Hinged hatches car of the ÖBB
Wagon à toit mobile latéralement des ÖBB

II = P ⊢92⊢ 337

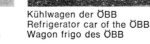

Kühlwagen der ÖBB
Refrigerator car of the ÖBB
Wagon frigo des ÖBB

II = P ⊢156⊢ 345

153

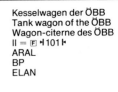

Kesselwagen der ÖBB
Tank wagon of the ÖBB
Wagon-citerne des ÖBB
II = F ⊣101⊢
ARAL 313 A
BP 313 B
ELAN 313 C

Kesselwagen der ÖBB (SHELL)
Tank wagon of the ÖBB (SHELL)
Wagon-citerne des ÖBB (SHELL)
II = F ⊣101⊢ 313 D

Kesselwagen der ÖBB (MOBIL)
Tank wagon of the ÖBB (MOBIL)
Wagon-citerne des ÖBB (MOBIL)
II = F ⊣101⊢ 313 E

Heizölkesselwagen der DB
Oil tank wagon of the DB
Wagon-citerne pour le transport de fuel de la DB
II = F ⊣119⊢ 343

Säuretopfwagen der ÖBB
Carboy wagon of the ÖBB
Wagon-jarres pour le transport d'acides des ÖBB
II = P ⊣92⊢ 334

Zementwagen der SBB/CFF
Cement wagon of the SBB/CFF
Wagon pour transports de ciment, SBB/CFF
II = P ⊣119⊢ 338

Feinschüttgutbehälterwagen der DB
Container wagon of the DB
Wagon à containers pour granuleux de la DB
II = P ⊣118⊢ 339 C

Bierbehälterwagen (DB)
Beer container wagon (DB)
Wagon à containers de biere (DB)
II = P ⊣118⊢ 339 B

Offener Behälterwagen der DB
Open container wagon of the DB
Wagon à containers ouverts de la DB
II = P ⊣102⊢ 339 O

Geschlossener Behälterwagen der DB
Covered container wagon of the DB
Wagon à containers fermés de la DB
II = P ⊣102⊢ 339 G

Tiefkühlbehälterwagen (DB)
Refrigerated container wagon (DB)
Wagon à containers frigorifiques (DB)
II = P ⊣102⊢ 339 K

Rungenwagen der SBB/CFF
Flat wagon with stakes of the SBB/CFF
Wagon à ranchers des SBB/CFF
II = P ⊣132⊢ 303

Planenwagen der ÖBB
Tilt-covered wagon of the ÖBB
Wagon bâché des ÖBB
II = P ⊣92⊢ 318

Planenwagen (ÖBB)
Tilt-covered wagon (ÖBB)
Wagon bâché (ÖBB)
II = P ⊣156⊢ 347

Rungenwagen mit Bremserhaus, ÖBB
Flat wagon with stakes and brakeman's cab, ÖBB
Wagon à ranchers avec vigie des ÖBB
II = P ⊣166⊢ 354

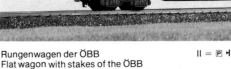

Langholzwagen (2 Stück) der ÖBB
Cradle cars (2 pieces) of the ÖBB
Wagons à traverse pivotante des ÖBB
II = P ⊣189⊢ 358

Rungenwagen der ÖBB
Flat wagon with stakes of the ÖBB
Wagon à ranchers des ÖBB
II = P ⊣203⊢ 363

Güterwagen
Goods wagons
Wagon marchandises

Kesselwagen der ÖBB
Tank wagon of the ÖBB
Wagon-citerne des ÖBB
II = Ⓟ ⊦133⊦
ARAL	355 A
ELAN	355 B
MOBIL	355 C

Kesselwagen der ÖBB (BP)	II = Ⓟ ⊦133⊦	355 D
Tank wagon of the ÖBB (BP)		
Wagon-citerne des ÖBB (BP)		

Kesselwagen der ÖBB (SHELL)	II = Ⓟ ⊦133⊦	355 E
Tank wagon of the ÖBB (SHELL)		
Wagon-citerne des ÖBB (SHELL)		

Großraumgüterwagen der ÖBB	II = Ⓟ ⊦147⊦	360
High-capacity goods wagon of the ÖBB		
Wagon de grande capacité des ÖBB		

Schneepflugwagen der SBB/CFF
Snowplough car of the SBB/CFF
Chasse-neige des SBB/CFF
II = Ⓟ ⊦115⊦   322

Schienenreinigungswagen
Track cleaner wagon
Wagon pour le nettoyage de la voie
II = Ⓟ ⊦108⊦   353

Beladener Tiefladewagen der ÖBB	II = Ⓟ ⊦213⊦	348
Loaded low-bed car of the ÖBB		
Wagon à plateforme surbaissée des ÖBB		

Auto-Transportwagen der ÖBB
Automobile transporter of the ÖBB
Wagon pour transport d'autos des ÖBB
II = Ⓟ ⊦233⊦   362

Oldtimer Personenwagen
Oldtimer passenger coaches
Voitures anciennes

II = Ⓟ ⊠ ⊢114⊢

braun/brown/brune	370 B
grün/green/verte	370 G

Schaffner-Gepäckwagen der ÖBB
Caboose-baggage car of the ÖBB
Wagon de service avec compartiment
à bagages des ÖBB

II = Ⓟ ⊢111⊢   369

Personenwagen der ÖBB
Passenger coach of the ÖBB
Voiture voyageurs des ÖBB

II = Ⓟ ⊠ ⊢128⊢   371 G

Personenwagen der ÖBB
Passenger coach of the ÖBB
Voiture voyageurs des ÖBB

II = Ⓟ ⊠ ⊢128⊢   372 G

Packwagen der ÖBB
Baggage car of the ÖBB
Fourgon des ÖBB

II = Ⓟ ⊢123⊢   368 G

Länderbahn-Personenwagen
Local passenger coach
Voiture voyageurs

II = Ⓟ ⊠ ⊢128⊢   371 B

Länderbahn-Personenwagen
Local passenger coach
Voiture voyageurs

II = Ⓟ ⊠ ⊢128⊢   372 B

Länderbahn-Packwagen
Local baggage car
Fourgon

II = Ⓟ ⊢123⊢   368 B

Schnellzugwagen der ÖBB
Express coach of the ÖBB
Voiture grandes lignes des ÖBB

II = Ⓟ ⊠ A ⊢232⊢   387

Städte-Schnellzugwagen der ÖBB
Express coach of the ÖBB
Voiture grandes lignes des ÖBB

II = Ⓟ ⊠ B ⊢222⊢   388

Gepäckwagen der ÖBB
Baggage car of the ÖBB
Fourgon des ÖBB

II = Ⓟ ⊢202⊢   390

Postwagen der ÖBB
Mail car of the ÖBB
Fourgon postal des ÖBB

II = Ⓟ ⊢225⊢   391

Personenwagen der ÖBB
Passenger coach of the ÖBB
Voiture voyageurs des ÖBB

II = Ⓟ ⊠ B ⊢222⊢   396

Inland-Reisezugwagen der ÖBB
Inland passenger coach of the ÖBB
Voiture voyageurs du trafic intérieur
des ÖBB

II = Ⓟ ⊠ B ⊢222⊢   397

Reisezugwagen
Passenger coaches
Voitures voyageurs

Schnellzugwagen der ÖBB
Express coach of the ÖBB
Voiture grandes lignes des ÖBB

II = Ⓟ ⊠ B ⊦224⊦   395

Schnellzugwagen der ÖBB (1910)
Express coach of the ÖBB (1910)
Voiture grandes lignes des ÖBB
(1910)

II = Ⓟ ⊠ ABC ⊦207⊦   384

Personenwagen der SBB/CFF
Passenger coach of the SBB/CFF
Voiture voyageurs des SBB/CFF

II = Ⓟ ⊠ AB ⊦201⊦   394

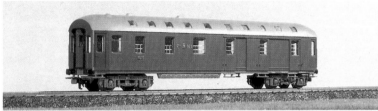

Bahnpostwagen der SBB/CFF
Mail-van of the SBB/CFF
Fourgon postal des SBB/CFF

II = Ⓟ ⊦214⊦   383

Leichtschnellzugwagen der SBB/CFF
Express coach of the SBB/CFF
Voiture grandes lignes des SBB/CFF

II = Ⓟ ⊠ B ⊦222⊦   381
II = Ⓟ ⊠ AB ⊦222⊦   380

Schnellzug-Steuerwagen (SBB/CFF)
Express control car (SBB/CFF)
Voiture de commande grandes lignes
(SBB/CFF)

II = Ⓟ ⊠ AB ⊦227⊦   393

Gepäckwagen der SBB/CFF
Luggage van of the SBB/CFF
Fourgon des SBB/CFF

II = Ⓟ ⊦190⊦   382

Schnellzug-Speisewagen der SBB/CFF
Express dining-car of the SBB/CFF
Voiture-restaurant des SBB/CFF

II = Ⓟ ⊠ ⊦222⊦   392

Schnellzugwagen der DB
Express coach of the DB
Voiture grandes lignes de la DB

II = Ⓟ ⊠ AB ⊦232⊦   389

Internationaler Schlafwagen
International sleeping coach
Voiture-lits internationale

II = Ⓟ ⊠ ⊦222⊦   385

Internationaler Luxus-Speisewagen
International de luxe dining coach
Voiture restaurant internationale de luxe

II = Ⓟ ⊠ ⊦221⊦   386

Dampflokomotiven und Güterwagen
Steam locomotives and freight cars
Locomotives à vapeur et wagons marchandises

LAMBERT

Dampflokomotive 0-8-0 C 15 a Baldwin
(Chesapeake & Ohio)   II = Ⓜ ＋4＋ ⊦240⊦   9450
Steam locomotive 0-8-0 C 15 a Baldwin
(Chesapeake & Ohio)
Locomotive à vapeur 0-8-0 C 15 a Baldwin
(Chesapeake & Ohio)

Dampflokomotive 2-8-0 E 24 Baldwin
(Baltimore & Ohio)   II = Ⓜ ＋4＋ ⊦240⊦   9010
Steam locomotive 2-8-0 E 24 Baldwin
(Baltimore & Ohio)
Locomotive à vapeur 2-8-0 E 24 Baldwin
(Baltimore & Ohio)

Kühlwagen (Atchison, Topeka & Santa Fé)   II = Ⓜ ⊦190⊦   7530
Reefer car (Atchison, Topeka & Santa Fé)
Wagon réfrigérant
(Atchison, Topeka & Santa Fé)

Die Firma Lambert, ein Familienunternehmen, befaßt sich seit 1966 mit der
Konstruktion und dem Vertrieb hochwertiger Eisenbahnmodelle aus Feinmessing in Baugröße HO. Die Produktion
erfolgt in Auflagen (nach Bestelleingang)
in Japan. Im Lieferprogramm ist außerdem
das komplette SHINOHARA-Gleissystem
(NMRA, Code 70 und 100) und einiges
Zubehör.

Die Fahrzeuge sind exakt nach amerikanischen Vorbildern gefertigt und
entsprechen den NMRA-Normen. Personenwagen werden ohne Drehgestelle
geliefert. Alle Modelle haben KaDee-
Kupplungen und sind unlackiert.
Abgebildet sind zur Zeit lieferbare Artikel.
Lambert liefert seine Erzeugnisse und
Importwaren über autorisierte Fachhändler.

Lambert Associates is a family enterprise
since 1966 engaged in constructing and
distributing high-class railroad models
from refined brass in HO scale.
Manufacturing is made in Japan, in runs
and reruns according to orders. Moreover,
the complete SHINOHARA track system
(NMRA, code 70 and 100) and some
accessories are in the available programme.

The vehicles are made exactly according
to American prototypes and to NMRA
standards. Passenger cars are supplied
less trucks. All models have KaDee couplers
and are unpainted. Represented are items
available at present.

Lambert products and imports are supplied
by authorized dealers.

La firme LAMBERT, une entreprise de
famille, s'occupe depuis 1966 de la construction et de la commercialisation de
modèles réduits de chemin de fer de haute
qualité en laiton fin à l'échelle HO.
Les modèles sont mis en fabrication en
Japon (après entrée de commandes).
Le programme comprend aussi le système
de voie SHINOHARA au complet
(NMRA, Code 70 et 100) et quelques
accessoires.

Les véhicules sont exécutés exactement
d'après les prototypes américains et
correspondent aux normes NMRA.
Les voitures voyageurs sont livrées sans
bogies. Tous les modèles sont munis
d'accouplages KaDee; ils ne sont pas
vernis. Les photos représentent les articles
actuellement livrables.

La livraison des produits LAMBERT et
de ses articles d'importation se fait par les
commerçants autorisés.

✉
Lambert Associates
P.O.Box 4338
USA San Leandro, CA 94577

Kesselwagen Reihe 103 B-W 8000 gal.   II = Ⓜ ⊦130⊦   7570
(General American Tank Line)
Tank car class 103 B-W 8000 gal.
(General American Tank Line)
Wagon-citerne série 103 B-W à 8000 gal.
(General American Tank Line)

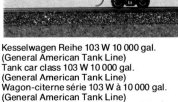

Kesselwagen Reihe 103 W 10 000 gal.   II = Ⓜ ⊦130⊦   7560
(General American Tank Line)
Tank car class 103 W 10 000 gal.
(General American Tank Line)
Wagon-citerne série 103 W à 10 000 gal.
(General American Tank Line)

Güterwagen und Reisezugwagen
Freight cars and passenger cars
Wagons marchandises et voitures voyageurs

LAMBERT

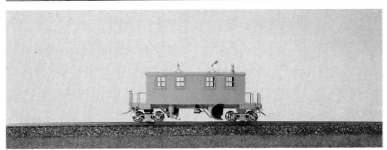

Schneeräumwagen (Southern Pacific)
Snow flanger car (Southern Pacific)
Chasse-neige (Southern Pacific)

II = M ⊢125⊢   7780

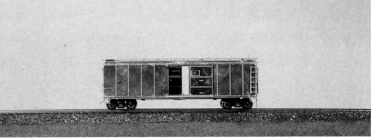

Gedeckter Ganzstahlgüterwagen X-29
(Pennsylvania)
Steel box car X-29
(Pennsylvania)
Wagon couvert en acier X-29
(Pennsylvania)

II = M ⊢150⊢   7510

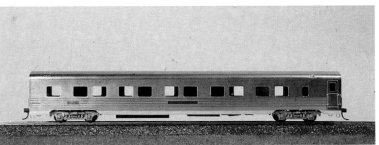

Pullman-Schlafwagen
(Chesapeake & Ohio)
Pullman sleeping-car
(Chesapeake & Ohio)
Voiture-lits Pullman
(Chesapeake & Ohio)

II = M ⊢295⊢   8160

Speisewagen (Chesapeake & Ohio)
Dining-car (Chesapeake & Ohio)
Voiture-restaurant (Chesapeake & Ohio)

II = M ⊢290⊢   8240

Stromlinien-Aussichts-Schlußwagen
(Chesapeake & Ohio)
Streamlined observation tail car
(Chesapeake & Ohio)
Voiture de queue panoramique
(Chesapeake & Ohio)

II = M ⊢300⊢   8040

Pullman-Komfort-Schlafwagen
(Chesapeake & Ohio)
Pullman Roomette sleeping car
(Chesapeake & Ohio)
Voiture-lits grand confort Pullman
(Chesapeake & Ohio)

II = M ⊢290⊢   8150

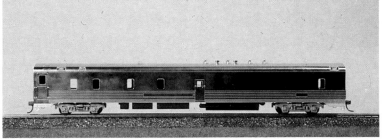

Küchenwagen mit Schlafraum
(Chesapeake & Ohio)
Kitchen and dormitory car
(Chesapeake & Ohio)
Voiture-cuisine avec dortoir
(Chesapeake & Ohio)

II = M ⊢295⊢   8800

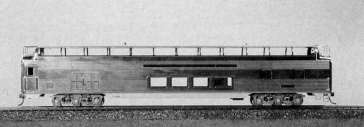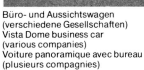

Büro- und Aussichtswagen
(verschiedene Gesellschaften)
Vista Dome business car
(various companies)
Voiture panoramique avec bureau
(plusieurs compagnies)

II = M ⊢300⊢   8320

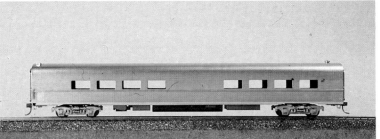

Speisewagen (New York Central)
Dining car (New York Central)
Voiture-restaurant (New York Central)

II = M ⊢295⊢   8250

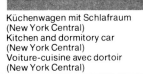

Küchenwagen mit Schlafraum
(New York Central)
Kitchen and dormitory car
(New York Central)
Voiture-cuisine avec dortoir
(New York Central)

II = M ⊢295⊢   8810

Dampf- und Diesellokomotiven, Güterwagen
Steam and Diesel locomotives, freight cars
Locomotives à vapeur et Diesel, wagons

LIFE-LIKE

Life-Like bietet Modellbahnen in Baugröße HO und N an. Das HO-Sortiment besteht aus Zugpackungen, Lokomotiven, Wagen, einem Messing-Gleissystem, Gebäudebausätzen, Landschaftsbauartikeln und weiterem Zubehör. Die Fahrzeuge sind farbenfroh gestaltet, auf NMRA-Systeme ausgelegt und haben NMRA-Klauenkupplungen. Lieferung erfolgt über den Handel. Abgebildet ist nicht das ganze Programm.

Life-Like offers model railways in HO and N scale. The HO assortment consists of train sets, locomotives, cars, a brass track system, building kits, scenics, and miscellanious accessories. The vehicles are designed colourfully, come up to NMRA systems, and have horn-hook couplers. Delivery is made by the trade. Not the complete programme is shown.

La firme Life-Like offre des maquettes de chemin de fer modèle réduit échelle HO et N. L'assortiment HO se compose de garnitures de trains complets, de locomotives, de véhicules, d'un système de voie en laiton, d'immeubles en kits de construction, de paysages et d'autres accessoires. Les véhicules sont bien coloriés; ils correspondent aux systèmes NMRA et sont équipés d'attelages à griffes NMRA. La livraison se fait par le commerce spécialisé.
La représentation ci-contre ne comprend pas le programme entier.

✉
Life-Like Products, Inc.
1600 Union Avenue
USA Baltimore, Md. 21211

Tenderlokomotive der New York Central
Tank locomotive of the New York Central
Locomotive-tender de la New York Central
II = P ⚡⚡ ✚2✚ ⊣130⊢   8030

Rangierlokomotive der Baltimore & Ohio
Switcher of the Baltimore & Ohio
Locomotive de manœuvre de la Baltimore & Ohio
II = P ⚡⚡ ✚2✚ ⊣95⊢   8031

Diesellokomotive EMD F-7
der Chesapeake & Ohio
Diesel locomotive EMD F-7
of the Chesapeake & Ohio
Locomotive Diesel EMD F-7
de la Chesapeake & Ohio
II = P ⚡⚡ ✚2✚ ⊣170⊢   8685

Diesellokomotive EMD F-7
der Gulf, Mobile & Ohio
Diesel locomotive EMD F-7
of the Gulf, Mobile & Ohio
Locomotive Diesel EMD F-7
de la Gulf, Mobile & Ohio
II = P ⚡⚡ ✚2✚ ⊣170⊢   8696

Diesellokomotive EMD GP-38-2
der British Columbia Ry.
Diesel locomotive EMD GP-38-2
of the British Columbia Ry.
Locomotive Diesel EMD GP-38-2
de la British Columbia Ry.
II = P ⚡⚡ ✚2✚ ⊣200⊢   8365

Diesellokomotive EMD GP-38-2 von Conrail
Diesel locomotive EMD GP-38-2 of Conrail
Locomotive Diesel EMD GP-38-2 de Conrail
II = P ⚡⚡ ✚2✚ ⊣200⊢

Kühlwagen „Olympia Beer"
Reefer car "Olympia Beer"
Wagon réfrigérant «Olympia Beer»
II = P ⊣135⊢   8524

Kühlwagen „Miller High Life"
Reefer car "Miller High Life"
Wagon réfrigérant «Miller High Life»
II = P ⊣135⊢

Kühlwagen „Tuborg"
Reefer car "Tuborg"
Wagon réfrigérant «Tuborg»
II = P ⊣135⊢   8528

Kühlwagen „Michelob Beer"
Reefer car "Michelob Beer"
Wagon réfrigérant «Michelob Beer»
II = P ⊣135⊢   8525

Güterwagen und Reisezugwagen
Freight cars and passenger cars
Wagons marchandises et voitures voyageurs

LIFE - LIKE

Kühlwagen „Ballantine Ale" II = Ⓟ ⊢135⊢ 8522
Reefer car "Ballantine Ale"
Wagon réfrigérant «Ballantine Ale»

Kühlwagen „Pabst Breweries" II = Ⓟ ⊢135⊢ 8523
Reefer car "Pabst Breweries"
Wagon réfrigérant «Pabst Breweries»

Gedeckter Schiebewandwagen II = Ⓟ ⊢190⊢ 8981
„Celotex"
All-door box car "Celotex"
Wagon couvert à parois coulissantes
«Celotex»

Gedeckter Schiebewandwagen II = Ⓟ ⊢190⊢ 8982
„Boise Cascade"
All-door box car "Boise Cascade"
Wagon couvert à parois coulissantes
«Boise Cascade»

Gedeckter Schiebewandwagen II = Ⓟ ⊢190⊢ 8983
„U.S. Plywood"
All-door box car "U.S. Plywood"
Wagon couvert à parois coulissantes
«U.S. Plywood»

Gedeckter Schiebewandwagen II = Ⓟ ⊢190⊢ 8985
„Weyerhaeuser"
All-door box car "Weyerhaeuser"
Wagon couvert à parois coulissantes
«Weyerhaeuser»

Gedeckter Schiebewandwagen II = Ⓟ ⊢190⊢ 8986
der Illinois Terminal RR.
All-door box car of the Illinois
Terminal RR.
Wagon couvert à parois coulissantes
de la Illinois Terminal RR.

Reisezugwagen der Amtrak Gesellschaft II = Ⓟ ⚇ ⊢220⊢ 8879
Passenger coach of the Amtrak
Company
Voiture voyageurs de la Compagnie
Amtrak

Aussichtswagen der Amtrak-Gesellschaft II = Ⓟ ⚇ ⊢220⊢ 8878
Full-dome car of the Amtrak Company
Voiture panoramique de la Compagnie
Amtrak

Schlußwagen der Amtrak-Gesellschaft II = Ⓟ ⚇ ⊢220⊢ 8877
Tail car of the Amtrak Company
Voiture de queue de la Compagnie
Amtrak

Gleissystem, Dampflokomotiven
Track system, steam locomotives
Système de voie, locomotives à vapeur

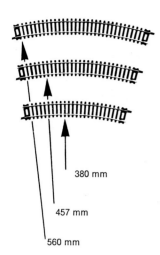

380 mm

457 mm

560 mm

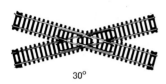

30°

Kreuzung HO/HOe 30°
Crossing HO/HOe 30°
Croisement HO/HOe 30°

228 mm 20°

305 mm 10°

Die Firma Liliput ist spezialisiert auf die Herstellung von Modelleisenbahnen der Baugröße HO. Das Unternehmen wurde 1947 gegründet und beschäftigt 450 Mitarbeiter in zwei Betrieben. Das Lieferprogramm umfaßt ca. 250 verschiedene Modelle in den Baugrößen HO und HOe. Die Modelle in hoher Vorbild- und Maßstabtreue entsprechen den NEM-Normen des Internationalen Zweileiter-Gleichstromsystems. Verschiedene Triebfahrzeuge gibt es auch in Wechselstromausführung für Punktkontaktgleise. Die Wagen des HO-Programmes können durch Austausch der Radsätze auf das Wechselstrom-Punktkontakt-Gleissystem umgerüstet werden.

Das Liliput HO-Gleisprogramm besteht aus Neusilber-Vollprofilschienen und umfaßt gerade Gleisstücke in verschiedenen Längen, drei Bogenradien (380, 457 und 560 mm), zwei Weichenpaare (20° und 10°), eine Kreuzung (30°), ein flexibles Gleis (930 mm lang) und als Besonderheit die Vollspur/Schmalspurkreuzung (HO/HOe). Als Ergänzung dienen 3 Brückenteile, Prellbock und Eingleiser.

An elektrischem Zubehör gibt es zwei leistungsfähige Transformatoren (11 und 32 VA) und Stellpulte.

Das HO-Fahrzeugprogramm ist charakterisiert durch eine große Anzahl historischer Modelle und Seltenheiten in beachtlicher Vorbild- und Maßstabtreue. Der Schwerpunkt des HOe-Programmes liegt bei Modellen nach den Vorbildern österreichischer Länderbahnen.

Die Firma Liliput liefert ausschließlich über den Fachhandel.

The Liliput Manufacture is specialized in the production of HO scale model railways. It was founded in 1947 and counts 450 persons working in two plants. The programme consists of about 250 different HO and HOe scale models. These true-to-prototype and true-to-scale models are conformed to the NEM norms of the international two-rail DC system. Some engines for AC stud contact systems are also available. It is possible to adapt the cars of the HO-programme to a stud contact system by changing the wheelsets.

The Liliput HO track programme consists of nickel-silver rails with straight sections of different lengths, three curved radii (380, 457 and 560 mm), two pairs of switches (20° and 10°), a crossing (30°), a flexible track (930 mm) and, as a speciality, a standard/narrow gauge crossing (HO/HOe). Supplements are 3 bridges, buffer stop, and rerailer track.

The electrical equipment consists of two transformers (11 VA, 32 VA) and control boxes.

The HO programme is characterized by a number of historical models and rarities, all true to the prototype and to scale. The Liliput HOe programme stresses particularly the models reproducing Austrian local railways.

The Liliput programme is available from specialized dealers only.

La maison Liliput est spécialisée dans la fabrication des chemins de fer de modèle réduit d'échelle HO. Cette entreprise a été fondée en 1947 et emploie 450 personnes dans deux fabriques. Le programme de production comprend environ 250 modèles différents à l'échelle HO et à l'echelle HOe. Tous les modèles, fidèles au détail, à l'original et à l'échelle sont conformes aux normes NEM du système international à deux conducteurs et à courant continu. Il existe également des locomotives à courant alternatif pour le système de plots de contact. Les wagons du programme HO peuvent être adaptés au système de voie de plots de contact après échange des jeux de roues.

Le programme de voies Liliput HO se compose de rails en maillechort et comprend des sections droites de longeurs différentes, trois courbes (380, 457 et 560 mm), deux paires d'aiguillages (20° et 10°), un croisement (30°), une voie flexible (930 mm) et, comme spécialité, un croisement de voies standard et étroite (HO/HOe). Supplements sont: 3 éléments de pont, heurtoir et une section pour mise en voie. Les accessoires électriques sont deux transformateurs (11 et 32 VA) et pupitres de commande.

Le programme ferroviaire HO est caractérisé par un grand nombre de modèles historiques et de raretés, tous fidèles à l'original et à l'échelle. Le programme HOe se concentre sur les modèles des chemins de fer à voie éfroite autrichiens.

Les articles de la maison Liliput sont en vente chez les commerçants spécialisés seulement.

⊠

LILIPUT Spielwarenfabrik Gesellschaft mbH
Walter Bücherl
Postfach 8
A-1172 Wien

Rangierlokomotive in NS- oder ÖBB-Ausführung
Shunting locomotive, NS or ÖBB
Locomotive de manœuvres, NS ou ÖBB

ll = Z ✝ 3 ✝ ⊣100⊢   3340

Rangierlokomotive der SBB, E3/3 „Tigerli"
Shunting locomotive, SBB, E3/3 "Tigerli"
Locomotive de manœuvres, CFF «Tigerli»

ll = Z ✝ 3 ✝ ⊣100⊢   3350
ll ≈ Z ✝ 3 ✝ ⊣100⊢   3355

Schweizerische Werkslokomotive
Swiss works locomotive
Locomotive d'usine suisse

ll = Z ⚲ 3 ✝ ⊣100⊢   3351
ll ≈ Z ⚲ 3 ✝ ⊣100⊢   3356

Personenzug-Tenderlokomotive BR 078 der DB ,
Tank locomotive for passenger trains class 078 of the DB
Locomotive-tender pour trains voyageurs, série 078 (DB)

II = Ⓟ ⚙ ✚ 3 ✦ ⊦170⊦   7801

Personenzug-Tenderlokomotive BR 78 0-5 der DB
Tank locomotive for passenger trains class 78 0-5 of the DB
Locomotive-tender pour trains voyageurs série 78 0-5 de la DB

II = Ⓟ ⚙ ✚ 3 ✦ ⊦170⊦

DB   7803
DB-UIC   7804

Tenderlokomotive Serie 232 Elsaß-Lothringen
Tank locomotive class 232 Alsace-Lorraine
Locomotive-tender série 232 Alsace-Lorraine

II = Ⓟ ⚙ ✚ 3 ✦ ⊦170⊦   7820

Tenderlokomotive 232 TC der SNCF
Tank locomotive 232 TC of the SNCF
Locomotive-tender 232 TC de la SNCF

II = Ⓟ ⚙ ✚ 3 ✦ ⊦170⊦

schwarz/black/noire

7872
7873

Personenzuglokomotive BR 38 der ehem. DR
Passenger train locomotive class 38 of the former DR
Locomotive pour trains voyageurs série 38 de l'ex DR

II = Ⓟ ⚙ ✚ 3 ✦ ⊦214⊦   10200
II ≈ Ⓟ ⚙ ✚ 3 ✦ ⊦214⊦   10205

Personenzuglokomotive P 8 der KPEV mit Tender
Passenger train locomotive P8 of the KPEV with tender
Locomotive pour trains voyageurs P8 de la KPEV avec tender

II = Ⓟ ⚙ ✚ 3 ✦ ⊦214⊦   10290
II ≈ Ⓟ ⚙ ✚ 3 ✦ ⊦214⊦   10295

Tenderlokomotive 62 003 der DB
Tank locomotive 62 003 of the DB
Locomotive-tender 62 003 de la DB

II = Ⓟ ⚙ ✚ 3 ✦ ⊦190⊦   10301

62 002   10300

Heißdampflokomotive Serie 230F der SNCF
Steam locomotive class 230F of the SNCF
Locomotive à vapeur surchauffée série 230F de la SNCF

II = Ⓟ ⚙ ✚ 3 ✦ ⊦214⊦
II ≈ Ⓟ ⚙ ✚ 3 ✦ ⊦214⊦

P. O. MIDI   10470
                 10420
NMBS/SNCB   10490
                 10475
P. O. MIDI   10425

Schwere Güterzuglokomotive BR 45 der ehem. DR
Heavy goods train locomotive class 45 of the former DR
Locomotive lourde pour trains marchandises série 45 de l'ex DR

II = Ⓟ ⚙ ✚ 3 ✦ ⊦310⊦   4501

Schnellfahr-Dampflokomotive BR 05 der ehem. DR
Fast steam locomotive class 05 of the former DR
Locomotive à vapeur rapide série 05 de l'ex DR

II = Ⓟ ⚙ ✚ 3 ✦ ⊦307⊦   10504
II ≈ Ⓟ ⚙ ✚ 3 ✦ ⊦307⊦   10509

Schnellfahrlokomotive BR 05 der ehem. DR mit Stromlinienverkleidung
Streamlined high-speed locomotive class 05 of the former DR
Locomotive aérodynamique de vitesse série 05 de l'ancienne DR

| II = Ⓟ ♨ ✦3✦ ⊦316⊦ | 10501 |
| H ≈ Ⓟ ♨ ✦3✦ ⊦316⊦ | 10506 |

Schnellfahr-Dampflokomotive BR 05 der ehem. DR
High-speed steam locomotive class 05 of the former DR
Locomotive à vapeur de vitesse série 05 de l'ancienne DR

| II = Ⓟ ♨ ✦3✦ ⊦307⊦ | 10504 |
| H ≈ Ⓟ ♨ ✦3✦ ⊦307⊦ | 10509 |

Schnellfahr-Dampflokomotive BR 05 der ehem. DR
High-speed steam locomotive class 05 of the former DR
Locomotive à vapeur de vitesse série 05 de l'ancienne DR

| II = Ⓟ ♨ ✦3✦ ⊦307⊦ | 10502 |
| H ≈ Ⓟ ♨ ✦3✦ ⊦307⊦ | 10507 |

Die Maschinen der Baureihe 05 der ehemaligen Deutschen Reichsbahn wurden von den Borsigwerken in Berlin 1935 und 1937 gebaut. Es waren die mächtigsten deutschen Dampflokomotiven. Mit Stromlinienverkleidung wurde 1936 der Geschwindigkeitsrekord von 200 km/h erreicht. Im zweiten Weltkrieg zogen die Lokomotiven Sonderzüge, eine davon wurde mit Tarnanstrich und Splitterschutzplatten versehen und stand Reichsregierung und Befehlshabern zur Verfügung.
Die Liliput-Modelle sind reich detailliert, haben Federpuffer und viele angesetzte Teile. Der Antrieb mit Schwungmasse sitzt im Tender.

The class 05 engines of the former German Reichsbahn were built by the Borsig works at Berlin in 1935 and 1937. They were the most powerful German steam locomotives. With a streamlined body, a top speed of 200 km per hour was reached in 1936. In World War II, the locomotives dragged special trains, one of them was camouflage painted and equipped with splinter protecting plates to be used by the German commanders-in-chief.
The Liliput models are well detailed and have spring buffers and a lot of seperately added parts. The flywheel drive is in the tender.

Les machines de la série 05 de l'ancienne Reichsbahn allemande furent construites par les usines Borsig à Berlin en 1935 et 1937. C'étaient les locomotives allemandes les plus puissantes. Avec un carénage le record de vitesse de 200 km/h était atteint en 1936. Pendant la Deuxième Guerre Mondiale les locomotives tiraient des trains spéciaux, une machine était équipée de couleurs de camouflage et de plaques pare-éclats et réservée pour les commandants en chef allemands. Les modèles Liliput sont bien détaillés et ont des tampons à ressort et beaucoup de parts séparés. L'entrainement à balancier se fait par le tender.

Dampflokomotive 05003 der ehem. DR in Tarnlackierung
Steam locomotive 05003 of the former DR in camouflage colours
Locomotive 05003 de l'anc. DR en coloris de camouflage

| II = Ⓟ ♨ ✦3✦ ⊦307⊦ | 10522 |
| H ≈ Ⓟ ♨ ✦3✦ ⊦307⊦ | 10527 |

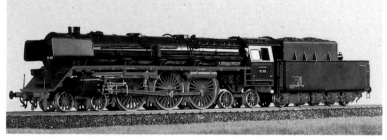

Modernisierte Schnellzuglokomotive BR 05 der DB
Modernized express locomotive class 05 of the DB
Locomotive de vitesse modernisée série 05 de la DB

| II = Ⓟ ♨ ✦3✦ ⊦307⊦ | 10503 |
| H ≈ Ⓟ ♨ ✦3✦ ⊦307⊦ | 10508 |

Schwere Güterzuglokomotive BR 45 der ehem. DR
Heavy goods train locomotive class 45 of the former DR
Locomotive à marchandises lourde série 45 de l'ancienne DR

| II = Ⓟ ♨ ✦3✦ ⊦310⊦ | 4502 |

Schnellzuglokomotive Reihe A 3/5 der SBB/CFF
Express locomotive class A 3/5 of the SBB/CFF
Locomotive de vitesse série A 3/5 des SBB/CFF

| II = Ⓟ ♨ ✦3✦ ⊦213⊦ | 10750 |
| H ≈ Ⓟ ♨ ✦3✦ ⊦213⊦ | 10755 |

Dampf- und Elektrolokomotiven
Steam locomotives and electric locomotives
Locomotives à vapeur, locomotives électriques

Personenzuglokomotive BR 638 der ÖBB · II = ℗ ♒✛3✛ ⊢214⊣ · 10810
Passenger train locomotive class 638 · ᴴ ≈ ℗ ♒✛3✛ ⊢214⊣ · 10815
of the ÖBB
Locomotive pour trains voyageurs série
638 des ÖBB

Personenzuglokomotive BR 38 der DB · II = ℗ ♒✛3✛ ⊢236⊣ · 10900
(Wannentender)
Passenger train locomotive class 38 of
the DB (tube tender)
Locomotive pour trains voyageurs série
38 de la DB (tender à bac)

Personenzuglokomotive BR 038 der DB · II = ℗ ♒✛3✛ ⊢214⊣ · 10901
(Kastentender) · DR (Ruhr-Express) · 10902
Steam locomotive class 038 of the DB · ᴴ ≈ ℗ ♒✛3✛ ⊢214⊣ · 10906
(box tender)
Locomotive pour trains voyageurs série
038 de la DB (tender à caisson)

Elektrolokomotive der EBT · II = ℗ ♒✛2✛ ⊢140⊣ · 11250
Electric locomotive of the EBT · ᴴ ≈ ℗ ♒✛2✛ ⊢140⊣ · 11255
Locomotive électrique de la EBT

Elektrische Mehrzwecklokomotive · II = ℗ ♒✛2✛ ⊢147⊣ · 11300
BR E 45 der DR · ᴴ ≈ ℗ ♒✛2✛ ⊢147⊣ · 11305
Multi-purpose electric locomotive
class E 45 of the DR
Locomotive électrique tous services
série E 45 de la DR

Elektrische Mehrzwecklokomotive · II = ℗ ♒✛2✛ ⊢147⊣ · 11311
BR 1245 der ÖBB · grün/green/verte · 11310
Multi-purpose locomotive class 1245 of · ᴴ ≈ ℗ ♒✛2✛ ⊢147⊣ · 11316
the ÖBB · grün/green/verte · 11315
Locomotive tous services série 1245
des ÖBB

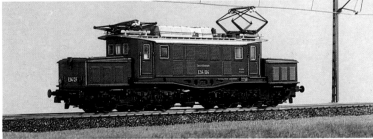

Elektrische Mehrzwecklokomotive · II = ℗ ♒✛2✛ ⊢147⊣ · 11510
BR 1040 der ÖBB · rot/red/rouge · 11511
Multi-purpose locomotive class 1040 · ᴴ ≈ ℗ ♒✛2✛ ⊢147⊣ · 11515
of the ÖBB · rot/red/rouge · 11516
Locomotive tous services série 1040
des ÖBB

Elektrolokomotive BR 1042 der ÖBB · II = ℗ ♒✛2✛ ⊢187⊣ · 11411
Electric locomotive class 1042 of the · grün/green/verte · 11410
ÖBB · ᴴ ≈ ℗ ♒✛2✛ ⊢187⊣ · 11416
Locomotive électrique série 1042 · grün/green/verte · 11415
des ÖBB

Elektrische Güterzuglokomotive BR 1020 · II = ℗ ♒✛3✛ ⊢212⊣ · 11911
der ÖBB · grün/green/verte · 11910
Electric goods train locomotive class
1020 of the ÖBB
Locomotive pour trains marchandises
série 1020 des ÖBB

Elektrische Güterzuglokomotive BR E 94 · II = ℗ ♒✛3✛ ⊢212⊣ · 11900
der DB
Electric goods train locomotive class
E 94 of the DB
Locomotive pour trains marchandises
série E 94 de la DB

Vierachsiger Containerwagen (ÖBB)
mit 40-ft-Container
Bogie container wagon (ÖBB) with 40-ft
container
Wagon à 4 essieux pour transports de
containers (ÖBB) avec container 40 ft

II = Ⓟ ⊢227⊣

SEA LAND	20210
SEATRAIN	20211
INTERFRIGO	20213

Containerwagen (ÖBB) mit 3 20-ft-
Containern
Container wagon with 3 20-ft containers
Wagon pour transports de containers
avec 3 containers 20 ft

II = Ⓟ ⊢227⊣

SEA CONTAINERS	20114
MAT	20111
ESKIMO	20115
COCA-COLA	20116
INTERFRIGO	20117

Plattformwagen
Flat wagon
Wagon plat

II = Ⓟ ⊢118⊣   20300

Niederbordwagen (ÖBB)
Low sided wagon (ÖBB)
Wagon à bords bas (ÖBB)

II = Ⓟ ⊢118⊣   20410

Vierachsiger Rungenwagen (ÖBB)
Bogie flat wagon with stakes (ÖBB)
Wagon à ranchers à 4 essieux (ÖBB)

II = Ⓟ ⊢227⊣   20110

Flachwagen mit Bremserhaus und
Holzladung
Flat wagon with cab and timber
Wagon plat avec guérite, chargé de bois

II = Ⓟ ⊢127⊣   20600

Rungenwagen (ÖBB) mit Bremserhaus
Low sided wagon with stakes and cab
(ÖBB)
Wagon à ranchers (ÖBB) avec guérite

II = Ⓟ ⊢127⊣   20810

Rungenwagen (SJ)
Flat wagon with stakes (SJ)
Wagon à ranchers (SJ)

II = Ⓟ ⊢227⊣   20180

Mittenkipper (DB)
Centre-tipper (DB)
Wagon à déchargement central (DB)

II = Ⓟ ⊢115⊣   21100

Hochbordwagen (SBB/CFF)
High sided wagon (SBB/CFF)
Wagon tombereau (SBB/CFF)

II = Ⓟ ⊢117⊣   23150

Schwertransportwagen
Heavy duty carrier
Wagon pour transports très lourds

DB		
II = Ⓟ ⊢152⊣		21200
ÖBB		
II = Ⓟ ⊢152⊣		21210

Transportwagen für Fertigbauteile (ÖBB)
Wagon for prefabricated walls (ÖBB)
Wagon pour transports d'éléments
préfabriqués (ÖBB)

II = Ⓟ ⊢117⊣   23710

Selbstentladewagen (DB)
Bogie hopper wagon (DB)
Wagon à déchargement automatique (DB)

II = Ⓟ ⊢114⊣   22000

Erzwagen (ÖBB)
Ore carrier (ÖBB)
Wagon à minerai (ÖBB)

II = Ⓟ ⊢114⊣   22010

Kieswagen (SBB)
Gravel carrier (SBB)
Wagon pour transport de gravier (CFF)

II = Ⓟ ⊢132⊣

| WEIACHER KIES | 24650 |
| HÜTWANGEN | 24653 |

Kieswagen
Gravel carrier
Wagon pour transport de gravier

II = Ⓟ ⊢132⊣

| SJ | 24680 |
| ÖBB | 24612 |

Großraum-Güterwagen (ÖBB)
Large capacity box car (ÖBB)
Wagon à grande capacité (ÖBB)

II = P ⊢166⊢ 242 10

Oldtimer-Güterwagen (SJ) mit Bremser-
haus
Oldtimer box van (SJ) with cab
Wagon couvert ancien (SJ) avec guérite

II = P ⊢106⊢ 213 80

Bier-Kühlwagen älterer Bauart (SBB)
Insulated beer wagon (SBB), old type
Wagon frigorifique pour le transport
de bière (CFF), construction ancienne
II = P ⊢96⊢
ANKER 248 51
FELDSCHLÖSSCHEN 249 51
LÖWENBRÄU 249 52

Oldtimer-Thermoswagen (SJ) mit
Bremserhaus
Oldtimer thermos van (SJ) with cab
Wagon calorifique ancien (SJ) avec
guérite
II = P ⊢106⊢ 213 81

Flachdachwagen (DB) mit Bremserhaus
Covered wagon (DB) with cab
Wagon à toit plat (DB) avec guérite

II = P ⊢106⊢ 214 00

Flachdachwagen (ÖBB) mit Bremserhaus
Covered wagon (ÖBB) with cab
Wagon à toit plat (ÖBB) avec guérite

II = P ⊢106⊢ 214 10

Werkstattwagen (ÖBB)
Workshop wagon (ÖBB)
Wagon-atelier (ÖBB)

II = P ⊢106⊢ 214 11

Bierwagen (ÖBB) mit Bremserhaus
Beer wagon (ÖBB) with cab
Wagon pour le transport de bière
(ÖBB) avec guérite
II = P ⊢106⊢
GÖSSER 215 11

Bier-Kühlwagen (DB)
Refrigerated beer wagon (DB)
Wagon frigorifique pour le transport
de bière (DB)
II = P ⊢104⊢ 219 00

Behälterwagen mit Bremserhaus
Container wagon with cab
Wagon-container avec guérite

II = P ⊢127⊢ 205 10

Behälterwagen (SJ)
Container wagon (SJ)
Wagon-container (SJ)

II = P ⊢118⊢ 205 80

Säuretopfwagen (DB)
Acid carrier (DB)
Wagon jarre pour transports d'acide (DB)

II = P ⊢127⊢ 207 00

Säuretopfwagen (SJ)
Acid carrier (SJ)
Wagon jarre pour transports d'acide (SJ)

II = P ⊢127⊢ 207 80

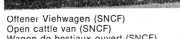

Offener Viehwagen (SNCF)
Open cattle van (SNCF)
Wagon de bestiaux ouvert (SNCF)

II = P ⊢117⊢ 230 70

Güterzug-Dienstwagen (ÖBB)
Brake van for goods trains (ÖBB)
Wagon de service pour trains marchand-
ises (ÖBB)

II = P ⊢103⊢ 259 10

Kühlwagen (DB)
Refrigerated wagon (DB)
Wagon frigorifique (DB)

II = P ⊢117⊢

INTERFRIGO   22100
COCA COLA   22101

Kühlwagen DANEFROST (DSB)
Refrigerated wagon DANEFROST (DSB)
Wagon frigorifique DANEFROST (DSB)

II = P ⊢117⊢   22163

Kühlwagen THERMOTRANSPORT (SJ)
Refrigerated box car
THERMOTRANSPORT (SJ)
Wagon frigorifique THERMOTRANSPORT
(SJ)
II = P ⊢117⊢   22180

Kühlwagen APROZ (SBB/CFF)
Box car APROZ (SBB/CFF)
Wagon frigorifique APROZ (SBB/CFF)

II = P ⊢117⊢   22950

Isolierter Lebensmittel-Transportwagen
der Schweizer MIGROS, registriert bei
FS Italia
Insulated food transporter of the Swiss
MIGROS company, registered with FS
Italia
Wagon isotherme pour transport de
denrées de la MIGROS Suisse,
incorporation aux FS Italia

II = P ⊢117⊢   22430

Bier-Kühlwagen (DSB)
Refrigerated beer wagon (DSB)
Wagon frigorifique de bière (DSB)
II = P ⊢117⊢

FAXE   23561
CARLSBERG   23564

Konserven-Kühlwagen (SJ)
Refrigerated car for tin-food (SJ)
Wagon frigorifique de conserves (SJ)
II = P ⊢117⊢
FELIX   23582
FINDUS   23583

Milch-Kühlwagen (SJ)
Refrigerated milk wagon (SJ)
Wagon frigorifique de lait (SJ)

II = P ⊢117⊢   23584

Bier-Kühlwagen (DSB), Gestaltung für die
Brauerei TUBORG
Refrigerated beer wagon, designed for
TUBORG brewery (DSB)
Wagon frigorifique de bière (DSB),
façonné pour la brasseri TUBORG

II = P ⊢117⊢   23565

Verschlagwagen für Viehtransporte (DB)
Covered cattle wagon (DB)
Wagon à bestiaux, à claire-voie (DB)

II = P ⊢117⊢   23200

Gedeckter Güterwagen
Covered box car
Wagon couvert
II = P ⊢117⊢
DB   23500
SBB/CFF   23550

Gedeckter Güterwagen (SJ)
Covered box car (SJ)
Wagon couvert (SJ)

II = P ⊢117⊢   23580

Stückgutwagen (SJ)
Mixed cargo wagon (SJ)
Wagon de marchandises en ballots (SJ)

II = P ⊢117⊢   23581

Gedeckter Güterwagen mit Plattform
(SBB/CFF)
Covered box car with platform (SBB/CFF)
Wagon couvert avec plate-forme (SBB/CFF)

II = P ⊢96⊢   24750

Gedeckter Güterwagen
Covered wagon
Wagon couvert
II = P ⊢103⊢
DB   25300
DR   25301

Gedeckter Güterwagen (ÖBB)
Covered wagon (ÖBB)
Wagon couvert (ÖBB)

II = P ⊢103⊢   25410

Kühlwagen (DSB)
Refrigerated wagon (DSB)
Wagon frigorifique (DSB)

II = P ⊢103⊢   25663

Güterwagen
Goods wagons
Wagons marchandises

Kesselwagen
Tank wagon
Wagon-citerne

II = ℗ ⊢100⊢

ÖBB-TEXACO	25011
ÖBB-SHELL	25001
ÖBB-ESSO	25002
SBB/CFF-CIBA GEIGY	25014
DB-BP	25003
DB-ARAL	25004

Kesselwagen (SJ)
Tank wagon (SJ)
Wagon-citerne (SJ)

II = ℗ ⊢100⊢

SHELL	25081
ESSO	25082
GULF	25085

Schienenreinigungswagen
Track cleaning car
Wagon à nettoyage de voie

II = ℗ ⊢100⊢

ESSO	25202	BP	25203
SHELL	25201	ARAL	25204

Druckgas-Kesselwagen
High-pressure gas tank wagon
Wagon-citerne pour gaz comprimé

II = ℗ ⊢100⊢

DB-HOECHST	25100
ÖBB-SOLVAY	25111

Milchtransportwagen (SJ)
Tank wagon for milk (SJ)
Wagon-citerne pour transports de lait (SJ)

II = ℗ ⊢100⊢   25180

Heizöl-Transportwagen (SBB/CFF)
Bogie fuel tank wagon (SBB/CFF)
Wagon-citerne pour carburants liquides (SBB/CFF)

II = ℗ ⊢172⊢

ESSO	22552
SHELL	22551

Heizöl-Kesselwagen (SJ)
Bogie fuel tank wagon (SJ)
Wagon-citerne pour carburants liquides (SJ)

II = ℗ ⊢172⊢

BP	22583

Vierachsiger Kesselwagen
Bogie tank wagon
Wagon-citerne à 4 essieux

II = ℗ ⊢172⊢

DB-TEXACO	25809
ÖBB-ESSO	25812

Miet-Kesselwagen der ETRA (SBB)
Hire tank wagon of the ETRA (SBB)
Wagon-citerne à louer de l'ETRA (CFF)

II = ℗ ⊢172⊢

SHELL	25851
ESSO	25852
BP	25853
AVIA	25854
TOTAL	25856

Tonerde-Transportwagen (ÖBB)
Bulk carrier (ÖBB)
Wagon pour transports d'alumine (ÖBB)

II = ℗ ⊢158⊢   23912

Tonerde-Transportwagen der VAW (DB)
Bulk carrier of the VAW (DB)
Wagon pour transports d'alumine des VAW (DB)

II = ℗ ⊢158⊢   24000

Tonerde-Transportwagen der ALUSUISSE (SBB)
Bulk carrier of the ALUSUISSE (SBB)
Wagon pour transports d'alumine de la ALUSUISSE (CFF)

II = ℗ ⊢168⊢   24350

Vierzehnachsiger Schwerlasttransporter (DB) mit Trafo und Verbindung für Leerfahrten.
28-wheel heavy duty transporter (DB) with transformer and connection for empty run
Wagon pour transports lourds à 14 essieux (DB) avec transformateur et jonction pour courses à vide
II = Ⓟ ⊣380⊢   209 00

LKW-Transporter	II = Ⓟ ⊣158⊢	
Truck transporter	DB	200 00
Wagon pour transports de camions	ÖBB	200 10
	SBB/CFF	200 50

Zwischenwagen	
Connection car	
Wagon intermédiaire	
II = Ⓟ ⊣118⊢	204 12

Lkw-Transporter werden paarweise mit Zwischenwagen zum Ausgleich der tieferen Kupplung eingesetzt.

Truck transporters are used in twos with connection car to fit the lower couplings.

Les wagons «Kangourous» sont employés à deux avec le wagon intermédiaire pour les attelages plus bas.

Schwerer sechsachsiger Dampfkran (DB)
Funktionsfähig
Heavy 12-wheel steam crane (DB)
Operating
Grue à vapeur lourde à six essieux (DB)
Apte au fonctionnement
II = Ⓟ ⊣122⊢

grün/green/verte	210 00
rot/red/rouge	210 01
gelb/yellow/janne	210 02
blau/blue/bleue	210 03

„Mainliner Duomatic" Gleis-Nivellier-maschine
Track cram machine "Mainliner Duomatic"
Machine de nivellement de la voie «Mainliner Duomatic»
II = Ⓟ ⊣205⊢   380 10

Gleisbau-Transportfahrzeug
Track service vehicle
Véhicule de construction de la voie
II = Ⓟ ⊣112⊢   381 10

Moderner Dienstwagen (SBB)
Modern brake van (SBB)
Wagon de service moderne (CFF)
II = Ⓟ ⊣106⊢

grün/green/vert	245 50
rot/red/rouge	245 54

Schneepflug (DB), auf einem Wannen-tender aufgebaut
Snow plough (DB), based on a tube type tender
Chasse-neige (DB), monté sur un tender à bac
II = Ⓟ   303 09

Personenwagen aus dem Gästezug der Brauerei Feldschlößchen, Rheinfelden
Passenger coach owned by the Feldschlößchen brewery, Rheinfelden
Voiture voyageurs du train des hôtes de la brasserie Feldschlößchen, Rheinfelden

II = Ⓟ ⊠ ⊦168⊦

grün/green/verte		27753
rot/red/rouge		27751
blau/blue/bleue		27752

Schweizer Personenwagen
Swiss passenger coach
Voiture voyageurs suisse

II = Ⓟ ⊠ ⊦168⊦

SBB/CFF	B	26950
SBB/CFF	C	27850
EBT		27851

Bahndienstwagen für Personenzüge (SBB)
Service van for passenger trains (SBB)
Wagon de service pour trains voyageurs (CFF)

II = Ⓟ ⊠ ⊦168⊦   27550

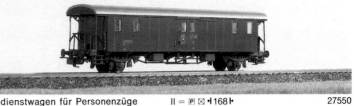

Österreichischer Bahnpostwagen
Austrian mail van
Fourgon-postal autrichien

II = Ⓟ ⊦127⊦

BBÖ	27210
DR	27200

Österreichischer Personenwagen
Austrian passenger coach
Voiture voyageurs autrichienne

II = Ⓟ ⊦126⊦

BBÖ	C	27310
DR	B	27302
DR	C	27300

Österreichischer Personenwagen (BBÖ)
Austrian passenger coach (BBÖ)
Voiture voyageurs autrichienne (BBÖ)

II = Ⓟ B ⊦126⊦   27312

Personenwagen (ehem. DR)
Passenger coach (former DR)
Voiture voyageurs (ex DR)

II = Ⓟ ⊠ B ⊦138⊦   27000

Gepäckwagen (ehem. DR)
Luggage van (former DR)
Fourgon (ex DR)

II = Ⓟ ⊦138⊦   27100

Personenwagen (SJ)
Passenger coach (SJ)
Voiture voyageurs (SJ)

II = Ⓟ ⊠ C ⊦138⊦   27080

Gepäckwagen (SJ)
Luggage van (SJ)
Fourgon (SJ)

II = Ⓟ ⊦138⊦   27180

Personenwagen (ÖBB)
Passenger coach (ÖBB)
Voiture voyageurs (ÖBB)

II = Ⓟ ⊠ B ⊦138⊦   27410

AMOR-EXPRESS-Wagen der Bodensee-
Toggenburg-Bahn
AMOR-EXPRESS coach of the Boden-
see-Toggenburg-Railways
Voiture du AMOR-EXPRESS du
Chemin de fer Bodensee-Toggenburg

II = Ⓟ ⊢168⊢

grün, bemalt/green, painted/ verte avec peinture	27950
gelb/yellow/jaune	27953
blau/blue/bleue	27951
rot/red/rouge	27952

Abteilwagen preußischer Bauart
Compartment coach, Prussian type
Voiture à compartiments, type prussien

II = Ⓟ C ⊢187⊢
ohne Bremserhaus/without cab/
sans guérite   29000
mit Bremserhaus/with cab/
avec guérite   29003

Bahnpostwagen preußischer Bauart
Mail-van, Prussian type
Fourgon-postal, type prussien

II = Ⓟ ⊢187⊢   29100

Französischer Bahnpostwagen (PTT)
French mail-van (PTT)
Fourgon-postal français (PTT)

II = Ⓟ ⊢187⊢   29170

Ruhr-Schnellverkehrswagen mit
Bremserhaus
Ruhr-express coach with cab
Voiture du Ruhr-Express avec guérite

II = Ⓟ C ⊢187⊢
violett/violet/violette   29902
weinrot/ruby/bordeaux   29903

Ruhr-Schnellverkehrswagen
weinrot/elfenbein
Ruhr-express coach ruby/ivory
Voiture du Ruhr-Express
bordeaux/ivoire

II = Ⓟ BC ⊢187⊢   29703
II = Ⓟ C ⊢187⊢   29803

Ruhr-Schnellverkehrswagen
violett/elfenbein
Ruhr-express coach violet/ivory
Voiture du Ruhr-Express violette/ivoire

II = Ⓟ BC ⊢187⊢   29702
II = Ⓟ C ⊢187⊢   29802

Personenwagen (SNCF)
Passenger coach (SNCF)
Voiture voyageurs (SNCF)

II = Ⓟ ⊠ B ⊢240⊢   28574
II = Ⓟ ⊠ BC ⊢240⊢   28570
II = Ⓟ ⊠ B ⊢240⊢   28572
II = Ⓟ ⊠ C ⊢240⊢   28573

Personenwagen (SNCF-UIC)
Passenger coach (SNCF-UIC)
Voiture voyageurs (SNCF-UIC)

II = Ⓟ ⊠ B ⊢240⊢   28670
II = Ⓟ ⊠ AB ⊢240⊢   28770

Deutscher Eilzugwagen
German fast train coach
Voiture allemande pour trains accélérés

II = Ⓟ ⊠ ⊢240⊢
DB   B   28600
DR   C   28602

Deutscher Eilzugwagen
German fast train coach
Voiture allemande pour trains accélérés

II = Ⓟ ⊠ ⊢240⊢
DB   A B   28700
DR   B C   28702

Speisewagen der CIWL mit Teakholz-
aufbau und Inneneinrichtung.
Nachbau des Waffenstillstandswagens
von Versailles (1919 und 1940).
Dining-car of the CIWL with teak finish
and interior fittings. Armistice coach
of Versailles (1919 and 1940).
Voiture-restaurant de la CIWL avec
caisse en bois de teak et aménagement
intérieur. Reproduction de la voiture
d'armistice 1919 et 1940 à Versailles.

II = Ⓟ ⊠ ⊦228⊦   26000

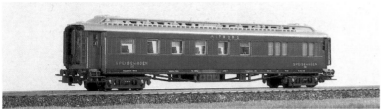

Speisewagen mit Holzaufbau	II = Ⓟ ⊠ ⊦228⊦	
Dining-car with wooden body	MITROPA	26200
Voiture-restaurant avec caisse en bois	WAGONS-LITS	26100

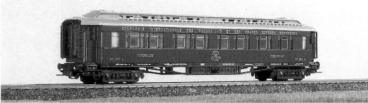

Schlafwagen mit Holzaufbau	II = Ⓟ ⊠ ⊦228⊦	
Sleeping car with wooden body	WAGONS-LITS	26600
Voiture-lits avec caisse en bois	CIWL	26500

Schlafwagen mit Holzaufbau (MITROPA)	II = Ⓟ ⊠ ⊦228⊦	26700
Sleeping car with wooden body (MITROPA)		
Voiture-lits avec caisse en bois (MITROPA)		

Schnellzug-Gepäckwagen älterer Bauart	SJ	29480
Express luggage van, old model	DR	29400
Fourgon de grandes lignes, modèle	P. O. MIDI	29420
ancien	A. L.	29440
	SNCB	29490
II = Ⓟ ⊦212⊦		

Schnellzugwagen älterer Bauart	DR	A B	29500
Express coach, old model	P. O. MIDI	A B	29520
Voiture de grandes lignes, modèle	P. O. MIDI	B	29522
ancien	P. O. MIDI	C	29523
	A. L.	A B C	29540
II = Ⓟ ⊦224⊦	A. L.	A	29541

Schnellzugwagen älterer Bauart	II = Ⓟ ⊦224⊦		
Express coach, old model	SJ	B	29580
Voiture de grandes lignes, modèle	SNCF	-	29570
ancien	SNCB	A	29591
	SNCB	B	29592

Schnellzugwagen (ÖBB)	II = Ⓟ ⊠ ⊦232⊦	28010
Express coach (ÖBB)		
Voiture de grandes lignes (ÖBB)		

Schnellzugwagen (SJ)	II = Ⓟ ⊠ ⊦232⊦	28080
Express coach (SJ)		
Voiture de grandes lignes (SJ)		

Schnellzugwagen	II = Ⓟ ⊠ ⊦240⊦	
Express coach	ÖBB	28610
Voiture de grandes lignes	DSB	28660

Schnellzugwagen (ÖBB)	II = Ⓟ ⊠ ⊦240⊦	28710
Express coach (ÖBB)		
Voiture de grandes lignes (ÖBB)		

RHEINGOLD
Luxus-Schnellzugwagen der ehem.
Deutschen Reichsbahn (1928)
Luxurious express coaches of the
former German Reichsbahn (1928)
Voitures de grandes lignes luxueuses
de l'ex Reichsbahn allemande (1928)

DR, RHEINGOLD
II = P ⊠ (⚑) ⊢270⊢   82500
DB
II = P ⊠ (⚑) ⊢270⊢   82300

Schnellzug-Gepäckwagen	RHEINGOLD	
Express baggage coach	II = P ⊢226⊢	82100
Fourgon de grandes lignes	DB	
	II = P ⊢226⊢	82600

Rheingold-Salonwagen mit Küche	II = P ⊠ (⚑) ⊢270⊢ A	82200
Rheingold saloon coach with kitchen	II = P ⊠ (⚑) ⊢270⊢ B	82400
Voiture-salon du Rheingold avec cuisine		

Speisewagen Baujahr 1933	DSG	
Dining-car built 1933	II = P ⊠ (⚑) ⊢270⊢	82700
Voiture-restaurant (constr. 1933)	MITROPA	
	II = P ⊠ (⚑) ⊢270⊢	82702

Packwagen mit Postabteil (DB), Baujahr 1928	II = P ⊢254⊢	29203
Luggage van with mail compartment (DB) built 1928	Ohne Kanzel/without look-out/sans vigie	
Fourgon avec compartiment postal (DB) construction 1928		29303

Gepäckwagen für Schnellzüge	ÖBB	
Express luggage van	II = P ⊢250⊢	28910
Fourgon de grandes lignes	DB	
	II = P ⊢250⊢	28900

Packwagen mit Zugführerkanzel	DB, Rheingold	
Luggage van with guard compartment	II = P ⊢250⊢	28903
Fourgon avec compartiment de service	DR 1936	
	II = P ⊢250⊢	28902

Schürzenwagen in Ursprungsausführung (DR)	II = P ⊠ (⚑) C ⊢240⊢	83302
Underframe skirting coach, original version (DR)	II = P ⊠ (⚑) AB ⊢247⊢	83202
Voiture à tablier, exécution originale (DR)	II = P ⊠ (⚑) BC ⊢240⊢	83402
	II = P ⊠ (⚑) ABC ⊢240⊢	83502

Modernisierter Schürzenwagen (DB-UIC)	II = P ⊠ (⚑) AB ⊢240⊢	83200
Modernized underframe skirting coach (DB-UIC)	II = P ⊠ (⚑) A ⊢247⊢	83100
Voiture à tablier modernisée (DB-UIC)	II = P ⊠ (⚑) B ⊢240⊢	83300

Schürzenwagen (DB Rheingold) in blau	II = P ⊠ (⚑) A ⊢247⊢	83103
Underframe skirting coach (DB Rheingold), blue	II = P ⊠ (⚑) AB ⊢240⊢	83203
Voiture à tablier (DB Rheingold), bleue	II = P ⊠ (⚑) C ⊢240⊢	83303
	II = P ⊠ (⚑) ABC ⊢240⊢	83503

Modernisierter Schürzenwagen (ÖBB-UIC)	II = P ⊠ (⚑) A ⊢247⊢	83110
Modernized underframe skirting coach (ÖBB-UIC)	II = P ⊠ (⚑) AB ⊢240⊢	83210
Voiture à tablier modernisée (ÖBB-UIC)	II = P ⊠ (⚑) B ⊢240⊢	83310

Ein Stück Geschichte im Modell: Durch Treibstoffmangel mußte die Deutsche Wehrmacht gegen Ende des II. Weltkrieges Truppenbewegungen zunehmend über die Schiene bewältigen. Viele Züge erhielten Tarnanstriche und fuhren bis unmittelbar hinter die Front. Die hier gezeigten Personenwagen gibt es nur als kompletten Zug.

A period in history as a model: due to fuel shortage by the end of World War II, the German Wehrmacht more and more had to transport troops by rail. Many trains were camouflage

painted and ran immediately to the front. The shown passenger coaches are available as a complete set only.

Une période d'histoire en miniature: vers la fin de la guerre mondiale II la Wehrmacht allemande était forcée, faute de carburant, de transporter des troupes par chemin de fer. Beaucoup de trains étaient peinturés de couleur de camouflage et roulaient jusqu'à la ligne de front. Les voitures ci-contre sont livrables comme train complet seulement.

II = Ⓟ ⊠ (♛) ⊦1310⊦   837

Speisewagen der DSG	II = Ⓟ ⊠ (♛) ⊦1264⊦	
Dining coach of the DSG	DB	83603
Voiture-restaurant de la DSG	DB-UIC	83600
	DB-UIC neu/new/nouvelle	83604

MITROPA-Speisewagen	II = Ⓟ ⊠ (♛) ⊦1264⊦	
Dining coach of the MITROPA		83602
Voiture-restaurant MITROPA		

Schlafwagen (Schürzenwagen)	II = Ⓟ ⊠ (♛) ⊦1264⊦	
Sleeping coach (underframe skirting coach)	MITROPA	83702
Voiture-lits (voiture à tablier)	DSG	83703

Deutscher Bahnpostwagen	II = Ⓟ (♛) ⊦1264⊦	
German mail car	DBP-UIC	83800
Fourgon postal allemand	Deutsche Post	83803
	Deutsche Reichspost	83802

Moderner Reisezugwagen Bauart UIC-X der DB
DB express carriage type UIC-X
Voiture moderne série UIC-X de la DB

II = ℗ ☒ A ⊢304⊢		89404
II = ℗ ☒ AB ⊢304⊢		89504
II = ℗ ☒ B ⊢304⊢		89604
Liegewagen/Couchette		89704

Schnellzugwagen der DB	II = ℗ ☒ A ⊢304⊢	89400
Express coach of the DB	II = ℗ ☒ AB ⊢304⊢	89500
Voiture de grandes lignes de la DB		

Reisezugwagen der DB	II = ℗ ☒ B ⊢304⊢	89600
Express coach of the DB	Liegewagen/Couchette	89700
Voiture voyageurs de la DB	Restaurant	89800

Österreichischer Liegewagen Bauart Bomoz	II = ℗ ☒ B ⊢304⊢	88310
Austrian couchette coach model Bomoz		
Voiture couchettes des Chemins de fer autrichiens. Constructions Bomoz.		

Komfortwagen der ÖBB	II = ℗ ☒ A ⊢304⊢	88810
Comfort coach of the ÖBB		
Voiture confort des ÖBB		

Reisezugwagen der SBB/CFF	II = ℗ ☒ A ⊢304⊢	88150
Express coach of the SBB/CFF	II = ℗ ☒ B ⊢304⊢	88250
Voiture voyageurs des SBB/CFF	Liegewagen/Couchette	88350

Moderner Liegewagen der SBB/CFF	II = ℗ ☒ B ⊢304⊢	88354
Couchette coach of the SBB/CFF	orange	88254
Voiture-couchettes des SBB/CFF		

Speisewagen TEE BAVARIA mit Pantograph	II = ℗ ☒ ⊢304⊢	88054
Dining-car TEE BAVARIA with pantograph	SBB/CFF	88050
Voiture-restaurant TEE BAVARIA avec pantographe		

Einheitswagen Type III der SBB/CFF	II = ℗ ☒ A ⊢280⊢	88450
Standard coach type III of the SBB/CFF	II = ℗ ☒ B ⊢280⊢	88550
Voiture standard type III des SBB/CFF		

Speisewagen Type III der SBB/CFF mit Pantograph	II = ℗ ☒ ⊢280⊢	88650
Dining-car type III with pantograph of the SBB/CFF		
Voiture-restaurant type III avec pantographe des SBB/CFF		

Einheitswagen Type III der SBB/CFF mit Gepäckabteil	II = ℗ ☒ A ⊢280⊢	88750
Standard coach type III of the SBB/CFF with luggage compartment		
Voiture standard type III avec compartiment à bagages des SBB/CFF		

Schmalspurbahn HOe
Narrow gauge railway HOe
Chemin de fer à voie étroite HOe

Diesellokomotive Reihe 2095 der ÖBB
Diesel locomotive class 2095 of the ÖBB
Locomotive Diesel série 2095 des ÖBB
II = Ⓟ ✚4✚ ⊣115⊢   904

Die Liliput-HOe-Fahrzeuge sind Nachbildungen österreichischer Lokalbahnen. An Gleisen gibt es Gerade 1/1 = 124mm), einen Radius (249 mm), Hand- und Elektroweichen (15°), eine Kreuzung mit der HO-Normalspur (30°) und Prellböcke. Der elektrische Betrieb erfolgt mit üblichem HO-Zubehör (bis 14 V Gleichstrom).

The Liliput HOe vehicles are models of Austrian local railways. The track programme has straight sections (1/1 = 124 mm), a radius (249 mm), manual and electric switches (15°), a crossing over HO standard gauge track (30°), and buffer stops. The electric equipment is the same as usual for HO railways (up to 14 V DC).

Les véhicules Liliput HOe sont des maquettes de chemins de fer vicinals autrichiens. Le programme de voie contient des sections droites (1/1 = 124 mm), un rayon (249 mm), des aiguilles manuelles ou électriques (15°), un croisement sur la voie normale HO (30°) et des heurtoirs. La marche électrique se fait par des accessoires HO usuels (max. 14 V courant continu).

Tenderlokomotive Reihe 298 der ÖBB
Tank locomotive class 298 of the ÖBB
Locomotive-tender série 298 des ÖBB
II = Ⓟ ✚3✚ ⊣82⊢   704

Diesellokomotive Reihe 2095 der ÖBB
Diesel locomotive class 2095 of the ÖBB
Locomotive Diesel série 2095 des ÖBB
II = Ⓟ ✚4✚ ⊣115⊢   908

Tenderlokomotive der Zillertalbahn
Tank locomotive (Zillertalbahn)
Locomotive-tender (Zillertalbahn)

II = Ⓟ ✚3✚ ⊣82⊢   701

Gedeckter Güterwagen der Zillertalbahn
Covered wagon of the Zillertalbahn
Wagon couvert de la Zillertalbahn
II = Ⓟ ⊣124⊢   915 *

Tenderlokomotive der SKGLB
Tank locomotive of the SKGLB
Locomotive-tender de la SKGLB

II = Ⓟ ✚3✚ ⊣82⊢   703

Tenderlokomotive der StLB
Tank locomotive of the StLB
Locomotive-tender des StLB

II = Ⓟ ✚3✚ ⊣82⊢   705

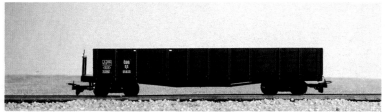

Hochbordwagen der ÖBB
High sided open wagon of the ÖBB
Wagon tombereau des ÖBB
II = Ⓟ ⊣124⊢   947 *

Tenderlokomotive der Waldenburgbahn
Tank locomotive (Waldenburg)
Locomotive-tender (Waldenburg)

II = Ⓟ ✚3✚ ⊣71⊢   706

Tenderlokomotive S 11 (Stainz)
Tank locomotive S 11 (Stainz)
Locomotive-tender S 11 (Stainz)

II = Ⓟ ✚3✚ ⊣71⊢   707

Gedeckter Güterwagen der ÖBB
Covered wagon of the ÖBB
Wagon couvert des ÖBB

II = Ⓟ ⊣87⊢   942 *

Hochbordwagen der StLB
High sided open wagon of the StLB
Wagon tombereau des StLB

II = Ⓟ ⊣87⊢   950 *

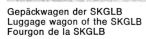

Gepäckwagen der SKGLB
Luggage wagon of the SKGLB
Fourgon de la SKGLB

II = Ⓟ ⊣95⊢   730 *

Tenderlokomotive EUROVAPOR
Tank locomotive EUROVAPOR
Locomotive tender EUROVAPOR

II = Ⓟ ✚3✚ ⊣82⊢   760

Schmalspurbahn HOe
Narrow gauge railway HOe
Chemin de fer à voie étroite HOe

Personenwagen „Zillertalbahn"
Passenger coach "Zillertalbahn"
Voiture voyageurs «Zillertalbahn»

II = Ⓟ B ⊢90⊦   711*

Büffetwagen „Zillertalbahn"
Buffet coach "Zillertalbahn"
Voiture-buffet «Zillertalbahn»

II = Ⓟ ⊢90⊦   719*

Personenwagen der SKGLB
Passenger coach of the SKGLB
Voiture voyageurs de la SKGLB

II = Ⓟ C ⊢90⊦   732*

Personenwagen mit Haubendach, ÖBB
Passenger coach with wrap round roof,
ÖBB
Voiture voyageurs avec toit bombé,
ÖBB

II = Ⓟ C ⊢90⊦   741*

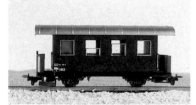

Personenwagen der ÖBB
Passenger coach of the ÖBB
Voiture voyageurs des ÖBB

II = Ⓟ C ⊢90⊦   743*

Gepäckwagen der StLB
Luggage van of the StLB
Fourgon de la StLB

II = Ⓟ ⊢90⊦   750

Personenwagen „Stadt Murau"
Passenger coach "Stadt Murau"
Voiture voyageurs «Stadt Murau»

753*

Personenwagen der Waldenburgbahn
Passenger coach of the Waldenburgbahn
Voiture voyageurs de la Waldenburgbahn

II = Ⓟ B ⊢90⊦   762*

Personenwagen der ÖBB
Passenger coach of the ÖBB
Voiture voyageurs des ÖBB

II = Ⓟ C ⊢120⊦   745*

Personenwagen „Steirer Bar"
Bogie coach "Steirer Bar"
Voiture «Steirer Bar»

II = Ⓟ ⊢120⊦   756*

Schnellzuglokomotive Reihe A 3
„Flying Scotsman" der LNER
Express locomotive class A 3
"Flying Scotsman" of the LNER
Locomotive de vitesse série A 3
«Flying Scotsman» de la LNER

II = Ⓟ 🜄 ✦2✦ ⊢285⊣   1030

Liliput (U.K.) wurde 1974 als unabhängiges Unternehmen gegründet und benutzt von Liliput (Österreich) als britische Generalvertretung Namen und Markenzeichen.
Das eigene Fertigungsprogramm besteht aus Modellbahnfahrzeugen in Baugröße OO für das HO-Gleissystem. Lieferbar sind Lokomotiven für Zweileiter-Gleichstrom-Betrieb, Güterwagen und Personenwagen nach englischen Vorbildern. Die Ausführung der Modelle ist in Verarbeitung, Vorbildtreue und Detaillierung sehr gut.
Die Fahrzeuge sind mit englischen Klauenkupplungen ausgerüstet, die leicht gegen NEM-Kupplungen Klasse A und B oder britische Standard-Kupplungen ausgewechselt werden können.
Liliput (U.K.) liefert nur über den Fachhandel.

Liliput (U.K.) a été fondée en 1974 en tant qu'entreprise indépendante. En qualité de représentation générale anglaise, la firme se sert du nom et de la marque de Liliput (Autriche).

Le propre programme de fabrication se compose de véhicules de chemin de fer modèle réduit d'échelle OO pour le système de voie en écartement HO. Sont livrables des locomotives pour le service à deux conducteurs et courant continu, des wagons marchandises et des voitures voyageurs d'après des prototypes anglais. Les modèles sont exécutés bien fidèles à l'original et au détail et représentent une très bonne finition. Les véhicules sont munis d'attelages à griffes anglais qui peuvent être échangés contre des attelages des normes NEM classe A ou B ou bien contre des attelages standards anglais.
Liliput (U.K.) livre par l'intermédiaire des commerçants spécialisés uniquement.

Schnellzuglokomotive Reihe A 3
„Flying Scotsman" der BR
Express locomotive class A 3
"Flying Scotsman" of the BR
Locomotive de vitesse série A 3
«Flying Scotsman» des BR

II = Ⓟ 🜄 ✦2✦ ⊢285⊣   1037

Liliput (U.K.) was founded in 1974 as an independent enterprise using the name and the brand of Liliput (Austria) as the British representation.
The own manufacture programme consists of OO scale model railway vehicles for the HO track system. Available are locomotives operated by two-rails DC, goods wagons, and coaches, all according to British prototypes. The models are well-finished, true to the originals, and exactly detailed. The vehicles have british claw type couplings attached, which can be easily exchanged for NEM class A and B or British Standard couplings.
Liliput (U.K.) delivers through the specialized trade only.

✉

Liliput Model Railways (U.K.) Ltd.
No. 4 Factory Unit
Station Yard, Bala
GB Gwynedd, N. Wales

Stromlinien-Schnellzuglokomotive
Reihe A 4 „Silver Link" der LNER
Streamlined express locomotive
class A 4 "Silver Link" of the LNER
Locomotive de vitesse aérodynamique
série A 4 «Silver Link» de la LNER

II = Ⓟ ✦2✦ ⊢290⊣   1040

Stromlinien-Schnellzuglokomotive
Reihe A 4 „Mallard" der LNER
Streamlined express locomotive
class A 4 "Mallard" of the LNER
Locomotive de vitesse aérodynamique
série A 4 «Mallard» de la LNER

II = Ⓟ ✦2✦ ⊢290⊣   1045

Stromlinien-Schnellzuglokomotive
Reihe A 4 „Merlin" der BR
Streamlined express locomotive
class A 4 "Merlin" of the BR
Locomotive de vitesse aérodynamique
série A 4 "Merlin" des BR

II = Ⓟ ✦2✦ ⊢290⊣   1050

Elektro- und Diesellokomotiven, Güterwagen
Electric and Diesel locomotives, goods wagons
Locomotives électriques et Diesel, wagons marchandises

Elektrolokomotive Reihe 83 der BR
Electric locomotive class 83 of the BR
Locomotive électrique série 83 des BR

II = Ⓟ ♈ ✦2✦ �muⲁ220ᴋ   1001

Diesellokomotive Reihe 52
„Western Vanguard" der BR
Diesel locomotive class 52
"Western Vanguard" of the BR
Locomotive Diesel série 52
«Western Vanguard» des BR

II = Ⓟ ♈ ✦3✦ ᴋ250ᴋ   1010

Diesellokomotive Reihe 52
„Western Crusader" der BR
Diesel locomotive class 52
"Western Crusader" of the BR
Locomotive Diesel série 52
"Western Crusader" des BR

II = Ⓟ ♈ ✦3✦ ᴋ250ᴋ   1011

Diesellokomotive Reihe 52
„Western Enterprise" der BR
Diesel locomotive class 52
"Western Enterprise" of the BR
Locomotive Diesel série 52
«Western Enterprise» des BR

II = Ⓟ ♈ ✦3✦ ᴋ250ᴋ   1012

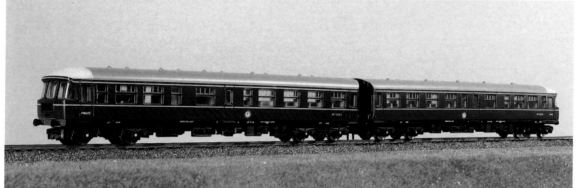

Inter-City Dieseltriebwagen der BR,
zweiteilig
Inter-City Diesel rail motor train of the
BR, two units
Train automoteur Diesel Inter-City
des BR, deux éléments

II = Ⓟ ⊠ ♈ ✦2✦ ᴋ510ᴋ   1025

Hochbordwagen
High sided open wagon
Wagon tombereau
OCEAN
II = Ⓟ ᴋ80ᴋ   1362

Hochbordwagen
High sided open wagon
Wagon tombereau
ISAAC WILKINSON
II = Ⓟ ᴋ80ᴋ   1368

Hochbordwagen
High sided open wagon
Wagon tombereau

II = Ⓟ ᴋ80ᴋ
SPIERS   1357
HALL & Co.   1364

Hochbordwagen
High sided open wagon
Wagon tombereau
CHUBB   1371
ABBOTT   1369

II = Ⓟ ᴋ80ᴋ

Hochbordwagen
High sided open wagon
Wagon tombereau
STEWARTS & LLOYDS   1370
MALTBY   1358

II = Ⓟ ᴋ80ᴋ

Güterwagen und Personenwagen
Goods wagons and passenger coaches
Wagons marchandises et voitures voyageurs

Hochbordwagen	II = Ⓟ ⊢80⊢	
High sided open wagon	NICHOLSONS'	1375
Wagon tombereau	ICI	1365
	SALTER	1359

Hochbordwagen	II = Ⓟ ⊢80⊢	
High sided open wagon	SUTTON MANOR	1374
Wagon tombereau	CHARRIGTONS	1367
	ROBERTS JENKS	1375

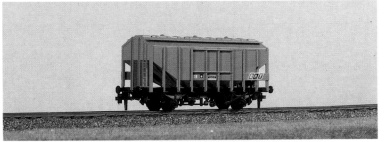

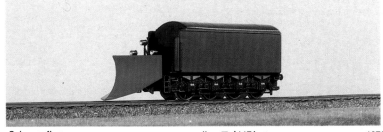

Gedeckter Trichterwagen der BRT (BR)	II = Ⓟ ⊢113⊢	1391
Covered hopper wagon of the BRT (BR)		
Wagon-trémie couvert de la BRT (BR)		

Schneepflug	II = Ⓟ ⊢117⊢	1070
Snow plough		
Chasse-neige		

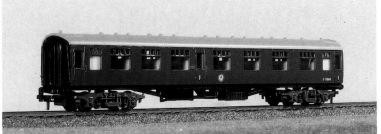

Reisezugwagen der BR	II = Ⓟ ⊠ A ⊢250⊢	1222
(Farbgebung Süd)		
Passenger coach of the BR		
(Southern livery)		
Voiture voyageurs des BR		
(coloris du Sud)		

Personenwagen mit Dienstabteil der BR	II = Ⓟ ⊠ A ⊢250⊢	1221
(Farbgebung Süd)		
Coach with guards compartment of the		
BR (Southern livery)		
Voiture avec compartiment de service		
des BR (coloris du Sud)		

Büffet-Wagen der BR (Farbgebung Süd)	II = Ⓟ ⊠ ⊢250⊢	1223
Buffet coach of the BR (Southern livery)		
Voiture-buffet des BR (coloris du Sud)		

Inter-City Pullman-Wagen der BR	II = Ⓟ ⊠ A ⊢250⊢	1279
Inter-City Pullman car of the BR		
Voiture Pullman Inter-City des BR		

Firma, Dampflokomotiven
Introduction, steam locomotives
Présentation, locomotives à vapeur

Lima®

Lima fertigte 1946 ursprünglich Beschlagteile für Fahrzeuge der FS Italia. Heute stellen 1200 Mitarbeiter eines der größten Modellbahnprogramme der Welt in den Baugrößen O, HO und N her.

Über 350 HO-Modellbahnfahrzeuge nach internationalen Vorbildern bietet Lima in mehreren Sortimenten an. Die sehr preiswerten Modelle sind technisch problemlos gebaut und relativ einfach detailliert, doch dem Original gut nachempfunden. Die robuste Ausführung und die große Typenauswahl verleihen der Lima-Modellbahn hohen Spielwert. Die Fahrzeuge und ihr Betrieb sind auf das internationale Zweileiter-Gleichstromsystem ausgelegt. Die Kupplungen entsprechen allgemein der NEM-Klasse A, amerikanische Modelle werden auch mit NMRA-Kupplung geliefert. Englische Modelle sind im OO-Maßstab gebaut und werden für Großbritannien mit Britischen Standard-Kupplungen ausgerüstet. Auswechseln dieser Kupplungen ist möglich.

Das Lima-Gleis besteht aus Neusilberschienen auf Kunststoffschwellen. Gerade, zwei Radien, flexibles Gleis (900 mm), Hand- und Elektroweichen und 3 Kreuzungen (symmetrisch, rechts und links) ermöglichen einen modularen Anlagenaufbau mit einheitlichen Winkeln und Parallelgleisabständen.

Lichtsignale mit Fahrstromsteuerung über den Signalschalter gibt es in drei Ausführungen und als Signalbrücke oder Bahnsteigsignal, außerdem ein handbedientes Formsignal. Zur Stromversorgung dienen Batterieregler oder Transformatoren mit 4,2 VA (Gleichstrom), 9 VA (Wechselstrom) und 16,6 VA (kombiniert).

Zur Erweiterung der Bahnanlagen stehen ein mechanischer Bahnübergang, eine Schiebebühne, eine Drehbühne, eine Drehbrücke und Verladestationen für Stückgut, Rohre, Autos, Schüttgut und Container zur Verfügung. Weiteres Zubehör sind Bahnhöfe, Bahnsteige, Häuser, Brücken, Tunnels, Autos und Container.

In the beginning in 1946, Lima made metal fittings for the FS Italia rolling stock. Today 1200 people manufacture one of the world's largest model railway programmes in O, HO and N scale.

More than 350 model railway vehicles according to international prototypes are offered within several Lima assortments. The low priced models are constructed without technical problems and sophisticated details, but they give a good impression of the original. The robust execution and the wide range of types set a high value for playing on the Lima model railway. The vehicles and their operation are intended for the international two-rails DC system. In general, the couplings come up to the NEM class A, American models are also available with NMRA couplers. British models are built in OO scale and, for the U. K., fitted with British Standard Couplings. Exchange of these couplings is possible.

The Lima track has nickel-silver rails on plastic ties. Straight sections, two radii, flexible track (900 mm), manual and electric switches, and 3 crossings (symmetrical, right and left-hand) give the facilities of modular layouts with uniform angles and distance between the lines.

There are colour-light signals with traction current control by the signal switch in three types and as signal gantry or platform signal, moreover a manually operated semaphore. Power supply is made by battery controllers or transformers giving 4.2 VA (DC), 9 VA (AC), and 16.6 VA (DC/AC).

For extending railway installations a mechanical level-crossing, a traverse table, a turntable, a swing bridge and loading yards for mixed cargo, pipes, cars, trucks, bulk, and containers are disposable. More accessories are stations, platforms, houses, bridges, tunnels, cars, trucks, and containers.

En 1946 la firme Lima a primitivement fabriqué des ferrures pour les véhicules des FS Italia. De nos jours, 1200 employés s'occupent de la réalisation d'un des plus grands programmes de chemins de fer modèle réduit d'échelle O, HO et N du monde.

Lima offre plus de 350 véhicules de chemin de fer modèle réduit d'échelle HO d'après des prototypes internationaux en plusieurs assortiments. Les modèles très bon marché sont construits en technique et détails relativement simples, mais ils correspondent bien à l'original. L'exécution robuste et le grand assortiment en types donne au chemin de fer modèle réduit Lima une haute valeur de jeu. Les véhicules sont aptes à circuler sur le système de voie international à deux conducteurs et courant continu. Les attelages correspondent généralement à la classe A des normes NEM; les modèles américains sont aussi livrés avec des attelages NMRA. Les modèles anglais sont construits en échelle OO; ils sont munis d'attelages anglais standard pour la Grande Bretagne. Il est possible d'échanger ces attelages.

La voie Lima se compose de rails en maillechort sur traverses en matières plastiques. Avec des rails droits, deux courbes, une voie flexible (900 mm), des aiguillages manuels et électriques et 3 croisements (symétrique, droit et gauche) on peut bien réaliser une implantation large d'installations de chemin de fer modèle réduit ayant des angles et entraxes des voies uniformes.

Il y a des signaux lumineux avec commande du courant-traction par le commutateur de signal en trois types; ils sont aussi disponibles comme passerelle à signaux ou comme signal de quai; de plus il y a un signal sémaphorique manuel. L'alimentation en courant est assurée par régulateurs à piles ou à l'aide de transformateurs de 4,2 VA (courant continu), 9 VA (courant alternatif) et 16,6 VA (courant combiné).

Pour élargir les installations ferroviaires le programme offre un passage à niveau mécanique, une plateforme roulante, un pont tournant, une plaque tournante et des chantiers de chargement pour colis de détail, tuyaux, voitures, marchandises en vrac et containers. Comme accessoires supplémentaires il y a des gares, quais, immeubles, ponts, tunnels, voitures, camions et containers.

Tynan Lexie LTD
30-37 Lr. Ormond Quay
EIR Dublin

Bertin A.A.
Le Mesnil Simon
F-28260 par Anet-Eure-et-Loir

Eisenmann & Co
36-42 Clerkenwell Road
GB London EC1M 5SU

A/S Norske Legio
Ryenswingem 15 Maglerud
N Oslo 6

Illmos Srs.
Chaves Feist & Co
Rua dos Fanqueiros 156-4
P Lisboa 2

B. Brick Agenturer AB
Börbydalen 25
S-18232 Danderyd

Josse Feldman (PTY) Ltd.
40 Sivewright Avenue
New Doornfontein P.O.B. 10195
ZA-2000 Johannesburg

✉

LIMA S. p. A.
Via G. Impercelli 77
I-36100 Vicenca

H. Stadlbauer
Paris-London-Str. 9
A-5027 Salzburg

Waldmeier AG
Auf dem Wolf 30
CH-4052 Basel

Sieber GmbH & Co. KG
Bremer Str. 54
D-8510 Fürth 2

Bilo
Mosevej 7
DK Kolding

Jose Auro Ferrer
Calle del Viento 31
E Barcelona 16

Gleissystem
Track system
Système de voie

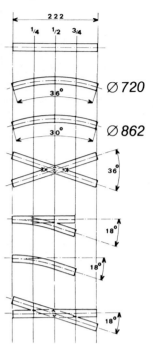

Amerikanische Schiebelokomotive	Canadian National	3007/LD
American type booster locomotive	New York Central	3007/L
Locomotive de pousse américaine	Santa Fe	3007/LA
	Canadian Pacific	3007/LE
	unbeschriftet/undecorated/	
II = ℗ ♒ ✦2✦ ⊢110⊣	sans inscription	3005/L

Rangierlokomotive	grün/green/verte	
Shunting locomotive	II = ℗ ♒ ✦2✦ ⊢110⊣	1711/M
Locomotive de manœuvre	rot/red/rouge	
	II = ℗ ♒ ✦2✦ ⊢110⊣	1710/M

Englische Tenderlokomotive Reihe J 50	British Railways	
British tank locomotive class J 50	II = ℗ ✦2✦ ⊢132⊣	5102/M
Locomotive-tender anglaise série J 50	London & North Eastern Railway	
	II = ℗ ✦2✦ ⊢132⊣	5101/M

Dampflokomotiven
Steam locomotives
Locomotives à vapeur

Lima ®

Englische Oldtimer-Dampflokomotive
Typ Fowler
British old time steam locomotive
type Fowler
Locomotive à vapeur anglaise ancienne
type Fowler

II = P ✦2✦ ⊦190⊦

1715/M

Schlepptender-Lokomotive Reihe 4 F
Locomotive with seperated tender
class 4 F
Locomotive à tender séparé 4 F

London, Midland & Scottish Railway
II = P ✦2✦ ⊦190⊦

1701/M

Schnellzuglokomotive der King-Klasse
„George V"
Express locomotive of the King Class
"George V"
Locomotive de vitesse de la Classe King
«George V»

Great Western Railway
II = P ✦2✦ ⊦277⊦

5103/M

Schnellzuglokomotive der King-Klasse
„Charles II"
Express locomotive of the King Class
"Charles II"
Locomotive de vitesse de la Classe King
«Charles II»

British Railways
II = P ✦2✦ ⊦277⊦

5104/M

Personenzuglokomotive BR 39 der DB
Passenger train locomotive class 39
of the DB
Locomotive à voyageurs série 39
de la DB

II = P ♒✦4✦ ⊦275⊦

3003/L

Personenzuglokomotive Reihe 141 R
Mikado der SNCF
Passenger train locomotive class 141 R
Mikado of the SNCF
Locomotive à voyageurs série 141 R
Mikado de la SNCF

grün/green/verte
II = P ♒✦4✦ ⊦280⊦
schwarz/black/noire
II = P ♒✦4✦ ⊦280⊦

3002/L

3004/L

Rangierlokomotive ALCO mit Tender
Switching locomotive ALCO with tender
Locomotive de manœuvre ALCO avec
tender

II = P ♒✦2✦ ⊦195⊦

Pennsylvania
Santa Fe
Canadian National

3008/L
3008/LA
3008/LB

Amerikanische Rangierlokomotive ALCO
mit Tender
American switching locomotive ALCO
with tender
Locomotive de manœuvre américaine
ALCO avec tender

II = P ♒✦2✦ ⊦205⊦

3006/L

Dampflokomotive Mikado Reihe 8000
der New York Central
Steam locomotive Mikado class 8000
of the New York Central
Locomotive à vapeur Mikado série 8000
de la New York Central

II = P ♒✦4✦ ⊦276⊦

3009/LA

Schnellzuglokomotive Reihe 38 der
australischen Eisenbahnen
Express locomotive class 38 of the
Railways of Australia
Locomotive de vitesse série 38 des
chemins de fer de l'Australie

II = P ♒✦3✦ ⊦273⊦
grün/green/verte

schwarz/black/noire

3015/L

1716/L

Elektrolokomotiven
Electric locomotives
Locomotives électriques

Mehrzwecklokomotive Reihe E 424
der FS
Multi-purpose locomotive class E 424
of the FS
Locomotive mixte série E 424 des FS

II = Ⓟ ♈ ✦2✦ ⊦174⊦   8022/L

Schnellzuglokomotive Reihe E 444
der FS
Express locomotive class E 444
of the FS
Locomotive de vitesse série E 444
des FS

II = Ⓟ ♈ ✦2✦ ⊦190⊦   8034/L

Mehrzwecklokomotive Reihe E 645
der FS
Multi-purpose locomotive class E 645
of the FS
Locomotive mixte série E 645 des FS

II = Ⓟ ♈ ✦2✦ ⊦210⊦   8028/L

Schnellzuglokomotive Reihe E 646
der FS
Express locomotive class E 646
of the FS
Locomotive de vitesse série E 646
des FS

II = Ⓟ ♈ ✦2✦ ⊦210⊦   8026/L

Schnellzuglokomotive Reihe E 656
der FS
Express locomotive class E 656
of the FS
Locomotive de vitesse série E 656
des FS

II = Ⓟ ♈ ✦2✦ ⊦210⊦   8064/L

Mehrzwecklokomotive Reihe Re 4/4
der SBB/CFF
Multi-purpose locomotive class Re 4/4
of the SBB/CFF
Locomotive mixte série Re 4/4 des
SBB/CFF

II = Ⓟ ♈ ✦2✦ ⊦170⊦   8067/L

TEE-Schnellzuglokomotive Reihe Re 4/4
der SBB/CFF
TEE express locomotive class Re 4/4
of the SBB/CFF
Locomotive de vitesse TEE série Re 4/4
des SBB/CFF

II = Ⓟ ♈ ✦2✦ ⊦170⊦   8066/L

Mehrzwecklokomotive Reihe Ae 6/6 der
SBB/CFF
Multi-purpose locomotive class Ae 6/6
of the SBB/CFF
Locomotive mixte série Ae 6/6 des
SBB/CFF

II = Ⓟ ♈ ✦2✦ ⊦205⊦   8046/L

Schnellzuglokomotive Reihe Ae 6/6
der SBB/CFF
Express locomotive class Ae 6/6
of the SBB/CFF
Locomotive de vitesse série Ae 6/6
des SBB/CFF

II = Ⓟ ♈ ✦2✦ ⊦205⊦   8048/L

Schwere Mehrzwecklokomotive
Reihe Re 6/6 der SBB/CFF
Heavy multi-purpose locomotive
class Re 6/6 of the SBB/CFF
Locomotive mixte lourde série Re 6/6
des SBB/CFF

II = Ⓟ ♈ ✦2✦ ⊦222⊦   8051/L

Elektrolokomotiven
Electric locomotives
Locomotives électriques

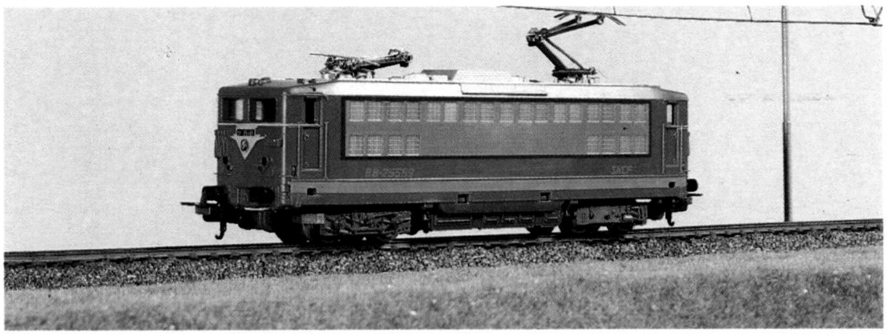

Personenzuglokomotive Reihe BB 25500 der SNCF — II = P ☼ ◂2▸ ⊣172⊢ — 8102/L
Passenger train locomotive class BB 25500 of the SNCF
Locomotive à voyageurs série BB 25500 de la SNCF

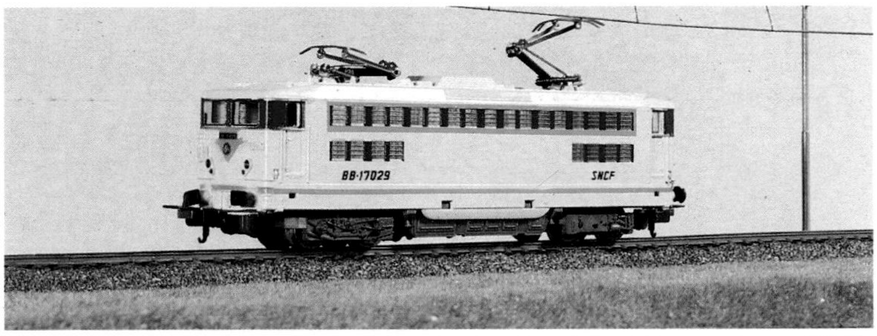

Lokomotive für Doppelstock-Personenzüge Reihe BB 17000 der SNCF — II = P ☼ ◂2▸ ⊣172⊢ — 8103/L
Double-deck passenger train locomotive class BB 17000 of the SNCF
Locomotive pour trains voyageurs à étages série BB 17000 de la SNCF

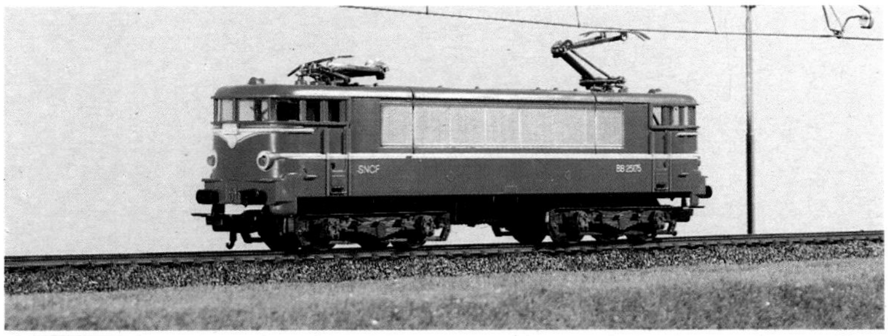

Schnellzuglokomotive Reihe BB 25100 der SNCF — II = P ☼ ◂2▸ ⊣185⊢ — 8104/L
Express locomotive class BB 25100 of the SNCF
Locomotive de vitesse série BB 25100 de la SNCF

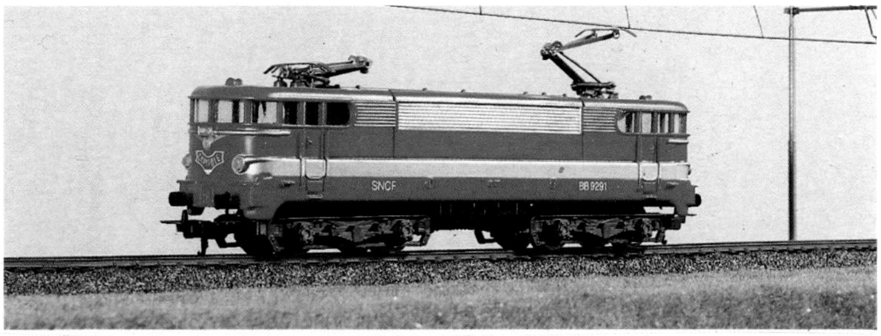

Schnellzuglokomotive Reihe BB 9200 der SNCF — II = P ☼ ◂2▸ ⊣185⊢ — 8033/L
Express locomotive class BB 9200 of the SNCF
Locomotive de vitesse série BB 9200 de la SNCF

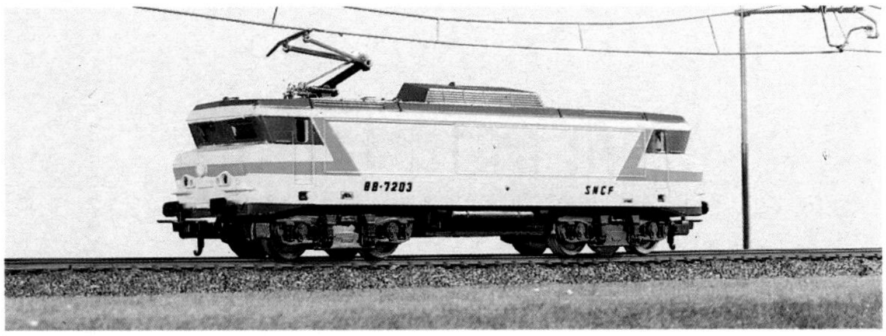

Mehrzwecklokomotive Reihe BB 7200 der SNCF — II = P ☼ ◂2▸ ⊣200⊢ — 8107/L
Multi-purpose locomotive class BB 7200 of the SNCF
Locomotive mixte série BB 7200 de la SNCF

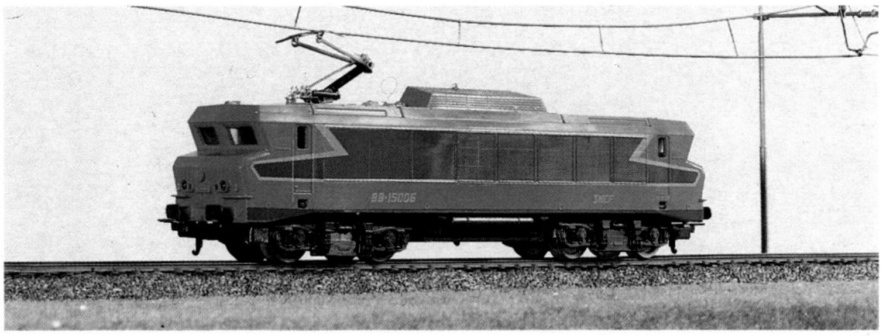

Mehrzwecklokomotive Reihe BB 15000 der SNCF — II = P ☼ ◂2▸ ⊣200⊢ — 8044/L
Multi-purpose locomotive class BB 15000 of the SNCF
Locomotive mixte série BB 15000 de la SNCF

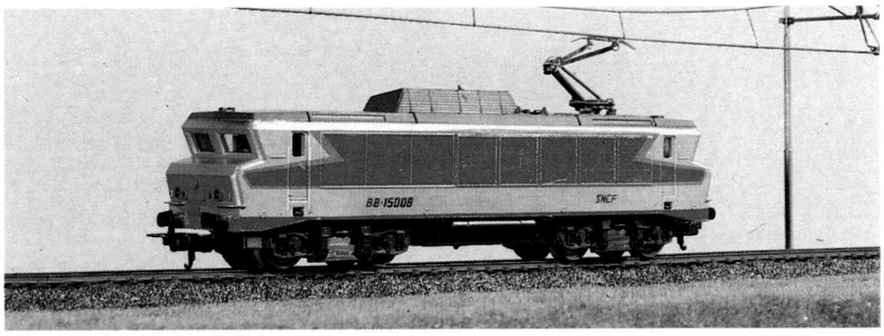

Mehrzwecklokomotive Reihe BB 15000 der SNCF — II = P ☼ ◂2▸ ⊣200⊢ — 8045/L
Multi-purpose locomotive class BB 15000 of the SNCF
Locomotive mixte série BB 15000 de la SNCF

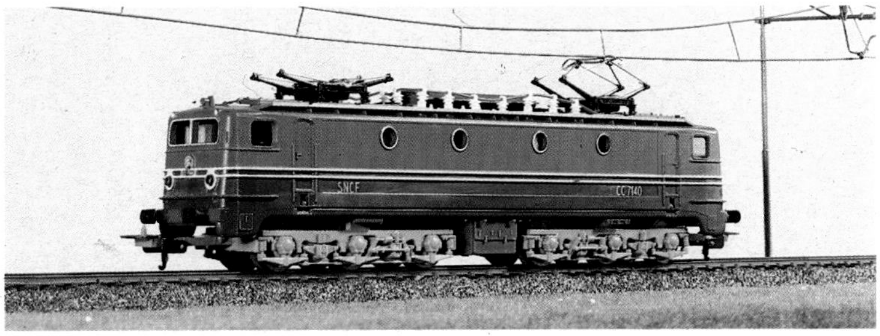

Schnellfahrlokomotive Reihe CC 7100 der SNCF — II = P ☼ ◂2▸ ⊣217⊢ — 8029/L
High-speed express locomotive class CC 7100 of the SNCF
Locomotive de grande vitesse série CC 7100 de la SNCF

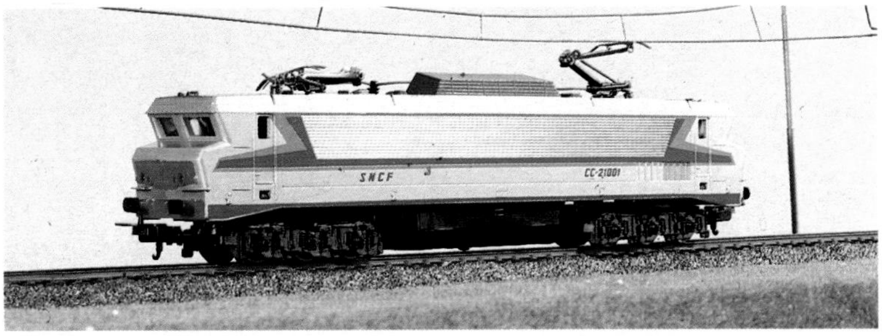

Schnellzuglokomotive Reihe CC 21000 der SNCF — II = P ☼ ◂2▸ ⊣225⊢ — 8047/L
Express locomotive class CC 21000 of the SNCF
Locomotive de vitesse série CC 21000 de la SNCF

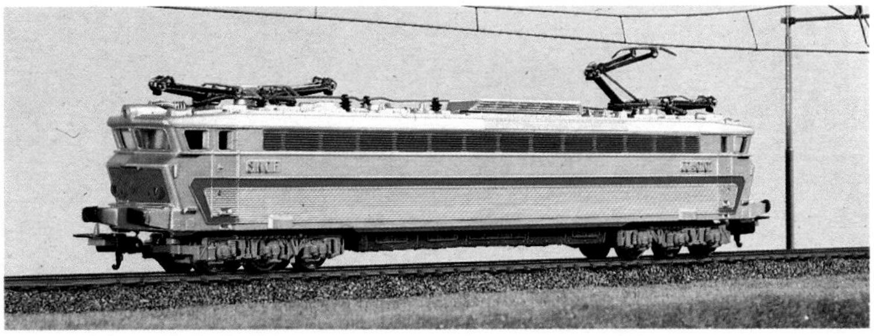

Schwere Vierstromlokomotive Reihe CC 40100 der SNCF — II = P ☼ ◂2▸ ⊣255⊢ — 1022/L
Heavy four-current locomotive class CC 40100 of the SNCF
Locomotive quadricourant lourde série CC 40100 de la SNCF

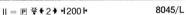

Rangierlokomotive BR 169 der DB
Switching locomotive class 169 of the DB
Locomotive de manœuvre série 169
de la DB

II = ℗ ✦2✦ ⊦110⊦   1660

Rangierlokomotive BR 169 der DB
Switching locomotive class 169 of the DB
Locomotive de manœuvre série 169
de la DB

II = ℗ ✦2✦ ⊦110⊦   1661

Schnellzuglokomotive BR 111 der DB   II = ℗ ♀✦2✦ ⊦196⊦   8040/L
Express locomotive class 111 of the DB
Locomotive de vitesse série 111 de la DB

Zweifrequenz-Lokomotive BR E 310   II = ℗ ♀✦2✦ ⊦196⊦   8110/L
der DB
Dual-frequency locomotive class E 310
of the DB
Locomotive bi-fréquence série E 310
de la DB

Vierstrom-Europa-Lokomotive BR 184   II = ℗ ♀✦2✦ ⊦196⊦   8032/L
der DB
European four-current locomotive
class 184 of the DB
Locomotive européenne quadricourant
série 184 de la DB

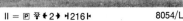

Schwere Güterzuglokomotive BR 151   II = ℗ ♀✦2✦ ⊦216⊦   8054/L
der DB
Heavy goods train locomotive class 151
of the DB
Locomotive à marchandises lourde
série 151 de la DB

Schwere Güterzuglokomotive BR 151   II = ℗ ♀✦2✦ ⊦216⊦   8055/L
der DB
Heavy goods train locomotive class 151
of the DB
Locomotive à marchandises lourde
série 151 de la DB

Schnellfahrlokomotive BR 103 der DB   II = ℗ ♀✦2✦ ⊦223⊦   8100/L
High-speed express locomotive
class 103 of the DB
Locomotive de grande vitesse série 103
de la DB

Mehrzwecklokomotive Reihe 1043 der   II = ℗ ♀✦2✦ ⊦176⊦   8060/L
ÖBB
Multi-purpose locomotive class 1043
of the ÖBB
Locomotive mixte série 1043 des ÖBB

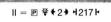

Mehrzwecklokomotive Reihe 1200 der NS   II = ℗ ♀✦2✦ ⊦204⊦   8024/L
Multi-purpose locomotive class 1200
of the NS
Locomotive mixte série 1200 des NS

Schnellzuglokomotive Reihe 1300 der NS   II = ℗ ♀✦2✦ ⊦217⊦   8030/L
Express locomotive class 1300 of the NS
Locomotive de vitesse série 1300 des NS

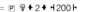

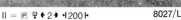

Mehrzwecklokomotive Reihe 125 der
SNCB/NMBS
Multi-purpose locomotive class 125
of the SNCB/NMBS
Locomotive mixte série 125 de la
SNCB/NMBS

II = P ⚡ ✦ 2 ✦ ⊢200⊢   8025/L

Dreistrom-Lokomotive Reihe 150 der
SNCB/NMBS
Three-current locomotive class 150
of the SNCB/NMBS
Locomotive tricourant série 150 de la
SNCB/NMBS

II = P ⚡ ✦ 2 ✦ ⊢200⊢   8027/L

Schnellzuglokomotive Reihe 7600 der
RENFE
Express locomotive class 7600 of the
RENFE
Locomotive de vitesse série 7600 de la
RENFE

II = P ⚡ ✦ 2 ✦ ⊢217⊢   8061/L

Schnellzuglokomotive Reihe 7600 der
RENFE
Express locomotive class 7600 of the
RENFE
Locomotive de vitesse série 7600 de la
RENFE

II = P ⚡ ✦ 2 ✦ ⊢217⊢   8062/L

Mehrzwecklokomotive Reihe 38 der
Portugiesischen Bahn
Multi-purpose locomotive class 38
of the Portuguese Railways
Locomotive mixte série 38 des
Chemins de fer Portugais

II = P ⚡ ✦ 2 ✦ ⊢200⊢   8069/L

Mehrzwecklokomotive Reihe Rc 2 der
schwedischen SJ
Multi-purpose locomotive class Rc 2
of the Swedish SJ
Locomotive mixte série Rc 2 des
SJ suedois

II = P ⚡ ✦ 2 ✦ ⊢176⊢   8052/L

Mehrzwecklokomotive Reihe El 13 der
Norwegischen Staatsbahn
Multi-purpose locomotive class El 13
of the Norwegian Railways
Locomotive mixte série El 13 des
Chemins de fer Norvegiens

II = P ⚡ ✦ 2 ✦ ⊢167⊢   8065/L

Schnellzuglokomotive Reihe E 444
„Blue Train" der SAR/SAS
Express locomotive class E 444
"Blue Train" of the SAR/SAS
Locomotive de vitesse série E 444
«Blue Train» des SAR/SAS

II = P ⚡ ✦ 2 ✦ ⊢166⊢   8056/L

Einheit ohne Motor
Dummy unit
Élément sans moteur

II = P ⊢166⊢   9650

Mehrzwecklokomotive Reihe E 919 der
SAR/SAS
Multi-purpose locomotive class E 919
of the SAR/SAS
Locomotive mixte série E 919 des
SAR/SAS

II = P ⚡ ✦ 2 ✦ ⊢166⊢   8057/L

Einheit ohne Motor
Dummy unit
Élément sans moteur

II = P ⊢166⊢   9651

Kleinlokomotive Reihe 500 der SNCF
Rail tractor class 500 of the SNCF
Locotracteur série 500 de la SNCF

II = Ⓟ 🚻 ✚ 2 ✦ ⊢119⊢   1652/L

Kleinlokomotive BR 332 der DB
Rail tractor class 332 of the DB
Locotracteur série 332 de la DB

II = Ⓟ 🚻 ✚ 2 ✦ ⊢119⊢   1653/L

Kleinlokomotive der BR
Rail tractor of the BR
Locotracteur des BR

II = Ⓟ ✚ 2 ✦ ⊢119⊢   1650

Kleinlokomotive MDT der SAR/SAS
Rail tractor MDT of the SAR/SAS
Locotracteur MDT des SAR/SAS

II = Ⓟ 🚻 ✚ 2 ✦ ⊢119⊢   1656/L

Australische Kleinlokomotive MDT
Australian rail tractor MDT
Locotracteur MDT australien

II = Ⓟ ✚ 2 ✦ ⊢119⊢   1657

Kleinlokomotive MDT der Santa Fe
Rail tractor MDT of the Santa Fe
Locotracteur MDT de la Santa Fe

II = Ⓟ ✚ 2 ✦ ⊢110⊢   1654/L

Dieselelektrische Mehrzwecklokomotive
Reihe D 343 der FS
Diesel electric multi-purpose locomotive
class D 343 of the FS
Locomotive Diesel électrique mixte
série D 343 des FS

II = Ⓟ 🚻 ✚ 2 ✦ ⊢165⊢   8068/L

Dieselelektrische Mehrzwecklokomotive
Reihe BB 67000 der SNCF
Diesel electric multi-purpose locomotive
class BB 67000 of the SNCF
Locomotive Diesel électrique mixte
série BB 67000 de la SNCF

II = Ⓟ 🚻 ✚ 2 ✦ ⊢195⊢   8036/L

Dieselelektrische Schnellzuglokomotive
Reihe BB 67000 der SNCF
Diesel electric express locomotive
class BB 67000 of the SNCF
Locomotive Diesel électrique de vitesse
série BB 67000 de la SNCF

II = Ⓟ 🚻 ✚ 2 ✦ ⊢195⊢   8035/L

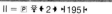

Dieselelektrische Mehrzwecklokomotive
Reihe CC 72000 der SNCF
Diesel electric multi-purpose locomotive
class CC 72000 of the SNCF
Locomotive Diesel électrique mixte
série CC 72000 de la SNCF

II = Ⓟ 🚻 ✚ 2 ✦ ⊢225⊢   8058/L

Dieselelektrische Schnellzuglokomotive
Reihe CC 72100 der SNCF
Diesel electric express locomotive
class CC 72100 of the SNCF
Locomotive Diesel électrique de vitesse
série CC 72100 de la SNCF

II = Ⓟ 🚻 ✚ 2 ✦ ⊢225⊢   8059/L

Dieselhydraulische Schnellzuglokomotive
Reihe 4000 der RENFE
Diesel hydraulic express locomotive
class 4000 of the RENFE
Locomotive Diesel hydraulique de
vitesse série 4000 de la RENFE

II = Ⓟ 🚻 ✚ 2 ✦ ⊢212⊢   8105/L

Dieselelektrische Mehrzwecklokomotive
Reihe 1600 der RENFE
Diesel electric multi-purpose locomotive
class 1600 of the RENFE
Locomotive Diesel électrique mixte
série 1600 de la RENFE

II = Ⓟ 🚻 ✚ 2 ✦ ⊢205⊢   8106/L

Dieselhydraulische Mehrzwecklokomotive ‖ = Ⓟ ⚑ ✦2✦ ⊣184⊢   1630/L
BR 216 der DB
Diesel hydraulic multi-purpose
locomotive class 216 of the DB
Locomotive Diesel hydraulique mixte
série 216 de la DB

Dieselhydraulische Mehrzwecklokomotive ‖ = Ⓟ ⚑ ✦2✦ ⊣184⊢   1632/L
BR 218 der DB
Diesel hydraulic multi-purpose
locomotive class 218 of the DB
Locomotive Diesel hydraulique mixte
série 218 de la DB

Dieselhydraulische Schnellzuglokomotive ‖ = Ⓟ ⚑ ✦2✦ ⊣184⊢   1631/L
BR 218 der DB
Diesel hydraulic express locomotive
class 218 of the DB
Locomotive Diesel hydraulique de
vitesse série 218 de la DB

Dieselhydraulische Schnellzuglokomotive ‖ = Ⓟ ⚑ ✦2✦ ⊣212⊢   1640/L
BR 221 der DB
Diesel hydraulic express locomotive
class 221 of the DB
Locomotive Diesel hydraulique de
vitesse série 221 de la DB

Dieselhydraulische Schnellzuglokomotive ‖ = Ⓟ ⚑ ✦2✦ ⊣212⊢   1640/L
BR 221 der DB
Diesel hydraulic express locomotive
class 221 of the DB
Locomotive Diesel hydraulique de
vitesse série 221 de la DB

Dieselelektrische Mehrzwecklokomotive ‖ = Ⓟ ✦2✦ ⊣200⊢   5116/MW
„Bre-Metro" der CIE (Irland)
Diesel electric multi-purpose locomotive
"Bre-Metro" of the CIE (Ireland)
Locomotive Diesel électrique mixte
«Bre-Metro» de la CIE (Irlande)

Dieselelektrische Mehrzwecklokomotive ‖ = Ⓟ ✦2✦ ⊣200⊢   5115/M
Reihe 33 der BR
Diesel electric multi-purpose locomotive
class 33 of the BR
Locomotive Diesel électrique mixte
série 33 des BR

Dieselelektrische Mehrzwecklokomotive ‖ = Ⓟ ✦2✦ ⊣200⊢   5114/M
Reihe 33 der BR
Diesel electric multi-purpose locomotive
class 33 of the BR
Locomotive Diesel électrique mixte
série 33 des BR

Dieselelektrische Schnellzuglokomotive ‖ = Ⓟ ✦2✦ ⊣270⊢   5105/M
Reihe 55 „Deltic" der BR
Diesel electric express locomotive
class 55 "Deltic" of the BR
Locomotive Diesel électrique de vitesse
série 55 «Deltic» des BR

Dieselelektrische Schnellzuglokomotive ‖ = Ⓟ ✦2✦ ⊣270⊢   5106/M
Reihe 55 „Deltic" der BR
Diesel electric express locomotive
class 55 "Deltic" of the BR
Locomotive Diesel électrique de vitesse
série 55 «Deltic» des BR

Diesellokomotiven und Triebwagen
Diesel locomotives and railcar
Locomotives Diesel et autorail

Dieselelektrische Mehrzwecklokomotive
Reihe MZ 1400 der DSB
Diesel electric multi-purpose locomotive
class MZ 1400 of the DSB
Locomotive Diesel électrique mixte
série MZ 1400 de la DSB

II = Ⓟ ⚡♦2♦ ⊦235⊦   8109/L

Diesellokomotive Reihe S der
australischen Viktoria-Bahn
Diesel locomotive class S of the
australian Victorian Railways
Locomotive Diesel série S des
chemins de fer australiens de Victoria

II = Ⓟ ⚡♦2♦ ⊦205⊦   8043/L

Diesellokomotive Reihe 44 der austra-
lischen Eisenbahn
Diesel locomotive class 44 of the
Railways of Australia
Locomotive Diesel série 44 des
Chemins de Fer d'Australie

II = Ⓟ ⚡♦2♦ ⊦205⊦   8042/L

Speichertriebwagen für Wendezüge
der FS
Accumulator railcar for reversing trains
of the FS
Motrice à accumulateurs pour trains
pendulaires des FS

II = Ⓟ ⊠ ⚡♦2♦ ⊦270⊦   8038/L

Diesellokomotive ALCO 420
Diesel locomotive ALCO 420
Locomotive Diesel ALCO 420

II = Ⓟ ⚡♦2♦ ⊦202⊦

Baltimore & Ohio	8082/L
Union Pacific	8081/L
Santa Fe	8083/L
Canadian Pacific	8086/L

Einheit ohne Motor
Dummy unit
Élément sans moteur

II = Ⓟ ⊦202⊦

Baltimore & Ohio	9621
Union Pacific	9620
Santa Fe	9622
Canadian Pacific	9625

Diesellokomotive ALCO 420
in 200-Jahr-Feier-Ausführung
Diesel locomotive ALCO 420
in Bicentennial decoration
Locomotive Diesel ALCO 420,
version de Bicentenaire

II = Ⓟ ⚡♦2♦ ⊦202⊦   8080/L

Einheit ohne Motor
Dummy unit
Élément sans moteur

II = Ⓟ ⊦202⊦   9626

Diesellokomotive EMD FP 45
Diesel locomotive EMD FP 45
Locomotive Diesel EMD FP 45

II = Ⓟ ⚡♦2♦ ⊦253⊦

Santa Fe	8071/L
Burlington Northern	8073/L
Canadian National	8076/L

Einheit ohne Motor
Dummy unit
Élément sans moteur

II = Ⓟ ⊦253⊦

Santa Fe	9600
Burlington Northern	9601
Canadian National	9603

Triebwagen und Triebwagenzüge
Railcars and rail motor-trains
Autorails et trains automoteurs

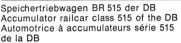

Elektrischer Schnelltriebwagen RBe 4/4 der SBB/CFF
Electric fast railcar RBe 4/4 of the SBB/CFF
Automotrice électrique de vitesse RBe 4/4 des SBB/CFF

II = ℙ ⊠ ⚡ ✦2✦ B ⊣260⊢   8031/L

Speichertriebwagen BR 515 der DB
Accumulator railcar class 515 of the DB
Automotrice à accumulateurs série 515 de la DB

II = ℙ ⊠ ⚡ ✦2✦ AB ⊣258⊢   8037/L

Beiwagen BR 815
Trailer class 815
Remorque série 815

II = ℙ ⊠ B ⊣258⊢   9125

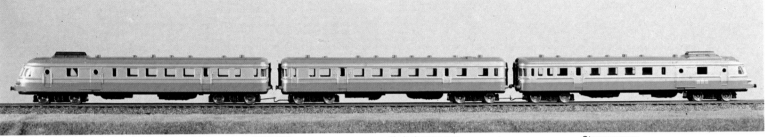

Diesel-Schnelltriebwagenzug RGP der SNCF
Diesel fast rail motor-train RGP of the SNCF
Train automoteur Diesel de vitesse RGP de la SNCF

Motorwagen RGP 825
Engine unit RGP 825
Motrice RGP 825

II = ℙ ⚡ ✦2✦ A ⊣256⊢   1003/L

Zwischenwagen
Intermediate trailer
Remorque intermédiaire

II = ℙ A ⊣240⊢   1004

Steuerwagen
Trailer with driving cab
Remorque à poste de conduite

II = ℙ A ⊣256⊢   1005

Elektrischer Intercity-Triebwagenzug LOB der NS
Electric Intercity rail motor-train LOB of the NS
Train automoteur électrique Intercity LOB des NS

Motorwagen
Engine unit
Motrice

II = ℙ ⊠ ⚡ ✦2✦ B ⊣270⊢   1019/L

Zwischenwagen
Intermediate trailer
Remorque intermédiaire

II = ℙ ⊠ A ⊣258⊢   1020

Steuerwagen
Trailer with driving cab
Remorque à poste de conduite

II = ℙ ⊠ B ⊣270⊢   1021

Nahverkehrs-Triebwagenzug „Kokuden" der Japanischen Staatsbahn
Suburban rail motor-train "Kokuden" of the Japanese National Railways
Train automoteur de banlieue «Kokuden» des Chemins de Fer Japonais

Motorwagen
Engine unit
Motrice

II = ℙ ⚡ ✦2✦ ⊣248⊢   1043/L

In Japan ist dieser Zug auch in gelb, blau und grün lieferbar.

Beiwagen mit Stromabnehmer
Trailer with pantograph
Remorque avec pantographe

II = ℙ ⊣248⊢   1053

In Japan this train is also available in yellow, blue, and green.

Beiwagen ohne Stromabnehmer
Trailer without pantograph
Remorque sans pantographe

II = ℙ ⊣248⊢   1063

En Japon ce train est aussi livrable en jaune, bleu et vert.

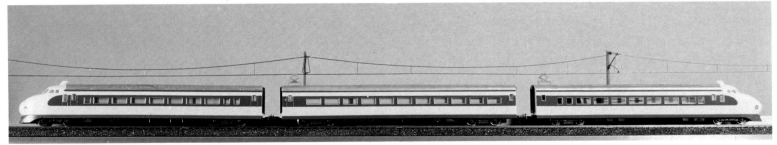

Hochgeschwindigkeitszug „Tokaido" der Japanischen Staatsbahn
High-speed train "Tokaido" of the Japanese National Railways
Train de grande vitesse «Tokaido» des Chemins de Fer Japonais

Motorwagen/engine unit/motrice
II = ℙ ⚡ ✦2✦ ⊣256⊢   1010/L
Zwischenwagen ohne Stromabnehmer
Trailer without pantograph
Remorque sans pantographe
II = ℙ ⊣260⊢   1011

Zwischenwagen mit Stromabnehmer
Trailer with pantograph
Remorque avec pantographe

II = ℙ ⊣260⊢   1012

Steuerwagen
Trailer with driving cab
Remorque à poste de conduite

II = ℙ ⊣265⊢   1013

Zehnachsiger Schwertransportwagen
der NS mit Transformator
20-wheel heavy load carrier of the NS
with transformer
Wagon à 10 essieux pour transports
lourds des NS avec transformateur

II = ℗ ⊣220⊢   9056

Niederbordwagen der FS mit Plane
Low sided wagon of the FS with tilt
Wagon à bords bas des FS avec bâche

II = ℗ ⊣116⊢   2830

Niederbordwagen mit Blechrollen
Low sided wagon with plate rolls
Wagon à bords bas avec rouleaux
de tôle

II = ℗ ⊣116⊢   2812

Niederbordwagen mit Bierbehältern
Low sided wagon with beer tanks
Wagon à bords bas avec récipients
de bière
DINKELACKER
II = ℗ ⊣116⊢   2816

Niederbordwagen mit Bierbehältern
Low sided wagon with beer tanks
Wagon à bords bas avec récipients
de bière
WATNEYS
II = ℗ ⊣116⊢   2822

Niederbordwagen mit Bierbehältern
Low sided wagon with beer tanks
Wagon à bords bas avec récipients
de bière

LÖWENBRÄU
II = ℗ ⊣116⊢   2819
PELICAN
II = ℗ ⊣116⊢   2824

Niederbordwagen mit Containern
Low sided wagon with containers
Wagon à bords bas avec containers

Mercedes, AGFA
II = ℗ ⊣116⊢   2861
Everite, OCEAN
II = ℗ ⊣116⊢   2862

Niederbordwagen mit Weinfässern
Low sided wagon with wine-casks
Wagon à bords bas avec fûts

BEAUJOLAIS
II = ℗ ⊣116⊢   2825

Niederbordwagen mit Weinfässern
Low sided wagon with wine-casks
Wagon à bords bas avec fûts

FUNDADOR
II = ℗ ⊣116⊢   2826

Niederbordwagen mit Rohren
Low sided wagon with tubes
Wagon à bords bas avec tuyaux

II = ℗ ⊣116⊢   2811

Muldenkippwagen
Tipping bucket wagon
Wagon à benne basculante

II = ℗ ⊣92⊢   2810

Rungenwagen der SJ mit klappbaren
Seitenwänden
Wagon with stanchions and hinged
sides of the SJ
Wagon à ranchers des SJ avec bords
rabattables

II = ℗ ⊣140⊢   2831

Niederbordwagen der DB mit Rungen
Low sided wagon of the DB with
stanchions
Wagon à bords bas de la DB avec
ranchers

II = ℗ ⊣185⊢   9042

Doppel-Drehschemelwagen mit
Langholzladung
Twin radial bolster wagons with
timber load
Wagons jumelés à traverses pivotantes
chargés de bois

II = ℗ ⊣215⊢   9038

Doppel-Drehschemelwagen mit
Röhrenladung
Twin radial bolster wagons with
tubes load
Wagons jumelés à traverses pivotantes
chargés de tuyaux

II = ℗ ⊣215⊢   9039

Güterwagen
Goods wagons
Wagons marchandises

Zehnachsiger Schmelzeisen-Transport-
wagen der SNCF
20-wheel foundry wagon of the SNCF
Wagon pour transport de fonte en
fusion à 10 essieux de la SNCF

II = ℗ �muⱮ220Ⱶ   9052

Hochbordwagen der FS
High sided wagon of the FS
Wagon tombereau des FS
II = ℗ Ⱶ121Ⱶ
beladen/loaded/chargé   3174
leer/empty/vide   3171

Hochbordwagen der SNCF
High sided wagon of the SNCF
Wagon tombereau de la SNCF
II = ℗ Ⱶ121Ⱶ   3172

Hochbordwagen der BR
High sided wagon of the BR
Wagon tombereau des BR
II = ℗ Ⱶ121Ⱶ   3175

Englischer Hochbordwagen mit Ladung
British high sided wagon with load
Wagon tombereau anglais chargé
NCB
II = ℗ Ⱶ121Ⱶ   3173

Gedeckter UIC-Güterwagen der FS
UIC type covered wagon of the FS
Wagon couvert UIC des FS

II = ℗ Ⱶ121Ⱶ   3161

Gedeckter Güterwagen der FS
Covered wagon of the FS
Wagon couvert des FS

FIAT
II = ℗ Ⱶ121Ⱶ   3163

Gedeckter Güterwagen der SNCF
Covered wagon of the SNCF
Wagon couvert de la SNCF

SERNAM
II = ℗ Ⱶ121Ⱶ   3106

Gedeckter Güterwagen der SNCF
Covered wagon of the SNCF
Wagon couvert de la SNCF

CHIQUITA
II = ℗ Ⱶ121Ⱶ   3167

Schweizer Postwagen
Swiss mail-van
Wagon-poste suisse

II = ℗ Ⱶ121Ⱶ   3102

Gedeckter Güterwagen der SBB/CFF
Covered wagon of the SBB/CFF
Wagon couvert des SBB/CFF

HENNIEZ
II = ℗ Ⱶ121Ⱶ   3108

Gedeckter Güterwagen der SBB/CFF
Covered wagon of the SBB/CFF
Wagon couvert des SBB/CFF

OVOMALTINE
II = ℗ Ⱶ121Ⱶ   3154

Gedeckter Güterwagen der DB
Covered wagon of the DB
Wagon couvert de la DB

ASG
II = ℗ Ⱶ121Ⱶ   3164

Gedeckter Güterwagen der BR
Covered wagon of the BR
Wagon couvert des BR

II = ℗ Ⱶ121Ⱶ   3165

Englischer gedeckter Güterwagen
British covered wagon
Wagon couvert anglais
II = ℗ Ⱶ121Ⱶ
East Anglian Meat   3155
London & North Eastern Ry.   2991

Gedeckter Güterwagen der NSB
Covered wagon of the NSB
Wagon couvert des NSB

II = ℗ Ⱶ126Ⱶ   3101

Gedeckter Güterwagen der SJ
Covered wagon of the SJ
Wagon couvert des SJ

GULLFIBER
II = ℗ Ⱶ126Ⱶ   3112

Gedeckter Güterwagen der SNCF mit   II = ℗ ⸬ Ⱶ142Ⱶ   3105/L
Bremserhaus und Schlußlicht
Covered wagon of the SNCF with brake
cabin and tail lights
Wagon couvert de la SNCF avec
guérite et feux arrières

Englischer Großraum-Güterwagen
British high-capacity wagon
Wagon anglais de grande capacité

BP Offshore Services   3199
II = ℗ Ⱶ242Ⱶ

Kühlwagen
Refrigerator wagon
Wagon réfrigérant

RENFE - TRANSFESA
II = Ⓟ ⊢126⊢ 3117
DB - SPATENBRÄU
II = Ⓟ ⊢126⊢ 3111
DSB - TUBORG
II = Ⓟ ⊢126⊢ 3116
COCA-COLA
II = Ⓟ ⊢126⊢ 3113

Kühlwagen der FS
Refrigerator wagon of the FS
Wagon réfrigérant des FS

INTERFRIGO
II = Ⓟ ⊢126⊢ 3103

Kühlwagen der SNCF
Refrigerator wagon of the SNCF
Wagon réfrigérant de la SNCF

STEF
II = Ⓟ ⊢126⊢ 3104

Kühlwagen der SNCF
Refrigerator wagon of the SNCF
Wagon réfrigérant de la SNCF

EVIAN
II = Ⓟ ⊢126⊢ 3115

Kühlwagen der DSB
Refrigerator wagon of the DSB
Wagon réfrigérant de la DSB

CARLSBERG
II = Ⓟ ⊢126⊢ 3109

Kühlwagen der DB
Refrigerator wagon of the DB
Wagon réfrigérant de la DB

LEDERER-BRÄU
II = Ⓟ ⊢126⊢ 3110
PATRIZIER PILS
II = Ⓟ ⊢126⊢ 3100

Englischer Kühlwagen
British refrigerator wagon
Wagon réfrigérant anglais

SCHWEPPES
II = Ⓟ ⊢126⊢ 3118
GRIMSBY FISH
II = Ⓟ ⊢126⊢ 3114

Großraum-Kühlwagen der FS
High-capacity refrigerated wagon
of the FS
Wagon réfrigérant de grande capacité
des FS

INTERFRIGO
II = Ⓟ ⊢242⊢ 3191

Großraum-Kühlwagen der SBB/CFF
High-capacity refrigerated wagon
of the SBB/CFF
Wagon réfrigérant de grande capacité
des SBB/CFF

FELDSCHLÖSSCHEN
II = Ⓟ ⊢242⊢ 3195

Großraum-Kühlwagen der SBB/CFF
High-capacity refrigerator wagon
of the SBB/CFF
Wagon réfrigérant de grande capacité
des SBB/CFF

ORANGINA
II = Ⓟ ⊢242⊢ 3196

Großraum-Kühlwagen der SBB/CFF
High-capacity refrigerator wagon
of the SBB/CFF
Wagon réfrigérant de grande capacité
des SBB/CFF

EX-BIER
II = Ⓟ ⊢242⊢ 3197

Großraum-Kühlwagen der DB
High-capacity refrigerator wagon
of the DB
Wagon réfrigérant de grande capacité
de la DB

STAUFEN-BRÄU
II = Ⓟ ⊢242⊢ 3192

Großraum-Kühlwagen der DB
High-capacity refrigerator wagon
of the DB
Wagon réfrigérant de grande capacité
de la DB

MARTINI
II = Ⓟ ⊢242⊢ 3193

Güterwagen
Goods wagons
Wagons marchandises

Gedeckter Güterwagen mit Klappdach
Covered wagon with hinged roof
Wagon couvert avec toit pliant

SNCF		
II = Ⓟ ⊢1161⊢		3187
SNCF - FINDUS		
II = Ⓟ ⊢1161⊢		3188

Gedeckter Güterwagen mit Teleskop-
Aufbau der SNCF   II = Ⓟ ⊢132⊢   3184
Covered wagon with telescope top
of the SNCF
Wagon couvert avec dessus
téléscopique de la SNCF

Gedeckter Güterwagen mit Teleskop-
Aufbau der DB   II = Ⓟ ⊢132⊢   3186
Covered wagon with telescope top
of the DB
Wagon couvert avec dessus
téléscopique de la DB

Gedeckter Güterwagen mit Teleskop-
Aufbau der NS   II = Ⓟ ⊢132⊢   3185
Covered wagon with telescope top
of the NS
Wagon couvert avec dessus
téléscopique des NS

Gedeckter Güterwagen mit Teleskop-
Aufbau der RENFE   II = Ⓟ ⊢132⊢   3190
Covered wagon with telescope top
of the RENFE
Wagon couvert avec dessus
téléscopique de la RENFE

Schwenkdachwagen der SNCF   II = Ⓟ ⊢161⊢   3182
Covered wagon with swivel roof of the
SNCF
Wagon couvert avec toit mobile de la
SNCF

Schwenkdachwagen der DB   II = Ⓟ ⊢161⊢   3181
Covered wagon with swivel roof of the
DB
Wagon couvert avec toit mobile de la
DB

Schwenkdachwagen der DB   II = Ⓟ ⊢161⊢   3183
Covered wagon with swivel roof of the
DB
Wagon couvert avec toit mobile de la
DB

Gedeckter Schiebewandwagen der SNCF   II = Ⓟ ⊢236⊢   3202
Covered wagon with sliding sides
of the SNCF
Wagon couvert à parois coulissantes
de la SNCF

Gedeckter Schiebewandwagen der SJ   II = Ⓟ ⊢236⊢   3201
Covered wagon with sliding sides
of the SJ
Wagon couvert à parois coulissantes
des SJ

Gedeckter Schiebewandwagen der BR   II = Ⓟ ⊢236⊢   3204
Covered wagon with sliding sides
of the BR
Wagon couvert à parois coulissantes
des BR

Englischer Hochbordwagen für
Kohlentransporte
British high sided coal wagon
Wagon tombereau anglais à charbon

Dearne Valley		
II = P ⊢81⊢		5615
Oxford District Gas Co.		
II = P ⊢81⊢		5614
Glasshoughton		
II = P ⊢81⊢		5612

Englischer Hochbordwagen	Clay & Cross	
British high sided wagon	II = P ⊢81⊢	5611
Wagon tombereau anglais	Evans & Bevan	
	II = P ⊢81⊢	5613

Hochbordwagen	Great Western Railway	
High sided wagon	II = P ⊢81⊢	5616
Wagon tombereau	CIE (Eire)	
	II = P ⊢81⊢	5617/W

Englischer Kastenwagen	Ty-Phoo Tea	
British box van	II = P ⊢81⊢	5601
Wagon couvert anglais	Michelin	
	II = P ⊢81⊢	5603

Englischer Kastenwagen	Homepride	
British box van	II = P ⊢81⊢	5602
Wagon couvert anglais	St. Ivel Unigate	
	II = P ⊢81⊢	5604

Kastenwagen	Great Western Railway	
Box van	II = P ⊢81⊢	5605
Wagon couvert	CIE (Eire)	
	II = P ⊢81⊢	5606/W

Güterzugbegleitwagen	British Railways	
Brake van	II = P ⊢107⊢	5620
Fourgon de queue	London & North Eastern Railway	
	II = P ⊢107⊢	5621
	CIE (Eire)	
	II = P ⊢107⊢	5622/W

Silowagen	Cie. Européenne des Transports	
Silo wagon	II = P ⊢105⊢	2802
Wagon-silos	Cie. Nouvelle des Cadres	
	II = P ⊢105⊢	2803

Silowagen der SNCF	BR - Blue Circle	
Silo wagon of the SNCF	II = P ⊢105⊢	2805
Wagon-silos de la SNCF	SNCF - OMYA S.A.	
	II = P ⊢115⊢	2804

Autotransportwagen mit 6 PKW	DB	
Automobile transport wagon with 6 cars	II = P ⊢280⊢	9054
Wagon transport d'automobiles avec	BR - Motorail	
6 voitures	II = P ⊢280⊢	9053
	BR - British Leyland	
	II = P ⊢280⊢	9057

Autotransportwagen mit 6 Autos	FS - SITFA	
Automobile transport wagon with 6 cars	II = P ⊢290⊢	9050
Wagon transport d'automobiles avec	RENFE - SEMAT	
6 voitures	II = P ⊢290⊢	9049
	SJ - SKANDIATRANSPORT	
	II = P ⊢290⊢	9061

Güterwagen
Goods wagons
Wagons marchandises

Treibstoff-Kesselwagen
Fuel tank wagon
Wagon-citerne pour carburants

ARAL	
II = P ⊩116⊩	2714
BP	
II = P ⊩116⊩	2715
GULF	
II = P ⊩116⊩	2718
SHELL	
II = P ⊩116⊩	2713

Druckkammer-Kesselwagen
Pressure tank wagon
Wagon-citerne à compression

ESSO	
II = P ⊩116⊩	2711
AGIP	
II = P ⊩116⊩	2712

Chemikalien-Kesselwagen
Chemicals tank wagon
Wagon-citerne pour produits chimiques

ICI	
II = P ⊩116⊩	2720
Unigate	
II = P ⊩116⊩	2721

Vierachsiger Milch-Kesselwagen
Bogie milk tank wagon
Wagon-citerne à 4 essieux pour lait
II = P ⊩190⊩ 2911

Druckgas-Kesselwagen der SNCF
High-pressure gas tank wagon of the SNCF
Wagon-citerne pour gaz liquide de la SNCF
II = P ⊩116⊩ 2719

ELF-Treibstoff-Kesselwagen
ELF fuel tank wagon
Wagon-citerne pour carburants ELF
II = P ⊩116⊩ 2718

Vierachsiger Kesselwagen
Bogie tank wagon
Wagon-citerne à 4 essieux

BUTAGAZ	
II = P ⊩190⊩	2901
OMV	
II = P ⊩190⊩	2915

Vierachsiger Kesselwagen
Bogie tank wagon
Wagon-citerne à 4 essieux

AMOCO	
II = P ⊩190⊩	2913
TEXACO	
II = P ⊩190⊩	2916

Vierachsiger Treibstoff-Kesselwagen
Bogie fuel tank wagon
Wagon-citerne à 4 essieux pour carburants
MOBILOIL
II = P ⊩190⊩ 2903

Vierachsiger Druckgas-Kesselwagen
Bogie high-pressure gas tank wagon
Wagon-citerne à 4 essieux pour gaz liquide

BUTANO
II = P ⊩190⊩ 2914

Vierachsiger Kesselwagen
Bogie tank wagon
Wagon-citerne à 4 essieux

SHELLGAS	
II = P ⊩190⊩	2904
MAX MEYER	
II = P ⊩190⊩	2919

Spezialwagen für den Transport von Container-Sattelanhängern mit zwei Lastzügen und einer handbedienten Container-Verladestation

Flat wagon for semi-trailer rail transports with two tractor trucks and a manually operated container terminal

Wagon plat pour le transport de semi-remorques routières à containers avec deux camions et une installation de chargement pour containers manuelle

II = Ⓟ ⊢235⊢   960

Flachwagen mit 40'-Container der SNCF   II = Ⓟ ⊢168⊢   2873
Flat wagon with 40' container of the SNCF
Wagon plat avec container de 40' de la SNCF

Flachwagen mit 40'-Container der DB   II = Ⓟ ⊢168⊢   2859
Flat wagon with 40' container of the DB
Wagon plat avec container de 40' de la DB

Flachwagen mit 40'-Container der BR   II = Ⓟ ⊢168⊢   2871
Flat wagon with 40' container of the BR
Wagon plat avec container de 40' des BR

Flachwagen mit 40'-Container der RENFE   II = Ⓟ ⊢168⊢   2872
Flat wagon with 40' container of the RENFE
Wagon plat avec container de 40' de la RENFE

Flachwagen der DB mit zwei 20'-Containern
Flat wagon of the DB with two 20' containers
Wagon plat de la DB avec deux containers de 20'

Sainsbury's, LHB
II = Ⓟ ⊢168⊢   2852
Merzario, CONTRANS
II = Ⓟ ⊢168⊢   2856

Flachwagen der DB mit zwei 20'-Containern
Flat wagon of the DB with two 20' containers
Wagon plat de la DB avec deux containers de 20'

Mateu & Mateu, Messageries Maritimes
II = Ⓟ ⊢168⊢   2857
Italian Line, Lloyd Triestino
II = Ⓟ ⊢168⊢   2858

Flachwagen der DB mit vier Kugelcontainern
Flat wagon of the DB with four spherical containers
Wagon plat de la DB avec quatre containers globulaires

DB
II = Ⓟ ⊢168⊢   2841
SLOTTS
II = Ⓟ ⊢168⊢   2842

Flachwagen der DB mit vier Kugelcontainern
Flat wagon of the DB with four spherical containers
Wagon plat de la DB avec quatre containers globulaires

HOECHST
II = Ⓟ ⊢168⊢   2844
OMYA
II = Ⓟ ⊢168⊢   2843

Australischer Flachwagen mit zwei
20'-Containern
Australian flat wagon with two
20' containers
Wagon plat australien avec deux
containers de 20'

TNT, RACE
II = ℙ ⊢175⊢   2865
ACT, ESS
II = ℙ ⊢175⊢   2866

Australischer Hochbordwagen
Australian open wagon
Wagon tombereau australien

II = ℙ ⊢73⊢   3510

Australischer Hochbordwagen
Australian open wagon
Wagon tombereau australien

II = ℙ ⊢73⊢   3511

Australischer Kastenwagen
Australian box van
Wagon couvert australien

II = ℙ ⊢73⊢   3107

Australischer Kastenwagen
Australian box van
Wagon couvert australien

II = ℙ ⊢73⊢   3515

Schwenkdachwagen der australischen
ALLTRANS-Gesellschaft
Covered wagon with swivel roof of the
Australian ALLTRANS Co.
Wagon couvert avec toit mobile de la
Cie. ALLTRANS australienne

II = ℙ ⊢161⊢   3189

Australischer Kesselwagen „Golden
Fleece"
Australian tank wagon "Golden Fleece"
Wagon-citerne australien «Golden
Fleece»

II = ℙ ⊢190⊢   9124

Kesselwagen 62' der Australischen
AMPOL
62' tank wagon of the Australian
AMPOL
Wagon-citerne de 62' de l'AMPOL
australienne

II = ℙ ⊢220⊢   3239

Kesselwagen 62' der Chicago Great
Western
62' tank car of the Chicago Great
Western
Wagon-citerne de 62' de la Chicago
Great Western

II = ℙ ⊢220⊢   3232

Flachwagen 50' mit Ladung
50' flat car with load
Wagon plat de 50' avec chargement

Southern Railroad
II = ℙ ⊢175⊢   3261
Santa Fe
II = ℙ ⊢175⊢   3271

Hochbordwagen 50' der Burlington-
Route
50' gondola of the Burlington Route
Wagon tombereau de 50' de la Route
Burlington

II = ℙ ⊢175⊢   3212

Kühlwagen 50' der Libby Company
50' reefer car of the Libby Company
Wagon réfrigérant de 50' de la Libby
Company

II = ℙ ⊢175⊢   3221

Güterzugbegleitwagen
Bay window caboose
Fourgon de queue

Santa Fe
II = ℙ ⊢140⊢   3126
Baltimore & Ohio
II = ℙ ⊢140⊢   3121
Union Pacicfic
II = ℙ ⊢140⊢   3124

Autotransportwagen der Japanischen
Staatsbahn mit 6 PKW
Automobile transport wagon of the
Japanese National Railways with 6 cars
Wagon transport d'automobiles des
Chemins de Fer Japonais avec 6 voitures

II = ℗ ⊣252⊢   9055

Flachwagen der JNR mit Blechrollen   II = ℗ ⊣175⊢   2271
Flat wagon of the JNR with plate rolls
Wagon plat des JNR avec rouleaux
de tôle

Großraum-Kühlwagen der JNR   II = ℗ ⊣165⊢   2251
High-capacity refrigerator wagon of the
JNR
Wagon réfrigérant de grande capacité
des JNR

Gedeckter Güterwagen der JNR   II = ℗ ⊣90⊢   3159
Covered wagon of the JNR   beschriftet/decorated/marqué
Wagon couvert des JNR   II = ℗ ⊣90⊢   3158

Gedeckter Güterwagen der JNR   braun/brown/brun   2201
Covered wagon of the JNR   II = ℗ ⊣105⊢
Wagon couvert des JNR   weiß/white/blanc   2202
                          II = ℗ ⊣105⊢

Flachwagen der JNR mit 5 Containern   II = ℗ ⊣220⊢   2854
Flat wagon of the JNR with 5 containers
Wagon plat des JNR avec 5 containers

Flachwagen der JNR mit 4 Containern   II = ℗ ⊣220⊢   2855
und Dienstraum
Flat wagon of the JNR with 4 containers
and service room
Wagon plat des JNR avec 4 containers
et espace de service

Hochbordwagen der SAR/SAS   II = ℗ ⊣132⊢   9041
High sided open wagon of the SAR/SAS
Wagon tombereau des SAR/SAS

Treibstoff-Kesselwagen der SAR/SAS   II = ℗ ⊣163⊢   9174
Fuel tank wagon of the SAR/SAS
Wagon-citerne pour carburants des
SAR/SAS

Gedeckter Güterwagen der SAR/SAS   II = ℗ ⊣145⊢   9040
Covered wagon of the SAR/SAS
Wagon couvert des SAR/SAS

Gedeckter Güterwagen der SAR/SAS   II = ℗ ⊣145⊢   9046
Covered wagon of the SAR/SAS
Wagon couvert des SAR/SAS

Nahverkehrs-Wendezug der FS Italia mit motorisiertem Steuerwagen

Reversing train for short-distance traffic of the FS Italia with motorized control trailer

Train pendulaire pour trafic à petite distance des FS Italia avec voiture-pilote motorisée

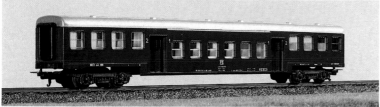

Nahverkehrswagen der FS
Suburban coach of the FS
Voiture de banlieue des FS

II = Ⓟ ⊠ AB ⊢270⊢   9118

Bahnpostwagen der FS
Mail-van of the FS
Fourgon postal des FS

II = Ⓟ ⊢220⊢   9302

Schnellzugwagen der FS
Express coach of the FS
Voiture grandes lignes des FS

II = Ⓟ ⊠ A ⊢255⊢   9111

Schnellzug-Gepäckwagen der FS
Express luggage van of the FS
Fourgon grandes lignes des FS

II = Ⓟ ⊢255⊢   9315

Schnellzug-Postwagen der FS
Express mail-van of the FS
Fourgon postal grandes lignes des FS

II = Ⓟ ⊢255⊢   9304

EUROFIMA-Schnellzugwagen der FS
EUROFIMA express coach of the FS
Voiture grandes lignes EUROFIMA
des FS

II = Ⓟ ⊠ AB ⊢268⊢   9329

Selbstbedienungs-Speisewagen der FS
Self-service dining-car of the FS
Wagon-restaurant self-service des FS

II = Ⓟ ⊢268⊢   9236

TEE-Fernschnellzugwagen der FS
TEE main line coach of the FS
Voiture grandes lignes TEE des FS

II = Ⓟ ⊠ A ⊢268⊢   9133

Komfort-Schnellzugwagen der FS
Grand comfort express coach of the FS
Voiture grand confort des FS

II = Ⓟ ⊠ ⊢268⊢   9138

Schnellzug-Gepäckwagen der FS
Express luggage van of the FS
Fourgon grandes lignes des FS

II = Ⓟ ⊢255⊢   9317

Doppelstock-Nahverkehrswagen der SNCF
Suburban double-deck coach of the SNCF
Voiture de banlieue à étages de la SNCF

II = 🅿 ⊠ B ⊣272⊢   9231

Steuerwagen
Coach with control cab
Voiture à poste de conduite

II = 🅿 ⊠ B ⊣272⊢   9230

Schnellzugwagen der SNCF
Express coach of the SNCF
Voiture grandes lignes de la SNCF
II = 🅿 ⊠ A ⊣255⊢   9124

Schnellzugwagen mit Gepäckabteil der SNCF
Express coach with luggage compartment of the SNCF
Voiture grandes lignes avec compartiment à bagages de la SNCF
II = 🅿 ⊠ A ⊣255⊢   9306

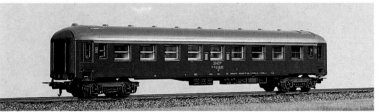

Schnellzugwagen der SNCF
Express coach of the SNCF
Voiture grandes lignes de la SNCF
II = 🅿 ⊠ A ⊣255⊢   9128

Schnellzugwagen mit Gepäckabteil der SNCF
Express coach with luggage compartment of the SNCF
Voiture grandes lignes avec compartiment à bagages de la SNCF
II = 🅿 ⊠ A ⊣255⊢   9312

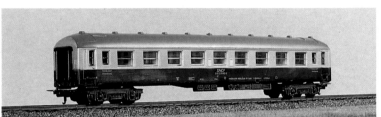

Schnellzugwagen der SNCF
Express coach of the SNCF
Voiture grandes lignes de la SNCF
II = 🅿 ⊠ A ⊣255⊢   9117

Schnellzugwagen mit Gepäckabteil der SNCF
Express coach with luggage compartment of the SNCF
Voiture grandes lignes avec compartiment à bagages de la SNCF
II = 🅿 ⊠ A ⊣255⊢   9307

Speisewagen der SNCF
Dining-car of the SNCF
Voiture-restaurant de la SNCF
II = 🅿 ⊠ ⊣268⊢   9207

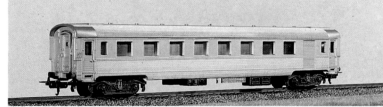

Grill-Express-Imbißwagen der SNCF
Grill-Express snack-bar car of the SNCF
Voiture de collation Gril-Express de la SNCF
II = 🅿 ⊠ ⊣268⊢   9210

INOX-Schnellzugwagen der SNCF
INOX express coach of the SNCF
Voiture grandes lignes INOX de la SNCF
II = 🅿 ⊠ A ⊣265⊢   9113

INOX-Schnellzugwagen mit Gepäckabteil der SNCF
INOX express coach with luggage compartment of the SNCF
Voiture grandes lignes INOX avec compartiment à bagages de la SNCF
II = 🅿 ⊠ A ⊣265⊢   9318

Komfort-Schnellzugwagen der SNCF
Grand comfort express coach of the SNCF
Voiture grand confort de la SNCF

II = Ⓟ ⊠ A ⊣168⊢   9129

Komfort-Speisewagen der SNCF
Grand comfort dining-car of the SNCF
Voiture-restaurant grand confort de la SNCF

II = Ⓟ ⊠ ⊣268⊢   9219

Komfort-Schnellzugwagen der SNCF mit Gepäckabteil
Grand comfort express coach of the SNCF with luggage compartment
Voiture grand confort de la SNCF avec compartiment à bagages

II = Ⓟ ⊠ A ⊣268⊢   9311

EUROFIMA-Schnellzugwagen der SNCF
EUROFIMA express coach of the SNCF
Voiture grandes lignes EUROFIMA de la SNCF

II = Ⓟ ⊠ B ⊣268⊢   9248

INOX TEE-Fernschnellzugwagen der SNCF
INOX TEE main line coach of the SNCF
Voiture grandes lignes TEE INOX de la SNCF

II = Ⓟ ⊠ A ⊣268⊢   1023

CORAIL-Schnellzugwagen der SNCF
CORAIL express coach of the SNCF
Voiture grandes lignes CORAIL de la SNCF

II = Ⓟ ⊠ B ⊣268⊢   9240

CORAIL-Schnellzugwagen der SNCF
CORAIL express coach of the SNCF
Voiture grandes lignes CORAIL de la SNCF

II = Ⓟ ⊠ AB ⊣268⊢   9241

Kino-Wagen der SNCF
Cinema car of the SNCF
Voiture-cinéma de la SNCF

II = Ⓟ ⊠ ⊣268⊢   9213

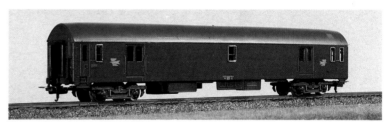

Bahnpostwagen der PTT (SNCF)
Mail-van of the PTT (SNCF)
Voiture postale des PTT (SNCF)

II = Ⓟ ⊣268⊢   9328

Personenwagen mit Seitengang der CIE (Irland)
Corridor coach of the CIE (Ireland)
Voiture à couloir de la CIE (Irlande)

II = Ⓟ ⊠ B ⊣263⊢   5346

Personenwagen mit Seitengang „Bre-Metro" der CIE
Corridor coach "Bre-Metro" of the CIE
Voiture à couloir «Bre-Metro» de la CIE

II = Ⓟ ⊠ A ⊣263⊢   5347

Schnellzugwagen der SBB/CFF
Express coach of the SBB/CFF
Voiture grandes lignes des SBB/CFF

II = Ⓟ ⊠ B ⊢265⊢   9120

Schnellzugwagen der SBB/CFF
Express coach of the SBB/CFF
Voiture grandes lignes des SBB/CFF

II = Ⓟ ⊠ A ⊢265⊢   9112

Gepäckwagen der SBB/CFF
Luggage van of the SBB/CFF
Fourgon à bagages des SBB/CFF

II = Ⓟ ⊢211⊢   9334

Speisewagen der SBB/CFF
mit Stromabnehmer
Dining-car of the SBB/CFF with
pantograph
Voiture-restaurant des SBB/CFF avec
pantographe

II = Ⓟ ⊠ ⊢265⊢   9205

Komfort-Schnellzugwagen der SBB/CFF
Grand comfort express coach of the
SBB/CFF
Voiture grand confort des SBB/CFF

II = Ⓟ ⊠ A ⊢265⊢   9316

Komfort-Speisewagen der SBB/CFF
mit Stromabnehmer
Grand comfort dining-car of the
SBB/CFF with pantograph
Voiture-restaurant grand confort des
SBB/CFF avec pantographe

II = Ⓟ ⊠ ⊢265⊢   9211

Schlafwagen „Trans Euro Nacht"
der SBB/CFF
Sleeping-car "Trans Euro Night"
of the SBB/CFF
Voiture-lits «Trans Euro Nuit»
des SBB/CFF

II = Ⓟ A ⊢268⊢   9237

Schnellzugwagen der ÖBB
Express coach of the ÖBB
Voiture grandes lignes des ÖBB

II = Ⓟ ⊠ B ⊢265⊢   9140

Schnellzugwagen der ÖBB
(neue Farbgebung)
Express coach of the ÖBB
(new colours)
Voiture grandes lignes des ÖBB
(nouveau coloris)

II = Ⓟ ⊠ B ⊢265⊢   9166

Ausstellungswagen der AGFA-GEVAERT
Exhibition car of the AGFA-GEVAERT
Voiture d'exposition de la
AGFA-GEVAERT

II = Ⓟ ⊢268⊢   9220

Ausstellungswagen der
AEG-TELEFUNKEN
Exhibition car of the
AEG-TELEFUNKEN
Voiture d'exposition de la
AEG-TELEFUNKEN

II = Ⓟ ⊢268⊢   9221

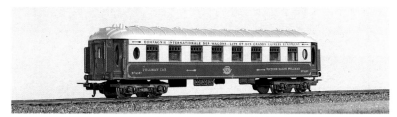

Pullman-Salonwagen „Flèche d'Or" der
CIWL/ISG
Pullman saloon coach "Flèche d'Or"
of the CIWL/ISG
Voiture-salon Pullman «Flèche d'Or»
de la CIWL/ISG
II = P ⊠ A ⊢220⊢   9198

Gepäckwagen „Flèche d'Or" der
CIWL/ISG
Luggage van "Flèche d'Or" of the
CIWL/ISG
Fourgon à bagages «Flèche d'Or»
de la CIWL/ISG
II = P ⊢220⊢   9331

Pullman-Wagen der CIWL/ISG
Pullman coach of the CIWL/ISG
Voiture Pullman de la CIWL/ISG
II = P ⊠ A ⊢220⊢   9201

Gepäckwagen der CIWL/ISG
Luggage van of the CIWL/ISG
Fourgon à bagages de la CIWL/ISG
II = P ⊢220⊢   9332

Speisewagen der CIWL/ISG
Dining-car of the CIWL/ISG
Voiture-restaurant de la CIWL/ISG
II = P ⊠ ⊢220⊢   9202

Gepäckwagen der CIWL/ISG
Luggage van of the CIWL/ISG
Fourgon à bagages de la CIWL/ISG
II = P ⊢220⊢   9301

UIC-Schlafwagen der CIWL/ISG
UIC sleeping car of the CIWL/ISG
Voiture-lits UIC de la CIWL/ISG
II = P A ⊢268⊢   9203

Oldtimer-Personenwagen der RENFE
Old time passenger coach of the RENFE
Voiture voyageurs ancienne de la
RENFE
II = P C ⊢218⊢   9161

Schnellzugwagen der RENFE
Express coach of the RENFE
Voiture grandes lignes de la RENFE
II = P ⊠ A ⊢255⊢   9142

Gepäckwagen der RENFE
Luggage van of the RENFE
Fourgon à bagages de la RENFE
II = P ⊢255⊢   9325

Schnellzugwagen der CP (Portugal)
Express coach of the CP (Portugal)
Voiture grandes lignes des CP (Portugal)
II = P ⊠ A ⊢265⊢   9160

Nebenbahn-Personenwagen der DB
Local service coach of the DB
Voiture de lignes secondaires de la DB

II = P ⊠ A ⊢149⊢	9153
II = P ⊠ B ⊢149⊢	9154

Nahverkehrswagen der DB
Suburban coach of the DB
Voiture de banlieue de la DB

II = P ⊠ B ⊢255⊢   9155

Nahverkehrswagen der DB
Suburban coach of the DB
Voiture de banlieue de la DB

II = P ⊠ AB ⊢255⊢   9156

Schnellzugwagen der DB
Express coach of the DB
Voiture grandes lignes de la DB

II = P ⊠ B ⊢268⊢   9178

Schnellzugwagen der DB
Express coach of the DB
Voiture grandes lignes de la DB

II = P ⊠ A ⊢268⊢   9172

TOUROPA-Liegewagen der DB
TOUROPA couchette coach of the DB
Voiture-couchettes TOUROPA de la DB

II = P ⊠ B ⊢268⊢   9176

SCHARNOW-Liegewagen der DB
SCHARNOW couchette coach of the DB
Voiture-couchettes SCHARNOW de la DB

II = P ⊠ B ⊢268⊢   9177

Schnellzug-Gepäckwagen der DB
Express luggage van of the DB
Fourgon grandes lignes de la DB

II = P ⊢255⊢   9314

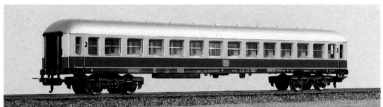

Schnellzugwagen der DB
(neue Farbgebung)
Express coach of the DB (new colours)
Voiture grandes lignes de la DB
(nouveau coloris)

II = P ⊠ B ⊢268⊢   9179

Schnellzugwagen mit Gepäckabteil
der DB (neue Farbgebung)
Express coach with luggage space
of the DB (new colours)
Voiture G.L. avec compartiment à
bagages de la DB (nouveau coloris)

II = P ⊠ B ⊢268⊢   9336

Schnellzug-Gepäckwagen der DB
(neue Farbgebung)
Express luggage van of the DB
(new colours)
Fourgon grandes lignes de la DB
(nouveau coloris)

II = P ⊢255⊢   9337

Reisezugwagen
Passenger coaches
Voitures voyageurs

TEE-Fernschnellzug-Aussichtswagen
der DB
TEE main line observation coach
of the DB
Voiture grandes lignes TEE panoramique
de la DB

II = ℗ ⊠ A ⊦268⊦   9170

Schlafwagen „Trans Euro Nacht" der DB   II = ℗ A ⊦268⊦   9238
Sleeping car "Trans Euro Night"
of the DB
Voiture-lits «Trans Euro Nuit» de la DB

TEE-Fernschnellzugwagen der DB   II = ℗ ⊠ A ⊦268⊦   9174
TEE main line coach of the DB
Voiture grandes lignes TEE de la DB

Schlafwagen der DSG   II = ℗ AB ⊦268⊦   9204
Sleeping car of the DSG
Voiture-lits de la DSG

TEE-Abteilwagen der DB   II = ℗ ⊠ A ⊦268⊦   9167
TEE compartment coach of the DB
Voiture à compartiments TEE de la DB

Schlafwagen der DSG   II = ℗ ⊠ AB ⊦268⊦   9206
Sleeping car of the DSG
Voiture-lits de la DG

TEE-Großraumwagen der DB   II = ℗ ⊠ A ⊦268⊦   9168
TEE saloon coach of the DB
Voiture-salon TEE de la DB

Speisewagen der DSG   II = ℗ ⊠ ⊦268⊦   9214
Dining-car of the DSG
Voiture-restaurant de la DSG

TEE-Speisewagen der DSG   II = ℗ ⊠ ⊦268⊦   9217
TEE dining-car of the DSG
Voiture-restaurant de la DSG

Speisewagen der DSG   II = ℗ ⊠ ⊦268⊦   9218
(neue Farbgebung)
Dining-car of the DSG (new colours)
Voiture-restaurant de la DSG
(nouveau coloris)

TEE-Speisewagen der DB   II = ℗ ⊠ ⊦268⊦   9169
TEE dining-car of the DB
Voiture-restaurant de la DB

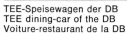

Personenwagen Mark 1 mit Seitengang
der GWR
Mark 1 corridor coach of the GWR
Voiture à couloir Mark 1 de la GWR

II = P ⊠ B ⊢263⊢   5313

Speisewagen Mark 1 der GWR   II = P ⊠ ⊢263⊢   5322
Mark 1 dining-car of the GWR
Voiture-restaurant Mark 1 de la GWR

Personenwagen Mark 1 mit Seitengang   II = P ⊠ B ⊢263⊢   5333
und Dienstabteil der GWR
Mark 1 corridor coach with service
compartment of the GWR
Voiture à couloir Mark 1 avec
compartiment de service de la GWR

Gepäck- und Dienstwagen der GWR   II = P ⊢263⊢   5345
Luggage and brake van of the GWR
Fourgon de service à bagages de la
GWR

Pullman-Wagen „Louisa" der GWR   II = P ⊠ A ⊢220⊢   9199
"Louisa" Pullman coach of the GWR
Voiture Pullman «Louisa» de la GWR

Personenwagen Mark 1 mit Seitengang   II = P ⊠ AB ⊢263⊢   5334
der SR
Mark 1 corridor coach of the SR
Voiture à couloir Mark 1 de la SR

Personenwagen Mark 1 mit Seitengang   II = P ⊠ AB ⊢263⊢   5331
der BR
Mark 1 corridor coach of the BR
Voiture à couloir Mark 1 des BR

Personenwagen Mark 1 mit Seitengang   II = P ⊠ B ⊢263⊢   5314
und Dienstabteil der SR
Mark 1 corridor coach with service
compartment of the SR
Voiture à couloir Mark 1 avec
compartiment de service de la SR

Personenwagen Mark 1 mit Seitengang   II = P ⊠ B ⊢263⊢   5311
und Dienstabteil der BR
Mark 1 corridor coach with service
compartment of the BR
Voiture à couloir Mark 1 avec
compartiment de service des BR

Speisewagen Mark 1 der SR   II = P ⊠ ⊢263⊢   5324
Mark 1 dining car of the SR
Voiture-restaurant Mark 1 de la SR

Gepäck- und Dienstwagen der BR   II = P ⊢263⊢   5344
Luggage and brake van of the BR
Fourgon de service à bagages des BR

Personenwagen Mark 1 mit Seitengang
der LMS
Mark 1 corridor coach of the LMS
Voiture à couloir Mark 1 de la LMS

II = Ⓟ ⊠ C ⊦1263⊦   5332

Speisewagen Mark 1 der LMS
Mark 1 dining-car of the LMS
Voiture-restaurant Mark 1 de la LMS

II = Ⓟ ⊠ ⊦1263⊦   5323

Personenwagen Mark 1 mit Seitengang
und Dienstabteil der LMS
Mark 1 corridor coach with service
compartment of the LMS
Voiture à couloir Mark 1 avec
compartiment de service de la LMS

II = Ⓟ ⊠ A ⊦1263⊦   5312

Gepäck- und Dienstwagen der LMS
Luggage and brake van of the LMS
Fourgon de service à bagages de la
LMS

II = Ⓟ ⊦1263⊦   5342

Pullman-Wagen „Golden Arrow" der BR
"Golden Arrow" Pullman coach of the
BR
Voiture Pullman «Golden Arrow» des BR

II = Ⓟ ⊠ A ⊦1220⊦   9200

Inter-City Schnellzugwagen Mark 2 B
der BR
Mark 2 B Inter-City express coach
of the BR
Voiture grandes lignes Inter-City
Mark 2 B des BR

II = Ⓟ ⊠ B ⊦1263⊦   5302

Speisewagen Mark 1 der BR
Mark 1 dining-car of the BR
Voiture-restaurant Mark 1 des BR

II = Ⓟ ⊠ ⊦1263⊦   5321

Inter-City Schnellzugwagen Mark 2 B
der BR
Mark 2 B Inter-City express coach
of the BR
Voiture grandes lignes Inter-City
Mark 2 B des BR

II = Ⓟ ⊠ A ⊦1263⊦   5301

Gepäck- und Dienstwagen der BR
Luggage and brake van of the BR
Fourgon de service à bagages des BR

II = Ⓟ ⊦1263⊦   5343

Inter-City Schnellzugwagen mit
Dienstabteil Mark 2 B der BR
Mark 2 B Inter-City express coach with
service compartment of the BR
Voiture grandes lignes Inter-City Mark
2 B avec compartiment de service des BR

II = Ⓟ ⊠ A ⊦1263⊦   5303

Expressgut-Gepäckwagen der BR
Express parcel van of the BR
Fourgon à colis express des BR

II = Ⓟ ⊦1263⊦   5341

Nahverkehrswagen der SNCB/NMBS
Suburban coach of the SNCB/NMBS
Voiture de banlieue de la SNCB/NMBS

II = ℙ ⊠ AB ⊢253⊢   9108

Nahverkehrswagen mit Gepäckabteil
der SNCB/NMBS
Suburban coach with luggage
compartment of the SNCB/NMBS
Voiture de banlieue avec compartiment
à bagages de la SNCB/NMBS

II = ℙ ⊠ B ⊢253⊢   9303

Schnellzugwagen der NS
Express coach of the NS
Voiture grandes lignes des NS

II = ℙ A ⊢253⊢   9110
II = ℙ B ⊢253⊢   9109

Speisewagen der NS
Dining-car of the NS
Voiture-restaurant des NS

II = ℙ ⊢253⊢   9305

Schnellzugwagen der DSB
Express coach of the DSB
Voiture grandes lignes de la DSB

II = ℙ ⊠ B ⊢268⊢   9158

Schnellzugwagen der SJ
Express coach of the SJ
Voiture grandes lignes des SJ

II = ℙ ⊠ B ⊢265⊢   9158

Schnellzugwagen der SJ
Express coach of the SJ
Voiture grandes lignes des SJ

II = ℙ ⊠ A ⊢265⊢   9141

Gepäckwagen der SJ
Luggage van of the SJ
Fourgon à bagages des SJ

II = ℙ ⊢179⊢   9335

Schnellzugwagen der NSB
Express coach of the NSB
Voiture grandes lignes des NSB

II = ℙ ⊠ B ⊢268⊢   9150

Schnellzugwagen „Blue Train"
der SAR/SAS
Express coach "Blue Train"
of the SAR/SAS
Voiture grandes lignes «Blue Train»
des SAR/SAS

II = ℙ ⊠ A ⊢270⊢   9139

Schnellzugwagen „Blue Train"
mit Gepäckabteil der SAR/SAS
Express coach "Blue Train" with
luggage compartment of the SAR/SAS
Voiture grandes lignes «Blue Train» avec
compartiment à bagages des SAR/SAS

II = ℙ ⊠ A ⊢270⊢   9319

Reisezugwagen
Passenger coaches
Voitures voyageurs

Nahverkehrswagen der SAR/SAS
Suburban coach of the SAR/SAS
Voiture de banlieue des SAR/SAS

II = Ⓟ AB ⊦255⊦   9147

Schnellzugwagen der SAR/SAS
Express coach of the SAR/SAS
Voiture grandes lignes des SAR/SAS

II = Ⓟ ⊠ B ⊦240⊦   9244

Schnellzugwagen der SAR/SAS
Express coach of the SAR/SAS
Voiture grandes lignes des SAR/SAS

II = Ⓟ ⊠ A ⊦240⊦   9242

Speisewagen der SAR/SAS
Dining-car of the SAR/SAS
Voiture-restaurant des SAR/SAS

II = Ⓟ ⊠ ⊦240⊦   9243

Schnellzug-Gepäckwagen der SAR/SAS
Express luggage van of the SAR/SAS
Fourgon grandes lignes des SAR/SAS

II = Ⓟ ⊦240⊦   9333

Schnellzugwagen der Australischen
Bahnen
Express coach of the Railways of
Australia
Voiture grandes lignes des Chemins
de Fer d'Australie

II = Ⓟ ⊦270⊦   9127

Schnellzugwagen der V & SAR
Express coach of the V & SAR
Voiture grandes lignes des V & SAR

II = Ⓟ ⊦270⊦   9126

Speisewagen der Australischen Bahnen
Dining-car of the Railways of Australia
Voiture-restaurant des Chemins de
Fer d'Australie

II = Ⓟ ⊦270⊦   9216

Speisewagen der V & SAR
Dining-car of the V & SAR
Voiture-restaurant des V & SAR

II = Ⓟ ⊦270⊦   9215

Schlafwagen der Australischen Bahnen
Sleeping car of the Railways of Australia
Voiture-lits des Chemins de Fer
d'Australie

II = Ⓟ ⊦270⊦   9322

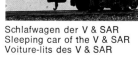

Schlafwagen der V & SAR
Sleeping car of the V & SAR
Voiture-lits des V & SAR

II = Ⓟ ⊦270⊦   9323

Diesellokomotiven und Güterwagen
Diesel locomotives and freight cars
Locomotives Diesel et wagons marchandises

LIONEL®

Die Marke LIONEL existiert seit 1901. Damals waren es Straßenbahn-Modelle, später Eisenbahnen auf 54-mm-Gleis, seit 1937 Modellbahnen in Baugröße O und HO. Nach einigen Änderungen im Unternehmen und im Programm vertreibt LIONEL (USA) heute recht preiswerte schöne Modelle in Spur HO und O27 (Dreischienen-Wechselstrom-System Baugröße O).
Der größte Teil des HO-Sortiments besteht aus Zugpackungen mit Schienenkreis (915 mm ⌀), Acht oder Doppeloval mit Handweichen, mit Zubehör und Transformator. Alle Fahrzeuge haben NMRA-Fahrgestelle und NMRA-Kupplungen. Als separates Zubehör gibt es Brücken, eine vollständige Auffahrt, einen Leuchtturm und einige Gebäudebausätze (Bahnhof, Lokschuppen, Fabrik u. a.) aus Kunststoff.

The make of LIONEL exists since 1901. At that time, there were tramway models, later on railways on 54-mm track, from 1937 on O and HO scale model railways. After some changes within the enterprise and the programme, today LIONEL (USA) distributes rather lowpriced beautiful models in HO and O27 gauge (three-rails AC system O scale).
The most part of the HO assortment is in trains sets with track circle (36"⌀), figure-8, or double oval layout with manual switches, with accessories and power pack. All vehicles have NMRA trucks and NMRA hornhook couplers. Separately available accessories are a bridge, a trestle set, an operating beacon, and some nice buildings (station, engine shed, factory etc.) as plastic kits.

La marque LIONEL existe depuis 1901. D'abord c'etaient des maquettes de tramway, plus tard des chemins de fer sur voies de 54 mm et depuis 1937 des chemins de fer modèle réduit à l'échelle O et HO. Après la réorganisation de l'entreprise-même et modification du programme, LIONEL (USA) s'occupe de nos jours de la commercialisation de beaux modèles bon marché en écartement HO et O27 (système à 3 rails et courant alternatif d'échelle O). Pour la plupart l'assortiment à l'échelle HO se compose de garnitures de trains complets avec un cercle de voie (915 mm de diamètre), en huit ou en double-ovale, avec aiguilles manuelles, accessoires et transformateur. Tous les véhicules sont équipés de chassis NMRA et d'accouplages NMRA. Comme accessoires supplémentaires il y a des ponts, une rampe complète, un phare et quelques maquettes à monter (gare, remise à locomotives, usine et autres) en matière plastique.

Diesel-Lokomotive ALCO FA-1 der AT & SF (Santa Fe)
Diesel locomotive ALCO FA-1 of the AT & SF (Santa Fe)
Locomotive Diesel ALCO FA-1 de la AT & SF (Santa Fe)

II = ℗ ⚑ ✦ 2 ✦ ⊢175⊢   [5-2680]

Diesel-Lokomotive GP-9
Diesel locomotive GP-9
Locomotive Diesel GP-9
II = ℗ ⚑ ✦ 2 ✦ ⊢190⊢

Norfolk & Western   [5-2780]
Southern Railway   [5-2781]
Union Pacific   [5-2782]
Chessie System B & O   [5-2683]

✉
LIONEL of Fundimensions
General Mills Fun Group Inc.
26750 23 Mile Road
Mount Clemens, Mich. 48043

Diesel-Lokomotive GP-30 der Burlington Northern
Diesel locomotive GP-30 of the Burlington Northern
Locomotive Diesel GP-30 de la Burlington Northern

II = ℗ ⚑ ✦ 2 ✦ ⊢195⊢   [5-2682]

Funktionsfähiger Kranwagen auf 6-achsigem Fahrgestell
Operable crane car on 12-wheel running gear
Wagon-grue fonctionnable sur roulement à 6 essieux

II = ℗ ⊢300⊢
mit Arbeitswagen
with work caboose
avec wagon de travaux

5-8422

Flachwagen mit abnehmbaren Rungen der Union Pacific
Flat car with removable stanchions of the Union Pacific
Wagon plat à ranchers démontables de la Union Pacific

II = ℗ ⊢155⊢   [5-2680]
      [5-2783]

Hochbordwagen der D & RGW (Rio Grande)
Gondola of the D & RGW (Rio Grande)
Wagon tombereau de la D & RGW (Rio Grande)

II = ℗ ⊢152⊢   [5-2682]

Schüttgutwagen der Burlington Northern | II = P ⊣152⊢ | [5-2682]
Hopper car of the Burlington Northern | | [5-2683]
Wagon-trémie de la Burlington Northern | |

Schüttgutwagen der Canadian Pacific | II = P ⊣152⊢ | [5-2780]
Hopper car of the Canadian Pacific | | [5-2781]
Wagon-trémie de la Canadian Pacific | | [5-2782]

Gedeckter Güterwagen 41' | II = P ⊣150⊢
41' box car | Grand Trunk Western | [5-2682]
Wagon couvert de 41' | Conrail | 5-8701
| Chessie System C & O | 5-8703

Gedeckter Güterwagen 41' | II = P ⊣150⊢
41' box car | Union Pacific | [5-2680]
Wagon couvert de 41' | Southern Railway | 5-8702
| Rail Box | 5-8704

Gedeckter Hochraum-Güterwagen | II = P ⊣145⊢
Hi-cube box car | Union Pacific | 5-8612
Wagon couvert haut | Rock Island | 5-8710
| Illinois Central Gulf | 5-8711
| Burlington Northern | 5-8712

Drahtseilwagen mit beweglichem Dach | Pittsburgh & Lake Erie
Cable car with opening top | II = P ⊣190⊢ | [5-2682]
Wagon de funiculaire à toit mobile |

Chemikalien-Kesselwagen der Dow Co. | II = P ⊣150⊢ | [5-2683]
Tank car for chemicals of the Dow Co. | | [5-2682]
Wagon-citerne pour produits chimiques | | [5-2783]
de la Cie. Dow |

Güterzugbegleitwagen | AT & SF (Santa Fe) | [5-2680]
Caboose | Southern Railway | [5-2781]
Fourgon de queue |
II = P ⊣130⊢

Güterzugbegleitwagen | II = P ⊣130⊢
Caboose | Norfolk & Western | [5-2780]
Fourgon de queue | Western Pacific | [5-2783]

Güterzugbegleitwagen | II = P ⊣130⊢
Caboose | Burlington Northern | [5-2682]
Fourgon de queue | Chessie System | [5-2683]
| Union Pacific | [5-2782]

Dampflokomotive und Diesel-Lokomotiven
Steam locomotive and Diesel locomotives
Locomotive à vapeur et locomotives Diesel

Diesellokomotive Alco FA-1
der Canadian National Railways
Diesel locomotive Alco FA-1
of the Canadian National Railways
Locomotive Diesel Alco FA-1
des Canadian National Railways

‖ = ℗ ⚡ ↔2↔ ⊢175⊣   T-12001

Diesellokomotive GP-9
der Canadian National Railways
Diesel locomotive GP-9
of the Canadian National Railways
Locomotive Diesel GP-9
des Canadian National Railways

‖ = ℗ ⚡ ↔2↔ ⊢190⊣   T-12013

Diesellokomotive GP-9
der Ontario Northland
Diesel locomotive GP-9
of the Ontario Northland
Locomotive Diesel GP-9
de la Ontario Northland

‖ = ℗ ⚡ ↔2↔ ⊢190⊣   T-12010

Stromlinien-Dampflokomotive GS-4
Daylight der Southern Pacific Co.
Streamlined steam locomotive GS-4
Daylight of the Southern Pacific Co.
Locomotive à vapeur aérodynamique GS-4
Daylight de la Southern Pacific Co.

‖ = ℗ ⚡ ↔4↔ ⊢390⊣   T-12030

Die Firma Parker liefert in Kanada seit
1957 Spielwaren. Die Modelleisenbahnen
tragen die Marke Lionel (Kanada).
Die Modelle sind entsprechend kanadischen Vorbildern farbenfroh gestaltet und
trotz guter Detaillierung robust gebaut.
Neben kompletten Zugpackungen mit
Gleisen und Transformator werden
Lokomotiven und Wagen auch einzeln
angeboten. Alle Fahrzeuge erfüllen die
NMRA-Normen und haben NMRA-Klauenkupplungen.

Das Gleissystem besteht aus einer Geraden
(229 mm), einem Radius (457 mm),
Hand- und Elektroweichen (20 °),
Kreuzungen (30 ° und 90 °) und einem beleuchteten Prellbock. Zur Stromversorgung
(Bahn und Beleuchtung) dient ein hand-
liches Kleinfahrpult.

Einige reich ausgestattete Gebäudebausätze aus Kunststoff (Bahnhof, Lokschuppen, Fabrik u. a.) ergänzen das
Sortiment.

The house of Parker Brothers has been
distributing toys in Canada since 1957.
Their model railways bear the brand Lionel
(Canada). The models are designed
colourfully according to Canadian prototypes and are built robust in spite of their
good detailation. In addition to complete
train sets with track and power pack,
the locomotives and wagons are available
seperately. All vehicles correspond to NMRA
standards and have horn-hook couplings.

The track system consists of a straight
section (9″), a radius (18″), manual and
remote controlled switches (20 °), crossings
(30 ° and 90 °) and a lighted bumper.
Current supply (traction and lighting) is
made by a handy power pack.

Some richly outfitted buildings as
plastic kits (station, engine shed, factory
etc.) complete the programme.

La maison Parker Brothers débite des
jouets depuis 1957 au Canada. Les chemins de fer de modèle réduit ont la
marque Lionel (Canada). Les modèles sont
façonnés de couleurs variées d'après
les prototypes canadiens, et ils sont
construits robustes en dépit des fins
détails. Outre des garnitures de trains
complets avec des voies et un bloc d'alimentation, les locomotives et wagons sont
offertes en détail. Tous les vehicules
correspondent aux normes NMRA et ont
des attelages NMRA standard.

Le système de voie comprend une section
droite (229 mm), un rayon (457 mm),
des aiguilles manuelles et télécommandées (20 °), des croisements
(30 ° et 90 °) et un heurtoir éclairé.
L'alimentation de courant se fait par un
transformateur maniable (traction et
éclairage).
Plusieurs maquettes immeubles à monter
décorées richement en matière plastique
(gare, remise à machines, usine etc.)
complétent le programme.

Ⓢ PARKER

✉
Parker Brothers
P.O.Box 600
CDN Concord Ontario L4K 1B7

Diesellokomotive GP-9
der Grand Trunk Western
Diesel locomotive GP-9
of the Grand Trunk Western
Locomotive Diesel GP-9
de la Grand Trunk Western

‖ = ℗ ⚡ ↔2↔ ⊢190⊣   T-12012

Diesellokomotive GP-30
der Canadian Pacific
Diesel locomotive GP-30
of the Canadian Pacific
Locomotive Diesel GP-30
de la Canadian Pacific

‖ = ℗ ⚡ ↔2↔ ⊢195⊣   T-12020

Zug und Güterwagen
Train and freight cars
Train et wagons marchandises

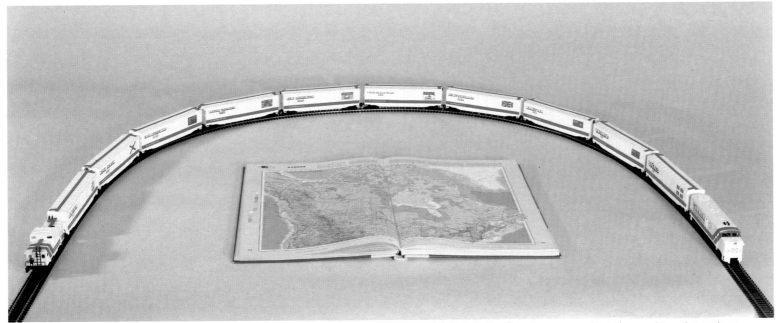

Confederation Flyer

II = 🅿 ⚓ ✦ 2✦ ⊢2250⊣   T-10067

Ein ganzer Zug in den kanadischen Nationalfarben: eine ALCO FA-1-Diesel-lokomotive, zehn 51'-Güterwagen, von denen jeder das Wappen und das Eintrittsjahr einer kanadischen Provinz in die Konföderation trägt, und ein passender Begleitwagen.

A complete train in the Canadian national colours: an ALCO FA-1 Diesel locomotive, ten 51' box cars, each decorated with the emblem of a Canadian province and the year it joined the Confederation, and a matching caboose.

Un train complet en les couleurs nationales canadiens: une locomotive Diesel ALCO FA-1, dix wagons couverts de 51', chacun décoré avec l'emblème d'une province du Canada et avec l'année au cours de laquelle elle est entrée dans la Confédération, et un fourgon de queue convenable.

Flachwagen 51' der Penn Central mit zwei 20'-Containern
51' flat car of the Penn Central with two 20' containers
Wagon plat de 51' de la Penn Central avec deux containers de 20'

II = 🅿 ⊢180⊣   T-20220

Hochbordwagen 42' der Canadian National Railways
42' gondola of the Canadian National Railways
Wagon tombereau de 42' des Canadian National Railways

II = 🅿 ⊢150⊣   T-20125

Schüttgutwagen 42' der Canadian Pacific
42' hopper car of the Canadian Pacific
Wagon-tremie de 42' de la Canadian Pacific

II = 🅿 ⊢152⊣   T-20130

Verschlagwagen für Vieh der Canadian National Railways
Lattice-sided stock car of the Canadian National Railways
Wagon à claire-voie pour bestiaux des Canadian National Railways

II = 🅿 ⊢150⊣   T-20140

Drahtseilwagen der Canadian National Railways
Cable coil car of the Canadian National Railways
Wagon de funiculaire des Canadian National Railways

II = 🅿 ⊢190⊣   T-20210

Kesselwagen der Canadian General Transit Co.
Tank car of the Canadian General Transit Co.
Wagon-citerne de la Canadian General Transit Co.

II = 🅿 ⊢150⊣   T-20150

LIONEL

Gedeckter Güterwagen 41' der
Duluth, Winnipeg & Pacific
41' box car of the Duluth,
Winnipeg & Pacific
Wagon couvert de 41' de la
Duluth, Winnipeg & Pacific

II = ℗ ⊢150⊢   T-20100

Gedeckter Güterwagen 41' der
Ontario Northland
41' box car of the Ontario Northland
Wagon couvert de 41' de la
Ontario Northland

II = ℗ ⊢150⊢   T-20101

Gedeckter Güterwagen 41' der
Grand Trunk Western
41' box car of the Grand Trunk Western
Wagon couvert de 41' de la
Grand Trunk Western

II = ℗ ⊢150⊢   T-20102

Gedeckter Güterwagen 41' der
Canadian Pacific
41' box car of the Canadian Pacific
Wagon couvert de 41' de la
Canadian Pacific

II = ℗ ⊢150⊢   T-20105

Gedeckter Güterwagen 51' der
British Columbia Ry.
51' box car of the British Columbia Ry.
Wagon couvert de 51' de la British
Columbia Ry.

II = ℗ ⊢180⊢   T-20201

Gedeckter Hochraum-Güterwagen der
British Columbia Ry.
Hi-cube box car of the British
Columbia Ry.
Wagon couvert haut de la British
Columbia Ry.

II = ℗ ⊢150⊢   T-20120

Güterzugbegleitwagen der Canadian
Pacific
Caboose of the Canadian Pacific
Fourgon de queue de la Canadian
Pacific

II = ℗ ⊢130⊢   T-20170

Güterzugbegleitwagen der Canadian
National Railways
Caboose of the Canadian National
Railways
Fourgon de queue des Canadian
National Railways

II = ℗ ⊢130⊢   T-20171

Güterzugbegleitwagen der Ontario
Northland
Caboose of the Ontario Northland
Fourgon de queue de la Ontario
Northland

II = ℗ ⊢130⊢   T-20172

Güterzugbegleitwagen der Southern
Pacific Co.
Caboose of the Southern Pacific Co.
Fourgon de queue de la Southern
Pacific Co.

II = ℗ ⊢130⊢   T-20176

Installationsschema der Märklin „Stark-strombahnen" – aus einem Märklin-Katalog von 1909.	Attachment pattern for Märklin "Hight-voltage-trains" from a Märklin catalogue of 1909.	Schéma de raccord de «Chemis de courant à haute tension» Märklin d'un catalogue de 1909.

Märklin stellt seit 1859 Qualitätsspielwaren her, insbesondere funktionsgerechte Nachbildungen der aktuellen Großtechnik. Darunter waren schon früh komplette Modelleisenbahnsysteme der Baugrößen III, II, I und O mit verschiedenen Antriebsarten. Als Pionier der elektrisch betriebenen Modelleisenbahnen und des ungefährlichen 20-Volt-Systems war Märklin an der Einführung der Baugröße HO (ehemals OO) im Jahre 1935 maßgeblich beteiligt. Modelle nach internationalen Vorbildern brachten dem Sortiment Marktgeltung in aller Welt.

Heute steht außer dem HO-System im Märklin-Programm die Modelleisenbahn „mini-club" in der Baugröße Z (6,5 mm-Spur, Maßstab 1:220), eine Großbahn der Baugröße I, die Autorennbahn „sprint" (1:32) und die bekannten Märklin-Metallbaukästen. Der Umsatz des Geschäftsjahres 1976/77 betrug mit 1700 Mitarbeitern ca. 100 Mio. DM.

Als bedeutendster Hersteller des HO-Wechselstromsystems bietet Märklin ein umfangreiches Fahrzeugsortiment mit reichhaltigem Zubehör. Viele Triebfahrzeuge sind auch unter der Marke „HAMO" für das NEM-Gleichstromsystem lieferbar, dem außerdem auch das gesamte Wagenprogramm nach Austausch der Radsätze entspricht.

Neben dem bei Wechselstrom-Modelleisenbahn Triebfahrzeugen vorhandenen Umschaltrelais für Vor- und Rückwärtsfahrt sind einige Lokomotiven mit einem zweiten Relais für ferngesteuerte Auskupplung ausgerüstet. Lokomotiven mit dieser Märklin TELEX-Kupplung sind im beschreibenden Untertext durch das Symbol ⇄ gekennzeichnet.

Zwei Gleissysteme stehen zur Wahl. Im Gegensatz zu den NEM-genormten Gleisen des internationalen Zweileiter-Gleichstromsystems sind die Schienen nicht elektrisch getrennt. Die Stromabnahme der Triebfahrzeuge und Wagenbeleuchtung erfolgt durch Schleifer über Mittelleiterkontakte. Beim Märklin M-Gleis ragen diese Mittelleiter-Punktkontakte durch die im Metallunterbau eingeprägten Schwellen. Es stehen Gerade in verschiedenen Längen (1/1 = 180 mm) und 3 Radien zur Verfügung, ferner Kreuzungen, Weichen und eine Drehscheibe. Beim Märklin-K-Gleis sind die Mittelleiter-Punktkontakte nahezu unsichtbar in die Kunststoffschwellen eingelassen. Hier werden neben Geraden in verschiedenen Längen 5 Radien, Kreuzungen und Weichen angeboten. Beide Gleissysteme, die durch ein Übergangsgleis miteinander verbunden werden können, werden durch Prellbock, Entkupplungsgleise und Schaltgleise (2 Funktionen) ergänzt. Automatische Bahnübergänge, verschiedene Brücken, Lokschuppen und einen ferngesteuerten Turmdrehkran gibt es als weiteres Zubehör. Die Fahrtransformatoren leisten 16 VA/ 30 VA, der Lichttransformator 40 VA. Ein komplettes Oberleitungs-System, Signale, Stellpulte, Relais, Schalter und weiteres elektrisches Zubehör vervollständigen das Programm. Umfangreiche Literatur und Gleisschablonen leisten beim Anlagenbau wertvolle Hilfe.

Märklin liefert ausschließlich über den Fachhandel. Die nachstehenden Generalvertretungen sind nicht vollständig aufgeführt.

Märklin has been producing quality toys since 1859, mostly reproducing the great modern technical works. Among other things, the programme has included from the very beginning model railways systems of the scales III, II, I and O and the different kinds of propulsion. As a pioneer in electrical model railways and in the not dangerous 20-Volts system, Märklin played an important part in 1935 when the HO (former OO) scale models were introduced. These models, built after international prototypes brought a world-wide fame to Märklin's collection.

In addition to the HO system, Märklin's programme has following items: a "mini-club" railway of the Z scale (gauge: 6,5 mm, scale 1:220), a large scale railway (scale I), the speedway "sprint" (1:32) and the famous Märklin metallic construction sets. The turnover of the business year 1976/77 amounted to about 100 million DM. The firm employs 1700 persons.

Märklin is the most important producer of AC HO systems. His programme of vehicles and accessories is vast. Numerous vehicles bearing the brand HAMO are available for DC system which is in accordance with the NEM norms. Moreover, the whole railway cars programme can be adapted to that system after changing the wheel-sets.

In addition to the relay commanding the forward and reverse drives of the tractive units some locomotives are fitted with the Märklin tele-controlled relay TELEX for uncoupling. These locomotives are marked with the sign ⇄ in the under-texts.

It is possible to choose between two systems of tracks. Unlike the tracks NEM of the two conductors system on DC, the rails are not electrically divided. The feeding of the tractive units and interior lighting comes from a pick-up shoe sliding on middle contact points. On the Märklin M tracks, these middle studs are looming from the tiebars which are impressed in the metallic sub structure. The programme includes straight sections of different length (1/1 = 180 mm), three curves, crossings, turn-outs and a turntable.

On Märklin K tracks, the middle points, being inserted in the plastic tie bars are hardly visible. The programme offers straight sections of different lenght, 5 curves, crossings and turn-outs. The two track-systems can be connected by a transition track. They can be completed by buffer-stops, an uncoupling-track and switching tracks having two functions. Automatic level-crossings, various bridges, roundhouses and a tele-controlled swingcrane are available.

The speed transformers have 16 and 30 VA, the transformer for lighting has 40 VA. An overhead wire system, signals, relays, switches and other electrical accessories complete the programme.

remises à locomotives et une grue tournante font également partie du programme.

Les transformateurs font 16 et 30 VA pour la conduite, le transformateur pour l'éclairage a 40 VA. Les pupitres de commande, les relais, les interrupteurs sont autres accessoires électriques. Des indications nombreuses et des Normographes de voie sont une aide précieuse pour l'installation du réseau.

La distribution des articles Märklin se fait exclusivement chez les détaillants spécialisés. Les distributeurs généraux des différents pays sont indiqués dans la liste cidessous. Celle-ci n'est toutefois pas complète.

Märklin articles are available from specialized dealers only. The following list of Märklin's most important representatives in the different countries is not complete.

Märklin fabrique des jouets de qualité depuis 1859 et se spécialise particulièrement dans la reproduction des grandes œuvres réalisations techniques actuelles. Dès le début, le programme a compris entre autre des systèmes de chemins de fer de modèle réduit de grandeurs III, II, I et O et les différentes sortes de propulsion. Pionnier dans le domaine des chemins de fer féduit électrique et dans le système à 20 Volts non dangereux. Märklin a joué un rôle important en 1935 lors de l'introduction des modèles HO (anciens OO). Ces modèles, construits d'apèès les prototypes internationaux, ont conféré à Märklin une renommée mondiale.

En plus du système HO, on trouve de nos jours dans le programme les articles suivants: Le modèle réduit «mini-club» de grandeur Z (écartement: 6,5 mm, échelle: 1:220), un chemin de fer grande taille (échelle I), l'autodrome «sprint» (1:32) et les fameuses boîtes de construction métallique Märklin.

Le chiffre d'affaires de l'exercice 1976/77 s'est élevé à environ 100 million de DM. La firme emploie 1700 personnes.

Märklin est le plus important fabricant de systèmes HO en courant alternatif. Son programme de véhicules et d'accessoires est très vaste. De nombreux véhicules portant la marque HAMO sont livrables pour le système à courant continu de normes NEM. L'ensemble du programme de wagons est adaptable à ce système après échange des jeux de roues.

En plus de relais de contrôle de marche avant et arrière pour les engins de traction, certaines locomotives sont munies du relais de dételage télé-commandé TELEX de Märklin. Ces locomotives sont accompagnées du signe ⇄ dans les soustextes.

On peut choisir entre deux systèmes de voie. Contrairement aux voies NEM du système à deux conducteurs sur courant continu, les voies ne sont pas divisées électriquement. L'alimentation en courant pour les engins de traction et l'éclairage intérieur des wagons se fait par frotteur et conducteur central. Sur les voies M de Märklin, ces plots de contact du conducteur central ressortent par les traverses gravées dans l'infrastructure métallique.

Le programme comprend des sections de voie droites de longueurs différentes (1/1 = 180 mm), 3 courbes, des croisements, des aiguillages et un pont tournant.

Sur les voies K de Märklin, les plots de contact du conducteur central sont presque invisibles, encastrés dans les traverses en plastique. Le programme offre des sections de voie droites de différentes longueurs, 5 courbes, des croisements et des aiguillages. Les deux systèmes de voie peuvent être reliés par une voie de transition et complétés par un heurtoir, des voies de débrayage et des voies de téle-commande ayants deux fonctions. Des passages à niveau automatiques, plusieurs ponts, des

✉

Gebr. Märklin & Cie. GmbH
Fabrik hochwertiger Spielwaren
D-7320 Göppingen

Gomark S.P.R.L.
Rue des grands carmes, 14
B-1000 Bruxelles

Aage Mottlau A/S
Islands Brygge 81
DK-2300 Kopenhagen S

Productas S.A.
1, rue Portefoin
F-75003 Paris

A.M. Richards
6, Richmond Way
Fetcham, Leatherhead
GB-Surrey KT22 9NZ

G. Pansier
Corso Lodi, 47
I-20139 Milano

Vedeka B.V.
Herengracht 125
NL-Amsterdam-C

Carl F. Myklestad A/S
P.O.Box No. 42, Bryn
N-Oslo 6

Dr. Heinz Lindner
Postfach 1040
A-8021 Graz

Ing. Oskar Kauffert KG
Postfach 413
A-1071 Wien

Brio Scanditoy AB
S-28300 Osby

Märklin-Vertriebs AG
Mönchmattweg 3
CH-5035 Unterentfelden

Juan Lutjens
Calle Bailén, 232 bis
E-Barcelona – 9

Fujisho Company Ltd.
C.P.O.Box 1219
J-Tokyo

Reeves International Inc.
1107 Broadway
USA-New York, N.Y. 10010

Boyd Models
1835 Whittier Avenue
Bldg. B-1
USA-Costa Mesa, Calif. 92617

Gleissysteme
Track systems
Systèmes de voie

Radien, Weichen und Kreuzungen des
Märklin-M-Gleisprogrammes
Circles, switches, and crossings
of the Märklin M track
programme

Rayons, aiguillages et croisements
du programme de voie Märklin M

Radien, Weichen und Kreuzungen des
Märklin-K-Gleisprogrammes
Circles, switches, and crossings
of the Märklin K track programme

Rayons, aiguillages et croisements
du programme de voie Märklin K

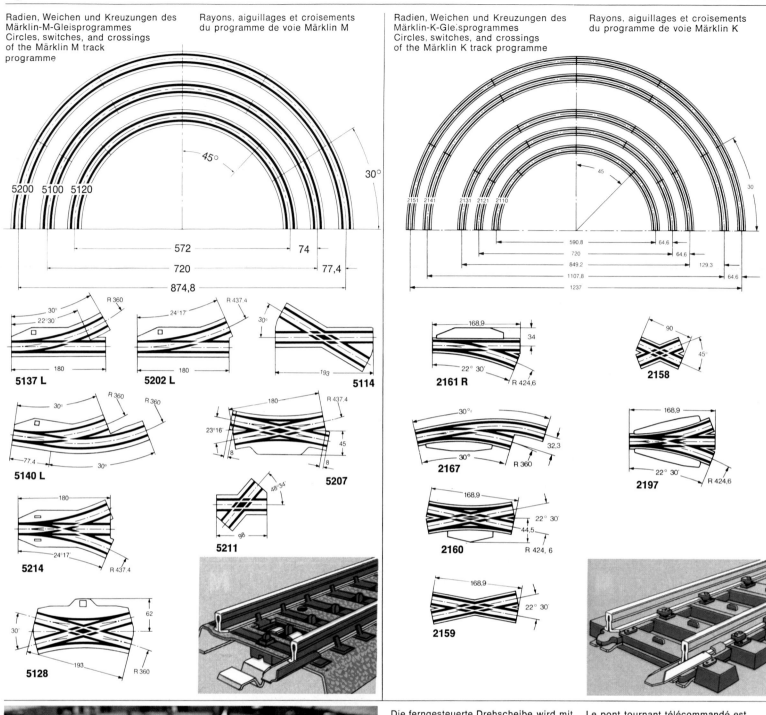

5200 5100 5120

45°

30°

572 — 74
720 — 77,4
874,8

2151 2141 2131 2121 2110

45

30

590,8 — 64,6
720 — 64,6
849,2 — 129,3
1107,8 — 64,6
1237

5137 L

R 360
30°
22°30'
180

5202 L

R 437,4
24°17'
180

5114

30°
193

5140 L

R 360
R 360
30°
77,4
30°

5207

180
R 437,4
23°16'
45
8
8

5214

180
24°17'
R 437,4

5211

48°34'
98

5128

62
30°
193
R 360

2161 R

168,9
34
22° 30'
R 424,6

2158

90
45°

2167

30°
30°
32,3
R 360

2197

168,9
22° 30'
R 424,6

2160

168,9
44,5
22° 30'
R 424, 6

2159

168,9
22° 30'

Die ferngesteuerte Drehscheibe wird mit
M-Gleisen oder mit einem Übergangsgleis für K-Gleise (2191)
kombiniert.

Le pont tournant télécommandé est
joint aux voies M ou à une section
de transition pour les voies K
(2191).

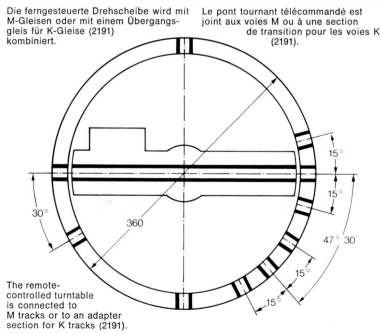

15°

15°

30°

360

47° 30'

15°

15°

The remote-
controlled turntable
is connected to
M tracks or to an adapter
section for K tracks (2191).

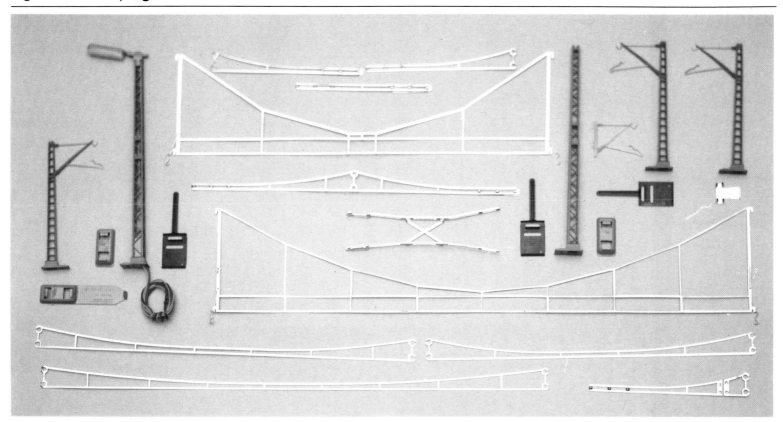

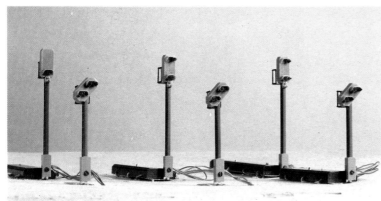

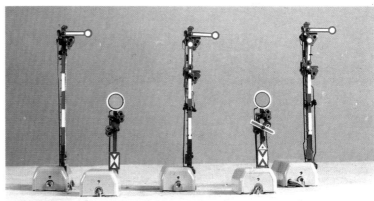

Die Märklin-Oberleitung ist stromführend. In Verbindung mit Elektro-Modellbahnlokomotiven, die auf Oberleitungsfahrbetrieb umgeschaltet werden können – wie dies bei allen Märklin-Elektrolokomotiven der Fall ist – besteht die Möglichkeit eines unabhängig gesteuerten Mehrzugbetriebes auf dem gleichen Gleis. Das Sortiment setzt sich zusammen aus Strecken- und Turmmasten aus Plastik, vernickelten Quertragwerken und Fahrdrähten in verschiedenen Längen nebst Isolierstücken, Auslegern und weiterem Zubehör. Die Masten gibt es mit Klemmsockeln für die Märklin-K-und M-Gleise, sowie für Brücken. Die Fahrdrahtstücke, die in die federnden Fahrdrahthalter der Masten geklemmt werden, sind biegbar und können auf diese Weise den Kurvenradien angepaßt werden. Entsprechend einfach ist der Aufbau.

Märklin-Signale gibt es für das M- und K-Gleissystem. Die Märklin-M-Signale (Licht- und Formsignale – Siehe Abbildungen rechts) werden an den Gleiskörper kontaktsicher angeklemmt. Die Hauptsignale haben Schalter für die Fahrstromsteuerung (Zugfahrtbeeinflussung).

Das Märklin-Signalsortiment für das K-Gleissystem (Siehe Abbildung links) besteht nur aus Lichtsignalen. Die Hauptsignale sind ebenfalls mit Fahrstromschaltern ausgerüstet zur Steuerung der Zugfahrt für Unter- und Oberleitungsfahrbetrieb. Die Signalantriebe dieser Signale können von den Signalmasten abgetrennt und separat im Unterflurbereich der Anlage montiert werden.

The conducting Märklin catenary system offers the possibility of an independent multi-train operation on the same track by using electric model locomotives which can be switched to overhead line current supply (like all Märklin electric locomotives). The assortment consists of standard and tower masts from plastic, nickel-plated cross-spans, wire sections, outtrigger arms, insulators and many accessories. The masts are available with squeezing socles suitable to Märklin K and M tracks, and to bridges. The wire sections to be fixed to the elastic wire holders can be adapted to all curves by bending. Therefore building-up is easy.

There are Märklin signals for the M and K track system. The M signals (colour light signals and semaphores, see right pictures) are squeezed to the track foundation giving secure contact. The home signals have built-in switches for traction current control.

The K track signal assortment (see left picture) consists only of colour light signals. The home signals have traction current switches for track and overhead current control. The signal motors of these signals can be mounted separately, also in the underfloor region of the layout.

La ligne aérienne Märklin est parcourue par le courant. Conjointement avec les motrices de chemin de fer modèle réduit susceptibles d'être adaptées à un système caténaire – comme c'est le cas pour toutes les locomotives électriques Märklin – on peut faire circuler plusieurs trains sur la même voie et les contrôler séparément. Le programme se compose de poteaux standard et de pylônes en matière plastique, d'éléments de suspension transversale nickelés, de caténaires de différentes longueurs et d'isolateurs ainsi que de potences et d'autres accessoires. Les poteaux sont accompagnés de socles de serrage pour les voies K et M Märklin, et pour ponts. Les éléments de caténaire qui sont supportés par les potences élastiques peuvent être courbés et donc adaptés à chaque tracé de voies.
A cause de cela, le montage est assez facile à executer.

Il y a des signaux Märklin pour le système de voie M et K. Les signaux Märklin du type M (signaux d'éclairage et sémaphores – voir images à droite) sont convenablement fixés à l'installation de la voie. Les sémaphores sont équipés de commutateurs pour le contrôle du courant de traction (commande automatique de la marche des trains.)

L'assortiment de signal Märklin pour le système de voie K (voir image à gauche) comporte des signaux lumineux uniquement. Les sémaphores sont aussi équipés d'interrupteurs de courant-traction qui permettent un contrôle du courant de la caténaire et de celui du conducteur central. Les moteurs à bobine double de ces signaux peuvent être séparés des mâts de signal et implantés dans la section soustable de l'installation.

Tenderlokomotive, Länderbahntype
Tank locomotive, type used on branch
lines
Locomotive-tender, série ancienne

H ≈ P ✦ 1 ✦ ⊢108⊢

3087

Tenderlokomotive, Länderbahntype
Tank locomotive, type used on branch
lines
Locomotive-tender, série ancienne

H ≈ P ✦ 1 ✦ ⊢108⊢

3090

Tenderlokomotive BR 89 der DB
Tank locomotive class 89 of the DB
Locomotive-tender série 89 de la DB

H ≈ P ♈ ✦ 3 ✦ ⊢110⊢

3000

Tenderlokomotive BR 74 der DB
Tank locomotive class 74 of the DB
Locomotive-tender série 74 de la DB

H ≈ P ♈ ✦ 3 ✦ ⊢135⊢

3095

Tenderlokomotive BR 86 der DB
Tank locomotive class 86 of the DB
Locomotive-tender série 86 de la DB

H ≈ P ♈ ✦ 4 ✦ ✕ ⊢158⊢
HAMO
II = P ♈ ✦ 4 ✦ ⊢158⊢

3096

8396

Personenzuglokomotive BR 24 mit
Schlepptender der DB
Locomotive with tender class 24 of the
DB
Locomotive pour trains voyageurs à
tender séparé série 24 de la DB

H ≈ P ♈ ✦ 3 ✦ ⊢200⊢

3003

Lokomotive mit Schlepptender BR 38
der DB
Locomotive with tender class 38 of
the DB
Locomotive à tender séparé série 38
de la DB

H ≈ Z ♈ ✦ 3 ✦ ⊢237⊢
HAMO
II = Z ♈ ✦ 3 ✦ ⊢237⊢

3098

8398

Schnellzuglokomotive S 3/6 der K. Bay.
Sts. B.
Express locomotive S 3/6 of the K. Bay.
Sts. B.
Locomotive de vitesse S 3/6 de la
K. Bay. Sts. B.

H ≈ Z ♈ ✦ 3 ✦ ⊢249⊢
HAMO
II = Z ♈ ✦ 3 ✦ ⊢249⊢

3092

8392

Schnellzuglokomotive BR 18[4] der DB
Express locomotive class 18[4] of the DB
Locomotive de vitesse série 18[4]
de la DB

H ≈ Z ♈ ✦ 3 ✦ ⊢249⊢
HAMO
II = Z ♈ ✦ 3 ✦ ⊢249⊢

3093

8393

Lokomotive mit Schlepptender Serie 64
der NMBS/SNCB
Locomotive with tender class 64 of the
NMBS/SNCB
Locomotive à tender séparé série 64
de la NMBS/SNCB

H ≈ Z ♈ ✦ 3 ✦ ⊢214⊢

3086

Dampflokomotiven und Elektrolokomotiven
Steam locomotives and electric locomotives
Locomotives à vapeur et locomotives électriques

Lokomotive mit Schlepptender BR 38 der ehem. DR
Locomotive with tender class 38 of the former DR
Locomotive à tender séparé série 38 de l'ex DR

H ≈ Z ✚ 3 ✚ ⊢218⊢   HAMO   **3099**
II = Z ✚ 3 ✚ ⊢218⊢   **8399**

Schwere Güterzuglokomotive mit Kabinentender BR 050 der DB
Heavy freight locomotive with cab tender class 050 of the DB
Locomotive lourde pour trains de marchandises avec tender-cabine série 050 de la DB

H ≈ Z ✚ 5 ✚ ⊢261⊢   **3084**

Schnellzuglokomotive BR 003 der DB
Express locomotive class 003 of the DB
Locomotive de grande vitesse série 003 de la DB

H ≈ Z ✚ 3 ✚ ⊢239⊢   HAMO   **3085**
II = Z ✚ 3 ✚ ⊢239⊢   **8385**

Französische Schnellzuglokomotive Serie 231 der ÉTAT
French express locomotive class 231 of the ÉTAT
Locomotive française de grande vitesse la série 231 de l'ÉTAT

H ≈ Z ✚ 3 ✚ ⊢255⊢   **3083**

Stromlinien-Schnellzuglokomotive BR 03 der ehem. DR
Streamlined express locomotive class 03 of the former DR
Locomotive carénée de grande vitesse, série 03 de l'ex DR

H ≈ Z ✚ 3 ✚ ⊢274⊢   **3089**

Elektrische Rangierlokomotive EA 800
Electric switching locomotive EA 800
Motrice de manœuvres EA 800

H ≈ P ✚ 3 ✚ ⊢112⊢   **3044**

Elektrische Güterzuglokomotive 194 der DB
Heavy electric freight locomotive class 194 of the DB
Motrice lourde pour trains de marchandises 194 de la DB

H ≈ Z ✚ 3 ✚ ⊢210⊢   HAMO   **3022**
II = Z ✚ 3 ✚ ⊢210⊢   **8322**

Elektrische Güterzuglokomotive 151 der DB
Freight locomotive 151 of the DB
Motrice pour trains de marchandises 151 de la DB

H ≈ P ✚ 3 ✚ ⊢222⊢   **3057**

Elektrische Güterzuglokomotive 151 der DB
Freight locomotive 151 of the DB
Motrice pour trains de marchandises 151 de la DB

H ≈ P ✚ 3 ✚ ⊢222⊢   HAMO   **3058**
II = P ✚ 3 ✚ ⊢222⊢   **8358**

Elektrische Allzwecklokomotive BR 141 der DB
Multi-purpose electric locomotive 141 of the DB
Motrice tous services, série 141 de la DB

H ≈ Z ✚ 2 ✚ ⊢175⊢   **3037**

Die Be 6/8^{III} wurde erstmals in den Jahren 1926/27 auf der Gotthardstrecke in Dienst gestellt und wurde wie die Ce 6/8 weit über die Grenzen der Schweiz hinaus unter dem Beinamen „Krokodil" bekannt. Mit ihrer Länge von 20,06 m, einer Leistung von 2460 PS und einer Höchstgeschwindigkeit von 75 km/h zählten die Maschinen dieses Typs zu den imposantesten Erscheinungen im Güterzugdienst der Schweiz.

Like the class Ce 6/8 machines already in service, the Be 6/8^{III} has become well-know under the nickname of "Crocodile" far beyond the frontiers of Switzerland since 1926. With a length of 20.06 m and a motor power of 2460 HP giving a maximum speed of 75 km/h, they were for many years one of the most impressive sights in the Swiss freight train service.

Les motrices du type Be 6/8^{III} ont été mise en service en 1926/27. Elles connurent rapidement une grande réputation dans le monde entier, comme d'ailleurs leurs grandes sœurs du type Ce 6/8, sous le nom «Crocodile». D'une longueur de 20.06 m, ces machines développent une puissance de 2460 CV, qui leur permet d'atteindre la vitesse de 75 km/h. Ces motrices typiques et imposantes étaient caractéristiques pour le trafic marchandises en Suisse.

Elektrische Güterzuglokomotive „Krokodil" Be 6/8^{III} der SBB	⊟ ≈ ℗ ⚡ ✦3✦ ⊦228⊦	3056
	HAMO	
Swiss freight locomotive Be 6/8^{III} "Crocodile" of the SBB	II ═ ℗ ⚡ ✦3✦ ⊦228⊦	8356
Motrice lourde pour trains marchandises Be 6/8^{III} des CFF «le crocodile»		

Vielzwecklokomotive BR 141 der DB
Multi-purpose electric locomotive class 141 of the DB
Motrice tous services série 141 de la DB

⊟ ≈ ℤ ⚡ ✦2✦ ⊦175⊦ 3034

Elektrische Mehrzwecklokomotive Ae 6/6 der SBB
Multi-purpose locomotive Ae 6/6 of the SBB
Motrice tous services Ae 6/6 des CFF of the SBB

⊟ ≈ ℤ ⚡ ✦3✦ ⊦200⊦ 3050

Schnellzuglokomotive BR 110 der DB
Electric express locomotive class 110 of the DB
Motrice de vitesse série 110 de la DB

⊟ ≈ ℤ ⚡ ✦2✦ ⊦183⊦ 3039

Schnellzuglokomotive BR 111 der DB
Electric express locomotive class 111 of the DB
Motrice de vitesse série 111 de la DB

⊟ ≈ ℗ ⚡ ✦2✦ ⊦191⊦ 3042

Schnellfahrlokomotive BR 103 der DB
Electric express locomotive class 103 of the DB
Motrice de vitesse série 103 de la DB

⊟ ≈ ℗ ⚡ ✦3✦ ⊦219⊦ 3054

Mehrzwecklokomotive Reihe E 424 der FS
Multi-purpose locomotive class E 424 of the FS
Motrice tous services série E 424 des FS

⊟ ≈ ℤ ⚡ ✦2✦ ⊦175⊦ 3036

Elektro- und Diesellokomotiven
Electric and Diesel locomotives
Locomotives électriques et Diesel

Elektrische Mehrzwecklokomotive der
NS Serie 1200
Electric locomotive class 1200 of the NS
Motrice tous services série 1200 des NS

H ≈ Z ⚙ ✦3✦ ⊢196⊢   3055

Hochleistungs-Elektrolokomotive
BB 9200 der SNCF
High power electric locomotive
BB 9200 of the SNCF
Motrice à hautes performances BB 9200
de la SNCF

H ≈ Z ⚙ ✦2✦ ⊢180⊢   3038

Schwedische Elektrolokomotive BR Da
Swedish electric locomotive class Da
Motrice suédoise série Da

H ≈ Z ⚙ ✦3✦ ⊢147⊢   3030

Schwedische Mehrzwecklokomotive
BR Rc
Swedish multi-purpose locomotive
class Rc
Motrice suédoise tous services
série Rc

H ≈ P ⚙ ✦2✦ ⊢175⊢   3043

Elektrische Mehrzwecklokomotive der
ÖBB BR 1043
Austrian multi-purpose locomotive
class 1043
Motrice autrichienne tous services
série 1043

H ≈ P ⚙ ✦2✦ ⊢175⊢   3041

Werkslokomotive
Industrial locomotive
Locotracteur industriel

H ≈ P ✦3✦ ⊢112⊢   3080

Diesel-hydraulische Lokomotive
DHG 500
Diesel hydraulic locomotive DHG 500
Locotracteur Diesel hydraulique
DHG 500

H ≈ P ⚙ ✦3✦ ⊢112⊢   3078

Rangierlokomotive 260 der DB
Switching locomotive 260 of the DB
Locomotive de manœuvre 260 de la DB

H ≈ P ✂ ⚙ ✦3✦ ⊢120⊢   3065
H ≈ P ⚙ ✦3✦ ⊢120⊢   3064

Diesel-hydraulische Lokomotive 212 der
DB
Diesel hydraulic locomotive 212 of the
DB
Locomotive Diesel hydraulique 212 de
la DB

H ≈ P ⚙ ✦2✦ ⊢141⊢   3072

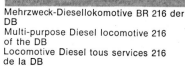

Mehrzweck-Diesellokomotive BR 216 der
DB
HAMO
Multi-purpose Diesel locomotive 216
of the DB
Locomotive Diesel tous services 216
de la DB

H ≈ P ⚙ ✦2✦ ⊢182⊢   3075
II = P ⚙ ✦2✦ ⊢182⊢   8375

| Diesel-Lokomotive 216 der DB
Diesel locomotive 216 of the DB
Locomotive Diesel 216 de la DB | ⊞ ≈ ℙ ☿ ◆2◆ ⊦182⊦
HAMO
Ⅱ = ℙ ☿ ◆2◆ ⊦182⊦ | 3074

8374 |

| Diesel-hydraulische Schnellzuglokomotive
220 der DB
Diesel hydraulic express locomotive 220
of the DB
Locomotive Diesel hydraulique 220 de la
DB | ⊞ ≈ ℤ ☿ ◆2◆ ⊦210⊦ | 3021 |

| Diesel-elektrische Mehrzwecklokomotive
My 1100 der DSB
Danish diesel-electric locomotive My 1100
Locomotive Diesel-électrique tous services
des DSB | ⊞ ≈ ℤ ☿ ◆3◆ ⊦205⊦ | 3067 |

| Diesel-Mehrzwecklokomotive der
NMBS/SNCB, Typ 204
Belgian diesel locomotive class 204
Locomotive Diesel tous services de la
SNCB, série 204 | ⊞ ≈ ℤ ☿ ◆3◆ ⊦205⊦ | 3066 |

Ferngesteuerter Drehkran mit Hebe-
magnet mit je einem Motor zum Drehen
des Auslegers und zum Heben und
Senken der Last.
Remote controlled crane with lifting
magnet. One motor rotates the boom,

another raises and lowers the load.
Grue pivotante télécommandée avec
électro-aimant de levage. 2 moteurs,
l'un pour la rotation de la flêche, l'autre
pour le montée ou descente du chrochet.

| | ≈ ℉ ☿ | 7051 |

| Amerikanische Diesellokomotive Typ F7
USA Diesel locomotive F7
Locomotive Diesel américaine F7 | Santa Fé
⊞ ≈ ℤ ☿ ◆2◆ ⊦175⊦
Rio Grande
⊞ ≈ ℤ ☿ ◆2◆ ⊦175⊦ | 3060

3062 |

| Ergänzungsteil ohne Antrieb
Supplementary unit unpowered
Elément complémentaire sans moteur | Santa Fé
⊞ ≈ ℤ ☿ ⊦175⊦
Rio Grande
⊞ ≈ ℤ ☿ ⊦175⊦ | 4060

4062 |

Triebwagen und Triebwagenzüge
Railcars and railcar trains
Autorails et trains automoteurs

TEE-Triebwagenzug, dreiteilig. Modell des niederländisch-schweizerischen TEE-Zuges.

TEE high speed railcar, in three parts. A model of the Netherlands-Swiss TEE train.

Train automoteur TEE en trois éléments. Maquette du train TEE helvético-hollandais.

⊟ ≈ ℗ ⚡ ♦ 3 ♦ ⊣700⊢   3071

TEE-Abteilwagen
TEE compartment coach
Voiture TEE à compartiments

⊟ ≈ ℗ ⚡ ⊣233⊢   4071

Schienenbus 795 mit Beiwagen 995 der DB
Railbus 795 with trailer 995 of the DB
Micheline 795 avec remorque 995 de la DB

⊟ ≈ ℗ ⚡ ♦ 1 ♦ ⊣267⊢   3016 + 4018

Schienzeppelin System Kruckenberg
Kruckenberg's rail Zeppelin
Autorail Zeppelin, système Kruckenberg

⊟ ≈ ℗ ⚡ ♦ 2 ♦ ⊣288⊢   3077
HAMO
ΙΙ = ℗ ⚡ ♦ 2 ♦ ⊣288⊢   8377

Der Schienenzeppelin wurde nach den Plänen von Franz Kruckenberg bei der Flugbahn GmbH erbaut und erreichte im Jahre 1931 den Weltrekord mit 230 km/h. Der Antrieb erfolgte über einen 600-PS-BMW-Flugzeugmotor, der auf eine Luftschraube wirkte.

The rail Zeppelin, built for the Flugbahn GmbH from Franz Kruckenberg's design, attained the world record speed of 230 km/h during reliability test runs in 1931. The drive was obtained from a 600 HP BMW aircraft engine at the rear of vehicle, acting through the propeller.

Le Schienenzeppelin, réalisé d'après les plans de Franz Kruckenberg, a atteint lors des essais effectués en 1931, la vitesse de 230 km/h. Ce fut à l'époque le record du monde de vitesse sur rails. Le groupe moteur, un moteur d'avion BMW de 600 CV est disposé à l'arrière du véhicule.

Elektrischer Akkumulatorentriebwagen 515 der DB mit Steuerwagen 815
Accumulator railcar of the DB class 515 with control car 815

Autorail à accumulateurs série 515 de la DB avec voiture pilote 815

⊟ ≈ ℗ ⚡ ♦ 2 ♦ ⊣480⊢   3028 + 4028
HAMO
ΙΙ = ℗ ⚡ ♦ 2 ♦ ⊣480⊢   8323 + 8428

Tiefladewagen mit Transformator
beladen (DB)
Well wagon loaded with transformer (DB)
Wagon à plateforme surbaissée (DB)
chargé d'un transformateur

H ≈ Z ⊦250⊦   4617

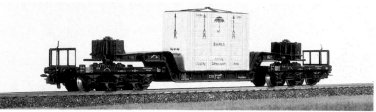

Tiefladewagen, beladen mit Kiste
Well wagon loaded with crate
Wagon à plateforme surbaissée
chargé d'une caisse

H ≈ Z ⊦250⊦   4618

Langholzwagen, 2-teilig, beladen
Lumber wagon in two parts, loaded with
sawn lumber
Trucks jumelés pour le transport de
bois en 2 parties

H ≈ F ⊦195⊦   4665

Niederbordwagen (DB)
Low-side wagon (DB)
Wagon à bords bas (DB)

H ≈ P ⊦180⊦   4514

Planewagen (DB)
Tilt-covered wagon (DB)
Wagon bâché (DB)

H ≈ P ⊦180⊦   4517

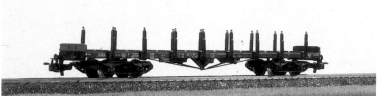

Flachwagen mit Rungen (DB)
Flat wagon (DB) with stakes
Wagon à ranchers (DB)

H ≈ F ⊦227⊦   4663

Containerwagen (DB)
Container wagon (DB)
Wagon à conteneurs (DB)

H ≈ P ⊦156⊦   4664

Containerwagen (DB)
Container wagon (DB)
Wagon à conteneurs (DB)

H ≈ P ⊦156⊦   4668

Kranwagen mit drehbarem Kran
Crane car with rotating crane
Wagon-grue avec grue pivotante

H ≈ P ⊦90⊦   4611

Kesselwagen (DB)   ESSO
Tank wagon (DB)
Wagon-citerne (DB)   SHELL

H ≈ P ⊦164⊦   4650

H ≈ P ⊦164⊦   4651

Bier-Kesselwagen „Feldschlößchen"
Beer tank wagon "Feldschlößchen"
Wagon-citerne pour le transport de bière

H ≈ P ⊦195⊦   4632

Kesselwagen der DB
Tank wagons of the DB
Wagons-citernes de la DB

ARAL
⊟ ≈ ℙ ⊣100⊢　　　　4646
ESSO
⊟ ≈ ℙ ⊣114⊢　　　　4441
SHELL
⊟ ≈ ℙ ⊣114⊢　　　　4442
ARAL
⊟ ≈ ℙ ⊣114⊢　　　　4440
BP
⊟ ≈ ℙ ⊣100⊢　　　　4644
BAYER
⊟ ≈ ℙ ⊣100⊢　　　　4647

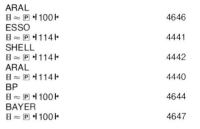

Kohlenstaubwagen (DB)
Pulverized coal wagon (DB)
Wagon à poussier (DB)
⊟ ≈ ℙ ⊣100⊢　　　　4511

Behälterwagen für Feinschüttgut (DB)
Tank wagon for fine bulk material (DB)
Wagon à containers pour granuleux (DB)
⊟ ≈ ℙ ⊣100⊢　　　　4661

Weinwagen (DB)
Wine wagon (DB)
Wagon à foudres (DB)
⊟ ≈ ℙ ⊣100⊢　　　　4510

Schotterwagen (DB)
Ballast wagon (DB)
Wagon à trémie (DB)
⊟ ≈ ℤ ⊣95⊢　　　　4610

Muldenkippwagen (DB)
Tipping bucket wagon (DB)
Wagon à bennes basculantes (DB)
⊟ ≈ ℙ ⊣105⊢　　　　4635

Kippwagen
Tipping bucket wagon
Wagon basculeur
⊟ ≈ ℙ ⊣114⊢　　　　4413

Drehschieber-Seitenentladewagen (DB)
Side dumping wagon (DB)
Wagon trémie à déchargement latéral (DB)
⊟ ≈ ℙ ⊣112⊢　　　　4631

Großgüterwagen (DB)
High-capacity wagon (DB)
Wagon à grande capacité (DB)
⊟ ≈ ℙ ⊣133⊢　　　　4624

Großgüterwagen mit Klappdeckeldach
(DB)
Wagon with hinged hatches (DB)
Wagon à grande capacité avec trappes
ouvrantes (DB)
⊟ ≈ ℙ ⊣133⊢　　　　4626

Offener Güterwagen (DB)
Open wagon (DB)
Tombereau (DB)
⊟ ≈ ℙ ⊣114⊢　　　　4430

Offener Güterwagen mit Kohlen beladen
Open wagon loaded with coal
Tombereau chargé de la houille
⊟ ≈ ℙ ⊣114⊢　　　　4431

Offener Güterwagen der NS
Open wagon of the NS
Tombereau des NS
⊟ ≈ ℙ ⊣115⊢　　　　4639

Offener Güterwagen mit Bremserhaus (DB)
Open wagon with brakeman's cab (DB)
Tombereau avec guérite de frein (DB)
⊟ ≈ ℙ ⊣115⊢　　　　4601

Autotransportwagen mit Autos
Automobile transporter loaded with cars
Wagon transport d'autos chargé d'autos
⊟ ≈ ℤ ⊣115⊢　　　　4613

Autotransportwagen
Automobile transporter
Wagon transport d'autos
⊟ ≈ ℤ ⊣115⊢　　　　4612

Niederbordwagen mit Fahrzeug beladen
Low-side wagon with bulldozer
Wagon à bords bas chargé d'un véhicule
⊟ ≈ ℙ ⊣114⊢　　　　4424

Bierwagen (DB)
Beer wagon (DB)
Wagon transport de bière (DB)
KRONENBRÄU
H ≈ P ⊢114⊢   4416
ALPIRSBACHER KLOSTERBRÄU
H ≈ P ⊢114⊢   4417

Bierwagen „REICHELBRÄU"
Beer wagon "REICHELBRÄU"
Wagon transport de bière «REICHELBRÄU»
H ≈ P ⊢114⊢   4469

Kühlwagen (DB)
Refrigerator wagon (DB)
Wagon réfrigérant (DB)
H ≈ P ⊢114⊢   4415

Bananenwagen (DB)
Banana wagon (DB)
Wagon pour le transport de bananes (DB)
H ≈ P ⊢114⊢   4414

Gedeckter Güterwagen (DB)
Covered wagon (DB)
Wagon couvert (DB)
H ≈ P ⊢114⊢   4410

Gedeckter Güterwagen mit Schlußlicht
(DB)
Covered wagon with tail light (DB)
Wagon couvert avec fanal de fin (DB)
H ≈ P 🚩 ⊢114⊢   4411

Gedeckter Güterwagen (DB)
Covered wagon (DB)
Wagon couvert (DB)
H ≈ P ⊢133⊢   4627

Gedeckter Güterwagen (SBB)
Covered wagon (SBB)
Wagon couvert (CFF)
H ≈ P ⊢110⊢   4605

Güterzuggepäckwagen (DB)
Freight train luggage van (DB)
Fourgon (DB)
H ≈ P ⊢90⊢   4600

Reisezug-Autotransportwagen (DB),
mit Autos beladen
Automobile rack car,
loaded with automobiles (DB)
Wagon transport d'autos pour trains
auto-couchettes (DB), chargé
H ≈ P ⊢264⊢   4074

Reisezug-Autotransportwagen,
unbeladen (DB)
Automobile rack car,
without automobiles (DB)
Wagon transport d'autos pour trains
auto-couchettes (DB), non chargé
H ≈ P ⊢264⊢   4084

Güterwagen mit Schiebewänden und
Schiebedach (DB)
Wagon with sliding sides and roof (DB)
Wagon à toits et parois coulissants (DB)
H ≈ P ⊢157⊢   4633

Schiebedachwagen (DB)
Wagon with sliding roof (DB)
Wagon à toit coulissant (DB)
H ≈ P ⊢115⊢   4619

Amerikanischer Güterzugbegleitwagen
American caboose
Voiture d'accompagnement américaine
pour trains marchandises
H ≈ P ⊢80⊢   4578

Gedeckter Güterwagen (USA)
Box car (USA)
Wagon couvert (USA)
H ≈ P ⊢205⊢   4571

Offener Güterwagen (USA)
Gondola (USA)
Tombereau (USA)
H ≈ P ⊢200⊢   4575

Reisezugwagen
Passenger coaches
Voitures voyageurs

Personenwagen mit und ohne Bremserhaus (DB)
Compartment car with and without
brakeman's-cab (DB)
Voiture sans et avec vigie de frein (DB)

H ≈ F (ϔ) B ⊢130⊢   4004 + 4005

Lokalbahn-Personenwagen
Local service coach
Voiture de chemin de fer d'intérêt local
H ≈ P ⊠ (ϔ) C ⊢110⊢   4007

Lokalbahn-Personenwagen
Local service coach
Voiture de chemin de fer d'intérêt local
H ≈ F B ⊢115⊢   4040

Gepäckwagen
Baggage car
Fourgon
H ≈ P (ϔ) ⊢110⊢   4008

Lokalbahn-Personenwagen
Local service coach
Voiture de chemin de fer d'intérêt
local
H ≈ F B ⊢115⊢   4000

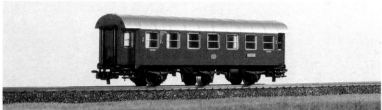

Personenwagen der DB   H ≈ P (ϔ) B ⊢152⊢   4079
Local service coach of the DB
Voiture de la DB

Personenwagen mit Gepäckabteil (DB)   H ≈ P (ϔ) B ⊢152⊢   4080
Local service coach with baggage
compartment (DB)
Voiture avec compartiment à bagages
(DB)

D-Zug-Wagen der DB   H ≈ F ⊠ (ϔ) B ⊢220⊢   4037
Express coach of the DB
Voiture grandes lignes de la DB

Oldtimer-D-Zug-Wagen der DR   H ≈ P ⊠ (ϔ) ⊢220⊢   4136
Oldtimer express coach of the DR
Voiture grandes lignes ancienne
de la DR

Oldtimer D-Zug-Gepäckwagen der DR   H ≈ P ⊠ (ϔ) B ⊢220⊢   4137
Oldtimer express baggage car of the DR
Fourgon ancien de la DR

Nahverkehrswagen mit Gepäckabteil
und Führerstand (DB)   H ≈ F ⊠ (ϔ) B ⊢240⊢   4077
Local passenger service car with bag-
gage compartment and driver's cab (DB)
Voiture de banlieue avec compartiment
à bagages et cabine de pilotage (DB)

Nahverkehrswagen der DB   H ≈ F ⊠ (ϔ) B ⊢240⊢   4082
Local passenger service car of the DB
Voiture de banlieue de la DB

Nahverkehrswagen der DB   H ≈ F ⊠ (ϔ) AB ⊢240⊢   4083
Local passenger service car of the DB
Voiture de banlieue de la DB

Schnellzugwagen der DB
Express coach of the DB
Voiture grandes lignes de la DB
H ≈ F ⊠ (♀) B ⊣240⊢   4052

Schnellzugwagen der DB
Express coach of the DB
Voiture grandes lignes de la DB
H ≈ F ⊠ (♀) A ⊣240⊢   4051

Schnellzugwagen mit Schlußbeleuchtung
Express coach with tail-lights
Voiture grandes lignes avec fanaux
de fin de convoi
H ≈ F ⊠ ♀ A ⊣240⊢   4053

Schnellzug-Gepäckwagen der DB
Express baggage car of the DB
Fourgon de la DB
H ≈ F (♀) ⊣240⊢   4026

Schnellzugwagen der DB
Express coach of the DB
Voiture grandes lignes de la DB
H ≈ F ⊠ (♀) A ⊣240⊢   4111

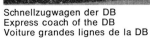

Schnellzugwagen der DB
Express coach of the DB
Voiture grandes lignes de la DB
H ≈ F ⊠ (♀) B ⊣240⊢   4112

Schnellzug-Speisewagen der DB
Express dining-car of the DB
Voiture-restaurant de la DB
H ≈ F ⊠ (♀) ⊣240⊢   4054

Schnellzug-Schlafwagen der DSG
Express sleeping car of the DSG
Voiture-lits de la DSG
H ≈ F (♀) AB ⊣240⊢   4064

Schnellzug-Gepäckwagen der DB
Express baggage car of the DB
Fourgon de la DB
H ≈ P (♀) ⊣270⊢   4093

Schnellzugwagen der DB
Express coach of the DB
Voiture grandes lignes de la DB
H ≈ P ⊠ (♀) A ⊣270⊢   4091

Schnellzugwagen der DB
Express coach of the DB
Voiture grandes lignes de la DB
H ≈ P ⊠ (♀) B ⊣270⊢   4092

TEE-Aussichtswagen der DB.
Inneneinrichtung, unterteilt in Bar,
Küchen und Speiseraum.
TEE dome car of the DB. Interior
fittings, divided into bar, seating
compartment and raised row of seats.
Voiture panoramique TEE.
Aménagement intérieur comportant bar,
cuisine et salle de restaurant.

⊞ ≈ Ⓟ ⊠ (♀) A ⊦270⊦   4099

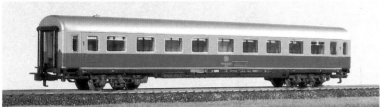

TEE-Abteilwagen
TEE compartment car
Voiture TEE à compartiments

⊞ ≈ Ⓟ ⊠ (♀) A ⊦270⊦   4095

TEE-Großraumwagen
TEE open interior coach
Voiture-salon TEE

⊞ ≈ Ⓟ ⊠ (♀) A ⊦270⊦   4096

TEE-Speisewagen
TEE dining-car
Voiture-restaurant TEE

⊞ ≈ Ⓟ ⊠ (♀) ⊦270⊦   4097

TEE-Abteilwagen
TEE compartment car
Voiture TEE à compartiments

⊞ ≈ Ⓕ ⊠ (♀) A ⊦240⊦   4085

TEE-Abteilwagen mit Schlußlicht
TEE compartment coach with tail-lights
Voiture TEE à compartiments
avec feu arrière

⊞ ≈ Ⓕ ⊠ ♀A ⊦240⊦   4089

TEE-Speisewagen
TEE dining-car
Voiture-restaurant TEE

⊞ ≈ Ⓕ ⊠ (♀) ⊦240⊦   4087

TEE-Aussichtswagen
TEE dome car
Voiture panoramique TEE

⊞ ≈ Ⓕ ⊠ (♀) A ⊦240⊦   4090

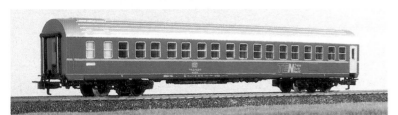

Schnellzug-Schlafwagen der DB
Express sleeping car of the DB
Voiture-lits de la DB

⊞ ≈ Ⓟ ⊠ (♀) AB ⊦270⊦   4150

Speisewagen der DB
Express dining-car of the DB
Voiture-restaurant de la DB

⊞ ≈ Ⓟ ⊠ (♀) ⊦270⊦   4094

Schnellzugwagen der SJ
Express coach of the SJ
Voiture grandes lignes des SJ
B ⊢237⊣
4072

Schnellzug-Speisewagen der SJ
Express dining-car of the SJ
Voiture-restaurant des SJ
⊢237⊣
4073

Schnellzugwagen der DSB
Express coach of the DSB
Voiture grandes lignes des DSB
B ⊢240⊣
4045

Schnellzugwagen der NS
Express coach of the NS
Voiture grandes lignes des NS
B ⊢240⊣
4049

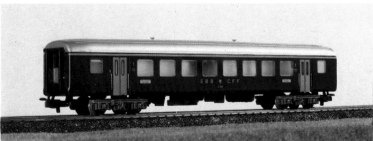

Leichtschnellzugwagen der SBB/CFF
Lightweight express coach of the SBB/CFF
Voiture allégée des SBB/CFF
A ⊢240⊣
4066

Speisewagen der SBB/CFF
Express dining-car of the SBB/CFF
Voiture-restaurant des SBB/CFF
⊢240⊣
4068

Schnellzugwagen der SNCF
Express coach of the SNCF
Voiture grandes lignes de la SNCF
A ⊢240⊣
4076

Schnellzug-Schlafwagen der CIWL/ISG
Express sleeping car of the CIWL/ISG
Voiture-lits de la CIWL/ISG
⊢240⊣
4029

Tenderlokomotive Reihe J 72 der LNER
Tank locomotive class J 72 of the LNER
Locomotive-tender série J 72 de la LNER
II = ℗ ✦3✦ ⊦115⊦   37-054

Tenderlokomotive Reihe J 72 der BR
Tank locomotive class J 72 of the BR
Locomotive-tender série J 72 des BR
II = ℗ ✦3✦ ⊦115⊦   37-055

Personenzug-Dampflokomotive Reihe 4
Standard der BR
Passenger train steam locomotive class 4
Standard of the BR
Locomotive à vapeur voyageurs série 4
Standard des BR
II = ℗ ✦3✦ ⊦235⊦   37-053

Mehrzweck-Dampflokomotive Reihe 4
Standard der BR
Multi-purpose steam locomotive class 4
Standard of the BR
Locomotive à vapeur mixte série 4
Standard des BR
II = ℗ ✦3✦ ⊦235⊦   37-052

Unter der Marke Mainline Railways führte 1976 der englische Spielwarenhersteller Palitoy ein völlig neues Programm von Modellbahnen in Baugröße OO ein. Sie werden nach Originalplänen in Hong Kong von Kader Industries gefertigt.
Die Fahrzeuge werden in 6 Zugpackungen mit Gleis und Batterieregler und einzeln angeboten. Sie weisen eine für OO-Serienmodelle sehr gute Verarbeitung und Detaillierung auf, haben viele angesetzte Teile und lupenreine Beschriftung. Die Radsätze sind für die meisten HO-Gleissysteme geeignet, die Lokomotiven haben den vollen Spurkranz auf allen Treibrädern. Die Mainline-Kupplung ähnelt der britischen Standard-Kupplung (Hornby), ist aber etwas zierlicher ausgeführt, mit gefedertem Haken und kürzerem Wagenabstand. Sie ist auch separat lieferbar und kann gegen andere Systeme ausgetauscht werden.

Das Gleissystem besteht aus Geraden (1/1 = 168 mm), zwei Radien (372 mm, 438 mm), einer Kreuzung (22,5°), einem schaltbaren Trenngleis und Handweichen (22,5°) mit nachrüstbarer Fernsteuerung. Zubehör sind zwei Bahnübergänge mit Eingleiser, ein Prellbock und ein Entkuppler. Zur Stromversorgung gibt es einen Transformator (Wechselstrom/Gleichstrom und einen Fahrregler.
Das Programm wird ständig erweitert. Lieferung erfolgt über den Fachhandel.

In 1976, the English toy manufacturer Palitoy introduced a completely new programme of OO scale model railways under the brand of Mainline Railways. They are made according to original blueprints in Hong Kong by Kader Industries.
The vehicles are offered within 6 train sets with track and battery controller and as items. They have a finish and detailation outstanding for commercially produced OO scale models, with a lot of separately attached parts and exact scale letterings. The wheel-sets are compatible with most HO track systems, the locomotives have fully flanged driving wheels. The Mainline coupling resembles the British Standard coupling, but it is smaller and has a spring-loaded hook and the exact scale gap between wagons. It is also available separately and can be exchanged for other systems.
The track system consists of straight sections (1/1 = 168 mm), two radii (372 nm, 438 mm), a crossing (22.5°), a cut-out track and manual switches (22.5°), which can be motorized, Accessories are two level crossings with rerailer, a buffer stop, and an uncoupler. Current supply is made by a transformer (AC/DC) and a circuit controller.
The programme is constantly enlarged. Delivery is made through the specialized trade.

Sous la marque Mainline Railways, le fabricant de bimbelots anglais Palitoy a introduit en 1976 un programme tout à fait nouveau de chemins de fer modèle réduit d'échelle OO. Ils sont construits par Kader Industries à Hong Kong d'après des plans originaux.

Les véhicules sont offerts en six garnitures de train complet avec voies et régulateur à piles et en détail. Façonnage et détaillage présentent un niveau remarquable pour les modèles de séries en échelle OO. Les modèles sont pourvus de nombreux détails séparés, leur inscription est très exacte. Les essieux montés s'adaptent à presque tous les systèmes de voie HO. Les roues motrices des locomotives sont munies du boudin complet. L'attelage Mainline ressemble à l'attelage standard anglais (Hornby), mais il est plus fin, avec crochet élastique et une distance plus étroite entre les véhicules. L'attelage est aussi livrable séparément et peut être échangé contre un tel d'un autre système.
Le système de voie se compose de sections droites (1/1 = 168 mm), de deux courbes (372 mm, 438 mm), d'un croisement (22,5°), d'un rail de sectionneur et d'aiguillages manuels (22,5°) avec possibilité de télécommande. Comme accessoires le programme offre deux passages à niveau avec enrailleur, un heurtoir et un élément dételeur. Pour l'alimentation en courant il y a un transformateur (courant alternatif/ courant continu) et un régulateur d'avancement.
Le programme est en train d'être complété. La livraison se fait par les commerçants spécialisés.

Palitoy

✉
Palitoy
Owen Street
GB Coalville, Leicester LEG 2DE

Fybren Models
P. O. Box
AUS Ivanhoe, Victoria

Model Craft Hobbies
1660A Matheson Blvd.
CDN Mississauga, Ontario

Au Vieux Paris
Rue de la Servette 1
CH Genève

Auro Ferrer
Calle del Viento 31
E Barcelona 16

Shannon Agencies
Carrick House
61 South William Street
EIR Dublin 2

Modeltechniek
Marktplein 36
NL-6704 Appeldoorn

Frederick D. Wright
720 Fifth Street
USA Carlstadt, NJ. 07072

Schnellzug-Dampflokomotive Reihe 6 P
Royal Scot „Scots Guardsman" der LMS
Express steam locomotive class 6 P
Royal Scot "Scots Guardsman" of the LMS
Locomotive à vapeur de vitesse série 6 P
Royal Scot «Scots Guardsman» de la LMS
II = ℗ ✦3✦ ⊦260⊦   37-056

Schnellzug-Dampflokomotive Reihe 6 P
Royal Scot „Royal Scot" der BR
Express steam locomotive class 6 P
Royal Scot "Royal Scot" of the BR
Locomotive à vapeur de vitesse série 6 P
Royal Scot «Royal Scot» des BR
II = ℗ ✦3✦ ⊦260⊦   37-057

Diesellokomotive, Güterwagen, Reisezugwagen
Diesel locomotive, goods wagons, coaches
Locomotive Diesel, wagons marchandises, voitures

Schwere dieselelektrische Mehrzweck-
lokomotive Reihe 45 „The Manchester
Regiment" der BR
Heavy Diesel electric multi-purpose
locomotive class 45 "The Manchester
Regiment" of the BR
Locomotive mixte Diesel électrique
lourde série 45 «The Manchester
Regiment» des BR

II = Ⓟ ✦2✦ ⊢272⊢

blau/blue/bleue		37-001
grün/green/verte		37-050

Niederbordwagen	Ellis & Everard	37-131
5-plank open wagon	Warrener	37-132
Wagon à bords bas	LMS	37-130
II = Ⓟ ⊢80⊢		

Hochbordwagen	Colman's Mustard	37-127
7-plank open wagon	LNER	37-126
Wagon tombereau	Persil	37-128
II = Ⓟ ⊢80⊢	C.W.S.	37-129

Hochbordwagen mit Stahlwänden	BR braun/brown/brun	37-144
Steel mineral wagon	BR grau/grey/gris	37-133
Wagon tombereau à bords en acier	ICI	37-145
II = Ⓟ ⊢80⊢		

Viehwagen der BR	Gedeckter Güterwagen	
Cattle wagon of the BR	Covered wagon	
Wagon à bestiaux des BR	Wagon couvert	
II = Ⓟ ⊢80⊢ 37-143	BR	37-137
	LMS	37-148
	Allsopp's Beer	37-138

Kesselwagen	United Molasses	37-136
Tank wagon	Royal Daylight	37-134
Wagon-citerne	BP	37-135
II = Ⓟ ⊢80⊢	Crosfield Chemicals	37-147
	National Benzole	37-146

Bremswagen		
Brake van	LNER	37-139
Wagon-frein	BR - Eastern	37-142
II = Ⓟ ⊢105⊢		
	BR	37-140

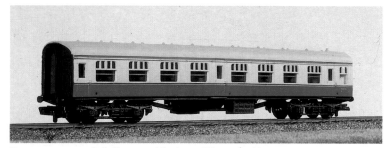

Personenwagen mit Seitengang Mk. 1	BR - rot/red/rouge	37-101
Corridor coach Mk. 1	BR - blau/blue/bleue	37-103
Voiture à couloir latéral Mk. 1	BR - braun/brown/brune	37-105
II = Ⓟ ⊠ B ⊢265⊢	BR - rotbraun/maroon/marron	37-107

Personenwagen mit Seitengang und	II = Ⓟ ⊠ B ⊢265⊢	
Dienstabteil Mk. 1	BR - blau/blue/bleue	37-104
Corridor coach with guard's	BR - rot/red/rouge	37-102
compartment Mk. 1	BR - braun/brown/brune	37-106
Voiture à couloir latéral et comparti-	BR - rotbraun/maroon/marron	37-108
ment de service Mk. 1		

Dampf- und Diesellokomotiven
Steam and Diesel locomotives
Locomotives à vapeur et Diesel

MEHANOTEHNIKA

Amerikanische Verschiebelokomotive
Reihe C 16a
American shifting locomotive class C 16a
Locomotive de triage américaine
série C 16a

II = Ⓟ ⚒ ✦ 2 ✦ ⊢175⊢   T-005 *

Schnellzuglokomotive Typ Pacific USRA
Express locomotive type Pacific USRA
Locomotive de vitesse type Pacific USRA

II = Ⓟ ⚒ ✦ 3 ✦ ⊢282⊢   T-006 *

Dieselhydraulische Mehrzwecklokomotive
Reihe V 160 (Prototyp) der DB
Diesel hydraulic multi-purpose locomotive
class V 160 (prototype) of the DB
Locomotive Diesel hydraulique mixte
série V 160 (prototype) de la DB

II = Ⓟ ⚒ ✦ 2 ✦ ⊢185⊢   T-041

Mehanotehnika stellt seit 1952 Spielwaren aller Art her. 1500 Mitarbeiter fertigen heute Produkte, die in 50 Länder der Welt exportiert werden. Im reichhaltigen Programm werden Modelleisenbahnen in Baugröße HO und N angeboten, von denen ein Teil für amerikanische Firmen gebaut wird. An HO-Fahrzeugen gibt es Modelle nach europäischen Vorbildern, die auf allen NEM-Zweileiter-Gleichstrom-Systemen laufen, sowie amerikanische Modelle, die den NMRA-Normen entsprechen und NMRA-Klauenkupplungen haben. Sie sind mit verschiedenen Beschriftungen lieferbar. Außerdem gibt es einige Straßenbahnmodelle.
Gleisprogramme sind ebenfalls in NEM- oder in NMRA-Abmessungen erhältlich. Das NEM-System enthält gerade Stücke, 1/1 = 200 mm), zwei Radien (342 mm, 400 mm), Weichen für Hand- oder Elektrobetrieb (R = 400 mm) und einen Prellbock. Das NMRA-System bietet Gerade (1/1 = 229 mm), einen Radius (457 mm), flexibles Gleis (915 mm), Hand- oder Elektroweichen (R = 457 mm), zwei Kreuzungen (45°, 90°) und Aufgleisungsstücke.
An Zubehör gibt es Transformatoren mit 6 VA Leistung und einen mechanischen Bahnübergang.

Mehanotehnika has been manufacturing toys of all kinds since 1952. Today, 1500 workers make products exported to 50 countries of the world. The programme has model railways in HO and N scale, part of them built for American companies.
The HO vehicles are European models running on NEM DC systems with class A couplings, and American ones according to NMRA standards with horn-hook couplers. They are available in several decorations. Moreover, there are some tramway models. Trackage also is available either in NEM or in NMRA measures. The NEM system contains straight sections (1/1 = 200 mm), two radii (342 mm, 400 mm), manual or electric switches (R = 400 mm) and a bumper. The NMRA system has straight sections (1/1 = 9″), one radius (18″), flexible track (36″), manual or electric switches (R = 18″) two crossings (45°, 90°) and rerailers. Accessories are transformers giving 6 VA and a mechanical level-crossing.

Depuis 1952 l'entreprise Mehanotehnika produit des jouets de toutes sortes. Aujourd'hui 1500 employés s'occupent de la fabrication de produits qui sont exportés dans 50 pays du monde. Le programme offre un assortiment varié de chemins de fer modèle réduit d'échelle HO et N dont une partie pour des firmes américaines. Comme véhicules à l'échelle HO on trouve des maquettes construites d'après des prototypes européens aptes à circuler sur tous les systèmes NEM à deux conducteurs et courant continu ainsi que des modèles américains conformes aux normes NMRA, équipés d'attelages à griffes NMRA. Ils sont livrables avec différentes inscriptions. La production comprend aussi des modèles de tramway.
Les éléments de voie sont livrables pour le système NEM aussi bien que pour le système NMRA. Le système NEM comprend des sections droites (1/1 = 200 mm), deux courbes (342 mm et 400 mm), des aiguillages manuels ou électriques (R = 400 mm), et un heurtoir. Le système NMRA offre des sections droites (1/1 = 229 mm), une courbe (457 mm), une voie flexible (915 mm), des aiguillages manuels ou électriques (R = 457 mm), deux croisements (45°, 90°) et des éléments enrailleurs. Comme accessoires il y a des transformateurs de 6 VA et un passage à niveau.

✉
Mehanotehnika
Polje 9
YU-66310 Izola

Trains & Models
Solinger Str. 8
D-4018 Langenfeld

Schwere dieselelektrische Lokomotive
Reihe CC 70000 der SNCF
Heavy Diesel electric locomotive
class CC 70000 of the SNCF
Locomotive Diesel électrique lourde
série CC 70000 de la SNCF

II = Ⓟ ⚒ ✦ 2 ✦ ⊢250⊢   T-151

Rangierlokomotive General Electric
Switching locomotive General Electric
Locomotive de manœuvre General Electric

II = Ⓟ ⚒ ✦ 1 ✦ ⊢105⊢   T-132 *

Rangierlokomotive Plymouth MDT
Switching locomotive Plymouth MDT
Locomotive de manœuvre Plymouth MDT

II = Ⓟ ⚒ ✦ 1 ✦ ⊢105⊢   T-133 *

Strecken-Rangierlokomotive ALCO 415
Road switching locomotive ALCO 415
Locomotive de manœuvre de ligne
ALCO 415

II = Ⓟ ⚒ ✦ 2 ✦ ⊢175⊢   T-154 *

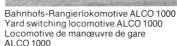

Bahnhofs-Rangierlokomotive ALCO 1000
Yard switching locomotive ALCO 1000
Locomotive de manœuvre de gare
ALCO 1000

II = Ⓟ ⚒ ✦ 2 ✦ ⊢150⊢   T-131 *

Diesellokomotiven, Güterwagen
Diesel locomotives, goods wagons
Locomotives Diesel, wagons marchandises

MEHANOTEHNIKA

Dieselelektrische Mehrzwecklokomotive
GM EMD GP-18
Diesel electric multi-purpose locomo-
tive GM EMD GP-18
Locomotive Diesel électrique mixte
GM EMD GP-18

(auch in jugoslawischer Ausführung)
(also in Yugoslav decoration)
(aussi en décoration yougoslave)

II = 𝔓 ⚇ ✦4✦ ⊣190⊢   T-038 *

Strecken-Rangierlokomotive
ALCO RS-11
Road switching locomotive ALCO RS-11
Locomotive de manœuvre de ligne
ALCO RS-11

II = 𝔓 ⚇ ✦4✦ ⊣190⊢   T-156 *

Diesel-Mehrzwecklokomotive
GM EMD F-9
Diesel multi-purpose locomotive
GM EMD F-9
Locomotive Diesel mixte GM EMD F-9

II = 𝔓 ⚇ ✦2✦ ⊣175⊢   T-138 *

Diesellokomotive Fairbanks Morse A
Diesel locomotive Fairbanks Morse A
Locomotive Diesel Fairbanks Morse A
II = 𝔓 ⚇ ✦2✦ ⊣192⊢   T-021 *

FM A mit Einheit FM B ohne Motor
FM A with FM B dummy unit
FM A avec élément FM B sans moteur
II = 𝔓 ⚇ ✦2✦ ⊣380⊢   T-036 *

Schwere Diesellokomotive ALCO
Century 628
Heavy Diesel locomotive ALCO
Century 628
Locomotive Diesel lourde ALCO
Century 628

II = 𝔓 ⚇ ✦4✦ ⊣234⊢   T-015 *

Schwere Diesellokomotive ALCO
Century 628
Heavy Diesel locomotive ALCO
Century 628
Locomotive Diesel lourde ALCO
Century 628

II = 𝔓 ⚇ ✦4✦ ⊣234⊢   T-015 *

Schwere Diesellokomotive
GM EMD FP-45
Heavy Diesel locomotive GM EMD FP-45
Locomotive Diesel lourde GM EMD FP-45

II = 𝔓 ⚇ ✦4✦ ⊣245⊢   T-012 *

Schwere Diesellokomotive
GM EMD FP-45
Heavy Diesel locomotive GM EMD FP-45
Locomotive Diesel lourde GM EMD FP-45

II = 𝔓 ⚇ ✦4✦ ⊣245⊢   T-012 *

Niederbordwagen europäischer Bauart
European type low sided wagon
Wagon à bords bas type européen

Hochbordwagen europäischer Bauart
European type high sided wagon
Wagon tombereau type européen

Gedeckter Güterwagen europäischer
Bauart
European type covered wagon
Wagon couvert type européen

Kesselwagen europäischer Bauart
European type tank wagon
Wagon-citerne type européen

II = 𝔓 ⊣113⊢   T-101   II = 𝔓 ⊣113⊢   T-100   II = 𝔓 ⊣113⊢   T-102   II = 𝔓 ⊣113⊢   T-104

Amerikanische Güterwagen
American freight cars
Wagons marchandises américains

MEHANOTEHNIKA

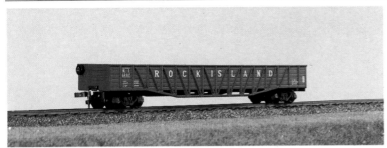

Hochbordwagen 50' mit verstrebter
Bordwand
50' outside braced gondola
Wagon tombereau de 50' à bords
entretoisés

II = Ⓟ ⊩180⊩   T-073

Gedeckter Güterwagen 40' mit
Doppeltüren
40' double-door box car
Wagon couvert de 40' avec contre-
portes

II = Ⓟ ⊩145⊩   T-070

Gedeckter Güterwagen 40' mit
Doppeltüren
40' double-door box car
Wagon couvert de 40' avec contre-
portes

II = Ⓟ ⊩145⊩   T-070

Gedeckter Güterwagen 40' mit
Doppeltüren
40' double-door box car
Wagon couvert de 40' avec contre-
portes

II = Ⓟ ⊩145⊩   T-070

Kühlwagen 40' mit Werbeaufschrift
40' billboard reefer car
Wagon réfrigérant de 40' avec publicité

II = Ⓟ ⊩145⊩   T-071

Kühlwagen 40' mit Werbeaufschrift
40' billboard reefer car
Wagon réfrigérant de 40' avec publicité

II = Ⓟ ⊩145⊩   T-071

Kühlwagen 40' mit Werbeaufschrift
40' billboard reefer car
Wagon réfrigérant de 40' avec publicité

II = Ⓟ ⊩145⊩   T-071

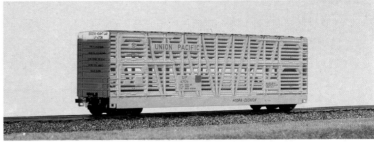

Doppelstock-Viehwagen 50'
50' double-deck stock car
Wagon à bestiaux à étages de 50'

II = Ⓟ ⊩180⊩   T-072

Kesselwagen 50'
50' tank car
Wagon-citerne de 50'

II = Ⓟ ⊩180⊩   T-079

Kesselwagen 50'
50' tank car
Wagon-citerne de 50'

II = Ⓟ ⊩180⊩   T-079

Firmendarstellung, Oldtimer-Dampflokomotive
Introduction, oldtimer steam locomotive
Présentation, locomotive à vapeur ancienne

M+F

Merker und Fischer ist spezialisiert auf die Herstellung von Kleinserienmodellen der oberen Spitzenklasse in den Baugrößen HO, HOe, HOz und N. Die Modelle aus Feinmessing, die hinsichtlich ihrer Maßstabtreue, Vorbildtreue und Detaillierung wohl mit zu dem Besten zählen, was der Weltmarkt zu bieten hat, gibt es als Bausätze und als Fertigmodelle. Der Zusammenbau der Bausätze erfordert bei einigen Modellen allerdings viel Erfahrung. Es gibt aber auch einfachere Modellbausätze (Metallteile und Plastikteile kombiniert) für den Anfänger. Ausführliche Bauanleitungen mit genauen Stücklisten liegen den Packungen bei.

Das Lieferprogramm an HO-Modellen umfaßt über 60 Grundtypen europäischer Lokomotiven, Umrüstsätze für Großserien-Modellokomotiven (Märklin, Fleischmann, Liliput, Rivarossi u. a.), Tender (auch motorisiert) und Oldtimer-Personenwagen. Die Fahrzeuge haben NEM-Normradsätze und sind für Zweileiter-Gleichstrombetrieb gebaut, einige davon auch für das Wechselstrom-Punktkontaktsystem. Es können Original-Kettenkupplungen oder verschiedene NEM-Kupplungen montiert werden.

Für die Schmalspurbahnen im Maßstab 1:87 liefert M + F in HOe (9 mm) verschiedene Triebwagen und Kleinlokomotiven, in HOz (6,5 mm) die Gruben- und Feldbahn MMT mit Bergwerkszubehör.

Für den Modellbauer hält M + F eine große Auswahl an feinmechanischen und elektrischen Werkzeugen bereit.

Dem Hause Merker + Fischer ist ein Verlag angeschlossen, der neben anderer Fachliteratur auch eine zweimonatlich erscheinende Fachzeitschrift für Eisenbahn- und Modelleisenbahnfreunde unter dem Titel „M + F-Journal" herausgibt.

Das Unternehmen wurde 1968 gegründet und beschäftigt 50 Mitarbeiter.

Die nachstehend aufgeführten Modelle sind entweder im Augenblick oder aber auf Vorbestellung in absehbarer Zeit lieferbar. Bei den übrigen Modellen ist allerdings mit längeren Lieferfristen zu rechnen.

Die Lieferung kann über den Fachhandel erfolgen.

Merker + Fischer is specialized in manufacturing small-series precision models for HO, HOe, HOz and N gauge. The models mostly made of refined brass are supposed to be among the world's best, with regard to their true-to-scale and realistic finish and their minute detailation. They are available as kits or ready-to-run. Mounting some of the model kits requests, however, a great deal of practice. For the beginner, there are some plainer kits combined of metal and plastic parts. Anyway, the kits enclose detailed instructions and exact lists of all parts.

The programme of HO models contains more than 60 basic types of European locomotives, converting sets for model locomotives of large series (like Märklin, Fleischmann, Liliput, Rivarossi and others), tenders (also motorized), and oldtimer passenger coaches. The vehicle have NEM standard wheels and are intended for the two-rails DC system, some of them for the stud-contact AC system, too. Chain-and-hook or several NEM type couplings can be attached.

For narrow gauge railways in 1:87 scale, M + F provides various railcars ans small locomotives in HOe gauge (9 mm) and the field and mining railway MMT in HOz gauge (6.5 mm) with mining accessories.

To the model constructor, M + F offers a great selection of electric and precision-mechanical tools.

Joined to the house of M + F there are publishers who edit technical literature and a two-monthly magazine for railway and model railway friends under the title "M + F-Journal". The enterprise itself was founded in 1968 and employs 50 people.

The following models are deliverable either at present or in sooner future by reservation. Longer terms of delivery are to be reckoned with for the others.

M + F products can be obtained in oneline shops.

Kleinlokomotive BR 98³ der DB (ehem. Ptl 2/2 der K. bay. Sts. B) „Glaskasten"
Short steam locomotive class 98³ of the DB (former Ptl 2/2 of the K. bay. Sts. B.) "Glass Box"
Locotracteur à vapeur, série 98³ de la DB (anc. Ptl 2/2 de la K. bay. Sts. B.) «Boîte de Verre».

II = M ✦2✦ ⊢84⊢   00775
II = M ✦2✦ ⊢84⊢ 🅚 007

La firme Merker & Fischer est spécialisée dans la fabrication de modèles de petites séries de classe supérieure d'échelle HO, HOe, HOz et N. Construites fidèle à l'échelle et à l'original et bien détaillées, les maquettes en laiton fin doivent être rangées parmi le meilleur de ce qu'il y a au marché mondial. Les modèles sont offerts en modèles complets et en éléments de construction. Pour le montage de quelques modèles il faut, cependant, beaucoup d'expérience. Mais pour commencer, le programme offre aussi des ensembles d'éléments plus simples (combinaison éléments en métal et en matière plastique). Une notice de montage détaillée et une spécification précise sont jointes à chaque boîte.

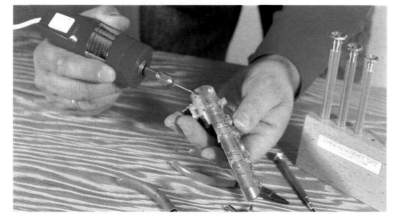

Aus dem M + F Spezialwerkzeugprogramm: der Bohrzwerg, eine Kleinmaschine mit vielseitigen Anwendungsmöglichkeiten. Zum Bohren (0,3 bis 2,5 mm), Schneiden, Sägen, Fräsen, Schleifen, Polieren, Gravieren und vielem mehr. Anschluß an Gleichstromtrafo bis 12 V, Drehzahl 250...12 000 min – 1. Bestell-Nr. 15054, als Bausatz 15053.

From the M + F special tool programme: the Bohrzwerg ("Drilling Imp"), a small machine with great possibilities. For drilling (0.3 to 2.5 mm), cutting, sawing, milling, polishing, engraving, and more. Supply by DC transformer max. 12 V, 250 to 12000 RPM. Order Nr. 15054, kit 15053.

Parmi le programme M + F d'outils: le Bohrzwerg («Nain à Forer»), une petite machine de grand emploi: Pour forer (0,3 à 2,5 mm), couper, scier, fraiser, aiguiser, graver et ainsi de suite. Jonction à courant continu de 12 V max. pour 250 ... 12000 tours par minute. No. cat. 15054, boîte à constr. 15053.

Le programme HO comprend plus de 60 modèles élémentaires construits d'après des prototypes eurépéens, des éléments d'échange pour locomotives de modèle réduit de grandes series (Märklin, Fleischmann, Liliput, Rivarossi etc.), des tenders (aussi motorisés) et des voitures anciennes. Les véhicules ont les roues d'après les normes NEM et sont construits pour le système à deux conducteurs et courant continu, quelques en aussi pour le système à conducteur central et courant alternatif. On peut monter des attelages originaux (chaînes) ou des divers attelages NEM.

Pur les chemins de fer à voie étroite M + F fournit des autorails et des petites locomotives à écartement HOe (9 mm) et le chemin de fer de campagne et des mines MMT en HOz (6,5 mm) avec d'accessoires miniéres.

Au constructeur de modèles M + F offre une grande sélection des outillages de précision et électriques.

La maison Merker + Fischer se charge aussi de l'impression et de la vente de livres spéciaux ainsi que d'une revue pour les amis du chemin de fer et du chemin de fer modèle réduit sous le titre «M + F Journal», qui paraît tous les deux mois.

L'entreprise a été fondée en 1968 et emploie 50 personnes.

Les modèles indiqués ci-dessous sont livrables ou bien immédiatement ou bien sur commande dans un délai rapproché.

Pour les autres modèles, cependant, il faut prendre en considération un certain délai de livraison.

La vente peut avoir lieu dans les magasins spéciaux.

✉

Merker und Fischer GmbH
Röntgenstraße 6
D-8080 Fürstenfeldbruck

Van der Perre
Keienberglaan 8
B 1850 Girmbergen

ZETA
Van Broekhuisenstraat 35
NL 4045 Ammerzoden

MILAN
Via Bouzzi 10
I 45100 Rovigo

Per Lindgren
Aspvägen 27
S 14032 Grödinge

Oldtimer-Tenderlomomotiven
Oldtimer tank locomotives
Locomotives-tender anciennes

Tenderlokomotive BR 89⁷⁰ der ehem. DR
Tank locomotive class 89⁷⁰ of the
former DR
Locomotive-tender série 89⁷⁰ de la
ancienne DR

II = ℙ ✦ 3 ✦ ⊢98⊦　　　　052 70
Ⓚ　　　　052

Diese Lokomotive wurde um 1900 für die
KPEV als T3 gebaut und lange Zeit bei
Länderbahnen, der DR und auch bei der
DB noch eingesetzt.

This locomotive built about 1900 for the
KPEV as "T3" was used for many years by
local railways, by the DR and even by
the DB.

Cette locomotive, construite vers 1900
pour la KPEV comme «T3» était employée
longtemps par les chemins de fer
régionaux, par la DR et même par la DB.

KPEV	051 73
Ⓚ	051 03
SWEG	050 70
Ⓚ	050
EUROVAPOR	051 70
Ⓚ	051
DB	048 70
Ⓚ	048

DR mit Schlepptender
DR with tender
DR avec tender

　　　　049 70
Ⓚ　　　049 01

„Berg" Tenderlokomotive BR 98⁷⁵ der
ehem. DR (frühere D VI der K. bay. Sts. B)
"Berg" tank locomotive class 98⁷⁵ of the
former DR (former D VI of the K. bay. Sts. B.)
Locomotive-tender «Berg» série 98⁷⁵ de la
l'ex DR (anc. D VI de la K. bay. Sts. B.)

II = Ⓜ ✦ 2 ✦ ⊢82⊦　　　　005 75
Ⓚ　　　　005

Tenderlokomotive BR 69 der ehem. DR
(frühere preußische T4²)
Tank locomotive class 69 of the former DR
(former Prussian T4²)
Locomotive-tender série 69 de l'ex DR
(ancienne T4² prussienne)

II = Ⓜ ✦ 2 ✦ ⊢110⊦　　　040 75
Ⓚ　　　　040

Tenderlokomotive BR 91¹⁹ der ehem. DR
(mecklenburgische T4)
Tank locomotive class 91¹⁹ of the former DR
(mecklenburgian T4)
Locomotive-tender série 91¹⁹ de l'ex DR
(T4 mecklenmourgeoise)

II = Ⓜ ✦ 3 ✦ ⊢119⊦　　　065 75
Ⓚ　　　　065

Mallet-Tenderlokomotive BB II
der K. bay. Sts. B.
Mallet tank lokomotive BB II
of the K. bay. Sts. B.
Locomotive-tender Mallet BB II
de la K. bay. Sts. B.

II = Ⓜ ✦ 4 ✦ ⊢117⊦　　　008 75
Ⓚ　　　　008

Schweizer Tenderlokomotive Eb 3/5
(Bodensee-Toggenburg)
Swiss tank locomotive Eb 3/5
(Bodensee-Toggenburg)
Locomotive-tender suisse Eb 3/5
(Bodensee-Toggenburg)

II = Ⓜ ✦ 3 ✦ ⊢145⊦　　　036 75
Ⓚ　　　　036

Tenderlokomotive BR 93⁰ der ehem. DR
(preußische T14)
Tank locomotive class 93⁰ of the former DR
(prussian T14)
Locomotive-tender série 93⁰ de l'ex DR
(T 14 prussienne)

II = Ⓜ ✦ 4 ✦ ⊢158⊦　　　012 75
Ⓚ　　　　012
SNCF 141-TA　　　012 78

Tenderlokomotive BR 94 der DB
(preußische T 16[1])
Tank locomotive class 94 of the DB
(Prussian T 16[1])
Locomotive-tender série 94 de la DB
(T 16[1] prussienne)

II = M +5+ ⊣145⊢   *031 75
K   031

Einheits-Tenderlokomotive BR 82 der DB
Standard tank locomotive class 82
of the DB
Locomotive-tender unifiée série 82
de la DB

II = M +5+ ⊣161⊢   * 041 75
K   041

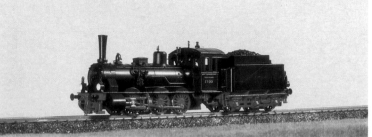

Schlepptender-Lokomotive BR 53 der
ehem. DR (ehem. preußische G 4)
Locomotive with tender class 53 of the
former DR (former Prussian G 4)
Locomotive à tender séparé série 53
de l'ex. DR (anc. G 4 prussienne)

II = M +3+ ⊣176⊢   * 034 75
K   * 034 04 + 034 30

Schnellzuglokomotive BR 17 der ehem.
DR (preußische S 10)
Express locomotive class 17 of the
former DR (Prussian S 10)
Locomotive de vitesse série 17 de l'ex.
DR (S 10 prussienne)

II = M +3+ ⊣238⊢   * 032 75
K   032 01

Güterzuglokomotive BR 41 der DB
Freight train locomotive class 41 of the
DB
Locomotive pour trains marchandises
série 41 de la DB

II = M +4+ ⊣274⊢ K   * 042 01

Einheits-Kriegslokomotive BR 42 der
ehem. DR
Standard war locomotive class 42 of the
former DR
Locomotive unifiée de guerre série 42
de l'ex. DR

II = M +5+ ⊣264⊢ K   053 01

Mallet-Tenderlokomotive BR 96 der
ehem. DR (bayerische Gt 2 x 4/4)
Mallet tank locomotive class 96 of the
former DR (Bavarian Gt 2 x 4/4)
Locomotive-tender Mallet série 96 de
l'ex. DR (Gt 2 x 4/4 bavaroise)

Version 1923
II = M +8+ ⊣203⊢   044 75
K   044 11
H ≈ M +8+ ⊣203⊢   044 72
K   044 13

Version 1913
II = M +8+ ⊣203⊢   044 70
K   044
H ≈ M +8+ ⊣203⊢   044 71
K   044 03

Güterzuglokomotive BR 50[4]
Franco-Crosti (DB)
Freight train locomotive class 50[4]
Franco-Crosti (DB)
Locomotive pour trains marchandises
série 50[4] Franco-Crosti (DB)

Umbausatz für Fleischmann BR 50 (4177)
Alteration set for Fleischmann class 50
(4177)
Garniture pour série 50 de Fleischmann
(4177)

K   021

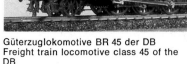

Güterzuglokomotive BR 45 der DB
Freight train locomotive class 45 of the
DB
Locomotive pour trains marchandises
série 45 de la DB

II = M +5+ ⊣305⊢   * 019 75
K   019 01

Lokomotiven, Triebwagen, Personenwagen
Locomotives, railcar, coaches
Locomotives, autorail, voitures

Personenwagen bayerischer Bauart
(kann mit K.bay.Sts.B.- oder
DR-Beschriftung gebaut werden)
Bavarian type passenger coach
(can be built as K.bay.Sts.B. or
former DR version)
Voiture en construction bavaroise
(peut être montée avec peinture
K.bay.Sts.B. ou ancienne DR)

II = Ⅿ A ⊣ 98 ⊦		256
II = Ⅿ B ⊣ 101 ⊦		255
II = Ⅿ C ⊣ 141 ⊦		254

Mit Gepäckabteil
With luggage compartment
Avec compartiment à bagages

II = Ⅿ BC ⊣ 130 ⊦   257

Güterzuglokomotive BR 59⁰ der ehem. DR
Freight train locomotive class 59⁰ of the
former DR
Locomotive pour trains marchandises
série 59⁰ de l'ex DR

II = Ⅿ ✦ 4 ✦ ⊣ 232 ⊦ Ⓚ   054 01

Schweizer Elektrolokomotive Ee 3/3
Swiss electric locomotive Ee 3/3
Locomotive électrique suisse Ee 3/3

II = Ⅿ ✦ 3 ✦ ⊣ 103 ⊦   201 75
Ⓚ   201

Elektrische Lokomotive E 04 der
ehem. DR
Electric locomotive E 04 of the former DR
Locomotive électrique E 04 de l'ex DR

II = Ⓟ ✦ 3 ✦ ⊣ 173 ⊦   *207 75
Ⓚ   207
II ≈ Ⓟ ✦ 3 ✦ ⊣ 173 ⊦   *207 76

Elektrische Lokomotive E 75/175 der DB
Electric locomotive E 75/175 of the DB
Locomotive électrique E 75/175 de la DB

II = Ⅿ ✦ 4 ✦ ⊣ 178 ⊦   *203 75
Ⓚ   203

Kittel-Dampftriebwagen der ehem. DR
(DW der K.W.St.E)
Kittel steam railcar of the former DR
(former DW of the K.W.St.E.)
Autorail à vapeur Kittel de l'ex DR
(anc. DW de la K.W.St.E.)

II = Ⓟ ✦ 1 ✦ ⊣ 136 ⊦   011 70
Ⓚ   011

Kleinlokomotive BR Köf III/332 der DB
Small locomotive class Köf III/332
of the DB
Locotracteur série Köf III/332 de la DB

II = Ⅿ ✦ 2 ✦ ⊣ 89 ⊦   151 75
Ⓚ   151

Diesel-Rangierlokomotive V 36 der DB
Diesel switcher V 36 of the DB
Locomotive Diesel de manœuvre V 36
de la DB

II = Ⅿ ✦ 3 ✦ ⊣ 104 ⊦   154 75
154

Dieselelektrische Mehrzwecklokomotive
DE 2500 (BR 202) der DB
Diesel electric multi-purpose locomotive
DE 2500 (class 202) of the DB
Locomotive Diesel électrique DE 2500
(série 202) de la DB

II = Ⅿ ✦ 4 ✦ ⊣ 209 ⊦   153 70
Ⓚ   153

Schmalspurfahrzeuge HOe und HOz
Narrow gauge vehicles HOe and HOz
Véhicules à voie étroite HOe et HOz

Dampflokomotive „HELENE" der SWEG (HOe)
Steam locomotive "HELENE" of the SWEG (HOe)
Locomotive à vapeur «HELENE» de la SWEG (HOe)

II = ℗ ✦2✦ ⊢62⊢   40770
(K)   407

Diesellokomotive V 22 der SWEG (HOe)
Diesel locomotive V 22 of the SWEG (HOe)
Locomotive Diesel V 22 de la SWEG (HOe)

II = ℗ ✦2✦ ⊢62⊢   40171
(K)   40101

Wismar-Schienenbus der ehemaligen DR (HOe)
Wismar railcar of the former DR (HOe)
Autorail Wismar de la ancienne DR (HOe)

II = ℗ ✦1✦ C ⊢84⊢   40075
(K)   400

Unter der Marke MMT (Multi Micro Train) stellt M+F ein Feldbahn- und Bergwerksbahn-Programm in der Baugröße HOz her (Maßstab 1:87, Spurweite 6,5 mm). Die MMT-Fahrzeuge werden mit 4-8 Volt Gleichstrom (Märklin mini-club-Transformator) betrieben und auf Märklin-Z-Gleisen eingesetzt. Als weiteres Zubehör gibt es einen Förderturm-Bausatz und Bauteile für den Gruben-Untertage-Ausbau.

Under the name MMT (Multi Micro Train) M+F makes a field and mining railway programme in HOz size (1:87 scale,
gauge 6.5 mm). The vehicles run on Märklin Z track and are driven by 4 to 8 V DC (Märklin mini-club transformer). Accessories are mining towers as kits and underground mine construction parts.

Sous la marque MMT (Multi Micro Train), la firme M+F construit un programme de chemin de fer de campagne et minière d'échelle HOz (1:87, écartement 6,5 mm). Les véhicules MMT fonctionnent sur courant continu de 4 à 8 V (transformateur Märklin mini-club) et circulent sur voies Z de Märklin. De plus, le programme offre un compartiment d'extraction en boîtes et des éléments séparés pour l'exploitation minière.

Übertage-Bergwerkslokomotive (HOz)
Mining steam locomotive for surface-traffic (HOz)
Locomotive à vapeur des mines (HOz)

II = Ⓩ ✦2✦ (✦3✦) ⊢42⊢ (K)   351

Übertage-Bergwerkslokomotive (HOz)
Mining steam locomotive for surface-traffic (HOz)
Locomotive à vapeur des mines (HOz)

II = Ⓩ ✦2✦ (✦3✦) ⊢42⊢ (K)   351+35110

Bergwerks-Akkulokomotive (HOz)
Mining accumulator locomotive (HOz)
Locomotive à accumulateur des mines (HOz)

II = Ⓩ ✦2✦ ⊢45⊢ (K)   350

Große Kohlenlore (HOz)
Big coal truck (HOz)
Grand fardier à houille (HOz)

II = Ⓩ ⊢20⊢   360

Kleine Kohlenlore (HOz)
Small coal truck (HOz)
Petit fardier à houille (HOz)

II = Ⓩ ⊢20⊢   361

Holztransporter HOz)
Timber truck (HOz)
Fardier à bâtons (HOz)

II = Ⓩ ⊢20⊢   362

Drehschemelwagen (HOz)
Truck with cradle (HOz)
Fardier à traverse pivotante (HOz)

II = Ⓩ ⊢20⊢   365
flach/flat/plat   364

Kastenlore (HOz)
Box truck (HOz)
Fardier à boîte (HOz)

II = Ⓩ ⊢20⊢   367
flach/flat/plat   366

Historische Dampflokomotiven
Oldtimer steam locomotives
Locomotives à vapeur anciennes

Metropolitan sa Metrop

Direktverkauf in der Schweiz und Verkauf über den Fachhandel.

The firm Metropolitan, founded in 1967, is specialized in the distribution of O and HO scale fancy models in small series. The HO programme contains locomotives from brass and passenger coaches with plastic body, exact in scale and imitation with outstanding detailation of European prototypes.

The locomotives correspond to the NEM-standards of the international two-rails DC system. The original chain-and-hook couplings can be changed for enclosed NEM couplings (class A).

The passenger coaches from SBB/CFF models with interior equipment and built-in lighting, however, are available with wheels suitable to the AC stud contact rail system.

Direct sale to Switzerland and sale in one-line shops.

La firme Metropolitan, fondée en 1967, est spécialisée en débit de modèles d'amateurs en échelle O et HO petites séries. Le programme HO comprend des locomotives en laiton fin et des voitures voyageurs en plastique et métal, fidèle à l'original et à l'échelle, construites d'après les types européens.

Les locomotives repondent aux normes NEM du système international à deux conducteurs et courant continu. Les attelages originaux à chaînes peuvent être échangés contre des attelages NEM (classe A) emballés.

Les voitures voyageurs selon modèles des CFF avec aménagements intérieurs et illumination sont livrables avec essieux pour le système à courant alternatif et de plots de contact.

Vente directe en Suisse et par les magasins spécialisés.

Französische Tenderlokomotive „Bicyclette" (1849)
French tank locomotive "Bicyclette" (1849)
Locomotive-tender francaise «Bicyclette» (1849)

II = Ⓜ ✦2✦ ⊩98⊩   500 B

unlackiert/unpainted/sans peinture   500 A

Die Firma Metropolitan, 1967 gegründet, ist spezialisiert auf den Vertrieb von Liebhabermodellen kleiner Serien der Baugrößen HO und O. Das HO-Programm umfaßt Triebfahrzeuge aus Feinmessing und Reisezugwagen mit Plastikaufbauten in hoher Maßstab- und Vorbildtreue und in hervorragender Detaillierung nach europäischen Vorbildern.

Die Triebfahrzeuge entsprechen den NEM-Normen des internationalen Zweileiter-Gleichstromsystems. Die serienmäßigen Original-Kettenkupplungen können durch beigepackte NEM-Kupplungen (Klasse A) ersetzt werden.
Die Reisezugwagen nach den Vorbildern der SBB/CFF mit Inneneinrichtung und eingebauter Beleuchtung sind hingegen auch mit Radsätzen für das Wechselstrom-Punktkontakt-Gleissystem lieferbar.

✉
METROPOLITAN sa.
Route du grand mont
CH 1052 Le Mont/Lausanne

Tenderlokomotive Serie E 4/4 der SBB/CFF (1930)
Tank locomotive series E 4/4 of the SBB/CFF (1930)
Locomotive-tender série E 4/4 des SBB/CFF (1930)

II = Ⓜ ✦4✦ ⊩137⊩   718

Tenderlokomotive BR 94 der ehem. DR (preußische T 16 - 1905)
Tank locomotive class 94 of the former DR (Prussian T 16 - 1905)
Locomotive-tender série 94 de la anc. DR (T 16 prussienne - 1905)

II = Ⓜ ✦5✦ ⊩156⊩   205

Tenderlokomotive Serie 050 TQ der SNCF (1948)
Tank locomotive series 050 TQ of the SNCF (1948)
Locomotive-tender série 050 TQ de la SNCF (1948)

II = Ⓜ ✦5✦ ⊩152⊩   514 A

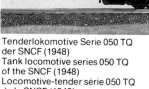

Tenderlokomotive Serie 050 TQ der SNCF (1948)
Tank locomotive series 050 TQ of the SNCF (1948)
Locomotive-tender série 050 TQ de la SNCF (1948)

II = Ⓜ ✦5✦ ⊩152⊩   514 B

Älteste Dampflokomotive der SBB/CFF Limmat in Jubiläumsausführung „Spanisch-Brötli-Bahn" (1847-1947)

Oldest steam locomotive of the SBB/CFF Limmat in Centenary livery "Spanisch-Brötli-Bahn" (1847-1947)

Locomotive à vapeur la plus ancienne des SBB/CFF en décoration de Centenaire «Spanisch-Brötli-Bahn» (1847-1947)

II = M ✦2✦ ⊢135⊢ 719

Französische Oldtimer-Dampflokomotive Reihe A 51 der PLM (1887)
French old time steam locomotive class A 51 of the PLM (1887)
Locomotive à vapeur ancienne française série A 51 de la PLM (1887)

II = M ✦4✦ ⊢196⊢ 502

Österreichische Oldtimer-Dampflokomotive Atlantic der K.u.K.Stb. (1905)
Austrian old time steam locomotive Atlantic of the K.u.K.Stb. (1905)
Locomotive à vapeur ancienne autrichienne Atlantic de la K.u.K.Stb. (1905)

II = M ✦2✦ ⊢220⊢ 900

Französische Oldtimer-Dampflokomotive „Outrance" Reihe 220 der Nord-Bahn
French old time steam locomotive "Outrance" class 220 of the North railway
Locomotive à vapeur ancienne française «Outrance» série 220 du réseau du Nord

II = M ✦2✦ ⊢208⊢ 510

Tenderlokomotive Reihe T 16 der KPEV (Preußen 1905)
Tank locomotive class T 16 of the KPEV (Prussia 1905)
Locomotive-tender série T 16 de la KPEV (Prusse 1905)

II = M ✦5✦ ⊢150⊢ 204

Schnellzuglokomotive BR 01 der ehem. DR
Express locomotive class 01 of the former DR
Locomotive de vitesse série 01 de l'ex DR

II = M ✦3✦ ⊢275⊢ 210

Personenzuglokomotive Reihe 230 G der SNCF
Passenger train locomotive class 230 G of the SNCF
Locomotive à voyageurs série 230 G de la SNCF

II = M ✦3✦ ⊢212⊢ 505

Dampf- und Elektrolokomotiven
Steam and electric locomotives
Locomotives à vapeur et électriques

Metropolitan sa

Schnellzuglokomotive BR 18³ der
ehem. DR (badische IV h - 1918)
Express locomotive class 18³ of the
former DR (IV h Baden - 1918)
Locomotive de vitesse série 18³ de la
anc. DR (IV h badoise - 1918)

II = M ◄3► ⊣274⊢

IV h grün/green/verte
unlackiert/unpainted/
sans peinture

200 A
200 B

200 C

Güterzuglokomotive Serie 150 P der
SNCF (1940)
Freight trains locomotive series 150 P
of the SNCF (1940)
Locomotive pour trains marchandises
série 150 P de la SNCF (1940)

II = M ◄5► ⊣268⊢

516 A

Güterzuglokomotive Serie 150 P der
SNCF (1936)
Freight trains locomotive series 150 P
of the SNCF (1936)
Locomotive pour trains marchandises
série 150 P de la SNCF (1936)

II = M ◄5► ⊣268⊢

516 B

Schweizer Güterzuglokomotive C 4/5
(1904)
Swiss freight trains locomotive C 4/5
(1904)
Locomotive pour trains marchandises
suisse C 4/5 (1904)

II = M ◄4► ⊣218⊢

717

Elektrische Rangierlokomotive Tem II
der SBB/CFF (1968)
Electric switcher Tem II of the SBB/CFF
(1968)
Locomotive de manœuvre électrique
Tem II des SBB/CFF (1968)

II = M ◄2► ⊣76⊢

716

Elektrische Rangierlokomotive Tem 2/2
der BLS (1969)
Electric switcher Tem 2/2 of the BLS
(1969)
Locomotive de manœuvre électrique
Tem 2/2 de la BLS (1969)

II = M ◄2► ⊣80⊢

706

Mehrzwecklokomotive Serie Ae 3/5 der
SBB/CFF (1923)
Multi-purpose locomotive series Ae 3/5
of the SBB/CFF (1923)
Locomotive tous services série Ae 3/5
des SBB/CFF (1923)

II = M ◄3► ⊣135⊢

712

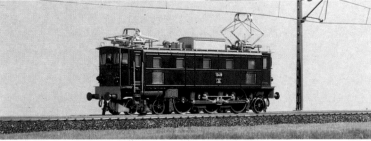

Schnellzuglokomotive Ae 3/6'' der
SBB/CFF (1924)
Express locomotive Ae 3/6'' of the
SBB/CFF (1924)
Locomotive de vitesse Ae 3/6'' des
SBB/CFF (1924)

II = M ◄3► ⊣162⊢
braun/brown/brune

713 A
713 B

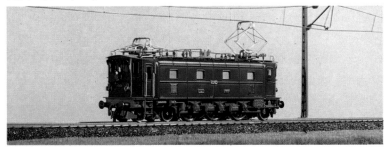

Mehrzwecklokomotive Ae 3/6''' der
SBB/CFF (1925)
Multi-purpose locomotive Ae 3/6'''
of the SBB/CFF (1925)
Locomotive tous services Ae 3/6'''
des SBB/CFF (1925)

II = M ◄3► ⊣157⊢

727

Mehrzwecklokomotive Ae 3/6' der
SBB/CFF (1927)
Multi-purpose locomotive Ae 3/6' of the
SBB/CFF (1927)
Locomotive tous services Ae 3/6' des
SBB/CFF (1927)

II = M ◄3► ⊣170⊢

723

Elektrolokomotiven, Schnellzugwagen
Electric locomotives, express coaches
Locomotives électriques, voitures de grandes lignes

Mehrzwecklokomotive Ae 3/6' der
SBB/CFF (1922)
Multi-purpose locomotive Ae 3/6' of the
SBB/CFF (1922)
Locomotive tous services Ae 3/6' des
SBB/CFF (1922)

II = Ⓜ ✦3✦ ⊦170⊦   722

Güterzuglokomotive De 6/6 der
SBB/CFF (1926)
Freight trains locomotive De 6/6 of the
SBB/CFF (1926)
Locomotive pour trains marchandises
De 6/6 des SBB/CFF (1926)

II = Ⓜ ✦6✦ ⊦158⊦
braun/brown/brune   720 A
grün/green/verte   720 B

Schnellzuglokomotive Re 4/4' der
SBB/CFF (1946)
Express locomotive Re 4/4' of the
SBB/CFF (1946)
Locomotive de vitesse Re 4/4' des
SBB/CFF (1946)

II = Ⓜ ✦4✦ ⊦170⊦   714

Schnellzuglokomotive Re 4/4' der
SBB/CFF (1950)
Express locomotive Re 4/4' of the
SBB/CFF (1950)
Locomotive de vitesse Re 4/4' des
SBB/CFF (1950)

II = Ⓜ ✦4✦ ⊦170⊦   724

TEE Schnellzuglokomotive Re 4/4' der
SBB/CFF
TEE express locomotive Re 4/4' of the
SBB/CFF
Locomotive de vitesse TEE Re 4/4' des
SBB/CFF

II = Ⓜ ✦4✦ ⊦170⊦   725

Diese Schweizer Leichtschnellzugwagen
sind sehr sorgfältig detaillierte Modelle
mit kompletter Inneneinrichtung und
eingebauter Beleuchtung. Die gelenk-
artigen Drehgestelle sind metallverstärkt.

These Swiss express coaches are very
carefully detailed models with complete
interior and built-in lighting. The hinged
trucks are reinforced by metal.

Ces voitures de grandes lignes suisses
sont des modèles très soigneusement
détaillés avec amenagement intérieur
complet et éclairage installée. Les bogies
ressemblants à articulations sont ren-
forcés de métal.

Leichtschnellzugwagen der SBB/CFF
(RIC)
Express coach of the SBB/CFF (RIC)
Voiture de grandes lignes des SBB/CFF
(RIC)

II = Ⓟ ⊠ ⚲C ⊦240⊦			7030
II ≈ Ⓟ ⊠ ⚲C ⊦240⊦			7031
II = Ⓟ ⊠ ⚲AB ⊦240⊦			7010
II ≈ Ⓟ ⊠ ⚲AB ⊦240⊦			7011
II = Ⓟ ⊠ ⚲ABC ⊦240⊦			7020
II ≈ Ⓟ ⊠ ⚲ABC ⊦240⊦			7021

Leichtschnellzug-Packwagen der
SBB/CFF (RIC)
Express baggage car of the
SBB/CFF (RIC)
Fourgon de grandes lignes des
SBB/CFF (RIC)

II = Ⓟ ⊠ ⊦240⊦   7040
II ≈ Ⓟ ⊠ ⊦240⊦   7041

Leichtschnellzugwagen der SBB/CFF
(UIC)
Express coach of the SBB/CFF (UIC)
Voiture de grandes lignes des SBB/CFF
(UIC)

II ≈ Ⓟ ⊠ ⚲A ⊦240⊦			7050
II ≈ Ⓟ ⊠ ⚲A ⊦240⊦			7051
II = Ⓟ ⊠ ⚲AB ⊦240⊦			7060
II ≈ Ⓟ ⊠ ⚲AB ⊦240⊦			7061
II = Ⓟ ⊠ ⚲B ⊦240⊦			7070
II ≈ Ⓟ ⊠ ⚲B ⊦240⊦			7071

Leichtschnellzug-Packwagen der
SBB/CFF (UIC)
Express baggage car of the
SBB/CFF (UIC)
Fourgon de grandes lignes des
SBB/CFF (UIC)

II = Ⓟ ⊠ ⊦240⊦   7080
II ≈ Ⓟ ⊠ ⊦240⊦   7081

Dampf- und Diesellokomotiven
Steam and Diesel locomotives
Locomotives à vapeur et Diesel

Schiebelokomotive	Canadian National	6624
Booster locomotive	Santa Fe	6620
Locomotive de pousse	New York Central	6621
‖ = ℙ ⚑ ✦ 2 ✦ ⊦115⊦	Baltimore & Ohio	6622
	Southern Pacific	6623
	Canadian Pacific	6625

Model Power hat über 30 Jahre Erfahrung mit der Herstellung von Modelleisenbahnen. Die angebotenen HO und N Sortimente werden großenteils bei europäischen Betrieben gefertigt.

Das eigentliche Model Power Fahrzeugprogramm bietet zugkräftige Lokomotiven mit Allradantrieb und detailgenaue Güterwagen mit spitzengelagerten Radsätzen. Die PMI-Serie umfaßt preiswerte, aber zuverlässige Lokomotiven und Wagen. Alle Fahrzeuge haben NMRA-Räder und NMRA-Klauenkupplungen.

Das Messing-Gleissystem besteht aus Geraden (1/1 = 229 mm), einem Radius (457 mm), flexiblem Gleis (915 mm), drei Kreuzungen (19°, 25°, 60°), Weichen (14°15', 9°30'), Bogenweichen, Dreiwegweiche, Kreuzungsweiche, Eingleisern und Prellbock. Handweichen können motorisiert werden. An Zubehör gibt es einen Transformator (in Zugpackungen), Weichenschalter, einen Bahnübergang und einige Gebäude.

Lieferung erfolgt über den Fachhandel, falls dieser Model Power führt, ansonsten direkt.

Model Power has more than 30 years of experience in model railway engineering. The offered HO and N lines are mostly manufactured by European enterprises. The Model Power vehicle programme itself has powerful all-wheel driven locomotives and exactly detailed cars with needle point bearing axles. The PMI series contains well-priced, but reliable locomotives and cars. All vehicles have NMRA wheels and hornhook couplers.

The brass track system consists of straight sections (1/1 = 9"), a radius (18"), flexible track (36"), three crossings (19°, 25°, 60°), switches (14°15', 9°30'), curved switches, a three-way switch, a double-slip switch, rerailers and a bumper. Accessories are a transformer (in train sets), switch controllers, a level crossing, bridges and some buildings.

Delivery is made by local dealers, if they carry Model Power, otherwise directly.

La firme Model Power a plus de 30 ans d'expérience sur le secteur construction de chemins de fer modèle réduit. Les assortiments offerts en échelle HO et N sont, pour la plupart, construits par des entreprises européennes.

Le programme de véhicules Model Power-même offre des locomotives puissantes, toutes roues entrainées, et des wagons marchandises très fidèles au détail avec essieux montés à axes en points. La série PMI comprend des locomotives et wagons bon marché et éprouvés. Tous les véhicules sont équipés de roues NMRA et d'attelages à griffes NMRA.

Le system de voie en laiton se compose de sections droites (1/1 = 229 mm), d'un élément courbe (457 mm), d'une voie flexible (915 mm), 3 croisements (19°, 25°, 60°), d'aiguilles (14°15', 9°30'), d'aiguilles enroulées, d'une aiguille trois voies, d'une traversée-jonction, d'enrailleurs et d'un heurtoir. Les aiguilles manuelles peuvent être motorisées. Comme accessoires il y a un transformateur (en garniture de train complet), des interrupteurs d'aiguilles, un passage à niveau et quelques immeubles.

La livraison se fait par le commerce spécialisé; si on n'y vend pas d'articles Model Power, on livre directement.

Rangierlokomotive mit Tender	Pennsylvania	6631
Switching locomotive with tender	Santa Fe	6630
Locomotive de manœuvre avec tender	Canadian National	6632
‖ = ℙ ⚑ ✦ 2 ✦ ⊦215⊦		

✉
Model Power
180 Smith Street
USA Farmingdale, NY. 11735

Model Power
2230 Speers Road
CDN Oakville, Ontario

Schnellzuglokomotive Typ Pacific	Atlantic Coast Line	
Express locomotive type Pacific	Missouri Pacific	
Locomotive de vitesse type Pacific	Rock Island	6647
‖ = ℙ ⚑ ✦ 3 ✦ ⊦280⊦	(mit Rauch/with smoke/avec fumée)	

Dampflokomotive Typ Mikado	New York Central	6641
Steam locomotive type Mikado	Santa Fe	6640
Locomotive à vapeur type Mikado	Canadian Pacific	6642
‖ = ℙ ⚑ ✦ 4 ✦ ⊦275⊦		

Diesel-Rangierlokomotive MDT	Santa Fe	6610
Diesel switching locomotive MDT	Burlington Route	6611
Locotracteur Diesel MDT	Canadian National	6612
‖ = ℙ ⚑ ✦ 1 ✦ ⊦112⊦	Chessie System	6613
	Spirit of '76	6614

Diesellokomotive EMD F-9	Canadian National	6606
Diesel locomotive EMD-9	Santa Fe	6601
Locomotive Diesel EMD F-9	Canadian Pacific	6602
‖ = ℙ ⚑ ✦ 2 ✦ ⊦175⊦	New Haven	6603
	Burlington Northern	6604
	Amtrak	6605

Diesellokomotive ALCO RS-11		Canadian Pacific	6691
Diesel locomotive ALCO RS-11		Santa Fe	6692
Locomotive Diesel ALCO RS-11		Rock Island	6693
‖ = ℙ ⚑ ✦ 4 ✦ ⊦188⊦		New Haven	6694
Conrail	6698	Southern Railroad	6695
Canadian National	6690	British Columbia	6696

Diesellokomotiven und Güterwagen
Diesel locomotives and freight cars
Locomotives Diesel et wagons marchandises

model
power

Diesellokomotive Baldwin Shark Nose
Diesel locomotive Baldwin Shark Nose
Locomotive Diesel Baldwin Shark Nose

II = Ⓟ ⚏ ✦4✦ ⊣185⊢
(II = Ⓟ ⚏ ⊣185⊢)

Delaware & Hudson	725 (735)
Santa Fe	720 (730)
Pennsylvania	721 (731)
Baltimore & Ohio	722 (732)
Canadian National	723 (733)
New York Central	724 (734)

Verstärkungseinheit Baldwin Typ B
Supplementary unit Baldwin type B
Élément supplémentaire Baldwin type B

II = Ⓟ ⚏ ✦4✦ ⊣180⊢
(II = Ⓟ ⊣180⊢)

Delaware & Hudson	745 (755)
Santa Fe	740 (750)
Pennsylvania	741 (751)
Baltimore & Ohio	742 (752)
Canadian National	743 (753)
New York Central	744 (754)

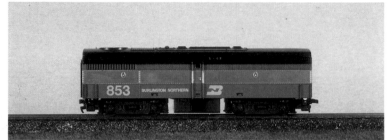

Diesellokomotive ALCO FA-2
Diesel locomotive ALCO FA-2
Locomotive Diesel ALCO FA-2

II = Ⓟ ⚏ ✦4✦ ⊣185⊢
(II = Ⓟ ⚏ ⊣185⊢)

Canadian Pacific	822 (852)
Santa Fe	820 (850)
Pennsylvania	821 (851)
Union Pacific	823 (853)
Burlington Northern	824 (854)

Ergänzungseinheit ALCO FB-2
Supplementary unit ALCO FB-2
Élément supplémentaire ALCO FB-2

II = Ⓟ ⚏ ✦4✦ ⊣180⊢
(II = Ⓟ ⊣180⊢)

Burlington Northern	844 (864)
Santa Fe	840 (860)
Pennsylvania	841 (861)
Canadian Pacific	842 (862)
Union Pacific	843 (863)

Diesellokomotive EMD E-7
Diesel locomotive EMD E-7
Locomotive Diesel EMD E-7

II = Ⓟ ⚏ ✦6✦ ⊣245⊢

Pennsylvania	912
Santa Fe	910
Canadian Pacific	911
Chessie System	913
Union Pacific	914

Diesellokomotive EMD E-9
Diesel locomotive EMD E-9
Locomotive Diesel EMD E-9

II = Ⓟ ⚏ ✦6✦ ⊣245⊢

Amtrak	922
Santa Fe	920
Canadian National	921
Burlington Northern	923

Diesellokomotive ALCO C-628
Diesel locomotive ALCO C-628
Locomotive Diesel ALCO C-628

II = Ⓟ ⚏ ✦4✦ ⊣235⊢

Santa Fe	6682
Canadian National	6680
Canadian Pacific	6681
Chicago & Northern Western	6683
Seaboard Coast Line	6684
Pittsburgh & Lake Erie	6685

Diesellokomotive EMD FP-45
Diesel locomotive EMD FP-45
Locomotive Diesel EMD FP-45

II = Ⓟ ⚏ ✦2✦ ⊣250⊢

Santa Fe	6660
Burlington Route	6661
Penn Central	6662
Canadian National	6664
Spirit of '76	6666

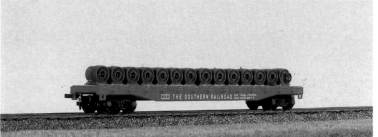

Flachwagen 50' mit Ladung
50' flat car with load
Wagon plat de 50' chargé
II = Ⓟ ⊣175⊢

Southern Railroad	6707
Santa Fe	6708

Container Lep-Danzas	6713
Container Hapag-Lloyd	6714
Container ACL-Sea Land	6715
Container CNC-Carl	6716
Autos Santa Fe	6711
Autos Pennsylvania	6712

Hochbordwagen 50'
50' gondola
Wagon tombereau de 50'
II = Ⓟ ⊣175⊢

Burlington	6730
Southern Railroad	6731

Michigan Central	6732
mit Containern/with containers/	
avec conteneurs	
Löwenbräu	6736
Frozen Food	6741
Wein/wine/vin	6740

Güterwagen
Freight cars
Wagons marchandises

Hochbordwagen mit verstrebten Wänden	II = ℗ �muⱶ175ⱶ		
Outside braced gondola	Rock Island		
Wagon tombereau entretoisé	Monon		9091

Gedeckter Güterwagen 40'		Nickel Plate	612
40' box car		Denver & Rio Grande W.	613
Wagon couvert de 40'		State of Maine	614
II = ℗ ⱶ145ⱶ		Santa Fe	615
Domino	617	Penn Central	616
Great Northern	611	Baltimore & Ohio	618

Kühlwagen 40'		Wabash	643
40' reefer car		Burlington Route	644
Wagon réfrigérant de 40'		Baby Ruth	646
II = ℗ ⱶ145ⱶ		Old Dutch Cleanser	647
Pacific Fruit Express	645	Frisco	649
Santa Fe	641	Dairymen's	650

Gedeckter Güterwagen 40'		Canadian National	9004
40' box car		Reading	9001
Wagon couvert de 40'		Central of New Jersey	9003
II = ℗ ⱶ145ⱶ		Great Northern	9002

Viehwagen 50'	II = ℗ ⱶ175ⱶ
50' stock car	Union Pacific
Wagon à bestiaux de 50'	Missouri Pacific

Kühlwagen 50'		Libby's	6720
50' reefer car		Pacific Fruit Express	6721
Wagon réfrigérant de 50'		Pennsylvania	6722
		Mechanical Refrigerator	6723
II = ℗ ⱶ180ⱶ		Northern Pacific	6724

Kesselwagen 40'		Ohio & Great Western	671
40' tank car		Mobil	674
Wagon-citerne de 40'		Shell	675
II = ℗ ⱶ150ⱶ		Texaco	676
General Dynamics	672	Michigan Alkali	677
		American Chemicals	678

Kesselwagen 62'	II = ℗ ⱶ220ⱶ	
62' tank car	Chicago & Great Western	7011
Wagon-citerne de 62'	Burlington Route	7010

Güterzugbegleitwagen		Santa Fe	691
Caboose		Pennsylvania	692
Fourgon de queue		Canadian National	694
II = ℗ ⱶ125ⱶ		Conrail	695

Begleitwagen mit Seitenfenster		Union Pacific	6771
Bay window caboose		Southern Pacific	6772
Fourgon à baie latérale		Pennsylvania	6774
II = ℗ ⱶ140ⱶ		Seaboard Coast Line	6776
Baltimore & Ohio	6773	Canadian National	6777
Santa Fe	6770	Burlington Northern	6779

Dampflokomotive Reihe K-2
der Chicago, Burlington & Quincy RR.
Steam locomotive class K-2
of the Chicago, Burlington & Quincy RR.
Locomotive à vapeur série K-2
de la Chicago, Burlington & Quincy RR.

II = M ◀3▶ ◀200▶

Nickel Plate Products ist nach der berühmten amerikanischen Bahnlinie (New York, Chicago & St. Louis) benannt. Seit der Gründung im Jahre 1971 hat das kleine Unternehmen bei Modellbahnern in aller Welt großes Interesse geweckt.
Der wesentliche Teil des Sortiments sind Kleinserienmodelle in Baugröße HO aus Feinmessing. Die Fahrzeuge werden in limitierten Auflagen gefertigt bzw. importiert. Nachgebildet sind bis auf die kleinsten Details und exakt im Maßstab technisch bemerkenswerte Entwicklungen der amerikanischen Eisenbahnen. Die meisten Modelle sind sowohl lackiert und mit vollständiger Beschriftung als auch undekoriert lieferbar. Die Lauf- und Zugeigenschaften der Triebfahrzeuge sind durch starke Motoren und abgestimmte Getriebe sehr gut. Die Räder entsprechen allgemein dem RP-25-Profil. Kupplungen sind nicht montiert, jedoch können fast alle üblichen Systeme angebracht werden.
Das weitere Lieferprogramm ist besonders für Modellbauer gedacht: verschiedene Bausätze und Bauteile, Motoren in verschiedenen Größen und Leistungsstufen, Gleisbauzubehör und einige elektrische Bauelemente.
Nickel Plate Produkte sind beim Fachhandel erhältlich.

The further programme is especially intended for model constructors: various kits and parts, motors in several sizes and performances, track accessories and some electrical elements.
Nickel Plate products are available from the specialized trade.

La firme Nickel Plate Products porte le nom du fameux réseau ferroviare américain (New York, Chicago & St. Louis). Fondée en 1971, la petite entreprise a èveillé le grand intérêt des modèlistes ferroviaires du monde entier.
L'assortiment se compose en plus grande partie de modèles de petites séries d'échelle HO en laiton. Les véhicules sont fabriqués ou importés en nombres limités. Les construction techniques remarquables des chemins der fer américains sont reproduites jusqu'au plus petit détail et exactement à l'échelle. La plupart des modèles sont livrables non seulement avec peinture et inscriptions complètes mais aussi sans décoration. Moteurs puissants et engrenages correspondants assurent de bonnes qualités de roulement et de traction des engins moteurs. Les roues correspondent généralement au profil RP-25. Les attelages ne sont pas montés mais on peut utiliser presque tous les systèmes d'usage. Une autre partie du programme est destinée spécialement aux modèlistes: Divers kits de construction et éléments à monter, moteurs de différentes tailles et niveaux de puissance, accessoires pour la construction de voies et quelques éléments électriques.
Les produits Nickel Plate sont en vente chez les commerçants spécialisés.

Dampflokomotive Hudson Reihe L-1 a
der Nickel Plate Road
Steam locomotive Hudson class L-1 a
of the Nickel Plate Road
Locomotive à vapeur Hudson série L-1 a
de la Nickel Plate Road

II = M ◀3▶ ◀300▶

Nickel Plate Products is named after the famous American railroad line (New York, Chicago & St. Louis). Since the foundation in the year 1971, the small enterprise has caused much interest with model railroaders all over the world.
The essential part of the assortment are small-series models in HO scale from refined brass. The vehicles are manufactured respectively imported in limited runs. They are reproductions exact in scale and in the smallest details of technically remarkable developments in American railway engineering. Most models are available both painted with complete lettering and undecorated. The running and tractive qualities of the engines are very good because of powerful motors and harmonized gears. The wheels generally are shaped to RP-25. Couplers are not mounted, but nearly all of the usual systems can be attached.

✉
Nickel Plate Products, Inc.
P.O. Box 288
USA Homewood, Ill. 60430

Dampflokomotive Hudson Reihe L-1 a
der Nickel Plate Road
Steam locomotive Hudson class L-1 a
of the Nickel Plate Road
Locomotive à vapeur Hudson série L-1 a
de la Nickel Plate Road

II = M ◀3▶ ◀300▶

Stromlinien-Dampflokomotive Hudson
Reihe F-7 der Milwaukee Road
Streamlined steam locomotive Hudson
class F-7 of the Milwaukee Road
Locomotive à vapeur aérodynamique
Hudson série F-7 de la Milwaukee Road
II = M ◀3▶ ◀335▶

Dampflokomotive Niagara Reihe 6000
der New York Central
Steam locomotive Niagara class 6000
of the New York Central
Locomotive à vapeur Niagara série 6000
de la New York Central
II = M ◀4▶ ◀395▶

Dampflokomotive Niagara Reine Q-4
der Delaware, Lackawanna & Western
Steam locomotive Niagara class Q-4
of the Delaware, Lackawanna & Western
Locomotive à vapeur Niagara série Q-4
de ia Delaware, Lackawanna & Western
II = M ◀4▶ ◀345▶

Dampf- und Elektrolokomotiven
Steam and electric locomotives
Locomotives à vapeur et électriques

NICKEL PLATE PRODUCTS

Stromlinien-Dampflokomotive Hudson
Reihe 4000 der Chicago & North Western
Streamlined steam locomotive Hudson
class 4000 of the Chicago & North Western
Locomotive à vapeur aérodynamique
Hudson série 4000 de la Chicago &
North Western
II = Ⓜ ✦3✦ ⊮345⊮

Dampflokomotive Berkshire Reihe 1400
der Boston & Albany
Steam locomotive Berkshire class 1400
of the Boston & Albany
Locomotive à vapeur Berkshire série 1400
de la Boston & Albany
II = Ⓜ ✦4✦ ⊮295⊮

Dampflokomotive Niagara Reihe K-62
der Delaware & Hudson
Steam locomotive Niagara class K-62
of the Delaware & Hudson
Locomotive à vapeur Niagara série K-62
de la Delaware & Hudson
II = Ⓜ ✦4✦ ⊮365⊮

Stromlinien-Dampflokomotive Niagara
Reihe 6200 der Canadian National Railways
Streamlined steam locomotive Niagara
class 6200 of the Canadian National
Railways
Locomotive à vapeur aérodynamique
Niagara série 6200 des Canadian National
Railways
II = Ⓜ ✦4✦ ⊮330⊮

Elektrolokomotive Box Cab
der Great Northern
Electric locomotive Box Cab
of the Great Northern
Locomotive électrique Box Cab
de la Great Northern

II = Ⓜ ✦4✦ ⊮165⊮

Elektrolokomotive Reihe 700
der Chicago South Shore & South Bend
Electric locomotive class 700
of the Chicago South Shore & South Bend
Locomotive électrique série 700
de la Chicago South Shore & South Bend

II = Ⓜ ✦6✦ ⊮180⊮

Elektrolokomotive Reihe EF Typ A
der Milwaukee Road
Electric locomotive class EF type A
of the Milwaukee Road
Locomotive électrique série EF type A
de la Milwaukee Road
II = Ⓜ ✦4✦ ⊮190⊮

Ergänzungseinheit Typ A (ohne Motor)
Supplementary unit type A (dummy)
Elément supplémentaire type A
(sans moteur)
II = Ⓜ ⊮190⊮

Ergänzungseinheit Typ B (ohne Motor)
Supplementary unit type B (dummy)
Elément supplémentaire type B
(sans moteur)
II = Ⓜ ⊮150⊮

Güterwagen und Reisezugwagen
Freight car and passenger cars
Wagon et voitures voyageurs

NICKEL PLATE PRODUCTS

Express-Kühlwagen 50' der Great Northern
50' express reefer car of the Great Northern
Wagon réfrigérant express de 50' de la
Great Northern
II = Ⓜ ⊢180⊣

Reisezugwagen der Great Northern
Passenger coach of the Great Northern
Voiture voyageurs de la Great Northern
II = Ⓜ ⊢293⊣

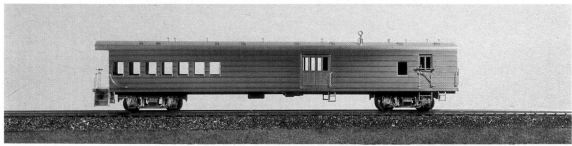

Nebenstrecken-Personenwagen
mit Gepäckabteil
Branch line passenger and baggage
combine car
Voiture pour lignes secondaires avec
compartiment à bagages
II = Ⓜ ⊢240⊣

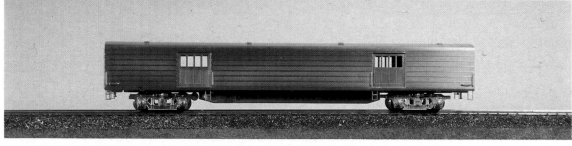

Gepäckwagen „Hiawatha"
der Milwaukee Road
Baggage car "Hiawatha"
of the Milwaukee Road
Fourgon à bagages «Hiawatha»
de la Milwaukee Road

II = Ⓜ ⊢255⊣

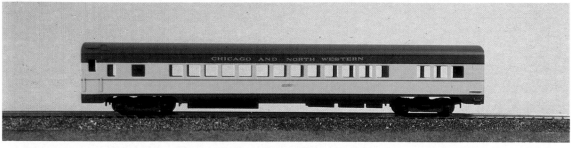

Reisezugwagen Reihe 400
der Chicago & North Western
Passenger coach class 400
of the Chicago & North Western
Voiture voyageurs série 400
de la Chicago & North Western
II = Ⓜ ⊢285⊣

Personenwagen mit Gepäckabteil
Reihe 400 der Chicago & North Western
Passenger and baggage combine car
class 400 of the Chicago & North Western
Voiture avec compartiment à bagages
série 400 de la Chicago & North Western
II = Ⓜ ⊢285⊣

Aussichts-Schlußwagen Reihe 400
der Chicago & North Western
Observation tail car class 400
of the Chicago & North Western
Voiture de queue panoramique série 400
de la Chicago & North Western
II = Ⓜ ⊢280⊣

Historische Dampflokomotive
Historical steam locomotive
Locomotive à vapeur historique

Oldtimer-Gelenklokomotive Climax
Reihe A mit stehendem Kessel
Old time articulated locomotive Climax
class A with vertical boiler
Locomotive ancienne articulée série A
à chaudière verticale

II = Ⓜ ◀4▶ ◀100▶

NorthWest Short Line stellt vor allem Spezialwerkzeuge für den Eisenbahn-Modellbau her. Das Lieferprogramm umfaßt außerdem japanische 12-V-Motoren (Sagami), Übersetzungen und Getriebe für Fahrzeuge in Spur N, HO, S und O.
Von Zeit zu Zeit werden HO-Modellbahnfahrzeuge in begrenzten, handgefertigten Serien aufgelegt. Es sind zuverlässige, detailgenaue Nachbildungen historischer Vorbilder aus Messing. Das abgebildete Modell wird nicht mehr gebaut, ausgeliefert wird eine American (2 B) Dampflokomotive „Spartan" und verschiedene Langholzwagen.

NorthWest Short Line mainly produces precision tools for railway modelling. Moreover, the programme has Japanese 12-V motors (Sagami), gears, and drives for N, HO, S, and O gauge vehicles. From time to time, limited runs of handcrafted HO model railway vehicles come out. They are well operating, exactly detailed reproductions of historical prototypes from brass. The shown model is out of production, an American (2-2-0) steam locomotive "Spartan" and several log carriers will be available.

NorthWest Short Line produit surtout des outillages pour le modèlisme ferroviaire. Le programme de livraison comprend aussi des moteurs de 12 V japonais (Sagami), des transmissions et des engrenages pour véhicules en écartement N, HO, S et O.
De temps en temps les véhicules de chemin de fer modèle réduit sont produits en séries faites à la main et en nombres limités. Il s'agit de reproductions éprouvées de prototypes historiques, fidèles au détail, en laiton. Le modèle représenté n'est plus en fabrication; on livre une locomotive à vapeur «Spartan» American (220) ainsi que de divers wagons pour le transport de poutres.

✉
NorthWest Short Line
Box 423
USA Seattle, Wash. 98111

Dampflokomotiven und Begleitwagen
Steam locomotives and cabooses
Locomotives à vapeur et fourgons

Overland Models

Dampflokomotive Ten-Wheeler Reihe E-5
der Great Northern
Steam locomotive Ten-Wheeler class E-5
of the Great Northern
Locomotive à vapeur Ten-Wheeler
série E-5 de la Great Northern

II = Ⓜ ◀3▶

Overland Models Inc. beginnt mit dem Vertrieb von Spitzenmodellen aus Feinmessing in Baugröße HO. Diese werden in limitierten Serien (je 500) in Korea gefertigt, die Motoren kommen aus Japan. Die amerikanischen Vorbilder sind mit allen Details nachgebildet. Besonderer Wert ist auf gute Verarbeitung, saubere Lötungen und einwandfreien Lauf gelegt. Die Fahrzeuge werden mit RP-25-Rädern, ohne Kupplungen und unlackiert geliefert.

Overland Models Inc. starts distributing top models from refined brass in HO scale. These are made in limited runs (500 each) in Korea, the motors come from Japan. The American prototypes are reproduced with all their details. High value is set on good finish, exact soldering, and blameless running. The vehicles come out with RP-25 wheels, without couplings, and unpainted.

Overland Models Inc. vient d'entreprendre la vente de modèles de haute qualité en laiton fin à d'échelle HO. Ceux-ci sont fabriqués en séries limitées (500 exemplaires) en Corée; les moteurs viennent du Japon. Les prototypes américains sont reproduits avec tous les détails. On attache la plus grande valeur aux finitions exactes, soudages propres et au roulement irrécusable. Les engins sont livrés avec roues RP-25, sans attelages et sans peinture.

✉
Overland Models, Inc.
4001 N. St. Josephs Avenue
USA Evansville, Ind. 47712

Dampflokomotive Pacific der Union Pacific
Steam locomotive Pacific of the
Union Pacific
Locomotive à vapeur Pacific de la
Union Pacific

II = Ⓜ ◀3▶

Dampflokomotive Northern Reihe R-1
der Atlantic Coast Line
Steam locomotive Northern class R-1
of the Atlantic Coast Line
Locomotive à vapeur Northern série R-1
de la Atlantic Coast Line

II = Ⓜ ◀4▶

Güterzugbegleitwagen (Holzwände)
der Great Northern
Caboose (wood sides) of the Great Northern
Fourgon de queue (parois en bois)
de la Great Northern

II = Ⓜ

Stahlwände
Steel sides
Porois en acier

II = Ⓜ

Güterzugbegleitwagen der Union Pacific
Caboose of the Union Pacific
Fourgon de queue de la Union Pacific

II = Ⓜ

Photos: Overland

253

Gleissysteme und Güterwagen
Track systems and goods wagons
Systèmes de voie et wagons marchandises

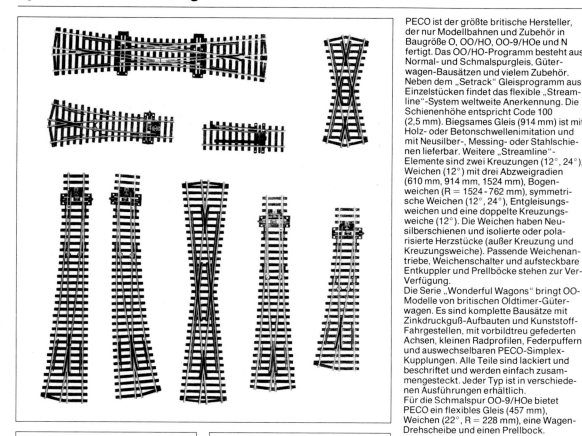

PECO ist der größte britische Hersteller, der nur Modellbahnen und Zubehör in Baugröße O, OO/HO, OO-9/HOe und N fertigt. Das OO/HO-Programm besteht aus Normal- und Schmalspurgleis, Güterwagen-Bausätzen und vielem Zubehör. Neben dem „Setrack" Gleisprogramm aus Einzelstücken findet das flexible „Streamline"-System weltweite Anerkennung. Die Schienenhöhe entspricht Code 100 (2,5 mm). Biegsames Gleis (914 mm) ist mit Holz- oder Betonschwellenimitation und mit Neusilber-, Messing- oder Stahlschienen lieferbar. Weitere „Streamline"-Elemente sind zwei Kreuzungen (12°, 24°), Weichen (12°) mit drei Abzweigradien (610 mm, 914 mm, 1524 mm), Bogenweichen (R = 1524 - 762 mm), symmetrische Weichen (12°, 24°), Entgleisungsweichen und eine doppelte Kreuzungsweiche (12°). Die Weichen haben Neusilberschienen und isolierte oder polarisierte Herzstücke (außer Kreuzung und Kreuzungsweiche). Passende Weichenantriebe, Weichenschalter und aufsteckbare Entkuppler und Prellböcke stehen zur Verfügung.
Die Serie „Wonderful Wagons" bringt OO-Modelle von britischen Oldtimer-Güterwagen. Es sind komplette Bausätze mit Zinkdruckguß-Aufbauten und Kunststoff-Fahrgestellen, mit vorbildtreu gefederten Achsen, kleinen Radprofilen, Federpuffern und auswechselbaren PECO-Simplex-Kupplungen. Alle Teile sind lackiert und beschriftet und werden einfach zusammengesteckt. Jeder Typ ist in verschiedenen Ausführungen erhältlich.
Für die Schmalspur OO-9/HOe bietet PECO ein flexibles Gleis (457 mm), Weichen (22°, R = 228 mm), eine Wagen-Drehscheibe und einen Prellbock.
Lieferung erfolgt über den Fachhandel.

PECO is the largest factory in Great Britain manufacturing exclusively model railways and accessories in O, OO/HO, OO-9/HOe, and N scale. The OO/HO programme contains standard and narrow-gauge trackage, wagon kits, and many accessories.
Besides the "Setrack" units track system, the "Streamline" flexible trackage has got worldwide appreciation. The rails have a Code 100 height (2.5 mm). Flexible track is available with wood or concrete type ties and nickel silver, brass or steel rails. Further "Streamline" items are two crossings (12°, 24°), switches (12°) with three deviation radii (610 mm, 914 mm, 1524 mm), curved switches (R = 1524 mm - 762 mm), symmetrical switches (12°, 24°), derailing switches, and a double slip switch (12°). The switches have nickel silver rails and either insulated or live frogs (except double slip and crossings). Suitable switch motors, controls, uncouplers, and buffer stops are disposable.
The series of "Wonderful Wagons" contains OO scale models of British old time wagons. They are complete kits with die-cast metal bodies and plastic underframes and details featuring operating axle springs, fine contour wheels, spring buffers, and exchangeable PECO Simplex couplings. All parts are painted and lettered and get plugged together.
Each type is available in different liveries.
For the OO-9/HOe narrow-gauge PECO offers a flexible track (457 mm), switches (22°, R = 228 mm), a wagon turntable and a buffer stop.
Delivery is made through the specialized trade.

PECO est le plus grand fabricant anglais s'occupant uniquement de la production de chemins de fer modèle réduit et d'accessoires à l'échelle O, OO/HO, OO-9/HOe et N. Le programme OO/HO se compose d'une voie à écartement normal et d'une voie à écartement étroit, de wagons marchandises en kits de construction et d'accessoires très variés.
Outre le programme de voie «Setrack» se composant d'éléments séparés, on offre le système flexible «Streamline» qui a trouvé une appréciation dans le monde entier. Le niveau de rail correspond au code 100 (2,5 mm). La voie flexible (914 mm) est livrable avec imitations de traverses en bois ou en béton et avec rails en argentan, laiton ou acier. D'autres éléments «Streamline» sont deux croisements (12°, 24°), des aiguillages (12°) avec trois courbes de déviation (610 mm, 914 mm, 1524 mm), des aiguillages enroulés (R = 1524 - 762 mm), des aiguillages symètriques (12°, 24°), des aiguillages de déraillement et une traversée-jonction double (12°). Les aiguillages ont des rails en argentan et des cœurs d'aiguilles isolés ou polarisés (excepté croisement et traversée-jonction). De plus, le programme offre des appareils de manœuvre d'aiguillage, des sectionneurs d'aiguillage, des éléments dételeurs et des heurtoirs.
La série «Wonderful Wagons» offre des modèles d'échelle OO, reproduits d'après des wagons marchandises anciens anglais. Il s'agit de maquettes à monter complètes avec caisses en zamac et châssis en matière plastique, essieux suspendus fidèles à l'original, petits profils de roue, tampons à ressort et attelages PECO-Simplex échangeables. Tous les éléments sont vernis et décorés. Le montage se fait en ensemblant les éléments. Chaque type est offert en différentes exécutions.
Pour la voie étroite OO-9/HOe PECO offre une voie flexible (457 mm), des aiguillages (22°, R = 228 mm), un pont tournant pour wagons et un heurtoir.
La livraison se fait par les commerçants spécialisés.

✉
The Pritchard Patent Product Co. Ltd.
Beer
GB Seaton, Devon EX12 3NA

Richard Schreiber
Keplerstraße 8-10
D-8510 Fürth

Niederbordwagen
3 plank low sided open wagon
Wagon à bords bas
II = Z ⊢82⊢ (K)   R-62*

Hochbordwagen
7 plank high sided open wagon
Wagon tombereau
II = Z ⊢82⊢ (K)   R-54*

Gedeckter Schüttgutwagen
Covered bulk freight wagon
Wagon à marchandises en vrac
II = Z ⊢82⊢ (K)   R-68*

Gedeckter Schüttgutwagen
Covered bulk freight wagon
Wagon à marchandises en vrac
II = Z ⊢82⊢ (K)   R-58*

Kastenwagen
Box van
Wagon couvert
II = Z ⊢82⊢ (K)   R-72*

Kesselwagen
Tank wagon
Wagon-citerne
II = Z ⊢82⊢ (K)   R-74*

Zu allen Gleiselementen gibt es ein passendes Schotterbett
For all track sections there is a suitable ballast inlay
Pour toutes les sections de voie il y a un lit de ballast convenable

Photos: PECO

Lokomotiven, Güterwagen und Personenwagen
Locomotives, wagons, and coaches
Locomotives, wagons et voitures

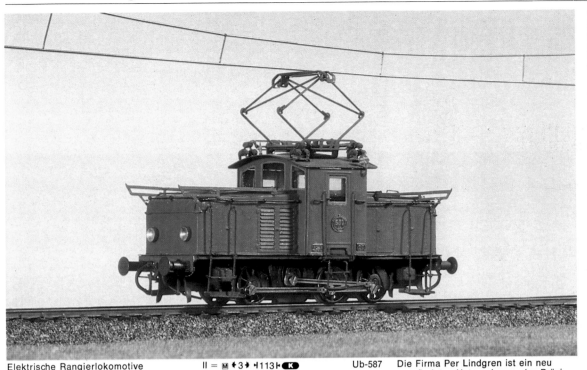

The models exactly reproduce their Swedish prototypes with all their peculiarities. The kits contain turned, casted, and etched parts of brass and zinc. Assembling them requires some experience with model railway kits of metal. The standard wheel sets have an RP-25 contour. Couplings and brake mechanisms are not included, but they can be individually chosen from the large programme of detailation parts. Moreover, there are many additional items for further improvement of the detailation of the vehicles. Matching proposals for that are made in the assembly instructions.

La firme Per Lindgren est une entreprise recemment fondée. Elle produit des véhicules en maquettes de précision à monter en échelle HO et des pièces détachées.
Les modèles sont des reproductions exactes avec tous les détails de leurs prototypes suédois. Les maquettes à monter se composent d'éléments en laiton tournés, fondus et corrodés.
Le montage demande quelques expériences dans le secteur de maquettes de chemins de fer modèle réduit à monter en métal. Les essieux montés en séries ont des profils RP-25.
Les attelages et dispositifs de freinage ne sont pas compris, mais on peut bien les choisir individuellement du programme variés d'accessoires.
De plus, il y a beaucoup de pièces détachées destinées au détaillage supplémentaire des véhicules. Les instructions de montage comprennent des propositions intéressantes.

| Elektrische Rangierlokomotive Reihe Ub 587 der SJ | II = Ⓜ ✦3✦ ⊦113⊦ Ⓚ Version NSB | Ub-587 |
| Electric shunting locomotive class Ub 587 of the SJ | II = Ⓜ ✦3✦ ⊦113⊦ Ⓚ | E 1-10 |

Elektrische Rangierlokomotive Reihe Ub 587 der SJ
Electric shunting locomotive class Ub 587 of the SJ
Locomotive de manœuvre électrique série Ub 587 des SJ

Die Firma Per Lindgren ist ein neu gegründetes Unternehmen, das Präzisionsbausätze von Fahrzeugen in Baugröße HO und Zurüstteile herstellt.
Die Modelle sind genaue Nachbildungen mit allen Einzelheiten ihrer schwedischen Vorbilder. Die Bausätze bestehen aus gedrehten, gegossenen und geätzten Messing- und Zinkteilen.
Der Zusammenbau erfordert einige Erfahrung mit Modellbahnbausätzen aus Metall. Die serienmäßigen Radsätze haben RP-25-Profile. Kupplungen und Bremsanlagen sind nicht enthalten, können aber aus dem großen Zubehörprogramm individuell zusammengestellt werden. Außerdem gibt es viele zusätzliche Einzelteile, mit denen die Detaillierung der Fahrzeuge weiter verfeinert werden kann. Geeignete Vorschläge dazu enthalten die Bauanleitungen.

The firm of Per Lindgren is a recently established enterprise manufacturing precision kits of HO scale vehicles and detailation elements.

✉
Per Lindgren - PERL modeller HB
Aspvägen 27
S-14032 Grödinge

Diesel-Rangierlokomotive Deutz Reihe V der schwedischen Gesellschaft TGOJ   II = Ⓜ ✦3✦ ⊦115⊦ Ⓚ   801
Diesel-Rangierlokomotive Deutz Reihe V der schwedischen Gesellschaft TGOJ
Diesel shunting locomotive Deutz class V of the Swedish TGOJ company
Locomotive Diesel de manœuvre Deutz série V de la cie. suedoise TGOJ

Offener Einheitsgüterwagen der SJ   II = Ⓜ ⊦143⊦ Ⓚ   O-35575
Standard type open wagon of the SJ
Wagon découvert unifié des SJ

Kühlwagen der SJ (Baujahr 1907)   II = Ⓜ ⊦113⊦ Ⓚ   H 3-24835
Refrigerator wagon of the SJ (built in 1907)
Wagon réfrigérant des SJ (construction 1907)

Oldtimer-Personenwagen „Glasveranda"   II = Ⓜ ⊦155⊦ Ⓚ   C 4-1489
der SJ (1904)
Old time passenger coach "Glass Veranda" of the SJ (1904)
Voiture voyageurs ancienne «Véranda de Verre» des SJ (1904)

Oldtimer-Schnellzugwagen der SJ (1901)   II = Ⓜ ⊦225⊦ Ⓚ   Co 1-1054
Old time express coach of the SJ (1901)
Voiture grandes lignes ancienne des SJ (1901)

Dampflokomotiven
Steam locomotives
Locomotives à vapeur

PFM (Pacific Fast Mail) ist ein relativ kleines Unternehmen, das seit 1952 Präzisionsmodelle amerikanischer Lokomotiven in Baugröße HO konstruiert und vertreibt. Das derzeitige Programm bilden Messingmodelle, die von renommierten japanischen Herstellern (meist Tenshodo) in limitierten Serien gefertigt werden. Daher könnten einige der abgebildeten Modelle bereits vergriffen sein.
Die Fahrzeuge sind maßstäblich exakte Nachbildungen mit allen Details der technisch oft sehr aufwendig gebauten Vor-

bilder. Dennoch sind die Laufeigenschaften tadellos. Die Räder haben ein RP-25 Profil, Kupplungen sind noch nicht angebracht. Lieferbar sind unlackierte und original-beschriftete Ausführungen. Außerdem bietet PFM Steuergeräte, Schaltrelais und elektrisches Modellbahnzubehör an. Der Vertrieb erfolgt generell über den Fachhandel.

PFM (Pacific Fast Mail) is a small but important enterprise since 1952 engaged in constructing and distributing HO scale

precision models of American type locomotives. The present programme is formed by brass models manufactured by well-known Japanese producers (mostly Tenshodo) in limited runs. Therefore, some of the shown models might already be sold out.
The vehicles are exact scale reproductions with all the details of the prototypes, even if the originals are technically sophisticated constructions. Nevertheless, the running qualities are faultless. The wheel sets have an RP-25 shape, couplers are not

attached yet. Available are unpainted and originally decorated versions.
Moreover, PFM offers control devices, relays and electrical model railway accessories. Distribution generally is made by the specialized trade.

La firme PFM (Pacific Fast Mail) est une entreprise relativement petite qui, depuis 1952, s'occupe de la construction et la commercialisation de modèles de précision de locomotives américaines à l'échelle HO. Le programme actuel se compose de modèles en laiton, fabriqués en séries limitées par des fabricants importants japonais (en plus grande partie par Tenshodo). Il est donc possible que quelques-uns des modèles représentés ne soient plus disponibles.
Les véhicules sont des reproductions fidèles de prototypes ayant été construits bien souvent avec beaucoup de détails techniques. Pourtant, ils représentent de bonnes qualités de roulement. Les roues ont le profil RP-25, les attelages ne sont pas encore fixés. Le programme offre des modèles sans peinture ou avec décoration originale.
De plus, PFM offre des appareils de commande, relais de distribution et accessoires électriques de chemin de fer modèle réduit. La vente se fait, en général, par l'intermèdiaire des détaillants spécialisés.

✉
Pacific Fast Mail
P. O. Box 57
USA Edmonds, Wash. 98020

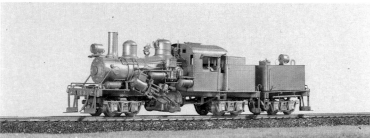

Tenderlokomotive mit Gelenkantrieb
Shay B-2
Tank locomotive with articulated drive
Shay B-2
Locomotive-tender à transmission
articulée Shay B-2

II = Ⓜ ✦4✦ ⊦146⊦

Tenderlokomotive mit Gelenkantrieb
Shay Benshon Nr. 559
Tank locomotive with articulated drive
Shay Benshon No. 559
Locomotive-tender à transmission
articulée Shay Benshon No. 559

II = Ⓜ ✦6✦ ⊦192⊦

Tenderlokomotive mit Gelenkantrieb
Climax 3-T
Tank locomotive with articulated drive
Climax 3-T
Locomotive-tender à transmission
articulée Climax 3-T

II = Ⓜ ✦4✦ ⊦198⊦

Oldtimer-Dampflokomotive Baldwin
Rayoneer 45
Old time steam locomotive Baldwin
Rayoneer 45
Locomotive à vapeur ancienne Baldwin
Rayoneer 45

II = Ⓜ ✦3✦ ⊦193⊦

Dampflokomotive Ten-Wheeler
der Western Pacific
Steam locomotive Ten-Wheeler
of the Western Pacific
Locomotive à vapeur Ten-Wheeler
de la Western Pacific

II = Ⓜ ✦3✦ ⊦228⊦

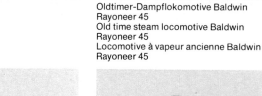

Dampflokomotive Consolidation Reihe F-8
der Great Northern
Steam locomotive Consolidation class F-8
of the Great Northern
Locomotive à vapeur Consolidation
série F-8 de la Great Northern

II = Ⓜ ✦4✦ ⊦245⊦

Dampf- und Elektrolokomotiven
Steam and electric locomotives
Locomotives à vapeur et électriques

PFM

Schnellzuglokomotive Hudson Blue Goose
der Atchison Topeka & Santa Fe
Express locomotive Hudson Blue Goose
of the Atchison Topeka & Santa Fe
Locomotive de vitesse Hudson Blue Goose
de la Atchison Topeka & Santa Fe
II = Ⓜ ✦3✦ ⊦353⊦

Schnellzuglokomotive Royal Hudson
der Canadian Pacific
Express locomotive Royal Hudson
of the Canadian Pacific
Locomotive de vitesse Royal Hudson
de la Canadian Pacific
II = Ⓜ ✦3✦ ⊦323⊦

Dampflokomotive Mountain Reihe M-75
der Denver & Rio Grande Western
Steam locomotive Mountain class M-75
of the Denver & Rio Grande Western
Locomotive à vapeur Mountain série M-75
de la Denver & Rio Grande Western
II = Ⓜ ✦4✦ ⊦345⊦

Gelenk-Güterzuglokomotive Reihe AC-12
Cab Forward der Southern Pacific
Articulated freight train locomotive class
AC-12 Cab Forward of the Southern Pacific
Locomotive à marchandises articulée série
AC-12 Cab Forward de la Southern Pacific
II = Ⓜ ✦8✦ ⊦440⊦

Gelenk-Güterzuglokomotive Mallet
„Big Boy" der Union Pacific

Articulated freight train locomotive Mallet
"Big Boy" of the Union Pacific

Locomotive à marchandises articulée
Mallet «Big Boy» de la Union Pacific

II = Ⓜ ✦8✦ ⊦485⊦

Elektrolokomotive Reihe Y-1
der Great Northern
Electric locomotive class Y-1
of the Great Northern
Locomotive électrique série Y-1
de la Great Northern
II = Ⓜ ✦6✦ ⊦256⊦

Dampflokomotive Pacific Reihe H-5
der Great Northern
Steam locomotive Pacific class H-5
of the Great Northern
Locomotive à vapeur Pacific série H-5
de la Great Northern
II = Ⓜ ✦3✦ ⊢276⊦

Dampflokomotive Niagara Reihe A-3 Crown
der Northern Pacific
Steam locomotive Niagara class A-3 Crown
of the Northern Pacific
Locomotive à vapeur Niagara série A-3
Crown de la Northern Pacific
II = Ⓜ ✦4✦ ⊢390⊦

Dampflokomotive Niagara Reihe 800 FEF-1
der Union Pacific
Steam locomotive Niagara class 800 FEF-1
of the Union Pacific
Locomotive à vapeur Niagara
série FEF-1 de la Union Pacific
II = Ⓜ ✦4✦ ⊢385⊦

Dampflokomotive Reihe M-64 Crown
der Denver & Rio Grande Western
Steam locomotive class M-64 Crown
of the Denver & Rio Grande Western
Locomotive à vapeur série M-64 Crown
de la Denver & Rio Grande Western
II = Ⓜ ✦4✦ ⊢380⊦

Dampflokomotive Reihe 5000
der Atchison Topeka & Santa Fe
Steam locomotive class 5000
of the Atchison Topeka & Santa Fe
Locomotive à vapeur série 5000
de la Atchison Topeka & Santa Fe
II = Ⓜ ✦5✦ ⊢436⊦

Dampflokomotive Yellowstone
Reihe Z-5 Crown der Northern Pacific

Steam locomotive Yellowstone
class Z-5 Crown of the Northern Pacific

Locomotive à vapeur Yellowstone
série Z-5 Crown de la Northern Pacific

II = Ⓜ ✦8✦ ⊢450⊦

Oldtimer-Dampflokomotive Reihe G-1
der Great Northern
Old time steam locomotive class G-1
of the Great Northern
Locomotive à vapeur ancienne série G-1
de la Great Northern
II = M ◆4◆ ⊦225⊦

Dampflokomotive Reihe S-2
der Great Northern
Steam locomotive class S-2
of the Great Northern
Locomotive à vapeur série S-2
de la Great Northern
II = M ◆4◆ ⊦365⊦

Dampflokomotive Typ Santa Fe Reihe Q-1
der Great Northern
Steam locomotive type Santa Fe class Q-1
of the Great Northern
Locomotive à vapeur type Santa Fe
série Q-1 de la Great Northern
II = M ◆5◆ ⊦345⊦

Gelenk-Dampflokomotive Reihe M-2
der Great Northern
Articulated steam locomotive class M-2
of the Great Northern
Locomotive à vapeur articulée série M-2
de la Great Northern
II = M ◆7◆ ⊦290⊦

Gelenk-Dampflokomotive Challenger
Reihe Z-6 der Great Northern
Articulated steam locomotive Challenger
class Z-6 of the Great Northern
Locomotive à vapeur articulée Challenger
série Z-6 de la Great Northern
II = M ◆6◆ ⊦440⊦

Gelenk-Dampflokomotive Mallet Reihe R-2
der Great Northern
Articulated steam locomotive Mallet
class R-2 of the Great Northern
Locomotive à vapeur articulée Mallet
série R-2 de la Great Northern
II = M ◆8◆ ⊦430⊦

Gelenk-Dampflokomotive Reihe N-3
der Great Northern
Articulated steam locomotive class N-3
of the Great Northern
Locomotive à vapeur articulée série N-3
de la Great Northern
II = M ◆8◆ ⊦395⊦

Betriebe
Introduction
Présentation

PIKO-Modellbahnen in der Baugröße H0 werden in der DDR seit 1949 hergestellt, seit 1964 auch in der Baugröße N. Die Spur TT hat unter einer eigenen Marke große Bedeutung.

Heute ist VEB Kombinat PIKO Sonneberg der Leitbetrieb aller in der Erzeugnisgruppe Modellbahnen, Modellbau und Zubehör der DDR zusammengefaßten Betriebe. In diesem Rahmen steht ein umfangreiches Fertigungsprogramm zur Verfügung. Der jeweilige Herstellungsbetrieb einzelner Artikel läßt sich aus den Vorziffern der Bestellnummer entnehmen.

Lieferung nur über den Fachhandel.

PIKO model railways in H0 scale are manufactured in the GDR since 1949, since 1964 also in N scale. The TT gauge has a special significance under its own brand.

Today, VEB Kombinat PIKO Sonneberg is the leading factory of all factories belonging to the group of Model Railways, Building, and Accessories of the GDR. Within this scope, an extensive manufacture programme is disposable. The manufacturer of a certain product can be inferred from the figures of the order number preceding the slash.

Delivery only through the one-line trade.

Les chemins de fer modèle réduit PIKO d'échelle H0 sont fabriqués en RDA depuis 1949; depuis 1964 on les produit aussi en échelle N. L'écartement TT, sous une marque séparée, est d'une grande importance.

Aujourd'hui toutes les entreprises de la RDA réunies à la branche Chemins de Fer Modèle Réduit, Construction de Modèles et Accessoires sont dirigées par le VEB Kombinat PIKO Sonneberg. Dans ce cadre on offre un programme de fabrication important. Les chiffres devant le trait oblique de chaque numéro de référence indiquent le constructeur de chaque article.

La vente se fait exclusivement chez les détaillants spécialisés.

Demusa

Export:
Exportation

DEMUSA
Volkseigener Außenhandelsbetrieb der Deutschen Demokratischen Republik für Musikinstrumente und Spielwaren
Charlottenstraße 46
DDR-108 Berlin

Herstellungsbetriebe:
Factories:
Usines:

5/ VEB PIKO
Sonneberg

190/ VEB Eisenbahnmodellbau
Zwickau

399/ VEB Modellbahnzubehör
Glashütte

426/ VEB Modellwagen
Dresden

545/ VEB Berliner TT-Bahnen
Berlin

143/ VEB Eisenbahn-Modellbau
Plauen

414/ VEB Modellgleis- und
Werkzeugbau, Sebnitz

519/ VEB Modellspielwaren
Halle

Vertretungen:
Agencies:
Représentations:

Richard Schreiber
Keplerstraße 8-10
D-8510 Fürth

Hobby-Sommer HGmbH
Promenade 17
A-4020 Linz

Roland Zumstein
Birmendorfer Str. 32
CH Zürich

Mondial Trains
25-29 Rue de la Roquette
F Paris XI

Dacker p. v. b. a.
Van den Nestlei 32
B-2000 Antwerpen

Vestergaard Hobbyleg Aps
Bossemagervej 11
DK-8800 Viborg

Gösta Eklund
Nybohoosbacken 31
S-11744 Stockholm

Norintra A/S
Osterhausgaten 6
N Oslo

STC Oy Suomen
Tavaraclearing AB
Eerinkinkotu 43
SF Helsinki 18

Dominions Export Co. Ltd.
Sterling House Heddon Street
GB London W1 R88P

Model Railway Shop
18 Monok Place, Philsboro
EIR Dublin 7

Interservis
YU Novi Sad

Programm, Dampflokomotiven
Programme, steam locomotives
Programme, locomotives à vapeur

PIKO
MODELLBAHN

Das Piko-Fahrzeugprogramm ist den Vorbildern bei vielen europäischen Bahngesellschaften in Maßstab und Detaillierung exakt nachgebildet. Die Modelle sind robust und gut verarbeitet. Die technische Ausführung entspricht den NEM-Normen für Zweileiter-Gleichstrom-Betrieb. Die Kupplungen gehören zur NEM-Klasse A und können bei vielen Fahrzeugen gegen Fleischmann-Kupplungen ausgetauscht werden.

Zwei Gleissysteme stehen zur Auswahl, die beide den NEM-Maßen entsprechen. Das Standard-Gleis besteht aus vernickelten U-Profil-Schienen auf Kunststoffschwellen. Gleisstücke gibt es gerade (1/1 = 175 mm) und in zwei Radien (380 und 440 mm), außerdem eine Kreuzung (15 °), Weichen (15 °) für Hand- und Elektrobetrieb (mit Endabschaltung und Rückmeldung), ein elektrisches Entkupplungsgleis, ein Kontaktgleis und einen Prellbock.

Beim Modellgleis sind für den Streckenbau Kunststoff-Schwellenbänder und Schienenprofil zur Selbstmontage vorgesehen. Schwellenband gibt es gerade (210 mm) und in 5 Radien (360, 440, 500, 550 und 600 mm), das Vollprofil (1000 mm lang) ist aus verkupfertem Eisen oder aus Neusilber. Fertig montiert werden zwei Kreuzungen (15 °, 30 °) geliefert, Weichenpaare (7,5 °, 15 ° auch Bausatz), ein Innenbogenweichenpaar (R = 900-440 mm, auch Bausatz), eine symmetrische Weiche (15°), eine Dreiwegweiche (15°), eine Doppelkreuzungsweiche (15°), eine doppelte Gleisverbindung und eine kreuzende Abzweigung. Die Weichenantriebe sind anknöpfbar und mit Endabschaltung und Rückmeldung ausgerüstet. Unter den Spezialgleisstücken ist ein Prellbock und ein Übergang zum Standardgleis.

Die Formsignale nach deutschen Vorbildern sind durch Doppelspulen mit Endabschaltung, Fahrstromsteuerung und Rückmeldung angetrieben. Es gibt Hauptsignale mit einem und zwei Flügeln, ein Vorsignal, ein Abdrücksignal und ein Gleissperrsignal. Lichtsignale sind mit Birnchen in der Blende und mit Unterflurbeleuchtung über Lichtleitfasern vorhanden.

Zur elektrischen Steuerung dienen verschiedene Relais und Schaltpulte. Der Fahrtransformator leistet 7 VA, der Beleuchtungstransformator 24 VA und ein kombinierter 14,5/19 VA. Fahrstromunabhängige Zugbeleuchtung ermöglicht ein Beleuchtungsgenerator „Lux Constant".

Gebäudebausätze und Landschaftszubehör der DDR-Produktion werden unter der Marke VERO angeboten.

The PIKO vehicle programme is made exactly in scale and detailation according to European prototypes. The models are robust and well manufactured. The technics come up to the NEM two-rails DC standards. The couplings belong to the NEM class A and can be changed with Fleischmann adapters available if required.

Two track systems can be chosen, both measured corresponding to NEM. The standard track has nickel-plated channel rails on plastic ties. There are straight track sections (1/1 = 175 mm) and in two radii (380 and 440 mm), moreover a crossing (15 °), switches (15 °) for manual or remote control (self-cancelling, with reply contacts), an electric uncoupler, a contact track and a buffer stop.

Building lines with the model track requires assembling plastic tie strings and rail profiles. Tie strings are available straight (210 mm) and in 5 radii (360, 440, 500, 550 and 600 mm), the solid profile (1000 mm long) is of copper-plated iron or of nickel-silver. Mounted items are two crossings (15 °, 30 °), pairs of switches (7.5 °, 15 ° also kit), a pair of curved switches (R = 900-440 mm, also kit), a symmetrical switch (15 °), a three-way switch (15 °), a double slip switch (15 °), a double crossover, and a crossed branch. The drives can be clicked to the switches and have self-cancelling and reply facilities.

Among the special track sections there is a buffer stop and a standard track adapter section.

The semaphores according to German prototypes have a self-cancelling double-coil drive with traction current control and reply contacts. There are semaphores with one and two blades, a distant signal, a humping signal and a siding signal. Light signals are available either with bulbs in the screen or with underfloor lighting by glass fibres.

For electric controls there are several relays and control boxes. The traction current transformer supplies 7 VA, the lighting transformer 24 VA and a combined one has 14.5/19 VA. Lighting of trains independent of the traction current is possible by a light generator "Lux Constant".

Buildings as kits and scenery accessories of the GDR makes are offered under the brand VERO.

Les véhicules du programme PIKO sont construits d'après les prototypes de beaucoup de sociétés ferroviaires européennes. C'est une reproduction fidèle jusqu'au moindre détail et toujours à l'échelle. Les modèles sont robustes et bien façonnés. L'exécution technique correspond aux systèmes NEM pour la traction à deux conducteurs et à courant continu. Les attelages de la classe A peuvent être échangés pour beaucoup de véhicules, suivant le besoin, contre des attelages du type Fleischmann.

On peut choisir entre deux systèmes de voie conformes aux normes NEM. La voie standard se compose de rails en profilé U nickelé sur traverses en plastique. Il y a des rails droits (1/1 = 175 mm) et deux rails courbes (380 et 440 mm), de plus un croisement (15 °), des aiguillages (15 °) manuels et électriques (avec déclenchement en fin de course et contacts de quittance), une voie de dételage électrique, une voie de contact et un butoir.

Pour la voie modèle réduit il est prevu des bandes de traverses en plastique et un profil de rails conformément aux normes pour montage individuel. Le programme offre des bandes de traverses droites (210 mm) et en 5 courbes (360, 440, 500, 550 et 600 mm), le profil plein (1000 mm de longueur) est en fer cuivré ou en maillechort. Sont livrables déjà montés: deux croisements (15 °, 30 °) deux paires d'aiguillages (7,5 ° et 15 ° aussi en set), une paire d'aiguillages à courbure intérieure (R = 900-440 mm, aussi en set), un aiguillage symétrique 615 °), un aiguillage trois voies (15 °), une traverse-jonction double, une jonction de voie double et un branchement croisant. Les commandes des aiguillages sont fixables; elles sont munies de dispositifs de déclenchement en fin de course et contacts de quittance. Parmi les éléments de voie spéciale il y a un butoir et un rail d'adaption à la voie standard.

Les sémaphores construits d'après les prototypes allemands sont équipés d'une commande à bobine compound avec déclenchement en fin de course, de dispositifs de commande des trains et de contacts de quittance. Il y a des signaux sémaphoriques principaux à un et à deux bras, un signal sémaphorique à distance, un signal sémaphorique pour la manœuvre des wagons et un signal de blocage de la voie. Les signaux lumineux sont livrables avec ampoules miniatures dans l'écran et illumination sous-table par fils lumineux.

Pour la commande électrique on se sert de différents relais et pupitres de commande. Le transformateur de traction fournit 7 VA, le transformateur pour l'éclairage fournit 24 VA et un transformateur combiné en fournit 14,5/19. La génératrice d'éclairage «Lux Constant» permet l'éclairage des trains indépendant du courante de traction.

Sous la marque VERO le programme offre des sets d'immeubles et de paysages de la production RDA.

Eine funktionsfähige Oberleitung kann mit Streckenmasten oder mit Quertragwerken aufgebaut werden. Die verschiedenen Fahrleitungsteile sind vorgefertigt.

An operating overhead line can be constructed as a single-pole or as a cross-span catenary. The different wire sections are prefabricated.

Une ligne aérienne fonctionnant peut être montée avec des poteaux ou des portiques. Les différentes parties de caténaire sont préfabriquées.

Tenderlokomotive BR 89² der DR (ehem. sächsische VT)
Tank locomotive class 89² of the DR (former Saxonian VT)
Locomotive-tender série 89² de la DR (ancienne VT saxonne)

II = Ⓟ ✦3✦ ⊣109⊢   5/6300

Tenderlokomotive Reihe VT der ehem. Sächsischen Staatsbahn
Tank locomotive class VT of the former Saxonian State Railway
Locomotive-tender série VT de l'ancien Chemin de Fer d'Etat Saxon

II = ᴘ ✦3✦ ⊣109⊢   5/6314

Personenzug-Tenderlokomotive BR 75⁵ der DR
Passenger train tank locomotive class 75⁵ of the DR
Locomotive-tender à voyageurs série 75⁵ de la DR

II = Ⓟ ♆✦3✦ ⊣145⊢   190/EM16/1

Dampflokomotiven
Steam locomotives
Locomotives à vapeur

Tenderlokomotive 32.917 der ehem.   II = P ᪣ ✦3✦ ⊢145⊢   190/EM16/2
französischen Staatsbahn ÉTAT
Tank locomotive 32.917 of the former
French ÉTAT Railway
Locomotive-tender 32.917 de l'ancien
chemin de fer ÉTAT français

Tenderlokomotive XIV HT der ehem.   II = P ᪣ ✦3✦ ⊢145⊢   190/EM16/3
Sächsischen Staatsbahn
Tank locomotive XIV HT of the former
Saxonian State Railway
Locomotive-tender XIV HT de l'ancien
chemin de fer saxon

Personenzug-Tenderlokomotive   II = P ᪣✦3✦⊢145⊢   190/EM11/1
BR 64 der DR
Passenger train tank locomotive
class 64 of the DR
Locomotive-tender à voyageurs
série 64 de la DR

Tenderlokomotive Reihe 365 der ČSD   II = P ᪣✦3✦ ⊢145⊢   190/EM11/2
Tank locomotive class 365 of the ČSD
Locomotive-tender série 365 des ČSD

Personenzug-Tenderlokomotive   II = P ✦3✦ ⊢170⊢   5/6301
BR 66 der DB
Passenger train tank locomotive
class 66 of the DB
Locomotive-tender à voyageurs
série 66 de la DB

Tenderlokomotive BR 86 der DR   II = P ✦4✦ ⊢160⊢
Tank locomotive class 86 of the DR
Locomotive-tender série 86 de la DR

Personenzuglokomotive BR 24 der DR   II = P ᪣✦3✦ ⊢200⊢   190/EM10
Passenger train locomotive class 24
of the DR
Locomotive à voyageurs série 24
de la DR

Güterzuglokomotive BR 55 der DR   II = P ✦4✦ ⊢210⊢   5/6302
(preußische G 8)
Goods train locomotive class 55
of the DR (Prussian G 8)
Locomotive à marchandises série 55
de la DR (G 8 pruss.)

Güterzuglokomotive Reihe 427 der ČSD   II = P ✦4✦ ⊢210⊢   5/6318
Goods train locomotive class 427
of the ČSD
Locomotive à marchandises série 427
des ČSD

Güterzuglokomotive Reihe Ga der SJ   II = P ✦4✦ ⊢210⊢
Goods train locomotive class Ga
of the SJ
Locomotive à marchandises
série Ga des SJ

Güterzuglokomotive Reihe 4100 der NS
Goods train locomotive class 4100
of the NS
Locomotive à marchandises série 4100
des NS

ll = Ⓟ ✦4✦ ⊦210⊦

Güterzuglokomotive Reihe 81 der
SNCB/NMBS
Goods train locomotive class 81 of the
SNCB/NMBS
Locomotive à marchandises série 81
de la SNCB/NMBS

ll = Ⓟ ✦4✦ ⊦210⊦   5/6315

Güterzuglokomotive Reihe 040 D
der SNCF
Goods train locomotive class 040 D
of the SNCF
Locomotive à marchandises série 040 D
de la SNCF

ll = Ⓟ ✦4✦ ⊦210⊦   5/6316

Güterzuglokomotive Reihe 150 Y der
SNCF
Goods train locomotive class 150 Y
of the SNCF
Locomotive à marchandises série 150 Y
de la SNCF

ll = Ⓟ ♛✦4✦ ⊦305⊦   190/EM23/1

Güterzuglokomotive BR 52 der DR
Goods train locomotive class 52
of the DR
Locomotive à marchandises série 52
de la DR

ll = Ⓟ ♛✦4✦ ⊦305⊦   190/EM23

Schnellzuglokomotive BR 01 der DR
mit Öltender und Boxpok-Rädern
Express locomotive class 01 of the DR
with fuel tender and Boxpok wheels
Locomotive de vitesse série 01 de la DR
avec tender à fuel et roues Boxpok

ll = Ⓟ ✦2✦ ⊦281⊦   5/6327

Schnellzuglokomotive BR 01 der DR
mit Öltender
Express locomotive class 01 of the DR
with fuel tender
Locomotive de vitesse série 01 de la DR
avec tender à fuel

ll = Ⓟ ✦2✦ ⊦281⊦   5/6320

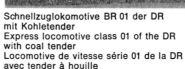

Schnellzuglokomotive BR 01 der DR
mit Kohletender
Express locomotive class 01 of the DR
with coal tender
Locomotive de vitesse série 01 de la DR
avec tender à houille

ll = Ⓟ ✦2✦ ⊦281⊦   5/6325

Elektro- und Diesellokomotiven
Electric and Diesel locomotives
Locomotives électriques et Diesel

Rangierlokomotive E 69 der DR
Switching locomotive E 69 of the DR
Locomotive de manœuvre E 69 de la DR

II = Ⓟ ✦2✦ ⊦106⊦   5/6200

Rangierlokomotive E 69 der DB
Switching locomotive E 69 of the DB
Locomotive de manœuvre E 69 de la DB

II = Ⓟ ✦2✦ ⊦106⊦   5/6210

Elektrische Mehrzwecklokomotive   II = Ⓟ ♚✦4✦ ⊦172⊦   5/6201
Reihe E 44 der DR
Electric multi-purpose locomotive
class E 44 of the DR
Locomotive électrique mixte série E 44
de la DR

Elektrische Mehrzwecklokomotive   II = Ⓟ ♚✦4✦ ⊦172⊦   5/6211
Reihe E 44 der DB
Electric multi-purpose locomotive
class E 44 of the DB
Locomotive électrique mixte série E 44
de la DB

Elektrische Güterzuglokomotive   II = Ⓟ ♚✦4✦ ⊦187⊦   5/6212
Reihe E 42 der DR
Electric goods train locomotive
class E 42 of the DR
Locomotive électrique à marchandises
série E 42 de la DR

Elektrische Schnellzuglokomotive   II = Ⓟ ♚✦4✦ ⊦187⊦   5/6205
Reihe E 11 der DR
Electric express locomotive class E 11
of the DR
Locomotive électrique de vitesse
série E 11 de la DR

Elektrische Schnellzuglokomotive   II = Ⓟ ♚✦4✦ ⊦187⊦   5/6213
Reihe 211 der DR
Electric express locomotive class 211
of the DR
Locomotive électrique de vitesse
série 211 de la DR

Diesellokomotive BN 150 der ČSD
Diesel switcher BN 150 of the ČSD
Locotracteur Diesel BN 150 des ČSD

rot/red/rouge
II = Ⓟ ✦2✦ ⊦90⊦   190/EM15/3
grün/green/vert
II = Ⓟ ✦2✦ ⊦90⊦   190/EM15/2
blau/blue/bleu
II = Ⓟ ✦2✦ ⊦90⊦   190/EM15/1

Diesellokomotive Reihe V 100 der DR   II = Ⓟ ♚✦4✦ ⊦160⊦   190/EM17
Diesel locomotive class V 100 of the DR
Locomotive Diesel série V 100 de la DR

Diesellokomotive BR 110 der DR   II = Ⓟ ♚✦4✦ ⊦160⊦   190/EM18
Diesel locomotive class 110 of the DR
Locomotive Diesel série 110 de la DR

Diesellokomotive BR 118.1 der DR   II = Ⓟ ♚✦4✦ ⊦223⊦   190/EM19
Diesel locomotive class 118.1 of the DR
Locomotive Diesel série 118.1 de la DR

Diesellokomotiven und Triebwagen
Diesel locomotives and railcars
Locomotives Diesel et autorails

PIKO MODELLBAHN

Diesellokomotive BR 118.0 der DR
Diesel locomotive class 118.0 of the DR
Locomotive Diesel série 118.0 de la DR

II = ℗ ⚡ ✦ 4 ✦ ⊢223⊢ 190/EM 20

Diesellokomotive BR 118.0 der DR
Diesel locomotive class 118.0 of the DR
Locomotive Diesel série 118.0 de la DR

II = ℗ ⚡ ✦ 4 ✦ ⊢223⊢ 190/EM20

Schwere Diesellokomotive BR 120 der DR
Heavy Diesel locomotive class 120
of the DR
Locomotive Diesel lourde série 120
de la DR

II = ℗ ⚡ ✦ 4 ✦ ⊢201⊢ 190/EM 21

Schwere Diesellokomotive BR 130 der DR
Heavy Diesel locomotive class 130
of the DR
Locomotive Diesel lourde série 130
de la DR

II = ℗ ⚡ ✦ 2 ✦ ⊢236⊢ 5/6010

Diesel-Triebwagen VT 135 der DR
mit Beiwagen VB 140
Diesel railcar VT 135 of the DR with
trailer VB 140
Autorail Diesel VT 135 de la DR avec
remorque VB 140

Motorwagen/engine unit/motrice
II = ℗ ⚡ ✦ 2 ✦ B ⊢141⊢ 5/6100
Beiwagen/trailer/remorque
II = ℗ B ⊢141⊢ 5/6504/01

Schnelltriebwagen VT 137 der DR,
zwei Teile, mittleres Drehgestell
angetrieben
High-speed railcar VT 137 of the DR,
two units, central bogie driven
Autorail rapide VT 137 de la DR,
deux éléments, bogie central entrainé

rot/red/rouge
II = ℗ ⚡ ✦ 2 ✦ AB ⊢450⊢ 190/EM14/5
lila/lilac/lilas
II = ℗ ⚡ ✦ 2 ✦ AB ⊢450⊢ 190/EM14/4

Schnelltriebwagen VT 137 der DR,
drei Teile, zwei Drehgestelle angetrieben, für Radien über 380 mm
High-speed railcar VT 137 of the DR,
three units, two bogies driven, runs on
radius greater than 380 mm
Autorail rapide VT 137 de la DR,
trois éléments, deux bogies entrainés,
roulant sur un rayon de plus de 380 mm

rot/red/rouge
II = ℗ ⚡ ✦ 4 ✦ AB ⊢700⊢ 190/EM14/2
lila/lilac/lilas
II = ℗ ⚡ ✦ 4 ✦ AB ⊢700⊢ 190/EM14/1

Diesel-Triebwagen VT 70 der DB
mit Beiwagen
Diesel railcar VT 70 of the DB with
trailer
Autorail Diesel VT 70 de la DB avec
remorque

Motorwagen/engine unit/motrice
II = ℗ ⚡ ✦ 2 ✦ B ⊢141⊢ 5/6104
Beiwagen/trailer/remorque
II = ℗ B ⊢141⊢ 5/6504/020

Diesel-Triebwagen Reihe M 140 der ČSD
mit Beiwagen
Diesel railcar class M 140 of the ČSD
with trailer
Autorail Diesel série M 140 des ČSD
avec remorque

Motorwagen/engine unit/motrice
II = ℗ ⚡ ✦ 2 ✦ C ⊢141⊢ 5/6105
Beiwagen/trailer/remorque
II = ℗ C ⊢141⊢ 5/6505/020

Niederbordwagen der DR, beladen
Loaded low sided wagon of the DR
Wagon à bords bas chargé de la DR

II = P ⊢105⊢

Hochbordwagen der DR
High sided open wagon of the DR
Wagon tombereau de la DR

II = P ⊢105⊢   5/6441/01*

Hochbordwagen der DR mit Bremserhaus
High sided wagon of the DR with cab
Tombereau de la DR avec guérite

II = P ⊢105⊢   5/6451/01

Hochbordwagen der DR
High sided open wagon of the DR
Wagon tombereau de la DR

II = P ⊢115⊢   5/6412/01

Hochbordwagen der DR (OPW)
High sided open wagon of the DR (OPW)
Wagon tombereau de la DR (OPW)

II = P ⊢115⊢   5/6412/011

Hochbordwagen der DR
High sided open wagon of the DR
Wagon tombereau de la DR

II = P ⊢115⊢   5/6413/01

Hochbordwagen der ČSD
High sided open wagon of the ČSD
Wagon tombereau des ČSD

II = P ⊢115⊢   5/6413/18

Hochbordwagen der FS (EUROP)
High sided open wagon of the FS (EUROP)
Wagon tombereau des FS (EUROP)

II = P ⊢105⊢   5/6442/101

Hochbordwagen der DR
High sided open wagon of the DR
Wagon tombereau de la DR

II = P ⊢105⊢   5/6442/01

Hochbordwagen der SBB/CFF
High sided open wagon of the SBB/CFF
Wagon tombereau des SBB/CFF

II = P ⊢105⊢   5/6443/17

Hochbordwagen der SBB/CFF (EUROP)
High sided open wagon of the SBB/CFF (EUROP)
Wagon tombereau des SBB/CFF (EUROP)

II = P ⊢105⊢   5/6443/171

Hochbordwagen der SBB/CFF
High sided open wagon of the SBB/CFF
Wagon tombereau des SBB/CFF

II = P ⊢115⊢   5/6417/17

Hochbordwagen der SNCF
High sided open wagon of the SNCF
Wagon tombereau de la SNCF

II = P ⊢105⊢   5/6444/071

Hochbordwagen der SNCB/NMBS
High sided open wagon of the SNCB/NMBS
Wagon tombereau de la SNCB/NMBS

II = P ⊢105⊢   5/6444/041

Hochbordwagen
High sided open wagon
Wagon tombereau
II = P ⊢105⊢
NS   5/6444/09
SAAR EUROP   5/6444/031

UIC-Hochbordwagen der DB (EUROP)
High sided open UIC wagon of the DB (EUROP)
Wagon tombereau UIC de la DB (EUROP)

II = P ⊢115⊢   5/6410/021

UIC-Hochbordwagen der DR (OPW)
High sided open UIC wagon of the DR (OPW)
Wagon tombereau UIC de la DR (OPW)

II = P ⊢115⊢

UIC-Hochbordwagen der MÁV
High sided open UIC wagon of the MÁV
Wagon tombereau UIC de la MÁV

II = P ⊢115⊢   5/6410/20

UIC-Hochbordwagen der ČSD (OPW)
High sided open UIC wagon of the ČSD (OPW)
Wagon tombereau UIC des ČSD (OPW)

II = P ⊢115⊢   5/6410/181

Hochbordwagen der ČSD
High sided open wagon of the ČSD
Wagon tombereau des ČSD

II = P ⊢115⊢   5/6406/18

Güterwagen
Goods wagons
Wagons marchandises

Gedeckter Großraumgüterwagen der DR
Covered high-capacity wagon of the DR
Wagon couvert de grande capacité de la DR
braun/brown/brun
II = Ⓟ ⊦180⊦   5/6420/01
grün/green/vert
II = Ⓟ ⊦180⊦   5/6420/012

Gedeckter Großraumgüterwagen der DR
mit Stirnwandtüren
Covered high-capacity wagon of the DR
with end-wall doors
Wagon couvert de grande capacité de la DR
avec portes en bout
II = Ⓟ ⊦180⊦   5/6420/015

Gedeckter Großraumgüterwagen der DR
mit Bremserhaus
Covered high-capacity wagon of the DR
with brake cabin
Wagon couvert de grande capacité de la DR
avec guérite
II = Ⓟ ⊦185⊦   5/6405/01

Großraum-Hochbordwagen der DR
High sided open high-capacity wagon
of the DR
Wagon tombereau de grande capacité
de la DR
II = Ⓟ ⊦157⊦   5/6423/01

Großraum-Hochbordwagen der DR
High sided open high-capacity wagon
of the DR
Wagon tombereau de grande capacité
de la DR
II = Ⓟ⊦157⊦   5/6422/01

Flachwagen der DR mit Rungen
Flat wagon of the DR with stanchions
Wagon plat de la DR à ranchers
II = Ⓟ ⊦230⊦   5/6419/01

Flachwagen der DR mit 3 20'-Containern
Flat wagon of the DR with 3 20' containers
Wagon plat de la DR avec 3 containers
de 20'
II = Ⓟ ⊦230⊦   5/6419/015

Niederbordwagen der DR mit Holzrungen
Low sided wagon of the DR with wooden
stanchions
Wagon à bords bas de la DR à ranchers
en bois
II = Ⓟ ⊦131⊦   5/6416/015

Niederbordwagen der DR mit Stahlrungen
Low sided wagon of the DR with steel
stanchions
Wagon à bords bas de la DR à ranchers
en acier
II = Ⓟ ⊦131⊦   5/6416/01

Niederbordwagen der PKP mit Holzrungen
Low sided wagon of the PKP
with wooden stanchions
Wagon à bords bas des PKP
à ranchers en bois
II = Ⓟ ⊦131⊦   5/6416/155

Klappdeckelwagen der DR
Wagon with hinged hatches of the DR
Wagon à trappes de la DR
II = Ⓟ ⊦105⊦

Gedeckter Güterwagen der SNCF
Covered wagon of the SNCF
Wagon couvert de la SNCF
II = Ⓟ ⊦105⊦
SNCF   5/6449/07
SNCF EUROP   5/6449/071

Gedeckter Güterwagen der DR
Covered wagon of the DR
Wagon couvert de la DR
II = Ⓟ ⊦105⊦   5/6449/01

Bahndienstwagen der DR
Service wagon of the DR
Wagon de service de la DR
II = Ⓟ ⊦105⊦   5/6449/012

Gedeckter Güterwagen der SBB/CFF
Covered wagon of the SBB/CFF
Wagon couvert des SBB/CFF
II = Ⓟ ⊦105⊦   5/6449/173

Kühlwagen der FS Italia
Refrigerator wagon of the FS Italia
Wagon réfrigérant des FS Italia

MARTINI
II = ℗ ⊣105⊢   5/6448/105
CINZANO
II = ℗ ⊣105⊢   5/6448/106
BERTOLI
II = ℗ ⊣105⊢   5/6448/107

Gedeckter Güterwagen der FS
Covered wagon of the FS
Wagon couvert des FS

II = ℗ ⊣105⊢   5/6448/10

Gedeckter Güterwagen der DR
Covered wagon of the DR
Wagon couvert de la DR

II = ℗ ⊣105⊢   5/6448/01

Bier-Kühlwagen der DR
Refrigerated beer wagon of the DR
Wagon réfrigérant transport de bière
de la DR

RADEBERGER PILSNER
II = ℗ ⊣105⊢   5/6448/017
STERNBURG
II = ℗ ⊣105⊢   5/6448/015

Kühlwagen der DR
Refrigerator wagon of the DR
Wagon réfrigérant de la DR

MARGONWASSER
II = ℗ ⊣105⊢   5/6448/016

Kühlwagen der DR
Refrigerator wagon of the DR
Wagon réfrigérant de la DR

INTERFRIGO
II = ℗ ⊣105⊢

Gedeckter Güterwagen der DR
Covered wagon of the DR
Wagon couvert de la DR

II = ℗ ⊣105⊢   5/6445/01

Kühlwagen der DR
Refrigerator wagon of the DR
Wagon réfrigérant de la DR

II = ℗ ⊣105⊢   5/6445/015

Wasserstoffwagen der DR
Hydrogen wagon of the DR
Wagon transport d'hydrogène de la DR

II = ℗ ⊣105⊢   5/6445/018

Feuerlöschwagen der DR
Fire brigade wagon of the DR
Wagon des pompiers de la DR

II = ℗ ⊣105⊢   5/6445/012

Gedeckter Güterwagen der DB
Covered wagon of the DB
Wagon couvert de la DB

II = ℗ ⊣105⊢   5/6445/02

Bahndienstwagen der DB
Service wagon of the DB
Wagon de service de la DB

II = ℗ ⊣105⊢   5/6445/022

Kühlwagen der DSB
Refrigerator wagon of the DSB
Wagon réfrigérant de la DSB

II = ℗ ⊣105⊢   5/6445/06

Gedeckter Güterwagen der SNCB/NMBS
Covered wagon of the SNCB/NMBS
Wagon couvert de la SNCB/NMBS

II = ℗ ⊣105⊢   5/6445/05

Gedeckter Güterwagen der CFL (EUROP)
Covered wagon of the CFL (EUROP)
Wagon couvert des CFL (EUROP)

II = ℗ ⊣105⊢   5/6445/121

Gedeckter Güterwagen der SNCF
(EUROP)
Covered wagon of the SNCF (EUROP)
Wagon couvert de la SNCF (EUROP)

II = ℗ ⊣105⊢   5/6445/071

Gedeckter Güterwagen der ČSD
Covered wagon of the ČSD
Wagon couvert dés ČSD

II = ℗ ⊣105⊢   5/6445/184

Gedeckter Güterwagen der PKP
Covered wagon of the PKP
Wagon couvert des PKP

II = ℗ ⊣105⊢   5/6445/15

Gedeckter Güterwagen der PKP
Covered wagon of the PKP
Wagon couvert des PKP

II = ℗ ⊣105⊢   5/6445/154

Bahndienstwagen der MÁV
Service wagon of the MÁV
Wagon de service de la MÁV

II = ℗ ⊣105⊢   5/6445/202

Großraum-Kühlwagen der DR
High-capacity refrigerator wagon
of the DR
Wagon réfrigérant de grande capacité
de la DR

II = Ⓟ ⊢185⊦   5/6425/01

INTERFRIGO
II = Ⓟ ⊢185⊦   5/6425/011

Großraum-Kühlwagen der CFR
(Rumänien)
High-capacity refrigerator wagon
of the CFR (Roumania)
Wagon réfrigérant de grande capacité
des CFR (Roumanie)

II = Ⓟ ⊢185⊦   5/6425/16

Großraum-Kühlwagen der ČSD
High-capacity refrigerator wagon
of the ČSD
Wagon réfrigérant de grande capacité
des ČSD

II = Ⓟ ⊢185⊦   5/6425/18

Eiskühlwagen der SŽD (UdSSR)
Ice refrigerator wagon of the SŽD
(USSR)
Wagon réfrigérant à glace des SŽD
(URSS)

II = Ⓟ ⊢185⊦   5/6409/19

Maschinenkühlwagen Typ Tehkor der DR
Mechanically-refrigerated wagon
type Tehkor of the DR
Wagon frigorifique type Tehkor de la DR

II = Ⓟ ⊢207⊦   426/101

Gedeckter Güterwagen der DR
mit Bremserhaus
Covered wagon of the DR with cab
Wagon couvert de la DR avec guérite

II = Ⓟ ⊢109⊦   5/6450/01

Gedeckter Güterwagen der DR
Covered wagon of the DR
Wagon couvert de la DR

II = Ⓟ ⊢105⊦   5/6446/01

Kühlwagen der DR
Refrigerator wagon of the DR
Wagon réfrigérant de la DR

II = Ⓟ ⊢105⊦   5/6446/016

Kühlwagen der DR
Refrigerator wagon of the DR
Wagon réfrigérant de la DR

II = Ⓟ ⊢105⊦   5/6446/015

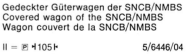

Bahndienstwagen der DR mit Bremser-
haus
Service wagon of the DR with cab
Wagon de service de la DR avec
guérite
II = Ⓟ ⊢109⊦   5/6450/012

Gedeckter Güterwagen der DB
Covered wagon of the DB
Wagon couvert de la DB

II = Ⓟ ⊢105⊦   5/6446/025

Gedeckter Güterwagen der ÖBB
Covered wagon of the ÖBB
Wagon couvert des ÖBB

II = Ⓟ ⊢105⊦   5/6446/14

Gedeckter Güterwagen der SNCB/NMBS
Covered wagon of the SNCB/NMBS
Wagon couvert de la SNCB/NMBS

II = Ⓟ ⊢105⊦   5/6446/04

Gedeckter Güterwagen der PKP
mit Bremserhaus
Covered wagon of the PKP with cab
Wagon couvert des PKP avec guérite

II = Ⓟ ⊢109⊦   5/6450/154

Gedeckter Güterwagen der PKP
Covered wagon of the PKP
Wagon couvert des PKP

II = Ⓟ ⊢105⊦   5/6446/154

Gedeckter Güterwagen der SNCF
(EUROP)
Covered wagon of the SNCF (EUROP)
Wagon couvert de la SNCF (EUROP)

II = Ⓟ ⊢105⊦   5/6446/071

Gedeckter Güterwagen der BDŽ
(Bulgarien)
Covered wagon of the BDŽ (Bulgaria)
Wagon couvert de la BDŽ (Bulgarie)

II = Ⓟ ⊢105⊦   5/6446/05

Vierachsiger Einheitskesselwagen der DR
Bogie standard tank wagon of the DR
Wagon-citerne unifié à 4 essieux standard de la DR

LEUNA
II = Ⓟ ⊣142⊢ 5/6424/018
MINOL
II = Ⓟ ⊣142⊢ 5/6424/016
BUNA
II = Ⓟ ⊣142⊢ 5/6424/015

Vierachsiger Einheitskesselwagen der DR
Bogie standard tank wagon of the DR
Wagon-citerne unifié à 4 essieux standard de la DR
II = Ⓟ ⊣142⊢ 5/6424/019

Vierachsiger Einheitskesselwagen der DR
Bogie standard tank wagon of the DR
Wagon-citerne unifié à 4 essieux standard de la DR
VEB PETROLCHEMIE
II = Ⓟ ⊣142⊢ 5/6424/017

Gedeckter Güterwagen der DR mit Bremserhaus
Covered wagon of the DR with cab
Wagon couvert de la DR avec guérite
II = Ⓟ ⊣110⊢ 5/6452/01

Gedeckter Güterwagen der MÁV mit Bremserhaus
Covered wagon of the MÁV with cab
Wagon couvert de la MÁV avec guérite
II = Ⓟ ⊣110⊢ 5/6452/20

Säurekesselwagen der DR
Acid tank wagon of the DR
Wagon transport d'acide de la DR
II = Ⓟ ⊣100⊢ 426/103

Weinfaßwagen der MÁV
Wine-cask wagon of the MÁV
Wagon transport de vin de la MÁV
II = Ⓟ ⊣100⊢ 426/115

Kühlwagen der DR mit Sonnendach
Refrigerator wagon of the DR with sun-shield
Wagon réfrigérant de la DR avec pare-soleil
II = Ⓟ ⊣105⊢ 5/6407/01

Kühlwagen der MÁV mit Sonnendach
Refrigerator wagon of the MÁV with sun-shield
Wagon réfrigérant de la MÁV avec pare-soleil
II = Ⓟ ⊣105⊢ 5/6407/20

Säuretopfwagen der DR
Carboy wagon of the DR
Wagon à réservoirs d'acide de la DR
II = Ⓟ ⊣112⊢ 5/6454/01

Kalkkübelwagen der DR
Lime tub wagon of the DR
Wagon à bennes à chaux de la DR
II = Ⓟ ⊣100⊢ 426/114

Gedeckter Güterwagen der SBB/CFF (EUROP)
Covered wagon of the SBB/CFF (EUROP)
Wagon couvert de SBB/CFF (EUROP)
II = Ⓟ ⊣105⊢

Kühlwagen der SBB/CFF
Refrigerated wagon of the SBB/CFF
Wagon réfrigérant des SBB/CFF
II = Ⓟ ⊣105⊢

Selbstentladewagen der DR
Self discharging wagon of the DR
Wagon à déchargement automatique de la DR
II = Ⓟ ⊣135⊢ 5/6426/01

Passende Entladebühnen:
Suitable unloading ramps:
Plate-formes à déchargement:
5/6830
5/6831

Stückgutwagen der DR
Mixed cargo wagon of the DR
Wagon à marchandises en colis de la DR
II = Ⓟ ⊣100⊢ 5/6605/015

Güterzugbegleitwagen
Convoy wagon
Fourgon à marchandises
II = Ⓟ ⊣100⊢
DR 5/6605/01
ČSD 5/6605/18

Kranwagen und Niederbordwagen der DR mit Werkzeug
Crane-wagon and low sided wagon of the DR with tools
Wagon-grue et wagon à bords bas de la DR avec des outils
II = Ⓟ ⊣185⊢

Güterwagen
Goods wagons
Wagons marchandises

Vierachsiger Kesselwagen der DB		
Bogie tank wagon of the DB		
Wagon-citerne à 4 essieux de la DB		
	ESSO	
	II = P ⊣142⊢	5/6424/026
	SHELL	
	II = P ⊣142⊢	5/6424/027
	ARAL	
	II = P ⊣142⊢	5/6424/028

Vierachsiger Kesselwagen der DB	BP		Vierachsiger Kesselwagen	MÁV
Bogie tank wagon of the DB	II = P ⊣142⊢		Bogie tank wagon	II = P ⊣142⊢	5/6424/20
Wagon-citerne à 4 essieux de la DB		5/6424/025	Wagon-citerne à 4 essieux	ČSD	
				II = P ⊣142⊢	5/6424/18

Einheits-Kesselwagen der DR	grau/grey/gris		Kesselwagen der DB	TEGA PROPAN
Standard tank wagon of the DR	II = P ⊣100⊢	5/6408/01	Tank wagon of the DB	II = P ⊣100⊢
Wagon-citerne unifié de la DR	silber/silver/argent		Wagon-citerne de la DB	TEGA KÄLTEMITTEL
	II = P ⊣100⊢	5/6408/019		II = P ⊣100⊢
	VEB PETROLCHEMIE			
	II = P ⊣100⊢			

Einheits-Kesselwagen der DR	Kesselwagen der DB	Kesselwagen der DB	Kesselwagen der ÖBB
Standard tank wagon of the DR	Tank wagon of the DB	Tank wagon of the DB	Tank wagon of the ÖBB
Wagon-citerne unifié de la DR	Wagon-citerne de la DB	Wagon-citerne de la DB	Wagon-citerne des ÖBB
MINOL	SHELL	ARAL	ÖMV
II = P ⊣100⊢ 5/6408/016	II = P ⊣100⊢ 5/6408/027	II = P ⊣100⊢	II = P ⊣100⊢ 5/6408/14

DR **DB**

S **DSB**

B

Kesselwagen der DSB	Kesselwagen der SNCB/NMBS	Kesselwagen der MÁV
Tank wagon of the DSB	Tank wagon of the SNCB/NMBS	Tank wagon of the MÁV
Wagon-citerne de la DSB	Wagon-citerne de la SNCB/NMBS	Wagon-citerne de la MÁV
RINGSTED	SHELL CHEMICALS	II = P ⊣100⊢ 5/6408/20
II = P ⊣100⊢ 5/6408/06	II = P ⊣100⊢ 5/6408/04	

Kesselwagen der DB	Kesselwagen der DB	Kesselwagen der DB	ESSO
Tank wagon of the DB	Tank wagon of the DB	Tank wagon of the DB	II = P ⊣100⊢ 426/105
Wagon-citerne de la DB	Wagon-citerne de la DB	Wagon-citerne de la DB	SHELL
			II = P ⊣100⊢ 426/107
II = P ⊣100⊢ 426/104	BP	II = P ⊣100⊢ 426/106		

Oldtimer-Personenwagen der DR
Old time passenger coach of the DR
Voiture ancienne de la DR

II = Ⓟ B ⊢110⊢   5/6415/01

Oldtimer-Personenwagen der DR
mit Bremserhaus
Old time passenger coach of the DR
with brake cabin
Voiture ancienne de la DR avec guérite

II = Ⓟ B ⊢113⊢   5/6416/01

Aussichtswagen der Windbergbahn (DR)
Observation coach of the Windberg
railway (DR)
Voiture panoramique du chemin de fer
Windberg (DR)

II = Ⓟ ⊢113⊢   5/6414/01

Nebenbahn-Personenwagen der DR
Secondary line coach of the DR
Voiture de lignes secondaires de la DR

II = Ⓟ B ⊢142⊢   5/6413/01

Einheitspersonenwagen der DR
Standard passenger coach of the DR
Voiture unifiée de la DR

II = Ⓟ B ⊢138⊢   5/536/2199

Einheitspersonenwagen der DR
Standard passenger coach of the DR
Voiture unifiée de la DR

II = Ⓟ ⊠ B ⊢145⊢   5/536/821

Gepäckwagen der DR
Luggage van of the DR
Fourgon à bagages de la DR

II = Ⓟ ⊢145⊢   5/536/820

Einheitspersonenwagen der DB
Standard passenger coach of the DB
Voiture unifiée de la DB

II = Ⓟ ⊠ B ⊢145⊢   5/536/...

Einheitspersonenwagen der DB
Standard passenger coach of the DB
Voiture unifiée de la DB

II = Ⓟ ⊠ B ⊢145⊢

Gepäckwagen der DB
Luggage van of the DB
Fourgon à bagages de la DB

II = Ⓟ ⊢145⊢   5/536/...

Beiwagen VB 140 zum Triebwagen
VT 135 der DR
Trailer VB 140 for the railcar VT 135
of the DR
Remorque VB 140 pour l'autorail VT 135
de la DR

II = Ⓟ ☒ B ⊢145⊢   5/536/938

Beiwagen VB 140 zum Triebwagen
VT 70 der DB
Trailer VB 140 for the railcar VT 70
of the DB
Remorque VB 140 pour l'autorail VT 70
de la DB

II = Ⓟ ☒ B ⊢145⊢   5/536/1064

Personenwagen der ČSD
Passenger coach of the ČSD
Voiture des ČSD

II = Ⓟ ☒ B ⊢145⊢

Gepäckwagen der ČSD
Luggage van of the ČSD
Fourgon à bagages des ČSD

II = Ⓟ ⊢145⊢

Personenwagen der MÁV
Passenger coach of the MÁV
Voiture de la MÁV

II = Ⓟ ☒ B ⊢145⊢

Gepäckwagen der MÁV
Luggage van of the MÁV
Fourgon à bagages de la MÁV

II = Ⓟ ⊢145⊢

Personenwagen Langenschwalbach der
DR
Passenger coach Langenschwalbach
of the DR
Voiture Langenschwalbach de la DR

II = Ⓟ ☒ ⚕ B ⊢165⊢   426/33
II = Ⓟ ☒ (⚕) B ⊢165⊢   426/34

Personenwagen Langenschwalbach der
DR
Passenger coach Langenschwalbach
of the DR
Voiture Langenschwalbach de la DR

II = Ⓟ ☒ ⚕ B ⊢165⊢   426/35
II = Ⓟ ☒ (⚕) B ⊢165⊢   426/36

Personenwagen Langenschwalbach der
DR
Passenger coach Langenschwalbach
of the DR
Voiture Langenschwalbach de la DR

II = Ⓟ ☒ ⚕ B ⊢165⊢   426/37
II = Ⓟ ☒ (⚕) B ⊢165⊢   426/38

Postwagen der Deutschen Post (DDR)
Mail-van - Deutsche Post (GDR)
Wagon-poste - Deutsche Post (RDA)

II = Ⓟ ⚕ ⊢190⊢   426/674
II = Ⓟ (⚕) ⊢190⊢   426/933

Die unverkürzten Modernisierungswagen haben sehr laufruhige Drehgestelle und werden eng gekuppelt.
The unshortened modernized coaches have smoothly running bogies and are coupled closely.
Les voitures modernisées non abrégées ont des bogies de grande stabilité de marche et ils sont attelées étroitement.

Modernisierungs-Reisezugwagen der DR
Modernized passenger coach of the DR
Voiture voyageurs modernisée de la DR

II = P ⊠ (⚓) B ⊦244⊦   5/6509

Modernisierungs-Reisezugwagen der DR
Modernized passenger coach of the DR
Voiture voyageurs modernisée de la DR

II = P ⊠ (⚓) AB ⊦244⊦   5/6508

Modernisierungs-Reisezugwagen der DR
Modernized passenger coach of the DR
Voiture voyageurs modernisée de la DR

II = P ⊠ (⚓) A ⊦244⊦   5/6507

Modernisierungs-Reisezugwagen der DR
mit Büffetabteil
Modernized passenger coach of the DR
with buffet compartment
Voiture voyageurs modernisée de la DR
avec buffet

II = P ⊠ (⚓) B ⊦244⊦   5/6510

Modernisierungs-Gepäckwagen der DR
Modernized luggage van of the DR
Fourgon à bagages modernisé de la DR

II = P ⊠ (⚓) ⊦244⊦   5/6511

Rekowagen (Umbauwagen) der DR
Reconstructed passenger coach of the DR
Voiture transformée de la DR

II = P ⊠ ⚓ B ⊦212⊦   426/39
II = P ⊠ (⚓) B ⊦212⊦   426/40

Oldtimer-Schnellzugwagen der DR
Old time express coach of the DR
Voiture grandes lignes ancienne de la DR

II = P ⊠ ⚓ B ⊦230⊦   426/935
II = P ⊠ (⚓) B ⊦230⊦   426/936

Oldtimer-Schnellzugwagen der DR
Old time express coach of the DR
Voiture grandes lignes ancienne de la DR

II = P ⊠ ⚓ B ⊦230⊦   426/875
II = P ⊠ (⚓) B ⊦230⊦   426/877

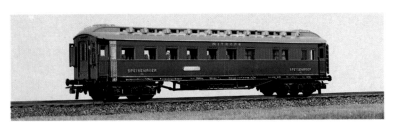

Oldtimer-Speisewagen der MITROPA
Old time dining-car of the MITROPA
Voiture-restaurant ancienne de la MITROPA

II = P ⊠ ⚓ ⊦230⊦   426/872
II = P ⊠ (⚓) ⊦230⊦   426/871

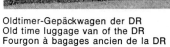

Oldtimer-Gepäckwagen der DR
Old time luggage van of the DR
Fourgon à bagages ancien de la DR

II = P ⊠ ⚓ ⊦230⊦   426/1111
II = P ⊠ (⚓) ⊦230⊦   426/1110

Zweiteiliger Doppelstockzug der DR
Two-part double-deck train of the DR
Train à étages à deux élémentes de la DR

II = Ⓟ ⊠ ♆ B ⊣463⊢ 426/879
II = Ⓟ ⊠ (♆) B ⊣463⊢ 426/1100

Mittelstück zur Erweiterung auf vier Teile (DR)
Intermediate extension set to four parts (DR)
Partie intermediaire de complément à quatre éléments (DR)

II = Ⓟ ⊠ ♆ B ⊣392⊢ 426/886
II = Ⓟ ⊠ (♆) B ⊣392⊢ 426/1101

Zweiteiliger Doppelstockzug der ČSD
Two-part double-deck train of the ČSD
Train à étages à deux éléments des ČSD

II = Ⓟ ⊠ ♆ B ⊣463⊢ 426/1106
II = Ⓟ ⊠ (♆) B ⊣463⊢ 426/1108

Mittelstück zur Erweiterung auf vier Teile (ČSD)
Intermediate extension set to four parts (ČSD)
Partie intermediaire de complément à quatre éléments (ČSD)

II = Ⓟ ⊠ ♆ B ⊣392⊢ 426/1107
II = Ⓟ ⊠ (♆) B ⊣392⊢ 426/1109

Zweiteiliger Doppelstockzug der PKP
Two-part double-deck train of the PKP
Train à étages à deux éléments des PKP

II = Ⓟ ⊠ ♆ ⊣463⊢ 426/1102
II = Ⓟ ⊠ (♆) ⊣463⊢ 426/1104

Mittelstück zur Erweiterung auf vier Teile (PKP)
Intermediate extension set to four parts (PKP)
Partie intermediaire de complèment à quatre éléments (PKP)

II = Ⓟ ⊠ ♆ B ⊣392⊢ 426/1103
II = Ⓟ ⊠ (♆) B ⊣392⊢ 426/1105

Schnellzugwagen der DR
Express coach of the DR
Voiture grandes lignes de la DR

II = Ⓟ ⊠ ♆ B ⊣250⊢ 426/50
II = Ⓟ ⊠ (♆) B ⊣250⊢ 426/52

Schnellzugwagen der DR
Express coach of the DR
Voiture grandes lignes de la DR

II = Ⓟ ⊠ ♆ AB ⊣250⊢ 426/51
II = Ⓟ ⊠ (♆) AB ⊣250⊢ 426/53

Schnellzugwagen der DR
Express coach of the DR
Voiture grandes lignes de la DR

II = Ⓟ ⊠ ♆ A ⊣250⊢ 426/66
II = Ⓟ ⊠ (♆) A ⊣250⊢ 426/67

Schnellzug-Postwagen der
der Deutschen Post (DDR)
Express mail-van - Deutsche Post (GDR)
Wagon-poste grandes lignes -
Deutsche Post (RDA)

II = Ⓟ ⊠ ♆ ⊣250⊢ 426/72
II = Ⓟ ⊠ (♆) ⊣250⊢ 426/73

Speisewagen der MITROPA
Dining-car of the MITROPA
Voiture-restaurant de la MITROPA

| II = ℙ ⊠ ⚏ ⊢250⊣ | 426/62 |
| II = ℙ ⊠ (⚏) ⊢250⊣ | 426/63 |

Schlafwagen der MITROPA
Sleeping car of the MITROPA
Voiture-lits de la MITROPA

| II = ℙ ⊠ ⚏ ⊢250⊣ | 426/58 |
| II = ℙ ⊠ (⚏) ⊢250⊣ | 426/59 |

Schnellzugwagen der ČSD
Express coach of the ČSD
Voiture grandes lignes des ČSD

| II = ℙ ⊠ ⚏ B ⊢250⊣ | 426/54 |
| II = ℙ ⊠ (⚏) B ⊢250⊣ | 426/56 |

Schnellzugwagen der ČSD
Express coach of the ČSD
Voiture grandes lignes des ČSD

| II = ℙ ⊠ ⚏ AB ⊢250⊣ | 426/55 |
| II = ℙ ⊠ (⚏) AB ⊢250⊣ | 426/57 |

Schnellzugwagen der ČSD
Express coach of the ČSD
Voiture grandes lignes des ČSD

| II = ℙ ⊠ ⚏ A ⊢250⊣ | 426/68 |
| II = ℙ ⊠ (⚏) A ⊢250⊣ | 426/69 |

Liegewagen der ČSD
Couchette coach of the ČSD
Voiture-couchettes des ČSD

| II = ℙ ⊠ ⚏ B ⊢250⊣ | 426/70 |
| II = ℙ ⊠ (⚏) B ⊢250⊣ | 426/71 |

Speisewagen der ČSD
Dining-car of the ČSD
Voiture-restaurant des ČSD

| II = ℙ ⊠ ⚏ ⊢250⊣ | |
| II = ℙ ⊠ (⚏) ⊢250⊣ | |

Schlafwagen der ČSD
Sleeping car of the ČSD
Voiture-lits des ČSD

| II = ℙ ⊠ ⚏ ⊢250⊣ | 426/60 |
| II = ℙ ⊠ (⚏) ⊢250⊣ | 426/61 |

Schnellzugwagen der MÁV
Express coach of the MÁV
Voiture grandes lignes de la MÁV

| II = ℙ ⊠ ⚏ AB ⊢250⊣ | |
| II = ℙ ⊠ (⚏) AB ⊢250⊣ | |

Schnellzugwagen der MÁV
Express coach of the MÁV
Voiture grandes lignes de la MÁV

| II = ℙ ⊠ ⚏ A ⊢250⊣ | |
| II = ℙ ⊠ (⚏) A ⊢250⊣ | |

Schnellzug-Gepäckwagen der MÁV
Express luggage van of the MÁV
Fourgon grandes lignes de la MÁV

| II = ℙ ⊠ ⚏ ⊢250⊣ | |
| II = ℙ ⊠ (⚏) ⊢250⊣ | |

Oldtimer-Reiterstellwerk
„Wuppertal-Elberfeld" der DB/ex DR
Old time bridge signal cabin
"Wuppertal-Elberfeld" of the DB/ex DR
Poste passerelle ancien
«Wuppertal-Elberfeld» de la DB/ex DR

P K   562

Die Firma POLA stellt seit 1958 Modell-spielwaren aus Kunststoff her. Das Unternehmen beschäftigt heute ca. 100 Mitarbeiter und liefert Gebäudebausätze und Anlagenbau-Zubehör für Modell-bahnen in Baugröße N, HO und III (LGB). Das HO-Programm umfaßt ca. 80 Gebäu-demodelle wie Bahnhöfe, Stellwerke, Lokschuppen, Wasserturm, Bekohlungs- und Besandungsanlagen, Lagerhallen, Fabrikanlagen, Mühlen, Sägewerk und Schotterwerk, Stadtgebäude, Siedlungs-häuser und Kirchen. Zur Ausgestaltung der Bahnstrecken gibt es Auffahrten, Brücken, auch eine motorisierte Klapp-brücke und Tunnelportale.
Die Bausätze sind leicht zusammenzu-bauen. Die Farbgebung der Modelle ist sorgfältig gestaltet, einige zeigen sogar realistische „Verwitterungs-erscheinungen". Die Gebäude haben europäische Vorbilder, können jedoch bei der Montage variiert werden.
Ein Teil des POLA-Programms sowie einige exklusiv gefertigte Modelle nach amerikanischen Originalen werden von Modellbahnfirmen in England, Kanada und in den USA unter eigener Marke vertrieben. POLA liefert über den Fachhandel.

The firm of POLA has been manufac-turing plastic toys since 1958. Today the enterprise employs about 100 people and supplies building kits and layout accessories for model railways in N, HO, and III (LGB) scale.
The HO scale programme contains about 80 model buildings like stations, signal cabins, engine sheds, a water-

tower, coaling and sanding installations, warehouses, factory plants, mills, a saw-mill, a gravel station, city and suburban houses, and churches. For shaping alignments there are trestle sets, bridges, among them also a motorized bascule bridge, and tunnel entrances. The kits are easy to assemble.
Colour design of the models is care-fully outlined, some even feature realistic "weatherings". The buildings are of European prototypes, but they can be varied when mounting. Part of the POLA programme and some exclu-sively made American style models are distributed by model railway companies in England, Canada and the USA under their brands. POLA delivers to the specialized trade.

Depuis 1958 la firme POLA produit des jouets en matière plastique. L'entre-prise emploie actuellement 100 per-sonnes environ. Elle livre des bâtiments en maquettes à monter et des accessoi-res pour installations ferroviaires en échelle N, HO et III (LGB).
Le programme HO comprend à peu près 80 modèles de bâtiments tels que gares, postes d'aiguillage, remise à machines, château d'eau, installations de chargement de charbon et de sable, dépôts, usines, moulins, scieries et usines de cailloutis, bâtiments de ville, immeubles de colonies et églises. Pour le développement des lignes ferroviaires il y a des rampes d'accès, ponts, de même un pont à bascule motorisé et des portails de tunnel.

Großstadt-Personenbahnhof
in viktorianischem Baustil
Mainline passenger station in victorian style
Gare voyageurs de grandes lignes en style victorien

P K   655

Portal-Ladekran mit Laufschienen aus Kunststoff
Dockside gantry loading crane with plastic rails
Grue de chargement à portique roulant sur rails en matière plastique

P K   705

Les maquettes sont faciles à monter. La peinture des modèles est soigneuse-ment composée; quelques-uns présen-tent même des «aspects de désagré-gation» réalistes. Les bâtiments sont conçus d'après des prototypes euro-péens, mais on peut bien les varier lors du montage. Une partie du pro-gramme POLA ainsi que quelques-uns des modèles fabriqués exclusivement d'après des prototypes américains sont débités par des fabricants de chemins de fer modèle réduit en Angleterre, au Canada et aux Etats Unis sous une marque propre.
POLA livre par l'intermédiaire de détaillants spécialisés.

✉

POLA
Modellspielwarenfabrik
D-8731 Rothhausen

JMC International - POLA
1025 Industrial Drive
USA Bensenville, Ill. 60106

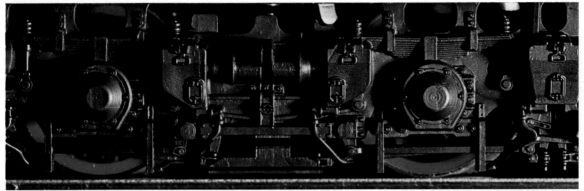

Rivarossi fertigt Modelleisenbahnen und Zubehör in den Baugrößen HO, N und O. Das Unternehmen besteht seit 1945 und beschäftigt zur Zeit etwa 300 Mitarbeiter.

Das Lieferprogramm der Baugröße HO umfaßt ca. 300 Fahrzeugmodelle, die nach internationalen Vorbildern sorgfältig und genau gearbeitet sind, dazu ein komplettes Gleissystem, eine funktionsfähige Oberleitung und reichhaltiges Zubehör.

Die Rivarossi-Modelleisenbahn entspricht dem NEM-Zweileiter-Gleichstrom-Prinzip. Die Fahrzeuge sind mit NEM-Kupplungen Klasse A ausgerüstet, die durch eine Vorentkupplungseinrichtung (Klasse B) ergänzt werden kann. Einige amerikanische Modelle haben die NMRA-Klauen-Kupplung, die jedoch gegen die Rivarossi-Serienkupplung austauschbar ist. Verschiedene Lokomotiven sind auch in Wechselstromausführung mit Mittelleiter lieferbar, für die Wagen gibt es entsprechende Radsätze. Die Elektrolokomotiven sind alle auf Oberleitungsstromabnahme umschaltbar. Für den Bastler gibt es einige Fahrzeuge auch als Bausätze.

Eine interessante Ergänzung ist eine HO-Vollspur-Straßenbahn, deren Gleise in Straßenteile integriert sind, die auch die Oberleitung aufnehmen.

Rivarossi manufactures model railways and accessories in HO, N and O scale. The enterprise was founded in 1945 and employs nowadays about 300 people.

The HO scale programme contains circa 300 model vehicles according to international prototypes and carefully and exactly made, in addition a complete track system, an operating catenary and a lot of accessories.

The Rivarossi model railway corresponds to the NEM two-rails DC standards. The vehicles are equipped with NEM class A couplings, which can be modified by a preuncoupling device (class B). Some American models have NMRA horn-hook couplings exchangeable for the Rivarossi standard couplings. Several locomotives are also available as AC executions with center-collector, for the wagons there are exchange wheel-sets. All electric locomotives can be switched to overhead line current supply. To the model constructor Rivarossi offers some vehicles as kits.

An interesting completion is an HO standard gauge tramway, running on integrated road-track sections with live catenary.

Rivarossi construit des chemins de fer modèle réduit et des accessoires à l'échelle HO, N et O. L'entreprise existe depuis 1945 et occupe actuellement 300 personnes environ.

Le programme des produits à l'échelle HO comprend 300 modèles de véhicules, exécutés d'une façon soigneuse et exacte. De plus il y a un système de voie complet, une ligne aérienne fonctionnant et des accessoires assortis.

Le chemin de fer modèle réduit Rivarossi est conforme aux normes NEM à deux conducteurs et courant continu. Les véhicules sont munis d'attelages NEM de la classe A, pouvant être complétés par un dispositif de prédételage (classe B). Quelques modèles américains sont équipés d'attelages à griffes NMRA, mais sont aptes à recevoir les attelages de séries Rivarossi. Plusieurs locomotives sont aussi livrables en courant alternatif à conducteur central. Pour les véhicules il y a des essieux montés adéquats. Toutes les locomotives électriques sont commutables pour la prise de courant de la caténaire. Pour le bricoleur le programme offre quelques véhicules en boîtes de construction.

Un tramway en écartement HO dont les voies sont incorporées dans les éléments de rue, qui comprennent aussi la ligne aérienne, sont un complément intéressant.

Rivarossi nutzte schon früh die Möglichkeiten der Detaillierung durch hochwertige Kunststoffe und entwickelte daraus die heutige Perfektion.

Rivarossi has applicated the possibilities of detailation by fine plastics already in the beginning and has so developped the precision of today.

Rivarossi fut le premier à profiter des possibilités de détaillage offertes par des matiéres plastiques précieuses et il en a développé la perfection de nos jours.

Rivarossi ist der italienische Generalvertreter für Faller, Vollmer, Preiser, Wiking u. a. Lieferung erfolgt nur über den Fachhandel. Auslandsvertretungen existieren in über 40 Ländern.

Rivarossi is the Italian agent-general for Faller, Vollmer, Preiser, Wiking, and others. Items are only available from the specialized trade. Foreign representatives exist in more than 40 countries.

Rivarossi est le représentant général italien des firmes Faller, Vollmer, Preiser, Wiking et d'autres. La vente se fait exclusivement chez les détaillants spécialisés. Il y a des représentations à l'étranger dans plus de 40 pays.

✉

Rivarossi S. p. A.
Via Pio XI, 157/9
I - 22100 Como

Die Rivarossi-Bausätze entsprechen in ihrer Ausstattung den Fertigmodellen. Die Lokomotiven sind motorisiert und beleuchtet. Der Zusammenbau ist relativ einfach.

The Rivarossi kits are fitted out the same way as the mounted models. The locomotives are motorized and lighted. The assembly is relatively easy.

Les kits Rivarossi comprennent les mêmes équipements que les modèles finis. Les locomotives sont motorisées et illuminées. L'assemblage est relativement facile à réaliser.

An die Drehscheibe können bis zu 11 Lok-Schuppen angebaut werden. Der Einbaudurchmesser beträgt 400 mm, die Brücke ist 350 mm lang.

Up to 11 engine sheds can be connected to the turntable. The total diameter is 400 mm, the revolving bridge is 350 mm long.

Le pont tournant permet l'installation de 1 à 11 éléments de remises pour locomotives. Diamétre: 400 mm. Le pont a une longueur de 350 mm.

Gleissystem, Oberleitung
Track system, catenary
Système de voie, caténaire

Das Rivarossi-Gleis besteht aus Neusilber-Vollprofilschienen auf Kunststoff-schwellen. Es gibt Gerade (1/1 = 200 mm), ein flexibles Gleis (910 mm) und drei kombinierbare Radien (400, 515 und 585 mm). Für Abzweigungen stehen Hand- und Elektroweichen (20°, R = 585 mm), linke und rechte Kreuzung (20°), eine einfache Kreuzungsweiche (20°) und schlanke Bogenweichen zur Verfügung (siehe Grafik). Handweichen können auf Fernbedienung umgestellt werden. Die Entkupplungsgleise lösen die Kupplungen magnetisch ohne Berührung. Ein Aufgleiser, Prellböcke, Kontakt- und Trenngleise erweitern das Sortiment. Für alle Gleise gibt es einen Schaumstoff-Unterbau.

Für die Oberleitung können vier europäische Mast-Typen aufgestellt werden. Sie werden am Schienenstoß angeklemmt oder in Bohrungen an Brücken und Bahnsteigen gesteckt. Die Leitungsteile sind vorgefertigt für gerade Strecken, Kurven, Weichen und Kreuzungen.

Ein italienisches Lichtsignal steuert durch ein zusätzliches Relais auch den Fahrstrom. Weiteres elektrisches Zubehör sind Fahrtransformatoren (15 bis 30 VA), Beleuchtungstransformator (30 VA) und Schaltpulte. Etwas Besonderes sind ein Lokomotivgeräusch-Generator und Hupen in einigen Fahrzeugen, die durch ein Spezialgleis betätigt werden.

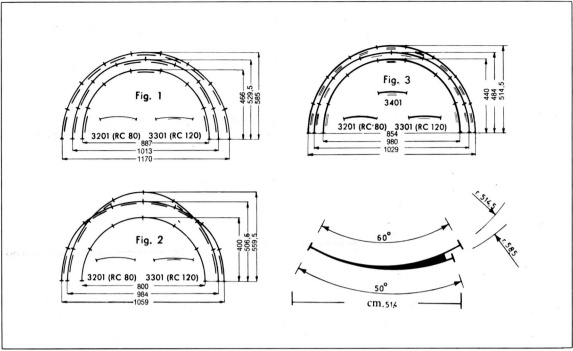

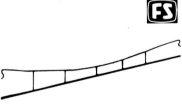

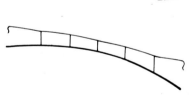

Bahnübergange, Brücken, Bahnhöfe, Lokschuppen und andere Gebäude als Bausätze oder Fertigmodelle ergänzen das Programm.

The Rivarossi track consists of nickelsilver profile rails on plastic ties. There are straight sections (1/1 = 200 mm), a flexible track (910 mm), and three combineable radii (400, 515 and 585 mm). Branches can be made by manual or electric switches (20°, R = 585 mm), left- and right-hand crossings (20°), a single slip switch (20°) and slim curved switches (see graphics). Manual switches can be motorized. The uncoupler tracks sever the couplings magnetically witout touching. A rerailer, buffer stops, insulated and contact tracks enlarge the assortment. There are foam rubber road beds for all tracks.

For the live catenary, four European types of masts can be set up. They are squeezed to the track joints or fixed into holes on bridges and platforms. The wire sections are prefabricated for straight lines, curves, branches and crossings.

An Italian colour light signal controls the traction current by an additional relay. More electric equipment are traction current DC transformers (15 to 30 VA), an AC lighting transformer (30 VA) and control boxes. Something special is a stationary locomotive sound device and horns in some vehicles operated by a special track.

Level crossings, bridges, stations, engine sheds and other buildings as kits or mounted complete the programme.

La voie RIVAROSSI se compose de rails en argent chinois sur traverses en matière plastique. On trouve des éléments droits (1/1 = 200 mm), une voie flexible (910 mm) et trois rayons à combiner (400, 515 et 585 mm). Pour obtenir les déviations on met à disposition des aiguillages manuels et électromagnétiques (20°, R = 585 mm), des croisements droits et gauches (20°), une traversée-jonction simple (20°) et des aiguillages courbes (voir graphique). Les aiguillages manuels peuvent être transformés en électromagnétiques. Les attelages sont desserrés magnétiquement, sans y toucher, par les voies de dételage. L'assortiment est complété par un appareil de remise sur rails, des heurtoirs, des voies de contact et des voies de sectionnement. Pour toutes les voies il y a une infrastructure en caotchouc mousse.

Pour la ligne aérienne on peut utiliser quatre types de poteaux européens. Ils seront fixés aux jonctions des sections ou bien encastrés dans des forages aux ponts et aux quais. Les éléments de caténaire sont préfabriqués pour des sections droites, courbes, aiguillages et croisements.

A l'aide d'un relais supplémentaire, un signal lumineux italien commande aussi le courant de traction. Transformateurs de traction (15 à 30 VA), transformateurs d'éclairage (30 VA) et pupitres de commande sont d'autres accessoires électriques. Une spécialité: Un dispositif acoustique reproduisant le bruit des locomotives à vapeur et des cornes montées dans quelques véhicules, actionnés à partir d'une voie spéciale.

Le programme est complété par des passages à niveau, ponts, gares, remises de locomotives et d'autres immeubles en éléments de construction ou préfabriqués.

Tenderlokomotive BR 835 der FS
Tank locomotive class 835 of the FS
Locomotive-tender série 835 des FS

II = ℗ ⚚ ✦ 3 ✦ ⊢115⊢   1131

Tenderlokomotive der F.N.M. (Mailand)
Tank locomotive of the F.N.M. (Milan)
Locomotive-tender de la F.N.M. (Milan)

II = ℗ ⚚ ✦ 3 ✦ ⊢125⊢   1129
II ≈ ℗ ⚚ ✦ 3 ✦ ⊢125⊢   1097

Tenderlokomotive BR 851 der FS
Tank locomotive class 851 of the FS
Locomotive-tender série 851 des FS

II = ℗ ⚚ ✦ 4 ✦ ⊢114⊢   1117
II = ℗ ⚚ ✦ 3 ✦ ⊢114⊢ **K**   11124

Tenderlokomotive BR 940 der FS
Tank locomotive class 940 of the FS
Locomotive-tender série 940 des FS

II = ℗ ⚚ ✦ 4 ✦ ⊢164⊢   1114
II = ℗ ⚚ ✦ 4 ✦ ⊢164⊢ **K**   11126

Meyer-Tenderlokomotive BR 98 der DR
Meyer tank locomotive class 98 of the
DR
Locomotive-tender Meyer série 98
de la DR

II = ℗ ⚚ ✦ 4 ✦ ⊢140⊢   1340

Oldtimer-Dampflokomotive
„Bourbonnais" der SNCF
Old time steam locomotive
"Bourbonnais" of the SNCF
Locomotive à vapeur ancienne
«Bourbonnais» de la SNCF

II = ℗ ⚚ ✦ 3 ✦ ⊢175⊢   1344

Oldtimer-Dampflokomotive der FS
Old time steam locomotive of the FS
Locomotive à vapeur ancienne des FS

II = ℗ ⚚ ✦ 3 ✦ ⊢175⊢   1130

Dampflokomotive BR 625 der FS
Steam locomotive class 625 of the FS
Locomotive à vapeur série 625 des FS

II = ℗ ⚚ ✦ 3 ✦ ⊢210⊢   1120
II = ℗ ⚚ ✦ 3 ✦ ⊢210⊢ **K**   11122
623 Franco-Crosti
II = ℗ ⚚ ✦ 3 ✦ ⊢210⊢   1133

Dampflokomotive BR 680 der FS
Steam locomotive class 680 of the FS
Locomotive à vapeur série 680 des FS

II = ℗ ⚚ ✦ 3 ✦ ⊢235⊢ **K**   11125

Schnellzuglokomotive BR S 685 der FS
Express locomotive class S 685
of the FS
Locomotive de vitesse série S 685
des FS

II = ℗ ⚚ ✦ 3 ✦ ⊢259⊢   1119

Schnellzuglokomotive BR 691 der FS
Express locomotive class 691 of the FS
Locomotive de vitesse série 691 des FS

II = ℙ ⚎ ✦ 3 ✦ ⊢288⊦   1118
vergoldet/gilded/dorée   21118

Mehrzwecklokomotive BR 740 der FS
(3-achsiger Tender)
Multi-purpose locomotive class 740
of the FS (6-wheel tender)
Locomotive mixte série 740 des FS
(tender à 3 essieux)

II = ℙ ⚎ ✦ 4 ✦ ⊢225⊦   1121

Mehrzwecklokomotive BR 740 der FS
(4-achsiger Tender)
Multi-purpose locomotive class 740
of the FS (bogie tender)
Locomotive mixte série 740 des FS
(tender à 4 essieux)

II = ℙ ⚎ ✦ 4 ✦ ⊢252⊦ **K**   11127

Mehrzwecklokomotive BR 746 der FS
(Walschaerts-Steuerung)
Multi-purpose locomotive class 746
of the FS (Walschaerts distribution)
Locomotive mixte série 746 des FS
(distribution Walschaerts)

II = ℙ ⚎ ✦ 4 ✦ ⊢290⊦   1132
Caprotti-Steuerung
Caprotti distribution
Distribution Caprotti
II = ℙ ⚎ ✦ 4 ✦ ⊢290⊦ **K**   11132

Personenzuglokomotive BR 39 der DB
(ehem. preußische P 10)
Passenger train locomotive class 39
of the DB (former Prussian P 10)
Locomotive pour trains voyageurs
série 39 de la DB (P 10 prussienne)

II = ℙ ⚎ ✦ 4 ✦ ⊢277⊦   1345
Ⱨ ≈ ℙ ⚎ ✦ 4 ✦ ⊢277⊦   1093
modernisiert/modernized/modernisée
II = ℙ ⚎ ✦ 4 ✦ ⊢275⊦   1346
Ⱨ ≈ ℙ ⚎ ✦ 4 ✦ ⊢275⊦   1001

Dampflokomotive P 10 der Preußischen
Eisenbahnen (1922)
Steam locomotive P 10 of the Prussian
Railways (1922)
Locomotive à vapeur P 10 des
Chemins de Fer Prussiens (1922)

II = ℙ ⚎ ✦ 4 ✦ ⊢277⊦   1347
Ⱨ ≈ ℙ ⚎ ✦ 4 ✦ ⊢277⊦   1087

Schnellzuglokomotive BR 10 001 der DB
Express locomotive class 10 001 of the
DB
Locomotive de vitesse série 10 001
de la DB

II = ℙ ⚎ ✦ 3 ✦ ⊢320⊦   1339/1
Ⱨ ≈ ℙ ⚎ ✦ 3 ✦ ⊢320⊦   1091/1

Schnellzuglokomotive BR 10 002 der DB
Express locomotive class 10 002 of
the DB
Locomotive de vitesse série 10 002
de la DB

II = ℙ ⚎ ✦ 3 ✦ ⊢320⊦   1339/2
Ⱨ ≈ ℙ ⚎ ✦ 3 ✦ ⊢320⊦   1091/2

Schnellzuglokomotive 231 „Chapelon"
der SNCF
Fast train locomotive 231 ''Chapelon''
of the SNCF
Locomotive de vitesse 231 «Chapelon»
de la SNCF

II = ℙ ⚎ ✦ 3 ✦ ⊢290⊦
schwarz/black/noire   1336
grün/green/verte   1341

Schnellzuglokomotive 231 „Chapelon"
der französischen „Nord"-Bahn
Fast train locomotive 231 ''Chapelon''
of the French ''Nord'' railways
Locomotive de vitesse 231 «Chapelon»
des chemins de fer «Nord» francais

II = ℙ ⚎ ✦ 3 ✦ ⊢290⊦   1337

Für Liebhaber und Sammler stellt Rivarossi einige Lokomotiven in vergoldeter Ausführung her, z. B. diese italienische Dampflokomotive BR 680.

For amateurs and collectors, Rivarossi manufactures some locomotives as gilded fancy models, e.g. this Italian steam locomotive class 680.

Pour amateurs et collectionneurs Rivarossi fabrique quelques locomotives dorées comme cette locomotive à vapeur italienne du type 680.
II = ℙ ⚒ ↔3↔ ↦235↤   21123

Oldtimer-Dampflokomotive „Inyo"   II = ℙ ↔2↔ ↦200↤   1207
der Virginia & Truckee RR
Old time steam locomotive "Inyo"
of the Virginia & Truckee RR
Locomotive à vapeur ancienne «Inyo»
de la Virginia & Truckee RR

Oldtimer-Dampflokomotive „Reno"   II = ℙ ↔2↔ ↦200↤   1211
der Virginia & Truckee RR
Old time steam locomotive "Reno"
of the Virginia & Truckee RR
Locomotive à vapeur ancienne «Reno»
de la Virginia & Truckee RR

Oldtimer-Dampflokomotive „Genoa"   II = ℙ ↔2↔ ↦200↤   1212
der Virginia & Truckee RR
Old time steam locomotive "Genoa"
of the Virginia & Truckee RR
Locomotive à vapeur ancienne «Genoa»
de la Virginia & Truckee RR

Oldtimer-Dampflokomotive „J. M. Bowker" II = ℙ ↔2↔ ↦180↤   1208
der Virginia & Truckee RR
Old time steam locomotive "J. M. Bowker"
of the Virginia & Truckee RR
Locomotive à vapeur ancienne
«J. M. Bowker» de la Virginia & Truckee RR

Oldtimer-Dampflokomotive   II = ℙ ↔2↔ ↦220↤   1206
der Atchison Topeka & Santa Fé
Old time steam locomotive
of the Atchison Topeka & Santa Fé
Locomotive à vapeur ancienne de la
Atchison Topeka & Santa Fé

Rangier-Tenderlokomotive C 16   II = ℙ ⚒ ↔2↔ ↦105↤   1221
(Baltimore and Ohio)   vergoldet/gilded/dorée   21221
Switching tank locomotive C 16
(Baltimore and Ohio)
Locomotive-tender de manœuvre C 16
(Baltimore and Ohio)

Rangier-Tenderlokomotive   II = ℙ ⚒ ↔3↔ ↦130↤   1286
(Reliance Rock Co.)
Switching tank locomotive
(Reliance Rock Co.)
Locomotive-tender de manœuvre
(Reliance Rock Co.)

Rangierlokomotive mit Tender C 16a   II = ℙ ⚒ ↔2↔ ↦185↤   1225
(Baltimore and Ohio)
Switching locomotive with tender C 16a
(Baltimore and Ohio)
Locomotive de manœuvre avec tender
C 16a (Baltimore and Ohio)

Dampflokomotive „Casey Jones" der
Illinois Central Railroad
Steam locomotive "Casey Jones" of the
Illinois Central Railroad
Locomotive à vapeur «Casey Jones» de
la Illinois Central Railroad

II = ℗ ♔ ✦ 3 ✦ ⊣220⊢   1204

Schwere Rangierlokomotive
Reihe S 294 der Indiana Harbor Belt
Heavy switching locomotive class S 294
of the Indiana Harbor Belt
Locomotive de manœuvre lourde série
S 294 de la Indiana Harbor Belt

II = ℗ ♔ ✦ 4 ✦ ⊣270⊢   1271
vergoldet/gilded/dorée   21224

„Mikado" Dampflokomotive der
Southern Railway
"Mikado" steam locomotive of the
Southern Railway
Locomotive à vapeur «Mikado» de la
Southern Railway

II = ℗ ♔ ✦ 4 ✦ ⊣290⊢   1230

Die Namen der meisten amerikanischen
Dampflokomotiven wurden später zu
Typenbezeichnungen. 1' D 1'-Lokomo-
tiven heißen „Mikado" wegen einer
Lieferung nach Japan 1897.
Die restaurierte Southern-Ausführung
wird heute noch für Sonderfahrten
eingesetzt.

The names of American steam locomotives got type specifications later on.
2-8-2 locomotives were called "Mikado"
because of their delivery to Japan in
1897. The restored Southern prototype
is used for special trains still today.

Les noms des locomotives à vapeur
américaines servaient plus tard de
types. Les locomotives 1-4-1 étaient
appelées «Mikado» à cause d'une
livraison en Japon en 1897. Le prototype
Southern fut restauré et est utilisé
pour des marches spéciales.

Schwere „Mikado" Dampflokomotive
der New York Central
Heavy "Mikado" steam locomotive of the
New York Central System
Locomotive à vapeur lourde «Mikado»
de la New York Central

II = ℗ ♔ ✦ 4 ✦ ⊣290⊢   1218

„Hudson"-Schnellzuglokomotive
„Blue Goose" („Blaue Gans" - Santa Fé)
"Hudson" fast train locomotive
"Blue Goose" (Santa Fé)
Locomotive de vitesse «Hudson» appelée
«Blue Goose» («Oie Bleue» - Santa Fé)

II = ℗ ♔ ✦ 3 ✦ ⊣350⊢   1202-5196 B

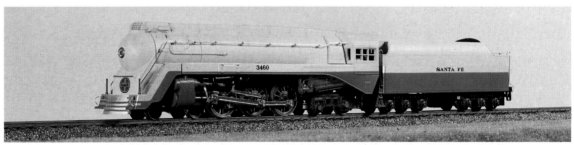

„Hudson"-Schnellzuglokomotive J-3a
mit Stromlinienverkleidung
(New York Central System)
"Hudson" fast train locomotive J-3a
streamlined (New York Central System)
Locomotive de vitesse «Hudson» J-3a
aérodynamique
(New York Central System)

II = ℗ ♔ ✦ 3 ✦ ⊣350⊢   1273

„Hudson"-Schnellzuglokomotive J-3a
(New York Central System)
"Hudson" fast train locomotive J-3a
(New York Central System)
Locomotive de vitesse «Hudson» J-3a
(New York Central System)

II = ℗ ♔ ✦ 3 ✦ ⊣340⊢   1252

Schwere „Pacific"-Dampflokomotive
der Milwaukee Road
Heavy "Pacific" steam locomotive
of the Milwaukee Road
Locomotive à vapeur lourde «Pacific»
de la Milwaukee Road

II = Ⓟ ♨ ✦ 3 ✦ ⊢330⊢   1214

Schwere „Pacific"-Dampflokomotive
(Atchison Topeka & Santa Fé)
Heavy "Pacific" steam locomotive
(Atchison Topeka & Santa Fé)
Locomotive à vapeur lourde «Pacific»
(Atchison Topeka & Santa Fé)

II = Ⓟ ♨ ✦ 3 ✦ ⊢330⊢   1283

Schwere „Pacific"-Lokomotive USRA
(Southern Railway)
Heavy "Pacific" locomotive USRA
(Southern Railway)
Locomotive lourde «Pacific» USRA
(Southern Railway)

II = Ⓟ ♨ ✦ 3 ✦ ⊢330⊢   1285

„Pacific"-Lokomotive „Präsident
Washington" (Baltimore & Ohio)
"Pacific" locomotive "President
Washington" (Baltimore & Ohio)
Locomotive «Pacific» «Président
Washington» (Baltimore & Ohio)

II = Ⓟ ♨ ✦ 3 ✦ ⊢330⊢   1220

Schwere Güterzuglokomotive S 1 der
Baltimore & Ohio
Heavy freight train locomotive S 1 of the
Baltimore & Ohio
Locomotive lourde pour trains
marchandises de la Baltimore & Ohio

II = Ⓟ ♨ ✦ 5 ✦ ⊢360⊢   1255

Schwere „Berkshire"-Dampflokomotive
S 3 der Nickel Plate Road
Heavy "Berkshire" steam locomotive
S 3 of the Nickel Plate Road
Locomotive à vapeur lourde «Berkshire»
S 3 de la Nickel Plate Road

II = Ⓟ ♨ ✦ 4 ✦ ⊢345⊢   1244

„Berkshire"-Lokomotive in „Golden
Spike"-Jubiläumsausführung
"Berkshire" locomotive in "Golden
Spike" centennial design
Locomotive «Berkshire» en peinture
de centenaire «Golden Spike»

AR 1869 | 1969

II = Ⓟ ♨ ✦ 4 ✦ ⊢345⊢   1280
Kupplung/coupling/attelage NMRA

RIVAROSSI

Schwere Mallet-Dampflokomotive
„Challenger" (Delaware & Hudson)
Heavy Mallet steam locomotive
"Challenger" (Delaware & Hudson)
Locomotive à vapeur lourde Mallet
«Challenger» (Delaware & Hudson)

II = Ⓟ ♒ ♦ 6 ♦ ⊦425⊦   1268

Schwere Mallet-Dampflokomotive
„Challenger" (Clinchfield)
Heavy Mallet steam locomotive
"Challenger" (Clinchfield)
Locomotive à vapeur lourde Mallet
«Challenger» (Clinchfield)

II = Ⓟ ♒ ♦ 6 ♦ ⊦440⊦   1267

Schwere Mallet-Dampflokomotive
„Challenger" (Union Pacific)
Heavy Mallet steam locomotive
"Challenger" (Union Pacific)
Locomotive à vapeur lourde Mallet
«Challenger» (Union Pacific)

II = Ⓟ ♒ ♦ 6 ♦ ⊦440⊦   1200

Schwere Mallet-Güterzuglokomotive
der Union Pacific, genannt „Big Boy".
Als eine der längsten Modellbahnloko-
motiven in Baugröße HO durchfährt sie
dennoch Kurven von 400 mm Radius
einwandfrei. Die große Zugkraft wird
über Kardanwellen auf 8 Triebachsen
übertragen, nach Herstellerangaben
zieht der „Big Boy" auf ebener Strecke
über 650 Achsen.

Heavy Mallet freight train locomotive
of the Union Pacific, called "Big Boy".
Despite being one of the longest HO
scale model railway locomotives it runs
through curves of 400 mm radius
without difficulties. The great traction
power is transmitted by cardan shafts
to 8 axles, as a maker's specification,
the "Big Boy" drags 650 axles on plain
track.

Locomotive Mallet lourde à marchandises de l'Union Pacific, appelée
«Big Boy». C'est une des locomotives
modèle réduit d'échelle HO les plus
longues, toutefois elle passe par des
courbes de 400 mm de rayon sans
aucune difficulté. La grande puissance
de traction est transmise par des
arbres à cardans à 8 essieux. Selon les
informations du fabricant, la «Big Boy»

est capable de tirer plus de 650 essieux
sur une section de voie horizontale.

II = Ⓟ ♒ ♦ 8 ♦ ⊦475⊦   1254

Schwere Mallet-Güterzuglokomotive
Typ Y 6 b (Norfolk & Western)
Heavy Mallet freight train locomotive
type Y 6 b (Norfolk & Western)
Locomotive à marchandises Mallet
lourde type Y 6 b (Norfolk & Western)

II = Ⓟ ♒ ♦ 8 ♦ ⊦405⊦   1238

Schwere „Cab Forward" Dampflokomo-
tive AC 11 der Southern Pacific Lines
Heavy "Cab Forward" steam locomotive
AC 11 of the Southern Pacific Lines
Locomotive à vapeur lourde «Cab For-
ward» AC 11 des Southern Pacific Lines

II = Ⓟ ♒ ♦ 8 ♦ ⊦440⊦   1248

Elektrische Schnellzuglokomotive E 444   II = 🅿 ⚡ ↔ 2 ↔ ⊢192⊣   1451
(1. Serie) der FS
Electric express locomotive class E 444
(1st series) of the FS
Locomotive électrique de vitesse
1ère série E 444 des FS

Elektrische Schnellzuglokomotive E 444   II = 🅿 ⚡ ↔ 2 ↔ ⊢194⊣   1454
(2. Serie) der FS
Electric express locomotive class E 444
(2nd series) of the FS
Locomotive électrique de vitesse
2ème série E 444 des FS

Elektrische Mehrzwecklokomotive E 636   II = 🅿 ⚡ ↔ 2 ↔ ⊢227⊣   1442
der FS
Electric multi-purpose locomotive
class E 636 of the FS
Locomotive électrique mixte série
E 636 des FS

Elektrische Personenzuglokomotive   II = 🅿 ⚡ ↔ 2 ↔ ⊢227⊣   1443
E 646 (1. Serie) der FS
Electric passenger train locomotive
class E 646 (1st series) of the FS
Locomotive électrique à voyageurs
1ère série E 646 des FS

Elektrische Schnellzuglokomotive E 646   II = 🅿 ⚡ ↔ 2 ↔ ⊢227⊣   1447
(2. Serie) der FS
Electric express locomotive class E 646
(2nd series) of the FS
Locomotive électrique de vitesse
2ème série E 646 des FS

Elektrische Personenzuglokomotive   II = 🅿 ⚡ ↔ 2 ↔ ⊢227⊣ 🄺   11449
E 645 der FS
Electric passenger train locomotive
class E 645 of the FS
Locomotive électrique à voyageurs
série E 645 des FS

Elektrische Schnellzuglokomotive   II = 🅿 ⚡ ↔ 2 ↔ ⊢227⊣   1453
E 656 „Caimano" der FS
Electric express locomotive class E 656
"Caimano" of the FS
Locomotive électrique de vitesse
série E 656 «Caimano» des FS

Elektrische Mehrzwecklokomotive E 428   II = 🅿 ⚡ ↔ 2 ↔ ⊢220⊣   1445
(1. Serie) der FS
Electric multi-purpose locomotive
class E 428 (1st series) of the FS
Locomotive électrique mixte
1ère série E 428 des FS

Elektrische Mehrzwecklokomotive E 428   II = 🅿 ⚡ ↔ 2 ↔ ⊢220⊣   1444
(2. Serie) der FS   vergoldet/gilded/dorée   21444
Electric multi-purpose locomotive   🄺   11450
class E 428 (2nd series) of the FS
Locomotive électrique mixte
2ème série E 428 des FS

Elektrische Mehrzwecklokomotive E 428   II = 🅿 ⚡ ↔ 2 ↔ ⊢220⊣   1446
(3. Serie) der FS
Electric multi-purpose locomotive
class E 428 (3rd series) of the FS
Locomotive électrique mixte
3ème série E 428 des FS

Mehrzwecklokomotive BR 1100 der NS
Multi-purpose locomotive class 1100
of the NS
Locomotive mixte série 1100 des NS

II = P ⌁ 2 ↦ ⊢155⊣   1669

Mehrzwecklokomotive BR 1100 der NS
(neue Farbgebung)
Multi-purpose locomotive class 1100
of the NS (new colours)
Locomotive mixte série 1100 des NS
(couleur nouvelle)

II = P ⌁ 2 ↦ ⊢155⊣   1670

Mehrzwecklokomotive BR BB 8100
der SNCF
Multi-purpose locomotive class BB 8100
of the SNCF
Locomotive mixte série BB 8100 de
la SNCF

II = P ⌁ 2 ↦ ⊢155⊣   1671

Mehrzwecklokomotive BR 117 der DB
Multi-purpose locomotive class 117
of the DB
Locomotive mixte série 117 de la DB

II = P ⌁ 2 ↦ ⊢200⊣   1668
H ≈ P ⌁ 2 ↦ ⊢200⊣   1094

Personenzuglokomotive BR 118 der DB
Passenger train locomotive class 118
of the DB
Locomotive à voyageurs série 118
de la DB

II = P ⌁ 2 ↦ ⊢200⊣   1673
H ≈ P ⌁ 2 ↦ ⊢200⊣   1089

Personenzuglokomotive BR 118 der DB
(neue Farbgebung)
Passenger train locomotive class 118
of the DB (new colours)
Locomotive à voyageurs série 118
de la DB (couleur nouvelle)

II = P ⌁ 2 ↦ ⊢200⊣   1672
H ≈ P ⌁ 2 ↦ ⊢200⊣   1092

Schnellzuglokomotive BR E 19 der DB
Express locomotive class E 19 of the DB
Locomotive de vitesse série E 19
de la DB

II = P ⌁ 2 ↦ ⊢200⊣   1667
H ≈ P ⌁ 2 ↦ ⊢200⊣   1095

Schnellzuglokomotive BR 119 der DB
Express locomotive class 119 of the DB
Locomotive de vitesse série 119
de la DB

II = P ⌁ 2 ↦ ⊢200⊣   1666
H ≈ P ⌁ 2 ↦ ⊢200⊣   1096

Elektrolokomotive E 19 der DB,
Versuchslokomotive
Electric locomotive E 19 of the DB,
test locomotive
Locomotive électrique E 19 de la DB,
locomotive d'essai

II = P ⌁ 2 ↦ ⊢200⊣   1665
H ≈ P ⌁ 2 ↦ ⊢200⊣   1098

Schwere amerikanische Elektrolokomotive Typ GG 1 (Pennsylvania)
Heavy American electric locomotive
type GG 1 (Pennsylvania)
Locomotive électrique lourde américaine type GG 1 (Pennsylvania)

II = P ⌁ 3 ↦ ⊢300⊣   1664
grün/green/verte   NMRA 1500-5160 C
silber/silver/argentée NMRA 1504-5160 H
Amtrak   NMRA 1503-5160 D
"Golden Spike"   NMRA 1502-5160 F

Dieselhydraulische Rangierlokomotive
der FS
Diesel hydraulic switching locomotive
of the FS
Locomotive de manœuvre Diesel
hydraulique des FS

II = Ⓟ ⚡ ✦1✦ ⊦115⊦   1780

Diesellokomotive D 234 der FS
(umgebaute Dampflokomotive BR 835)
Diesel locomotive D 234 of the FS
(altered steam loco class 835)
Locomotive Diesel D 234 des FS (locomotive à vapeur série 835 transformée)

II = Ⓟ ⚡ ✦3✦ ⊦115⊦   1778

Diesel-elektrische Mehrzwecklokomotive
BR D 341 Breda der FS
Diesel electric multi-purpose locomotive
class D 341 Breda of the FS
Locomotive Diesel électrique mixte
série D 341 Breda des FS

II = Ⓟ ⚡ ✦2✦ ⊦173⊦   1779

Diesel-elektrische Mehrzwecklokomotive
BR D 341 FIAT der FS
Diesel electric multi-purpose locomotive
class D 341 FIAT of the FS
Locomotive Diesel électrique mixte
série D 341 FIAT des FS

II = Ⓟ ⚡ ✦2✦ ⊦173⊦   1777

Dieselhydraulische Lokomotive BR V 160
(1. Serie) der DB
Diesel hydraulic locomotive class V 160
(1st series) of the DB
Locomotive Diesel hydraulique 1ère
série V 160 de la DB

II = Ⓟ ⚡ ✦2✦ ⊦183⊦   1999

Schwere Diesel-hydraulische Lokomotive
BR 232 der DB
Heavy Diesel hydraulic locomotive
class 232 of the DB
Locomotive Diesel hydraulique lourde
série 232 de la DB

II = Ⓟ ⚡ ✦2✦ ⊦270⊦   1996
II ≈ Ⓟ ⚡ ✦2✦ ⊦270⊦   1099

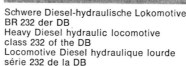

Diesel-elektrische Lokomotive General
Electric U 25 C (Santa Fé)
Diesel electric locomotive General
Electric U 25 C (Santa Fé)
Locomotive Diesel électrique General
Electric U 25 C (Santa Fé)

II = Ⓟ ⚡ ✦4✦ ⊦225⊦   1832

Diesel-elektrische Lokomotive GE U 25 C
(Northern Pacific)
Diesel-electric locomotive GE U 25 C
(Northern Pacific)
Locomotive Diesel-électrique GE U 25 C
(Northern Pacific)

II = Ⓟ ⚡ ✦4✦ ⊦225⊦ ⬛Ⓚ   11814

Die General Motors EMD E 8 Lokomotiven werden von fast allen amerikanischen Bahngesellschaften für schwere
Güter- und Personenzüge eingesetzt.
Sie erreichen eine Höchstgeschwindigkeit von 160 km/h.

The General Motors EMD E 8 locomotives are used by nearly all American
railway companies for heavy freight and
passenger trains. They reach a top
speed of 100 m.p.h.

Les locomotives General Motors EMD
E 8 sont employées par presque toutes
les compagnies de chemin de fer
américaines pour trains marchandises
et voyageurs lourdes. Leur vitesse
maximale est de 160 km/h.

Diesel-elektrische Lokomotive General
Motors EMD E 8 in Doppeltraktion
(ein Modell motorisiert)
Couple of Diesel electric locomotives
General Motors EMD E 8
(one model motorized)
Couple de locomotives Diesel électriques General Motors EMD E 8
(un modèle motorisé)

II = Ⓟ ⚡ ✦4✦ ⊦500⊦

Santa Fé   1801
Northern Pacific   1825
Illinois Central   1819

Einzelne Lokomotive EMD E 8
Single locomotive EMD E 8
Locomotive EMD E 8 unique
II = Ⓟ ⚡ ✦4✦ ⊦250⊦
Baltimore & Ohio   1829

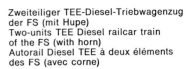

Zweiteiliger TEE-Diesel-Triebwagenzug der FS (mit Hupe)
Two-units TEE Diesel railcar train of the FS (with horn)
Autorail Diesel TEE à deux éléments des FS (avec corne)

II = P ⚡ 2 ⊢630⊣　1773

Elektrischer Triebwagen mit Anhänger ALe 803 der FS
Electric railcar with trailer ALe 803 of the FS
Autorail électrique avec remorque ALe 803 des FS

II = P ⚡ 2 ⊢600⊣

rot-elfenbein/red-ivory/rouge-ivoire　1455
grün-grau/green-grey/vert-gris　1456

Diesel-Triebwagen ALn 668 der FS
Diesel railcar ALn 668 of the FS
Autorail Diesel ALn 668 des FS

blau-elfenbein/blue-ivory/bleu-ivoire
II = P ⚡ 2 ⊢265⊣　1774
II = P ⊢265⊣　2522
grau-braun/grey-brown/gris-brun
II = P ⚡ 2 ⊢265⊣　1776
II = P ⊢265⊣　2527

Das untere Diagramm gibt für repräsentative Rivarossi-Lokomotiven die auf ebener Strecke gezogenen Wagenachsen an (Herstellerangaben).

The diagram below shows the number of axles dragged by representative Rivarossi locomotives on plain track (maker's specifications).

Le dessin ci-dessous indique le nombre d'essieux tirés par des locomotives typiques Rivarossi sur voie horizontale (information du fabricant).

Scale (axles): 50　100　150　200　250　300　350　400　450　500　550　600　650　700

Nr.	Nr.
1117	1129
1130	1344
1120	1778
1121	1114
1119	1204
1118	1336 1337 1341
1340	1219
1441	1777
1451	1454
1671	1669 1670
1443 1447	1442
1453	1815 1820
1444 1445	1446
1666 1667	1665 1668
1996	1244 1280
1221	1225
1208	1131
1207	1211
1252 1273	1224
1214 1285	1283
1829	1218
1255	1664
1238	1248
1832	
1254	1200 1267 1268

Europäische Güterwagen
European goods wagons
Wagons marchandises européens

Niederbordwagen der FS
Low sided wagon of the FS
Wagon à bords bas des FS
II = ℙ ⊬94⊦ **K**   12005

Niederbordwagen der SEFTA (Italien)
Low sided wagon (SEFTA – Italy)
Wagon à bords bas (SEFTA – Italie)
II = ℙ ⊬94⊦   2085

Beladener Niederbordwagen der SEFTA
Loaded low sided wagon of the SEFTA
Wagon à bords bas chargé (SEFTA)
II = ℙ ⊬94⊦   2039

Flachwagen der FS mit Holzladung
Timber wagon of the FS
Wagon plat des FS chargé de bois
II = ℙ ⊬94⊦   2007

Flachwagen der FS mit Zugmaschine
Flat wagon of the FS with tractor
Wagon plat des FS avec tracteur
II = ℙ ⊬94⊦   2008

Hochbordwagen der FS
High sided wagon of the FS
Wagon tombereau des FS
II = ℙ ⊬94⊦ **K**   12001

Hochbordwagen der FS mit Ladung
High sided wagon of the FS with coal load
Tombereau des FS chargé de charbon
II = ℙ ⊬94⊦   2003

Hochbordwagen mit Bremserhaus (FS)
High sided wagon of the FS with cab
Tombereau des FS avec vigie
II = ℙ ⊬108⊦ **K**   12004

Hochbordwagen der Società Veneta
High sided wagon (Società Veneta)
Wagon tombereau de la Società Veneta
II = ℙ ⊬94⊦   2002

Hochbordwagen der SEFTA
High sided wagon of the SEFTA
Wagon tombereau de la SEFTA
II = ℙ ⊬94⊦   2041

Gedeckter Güterwagen der FS
Covered wagon of the FS
Wagon couvert des FS
II = ℙ ⊬112⊦   2010

Gedeckter Güterwagen der FS
mit Bremserhaus
Covered wagon of the FS with cab
Wagon couvert des FS avec vigie
II = ℙ ⊬112⊦   2036
II = ℙ ⊬112⊦ **K**   12036

Gedeckter Güterwagen der FNM (Italien)
Covered wagon of the FNM (Italy)
Wagon couvert des FNM (Italie)
II = ℙ ⊬84⊦   2040
II = ℙ ⊬84⊦ **K**   12034

Weinwagen der FS mit Fässern
Wine wagon of the FS with barrels
Wagon transport de vin des FS
avec des fûts
II = ℙ ⊬112⊦   2011
II = ℙ ⊬112⊦ **K**   12011

Kühlwagen der FS
Refrigerator wagon of the FS
Wagon réfrigérant des FS
II = ℙ ⊬112⊦ **K**   12012

Kühlwagen „Motta" der FS
Refrigerator wagon "Motta" of the FS
Wagon réfrigérant «Motta» des FS
II = ℙ ⊬112⊦   2086

Europäische Güterwagen
European goods wagons
Wagons marchandises européens

Bierwagen der DB
Beer wagons of the DB
Wagons transport de bière de la DB
STAUFEN BRÄU
II = ℙ ⊢130⊢   2077
SPATEN BRÄU
II = ℙ ⊢130⊢   2078

Bierwagen der SBB/CFF   ANKER BIER
Beer wagon of the SBB/CFF   II = ℙ ⊢130⊢   2087
Wagon transport de bière des SBB/CFF

Kühlwagen der INTERFRIGO (FS)   II = ℙ ⊢130⊢   2092
Refrigerator wagon of the INTERFRIGO (FS)
Wagon réfrigérant de la INTERFRIGO (FS)

Kühlwagen der INTERFRIGO   FS Italia
Refrigerator wagon of the INTERFRIGO   II = ℙ ⊢130⊢   2076
Wagon réfrigérant de la INTERFRIGO   SNCF
   II = ℙ ⊢260⊢   2089

Kühlwagen „FINDUS" der SJ   II = ℙ ⊢130⊢   2449
Refrigerator wagon "FINDUS" of the SJ
Wagon réfrigérant «FINDUS» des SJ

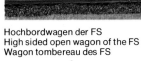

Stückgutwagen „Åkerlund & Rausing"   II = ℙ ⊢130⊢   2430
der SJ
Mixed cargo wagon "Åkerlund & Rausing"
of the SJ
Wagon pour le transport de colis de détail
«Åkerlund & Rausing» des SJ

Hochbordwagen der FS   II = ℙ ⊢112⊢   2009
High sided open wagon of the FS   II = ℙ ⊢112⊢ Ⓚ   12009
Wagon tombereau des FS

Hochbordwagen der FS   II = ℙ ⊢120⊢   2083
High sided open wagon of the FS
Wagon tombereau des FS

Hochbordwagen der DB   II = ℙ ⊢120⊢   2427
High sided open wagon of the DB
Wagon tombereau de la DB

Hochbordwagen der SNCB/NMBS   II = ℙ ⊢120⊢   2428
High sided open wagon of the SNCB/NMBS
Wagon tombereau de la SNCB/NMBS

Schienenreinigungswagen (Tank für   II = ℙ ⊢115⊢   2082
Reinigungsmittel im Container)
Track cleaner (tank for cleansing agent
in the container)
Wagon pour le nettoyage de la voie
(réservoir de liquide dans le container)

Europäische Güterwagen
European goods wagons
Wagons marchandises européens

Flachwagen mit 20-ft-Container beladen
Flat wagon loaded with 20-ft container
Wagon plat chargé d'un container 20 ft
II = Ⓟ ⊢115⊦
SEATRAIN	2080
RIVAROSSI	2081
DANZAS	2079
MOTORCRAFT-FORD	2094

Flacher Rungenwagen der FS
Flat wagon with stanchions of the FS
Wagon plat à ranchers des FS

II = Ⓟ ⊢187⊦   2014

Flacher Rungenwagen der FS
mit Bremserhaus
Flat wagon of the FS with stanchions
and brakeman's cab
Wagon plat à ranchers des FS
avec guérite

II = Ⓟ ⊢187⊦   2015

Flachwagen der FS mit Sattelanhänger
beladen
Flat wagon of the FS loaded with
semi-trailer
Wagon plat des FS chargé d'une
semi-remorque

SHELL
II = Ⓟ ⊢187⊦   2088

Flachwagen der FS mit Sattelanhänger
beladen
Flat wagon of the FS loaded with
semi-trailer
Wagon plat des FS chargé d'une
semi-remorque

GONDRAND
II = Ⓟ ⊢187⊦   2033

Flachwagen der FS mit Sattelanhänger
beladen
Flat wagon of the FS loaded with
semi-trailer
Wagon plat des FS chargé d'une
semi-remorque

CAMPARI
II = Ⓟ ⊢187⊦   2017
AGIP-SUPERCORTEMAGGIORE
II = Ⓟ ⊢187⊦   2058

Autotransportwagen der FS mit 6 PKW
beladen
Articulated automobile transporter
of the FS loaded with 6 cars
Wagon transport d'automobiles des FS
chargé de 6 autos

II = Ⓟ ⊢295⊦   2048
II = Ⓟ ⊢295⊦ Ⓚ   12059

Flachwagen der FS mit zwei Brennstoff-
tanks
Flat wagon of the FS with two fuel
tanks
Wagon plat des FS avec deux bidons
à combustible

II = Ⓟ ⊢113⊦ Ⓚ   12028

Flachwagen der FS mit 6 Wassertanks
und Bremserhaus
Flat wagon of the FS with 6 water tanks
and brakeman's cab
Wagon plat des FS avec 6 réservoirs
d'eau et guérite

II = Ⓟ ⊢113⊦ Ⓚ   12027

Flachwagen der FS mit Treibstofftank
und Bremserhaus
Flat wagon of the FS with carburant tank
and brakeman's cab
Wagon plat des FS avec un réservoir
de carburant et guérite

II = Ⓟ ⊢113⊦ Ⓚ   12021

Tankwagen der FS
Tank wagon of the FS
Wagon-citerne des FS

ESSO
II = Ⓟ ⊢100⊦   2074
AGIP
II = Ⓟ ⊢100⊦   2073
INDUSTRIA ITALIANA PETROLI
II = Ⓟ ⊢100⊦   2093

Amerikanische Güterwagen
American freight cars
Wagons marchandises américains

RIVAROSSI

Flachwagen der Virginia & Truckee — II = [P] ⊣140⊢ — 2312
Flat car of the Virginia & Truckee
Wagon plat de la Virginia & Truckee

Flachwagen mit 2 Behältern der Virginia & Truckee — II = [P] ⊣140⊢ (K) — 2316
Flat car of the Virginia & Truckee with 2 tanks
Wagon plat avec 2 réservoirs de la Virginia & Truckee

Offener Güterwagen der Virginia & Truckee — II = [P] ⊣140⊢ — 2313
Gondola of the Virginia & Truckee
Wagon ouvert de la Virginia & Truckee

Flachwagen der Union Pacific — II = [P] ⊣154⊢ — 2255
Flat car of the Union Pacific
Wagon plat de la Union Pacific

Hochbordwagen der Union Pacific — II = [P] ⊣147⊢ — 2250
Gondola of the Union Pacific
Tombereau de la Union Pacific

Hochbordwagen der Boston & Maine — II = [P] ⊣147⊢ — 2254
Gondola of the Boston & Maine
Tombereau de la Boston & Maine

Hochbordwagen der Southern Railways — II = [P] ⊣147⊢ (K) — 12245
Gondola of the Southern Railways
Tombereau des Southern Railways

Hochbordwagen mit 4 Tanks der Reading Co. — II = [P] ⊣147⊢ — 2263
Gondola of the Reading Co. with 4 tanks
Tombereau de la Reading Co. avec 4 réservoirs

Amerikanische Güterwagen
American freight cars
Wagons marchandises américains

Viehtransportwagen
Stock car
Wagon à bestiaux
Santa Fé
II = ℙ ⊩149⊩   2259
Union Pacific
II = ℙ ⊩149⊩ **K**   12301

Gedeckter Güterwagen   II = ℙ ⊩140⊩   2310
der Missouri Pacific
Box car of the Missouri Pacific
Wagon couvert de la Missouri Pacific

Gedeckter Güterwagen   II = ℙ ⊩140⊩   2311
der California Fast Freight Line
Box car of the California Fast Freight Line
Wagon couvert de la
California Fast Freight Line

Gedeckter Güterwagen   II = ℙ ⊩140⊩   2347
der Illinois River Packet Company
Box car of the Illinois River Packet Company
Wagon couvert de la
Illinois River Packet Company

Gedeckter Güterwagen   II = ℙ ⊩149⊩   2240
der Denver & Rio Grande Western
Box car of the
Denver & Rio Grande Western
Wagon couvert de la
Denver & Rio Grande Western

Gedeckter Güterwagen der Northern Pacific   II = ℙ ⊩149⊩ **K**   12302
Box car of the Northern Pacific
Wagon couvert de la Northern Pacific

Gedeckter Güterwagen der New Haven   II = ℙ ⊩149⊩   2238
Box car of the New Haven
Wagon couvert de la New Haven

Gedeckter Güterwagen   II = ℙ ⊩149⊩   2239
der Canadian National
Box car of the Canadian National
Wagon couvert de la Canadian National

Gedeckter Güterwagen   II = ℙ ⊩149⊩ **K**   12211
der Minneapolis & St. Louis
Box car of the Minneapolis & St. Louis
Wagon couvert de la
Minneapolis & St. Louis

Kühlwagen der Miller High Life   II = ℙ ⊩149⊩   2318
Reefer car of the Miller High Life
Wagon réfrigérant de la Miller High Life

Kühlwagen der ThermIce Corporation   II = ℙ ⊩149⊩ **K**   12300
Reefer car of the ThermIce Corporation
Wagon réfrigérant de la
ThermIce Corporation

Amerikanische Güterwagen
American freight cars
Wagons marchandises américains

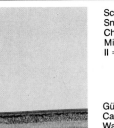

Schneepflug
Snow plough
Chasse-neige
Minneapolis & St. Louis
II = Ⓟ 🐦 ⊢142⊢   2258

Güterzugbegleitwagen
Caboose
Wagon de service
Virginia & Truckee
II = Ⓟ ⊢97⊢   2314

Kranwagen der Minneapolis & St. Louis   II = Ⓟ ⊢156⊢   2256
Derrick car of the Minneapolis & St. Louis
Wagon-grue de la Minneapolis & St. Louis

Güterzugbegleitwagen der   II = Ⓟ ⊢126⊢   2307
Norfolk & Western
Caboose of the Norfolk & Western
Wagon de service de la Norfolk & Western

Arbeits- und Dienstwagen   II = Ⓟ ⊢156⊢   2257
der Minneapolis & St. Louis
Work and service car of the
Minneapolis & St. Louis
Wagon de travaux et de service de la
Minneapolis & St. Louis

Güterzugbegleitwagen der Northern Pacific   II = Ⓟ ⊢126⊢ Ⓚ   12271
Caboose of the Northern Pacific
Wagon de service de la Northern Pacific

Flachwagen mit Stützen, beladen mit   II = Ⓟ ⊢154⊢   2206
Rohren (Illinois Central)
Flat car with supports, loaded with pipes
(Illinois Central)
Wagon plat avec des supports, chargé de
tuyaux (Illinois Central)

Hochbordwagen, mit Kohle beladen   II = Ⓟ ⊢140⊢   2348
(Atchison Topeka & Santa Fé)
Gondola, loaded with coal
(Atchison Topeka & Santa Fé)
Tombereau, chargé de houille
(Atchison Topeka & Santa Fé)

Trichterwagen für Schüttgut der SOO Line   II = Ⓟ ⊢149⊢   2306
Hopper car for bulk freight of the SOO Line
Wagon-trémie pour marchandises en vrac
de la SOO Line

Trichterwagen für Schüttgut   II = Ⓟ ⊢149⊢ Ⓚ   12260
der Peabody Short Line
Hopper car for bulk freight
of the Peabody Short Line
Wagon-trémie pour marchandises en vrac
de la Peabody Short Line

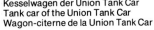

Kesselwagen der National Cooperatives   II = Ⓟ ⊢137⊢   2299
Inc.
Tank car of the National Cooperatives Inc.
Wagon-citerne de la National Cooperatives
Inc.

Kesselwagen der Union Tank Car   II = Ⓟ ⊢137⊢ Ⓚ   12298
Tank car of the Union Tank Car
Wagon-citerne de la Union Tank Car

Europäische Reisezugwagen
European passenger coaches
Voitures voyageurs européennes

Oldtimer-Personenwagen der F.N.M.
(Italien)
Old time passenger coach of the F.N.M.
(Italy)
Voiture voyageurs ancienne des F.N.M.
(Italie)

II = Ⓟ ⊠ C ⊦134⊦   mit Packabteil/with luggage space/
avec compartiment à bagages   2528
II = Ⓟ ⊠ C ⊦134⊦   2529

Oldtimer-Personenwagen der F.N.M.
(Italien)
Old time passenger coach of the F.N.M.
(Italy)
Voiture voyageurs ancienne des F.N.M.
(Italie)

II = Ⓟ C ⊦134⊦   2501

Oldtimer-Gepäckwagen der F.N.M.
(Italien)
Old time luggage wagon of the F.N.M.
(Italy)
Fourgon ancien des F.N.M.
(Italie)

II = Ⓟ ⊦134⊦   2503

Oldtimer-Abteilwagen der FS
Old time compartment coach of the FS
Voiture ancienne à compartiments des FS

II = Ⓟ B ⊦138⊦   2505

Oldtimer-Gepäckwagen der FS
Old time luggage wagon of the FS
Fourgon ancien des FS

II = Ⓟ ⊦138⊦   mit Hupe/with horn/avec corne   2506
II = Ⓟ ⊦138⊦   2514

Gepäckwagen der FS für Personen- und
Güterzüge
Luggage wagon of the FS for passenger
and goods trains
Fourgon des FS pour trains de voyageurs
et de marchandises

II = Ⓟ ⊦138⊦   2563

Nahverkehrswagen der FS
Short-distance traffic coach of the FS
Voiture de trafic à petite distance des FS

II = Ⓟ ⊠ B ⊦220⊦   2554

Nahverkehrswagen der FS
Short-distance traffic coach of the FS
Voiture de trafic à petite distance des FS

II = Ⓟ ⊠ B ⊦220⊦   2545

Europäische Reisezugwagen
European passenger coaches
Voitures voyageurs européennes

Oldtimer-Abteilwagen der FS (1928)
Old time compartment coach of the FS (1928)
Voiture ancienne à compartiments des FS (1928)
II = Ⓟ ⊠ B ⊦220⊦   2508

These modernized versions of the coaches built between 1907 and 1934 are partly still in service of the FS Italia.

Diese modernisierten Versionen der in den Jahren 1907 bis 1934 gebauten Wagen sind zum Teil noch heute bei der FS Italia im Einsatz.

Ces versions modernisées des voitures construites de 1907 à 1934 sont partiellement en service des FS Italia encore même.

Oldtimer-Abteilwagen der FS (1910)   II = Ⓟ ⊠ AB ⊦220⊦   2507
Old time compartment coach of the FS (1910)
Voiture ancienne à compartiments des FS (1910)

Oldtimer-Gepäckwagen der FS (1907)   II = Ⓟ ⊦220⊦   2509
Old time luggage wagon of the FS (1907)
Fourgon ancien des FS (1907)

Schnellzugwagen der FS (1931)   II = Ⓟ ⊠ B ⊦270⊦   2511
Express coach of the FS (1931)   II = Ⓟ ⊠ A ⊦270⊦   2510
Voiture de grandes lignes des FS (1931)

Schnellzug-Postwagen der FS (1934)   II = Ⓟ ⊦270⊦   2512
Express mail-van of the FS (1934)
Voiture postale des FS (1934)

Schnellzugwagen der FS   II = Ⓟ B ⊦270⊦ 🄚   12536
Express coach of the FS
Voiture de grandes lignes des FS

Schnellzugwagen der FS   II = Ⓟ A ⊦270⊦ 🄚   12535
Express coach of the FS
Voiture de grandes lignes des FS

Schnellzug-Postwagen der FS   II = Ⓟ ⊦270⊦ 🄚   12537
Express mail-van of the FS
Voiture postale des FS

Moderner Schnellzugwagen der FS   II = Ⓟ ⊠ B ⊦300⊦   2550
Modern express coach of the FS
Voiture de grandes lignes moderne des FS

Moderner Schnellzugwagen der FS   II = Ⓟ ⊠ A ⊦300⊦   2549
Modern express coach of the FS
Voiture de grandes lignes moderne des FS

Moderner Schnellzug-Packwagen der FS   II = Ⓟ ⊦300⊦   2548
(mit Hupe)
Modern express luggage van of the FS (with horn)
Fourgon de grandes lignes moderne des FS (avec corne)

Europäische Reisezugwagen
European passenger coaches
Voitures voyageurs euroéennes

Intercity-Schnellzugwagen der FS
Intercity express coach of the FS
Voiture Intercity des FS

II = 🅿 ⊠ A ⊢295⊢   2560
[2552]

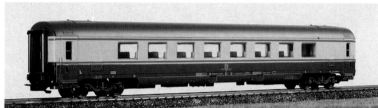

Intercity-Salonwagen der FS
Intercity saloon coach of the FS
Voiture-salon Intercity des FS

II = 🅿 ⊠ A ⊢295⊢   [2552]

Intercity-Speisewagen der FS
Intercity dining-car of the FS
Voiture-restaurant Intercity des FS

II = 🅿 ⊠ ⊢295⊢   [2552]

Intercity-Gepäckwagen der FS
Intercity luggage van of the FS
Fourgon Intercity des FS

II = 🅿 ⊠ ⊢295⊢   [2552]

Schnellzugwagen der FS
Express coach of the FS
Voiture de grandes lignes des FS

II = 🅿 ⊠ B ⊢300⊢   2530

Schnellzugwagen der FS
Express coach of the FS
Voiture de grandes lignes des FS

II = 🅿 ⊠ A ⊢300⊢   2538
II = 🅿 ⊠ A ⊢300⊢ Ⓚ   12538

TEE-Schnellzugwagen der FS
TEE express coach of the FS
Voiture de grandes lignes TEE des FS

II = 🅿 ⊠ A ⊢295⊢   2556
[2551]

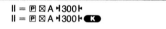

TEE-Salonwagen der FS
TEE saloon coach of the FS
Voiture-salon TEE des FS

II = 🅿 ⊠ A ⊢295⊢   [2551]

TEE-Speisewagen der FS
TEE dining-car of the FS
Voiture-restaurant TEE des FS

II = 🅿 ⊠ ⊢295⊢   [2551]

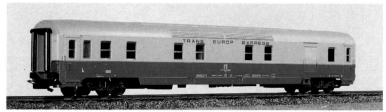

TEE-Gepäckwagen der FS
TEE luggage van of the FS
Fourgon TEE des FS

II = 🅿 ⊠ ⊢295⊢   [2551]

Europäische Reisezugwagen
European passenger coaches
Voitures voyageurs européennes

Schnellzug-Schlafwagen der CIWL   II = ℙ ⊠ ⊣278⊢   2513
Express sleeping car of the CIWL
Voiture-lits de grandes lignes de la CIWL

Schnellzugwagen der DB   II = ℙ ⊠ B ⊣300⊢   2918
Express coach of the DB
Voiture de grandes lignes de la DB

Schnellzugwagen der DB   II = ℙ ⊠ A ⊣300⊢   2917
Express coach of the DB
Voiture de grandes lignes de la DB

Schnellzugwagen der DB mit Büffetabteil   II = ℙ ⊠ B ⊣300⊢   2921
Express coach of the DB with buffet
compartment
Voiture de grandes lignes de la DB
avec compartiment buffet

Schnellzug-Gepäckwagen der DB   II = ℙ ⊠ ⊣300⊢   2915
Express luggage car of the DB
Fourgon de grandes lignes de la DB

Schlafwagen der DSG   II = ℙ ⊠ ⊣300⊢   2919
Sleeping car of the DSG
Voiture-lits de la DSG

Schnellzugwagen der DB   II = ℙ ⊠ B ⊣300⊢   2925
(neue Farbgebung)
Express coach of the DB
(new colours)
Voiture de grandes lignes de la DB
(nouveau coloris)

Schnellzugwagen der DB   II = ℙ ⊠ A ⊣300⊢   2924
(neue Farbgebung)
Express coach of the DB
(new colours)
Voiture de grandes lignes de la DB
(nouveau coloris)

Schnellzug-Gepäckwagen der DB   II = ℙ ⊠ ⊣300⊢   2927
(neue Farbgebung)
Express luggage van of the DB
(new colours)
Fourgon de grandes lignes de la DB
(nouveau coloris)

Schlafwagen der DSG   II = ℙ ⊠ ⊣300⊢   2926
(neue Farbgebung)
Sleeping car of the DSG
Voiture-lits de la DSG
(nouveau coloris)

Amerikanische Oldtimer-Reisezugwagen
American old time passenger cars
Voitures voyageurs anciennes américaines

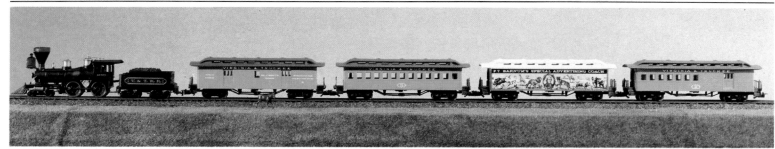

Personenwagen der Virginia & Truckee Passenger car of the Virginia & Truckee Voiture voyageurs de la Virginia & Truckee	II = ℙ ⊢165⊢	2994

Kombinierter Personen- und Packwagen der Virginia & Truckee Combination (passenger and baggage) car of the Virginia & Truckee Voiture combinée de voyageurs et à bagages de la Virginia & Truckee	II = ℙ ⊢165⊢	2993

Gepäckwagen der Virginia & Truckee Baggage car of the Virginia & Truckee Fourgon à bagages de la Virginia & Truckee	II = ℙ ⊢165⊢	2992

Gepäckwagen des Zirkus Barnum & Bailey Circus car of Barnum & Bailey's Fourgon du cirque Barnum & Bailey	II = ℙ ⊢165⊢	2998

Personenwagen der Atchison Topeka & Santa Fé Passenger car of the Atchison Topeka & Santa Fé Voiture voyageurs de la Atchison Topeka & Santa Fé	II = ℙ ⊢165⊢	2619

Kombinierter Personen- und Packwagen der Atchison Topeka & Santa Fé Passenger and baggage combination car of the Atchison Topeka & Santa Fé Voiture combinée de voyageurs et à bagages (Atchison Topeka & Santa Fé)	II = ℙ ⊢165⊢	2618

Gepäckwagen der Atchison Topeka & Santa Fé Baggage car of the Atchison Topeka & Santa Fé Fourgon à bagages de la Atchison Topeka & Santa Fé	II = ℙ ⊢165⊢	2617

Personenwagen der Kansas City, St. Louis & Chicago Passenger car of the Kansas City, St. Louis & Chicago Voiture voyageurs de la Kansas City, St. Louis & Chicago	II = ℙ ⊢165⊢	2997

Kombinierter Personen- und Packwagen (Kansas City, St. Louis & Chicago) Combination car (Kansas City, St. Louis & Chicago) Voiture voyageurs et à bagages (Kansas City, St. Louis & Chicago)	II = ℙ ⊢165⊢	2996

Gepäckwagen der Kansas City, St. Louis & Chicago Baggage car of the Kansas City, St. Louis & Chicago Fourgon à bagages de la Kansas City, St. Louis & Chicago	II = ℙ ⊢165⊢	2995

Amerikanische Reisezugwagen
American passenger cars
Voitures voyageurs américaines

Pullman-Durchgangswagen
der Atchison Topeka & Santa Fé
Pullman vestibule car of the
Atchison Topeka & Santa Fé
Voiture à intercirculation Pullman
de la Atchison Topeka & Santa Fé

II = P ⊠ ⊢290⊣   2717

Pullman-Durchgangswagen
der Pennsylvania Railroad
Pullman vestibule car
of the Pennsylvania Railroad
Voiture à intercirculation Pullman
de la Pennsylvania Railroad

II = P ⊠ ⊢290⊣   2724

Großraum-Personenwagen
der Atchison Topeka & Santa Fé
Passenger coach of the
Atchison Topeka & Santa Fé
Voiture voyageurs de la
Atchison Topeka & Santa Fé

II = P ⊠ ⊢262⊣   2743

Diese sechsachsigen Luxuswagen wurden in den Zwanziger Jahren für die großen amerikanischen Bahngesellschaften gebaut. Die komfortabelsten Wagen bildeten die berühmten Züge dieser Zeit in ihren markanten Farben. Viele dieser Sonderausführungen sind auch im RIVAROSSI-Wagenpark vorhanden.

These 12-wheeled luxury coaches were built for the great American railway companies in the twenties. The most comfortable of them formed the famous name trains of that time in their typical design. Many of these special executions are among the RIVAROSSI rolling stock.

Ces voitures de luxe à 6 essieux furent construites dans les années 20 pour les grandes sociétés de chemin de fer américaines. Les voitures les plus confortables formaient les trains fameux de cette époque avec leurs coloris caractéristiques. Le parc RIVAROSSI comprend beaucoup de ces voitures spéciales.

Speisewagen
der Atchison Topeka & Santa Fé
Dining-car
of the Atchison Topeka & Santa Fé
Voiture-restaurant
de la Atchison Topeka & Santa Fé

II = P ⊠ ⊢290⊣   2732

Speisewagen der Pennsylvania Railroad
Dining-car of the Pennsylvania Railroad
Voiture-restaurant
de la Pennsylvania Railroad

II = P ⊠ ⊢290⊣   2726

Personenwagen mit Gepäckabteil
der Atchison Topeka & Santa Fé
Passenger and baggage combine car
of the Atchison Topeka & Santa Fé
Voiture avec compartiment à bagages
de la Atchison Topeka & Santa Fé

II = P ⊠ ⊢290⊣   2716

Personenwagen mit Gepäckabteil
der Pennsylvania Railroad
Passenger and baggage combine car
of the Pennsylvania Railroad
Voiture avec compartiment à bagages
de la Pennsylvania Railroad

II = P ⊠ ⊢290⊣   2723

Aussichts-Schlußwagen
der Atchison Topeka & Santa Fé
Tail car with observation platform
of the Atchison Topeka & Santa Fé
Voiture de queue à terrasse
de la Atchison Topeka & Santa Fé

II = P ⊠ ⊢290⊣   2718

Aussichts-Schlußwagen
der Pennsylvania Railroad
Tail car with observation platform
of the Pennsylvania Railroad
Voiture de queue à terrasse
de la Pennsylvania Railroad

II = P ⊠ ⊢290⊣   2725

Amerikanische Reisezugwagen
American passenger cars
Voitures voyageurs américaines

| Personenzug „Crescent Limited" der Southern Railways
Passenger train "Crescent Limited" of the Southern Railways
Train de voyageurs «Crescent Limited» des Southern Railways | II = ℗ ⊠ +3+ ⊣1500⊢
ohne Lokomotive
without locomotive
sans locomotive
II = ℗ ⊠ ⊣1200⊢ | 232

2700 |

| Personenzug „Chippewa Hiawatha" der Milwaukee Road
Passenger train "Chippewa Hiawatha" of the Milwaukee Road
Train de voyageurs «Chippewa Hiawatha» de la Milwaukee Road | II = ℗ ⊠ +3+ ⊣1500⊢
ohne Lokomotive
without locomotive
sans locomotive
II = ℗ ⊠ ⊣1200⊢ | 220

2713 |

| Pullman-Wagen der Southern Railways
Pullman car of the Southern Railways
Voiture Pullman des Southern Railways | II = ℗ ⊠ ⊣290⊢ | 2881
[2700] |

| Pullman-Wagen der Milwaukee Road
Pullman car of the Milwaukee Road
Voiture Pullman de la Milwaukee Road | II = ℗ ⊠ ⊣290⊢ | 2843
[2713] |

| Personenwagen mit Packabteil der Southern Railways
Passenger and baggage combine car of the Southern Railways
Voiture avec compartiment à bagages des Southern Railways | II = ℗ ⊠ ⊣290⊢ | [2700] |

| Personenwagen mit Packabteil der Milwaukee Road
Passenger and baggage combine car of the Milwaukee Road
Voiture avec compartiment à bagages de la Milwaukee Road | II = ℗ ⊠ ⊣290⊢ | [2713] |

| Speisewagen der Southern Railways
Dining-car of the Southern Railways
Voiture-restaurant des Southern Railways | II = ℗ ⊠ ⊣290⊢ | [2700] |

| Speisewagen der Milwaukee Road
Dining-car of the Milwaukee Road
Voiture-restaurant de la Milwaukee Road | II = ℗ ⊠ ⊣290⊢ | [2713] |

| Aussichts-Schlußwagen der Southern Railways
Tail car with observation platform of the Southern Railways
Voiture de queue à terrasse des Southern Railways | II = ℗ ⊠ ⊣290⊢ | [2700] |

| Aussichts-Schlußwagen der Milwaukee Road
Tail car with observation platform of the Milwaukee Road
Voiture de queue à terrasse de la Milwaukee Road | II = ℗ ⊠ ⊣290⊢ | [2713] |

Amerikanische Reisezugwagen
American passenger cars
Voitures voyageurs américaines

Personenzug „20th Century Limited"
der New York Central
Passenger train ''20th Century Limited''
of the New York Central System
Train de voyageurs «20th Century Limited»
de la New York Central

II = 🅿 ⊠ ✚3✚ ⊦1550⊦   ohne Lokomotive   231
without locomotive
sans locomotive
II = 🅿 ⊠ ⊦1200⊦   2701

Gepäckwagen der New York Central
Baggage car of the New York Central System
Fourgon à bagages de la New York Central

II = 🅿 ⊠ ⊦270⊦   [2701]

Schlafwagen der Pennsylvania Railroad
Roomette sleeping car
of the Pennsylvania Railroad
Voiture-lits de la Pennsylvania Railroad

II = 🅿 ⊠ ⊦310⊦   2746

Postwagen der Pennsylvania Railroad
Post office car of the Pennsylvania Railroad
Voiture postale de la Pennsylvania Railroad

II = 🅿 ⊠ ⊦270⊦   2741

Stromlinien-Schlußwagen
der Pennsylvania Railroad
Streamlined tail car
of the Pennsylvania Railroad
Voiture de queue aérodynamique
de la Pennsylvania Railroad

II = 🅿 ⊠ ⊦310⊦   2747

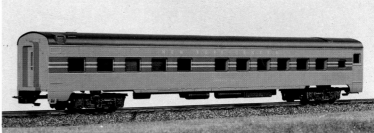

Schlafwagen der New York Central
Roomette sleeping car
of the New York Central System
Voiture-lits de la New York Central

II = 🅿 ⊠ ⊦310⊦   2709
[2701]

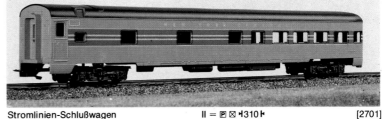

Stromlinien-Schlußwagen
der New York Central
Streamlined tail car
of the New York Central System
Voiture de queue aérodynamique
de la New York Central

II = 🅿 ⊠ ⊦310⊦   [2701]

Schlafwagen der Northern Pacific
Roomette sleeping car
of the Northern Pacific
Voiture-lits de la Northern Pacific

II = 🅿 ⊠ ⊦310⊦   2765

Aussichtswagen der Northern Pacific
Vista dome car of the Northern Pacific
Voiture panoramique de la Northern Pacific

II = 🅿 ⊠ ⊦310⊦   2764

Stromlinien-Schlußwagen
der Northern Pacific
Streamlined tail car
of the Northern Pacific
Voiture de queue aérodynamique
de la Northern Pacific

II = 🅿 ⊠ ⊦310⊦   2766

Amerikanische Reisezugwagen
American passenger cars
Voitures voyageurs américaines

RIVAROSSI

Personenzug „Panama Limited"
der Illinois Central
Passenger train "Panama Limited"
of the Illinois Central
Train de voyageurs «Panama Limited»
de la Illinois Central

mit zweiteiliger Diesellokomotive
with two-units Diesel locomotive
avec locomotive Diesel en deux éléments
II = ℗ ⊠ +2+ ⊢1700⊢   809

ohne Lokomotive
without locomotive
sans locomotive
II = ℗ ⊠ ⊢1200⊢

2628

ILLINOIS CENTRAL

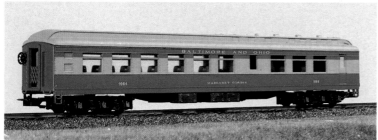

Pullman-Wagen der Baltimore & Ohio
Pullman car of the Baltimore & Ohio
Voiture Pullmann de la Baltimore & Ohio

II = ℗ ⊠ ⊢290⊢   2768
                              [2627]

Aussichtswagen der Illinois Central
Vista dome car of the Illinois Central
Voiture panoramique de la Illinois Central

II = ℗ ⊠ ⊢310⊢   [2628]

Speisewagen der Baltimore & Ohio
Dining-car of the Baltimore & Ohio
Voiture-restaurant de la Baltimore & Ohio

II = ℗ ⊠ ⊢290⊢   [2627]

Schlafwagen der Illinois Central
Roomette sleeping car of the Illinois Central
Voiture-lits de la Illinois Central

II = ℗ ⊠ ⊢310⊢   2870
                              [2628]

Personenwagen mit Gepäckabteil
der Baltimore & Ohio
Passenger and baggage combine car
of the Baltimore & Ohio
Voiture avec compartiment à bagages
de la Baltimore & Ohio

II = ℗ ⊠ ⊢290⊢   [2627]

Postwagen der Illinois Central
Post office car of the Illinois Central
Voiture postale de la Illinois Central

II = ℗ ⊠ ⊢270⊢   [2628]

Aussichts-Schlußwagen
der Baltimore & Ohio
Tail car with observation platform
of the Baltimore & Ohio
Voiture de queue à terrasse
de la Baltimore & Ohio

II = ℗ ⊠ ⊢290⊢   [2627]

Stromlinien-Schlußwagen
der Illinois Central
Streamlined tail car
of the Illinois Central
Voiture de queue aérodynamique
de la Illinois Central

II = ℗ ⊠ ⊢310⊢   [2628]

Firma, Gleissystem
Introduction, track system
Présentation, système de voie

La firme Roco produit des chemins de fer modèle réduit d'échelle HO, HOe et N, un programme de voie simple d'échelle O, de plus un grande choix des véhicules militaires en échelle HO. L'enterprise a été fondée en 1960 et emploie actuellement plus de 800 personnes dans les deux usines de Salzburg et de Gloggnitz près de Vienne. De même, Roco fournit au marché américain des modèles d'échelle HO des normes NMRA et des maquettes d'échelle N conformes aux prototypes américains.

Le programme HO (NEM) comprend des locomotives et des voitures et wagons très fidèles à l'original et à l'échelle, détaillés d'une façon particulièrement précise. Tous les modèles sont munis d'attelages du système NEM, classe A, et de jeux de roues NEM standard. De nombreux maquettes de voitures et de wagons sont aptes à recevoir les attelages serrés Roco, qui permettent une circulation tampons contre tampons lors du passage dans les courbes des 385 mm de rayon, conforme à l'original.

Les engins moteur Roco sont équipés du moteur à 5 pôles Roco, robuste et puissant, déterminé au système à deux conducteurs et courant continu. La plupart des locomotives sont aussi aptes au fonctionnement sur le système à courant alternatif avec conducteur central et plots de contact (système Märklin). Pour les voitures et wagons de chemin de fer modèle réduit Roco, le programme offre les jeux de roues d'échange adéquats.

Le système de voie Roco est conforme à toutes les normes NEM, avec des rails en argent chinois ou en laiton, à volonté, montés sur des traverses noires, en matière plastique. Il y a des éléments droits de différentes longueurs (1/1 = 228,6 mm), des voies flexibles (914,4 et 970 mm), cinq courbes (voir dessin), un croisement (12° 50′), deux aiguilles normales (12° 50′ et 9°30′), une aiguille de déviation (rayon 588,8 et 457,2 mm), un aiguillage symétrique (9° 30′) et une traversée-jonction double (12° 50′), manœuvrables à la main ou à commande électromagnetique, et un aiguillage électrique à trois voies (12° 30′). Une spécialité est un ensemble de jonctions de voies parallèles comportant un élément intermédiaire de croisement et quatre aiguilles électriques courtes (12° 30′). Toutes les aiguilles électriques (hors la traversée-jonction double et l'aiguille à trois voies) sont disponibles avec commande sous-table ou sur-table. Tous les mécanismes interrompent le courant à fin de course et ont des jonctions pour l'alimentation des cœurs de croisement (les cœurs sont en métal) et pour le rapport de direction. Les aiguilles manuelles peuvent être motorisées. En outre, des voies de dételage pour attelages normaux et serrés Roco et un heurtoir sont disponibles.

Le transformateur de courant de traction donne 15 VA et a aussi des jonctions de courant alternatif. Le transformateur d'éclairage fournit quatre tensions (3 à 12 V) et 30 VA.

Une grue de chargement et une installation pour le chargement de charbon en ensembles d'éléments complètent le programme.

La vente des produits Roco se fait exclusivement chez les détaillants spécialisés.

Die Firma Roco stellt Modelleisenbahnen der Baugrößen HO, HOe und N her, ein einfaches Gleisprogramm der Spur O und ein großes Sortiment von Militärfahrzeugen im HO-Maßstab. Das Unternehmen wurde 1960 gegründet und beschäftigt zur Zeit 800 Mitarbeiter in den Werken Salzburg und Gloggnitz bei Wien. Einige amerikanische Firmen werden von Roco mit HO-Modellen nach der NMRA-Norm und mit N-Modellen beliefert.

Das NEM-HO-Programm umfaßt Lokomotiven und Wagen in hoher Vorbildtreue und in einer für Großserienprodukte ungewöhnlich feinen und exakten Detaillierung. Alle Fahrzeuge sind mit NEM-Kupplungen (Klasse A) und NEM-Standardradsätzen ausgerüstet. Für die meisten stehen Austauschräder und -Kupplungen für andere Systeme oder die Roco Kurzkupplung zur Verfügung. Diese Kurzkupplung erlaubt vorbildgetreues Puffer-an-Puffer-Fahren auf Radien über 358 mm. Die Lokomotiven werden von einem starken 5poligen Roco-Motor angetrieben und sind für Zweileiter-Gleichstrombetrieb ausgelegt. Der größte Teil ist auch für das Punktkontakt-Wechselstrom-System (Märklin) lieferbar.

Das Roco-Modellgleis entspricht genau den NEM-Maßen und hat wahlweise Neusilber- oder Messing-Schienen auf schwarzen strukturierten Kunststoffschwellen. Es gibt Gerade in verschiedenen Längen (1/1 = 228,6 mm), flexible Gleise (914,4 und 970 mm), 5 Radien (siehe Abbildung), eine Kreuzung (12° 50′), Weichen (12° 50′ und 9° 30′), Bogenweichen (Radius 558,8 in 457,2 mm), eine symmetrische Weiche (9° 30′) und eine Doppelkreuzungsweiche (12° 50′) für Hand- oder Elektrobetrieb und eine elektrische Dreiwegweiche (12°30′). Eine Besonderheit ist eine doppelte Parallelgleisverbindung aus vier elektrischen Kurzweichen (12° 30′) und einer Kreuzung. Die Elektroweichen (außer Doppelkreuzungs- und Dreiwegweiche) sind mit Über- oder Unterflurantrieb lieferbar. Die Weichenantriebe sind selbstabschaltend und haben Anschlüsse für die Speisung der Metallherzstücke und für die Rückmeldung. Sie können nachträglich in Handweichen eingebaut werden. Ferner stehen elektrische Entkupplungsgleise für Standard- und Roco-Kurzkupplung und ein Prellbock zur Verfügung.

Der Fahrtransformator leistet 15 VA und hat zusätzliche Beleuchtungs- und Halbwellen-Anschlüsse. Der Beleuchtungstransformator (30 VA) gibt vier Spannungen ab (3 bis 12 V Wechselstrom).

Ein Ladekran und eine Bekohlungsanlage als Bausätze ergänzen das Programm.

Roco liefert ausschließlich über den Fachhandel.

The firm Roco produces model railways in HO, HOe, and N scale and a simple O gauge track system, moreover a great selection of tanks and military vehicles in HO scale. The enterprise was founded in 1960 and employs at present about 800 people in the works at Salzburg and Gloggnitz/Vienna. Some American firms are supplied with NMRA HO and N scale models by Roco.

The NEM HO programme contains locomotives and as models in great series very well and exactly detailed. All vehicles have NEM class A couplings and NEM standard wheels. Most of them can be fitted with wheel sets and couplers for other systems or with the Roco short coupling. This short coupling allows to run buffer to buffer (like the original) on a radius greater than 358 mm. The locomotives are driven by a powerful 5-pole Roco motor and intended for the two-rails DC system. The greater part of them ist also available for the studcontact AC system (like Märklin).

The Roco tracks are measured exactly to the NEM norms and have rails either from brass of from nickel-silver on black structured plastic ties. There are several straight sections (1/1 = 228.6 mm), flexible tracks (914.4 and 970 mm), 5 circles (see graphics), a crossing (12° 50′), switches (12° 50′ and 9° 30′), curved switches (radius 558.8 into 457.2 mm), a symmetrical switch (9° 30′) and a double slip switch (12° 50′), all theses switches manually or electrically operated, and an electric three-way-switch (12° 30′). A speciality is a double parallel track crossover set sonsisting of four short electric switches (12° 30′) and a crossing. The electric switches (exept double slip and three-way) are available with overfloor or underfloor motors. The switch motors are self-cancelling and have circuit arrangements for a live frog system (all frogs are of metal) and directional notification. Manual switches can be motorized. Moreover, there are electric uncouplers for standard and Roco short couplings and a buffer stop.

The traction current transformer gives 15 VA and has also half-wave and AC lighting terminals. The lighting transformer supplies four voltages (3 to 12 V AC) and 30 VA.

A loading crane and a coal bunker with dredger as kits complete the programme.

Roco products are sold in one-line-shops only.

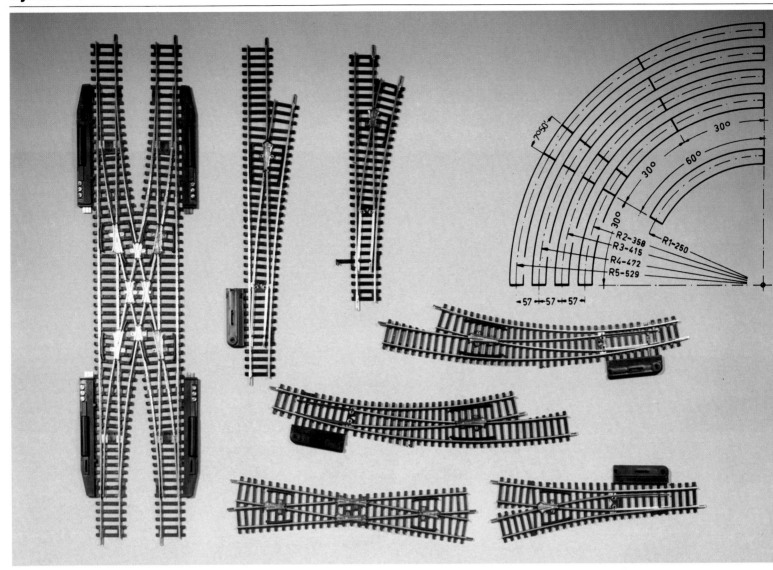

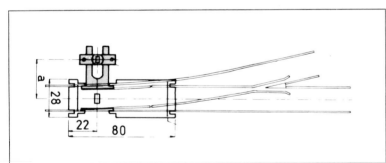

Zum ROCO-Unterflurantrieb gibt es einen verschiebbaren (a) Laternensatz. There is a displaceable (a) lantern set for the underfloor switch motor. Il y a un jeu de lanterne mobile (a) pour le moteur d'aiguille sous-table.

Durch Einbau passender Motoren kann die Bekohlungsanlage ferngesteuert werden.
Installing suitable motors makes the coaling station remote-controlled.
Avec des moteurs convenables il est possible de télécommander la drague.

ROCO Modellspielwaren
GmbH & Co. KG.
Jakob-Auer-Straße 8
A-5033 Salzburg

Overland Models Pty. Ltd.
Reg. Office:
23 King William Road
AUS Unley 5061

Model Power
2230 Speers Road
CDN Oakville, Ontario

Hobby-Toy
Postfach 136
CH-8025 Zürich

Willi Lindenberg
Hansemannstraße 20
D-5000 Köln 30

Nordisk Legetoy Aps
Emdrupvej 28A
DK-2100 København

José M. Alarcon
Calvet 15,61
E Barcelona 6

DCM Depreux S.A.
52, rue d'Hem
F-59100 Roubaix

E. E. Nilco
P.O.B. 1497
Kolokotroni dr. 23
GR Athenai 125

Gieffeci s.a.s.
Via F. Baracca 9
I-20053 Muggio (Mi)

Noveki B.V.
Industrieweg 18
NL-2970 Harderwijk

Kjell Ulfsrud
Postboks 3
N-1488 Hakadal

John Buchanan & Sons Ltd.
P.O. Box 13174
NZ Wellington

Gaspar Luiz d'Almeida Lda.
Travessa Nova de S. Domingos, 9-2°
P Lisboa 2

Hobby Borgen Ab.
Box 12102
S-10223 Stockholm

Train Center
c/o Oy Sound Electronics Inc.
Museokatu 8
SF-00100 Helsinki 10

Atlas Tool Co. Inc.
378 Florence Avenue
USA Hillside, N.J. 07205

Dampflokomotive und Elektrolokomotiven
Steam locomotive and electric locomotives
Locomotive à vapeur et locomotives électriques

RoCo international

Schwere Güterzuglokomotive BR 58 der DB
Heavy goods locomotive class 58 of the DB
Puissante locomotive à vapeur pour trains marchandises série 58 de la DB

ll = P ♈ ✦ 3 ✦ ⊦213⊦   4112

Güterzuglokomotive BR 191 der DB
Goods locomotive class 191 of the DB
Locomotive pour trains marchandises de la DB, série 191

ll = P ♈ ✦ 6 ✦ ⊦192⊦   4139

Diese schwere Oldtimer-Lokomotive steht heute noch bei der DB in Diensten. Die drei getrennten Gehäuseteile sind durch Faltenbälge verbunden. Wie alle anderen Elektrolokomotiven von Roco ist auch diese wahlweise auf Ober- oder Unterleitungsfahrbetrieb umschaltbar.

This heavy "old type" locomotive is still giving service with the DB. Concertinas between body sections. Changing of overhead or track power supply, like the other electric locomotives of Roco.

Cette locomotive lourde ancienne est au service de la DB aujourd'hui même. Les trois parties de la boîte sont assemblées par des soufflets de communication. Comme les autres locomotives électriques de Roco, elle est commutable pour alimentation par voie ou ligne aerienne.

Nebenbahnlokomotive 169 der DB
Locomotive for local traffic 169 of the DB
Locomotive pour lignes secondaires 169 de la DB

rot/red/rouge
ll = P ✦ 2 ✦ ⊦89⊦   4128 B
grün/green/vert
ll = P ✦ 2 ✦ ⊦89⊦   4128 A

Rangierlokomotive 160 der DB
Electric shunter locomotive class 160 of the DB
Motrice de manœuvre série 160 de la DB

ll = P ♈ ✦ 3 ✦ ⊦128⊦   4129

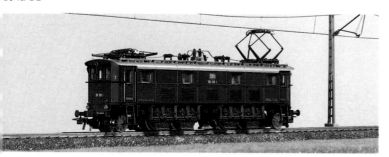

Elektrische Mehrzwecklokomotive 116 der DB
Electric multi-purpose locomotive class 116 of the DB
Locomotive électrique tous services série 116 de la DB

ll = P ♈ ✦ 4 ✦ ⊦176⊦   4143
ll ≈ P ♈ ✦ 4 ✦ ⊦176⊦   14143

Elektrische Mehrzwecklokomotive 144.5 der DB
Electric multi-purpose locomotive class 144.5 of the DB
Locomotive électrique tous services série 144.5 de la DB

ll = P ♈ ✦ 4 ✦ ⊦165⊦   4130

Mehrzwecklokomotive BR 144 der DB Multi-purpose locomotive class 144 of the DB Locomotive tous services série 144 de la DB	‖ = ℗ ⚡ ✦4✦ ⊦176⊦ grün/green/verte beige-ocean	4131 A 4131 B
Mehrzwecklokomotive BR 118 (DB) / 1118 (ÖBB) Multi-purpose locomotive class 118 (DB) / 1118 (ÖBB) Locomotive tous services série 118 (DB) / 1118 (ÖBB)	‖ = ℗ ⚡ ✦4✦ ⊦193⊦ ÖBB DB ‖ ≈ ℗ ⚡ ✦4✦ ⊦193⊦ ÖBB DB	4141 D 4141 C 14141 D 14141 C

Mehrzwecklokomotive BR 118 der DB Multi-purpose locomotive class 118 of the DB Locomotive tous services série 118 de la DB	‖ = ℗ ⚡ ✦4✦ ⊦193⊦ blau/blue/bleue beige-ocean ‖ ≈ ℗ ⚡ ✦4✦ ⊦193⊦ blau/blue/bleue beige-ocean	4141 B 4141 A 14141 B 14141 A
Güterzuglokomotive BR 140 der DB Freight train locomotive class 140 of the DB Locomotive à marchandises série 140 de la DB	‖ = ℗ ⚡ ✦4✦ ⊦189⊦ grün/green/verte beige-ocean ‖ ≈ ℗ ⚡ ✦n4✦ ⊦189⊦ grün/green/verte beige-ocean	4136 A 4136 B 14136 A 14136 B

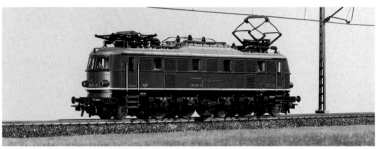

Personenzuglokomotive BR 110 der DB Passenger train locomotive class 110 of the DB Locomotive à voyageurs série 110 de la DB	‖ = ℗ ⚡ ✦4✦ ⊦189⊦ blau/blue/bleue beige-ocean ‖ ≈ ℗ ⚡ ✦4✦ ⊦189⊦ blau/blue/bleue beige-ocean	4135 A 4135 B 14135 A 14135 B
Schnellzuglokomotive BR 110^3 der DB Express locomotive class 110^3 of the DB Locomotive de vitesse série 110^3 de la DB	‖ = ℗ ⚡ ✦4✦ ⊦189⊦ ‖ ≈ ℗ ⚡ ✦4✦ ⊦189⊦	4137 A 14137 A
Personenzuglokomotive BR 110^3 der DB Passenger train locomotive class 110^3 of the DB Locomotive à voyageurs série 110^3 de la DB	‖ = ℗ ⚡ ✦4✦ ⊦189⊦ ‖ ≈ ℗ ⚡ ✦4✦ ⊦189⊦	4137 B 14137 B
TEE-Schnellzuglokomotive BR 112 der DB TEE-express locomotive class 112 of the DB Locomotive de vitesse TEE série 112 de la DB	‖ = ℗ ⚡ ✦4✦ ⊦189⊦ ‖ ≈ ℗ ⚡ ✦4✦ ⊦189⊦	4138 14138

Mehrzwecklokomotive BR 111 der DB Multi-purpose locomotive class 111 of the DB Locomotive tous services série 111 de la DB	‖ = ℗ ⚡ ✦4✦ ⊦193⊦ ‖ ≈ ℗ ⚡ ✦4✦ ⊦193⊦	4133 14133
Zweifrequenz-Lokomotive BR 181^2 der DB Dual frequency locomotive class 181^2 of the DB Locomotive bi-fréquence série 181^2 de la DB	‖ = ℗ ⚡ ✦4✦ ⊦205⊦	4142 B

Elektro- und Diesellokomotiven, Triebwagenzug
Electric and Diesel locomotives, railcar train
Locomotives électriques et Diesel, train automoteur

Zweifrequenzlokomotive BR 181² der DB
Dual frequency locomotive class 181²
of the DB
Locomotive bi-fréquence série 181²
de la DB

II = P 4 205   4142 A

Güterzuglokomotive 151 der DB
Freight train locomotive class 151
of the DB
Locomotive à marchandises série 151
de la DB

II = P 6 224   4132 B

Güterzuglokomotive 151 der DB
Freight train locomotive class 151
of the DB
Locomotive à marchandises série 151
de la DB

II = P 6 224   4132 A

Rangierlokomotive der NS, Serie 300
Shunter locomotive class 300 of the NS
Locomotive de manœuvres série 300
des NS

II = P 2 82   4153

Diesel-Mehrzwecklokomotive 290 der DB
Multi-purpose Diesel locomotive
class 290 of the DB
Locomotive Diesel tous services
série 290 de la DB

II = P 4 165   4154

Diesel-Mehrzwecklokomotive 215 der DB
Multi-purpose Diesel locomotive
class 215 of the DB
Locomotive Diesel tous services
série 215 de la DB

II = P 4 189   4151 A

Diesel-Mehrzwecklokomotive 215 der DB
Multi-purpose Diesel locomotive
class 215 of the DB
Locomotive Diesel tous services
série 215 de la DB

II = P 4 189   4151 B
rot-beige/red-beige/rouge-beige (TEE)
II = P 4 189   4151 C

Dieselelektrische Mehrzwecklokomotive
der NMBS
Diesel electric multi-purpose locomotive
of the NMBS
Locomotive Diesel électrique tous
services de la SNCB

II = P 4 189   4152

Schnellbahn-Triebwagenzug 420 der DB
High speed railcar train class 420
of the DB
Train automoteur série 420 de la DB

S-Bahn Ruhrgebiet (orange)
II = P 2 AB 775   4134 A
II ≈ P 2 AB 775   14134 A

S-Bahn München (blau/blue/bleu)
II = P 2 AB 775   4134 B
II ≈ P 2 AB 775   14134 B

S-Bahn Frankfurt-Stuttgart
(rot/red/rouge)
II ≈ P 2 AB 775   4134 C
II ≈ P 2 AB 775   14134 C

Niederbordwagen
Low sided wagon
Wagon à bords bas
II = ℗ ⊩94⊩
DB   4303 A
NS   4303 B

Offener Güterwagen der DB
Open wagon of the DB
Tombereau de la DB
II = ℗ ⊩94⊩   4307

Offener Güterwagen der DB
Open wagon of the DB
Tombereau de la DB
II = ℗ ⊩114⊩   4302

Offener Güterwagen der DB
Open wagon of the DB
Tombereau de la DB
II = ℗ ⊩104⊩   4314

Offener Güterwagen der DB
Open wagon of the DB
Tombereau de la DB
II = ℗ ⊩104⊩   4309

Offener Güterwagen
Open wagon
Tombereau
II = ℗ ⊩94⊩
DB   4311 A
NS   4311 B

Rungenwagen der DB
Flat wagon with stakes of the DB
Wagon à ranchers de la DB
II = ℗ ⊩124⊩   4306

Klappdeckelwagen der DB
Hinged hatches wagon of the DB
Wagon à toit mobile latéralement de la DB
II = ℗ ⊩94⊩   4313

Tiefladewagen
Low bed wagon
Wagon plateforme surbaissée
                 II = ℗ ⊩203⊩   4351

Flachwagen
Flat wagon
Wagon plat
                 II = ℗ ⊩200⊩   4350

Flachwagen mit Rungen
Flat wagon with stakes
Wagon plat à ranchers
                 II = ℗ ⊩156⊩   4352

Mehrzwecktragwagen mit abklappbaren Rungen (DB)
Flat wagon with removable stakes (DB)
Wagon tous services avec ranchers rabattables (DB)
                 II = ℗ ⊩242⊩   4357

Mehrzwecktragwagen mit umklappbaren
Rungen, beladen
Flat car with turn stakes, loaded
Wagon tous services avec ranchers
rabattables, chargé

II = Ⓟ ⊬242⊢   4360

Mehrzweckwagen mit umklappbaren
Rungen, beladen
Flat car with turn stakes, loaded
Wagon tous services avec ranchers
rabattables, chargé

II = Ⓟ ⊬242⊢   4361

LEIG-Wageneinheit der DR
LEIG double wagon of the DR
Wagon double LEIG de la DR
II = Ⓟ ⊬270⊢   4329

LEIG-Wageneinheit der DB
LEIG double wagon of the DB
Wagon double LEIG de la DB
II = Ⓟ ⊬268⊢   4328

Güterwagen „Leipzig" mit verschiedenen
Beschriftungen
Goods wagons "Leipzig" with different
inscriptions
Wagons marchandises «Leipzig» avec
inscriptions differentes
II = Ⓟ ⊬136⊢
DB-UIC   4332
ehem./former/anc. DR   4330
DR   4331

Gedeckter Güterwagen der DB
Covered wagon of the DB
Wagon couvert de la DB
II = Ⓟ ⊬114⊢   4304

Gedeckter Güterwagen der DB
Covered wagon of the DB
Wagon couvert de la DB
II = Ⓟ ⊬104⊢   4305 A

Gedeckter Güterwagen der DB
Covered wagon of the DB
Wagon couvert de la DB
II = Ⓟ ⊬114⊢   4310

Gedeckter Güterwagen
Covered wagon
Wagon couvert
II = Ⓟ ⊬114⊢
SNCF   4315 A
NS   4315 B

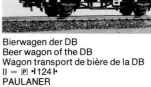

Kleinvieh-Verschlagwagen der DB
Covered cattle wagon of the DB
Wagon claire-voie pour le transport
de menu bétail
II = Ⓟ ⊬124⊢   4308

Gedeckter Güterwagen der FS
Covered wagon of the FS
Wagon couvert des FS
II = Ⓟ ⊬124⊢   4300

Kühlwagen der DB
Refrigerated wagon of the DB
Wagon frigo de la DB
II = Ⓟ ⊬124⊢   4312 A

Bierwagen der DB
Beer wagon of the DB
Wagon transport de bière de la DB
II = Ⓟ ⊬124⊢
PAULANER   4312 C
PSCHORR   4312 B

Bierwagen (DB)	Stuttgarter Hofbräu	
Beer wagons (DB)	II = P ⊢104⊢	4301 B
Wagons transport de biére (DB)	Königsbacher	
	II = P ⊢104⊢	4301 C

Bierwagen (DB)	Fürstenberg Pilsener	
Beer wagons (DB)	II = P ⊢104⊢	4305 B
Wagons transport de biére (DB)	Löwenbräu München	
	II = P ⊢104⊢	4305 D

Bierwagen (DB)	Dortmunder Union	
Beer wagons (DB)	II = P ⊢104⊢	4305 E
Wagons transport de biére (DB)	Dinkelacker	
	II = P ⊢104⊢	4305 C

Güterwagen der SBB/CFF	II = P ⊢168⊢	4341
Covered wagon of the SBB/CFF		
Wagon couvert des SBB/CFF		

Großgüterwagen der SBB/CFF
Covered wagons of the SBB/CFF
Wagons couvert grande capacité
des SBB/CFF

MIGROS		
II = P ⊢168⊢		4340 B
OVOMALTINE		
II = P ⊢168⊢		4340 A

Container-Tragwagen, beladen	II = P ⊢200⊢	4319
Container wagon, loaded		
Wagon pour transport de containers, chargé		

Container-Tragwagen, beladen	II = P ⊢200⊢	4320
Container wagon, loaded		
Wagon pour transport de containers, chargé		

Container-Tragwagen, beladen	II = P ⊢242⊢	4363
Container wagon, loaded		
Wagon pour transport de containers, chargé		

Container-Tragwagen, beladen	II = P ⊢242⊢	4362
Container wagon, loaded		
Wagon pour transport de containers, chargé		

Kesselwagen
Tank wagons
Wagons-citernes

Kesselwagen ESSO, silber (DB ex USA)
Tank wagon ESSO, silver (DB ex USA)
Wagon-citerne ESSO, argent
(DB ex USA)
II = ℙ ⊩162⊩ 4353 A

Kesselwagen in schwarzer Farbe mit
4 verschiedenen Abziehbildern
Tank wagon in black colour with
4 different decals
Wagon-citerne, noire, avec
4 décorations possibles
II = ℙ ⊩162⊩ 4353 B

Kesselwagen der Wacker-Chemie (DB)
Tank wagon of the Wacker-Chemie (DB)
Wagon-citerne de la Wacker-Chemie
(DB)
II = ℙ ⊩166⊩ 4354 C

Kesselwagen der VTG (DB)
Tank wagon of the VTG (DB)
Wagon-citerne de la VTG (DB)
II = ℙ ⊩166⊩ 4354 A

Kesselwagen der VTG „SNIA"
Tank wagon of the VTG "SNIA"
Wagon-citerne de la VTG «SNIA»
II = ℙ ⊩166⊩ 4354 B

Kesselwagen SHELL (DB)
Tank wagon SHELL (DB)
Wagon-citerne SHELL (DB)
II = ℙ ⊩166⊩ 4355 B

Kesselwagen ARAL (DB)
Tank wagon ARAL (DB)
Wagon-citerne ARAL (DB)
II = ℙ ⊩166⊩ 4355 C

Kesselwagen der VTG (DB)
Tank wagon of the VTG (DB)
Wagon-citerne de la VTG (DB)
II = ℙ ⊩166⊩ 4355 A

Kesselwagen BP (DB)
Tank wagon BP (DB)
Wagon-citerne BP (DB)
II = ℙ ⊩166⊩ 4356 B

Kesselwagen mit 4 verschiedenen
Abziehbildern
Tank wagon with 4 different decals
Wagon-citerne avec 4 décorations
possibles
II = ℙ ⊩166⊩ 4356 C

Kesselwagen und Spezialwagen
Tank wagons and special wagons
Wagons-citerne et wagons spéciaux

Kesselwagen der VTG (DB)
Tank wagon of the VTG (DB)
Wagon-citerne de la VTG (DB)　　　　II = ℗ �166⊦　　　　4356 A

Container-Tragwagen mit Kesselcontainer
beladen
Container car loaded with a tank container
Wagon-container chargé de container-
citerne　　　　II = ℗ ⊦172⊦　　　　4321

Container-Tragwagen
Container car
Wagon plate-forme pour transport
containers　　　　II = ℗ ⊦172⊦　　　　4318

Bauzugwagen der DB
Track-construction van of the DB
Wagon d'accompagnement de la DB　　　　II = ℗ ⊦135⊦
grün/green/verte　　　　4333 A
ocean　　　　4333 B

Hilfszug-Gerätewagen der DB
Maintenance equipment wagon of the DB
Wagon atelier de la DB
II = ℗ (⚕) ⊦264⊦　　　　4359 A

Hilfszug-Gerätewagen der DB
Maintenance equipment wagon of the DB
Wagon atelier de la DB
II = ℗ (⚕) ⊦264⊦　　　　4359 B

250-Tonnen-Kranwagen der DB
250 ton crane truck of the DB
Wagon grue de 250 tonnes de la DB
II = ℗ ⊦150⊦　　　　4316

Talbot-Schwenkdachwagen der DB
Talbot-swing roof wagon of the DB
Wagon à toit mobile Talbot de la DB
II = ℗ ⊦161⊦　　　　4358

Oldtimer-Reisezugwagen
Oldtimer passenger coaches
Voitures voyageurs anciennes

ROCO *international*

Schnellzugwagen (1923) mit
DB-Beschriftung
Express coach (1923), DB lettering
Voiture grandes lignes (1923),
inscription DB

II = Ⓟ ⊠ (♛) B ⊢1236⊢   4289
II = Ⓟ ⊠ (♛) A ⊢1236⊢   4290

Schnellzugwagen (1923) mit
DB-Beschriftung
Express coach (1923), DB lettering
Voiture grandes lignes (1923),
inscription DB

II = Ⓟ ⊠ (♛) AB ⊢1236⊢   4291

Schnellzug-Schlafwagen (1921),
DSG-Beschriftung
Express sleeping-car (1921),
DSG lettering
Voiture-lits grandes lignes (1921),
inscription DSG

II = Ⓟ ⊠ (♛) ⊢1247⊢   4292

Die Vorbilder dieser erstklassig detaillierten Modelle waren die ersten Schnellzugwagen in Ganzstahlbauweise (1921 - 1926).
Ihrer zugespitzten Form verdanken sie den
Beinamen „Hechte". Die für die damalige
Deutsche Reichsbahn gebauten Wagen
standen bei der DB noch im Dienst.

The prototypes of these outstandingly
detailed models were the first express
coaches completely from steel (1921-1926).
Because of their wedge-shape they got the
nickname "pikes". The coaches initially
built for the former German Reichsbahn
were still at service of the DB.

Les modèles de ces maquettes très bien
détaillées proviennent de la premiere
série de voitures de grande lignes en acier
(1921 - 1926). A cause de leur facon en
pointe elles étaient appelées «brochets».
Les voitures construites pour l'ex Reichsbahn allemande étaient encore au service
de la DB même.

Schnellzug-Postwagen (1924),
DBP-Beschriftung
Express mail-van (1924),
DBP lettering
Fourgon postal grandes lignes (1924),
inscription DBP

II = Ⓟ (♛) ⊢1247⊢   4293

Behelfs-Personenwagen (1945)
Auxiliary passenger car (1945)
Voiture auxiliaire (1945)

II = Ⓟ ⊠ (♛) C ⊢135⊢   4200

Behelfs-Packwagen der DB
Auxiliary luggage van of the DB
Fourgon auxiliaire de la DB

II = Ⓟ (♛) ⊢1264⊢   4277

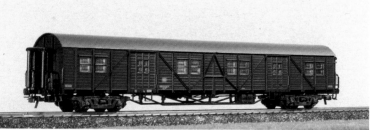

Expressgut-Gepäckwagen (DB)
Express mail-van (DB)
Fourgon express (DB)

II = Ⓟ (♛) ⊢1264⊢   4278

Einheitspersonenwagen „Donnerbüchse" (1921), DB-Beschriftung
Standard coach "Thunder Box" (1921), DB lettering
Voiture unifiée «Boîte tonnante» (1921), inscription DB

II = ℗ ⊠ (⛎) AB ⊢160⊢   4202

Einheitspersonenwagen „Donnerbüchse" (1921)
Standard coach "Thunder Box" (1921)
Voiture unifiée «Boîte tonnante» (1921)

II = ℗ ⊠ (⛎) B ⊢160⊢

DB   4201 A
ÖBB   4201 B

Einheitspersonenwagen (1924), DB-Beschriftung
Standard coach (1924), DB lettering
Voiture unifiée (1924), inscription DB

II = ℗ ⊠ (⛎) A ⊢162⊢   4203

Einheitspackwagen (1924), DB-Beschriftung
Standard luggage van (1924), DB lettering
Fourgon unifiée (1924), inscription DB

II = ℗ (⛎) ⊢160⊢   4204

Umbauwagen der DB (1949), Minden-Deutz-Drehgestelle
Convert coach of the DB (1949), Minden-Deutz bogies
Voiture modifiée de la DB (1949), bogies Minden-Deutz

II = ℗ ⊠ (⛎) B ⊢224⊢   4250
II = ℗ ⊠ (⛎) AB ⊢224⊢   4252

Umbauwagen der DB (1949), Schwanenhals-Drehgestelle
Convert coach of the DB (1949), swan-neck bogies
Voiture modifiée de la DB (1949), bogies col de cygne

II = ℗ ⊠ (⛎) AB ⊢224⊢   4253
II = ℗ ⊠ (⛎) B ⊢224⊢   4251

Umbauwagen mit Gepäckabteil (DB), Minden-Deutz-Drehgestelle
Convert coach with luggage compartment (DB), Minden-Deutz bogies
Voiture modifiée avec fourgon (DB), bogies Minden-Deutz

II = ℗ ⊠ (⛎) B ⊢224⊢   4254

Umbauwagen mit Gepäckabteil (DB), Schwanenhals-Drehgestelle
Convert coach with luggage compartment (DB), swan-neck bogies
Voiture modifiée avec fourgon (DB), bogies col de cygne

II = ℗ ⊠ (⛎) B ⊢224⊢   4255

Eilzugwagen der DB
Express coach of the DB
Voiture directe de la DB

II = ℙ ⊠ (🏛) B ⊣264⊢   4242

Eilzugwagen der DB
Express coach of the DB
Voiture directe de la DB

II = ℙ ⊠ (🏛) AB ⊣264⊢   4243

Eilzugwagen mit Gepäck- und Steuerabteil (DB)
Express coach with luggage and
control compartment (DB)
Voiture directe avec compartiment
à bagages et de conduite (DB)

II = ℙ ⊠ 🏛 B ⊣264⊢   4244

Eilzugwagen der DB
Express coach of the DB
Voiture directe de la DB

II = ℙ ⊠ (🏛) B ⊣264⊢   4279

Eilzugwagen der DB
Express coach of the DB
Voiture directe de la DB

II = ℙ ⊠ (🏛) AB ⊣264⊢   4280

Eilzugwagen mit Gepäck- und Steuerabteil (DB)
Express coach with luggage and
control compartment (DB)
Voiture directe avec compartiment
à bagages et de conduite (DB)

II = ℙ ⊠ 🏛 B ⊣264⊢   4281

Nahschnellverkehrswagen mit Gepäck-
und Steuerabteil (DB)
Suburban express coach with luggage
and control compartment (DB)
Voiture directe de banlieue avec compartiment à bagages et de conduite (DB)

II = ℙ ⊠ 🏛 B ⊣264⊢   4264

Nahschnellverkehrswagen der DB
Suburban express coach of the DB
Voiture directe de banlieue de la DB

II = ℙ ⊠ (🏛) B ⊣264⊢   4265

Nahschnellverkehrswagen der DB
Suburban express coach of the DB
Voiture directe de banlieue de la DB

II = ℙ ⊠ (🏛) AB ⊣264⊢   4266

Schnellzugwagen der DB
Fast train coach of the DB
Voiture de grandes lignes de la DB

II = ℙ ⊠ (🏛) AB ⊣264⊢   4273

Schnellzugwagen der DB
Fast train coach of the DB
Voiture de grandes lignes de la DB

II = ℙ ⊠ (🏛) B ⊣264⊢   4274

Schnellzugwagen der DB
Express coach of the DB
Voiture grandes lignes de la DB
II = ℙ ⊠ (⚇) A ⊢264⊢ 4296

Schnellzugwagen der DB
Express coach of the DB
Voiture grandes lignes de la DB
II = ℙ ⊠ (⚇) B ⊢264⊢ 4294

Schnellzugwagen der DB
Express coach of the DB
Voiture grandes lignes de la DB
II = ℙ ⊠ (⚇) AB ⊢264⊢ 4295

Schnellzugwagen mit Packabteil
der DB
Express coach with luggage compartment
of the DB
Voiture grandes lignes avec compartiment
à bagages de la DB
II = ℙ ⊠ (⚇) B ⊢264⊢ 4298

Schnellzug-Packwagen der DB
Express luggage van of the DB
Fourgon de la DB
II = ℙ (⚇) ⊢264⊢ 4297

Schnellzug-Postpackwagen der DBP
Express mail van of the DBP
Fourgon postal de la DBP
II = ℙ (⚇) ⊢264⊢ 4249

Schnellzugwagen der DB
Express coach of the DB
Voiture grandes lignes de la DB
II = ℙ ⊠ (⚇) A ⊢264⊢ 4257
II = ℙ ⊠ (⚇) B ⊢264⊢ 4256

Schnellzugwagen der DB
Express coach of the DB
Voiture grandes lignes de la DB
II = ℙ ⊠ (⚇) AB ⊢264⊢ 4288

Schnellzugwagen mit Packabteil
der DB
Express coach with luggage compartment
of the DB
Voiture grandes lignes avec compartiment
à bagages de la DB
II = ℙ ⊠ (⚇) B ⊢264⊢ 4258

Schnellzug-Packwagen der DB
Express luggage van of the DB
Fourgon de la DB
II = ℙ ⊠ (⚇) ⊢264⊢ 4287
II = ℙ ⊠ (⚇) ⊢264⊢ 4259

Schnellzug-Postwagen der DBP
Express mail van of the DBP
Fourgon postal de la DBP
II = ℙ ⊠ (⚇) ⊢264⊢ 4262

TEE-Abteilwagen (DB)   II = ℙ ⊠ (🍴) A ⊦264⊦   4267
TEE compartment coach (DB)
Voiture à compartiments TEE (DB)

TEE-Großraumwagen (DB)   II = ℙ ⊠ (🍴) A ⊦264⊦   4268
TEE saloon coach (DB)
Voiture-salon TEE (DB)

TEE-Speisewagen (DSG)   mit Stromabnehmer
TEE dining coach (DSG)   with pantograph
Voiture-restaurant TEE   avec pantographe   4272
II = ℙ ⊠ (🍴) ⊦275⊦   4269

TEE-Barwagen (DB)   II = ℙ ⊠ (🍴) A ⊦275⊦   4270
TEE buffet coach (DB)
Voiture-buffet TEE (DB)

TEE-Aussichtswagen (DB)
TEE observation coach (DB)
Voiture panoramique TEE (DB)
II = ℙ ⊠ (🍴) A ⊦264⊦   4271

Schnellzug-Speisewagen (DSG)   II = ℙ ⊠ (🍴) ⊦264⊦   4261 B
Express dining coach (DSG)
Voiture-restaurant de grandes lignes (DSG)

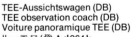

Schlafwagen (DSG)   II = ℙ ⊠ (🍴) ⊦264⊦   4260
Sleeping coach (DSG)
Voiture-lits (DSG)

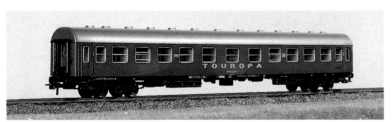

TOUROPA-Liegewagen   II = ℙ (🍴) ⊦264⊦   4282
TOUROPA couchette coach
Voiture-couchette TOUROPA

Eilzugwagen der CFL   II = ℙ ⊠ (🍴) B ⊦264⊦   4285
Express coach of the CFL   II = ℙ ⊠ (🍴) AB ⊦264⊦   4286
Voiture directe de la CFL

Schnellzugwagen der FS   II = ℙ ⊠ (🍴) B ⊦264⊦   4283
Express coach of the FS
Voiture de grandes lignes des FS

Schnellzugwagen der FS   II = ℙ ⊠ (🍴) A ⊦264⊦   4284
Express coach of the FS
Voiture de grandes lignes des FS

Schmalspurbahn HOe
Narrow gauge railway HOe
Chemin de fer à voie étroite HOe

Dampflokomotive
Steam locomotive
Locomotive à vapeur

II = Ⓟ ✦3✦ ⊦62⊦   4100

Diesellokomotive
Diesel locomotive
Locomotive Diesel

II = Ⓟ ♒︎✦3✦ ⊦59⊦   4150

Kipplore
Tipper truck
Fardier à benne

II = Ⓟ ⊦26⊦   4342

Zementlore
Cement truck
Fardier à ciment

II = Ⓟ ⊦26⊦   4343

Langholzwagen
Timber bogie
Fardier à bois

II = Ⓟ ⊦26⊦   4344

Kastenlore
Box truck
Fardier à boîte

II = Ⓟ ⊦26⊦   4345

Grubenholzlore
Open sided truck
Fardier à bois carré

II = Ⓟ ⊦26⊦   4346
flach/flat/plat   4349

Kohlenlore
Coal truck
Fardier à houille

II = Ⓟ ⊦45⊦   4347

Bergwerkslore
Mining truck
Fardier de mine

II = Ⓟ ⊦48⊦   4348

Eine Besonderheit im ROCO-Programm ist die Industriebahn in der Spur HOe (Maßstab 1:87, 9 mm Spurweite). Die sorgfältig gearbeiteten Modelle werden einzeln oder als Zugpackungen mit einem Gleisoval (ROCO-N-Gleis) angeboten. Als Gleise können spezielle HOe-Schienen anderer Hersteller oder handelsübliche N-Gleise verwendet werden, die ROCO ebenfalls führt. Das ROCO-N-Gleissystem umfaßt Gerade, flexibles Gleis, 6 Radien, 4 Weichen, Bogenweichen, 2 Kreuzungen und eine Kreuzungsweiche. Die Betriebsspannung ist 3...14 V Gleichstrom.

A ROCO particularity is the industrial railway of the HOe gauge (1:87 scale, 9 mm gauge). The carefully made models are offered separately or as complete train sets with tracks (ROCO N scale tracks). HOe tracks from other makes or usual N scale track available from ROCO can be used. The ROCO N track system contains straights, flexible track, 6 circles, 4 switches, curved switches, 2 crossings and a double slip switch. Traction current should be 3 to 14 V DC.

Une particularité parmi le programme ROCO est le chemin de fer industriel HOe (échelle 1:87, voie 9 mm). Les modèles fabriqués soigneusement sont offertes isolés ou dans une boîte complète avec rails du programme ROCO N. Le système de voie ROCO N contient des droits, une voie flexible, 6 cercles, 4 aiguillages, des aiguillages courbes, 2 croisements et une traversée-jonction. On peut employer aussi des voies spéciales HOe d'autres fabrications. Le courant de traction doit être de 3...14 V courant continu.

Rangierlokomotive Typ Saddle Tank
Saddle tank switching locomotive
Locomotive de manœuvre type Saddle Tank
II = Ⓟ ✚3✚ ⊢125⊢Ⓚ

Weyerhaeuser Timber Co.	426
Southern Pacific	421
Atch. Topeka & Santa Fe	422
Union Pacific	425

Oldtimer-Dampflokomotive Typ Climax
Old time steam locomotive type Climax
Locomotive à vapeur ancienne type Climax
II = Ⓩ ✚4✚ ⊢120⊢Ⓚ   2795

Roundhouse Fire Patrol	2785
White Pass & Yukon	2786
Campbell Lumber Co.	2787
Carstens Paper Mill	2788
Moose Jaws Lumber	2789
W. K. Walthers	2790

Roundhouse Products stellt seit 1937 exakte Nachbildungen von Lokomotiven und Wagen als Bausätze her. Zur Zeit fertigen 25 Spezialisten ein interessantes Programm an Fahrzeugbausätzen nach modernen und historischen Vorbildern. Darunter finden sich viele Raritäten in Spur HO und HOn3 (10,5 mm).
Die Modelle entsprechen im Maßstab, der Detaillierung und in der Aufmachung genau ihren Vorbildern. Sie erfüllen die NMRA-Normen und sind mit NMRA-Klauenkupplungen ausgerüstet. Die Lokomotiven sind komplette Bausätze aus Zinkdruckguß- und einigen Kunststoffteilen, die im wesentlichen zusammengeschraubt werden. Die Wagen sind aus zusammensteckbaren, paßgenauen Kunststoffteilen. Die Montage ist nicht schwierig, aber sie erfordert Sorgfalt. Spezialwerkzeuge sind nicht nötig, denn die Einzelteile sind vorbereitet. Die Bausätze sind mit voller Beschriftung oder unlackiert erhältlich.
Im allgemeinen werden Roundhouse-Artikel in Fachgeschäften vertrieben, in Gebiete ohne Vertretung kann jedoch direkt geliefert werden.

Depuis 1937 la firme Roundhouse Products fabrique des reproductions exactes de locomotives, wagons et voitures en kits de construction. Actuellement, 25 spécialistes s'occupent d'un programme interéssant de véhicules en kits de construction d'après des prototypes modernes et historiques. On y trouve beaucoup de raretés à l'échelle HO et HOn3 (10,5 mm).
En échelle, détails et confection les modèles correspondent exactement aux prototypes. Ils sont conformes aux normes NMRA et équipés d'attelages à griffes NMRA. Les locomotives sont offertes en kits de construction complets en zamac et avec quelques pièces détachées en matière plastique. Pour la plupart les pièces sont visées aux kits. Les wagons et voitures sont à monter en attachant les pièces détachées convenables en matière plastique. Le montage est facile à réaliser, toutefois, il faut travailler soigneusement. Les pièces détachées étant préparées, il ne faut pas d'outillage spécial. Les kits de construction sont livrables avec toutes les inscriptions ou aussi sans peinture.
En général, les produits Roundhouse sont en vente chez les commerçants spécialisés. Il est cependant possible de livrer directement dans les régions sans représentation.

Schmalspur-Dampflokomotive (HOn3)
Narrow-gauge steam locomotive (HOn3)
Locomotive à vapeur à voie étroite (HOn3)

Außenrahmen/outside frame/
châssis extérieur
II = Ⓩ ✚4✚ ⊢190⊢Ⓚ   472
Innenrahmen/inside frame/
châssis intérieur
II = Ⓩ ✚4✚ ⊢190⊢Ⓚ   473

Roundhouse Products has been producing exact scale model locomotive and car kits since 1937. At present, 25 specialists manufacture an interesting programme of modern and old type vehicle kits including many rarities in HO and HOn3 (10.5 mm) gauge.
The models are made true to the prototype in measurement, detailation, and appearance. They come up to NMRA standards and have horn-hook couplers. The locomotives are complete kits of zinc die-cast and some plastic parts for screwdriver assembly. The cars are snap-lock constructions of plastic. The assembly is not difficult, but it requires some care. Special tools are not needed, for the parts are worked out. The kits are available with full lettering or undecorated.
In general, Roundhouse items are sold in one-line shops, but to localities without representation also directly from the factory.

Oldtimer-Dampflokomotive Consolidation
Old time steam locomotive Consolidation
Locomotive à vapeur ancienne
Consolidation
II = Ⓩ ✚4✚ ⊢195⊢Ⓚ   480

Southern Pacific	481
Santa Fe	482
Pennsylvania	483
Union Pacific	484
Denver & Rio Grande	485
Maryland & Pennsylvania	486

✉
Model Die Casting Inc.
Roundhouse Products
3811 W. Rosecrans Avenue
USA Hawthorne, CA 90250

Dampf- und Diesellokomotiven, Güterwagen
Steam and Diesel locomotives, freight cars
Locomotives à vapeur et Diesel, wagons

Dampflokomotive Typ Atlantic
Steam locomotive type Atlantic
Locomotive à vapeur type Atlantic
II = Z ✦2✦ ⊣205⊢ K
Kohletender/coal tender/tender à charbon
Pennsylvania 436

Öltender/oil tender/tender à l'huile
Santa Fe 431
Vanderbilt Tender
Southern Pacific 429

Dampflokomotive Typ Consolidation
Steam locomotive type Consolidation
Locomotive à vapeur type Consolidation
II = Z ✦4✦ ⊣250⊢ K
Great Northern 465

Southern Pacific 461
Pennsylvania 463
Erie 464
Burlington 466
Nickel Plate Road 467

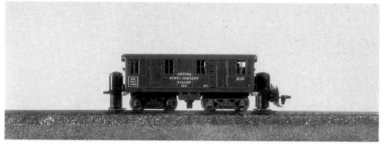

Kasten-Diesellokomotive
mit Schienenreinigungseinrichtung
Box cab Diesel locomotive
with track cleaning equipment
Locomotive Diesel à cabine-caisse
avec installation de nettoyage

II = P ✦4✦ ⊣145⊢ K 2800
II = P ⊣145⊢ K 2796
ohne Reinigungseinrichtung
without cleaning equipment
sans installation de nettoyage
II = P ✦4✦ ⊣120⊢ K 2802

Hochbordwagen 40'
40' gondola
Wagon tombereau de 40'
II = P ⊣145⊢ K
Penn Central 1349
Chesapeake & Ohio 1341

Southern Pacific 1343
Union Pacific 1344
Pennsylvania 1345
Great Northern 1347
Conrail 1352
Canadian Pacific 1353

Kühlwagen mit Werbeaufschrift
Billboard reefer car
Wagon réfrigérant avec publicité
II = P ⊣130⊢ K
Miller High Life 3124
Budweiser Beer 3137
Pabst Beer 3123
Robert's Meats 3126
Schlitz Beer 3127
Coors Beer 3129
Blatz Old Heidelberg 3131
Goetz Country Club 3133
Bull Frog Beer 3135
Tivoli Beer 3136
Heinz 57 Varieties 3138
Oppenheimer Casing 3132
BDT Potatoes 3139
Cracker Jack 3146
Hershley's Chocolate 3149
Old Dutch Cleanser 3150

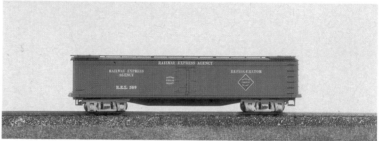

Hochbordwagen 50'
50' high sided gondola
Wagon tombereau de 50'
II = P ⊣175⊢ K
Commonwealth Edison 1641
Wisconsin Electric 1642

Union Pacific 1643
Rio Grande 1644
Burlington Northern 1645
Northern Pacific 1646
Peabody Coal Co. 1647
Canadian Pacific 1650

Expreß-Kühlwagen 50'
50' express reefer car
Wagon réfrigérant express de 50'

II = P ⊣180⊢ K

Railway Express Agency 3610
Pennsylvania 3605
Central Vermont 3608
Chateau Martin Wine 3612

Gedeckter Güterwagen 50'
50' box car
Wagon couvert de 50'
II = P ⊣180⊢ K
Great Northern 1212
Conrail 1199

Denver & Rio Grande W. 1201
Illinois Central 1202
Canadian National 1203
Santa Fe 1206
Penn Central 1208
Union Pacific 1211

Gedeckter Güterwagen 50'
50' box car
Wagon couvert de 50'
II = P ⊣180⊢ K
Burlington Northern 1251
Santa Fe 1253

Southern Pacific 1254
Union Pacific 1255
New York Central 1259
Railway Express Agency 1261
Penn Central 1260
Rock Island 1262

ROUNDHOUSE Products

Gedeckter Güterwagen 40'		Pennsylvania	1042
40' box car		Union Pacific	1044
Wagon couvert de 40'		Southern Pacific	1050
II = ℗ ⊢150⊢ ⓚ *		Santa Fe	1051
Canadian National	1049	Baltimore & Ohio	1053
Burlington Northern	1041	Canadian Pacific	1056

Erztransportwagen		Canadian National	1422
Ore car		Milwaukee Road	1423
Wagon transport de minerai		Union Pacific	1424
II = ℗ ⊢75⊢ ⓚ *		Penn Central	1426
Rock Island	1419	Baltimore & Ohio	1427
Great Northern	1420	Santa Fe	1428

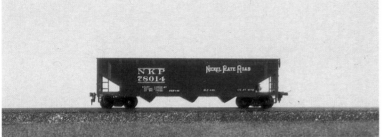

Schüttgutwagen		Nickel Plate Road	1613
Hopper car		Erie	1611
Wagon-trémie		Illinois Central	1612
		Canadian Pacific	1614
II = ℗ ⊢150⊢ ⓚ		New York Central	1615
		Missouri Pacific	1616

Schüttgutwagen		Pennsylvania	1488
Hopper car		Santa Fe	1491
Wagon-trémie		Conrail	1492
II = ℗ ⊢150⊢ ⓚ		Union Pacific	1494
Virginian	1489	Baltimore & Ohio	1496
Southern Pacific	1487	Ontario Northland	1497

Gedeckter Schüttgutwagen		Southern Pacific	1435
Covered hopper car		Milwaukee Road	1436
Wagon-trémie couvert		Boston & Maine	1439
II = ℗ ⊢120⊢ ⓚ *		Penn Central	1442
Burlington Northern	1443	Rock Island	1444
Pennsylvania	1431	Conrail	1445

Kesselwagen		Union Pacific	3365
Tank car		Pennsylvania	3361
Wagon-citerne		Santa Fe	3362
		Southern Pacific	3363
II = ℗ ⊢105⊢ ⓚ		Sun Oil	3364
		Union Tank Line	3366

Güterzugbegleitwagen		Santa Fe	3421
Caboose		Erie	3422
Fourgon de queue		Illinois Central	3423
		New York Central/Hudson	3424
II = ℗ ⊢110⊢ ⓚ			

Güterzugbegleitwagen		Southern Pacific	3434
Caboose		Baltimore & Ohio	3431
Fourgon de queue		Colorado Midland	3432
		Cotton Belt	3433
II = ℗ ⊢120⊢ ⓚ			

Einheits-Güterzugbegleitwagen		Northern Pacific	3442
Standard caboose		Wabash	3444
Fourgon de queue unifié		Southern Pacific	3445
II = ℗ ⊢120⊢ ⓚ		Reading	3446
Pennsylvania	3443	Canadian National	3447
Denver & Rio Grande W.	3441	Great Northern	3448

Moderner Güterzugbegleitwagen		Pennsylvania	3471
Modern caboose		Penn Central	3474
Fourgon de queue moderne		Baltimore & Ohio	3475
II = ℗ ⊢115⊢ ⓚ		Chicago & North Western	3477
Burlington Northern	3473	Rock Island	3478
Amtrak	3469	Conrail	3479

Salonwagen Typ Overton		Northern Pacific	3734
Business car type Overton		Central Pacific	3735
Voiture-salon type Overton		Pennsylvania	3736
II = P ꓲ125ꓲ K		Baltimore & Ohio	3729
Denver & Rio Grande W.	3732	Virginia & Truckee	3737
Union Pacific	3733	Maryland & Pennsylvania	3738

Personenwagen mit Packabteil Overton		Northern Pacific	3724
Passenger and baggage car Overton		Central Pacific	3725
Voiture avec comp. à bagages Overton		Pennsylvania	3726
II = P ꓲ125ꓲ K		Baltimore & Ohio	3716
Union Pacific	3723	Virginia & Truckee	3717
Denver & Rio Grande W.	3722	Maryland & Pennsylvania	3718

Pullman-Reisezugwagen		Pennsylvania	5006
Pullman passenger coach		Virginia & Truckee	5007
Voiture voyageurs Pullman		Colorado Midland	5003
II = P ꓲ210ꓲ K		Baltimore & Ohio	5009
Denver & Rio Grande W.	4999	Barnum & Bailey	5010
Union Pacific	5002	Ringling Brothers	5011

Pullman-Salonwagen		Pennsylvania	5067
Pullman business car		Virginia & Truckee	5063
Voiture-salon Pullman		Colorado Midland	5070
II = P ꓲ210ꓲ K		Baltimore & Ohio	5071
Denver & Rio Grande W.	5069	Barnum & Bailey	5046
Union Pacific	5066	Ringling Brothers	5047

Pullman-Wagen mit Gepäckabteil		Pennsylvania	5061
Pullman baggage combine car		Virginia & Truckee	5062
Voiture Pullman avec comp. à bagages		Colorado Midland	5064
II = P ꓲ210ꓲ K		Baltimore & Ohio	5065
Denver & Rio Grande W.	5063	Barnum & Bailey	5036
Union Pacific	5060	Ringling Brothers	5037

Pullman-Gepäckwagen		Pennsylvania	5026
Pullman baggage car		Virginia & Truckee	5027
Fourgon à bagages Pullman		Colorado Midland	5019
II = P ꓲ210ꓲ K		Baltimore & Ohio	5020
Denver & Rio Grande W.	5018	Barnum & Bailey	5030
Union Pacific	5022	Ringling Brothers	5031

Reisezugwagen Typ Harriman	Canadian Pacific	6017
Passenger coach type Harriman	Southern Pacific	6011
Voiture voyageurs type Harriman	Pennsylvania	6013
II = P ꓲ210ꓲ K	Union Pacific	6014
	Baltimore & Ohio	6018

Postwagen Typ Harriman	Southern Pacific	5981
Post office car type Harriman	Pennsylvania	5983
Voiture-postale type Harriman	Union Pacific	5984
II = P ꓲ215ꓲ K	Canadian Pacific	5987
	Baltimore & Ohio	5988

Gepäckwagen Typ Harriman	Baltimore & Ohio	6028
Baggage car type Harriman	Southern Pacific	6021
Fourgon à bagages type Harriman	Pennsylvania	6023
	Union Pacific	6024
II = P ꓲ215ꓲ K	Canadian Pacific	6027

Aussichts-Schlußwagen Typ Harriman	Baltimore & Ohio	6008
Observation tail car type Harriman	Southern Pacific	6001
Voiture de queue à terrasse	Pennsylvania	6003
type Harriman	Union Pacific	6004
II = P ꓲ215ꓲ K	Canadian Pacific	6007

Historische Güterwagen
Historical goods wagons
Wagons marchandises historiques

RUCO

Niederbordwagen mit Schotterladung (SBB/CFF)
Low-sided wagon (SBB/CFF), loaded
Wagon à bords bas (SBB/CFF) chargé de ballast
II = P ⊣090⊢ 1002

Niederbordwagen mit Schwellenladung (GB)
Low-sided wagon with ties load (GB)
Wagon à bords bas avec traverses (GB)
II = P ⊣090⊢ 1007

Offener Güterwagen mit Bremserhaus (GB)
Low-sided wagon with brakeman's cab (GB)
Wagon à bords bas avec guérite (GB)
II = P ⊣090⊢ 1101

Planenwagen mit Bremserhaus (SBB/CFF)
Low-sided wagon with tilt and brakeman's cab (SBB/CFF)
Wagon à bâches avec guérite (SBB/CFF)
II = P ⊣090⊢ 1105

Materialwagen der SBB/CFF
Covered van of the SBB/CFF
Wagon couvert des SBB/CFF
II = P ⊣090⊢ 2001

Bierwagen „Cardinal" (NOB)
Beer wagon "Cardinal" (NOB)
Wagon transport de bière «Cardinal» (NOB)
II = P ⊣090⊢ 2004

Güterwagen „Maggi" mit Bremserhaus (SBB/CFF)
Goods wagon "Maggi" with brakeman's cab (SBB/CFF)
Wagon «Maggi» avec guérite (SBB/CFF)
II = P ⊣090⊢ 2101

Gedeckter Güterwagen mit Bremserhaus (GB)
Covered goods wagon with brakeman's cab (GB)
Wagon couvert avec guérite (GB)
II = P ⊣090⊢ 2102

Bierwagen mit Bremserhaus und Sonnendach (JS)
Beer wagon with sunshield and cab (JS)
Wagon transport de bière avec guérite et serpillère (JS)
II = P ⊣090⊢ 2104

Die Firma Waibel hat 1972 das RUCO-Herstellungsprogramm übernommen und seitdem beträchtlich erweitert. Die Palette umfaßt aufbauend auf 6 Grundtypen über 40 Modelle nach Vorbildern alter Schweizer Güterwagen der Baujahre 1885 bis 1915. Alle Wagen entsprechen den NEM-Normen und sind exakt detailliert.

An Zubehör liefert die Firma Waibel federnde Puffer, Achsen (NEM und NMRA) und Abziehbilder. Die Lieferung erfolgt ausschließlich über den Fachhandel.

The Waibel Manufacture has taken over the RUCO production programme since 1972 and has enlarged it considerably. The collection consists of 6 basical types and 40 models reproducing old Swiss freight trains of the period extending from 1885 to 1915. All cars are conformed to the NEM norms and perfectly detailed.

The accessories supplied by Waibel are spring buffers, axles (NEM and NMRA) and decals. Items available from specialized dealers only.

Depuis 1972, la maison Waibel a pris en mains la production du programme RUCO, l'élargissant considérablement. La palette à exploiter comprend 6 types de base et plus de 40 modèles reproduisant les anciens wagons marchandises suisses de la période allant de 1885 à 1915. Tous les wagons sont conformes aux normes NEM et très détaillés.

Comme accessoires, la maison Waibel livre de tampons à ressort, des essieux (NEM et NMRA) et des décalcomanies. Les articles sont en vente dans le commerce spécialisé seulement.

⊠
RUCO
W. Waibel
Konradstraße 20
CH-8005 Zürich

Faustmann & Mau
Eisensteiner Straße 35
D-8500 Nürnberg

Gedeckter Güterwagen mit Bremserhaus (GB)
Goods wagon with brakeman's cab (GB)
Wagon couvert avec guérite (GB)
II = P ⊣090⊢ 2105

Bierwagen mit Bremserhaus (NOB)
Beer wagon with cab (NOB)
Wagon transport de bière avec guérite (NOB)
DU SAUMON
II = P ⊣090⊢ 2107

Bierwagen mit Sonnendach (SCB)
Beer wagon with sunshield (SCB)
Wagon transport de bière avec serpillère (SCB)
ANKER
II = P ⊣090⊢ 2204

Bierwagen mit Sonnendach (BADEN)
Beer wagon with sunshield (BADEN)
Wagon transport de bière avec serpillère (BADEN)
BILGER
II = P ⊣090⊢ 2205

Bierwagen mit Sonnendach (BADEN)
Beer wagon with sunshield (BADEN)
Wagon transport de bière avec serpillère (BADEN)
REITER
II = P ⊣090⊢ 2206

Bierwagen mit Sonnendach und Bremserhaus (SBB)
Beer wagon with sunshield and cab (SBB)
Wagon transport de bière avec guérite et serpillère (CFF)
II = P ⊣090⊢ 2301

Bierwagen mit Sonnendach (NOB)
Beer wagon with sunshield (NOB)
Wagon transport de bière avec serpillère (NOB)
FELDSCHLÖSSCHEN
II = P ⊣090⊢ 2304

Bierwagen mit Sonnendach (Sihl TB)
Beer wagon with sunshield (Sihl TB)
Wagon transport de bière avec serpillère (Sihl TB)
HÜRLIMANN
II = P ⊣090⊢ 2306

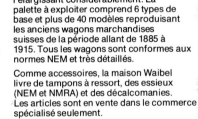

Elektro- und Turbinenlokomotiven, Reisezugwagen
Electric and turbine locomotives, passenger cars
Locomotives électriques et à turbines, voitures voyageurs

S. SOHO

Kleinlokomotive der Portland Ry.
Rail tractor of the Portland Ry.
Locotracteur de la Portland Ry.
II = Ⓜ ✦2✦ ᐅ110ᐊ   801

Gasturbinenlokomotive Reihe 51
der Union Pacific
Gas turbine locomotive class 51
of the Union Pacific
Locomotive à turbine à gaz série 51
de la Union Pacific

II = Ⓜ ✦8✦ ᐅ440ᐊ   1001   mit rundem Tender
with round tender
avec tender rond
II = Ⓜ ✦8✦ ᐅ430ᐊ
1002

S. Soho & Co. vertreibt hochwertige Messingmodelle von amerikanischen Lokomotiven und Reisezugwagen in Spur HO und HOn3 (10,5 mm), die nach genauen Vorschriften in Japan gefertigt werden. Bekannt wurde die Firma mit Präzisions-Straßenbahnmodellen, die heute noch einen kleinen Teil des Programms bilden. Die Fahrzeuge werden im allgemeinen unlackiert mit polierter Oberfläche, fertig montiert mit komplettem Fahrgestell, aber ohne Kupplungen geliefert. Reproduktionen und Detaillierung sind exakt. Die Lokomotiven sind mit starken Motoren und laufruhigen Getrieben ausgerüstet.
Die abgebildeten Modelle sind bei einigen Fachhändlern momentan am Lager. Da Soho jedoch nur einmalige, begrenzte Auflagen produzieren läßt, ist mit Nachlieferung nicht zu rechnen. Neue Modelle werden etwa sechs Monate vor Erscheinen angekündigt.

S. Soho & Co. distributes high-class brass models of American type locomotives and passenger cars in HO and HOn3 (10.5 mm) gauge, made according to strict specifications in Japan. The house became well-known by precision tramway models, which are a small part of the programme still today.
The vehicles generally come out unpainted with polished surface, ready-to-run with trucks, but without couplers. Reproduction and detailation are exact. The locomotives have powerful motors and smoothly running gears.

The represented models are in stock at some specialized dealers' at present. As Soho, however, orders manufacturing only in unique, limited runs, repeat delivery cannot be reckoned with. New models will be announced about six months before coming out.

La firme S. Soho & Co. s'occupe de la vente de modèles précieux de locomotives et de voitures voyageurs américaines en laiton en échelle HO et HOn (10,5 mm), construits en Japon d'après des prescriptions strictement observées. La firme fut connue par ses modèles de précision de tramway qui font toujours partie du programme.
En général les véhicules sont livrés sans vernis, la surface polie, montés, avec chassis complet, mais sans attelages. Reproduction et détaillage sont exacts. Les locomotives sont équipées de moteurs puissants et d'engrenages silencieux et stables.
Les modèles représentés sont actuellement disponibles chez quelques commerçants spécialisés. Etant donné que Soho fait seulement construire en nombres limités, on ne peut pas compter sur d'autres livraisons. Les nouveaux modèles sont annoncés 6 mois avant apparition.

✉
S. Soho & Co.
Box 4894
USA Tucson, AZ. 85717

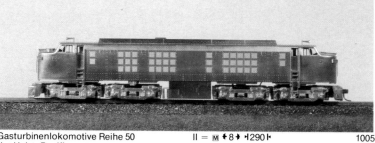

Gasturbinenlokomotive Reihe 50
der Union Pacific
Gas turbine locomotive class 50
of the Union Pacific
Locomotive à turbine à gaz série 50
de la Union Pacific

II = Ⓜ ✦8✦ ᐅ290ᐊ   1005

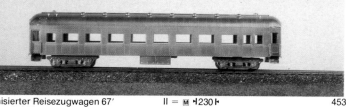

Modernisierter Reisezugwagen 67'
der Union Pacific
Modernized passenger coach
of the Union Pacific
Voiture voyageurs de 67' modernisée
de la Union Pacific

II = Ⓜ ᐅ230ᐊ   453

Schmalspur-Personenwagen
der Colorado & Southern
Narrow-gauge coach
of the Colorado & Southern
Voiture à voie étroite
de la Colorado & Southern

II = Ⓜ ᐅ160ᐊ
lackiert/painted/peinte   5901
unlackiert/unpainted/sans peinture   901
(HOn3)

Schmalspur-Personenwagen
mit Gepäckabteil der Colorado & Southern
Narrow-gauge combine car
of the Colorado & Southern
Voiture à voie étroite avec comp.
à bagages de la Colorado & Southern

II = Ⓜ ᐅ170ᐊ
lackiert/painted/peinte   5903
unlackiert/unpainted/sans peinture   903
(HOn3)

Gepäckwagen der Union Pacific
Baggage car of the Union Pacific
Fourgon à bagages de la Union Pacific

II = Ⓜ ᐅ290ᐊ   464

Post- und Gepäckwagen der Union Pacific
Post office baggage car of the Union Pacific
Fourgon postal et à bagages
de la Union Pacific

II = Ⓜ ᐅ290ᐊ   465

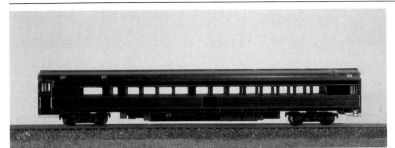

Reisezugwagen der Southern Pacific
(Sunset Ltd.)
Passenger coach of the Southern Pacific
(Sunset Ltd.)
Voiture voyageurs de la Southern Pacific
(Sunset Ltd.)

II = Ⓜ ⊦1290⊦   1303
II = Ⓜ ⊦1285⊦   1304

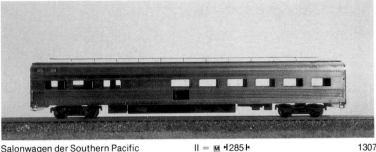

Salonwagen der Southern Pacific
Lounge car of the Southern Pacific
Voiture-salon de la Southern Pacific

II = Ⓜ ⊦1285⊦   1307

Speisewagen der Southern Pacific
Dining-car of the Southern Pacific
Voiture-restaurant de la Southern Pacific

II = Ⓜ ⊦1285⊦   1305

Postgepäckwagen der Southern Pacific
Mail baggage car of the Southern Pacific
Fourgon postal à bagages de la
Southern Pacific

II = Ⓜ ⊦1290⊦   1301

Schlafwagen der Southern Pacific
Sleeping car of the Southern Pacific
Voiture-lits de la Southern Pacific

Schluß/tail/queue
II = Ⓜ ⊦1290⊦   1309
Mitte/middle/centre
II = Ⓜ ⊦1285⊦   1308

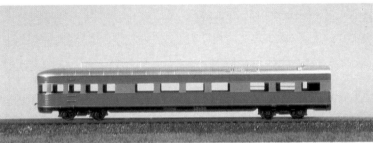

Reisezugwagen der Southern Pacific
(Coast Daylight)
Passenger coach of the Southern Pacific
(Coast Daylight)
Voiture voyageurs de la Southern Pacific
(Coast Daylight)

II = Ⓜ ⊦1275⊦
lackiert/painted/peinte   5312
unlackiert/unpainted/sans peinture   312

Speisewagen der Southern Pacific
Dining-car of the Southern Pacific
Voiture-restaurant de la Southern Pacific

II = Ⓜ ⊦1265⊦
lackiert/painted/peinte   5314
unlackiert/unpainted/sans peinture   314

Aussichts-Schlußwagen
der Southern Pacific
Observation tail car
of the Southern Pacific
Voiture de queue panoramique
de la Southern Pacific

II = Ⓜ ⊦1270⊦
lackiert/painted/peinte   5313
unlackiert/unpainted/sans peinture   313

Pullman-Wagen der Pennsylvania RR.
(Broadway Ltd.)
Pullman car of the Pennsylvania RR.
(Broadway Ltd.)
Voiture Pullman de la Pennsylvania RR.
(Broadway Ltd.)

II = Ⓜ ⊦1280⊦
lackiert/painted/peinte   6210
unlackiert/unpainted/sans peinture   1210

Reisezugwagen Amcoach der Amtrak Ges.
Passenger coach Amcoach of the
Amtrak Co.
Voiture voyageurs Amcoach de la
Cie. Amtrak

II = Ⓜ ⊦1292⊦   652

SOMMERFELDT

The Sommerfeldt Manufacture is specialized on the production of catenaries and pantographs for model railroads of all scales. This modern plant counts 20 employees.

The Sommerfeldt catenaries HO are nearly true to the prototype and fit all systems of model railroad. The overhead wires are always spanned straight, even over curved tracks an points, as they do in reality. The true-to-the-prototype overhead wires cross each other. This system can be extended and offers a true-to-prototype catenary traffic.

All poles are made of metal and very steady.

The available programme consists of 4 different catenaries made after those used by the German Federal Railroad (DB), the Swiss Railroads (SBB), the FS and of a simple catenary for tramways.

The building of the system is easy. An easily understandable booklet containing all directions for building is available, indicating the distance to be observed between the poles and the distance from the poles to the middle of the track (Order Number 58).

On straight sections the poles stand alternately together with long (L) and short (K) position clamps (Picture A). On a curved track poles with short position clamps are mostly to be found. On a double curved track, poles with long position clamps stand at the inner side of the track. Generally the poles face each other.
A side span wire should be used in case of a too big side deviation with a crossspan.

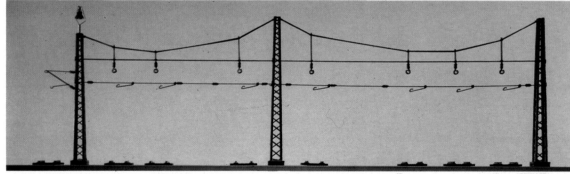

La maison Sommerfeldt est spécialisée dans la fabrication de caténaires et de pantographes pour les chemins de fer de modèle réduit de toutes sortes. C'est une entreprise moderne comptant 20 employés.

Les caténaires Sommerfeldt de grandeur HO respectent en grande mesure l'original et conviennent à tous les systèmes de chemins de fer de modèle réduit. Comme dans l'original, les lignes aériennes sont toujours tendues en ligne droite, même au-dessus des voies courbes et des aiguillages. De même, les lignes se croisent. Ce système, entièrement extensible, permet un traffic caténaire conforme à la réalité.

Tous les poteaux sont en métal, très stables.

Le programme comprend 4 caténaires différents fabriqués d'après les modèles de la DB, des CFF, des FS et un caténaire simple pour tramway.

Le montage est aisé. Un livret, écrit de façon compréhensible, vous donne les instructions de montage et vous indique avec exactitude les distances à respecter entre les poteaux et les distances des poteaux au centre de la voie (No de commande 58).

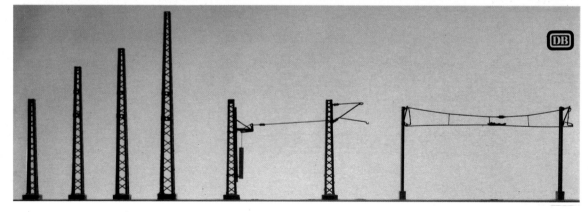

DB

Die Firma Sommerfeldt ist spezialisiert auf die Herstellung von Oberleitungen und Dachstromabnehmern für Modelleisenbahnen aller Baugrößen. Der modern eingerichtete Betrieb zählt 20 Beschäftigte.

Die Sommerfeldt-Oberleitung der Baugröße HO ist weitgehend dem Vorbild nachgebaut und paßt zu allen Modelleisenbahnsystemen. Die Fahrdrähte werden wie beim Original immer in geraden Stücken verspannt, auch bei Gleisbögen und Weichen. Ein weiteres Merkmal der Vorbildtreue sind die sich kreuzenden Fahrdrähte. Das weit ausbaufähige System ist stromführend und erlaubt somit einen vorbildtreuen Oberleitungsfahrbetrieb.

Alle Masten sind aus Metall und daher besonders stabil.

Das Lieferprogramm umfaßt 4 verschiedene Oberleitungen nach den Vorbildern der DB, der SBB, der FS und eine Einfachoberleitung für Straßenbahnen.

Der Aufbau ist nicht schwierig. Als Bauhilfen gibt es ein leicht verständlich geschriebenes Bauanleitungsheft und zur exakten Bestimmung der Abstände zwischen den Masten und von den Masten zur Gleismitte eine Oberleitungsmontagelehre (Bestellnummer 58).

Bei den geraden Fahrstrecken stehen die Streckenmasten im Wechsel mit den kurzen (K) und langen (L) Seitenhaltern (Abbildung A). An einem Gleis mit Bogen

stehen meist nur Masten mit kurzem Seitenhalter außen am Bogen. Bei einem zweigleisigen Bogen stehen am inneren Gleis Masten mit langen Seitenhaltern (Abbildung B). Die Masten stehen in der Regel einander gegenüber.

Wird bei Verwendung von Quertragwerken die Seitenabweichung zu groß, muß ein Bogenabzug angebracht werden (Abbildung C).

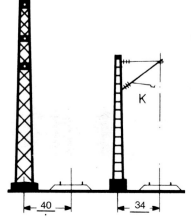

Oberleitungen und Dachstromabnehmer
Catenaries and pantographs
Caténaires et pantographes

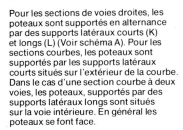

Pour les sections de voies droites, les poteaux sont supportés en alternance par des supports latéraux courts (K) et longs (L) (Voir schéma A). Pour les sections courbes, les poteaux sont supportés par les supports latéraux courts situés sur l'extérieur de la courbe. Dans le cas d'une section courbe à deux voies, les poteaux, supportés par des supports latéraux longs sont situés sur la voie intérieure. En général les poteaux se font face.

Masten und Tragwerke nach dem Vorbild der SBB/CFF

Poles and wires true to the SBB/CFF prototype

Poteaux et suspensions des SBB/CFF

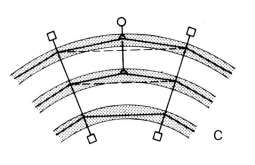

Masten und Tragwerke nach dem Vorbild der FS

Poles and wires true to the FS prototype

Poteaux et suspensions des FS

⊠
Sommerfeldt
Friedhofstraße 42
D-7321 Hattenhofen

Conti Models
Lothariuslaan 74
NL Bussum

Ets. Vanderperre
Keinenberglaan 28
B-1850 Grimbergen

M + R Ltd.
Hove Place 2
GB Hove/Sussex
Modeltecnica
Via Buozzi 10
I-45100 Rovigo

Model R. R. Shop
201 Lincolnway West
USA New Oxford, Pa. 17350

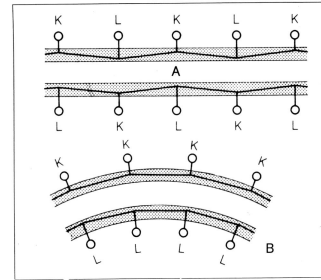

Verschiedene Aufbaubeispiele.
Suggestions of superstructures.
Différents exemples de montage.

F = Festpunkt mit Mast
F = stationary point with Mast
F = point fixe avec poteau

D = Abstandsmast
D = pole
D = poteau

Q = Quertragwerk
Q = cross-span
Q = suspension transversale

T = Elektrische Trennung
T = electrical division line
T = division électrique

Beispiel einer Gleisverbindung mit Quertragwerken

Example of a cross-spanned track-crossover

Exemple de raccord de voies avec suspensions transversales

Stromabnehmer (DR) für Oldtimer
Pantograph (DR) for old timers
Pantographe (DR) pour old timer

Stromabnehmer (DR) für Oldtimer
Pantograph (DR) for old timers
Pantographe (DR) pour old timer

Einholmstromabnehmer (NS/SNCB)
Single-bar pantograph (NS/SNCB)
Pantographe unijambiste (NS/SNCB)

Einholmstromabnehmer (DB/ÖBB)
Single-bar pantograph (DB/ÖBB)
Pantographe unijambiste (DB/ÖBB)

Dampflokomotiven
Steam locomotives
Locomotives à vapeur

SUNSET MODELS
19986 MALLORY COURT   SARATOGA, CA 95070

Dampflokomotive Decapod Reihe D-1 der Southern Pacific
Steam locomotive Decapod class D-1 of the Southern Pacific
Locomotive à vapeur Decapod série D-1 de la Southern Pacific

II = Ⓜ ✦ 5 ✦ ⊩264⊩

Dampflokomotive Mikado der Denver & Salt Lake City
Steam locomotive Mikado of the Denver & Salt Lake City
Locomotive à vapeur Mikado de la Denver & Salt Lake City

II = Ⓜ ✦ 4 ✦ ⊩275⊩

Dampflokomotive Mountain Reihe J-1 der Wheeling & Lake Erie
Steam locomotive Mountain class J-1 of the Wheeling & Lake Erie
Locomotive à vapeur Mountain série J-1 de la Wheeling & Lake Erie

II = Ⓜ ✦ 4 ✦ ⊩325⊩

Sunset liefert Messingmodelle von amerikanischen Dampflokomotiven in Baugröße HO und HOn3. Sie werden in limitierten Kleinserien mit entsprechender Detaillierung und Fertigungspräzision hergestellt und importiert. Die Modelle haben RP-25-Räder, keine Kupplungen und sind nicht lackiert. In Produktion befinden sich ca. 15 Typen, deren Lieferbarkeit angekündigt wird und die vorbestellt werden können. Bestellungen nimmt der Fachhandel entgegen.

Sunset supplies brass models of American steam locomotives in HO and HOn3 scale. They are manufactured and imported in limited series with a corresponding detailation and craftsmanship. The models have RP-25-wheels, no couplers and are not painted. Being produced are about 15 types, whose availability will be announced. Reservations can be made with the specialized trade.

Sunset livre des maquettes de locomotives à vapeur américaines en laiton à l'échelle HO et HOn3. Elles sont fabriquées et importées en petites séries limitées avec détaillage et précision de finition correspondants. Les modèles sont munis de roues RP-25; ils n'ont pas d'attelages et ne sont pas vernis. Actuellement la production comprend 15 types environ, dont le délai de livraison est annoncé et qui peuvent être commandés d'avance. Dépose des commandes chez les commerçants spécialisés.

✉
Sunset Models
19986 Mallory Court
USA Saratoga, CA. 95070

Schienenreiniger
Track cleaner
Véhicules à nettoyer la voie

TWINN - K

Twinn-K stellt außer Autorennbahnen und technischem Spielzeug die abgebildeten HO-Sonderfahrzeuge her. Sie sind als praktische Schienenreiniger ausgelegt. Durch den eigenen Antrieb ist die Handhabung einfacher und die Beweglichkeit größer als bei üblichen Reinigungswagen, die im Zugverband fahren. Vor dem Fahrzeug befindet sich ein federnder Schleifklotz, dahinter ein Filzkissen, das aus einem Flüssigkeitstank getränkt wird. Die Gleisreiniger sind für alle NEM- und NMRA-Systeme geeignet. Sie werden fahrbereit ohne Kupplungen geliefert. Reinigungsflüssigkeit (Nr. 8501) liegt bei.

Twinn-K liefert nur über den Fachhandel.

Outre les circuits routiers et jouets techniques, la firme Twinn-K produit des véhicules spéciaux d'échelle HO. Ils sont construits de façon à servir de véhicules à nettoyer la voie. Pourvus d'un propre entraînement, ils sont commode à manier et leur mobilité est plus grande que celle de véhicules à nettoyer d'usage circulant dans la composition du train. Devant le véhicule il y a un frotteur élastique, derrière il y a un coussin en feutre qui est imbibé d'un réservoir à liquides. On peut faire circuler les véhicules à nettoyer les voies sur tous les systèmes NEM et NMRA. Ils sont livrés prêts au roulement, sans attelages. Liquides de nettoyage (No. 8501) emballés.

Twinn-K livre par les commerçants spécialisés seulement.

Schienenreiniger Yard Goat („Ziege")
Track cleaner Yard Goat
Véhicule à nettoyer la voie Yard Goat («chèvre»)

II = Ⓟ ✦ 2 ✦ ⊩70⊩   8700

Schienenreiniger – Feuerwehr Yard Dog („Hund")
Track cleaner – fire brigade Yard Dog
Véhicule à nettoyer la voie – pompiers Yard Dog («chien»)

II = Ⓟ ✦ 2 ✦ ⊩70⊩   8710

Besides car racing sets and technical toys, Twinn-K manufactures the shown HO scale special vehicles: They are intended as handy track cleaners. As they are driven, the operation is easier and the mobility is better than with usual cleaning cars running in a train. In front of the vehicles there is a spring loaded abrasive pad, in the rear they have felt wipers soaked by a built-in liquid tank. The rail cleaners are suitable for all NEM and NMRA systems. They come out ready-to-run without any couplers. Cleansing agent is enclosed (No. 8501).

Twinn-K items are supplied only by the specialized trade.

Schienenreiniger – Rettungswagen Yard Cat („Katze")
Track cleaner – ambulance Yard Cat
Véhicule à nettoyer la voie – ambulance Yard Cat («chat»)

II = Ⓟ ✦ 2 ✦ ⊩70⊩   8720

Schienenreiniger – Abschleppdienst Yard Horse („Pferd")
Track cleaner – wrecker service Yard Horse
Véhicule à nettoyer la voie – dépannage Yard Horse («cheval»)

II = Ⓟ ✦ 2 ✦ ⊩70⊩   8730

✉
Twinn-K, Inc.
P.O.Box 31228
USA Indianapolis, In. 46231

Firma, Mehrzugsystem
Introduction, multi-train system
Présentation, système de plusieurs trains

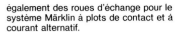

Rarität aus dem früheren Trix-Programm:
Der „Adler"

Une rareté d'un programme Trix d'autrefois:
L'«Adler» («Aigle»)

A rarity from a former Trix programme:
The "Adler" ("Eagle")

Neben den weltbekannten Trix-Metallbaukasten stellt das Unternehmen seit 1935 Modelleisenbahnen her. Schon damals hatte Trix das Dreileiter-System eingeführt und hat es unter der Marke Trix Express bis heute beibehalten. Die ersten Bahnen wurden in der üblichen Nenngröße OO (1:90) gebaut und mit Wechselstrom betrieben. Im Jahre 1953 erfolgte die Umstellung auf Gleichstrom.

Heute umfaßt das Herstellungsprogramm der Firma Trix Modelleisenbahnen der Baugrößen HO und N (MINITRIX) und die inzwischen auch motorisierten Metallbaukasten. Das Unternehmen beschäftigt ca. 450 Mitarbeiter.

Die Trix Express Modelleisenbahn in exakter Baugröße HO ist heute die einzige, die nach dem Dreileiter-Gleichstrom-System arbeitet. Das Gleis hat durch die Kunststoffschwellen elektrisch getrennte Fahrschienen und einen ebenfalls isolierten durchgehenden Mittelleiter. Durch diese Konstruktion kann der Fahrstrom jeweils über eine Außenschiene zwei verschiedenen Triebfahrzeugen zugeführt und diese auf dem gleichen Gleis unabhängig gesteuert werden. Bei Verwendung einer funktionsfähigen Oberleitung und von Trix-Elektrolokmotiven, die alle auf Oberleitungs-Fahrbetrieb umgeschaltet werden können, läßt sich ein drittes Fahrzeug unabhängig von den andern fahren. Außerdem kann die Elektrolokomotive in beliebiger Richtung aufs Gleis gestellt werden. Bei diesem Dreizug-System sind also keine zusätzlichen elektrischen Schaltungen notwendig.

Die Trix Express Triebfahrzeuge können auf anderen Modellbahnsystemen nicht eingesetzt werden. Umbauten sind schwierig, weil Stromabnehmer und alle Räder ausgewechselt werden müßten. Auch für die Trix Express Kupplungen entsprechen nicht den üblichen NEM-Kupplungen Klasse A oder B. Die Modellbahnwagen können jedoch durch Austauschradsätze und Austauschkupplungen aus dem Trix-Programm sowohl auf das NEM-Zweileiter-Gleichstrom-System wie auch auf das Wechselstrom-PunktkontaktSystem umgerüstet werden.

Verschiedene Lokomotiven und Wagen werden unter der Bezeichnung Trix International auch für Zweileiter-Gleichstrom-Systeme hergestellt. Diese Fahrzeuge entsprechen allen NEM-Normen, haben Standardradsätze und Kupplungen der Klasse A (System Märklin).

Besides its famous metal construction sets, Trix has produced model railways since 1935. Already then Trix had introduced the three-conductors system and has retained it under the brand Trix Express up to this day. The first railways were built in the usual OO size (1:90) and supplied by AC. They changed over to DC in 1953.

Nowadays, the Trix programme contains HO and N (MINITRIX) scale model railways and still the meanwhile also motorized metal constructions sets. The enterprise employs 450 people.

The Trix Express model railway, made in exact HO size, is today the only one to operate in the three-conductors DC system. The track has the rails electrically separated by plastic ties and an also insulated central conductor. Thanks to this constructions, the traction current can be fed to two different traction units respectively by an outer rail and they can be controlled seperately on the same track. Using an operating catenary and Trix electric locomotives, which can all be switched to overhead current supply, a third vehicle can be run independently from the others. Moreover, the electric locomotive can be put on the rails in both directions. With this three-trains system, no additional electric manipulations are necessary.

The Trix Express engines cannot be used on other model railway systems. Conversions are difficult, because current collectors and all wheels would have to be changed. Likewise, the Trix Express couplings don't match the usual NEM class A or B couplings. The wagons and coaches, however, can be changed both to the NEM two-rails DC system and to the AC stud contact system by exchange wheel sets and exchange couplings supplied by Trix.

Several locomotives and wagons are made for two-conductors DC systems under the name Trix International. These vehicles correspond to all NEM standards and are fitted with standard wheels and class A couplings (System Märklin).

Depuis 1935 la firme Trix produit, en plus de ses célèbres boîtes de constructions métalliques, des chemins de fer de modèle réduit. C'est Trix qui, à l'époque, a introduit le système à trois conducteurs. Ce système, de nos jours uniquement construit par Trix, porte la marque Trix Express. Les premiers chemins de fer ont été construits à l'échelle OO (1:90), comme c'était l'usage à l'époque. Ils fonctionnaient sur courant alternatif. Ce fut en 1953 que le courant continu prit la relève.

De nos jours, le programme Trix comprend des chemins de fer maquettes HO et N (MINITRIX) ainsi que des boîtes de constructions métalliques. L'enterprise emploie 450 personnes.

Comme mentionné ci-dessus, le chemin de fer maquette Trix Express est un chemin de fer à trois conducteurs et courant alternatif, d'échelle HO. Les voies ont les deux rails divisés électriquement au moyen des traverses en matière plastique et un conducteur central ininterrompu lui-même divisé électriquement. Grâce à cette construction, on peut faire circuler deux engins de traction sur la même voie et les contrôler séparément. On peut même faire circuler un troisième engin de traction si l'on utilise un caténaire prêt au fonctionnement et une locomotive électrique Trix, susceptible d'être adaptée à un système caténaire. Ce troisième engin est alors également indépendant des deux autres. On a donc la possibilité d'un trafic multiple sans la moindre difficulté d'ordre électrique.

Il n'est pas possible de faire fonctionner les engins Trix Express sur les autres systèmes de chemins de fer de modèle réduit. De même, les organes d'attelage des véhicules Trix Express ne vont pas avec les organes d'attelage usuels (NEM, classes A et B). En échangeant les jeux de roues et les organes d'attelage, on parvient cependant à adapter la plupart des wagons et voitures Trix Express au système à deux conducteurs et courant continu de normes NEM. Les roues et organes d'attelage d'échange adéquats font partie du programme Trix. Il existe

également des roues d'échange pour le système Märklin à plots de contact et à courant alternatif.

Plusieurs engins de traction et wagons portent la marque Trix International. Cela signifie qu'ils sont construits pour fonctionner sur courant continu avec un système à deux conducteurs, conforme aux normes NEM. Ces véhicules sont munis de jeux de roues NEM standards et d'organes d'attelage de la classe A (système Märklin).

„Trix e-m-s" ist eine elektronische Mehrzugsteuerung, die mit allen Modelleisenbahnsystemen der Baugröße HO und N kombiniert werden kann. Die Einrichtung besteht aus einem e-m-s- Steuergerät und einem e-m-s Empfängerbaustein, mit dem einige Trix-Lokomotiven bereits serienmäßig ausgerüstet sind. Ansonsten kann der kompakte Empfänger (46×18×20 mm) in Triebfahrzeuge beliebigen Fabrikats eingebaut werden, bei Platzmangel im Gehäuse auch in einen ständig mitgeführten Wagen.

Das e-m-s Steuergerät wird mit dem Fahrstromteil und dem Wechselstrom-Lichtanschluß (max. 16 V) des bisherigen Fahrtransformators verbunden. Es gibt an den Gleisanschluß den unveränderten Fahrstrom und einen eigenen regelbaren Hochfrequenzstrom ab. Die normalen Lokomotiven werden wie bisher gesteuert, die mit e-m-s ausgerüsteten reagieren nur auf den Hochfrequenzstrom. Mit Oberleitung können so 4 Züge, mit Trix Express sogar 6, unabhängig betrieben werden.

Eine Neuentwicklung ist „Trix 2000", eine drahtlose Fernsteuerung für alle Gleichstrom-Modellbahnen.

"Trix e-m-s" is an electronic multi-train control gear to be combined with all model railway systems in HO and N size. The equipment consists of an e-m-s control device and an e-m-s receiver element, which some of the Trix locomotives are equipped with. Otherwise, the small receiver (46×18×20 mm) can be built in to engines of all makes. If the body is not spacious enough, it can be placed into a connected wagon.

The e-m-s control device is connected to the traction current and the lighting AC terminals of the previous transformer. It supplies the track with the unchanged traction current and with a special adjustable high-frequency current. The not modified locomotives are controlled as usual, the e-m-s equipped ones respond only to the high-frequency current. With catenary, 4 independent trains, on Trix Express even 6, can be run.

A very recent development is "Trix 2000", a wireless remote control device for all DC model railways.

«Trix e-m-s» est un contrôle électronique de plusieurs trains, qui s'adapte à tous les systèmes de chemins de fer de modèle réduit d'échelles HO et N. Il comprend l'appareil d'asservissement et le récepteur incorporé dans l'engin de traction dont quelques locomotives Trix sont déjà munies de façon standard. Ces petits récepteurs (46×18×20 mm) peuvent être incorporés dans les engins HO des autres fabricants, si la cabine offre suffisamment de place, autrement dans une remorque.

L'appareil d'asservissement Trix e-m-s est attaché aux parties du transformateur qui fournissent les courants de traction et d'éclairage. Il donne aux rails le courant de traction et un courant en haute fréquence. Tandis que les locomotives non munies de récepteur prennent le courant de traction normal, les locomotives munies d'e-m-s ne réagissent qu'au courant de fréquence supérieure. Avec un caténaire le système offre ainsi la possibilité de faire circuler 4 trains indépendents, sur le système Trix Express même 6 trains.

La nouveauté «Trix 2000» est un appareil de télécommande sans fil utilisable sur tous les chemins de fer de courant continu.

Gleissystem, Zubehör
Track system, accessories
Système de voie, accessoires

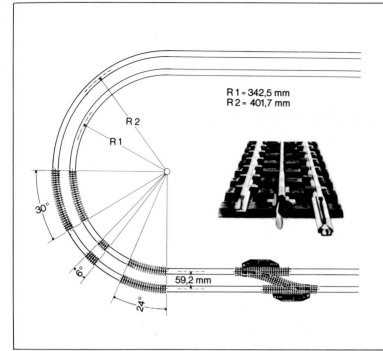

R 1 = 342,5 mm
R 2 = 401,7 mm

R 2
R 1

30°

6°

24°

59,2 mm

24° + 6°

R 1

30°

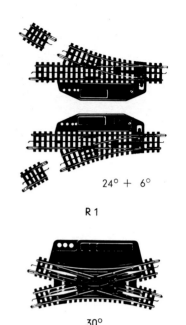

30°

Das TRIX EXPRESS-Gleis besteht aus Neusilber-Vollprofilschienen auf Kunststoff-schwellen mit einem schwarzen Mittelleiter. Das Programm enthält verschieden lange Gerade (1/1 = 183,5 mm), zwei Radien, je ein Weichenpaar für Hand- und Elektrobetrieb, eine Kreuzung, eine elektrische Doppelkreu-zungsweiche, elektrische Bogenweichen zur Verbindung beider Radien, ein fernge-steuertes Entkupplungsgleis, einen Prell-bock und Spezialgleise. Für alle Gleise gibt es ein Schaumstoff-Schotterbett.

The TRIX EXPRESS track consists of nickelsilver profile rails on plastic ties with a black center-conductor. The programme contains several straights (1/1 = 183,5 mm), two circles, a pair of switches either manually or electrically operated, a crossing, an electric double slip switch, electric curved switches to connect the two circles, a remote controlled uncoupler track, a buffer stop and some special tracks. For all sections there is a foam rubber foundation.

La voie TRIX EXPRESS se compose de rails d'argentan profilés, de traverses en plasti-que et d'un conducteur central noir. Le programme comprend des sections droites de différentes longueurs (1/1 = 183,5 mm), deux courbes, des couples d'aiguillages manuelles et électriques, un croisement, une traversée-jonction double électrique, des aiguilles courbes électriques pour connecter les deux courbes, une voie de dételage électrique, un heurtoir et des voies spéciales. Pour toutes les voies il y a des fondements de crêpe de latex.

✉

TRIX-Mangold GmbH & Co.
Kreulstraße 40
D-8500 Nürnberg

Hans Weihs & Co.
Zwingenstraße 3
A-2380 Perchtoldsdorf

The Engine Shed
5 Carrington Road
Box Hill
AUS-Victoria 3128

L. Verboven s.p.r.l.
19, Rue des Chartreux
Boîte No. 11
B-1000 Bruxelles

Model Power
1130 Speers Road
CDN-Oakville, Ontario

Marcel Csuka
Herzogstraße 17
CH-8044 Zürich

J. Kofods Fabriker A/S
Valseholmen 2-4
DK-2650 Hvidovre

Joaquin Lostes Perez
Entenza 96, 6°, 3 a
E-Barcelona 15

Inter-Jouet
5, Avenue Général Jean Gilles
F-66000 Perpignan

La Mini Miniera S.a.S.
Via M. Peano 19
I-12100 Cuneo

Gakken Co. Ltd.
C.P.O. Box 97
Gakken Building
4-40-5 Kami-Ikedai,Otha-Ku
J-Tokyo

J. Th. Kamlag B. V.
Bloemendalerweg 30 - 42
NL-Weesp

Ludvig Wigart & Cos. AB
Garnisonsgatan 6
S-25107 Helsingborg 1

Carlos Copetta G. e. Hijos
Av. Bulnes 265
RCH-Santiago de Chile

Model Power Products Inc.
200, Fifth Avenue
USA-New York, N. Y. 10010

Paul Wagner Inc.
211 Lincolnway West
USA-New Oxford, Pa. 17350

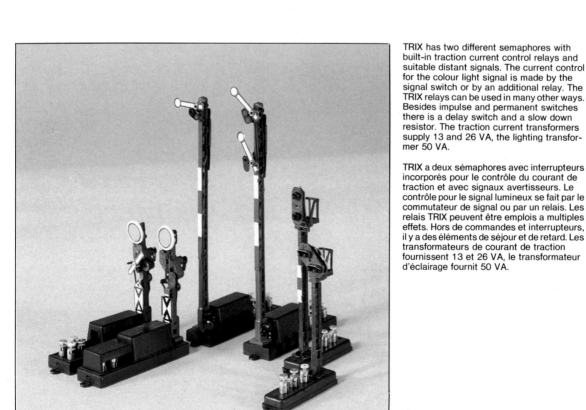

TRIX has two different semaphores with built-in traction current control relays and suitable distant signals. The current control for the colour light signal is made by the signal switch or by an additional relay. The TRIX relays can be used in many other ways. Besides impulse and permanent switches there is a delay switch and a slow down resistor. The traction current transformers supply 13 and 26 VA, the lighting transfor-mer 50 VA.

TRIX a deux sémaphores avec interrupteurs incorporés pour le contrôle du courant de traction et avec signaux avertisseurs. Le contrôle pour le signal lumineux se fait par le commutateur de signal ou par un relais. Les relais TRIX peuvent être emplois a multiples effets. Hors de commandes et interrupteurs, il y a des éléments de séjour et de retard. Les transformateurs de courant de traction fournissent 13 et 26 VA, le transformateur d'éclairage fournit 50 VA.

TRIX hat zwei verschiedene Form-Hauptsig-nale mit eingebauten Relais zur Fahrstrom-steuerung und passenden Vorsignalen. Beim Lichtsignal erfolgt die Fahrstromschal-tung über den Signalschalter oder über ein zusätzliches Relais. Die TRIX-Relais sind auch anderweitig vielfach verwendbar. Neben Moment- und Dauerschaltern gibt es einen Aufenthaltsschalter und einen variablen Bremswiderstand. Die Fahrtrans-

formatoren leisten 13 und 26 VA, der Lichttransformator 50 VA.

Lieferung nur über den Fachhandel.
Delivery by one-line trade only.
Livraison par commerce seulement.

Rangier-Tenderlokomotive BR 80 der DB
Switching tank locomotive class 80
of the DB
Locomotive-tender série 80 de la DB

III = P ⚡ ✦3✦ ⊢110⊢   532217

Tenderlokomotive BR 64 der DB
Tank locomotive class 64 of the DB
Locomotive-tender série 64 de la DB

III = Z ⚡ ✦3✦ ⊢145⊢   532203

Tenderlokomotive BR 92 der
ehemaligen DR
Tank locomotive class 92 of the former
DR
Locomotive-tender série 92 de
l'ancienne DR

III = P ⚡ ✦4✦ ⊢128⊢   532212
II = P ⚡ ✦4✦ ⊢128⊢   522412

Tenderlokomotive Reihe T 13 der KPEV
Tank locomotive class T 13 of the KPEV
Locomotive-tender série T 13 de la
KPEV

III = P ⚡ ✦4✦ ⊢128⊢   532228
II = P ⚡ ✦4✦ ⊢128⊢   522428

Mehrzwecklokomotive Reihe G 3/4 H der
Bay. Sts. B.
Mixed traffic locomotive class G 3/4 H
of the Bay. Sts. B.
Locomotive tous services série G 3/4 H
de la Bay. Sts. B.

III = P ⚡ ✦2✦ ⊢208⊢   532226
II = P ⚡ ✦2✦ ⊢208⊢   522426

Schlepptenderlokomotive BR 54 der
ehem. DR
Locomotive with tender class 54 of the
former DR
Locomotive à tender séparé série 54 de
l'ancienne DR

III = P ⚡ ✦2✦ ⊢208⊢   532225
II = P ⚡ ✦2✦ ⊢208⊢   522425

Personenzuglokomotive BR 24 der DB
Passenger train locomotive class 24 of
the DB
Locomotive pour trains voyageurs série
24 de la DB

III = Z ⚡ ✦3✦ ⊢200⊢   532202

Schnellzuglokomotive BR 01 der DB
(Witte-Windleitbleche)
Express locomotive class 01 of the DB
(Witte smoke deflectors)
Locomotive de grande vitesse série 01
de la DB (deflecteurs de fumée Witte)

III = Z ⚡ ✦3✦ ⊢280⊢   532204

Schnellzuglokomotive BR 01 der ehem.
DR
Express locomotive class 01 of the
former DR
Locomotive de grande vitesse série 01
de l'ancienne DR

III = Z ⚡ ✦3✦ ⊢280⊢   532222

Elektro- und Diesel-Lokomotiven
Electric and Diesel locomotives
Locomotives électriques et Diesel

TRIX
MODELLBAHNEN

DB

Europa-Lokomotive 184 der DB
European locomotive class 184 of the DB
Locomotive européenne série 184 de la DB

III = Z � ✦2✦ ⊢195⊢   532247

TRIX e·m·s

Elektrische Rangierlokomotive der DB
Electric switching locomotive of the DB
Locotracteur électrique de la DB

III = P 卫 ✦3✦ ⊢110⊢   532238

Lokomotiven mit TRIX-e.m.s.-Ausrüstung sind hier aufgeführt.
Locomotives equipped with TRIX-e.m.s. are listed here.
Locomotives equipées de TRIX-e.m.s. sont mentionées ici.

Elektrische Schnellzuglokomotive 110 der DB
Express locomotive class 110 of the DB
Motrice express série 110 de la DB

III = Z 卫 ✦2✦ ⊢189⊢   532249

Elektrische Schnellzuglokomotive 110 der DB
Express locomotive class 110 of the DB
Motrice express série 110 de la DB

III = Z 卫 ✦2✦ ⊢189⊢   532254

Elektrische TEE-Lokomotive 112 der DB
Electric TEE locomotive class 112 of the DB
Motrice TEE série 112 de la DB

III = Z 卫 ✦2✦ ⊢189⊢	532248
III = Z 卫 e·m·s ✦2✦ ⊢189⊢	532748
II = Z 卫 e·m·s ✦2✦ ⊢189⊢	522648

Elektrische Schnellzuglokomotive 111 der DB
Express locomotive class 111 of the DB
Motrice express série 111 de la DB

III = P 卫 ✦2✦ ⊢193⊢	532253
III = P 卫 ✦2✦ ⊢193⊢	522453
III = P 卫 e·m·s ✦2✦ ⊢193⊢	532753
II = P 卫 e·m·s ✦2✦ ⊢193⊢	522653

Schwere Güterzuglokomotive 150 der DB
Heavy freight train locomotive class 150 of the DB
Motrice pour trains marchandises lourde série 150 de la DB

III = Z 卫 ✦2✦ ⊢222⊢   532233

Mehrzweck-Diesellokomotive 218 der DB
Mixed traffic Diesel locomotive class 218 of the DB
Locomotive Diesel pour tous services série 218 de la DB

III = Z 卫 ✦2✦ ⊢189⊢	532259
II = Z 卫 e·m·s ✦2✦ ⊢188⊢	522659

Schwere Diesellokomotive 221 der DB
Heavy Diesel locomotive class 221 of the DB
Locomotive Diesel lourde série 221 de la DB

III = P 卫 ✦2✦ ⊢212⊢	532256
II = P 卫 ✦2✦ ⊢212⊢	522456
III = P 卫 e·m·s ✦2✦ ⊢212⊢	532756
II = P 卫 e·m·s ✦2✦ ⊢212⊢	522656

Diesel-Lokomotiven und Triebwagen
Diesel locomotives and railcar
Locomotives Diesel et autorail

Mehrzweck-Diesellokomotive BR 211
der DB
Multi-purpose Diesel locomotive class 211
of the DB
Locomotive Diesel tous services série 211
de la DB
III = ℙ ✿ ✚ 4 ✚ ⊢142⊢   532267

Industrie-Diesellokomotive
Rheinstahl-Henschel
Industrial Diesel locomotive
Rheinstahl-Henschel
Locotracteur Diesel
Rheinstahl-Henschel

III = ℙ ✚ 2 ✚ ⊢121⊢   532258

Rangier-Diesellokomotive BR 236 der DB
Switching Diesel locomotive class 236
of the DB
Locotracteur de manœuvre série 236
de la DB

III = ℤ ✿ ✚ 3 ✚ ⊢110⊢   532263

Mehrzweck-Diesellokomotive BR 218
der DB
Multi-purpose Diesel locomotive class
218 of the DB
Locomotive Diesel tous services série 218
de la DB

III = ℙ ✿ ✚ 2 ✚ ⊢188⊢   532255

Diesel-Triebwagenzug BR 798 + 998
der DB
Diesel railcar train classes 798 + 998
of the DB
Autorail Diesel séries 798 + 998 de la DB

III = ℙ ✿ ✚ 2 ✚ ⊢323⊢   532290

TRIX
MODELLBAHNEN

Behälter-Tragwagen mit 3 Containern (DB)
Container wagon with 3 containers (DB)
Wagon container avec 3 containers (DB)
III = Ⓟ ⊢110⊦ 533457

Behälter-Tragwagen mit 3 Behältern (DB)
Container wagon with 3 containers (DB)
Wagon container avec 3 containers (DB)
III = Ⓟ ⊢110⊦ 533458

Behälter-Tragwagen mit 3 Behältern (DB)
Container wagon with 3 containers (DB)
Wagon container avec 3 containers (DB)
III = Ⓟ ⊢110⊦ 533459

Muldenkippwagen der DB
Tipping buckets wagon of the DB
Wagon à bennes basculantes (DB)
III = Ⓟ ⊢104⊦ 533455

Kipplore mit beweglicher Kippmulde
Tipping bucket truck
Chariot à benne basculante
III = Ⓟ ⊢81⊦ 533484

Offener Güterwagen (DB)
Open wagon (DB)
Tombereau de la DB
III = Ⓩ ⊢104⊦ 533414

Offener Güterwagen mit Bremserhaus (DB)
Open wagon with brakeman's cab (DB)
Tombereau avec vigie (DB)
III = Ⓩ ⊢113⊦ 533416

Klappdeckelwagen der DB
Hinged hatches wagon of the DB
Wagon à toit mobile latéralement (DB)
III = Ⓟ ⊢113⊦ 533433
523633

Offener Güterwagen der DB
Open wagon of the DB
Tombereau de la DB
III = Ⓟ ⊢65⊦ 533450

Niederbordwagen der DB
Low sided wagon of the DB
Wagon à bords bas de la DB
III = Ⓟ ⊢95⊦ 533451

Planenwagen der DB
Open wagon with tilt of the DB
Wagon à bâche de la DB
III = Ⓟ ⊢95⊦ 533452

Niederbord-Hilfszugwagen der DB
Low sided wagon of the DB
Wagon à bords bas de la DB
III = Ⓟ ⊢95⊦ 533413

Güterwagen der DB mit Kohleladung
Open wagon loaded with coal (DB)
Tombereau chargé de carbon (DB)
III = Ⓟ ⊢113⊦ 533477
II = Ⓟ ⊢113⊦ 523677

Gedeckter Güterwagen der DB
Covered wagon of the DB
Wagon couvert de la DB
III = Ⓟ ⊢95⊦ 533453

Bananenwagen der DB
Banana wagon of the DB
Wagon pour le transport de bananes (DB)
III = Ⓟ ⊢95⊦ 533408

Feuerlöschwagen der DB
Fire-brigade car of the DB
Wagon pompiers de la DB
III = Ⓟ ⊢95⊦ 533409

Kühlwagen der DB
Refrigerator wagon of the DB
Wagon frigo de la DB

SCHÖLLER
III = Ⓟ ⊢134⊦ 533447
II = Ⓟ ⊢134⊦ 523647
SEEFISCH
III = Ⓟ ⊢134⊦ 533406
II = Ⓟ ⊢134⊦ 523606

Gedeckter Güterwagen der DB
Covered wagon of the DB
Wagon couvert de la DB
III = Ⓟ ⊢104⊦ 533488
II = Ⓟ ⊢104⊦ 523688

Viehtransportwagen der DB
Cattle wagon of the DB
Wagon à bestiaux (DB)
III = Ⓟ ⊢104⊦ 533489
II = Ⓟ ⊢104⊦ 523689

Bier-Kühlwagen (DB)
Beer wagon (DB)
Wagon frigorifique pour le transport
de bière (DB)
DINKELACKER
III = Ⓟ ⊢134⊦ 533479
II = Ⓟ ⊢134⊦ 523679
ALPIRSBACHER KLOSTERBRÄU
III = Ⓟ ⊢134⊦ 533405
II = Ⓟ ⊢134⊦ 523605

Güterwagen
Goods wagons
Wagons marchandises

Einheitskesselwagen der DB
Tank cars of the DB
Wagons-citernes de la DB

III = F ⊢103⊢

ESSO	533429
SHELL	533427
ARAL	533428

Einheitskesselwagen ELK der DB
Tank cars type ELK of the DB
Wagons-citernes ELK de la DB

III = F ⊢140⊢

ESSO	533492
SHELL	533496

Einheitskesselwagen ELK der DB
Tank car type ELK of the DB
Wagon-citerne ELK de la DB

III = F ⊢140⊢   533494

Rungenwagen mit Bremserhaus der DB   III = Z ⊢141⊢   533436
Low sided car with stanchions and
brakeman's cab (DB)
Wagon à ranchers avec vigie de la DB

Langholzwagen der DB mit Bremser-   III = Z ⊢230⊢   533443
haus
Lumber car with brakeman's cab of the
DB
Wagons jumelés pour le transport de
bois avec vigie (DB)

Tiefladewagen der DB   III = Z ⊢234⊢   539498
Low bed wagon of the DB
Wagon à plateforme surbaissée de la DB

Tiefladewagen mit Transformator der DB   III = Z ⊢234⊢   533497
Low bed wagon, loaded with transformer
(DB)
Wagon à plateforme surbaissée,
chargé d'un transformateur (DB)

Schlackenwagen MANNESMANN
Dross car MANNESMANN
Wagon pour transports de scories
MANNESMANN

III = Z ⊢100⊢   533452

Güterzugbegleitwagen der DB
Freight train baggage car of the DB
Voiture d'accompagnement pour trains
de marchandises

III = P ⊢90⊢   533454

Deutscher Einheitspersonenwagen
German standard passenger coach
Voiture voyageurs unifiée allemande

blau/blue/bleue
III = Ⓟ B ⊢132⊢   533312
rot/red/rouge
III = Ⓟ B ⊢132⊢   533310
grün/green/verte
III = Ⓟ B ⊢132⊢   533303

Einheitspackwagen der DB
Standard luggage van of the DB
Fourgon unifié de la DB
     III = Ⓟ ⊢132⊢   533302

Einheitspackwagen der DB
Standard luggage van of the DB
Fourgon unifié de la DB
     III = Ⓟ ⊢132⊢   533311

Abteilwagen der ehemaligen DR
Compartment coach of the former DR
Voiture à compartiments de l'ex DR
     III = Ⓟ ⊠ B C ⊢160⊢   533358
     II = Ⓟ ⊠ B C ⊢160⊢   523758

Abteilwagen der ehemaligen DR
Compartment coach of the former DR
Voiture à compartiments de l'ex DR
     III = Ⓟ ⊠ C ⊢160⊢   533359
     II = Ⓟ ⊠ C ⊢160⊢   523759

Packwagen der ehemaligen DR
Luggage van of the former DR
Fourgon de l'ex DR
     III = Ⓟ ⊠ ⊢160⊢   533360
     II = Ⓟ ⊠ ⊢160⊢   523760

Privatbahn-Abteilwagen
Compartment coach of railway company
Voiture à compartiments de chemin
de fer privé
     III = Ⓟ ⊠ A B ⊢160⊢   533355
     II = Ⓟ ⊠ A B ⊢160⊢   523755

Privatbahn-Abteilwagen
Compartment coach of railway-company
Voiture à compartiments de chemin
de fer privé
     III = Ⓟ ⊠ C ⊢160⊢   533356
     II = Ⓟ ⊠ C ⊢160⊢   523756

Privatbahn-Packwagen
Luggage van of railway company
Fourgon de chemin de fer privé
     III = Ⓟ ⊢160⊢   533357
     II = Ⓟ ⊢160⊢   523757

Bauzug-Mannschaftswagen der DB
Workmen's car of the DB
Voiture pour train de travaux de la DB
     III = Ⓟ ⊢160⊢   533361
     II = Ⓟ ⊢160⊢   523761

Eilzugwagen der DB
Passenger coach de la DB
Voiture voyageurs de la DB
     III = Ⓟ ⊠ (♥) A B ⊢235⊢   533382

Reisezugwagen
Passenger coaches
Voitures voyageurs

Nahverkehrs-Personenwagen, Steuerwagen für Wendezüge mit Wechsellicht (DB)
Local service passenger coach with operator's cab. Triple headlights and red tail lights, coordinated with direction of travel (DB)
Voiture de banlieue (DB). La face avant du poste de conduite est pourvue de 3 feux blancs et d'un feu rouge s'inversant automatiquement suivant le sens de marche.

III = Ⓟ ⊠ ⓦ B ⊩235⊩   533379

Nahverkehrs-Personenwagen der DB
Local service coach of the DB
Voiture de banlieue de la DB

III = Ⓟ ⊠ (ⓦ) AB ⊩235⊩   533377

Nahverkehrs-Personenwagen der DB
Local service coach of the DB
Voiture de banlieue de la DB

III = Ⓟ ⊠ (ⓦ) B ⊩235⊩   533378

Personenwagen der DB
Passenger coach of the DB
Voiture voyageurs de la DB

III = Ⓟ ⊠ (ⓦ) AB ⊩194⊩   533374

Personenwagen der DB
Passenger coach of the DB
Voiture voyageurs de la DB

III = Ⓟ ⊠ (ⓦ) B ⊩194⊩   533375

Personenwagen der DB mit Packabteil
Passenger coach of the DB with luggage compartment
Voiture voyageurs de la DB avec compartiment à bagages

III = Ⓟ ⊠ (ⓦ) B ⊩194⊩   533376

Schnellzugwagen der ehemaligen DR
Express coach of the former DR
Voiture grandes lignes de l'ex DR

III = Ⓟ ⊠ (ⓦ) B ⊩218⊩   533371
II = Ⓟ ⊠ (ⓦ) B ⊩218⊩   523771

Schnellzug-Packwagen der ehem. DR
Express luggage van of the former DR
Fourgon grandes lignes de l'ex DR

III = Ⓟ ⊠ (ⓦ) ⊩210⊩   533372
II = Ⓟ ⊠ (ⓦ) ⊩210⊩   523772

Speisewagen der ehemaligen DR „MITROPA"
"MITROPA" dining-car of the former DR
Voiture-restaurant «MITROPA» de l'ex DR

III = Ⓟ ⊠ (ⓦ) ⊩233⊩   533373
II = Ⓟ ⊠ (ⓦ) ⊩233⊩   523773

Schnellzugwagen der DB
Express coach of the DB
Voiture grandes lignes de la DB

III = Ⓟ ⊠ (ⓦ) AB ⊩235⊩   533386

Schnellzug-Packwagen der DB
Express luggage van of the DB
Fourgon grandes lignes de la DB

III = Ⓟ ⊠ (ⓦ) ⊩235⊩   533387

Reisezugwagen
Passenger coaches
Voitures voyageurs

TRIX MODELLBAHNEN

Schnellzugwagen „Rheinpfeil“ (DB)
Express coach "Rheinpfeil“ of the DB
Voiture grandes lignes «Rheinpfeil» de la DB

III = ℗ ⊠ (☼) A ⊣235⊢ 533385

Schlafwagen der DSG
Sleeping coach of the DSG
Voiture-lits de la DSG

III = ℗ ⊠ (☼) ⊣235⊢ 533383

Speisewagen der DSG
Dining coach of the DSG
Voiture-restaurant de la DSG

III = ℗ ⊠ (☼) ⊣235⊢ 533384

Schnellzugwagen „TOUROPA“ der DB
"TOUROPA“ express coach of the DB
Voiture grandes lignes «TOUROPA» (DB)

III = ℗ ⊠ (☼) B ⊣235⊢ 533362

Schlafwagen der DSG
Sleeping coach of the DSG
Voiture-lits de la DSG

III = ℗ ⊠ (☼) ⊣235⊢ 533363

Speisewagen der DB
Dining coach of the DB
Voiture-restaurant de la DB

III = ℗ ⊠ (☼) ⊣235⊢ 533364

Schnellzugwagen der DB
Express coach of the DB
Voiture grandes lignes de la DB

III = ℗ ⊠ (☼) AB ⊣235⊢ 533365

Schnellzugpackwagen der DB
Express baggage car of the DB
Fourgon grandes lignes de la DB

III = ℗ ⊠ (☼) ⊣235⊢ 533366

Schnellzugwagen der DB
Express coach of the DB
Voiture grandes lignes de la DB

III = ℗ ⊠ (☼) B ⊣235⊢ 533350

Schnellzugwagen der DB
Express coach of the DB
Voiture grandes lignes de la DB

III = ℗ ⊠ (☼) AB ⊣235⊢ 533351

Schnellzug-Packwagen der DB
Express baggage car of the DB
Fourgon grandes lignes de la DB

III = ℗ ⊠ (☼) ⊣235⊢ 533352

Dampf-, Elektro- und Diesellokomotiven
Steam, electric, and Diesel locomotives
Locomotives à vapeur, électriques et Diesel

Oldtimer-Dampflokomotive Dixie Belle
(1890)
Old time steam locomotive Dixie Belle
(1890)
Locomotive à vapeur ancienne Dixie Belle
(1890)

II = Ⓟ ⚡ ✦ 3 ✦ ⊢225⊣

Atchison Topeka & Santa Fe	233
Western & Atlantic	242

Dampflokomotive Consolidation
(eingebaute Raucheinrichtung)
Steam locomotive Consolidation
(built-in smoke generator)
Locomotive à vapeur Consolidation
(installation de fumée)

Chattanooga
II = Ⓟ ⚡ ✦ 2 ✦ ⊢270⊣   245-15

Dampflokomotive Consolidation
(eingebaute Raucheinrichtung)
Steam locomotive Consolidation
(built-in smoke generator)
Locomotive à vapeur Consolidation
(installation de fumée)

The Royal Blue
II = Ⓟ ⚡ ✦ 2 ✦ ⊢270⊣   245-02

Schwere Elektrolokomotive Typ GG-1
Heavy electric locomotive type GG-1
Locomotive électrique lourde type GG-1

II = Ⓟ ⚡ ✦ 2 ✦ ⊢240⊣

Amtrak	251-07
Pennsylvania	251-01

Diesellokomotive EMD SD-24
Diesel locomotive EMD-SD-24
Locomotive Diesel EMD SD-24

II = Ⓟ ⚡ ✦ 2 ✦ ⊢225⊣

Rocky Mountain Line	239-27
Burlington Route	239-13
Union Pacific	239-23

Tyco wurde nach dem Krieg als Markenbezeichnung der Mantua Metal Products eingeführt, die als erster amerikanischer Hersteller schon in den zwanziger Jahren HO-Serienmodelle fertigte. Außer Eisenbahnen wird heute eine ausbaufähige Autorennbahn (Maßstab ca. 1 : 60) angeboten. Die Produkte werden größtenteils in Hong Kong und Europa hergestellt. Das HO-Programm besteht einerseits aus ca. 20 preiswerten Zugpackungen mit Gleis und Zubehör (auch mit Autobahn kombiniert), andererseits aus einem großen Angebot an Einzelartikeln. Das System entspricht den NMRA-Normen. Die Fahrzeuge sind stabil und sehr farbenfroh gestaltet und haben NMRA-Klauenkupplungen. Einige Lokomotiven gibt es als Bausatz
Das Gleissystem (Messing, NMRA Code 100) besteht aus Geraden (1/1 = 229 mm), einem Radius (457 mm), flexiblem Gleis (915 mm), Hand- und Elektroweichen (14° 15′, symm. 11°), Bogenweichen (Radius 457 - 559 mm), einer Kreuzung (90°), Eingleisern, ferngesteuertem Entkuppler und Prellböcken.
Die Transformatoren leisten 6 VA (in Zugpackungen), 18 VA, 36 VA und zweifach regelbar auch 36 VA. Verschiedene Beleuchtungseinrichtungen, ein Pfeiftongenerator und Entladestationen für Schüttgut, Kisten, Stämme und Sattelschlepper werden elektrisch betätigt.
Zwei mechanische Bahnübergänge, Brücken und viele Gebäude als beleuchtete Fertigmodelle oder Bausätze stehen als weiteres Zubehör zur Verfügung. Lieferung erfolgt über den Fachhandel.

Tyco was introduced after the war as a brand of Mantua Metal Products who was the first American manufacturer of HO scale series models already in the 'twenties. Besides the model railways, an extensible racing track (scale about 1 : 60) is offered this day. The products are made in Hong Kong and Europe for the most part. On the one hand, the HO programme consists of around 20 good value train sets with track and accessories (also combined with motorway), on the other hand of a wide range if items. The system corresponds to NMRA standards. The vehicles are robust and very colourfully designed and have horn-hook couplers. There are some locomotives as kits.

The track system (brass, NMRA Code 100) has straight sections (1/1 = 9″), one radius (18″), flexible track (36″), manual and electric switches (14° 15′, symm. 11°), curved switches (radius 18″ - 22″), a crossing (90°), rerailers, remote uncoupler, and bumpers. The power packs give 6 VA (in train sets), 18 VA, 36 VA, and 36 VA dual-controlled.

Various lighting sets, a whistle sound generator, and unloading terminals for bulk freight, crates, logs, and semi-trailers are electrically operated.
More accessories are two mechanical level-crossings, bridges, and many buildings as lighted models or as kits.
Delivery is made by the one-line trade.

Tyco a été introduit après la guerre comme marque de fabrique de la firme Mantua Metal Products qui était le premier fabricant américain de modèles réduits de série en échelle HO dès les années 20. Outre les chemins de fer du modèle réduit on offre aujourd'hui un circuit de course aptes à être étendu (échelle 1 : 60 environ). Les produits sont fabriqués, pour la plupart, à Hong Kong et en Europe.
Le programme HO se compose de 20 garnitures de train environ, à bon marché, avec voies et accessoires (aussi combiné avec un circuit de course), d'une part, et d'un large offre en articles détachés, d'autre part. Le système correspond aux normes NMRA. Les véhicules sont robustes et bien coloriés. Ils sont équipés d'attelages à griffes NMRA. Quelques-unes des locomotives sont aussi livrables en boîtes de construction.
Le système de voie (en laiton, NMRA Code 100) se compose de sections droites 1/1 = 229 mm), d'un élément courbe (457 mm), d'une voie flexible (915 mm), d'aiguillages manuels et électriques (14° 15′, symétrique 11°), d'aiguillages enroulés (rayon 457 - 559 mm), d'un croisement (90°), d'enrailleurs, de dételeurs télécommandés et de heurtoirs.

Les transformateurs fournissent 6 VA (en garnitures de train complet), 18 VA, 36 VA et à double réglage aussi 36 VA. Quelques-uns des aménagements d'éclairage, un dispositif accoustique reproduisant les caractéristiques de sifflet et des chantiers de déchargement pour marchandises en vrac, caisses, poutres et semi-remorques sont manœuvrés électriquement.
Comme accessoires supplémentaires le programme offre deux passages à niveau mécaniques, des ponts et de nombreux immeubles éclairés montés ou en boîtes de construction.
La livraison se fait par le commerce spécialisé.

✉

Tyco Industries Inc.
540 Glen Avenue
USA Moorestown, NJ. 08075

Tyco Canada Ltd.
43 Hanna Avenue
CDN Toronto, Ontario

Nicht abgebildet:
Not shown:
Non réprésentée:

Oldtimer-Dampflokomotive 2 B General
(1875)
Old time steam locomotive 4-4-0 General
(1875)
Locomotive à vapeur ancienne 220 General
(1875)
Western & Atlantic
II = Ⓟ ✦ 2 ✦ ⊢200⊣   210-31
Ⓚ   7705

Oldtimer Dampflokomotive 2 D (1880)
Old time steam locomotive 4-8-0 (1880)
Locomotive à vapeur ancienne 240 (1880)
Denver & Rio Grande
II = Ⓟ ⚡ ✦ 4 ✦ ⊢240⊣   253-24
Ⓚ   7712

Tenderlokomotive B
Tank locomotive 0-4-0
Locomotive-tender 020
Santa Fe
II = Ⓟ ⚡ ✦ 2 ✦ ⊢105⊣   237-22

Rangierlokomotive B mit Tender
Switching locomotive 0-4-0 with tender
Locomotive de manœuvre 020 avec tender
Pennsylvania
II = Ⓟ ⚡ ✦ 2 ✦ ⊢200⊣   238-01
Southern Ry.
II = Ⓟ ⚡ ✦ 2 ✦ ⊢190⊣   206-16
Ⓚ   7710

Dampflokomotive Prairie 1 C 1
Steam locomotive Prairie 2-6-2
Locomotive à vapeur Prairie 131
Pennsylvania
II = Ⓟ ⚡ ✦ 3 ✦ ⊢210⊣   234-01
Ⓚ   7707

Dampflokomotive Pacific 2 C 1
Steam locomotive Pacific 4-6-2
Locomotive à vapeur Pacific 231
Chessie System
II = Ⓟ ⚡ ✦ 3 ✦ ⊢270⊣   212-03
Ⓚ   7708

Dampflokomotive Mikado 1 D 1
Steam locomotive Mikado 2-8-2
Locomotive à vapeur Mikado 141
Santa Fe
II = Ⓟ ⚡ ✦ 4 ✦ ⊢280⊣   208-22
Ⓚ   7709

Diesel-Rangierlokomotive MDT
Diesel switcher MDT
Locomotive Diesel de manœuvre MDT
Santa Fe
II = Ⓟ ⚡ ✦ 2 ✦ ⊢115⊣   241-21

TYCO

Diesellokomotive Baldwin Shark Nose
Diesel locomotive Baldwin Shark Nose
Locomotive Diesel Baldwin Shark Nose

Burlington Northern
II = P ⚡ ✦ 2 ✦ ⊢185⊢   222-17

Diesellokomotive Baldwin Shark Nose
Diesel locomotive Baldwin Shark Nose
Locomotive Diesel Baldwin Shark Nose

Midnight Special
II = P ⚡ ✦ 2 ✦ ⊢185⊢   222-19

Diesellokomotive EMD F-9
Diesel locomotive EMD F-9
Locomotive Diesel EMD F-9

Chessie System
II = P ⚡ ✦ 2 ✦ ⊢175⊢   224-03

Diesellokomotive EMD F-9
Diesel locomotive EMD F-9
Locomotive Diesel EMD F-9

II = P ⚡ ✦ 2 ✦ ⊢175⊢
Santa Fe   224-21
Conrail   224-20

Diesellokomotive EMD F-9 in Doppel-
traktion (ein Modell motorisiert)
Twin Diesel locomotives EMD F-9
(one model driven)
Locomotives Diesel EMD F-9 jumelées
(un modèle motorisé)
II = P ⚡ ✦ 2 ✦ ⊢360⊢
Santa Fe   248-21
Chessie System   248-03
Conrail   248-20

Diesellokomotive EMD GP-20
Diesel locomotive EMD GP-20
Locomotive Diesel EMD GP-20

Chattanooga
II = P ⚡ ✦ 2 ✦ ⊢180⊢   228-15

Diesellokomotive EMD GP-20
Diesel locomotive EMD GP-20
Locomotive Diesel EMD GP-20

Durango
II = P ⚡ ✦ 2 ✦ ⊢180⊢   228-30

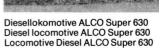

Diesellokomotive ALCO Century
Diesel locomotive ALCO Century
Locomotive Diesel ALCO Century

II = P ⚡ ✦ 2 ✦ ⊢210⊢
Rock Island   235-10
Illinois Central Gulf   235-14

Diesellokomotive ALCO Super 630
Diesel locomotive ALCO Super 630
Locomotive Diesel ALCO Super 630

II = P ⚡ ✦ 3 ✦ ⊢225⊢
Santa Fe   250-21
Chessie System   250-03
Spirit of '76   250-35

Flachwagen mit Kanalisationsrohren	Great Northern	
Flat car with culvert pipes	II = ℗ ⊢150⊦	342-D
Wagon plat avec tuyaux de canalisation		

Flachwagen mit Traktoren	Great Northern	
Flat car with tractors	II = ℗ ⊢150⊦	351-B
Wagon plat avec tracteurs		

Flachwagen mit Sattelanhängern der AT & SF		354-A
Flat car with semi-trailers of the AT & SF	mit LKW/with trucks/avec camions	
Wagon plat avec semi-remorques de la AT & SF	II = ℗ ⊢178⊦	353-A

Flachwagen mit Endwänden und Holzladung	Southern Railroad	
Flat car with end walls and wood load	II = ℗ ⊢178⊦	334-A
Wagon plat à dossiers avec chargement de bois		

Hochbordwagen mit Kanalisationsrohren	Union Pacifc	
Gondola with culvert pipes	II = ℗ ⊢145⊦	431-B
Wagon tombereau avec tuyaux de canalisation		

Schüttgutwagen	II = ℗ ⊢150⊦	
Hopper car	Virginian	344-C
Wagon-trémie	Anthracite Blue Coal	366-C
	Purina Chows	366-D

Schüttgutwagen	II = ℗ ⊢150⊦	
Hopper car	Union Pacific	344-E
Wagon-trémie	Bethlehem	366-A
	Revere	366-B

Feinschüttgutwagen	II = ℗ ⊢195⊦	
Center flow hopper car	Morton Salt	358-B
Wagon-trémie à granuleux fins	Kellog's	358-A

Feinschüttgutwagen	II = ℗ ⊢195⊦	
Center flow hopper car	Old Dutch Cleanser	358-F
Wagon-trémie à granuleux fins	Sanka	358-D

Doppelstock-Autotransportwagen mit 6 PKW	II = ℗ ⊢180⊦	349
Double-deck automobile transporter with 6 cars		
Wagon transport d'automobiles à étages avec 6 voitures		

Viehwagen	II = P ⊩145⊩	
Stock car	Durango	312-G
Wagon à bestiaux	Santa Fe	312-E
	Denver & Rio Grande W.	312-D

Kühlwagen	II = P ⊩145⊩	
Reefer car	Swift Refrigerator Line	329-A
Wagon réfrigérant	Drairymen's League	329-G

Kühlwagen mit Werbeaufschrift	II = P ⊩145⊩ .	
Billboard reefer car	Baby Ruth	355-C
Wagon réfrigérant avec publicité	Gerber's	355-D

Kühlwagen mit Werbeaufschrift	II = P ⊩145⊩	
Billboard reefer car	Ralston Purina	355-E
Wagon réfrigérant avec publicité		

Kühlwagen mit Werbeaufschrift	II = P ⊩145⊩	
Billboard reefer car	Heinz	355-F
Wagon réfrigérant avec publicité		

Gedeckter Güterwagen 50'	II = P ⊩175⊩	
50' box car	New Haven	339-B
Wagon couvert de 50'	Canadiana	365-E

Gedeckter Güterwagen 50'	II = P ⊩175⊩	
50' box car	Burlington Northern	339-E
Wagon couvert de 50'	Rail Box	365-F

Gedeckter Güterwagen 50' mit Werbe-aufschrift	II = P ⊩175⊩	
50' billboard box car	Jell-O	365-A
Wagon couvert de 50' avec publicité	Canady Dry	365-B
	Mason Dots	365-C
	Old Spice	365-D

Großraum-Kühlwagen	II = P ⊩215⊩	
High-capacity reefer car	Sara Lee	360-A
Wagon réfrigérant de grande capacité	Star-Kist	360-C
	Popsicle	360-F
	Pepsi-Cola	360-G

Nicht abgebildet:
Not shown:
Non réprésenté:

Gedeckter Feinschüttgutwagen 56'		
56' covered hopper car		
Wagon-trémie couvert de 56'		
II = P ⊩195⊩		
Boraxo		359-B
Planters		359-C
Ajax		359-D

Gedeckter Güterwagen 40' mit Schiebetüren		
40' box car with sliding doors		
Wagon couvert de 40' avec portes coulissantes		
II = P ⊩145⊩		
Illinois Central Gulf		311-B
Boston & Maine		311-G
Santa Fe		311-U

Dreikammer-Kesselwagen		
Three-dome tank car		
Wagon-citerne à trois sections		
II = P ⊩200⊩		
Gulf		357-B
Exxon		357-C
Coca-Cola		357-F

Güterwagen mit ferngesteuerter Entladeeinrichtung		
Freight car with remote controlled unloading feature		
Wagon à déchargement télécommandé		
II = P ⊩150⊩		
Erz/ore/minerai		925
Stämme/logs/tiges		926
Kisten/crates/caisses		930

Güterwagen
Freight cars
Wagons marchandises

Funktionsfähiger Kran auf sechsachsigem Fahrgestell mit Auslegerstütz- und Mannschaftswagen
Operating crane on 12-wheeled chassis with boom support and crew car
Grue fonctionnarite sur un chassis à six essieux avec wagon de support de la potence et d'équipe

II = Ⓟ ⊣335⊢   932

Kesselwagen Union
Tank car Union
Wagon-citerne Union

II = Ⓟ ⊣140⊢   315-H

Kesselwagen Wesson
Tank car Wesson
Wagon-citerne Wesson

II = Ⓟ ⊣140⊢   315-K

Hochglanz-Kesselwagen
High-polish tank car
Wagon-citerne brillant

II = Ⓟ ⊣140⊢
Shell   367-C
Sun Oil   367-A
STP   367-B
Texaco   367-D

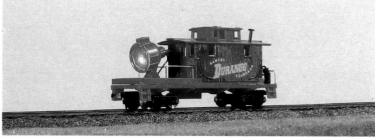

Flutlichtwagen mit drehbarem Scheinwerfer
Floodlight car with swiveling spot
Wagon de lueur avec phare tournant

II = Ⓟ ⊻ ⊣125⊢   347

Güterzugbegleitwagen
Caboose
Fourgon de queue

II = Ⓟ ⊣125⊢
The Royal Blue   327-02

Güterzugbegleitwagen
Caboose
Fourgon de queue

II = Ⓟ ⊣125⊢
Chessie System   327-03
Rock Island   327-10

Güterzugbegleitwagen
Caboose
Fourgon de queue

II = Ⓟ ⊣125⊢
Chattanooga rot/red/rouge   327-15
Chattanooga gelb/yellow/jaune   327-15-B

Güterzugbegleitwagen
Caboose
Fourgon de queue

II = Ⓟ ⊣125⊢
Burlington Northern   327-17

Begleitwagen und Reisezugwagen
Cabooses and passenger cars
Fourgons et voitures voyageurs

Güterzugbegleitwagen	II = P ⊩125⊩	
Caboose	Midnight Special	327-19
Fourgon de queue	Durango	327-30

Güterzugbegleitwagen	II = P ⊩125⊩	
Caboose	Santa Fe	327-22
Fourgon de queue	Central Pacific	327-98

Güterzugbegleitwagen	II = P ⊩125⊩	
Caboose	Rocky Mountain Line	327-27
Fourgon de queue	Union Pacific	327-23

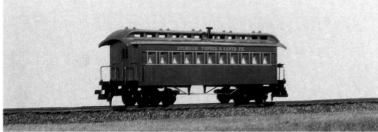

Oldtimer-Personenwagen der AT & SF   II = P ⊩145⊩   372-A
(Santa Fe 1890)
Old time passenger coach of the AT & SF
(Santa Fe 1890)
Voiture voyageurs ancienne de la AT & SF
(Santa Fe 1890)

Oldtimer-Personenwagen mit Gepäck-   II = P ⊩145⊩   372-B
abteil der AT & SF (Santa Fe 1890)
Old time passenger and baggage combine car of the AT & SF (Santa Fe 1890)
Voiture ancienne avec compartiment à
bagages de la AT & SF (Santa Fe 1890)

Fernschnellzugwagen der   II = P ⊩235⊩   521-N
Amtrak Gesellschaft
Main line coach of the Amtrak Co.
Voiture grandes lignes de la Cie. Amtrak

Fernschnellzugwagen mit Gepäckabteil   II = P ⊩235⊩   520-N
der Amtrak Gesellschaft
Main line passenger and baggage
combine car of the Amtrak Co.
Voiture grandes lignes avec compartiment à bagages de la Cie. Amtrak

Aussichts-Schlußwagen der   II = P ⊩235⊩   522-N
Amtrak Gesellschaft
Observation tail car of the Amtrak Co.
Voiture de queue panoramique de la
Cie. Amtrak

Oberleitung und Gebäudebausätze
Catenary and building kits
Caténaire et maquettes à monter

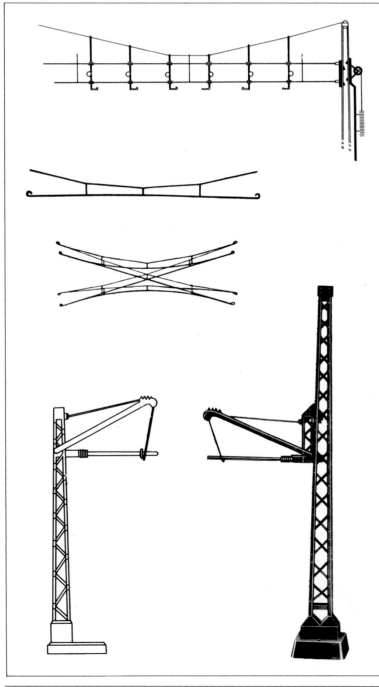

Die Firma Vollmer stellt seit 1950 Modelleisenbahnzubehör her und beschäftigt zur Zeit etwa 100 Mitarbeiter. Das Lieferprogramm bietet eine große Auswahl an Gebäudebausätzen in Baugröße HO und N. Darunter finden sich Bahnhöfe und Bahnsteige, Stellwerke, Lokschuppen und Bekohlungsanlagen, Fabrikgebäude, Raffinerien, Kräne und motorisierte Förderbänder, Altstadt-, Siedlungs- und Landhäuser. Zur Ausgestaltung von Landschaftsanlagen gibt es außerdem Brücken, Mauerplatten, Lampen, Figuren und komplette Anlagensätze. Die Bausätze sind exakt aus Polystyrol geformt und vollständig gefärbt. Daher wird auch ein Anfänger trotz der vielen Details gute Ergebnisse beim Zusammenbau erzielen.

Einen weiteren Teil des Vollmer-Programms bilden stromführende Oberleitungssysteme für Baugröße HO und N. Die Strecken- und Turmmasten sind aus Kunststoff. Fahrleitungsteile sind aus Neusilber vorgefertigt als Streckenleitungen (407,5 mm, 203,5 mm), als variables Quertragwerk (max. 310 mm) und als Spezialteile für Lokschuppen. Für Längenausgleich, Isolation und Anschluß gibt es geeignete Klemmstücke. Das Oberleitungssystem ist leicht aufzubauen, denn die Fahrleitung wird nicht verspannt, sondern den Kurven folgend gebogen. Fertige Leitungsteile für Fleischmann- und TRIX-Kreuzungen und Kreuzungsweichen stehen zur Verfügung.
Vollmer liefert nur über den Fachhandel.

The firm of Vollmer has manufactured model railways accessories since 1950 employing a present staff of about 100 people. The programme offers a wide range of building kits in HO and N scale. Among them are stations and platforms, signal cabins, engine sheds, and coaling installations, factory plants, refineries: cranes, and motorized conveying belts, city, suburban, and country houses. For further landscape shaping and decorating there are bridges, wall sheets, lamps, figures and complete layout sets. The kit elements are exactly molded and coloured styrene parts, so the assembly will get accurate even for a beginner, despite of the many details.
Another Vollmer accessory line is a live catenary system available for HO and N scale. The standard and tower masts are of plastic. The wire sections are elements of nickel silver as line sections (407.5 mm, 203.5 mm), as a variable cross span (max. 310 mm), and as special sections for engine sheds. For insulations, equalizing and connections, there are suitable sleeves. The catenary system is easy to install, because the wire is not spanned, but bent according to the curves. Crossing wire sections are prefabricated for TRIX and Fleischmann crossings and double slip switches.
Vollmer delivers through the specialized trade only.

La firme Vollmer produit depuis 1950 des accessoires pour chemins de fer modèle réduit. Actuellement elle emploie 100 personnes environ. Le programme très varié offre des maquettes de bâtiments à monter d'échelle HO et N; il comprend des gares et quais, postes d'aiguillages, usines, raffineries, grues et bandes transporteuses motorisées, immeubles de vieille ville, de colonies et de campagne. Pour la composition de paysages il y a aussi des ponts, des filets de mur, des lampadaires, figurines et garnitures d'installations complétes. Les éléments des maquettes à monter sont soigneusement faconnées en polystyrol et complètement coloris. Malgré les nombreux pièces détachées, même un débutant aura de bonnes résultats de montage.
Une autre partie du programme Vollmer est constituée par les systèmes de ligne aérienne parcourue par le coirant, pour écartements HO et N. Les poteaux et pylônes sont en matière plastique. Les éléments de caténaire sont en argentan préfabriqués comme fils de ligne (407,5 mm, 203,5 mm), suspension transversale (variable 310 mm) et éléments spéciaux pour remises à locomotives. Pour la compensation de longuer, isolément et raccordement il y a des manchons convenables. Le système de ligne aérienne est facile à réaliser. La caténaire n'est pas haubannée mais peut être courbée selon le tracé de voies. Pour les croisements et traversée-jonctions des systèmes Fleischmann et TRIX on offre des éléments de ligne complets.
Vollmer livre par l'intermédiaire du commerce spécialisé uniquement.

✉
Wolfram Vollmer
Porschestraße 25
D-7000 Stuttgart 40

Ringlokschuppen für Dampflokomotiven bis 290 mm Länge mit automatischer Torschließvorrichtung

Roundhouse for steam locomotives up to 290 mm in length with automatically closing doors

Rotonde pour locomotives à vapeur d'une longueur jusqu'à 290 mm avec portes à fermeture automatique

6 Stände/stalls/stations
Ⓟ 410 x 89 x 130 Ⓚ   5758
3 Stände/stalls/stations
Ⓟ 330 x 500 x 125 Ⓚ   5754

Lokomotivschuppen für kleine Lokomotiven aller Art (Oberleitung kann eingebaut werden)

Engine house for short locomotives of all kind (catenary can be installed)

Remise pour locomotives courtes de toutes sortes (l'installation de caténaire est possible)

Ⓟ 155 x 125 x 90 Ⓚ   5750

Oldtimer-Bahnhof „Baden-Baden" (Baujahr 1892)

Old time city station "Baden-Baden" (built in 1892)

Gare ancienne de «Baden-Baden» (construction en 1892)

Ⓟ 780 x 160 x 200 Ⓚ   3560

Güterwagen
Freight cars
Wagons marchandises

Wabash Valley

Oldtimer-Schüttgutwagen (1870)
Old time hopper car (1870)
Wagon-trémie ancien (1870)
Ⓩ ⊢95⊢ Ⓚ (2) 4342

Oldtimer-Hochbordwagen (1878)
Old time gondola (1878)
Wagon tombereau ancien (1878)
Ⓩ ⊢115⊢ Ⓚ (2) 4340

Flachwagen mit Transformator
Flat car with transformer load
Wagon plat chargé d'un transformateur
Ⓩ ⊢155⊢ Ⓚ 4326

Wabash Valley stellt Güterwagen-Bausätze in Baugröße O und HO her und viele Einzelteile zum Selbst- oder Umbau solcher Wagen, außerdem einige Gebäudebausätze aus Holzteilen und Zinkdruckguß-Ausstattungsteile für Bahnanlagen der Baugröße HO und N.
HO-Güterwagen-Bausätze werden in zwei Serien angeboten: Red Ball und QuicKits. Die Red Ball Bausätze (früher eine eigenständige Marke) bestehen vorwiegend aus Zinkdruckguß-Elementen mit einigen Holzteilen. Der Zusammenbau der vielen Details erfordert Geschicklichkeit und Erfahrung. Die Einzelteile sind nicht bemalt. Etwas leichter sind die QuicKits zusammenmenzubauen. Sie enthalten Boden, Dach, Stirnwände und Bremsanlage als unbemalte Holz- und Zink-Druckguß-Teile. Zu jedem Modell gibt es mehrere verschiedene Seitenwände aus bedrucktem Karton (Economy) oder aus geprägtem Holz mit Siebdruck-Beschriftung und mit Scharnieren (Deluxe) als separate Artikel.
Beide Serien werden ohne Drehgestelle und Kupplungen geliefert.
Wabash Valley vertreibt über den Fachhandel.

Wabash Valley manufacture freight car kits in O and HO scale and many detail castings for self-construction or alteration of freight cars, moreover some building kits of wooden parts and trackside accessories of zinc die-cast in HO and N scale. HO scale freight car kits are offered in two lines: Red Ball and QuicKits. The Red Ball kits (formerly a mark of its own) mainly consist of zinc die-cast elements with some wooden parts. Assembling all the details requires some dexterity and experience. The parts are not painted. The QuicKits are a little easier to build. They contain underbody, roof, end walls, and brake gear as unpainted wood and zinc die-cast parts. For each model there are several different sides of printed card board (Economy) or of silk screened scribed wood with hinge castings (Deluxe) as separate items. Both kit series come out less trucks and couplers.
Wabash Valley delivers through the specialized trade.

Wabash Valley construit des maquettes de wagons à marchandises à monter en échelle O and HO, de même beaucoup de pièces détachées pour le montage individuel ou la transformation de tels wagons. De plus, le programme comprend quelques immeubles en maquettes à monter en bois ou des accessoires en zamac pour installations ferroviaires d'échelle HO et N.
Les maquettes à monter de wagons marchandises d'échelle HO sont offertes en deux séries: Red Ball et QuicKits. Les kits de Red Ball (autrefois une marque propre) se composent pour la plupart d'éléments en zamac et de quelques éléments en bois. Le montage des nombreux éléments demande quelques habilités et expériences. Les éléments ne sont pas peints. Le montage des éléments QuicKits est moins difficile à réaliser. Les kits se composent du toit, du plancher, des parois d'about et des dispositifs de freinage en éléments en bois sans peinture et en éléments en zamac. Pour chaque modèle il y a plusieurs différentes parois latérales en carton imprimé (Economy) ou en bois estampé avec inscriptions faites à l'écran de soie et avec charnières (Deluxe) comme articles séparés.
Les deux séries sont livrées sans bogies et sans attelages.
Wabash Valley vend par l'intermédiaire du commerce spécialisé.

✉
Wabash Valley Lines
R 2 Sycamore Hollow
USA Huntington, IN 46750

Pferde- und Maultiertransportwagen
Horse and mule car
Wagon transport de chevaux et de mulets
Ⓗ ⊢190⊢ Ⓚ 4574

Kühlwagen 40'
40' reefer car
Wagon réfrigérant de 40'
Ⓗ ⊢145⊢ Ⓚ 3158

QuicKits

Dampf-Schneefräse mit Tender
Steam rotary snow plough with tender
Chasse-neige tournante à vapeur avec tender
Ⓩ ⊢260⊢ Ⓚ 4303

Kühlwagen 40'
40' reefer car
Wagon réfrigérant de 40'
Ⓗ ⊢145⊢ Ⓚ 3236

Triebwagen und Reisezugwagen
Railcars and passenger cars
Autorails et voitures voyageurs

WALTHERS

Elektrotriebwagen der Pennsylvania RR.
Electric railcar of the Pennsylvania RR.
Automotrice de la Pennsylvania RR.
Ⓕ ⊦220⊦ ● Ⓚ   933-5525

mit Gepäckraum/baggage combine/
avec compartiment à bagages   933-5526

Antrieb/drive/entraînement
II = ◆2◆   933-777

Gas-elektrischer Triebwagen
Gas electric railcar
Automotrice à gaz électrique
Ⓕ ⊦265⊦ ● Ⓚ

Chicago & North Western   933-6451
Gulf Mobile & Ohio   933-6455

Antrieb/drive/entraînement
II = ◆2◆   933-778

William K. Walthers, Mitbegründer der NMRA, begann 1932 mit der Herstellung und dem Verkauf von Modellbahnen und Zubehör für die amerikanische Standard-Spur (54 mm) und später auch für die Baugrößen O und HO. Ab 1960 wurden auch andere Hersteller in das Großhandels-Programm aufgenommen, heute sind fast 200 Marken am Lager. Inzwischen wurde Walthers über die USA hinaus zu einem der bedeutendsten Großhändler für den Eisenbahn-Modellbau. Das eigene Fertigungsprogramm umfaßt Triebwagen- und Personenwagen-Bausätze, Fahrzeug- und Zurüstteile, Gebäudebausätze, Gleisbauzubehör, Elektroartikel, Werkzeuge und Bücher. Die Abteilungen Ulrich und Silver Streak stellen HO-Fahrzeug-Bausätze her. Modellbahn-Steuergeräte tragen die Marke Marnold.
Die Walthers-Bausätze bestehen aus Holz-, Feinblech-, Druckguß- und Kunststoffteilen mit unterschiedlich schwierigem Zusammenbau. Die Fahrzeuge werden unbemalt mit Abziehbildern und meist ohne Drehgestelle und Kupplungen geliefert. Drehgestelle, Inneneinrichtungen und Beleuchtungen stehen zur Verfügung. Ulrich-Bausätze sind ganz aus Metall mit beschrifteten Seiten und ohne Drehgestelle und Kupplungen. Der Zusammenbau ist relativ einfach. Die Silver Streak Serie bilden Güterwagen aus den dreißiger Jahren aus Holz mit Metallteilen und moderne Güterwagen in fein detaillierter Kunststoffausführung (Golden Spike), beide ohne Drehgestelle und Kupplungen. Für diese Bausätze ist einige Erfahrung nötig.
Walthers liefert über den Einzelhandel oder per Postversand.

William K. Walthers, one of the founders of the NMRA, started manufacturing and selling Standard Gauge (54 mm) model railways and accessories in 1932, later on expanding with O and HO scale.
Since 1960 other manufacturers have been wholesaled, today the stock has nearly 200 lines. So, Walthers has become one of the most renowned wholesalers for railway modelling in the USA and beyond.
The manufacturing programme contains railcar and passenger car kits, vehicle and detailation parts, building kits, trackage accessories, electrical items, tools, and books. The divisions of Ulrich and Silver Streak make HO scale car kits. Model railway controllers bear the brand of Marnold.
The Walthers kits consist of wood, tinplate, die-cast, and plastic parts different-

ly hard to assemble. The vehicles come out unpainted with decals and, with some exceptions, less trucks and couplers. Suitable trucks, interior fittings, and lightings are disposable. Ulrich kits are of metal with lettered sides and less trucks and couplers. The assembly is relatively easy. The Silver Streak series has freight cars of the 'thirties of wood with metal fittings and modern freight cars of well detailed plastic elements (Golden Spike), both less trucks and couplers. These kits require some experience.
Walthers delivers to retailers and by direct mailing.

En 1932, William K. Walthers, cofondateur des normes NMRA, commença à produire et à vendre des chemins de fer modèle réduit et des accessoires en écartement Standard américain (54 mm), plus tard aussi en écartement O et HO. Depuis 1960 le programme de commerce en gros comprend aussi des produits d'autres fabricants; ainsi, l'assortiment offre aujourd'hui à peu près 200 marques différentes. Entretemps, la firme Walthers a connu un renom considérable au-delà des Etats Unis en tant que commerçant en gros de chemins de fer modèle réduit.
Le programme de production de la firme-même comprend des autorails et des voitures voyageurs en maquettes à monter, des pièces détachées de véhicules et des telles destinées à l'échange, de plus des maquettes d'immeubles à monter, accessoires pour les installations de la voie, articles électriques, outils et livres. Les succursales Ulrich et Silver Streak fabriquent des véhicules en maquettes à monter d'échelle HO. Les appareils de commande pour chemins de fer modèle réduit sont de la marque Marnold.
Les maquettes à monter Walthers se composent d'éléments en bois, tôle fine, zamac et matière plastique soumis à des difficultés de montage différentes. Les véhicules sont livrés sans peinture, avec planches de décalcomanies et, pour la plupart, sans bogies et attelages. Il existe des bogies, des aménagements intérieurs et des éclairages. Les kits de construction Ulrich se composent uniquement d'éléments en métal, les parois latérales sont pourvues d'inscriptions; bogies et attelages ne sont pas compris. L'assemblage est relativement facile à réaliser. La série de Silver Streak se compose de wagons marchandises des années 30 en bois et avec quelques éléments métalliques et de wagons marchandises modernes finement détaillés en matière plastique (Golden Spike); tous les wagons sont livrés sans bogies et sans attelages. Pour le montage de ces kits il faut quelques expériences.
Walthers livre par l'intermédiaire de détaillants spécialisés ou par expédition postale.

✉
Wm. K. Walthers Inc.
5601 W. Florist Ave.
USA Milwaukee, WI. 53218

Pullman-Wagen 80'
80' Pullman car
Voiture Pullman de 80'
Ⓕ ⊦275⊦ ● Ⓚ   * 933-6614

Personenwagen mit Gepäckabteil 80'
80' passenger and baggage combine car
Voiture à compartiment à bagages de 80'
Ⓕ ⊦275⊦ ● Ⓚ   * 933-6644

Pullman-Aussichtswagen 21' „Oscar"
21' Pullman observation car "Oscar"
Voiture Pullman à terrasse de 21' «Oscar»
II = Ⓕ ⊠ (🌂) ⊦75⊦ ● Ⓚ   * 933-7899

Speisewagen 80' mit Solarium
80' dining-car with solarium
Voiture-restaurant de 80' avec solarium
Ⓕ ⊦275⊦ ● Ⓚ   * 933-7809

Büro- und Salonwagen 70'
70' executive lounge car
Voiture-salon à bureau de 70'
Ⓕ ⊦240⊦ ● Ⓚ   933-7808

Reisezugwagen und Güterwagen
Passenger and freight cars
Voitures voyageurs et wagons marchandises

Personenwagen 80'
80' passenger coach
Voiture voyageurs de 80'

🄵 ⊦1275⊦ **K**   * 933-6682

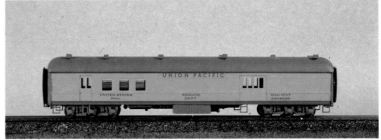

Post- und Gepäckwagen 70'
70' mail baggage combine car
Fourgon postal et à bagages de 70'

🄵 ⊦1240⊦ **K**   * 933-7828

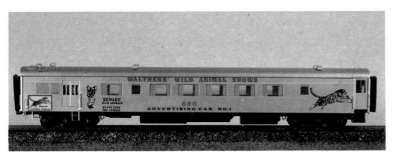

Zirkuswagen zum Tiertransport
Circus animal car
Fourgon de cirque pour animaux

🄵 ⊦1290⊦ **K**   * 933-7902

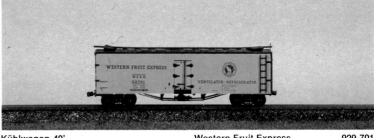

Kühlwagen 40'
40' reefer car
Wagon réfrigérant de 40'

🄷 ⊦145⊦ **K**

Western Fruit Express	929-701
Colorado Southern	929-703
Northern Pacific (Box)	929-902

SILVER STREAK

Gedeckter Güterwagen 40'
40' box car
Wagon couvert de 40'
🄷 ⊦145⊦ **K**   *

		Central of Georgia	929-207
		3 M	929-212
		Rock Island	929-214
		Rio Grande	929-215
Great Northern	929-218	Minneapolis & St. Louis	929-216
Union Pacific	929-201	Missouri-Kansas-Texas	929-220

Kühlwagen 40'
40' reefer car
Wagon réfrigérant de 40'
🄷 ⊦145⊦ **K**   *

		Pacific Fruit Express	929-405
		American Refrigerator Transit	929-411
		Swift Refrigerator Line	929-412
		Burlington Route	929-414
Western Refrigerator Line	929-408	Santa Fe - El Capitan	929-424
Northern Pacific	929-403	Santa Fe - Texas Chief	929-426

Gedeckter Autotransportwagen 40'
40' covered automobile transport car
Wagon couvert transport d'autos de 40'

🄷 ⊦145⊦ **K**

Southern Railway	929-301
Great Northern	929-303
Rio Grande	929-302

Material- und Begleitwagen
Caboose supply car
Fourgon à matériaux

🄷 ⊦145⊦ **K**   * 929-806

Begleitwagen mit Seitenfenster
Bay window caboose
Fourgon à baie latérale

🄷 ⊦133⊦ **K**   *

Milwaukee Road	929-122
Southern Pacific	929-116

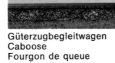

Güterzugbegleitwagen
Caboose
Fourgon de queue

🄷 ⊦110⊦ **K**   *

Great Northern	929-113

Güterwagen und Reisezugwagen
Freight cars and passenger car
Wagons marchandises et voiture voyageurs

WALTHERS

Oldtimer-Flachwagen 40'
40' old time flat car
Wagon plat ancien de 40'

Ⓩ ⊦140⊦ Ⓚ
Southern Pacific   931-160

Flachwagen 40'
40' flat car
Wagon plat de 40'

Ⓩ ⊦140⊦ Ⓚ
Southern Pacific   931-150

ULRICH™

Mehrzweck-Hochbordwagen 40'
40' general service gondola
Wagon tombereau tous services de 40'

Ⓩ ⊦145⊦ Ⓚ
Great Northern   931-133

Southern Pacific	931-130
Union Pacific	931-131
SOO Line	931-135
Rio Grande	931-136
New Jersey Zinc	931-138
Enterprise Railway Equipment	931-3

Hochbordwagen 52' mit verstrebten
Wänden
52' outside braced gondola
Wagon tombereau à entretoises de 52'

Ⓩ ⊦188⊦ Ⓚ

Norfolk & Western	931-142
Santa Fe	931-140
Pennsylvania RR.	931-141
Jersey Central	931-147
Rock Island	931-146

Schüttgutwagen 32'
32' hopper car
Wagon-trémie de 32'

Ⓩ ⊦110⊦ Ⓚ

Reading Co.	931-110
Delaware & Hudson	931-116
Western Maryland	931-112
Pennsylvania RR.	931-113
Norfolk & Western	931-114
Lehigh Valley	931-111

Schüttgutwagen 32'
32' hopper car
Wagon-trémie de 32'
Ⓩ ⊦110⊦ Ⓚ
Louisville & Nashville   931-127
St. Louis - San Francisco   931-124

Baltimore & Ohio	931-121
Rock Island	931-122
New York Central	931-125
Milwaukee Road	931-126
Missouri Pacific	931-128
Santa Fe 931-120 Erie	931-122

Schüttgutwagen 40'
40' hopper car
Wagon-trémie de 40'
Ⓩ ⊦145⊦ Ⓚ
Illinois Terminal   931-1002
Norfolk & Western   931-100

Santa Fe	931-103
Baltimore & Ohio	931-104
Erie	931-107
New York Central	931-108
Bessemer & Lake Erie	931-109
Nickel Plate Road	931-1001

Schienenreinigungswagen mit
Flüssigkeitstank
Track cleaning car with liquid tank
Wagon pour le nettoyage de la voie
avec réservoir

Ⓩ ⊦145⊦ Ⓚ   931-180

Oldtimer-Personenwagen mit Gepäckabteil der Sierra Railroad
Old time passenger and baggage
combine car of the Sierra Railroad
Voiture ancienne avec compartiment à
bagages de la Sierra Railroad

Ⓩ ⊦120⊦ Ⓚ   931-802

ohne Gepäckraum / without baggage
space / sans compartiment à bagages

Ⓩ ⊦120⊦ Ⓚ   931-801

Maschinenkühlwagen 50'
50' mechanical refrigerator car
Wagon frigorifique de 50'
ℙ ⊦183⊦ Ⓚ
American Refrigerator Transit   929-2004
Burlington Route   929-2002

Western Fruit Express	929-2003
Pacific Fruit Express	929-2005
Northern Pacific	929-2006
Canadian National	929-2007

GOLDEN SPIKE SERIES

Dampflokomotiven
Steam locomotives
Locomotives à vapeur

Westside

Westside vertreibt Messingmodelle von amerikanischen Lokomotiven, Güterwagen und Straßenbahnen in Baugröße HO. Die limitierten Serien werden teils unlackiert und teils lackiert und beschriftet angeboten. Die Räder entsprechen RP-25, Kupplungen sind nicht angebracht. Über das derzeitige Lieferprogramm liegen keine Angaben vor. Die abgebildeten Modelle stammen aus der Sammlung Giansanti-Coluzzi (Fulgurex Lausanne).

Westside distributes brass models of American type locomotives, wagons, and tramcars in HO scale. The limited series are offered partly unpainted and partly painted and decorated. The wheels come up to RP-25, couplings are not attached. There are no informations about the actual programme. The shown models belong to the Giansanti-Coluzzi collection (Fulgurex, Lausanne).

La firme Westside s'occupe de la commercialisation de modèles en laiton de locomotives américaines, wagons à marchandises et tramways à l'échelle HO. Les séries limitées sont offertes partie sans peinture partie avec peinture et inscriptions. Les roues sont conformes aux RP-25; les attelages ne sont pas montés. Il n'y a pas d'indication concernant le programme actuel de livraison. Les modèles représentés proviennent de la collection Giansanti-Coluzzi (Fulgurex Lausanne).

✉
Westside Model Co. Inc.
1801 Dalehurst
USA Los Altos, CA. 94022

Dampflokomotive Atlantic Reihe A-6 der Southern Pacific
Steam locomotive Atlantic class A-6 of the Southern Pacific
Locomotive à vapeur Atlantic série A-6 de la Southern Pacific

II = Ⓜ ✦2✦ ⊦255⊦

Dampflokomotive Mountain Reihe MT-3 der Southern Pacific
Steam locomotive Mountain class MT-3 of the Southern Pacific
Locomotive à vapeur Mountain série MT-3 de la Southern Pacific

II = Ⓜ ✦4✦ ⊦342⊦

Dampflokomotive Northern Reihe GS-4 Daylight der Southern Pacific
Steam locomotive Northern class GS-4 Daylight of the Southern Pacific
Locomotive à vapeur Northern série GS-4 Daylight de la Southern Pacific

II = Ⓜ ✦4✦ ⊦382⊦

Dampflokomotive Reihe 5000 der Southern Pacific
Steam locomotive class 5000 of the Southern Pacific
Locomotive à vapeur série 5000 de la Southern Pacific

II = Ⓜ ✦5✦ ⊦356⊦

Glieder-Dampflokomotive Reihe Q-2 der Pennsylvania RR.
Articulated steam locomotive class Q-2 of the Pennsylvania RR.
Locomotive à vapeur articulée série Q-2 de la Pennsylvania RR.

II = Ⓜ ✦5✦ ⊦424⊦

Glieder-Dampflokomotive Reihe 3000 der Santa Fe
Articulated steam locomotive class 3000 of the Santa Fe
Locomotive à vapeur articulée série 3000 de la Santa Fe

II = Ⓜ ✦10✦ ⊦433⊦

Schnellzug-Dampflokomotive Reihe 8 P
Coronation
Express steam locomotive class 8 P
Coronation
Locomotive à vapeur de vitesse série 8 P
Coronation

II = Z ✦3✦ ⊦300⊦	
LMS - City of Stoke-on-Trent	W.2227
BR - City of London	W.2226
BR - City of Glasgow	W.2229
BR - City of Birmingham	W.2228

Tenderlokomotive Reihe N 2 — Tenderlokomotive Reihe R 1
Tank locomotive class N 2 — Tank locomotive class R 1
Locomotive-tender série N 2 — Locomotive-tender série R 1

II = Z ✦3✦ ⊦140⊦		II = P ✦3✦ ⊦125⊦	
LNER	W.2217	BR	W.2205
BR W.2216	LMS W.2215	LMS W.2204	SR W.2207

Mehrzweck-Tenderlokomotive Reihe 4 MT
Multi-purpose tank locomotive class 4 MT
Locomotive-tender mixte série 4 MT

II = Z ✦3✦ ⊦175⊦	
LMS	W.2219
BR	W.2218
GWR	W.2220

Schnellzug-Dampflokomotive Reihe Castle
Express steam locomotive class Castle
Locomotive à vapeur de vitesse série Castle

II = Z ✦3✦ ⊦270⊦	
GWR - Devizes Castle	W.2222
BR - Cardiff Castle	W.2221
BR - Brecon Castle	W.2221B
BR - Windsor Castle	W.2223

Die Firma G & R Wrenn Ltd. wurde 1950 gegründet und stellte Qualitäts-Gleismaterial in Spur OO (16,5 mm) her, darunter eines der ersten flexiblen Gleise. 1955 wurde die Fertigung von Modellbahnfahrzeugen aufgenommen. Das heutige umfangreiche Programm wird unter der Marke Wrenn Railways in vier britischen Betrieben produziert.
An Fahrzeugen in Baugröße OO sind zur Zeit drei Zugpackungen (mit Gleis), etwa 25 Lokomotiven, 45 Güterwagen und 12 Pullman-Wagen lieferbar. Das Sortiment wird ständig durch neue oder verbesserte Modelle erweitert. Die meisten Lokomotiven haben Druckguß-Gehäuse und dadurch besonders gute Zugeigenschaften. Die Aufbauten der Wagen sind aus Kunststoff, ihre Radsätze haben Metall-Laufkränze und meist nadelgelagerte Achsen. Alle Fahrzeuge geben maßstabtreu ihre britischen Vorbilder wieder, mit genauer Farbgebung und Beschriftung. Sie sind mit britischen Standard-Kupplungen ausgerüstet, Umrüstsätze für andere Systeme stehen zur Verfügung.
Als Zubehör liefert Wrenn ein flexibles Gleis (914 mm) mit Stahl- oder Neusilber-Schienen, eine Schotter-Gleisunterlage, einen Prellbock und verschiedene Ausstattungselemente für Bahnanlagen. Das Angebot umfaßt außerdem das Gleissystem und einige elektrische Artikel aus dem Lima-Programm.
Abgebildet ist nicht das gesamte Sortiment. Wrenn Railways liefert über den Fachhandel.

The company of G & R Wrenn Ltd. was founded in 1950 for the purpose of manufacturing OO gauge (16.5 mm) quality trackwork including one of the first flexible tracks. Since 1955 model railway vehicles have been introduced. The comprehensive range of today is made under the trade mark of Wrenn Railways in four factories in Britain.
The OO scale vehicle programme currently available contains three train sets (with track), about 25 locomotives, 45 goods wagons, and 12 Pullman cars. The line is constantly enlarged by new or improved models announced. Most locomotive bodies are of die-cast giving good traction performance. The rolling stock has plastic bodies and metal tyred wheel sets mostly with needle point bearings. All vehicles are well scaled and exactly painted in the liveries of their British prototypes. British Standard couplings are fitted, but conversion sets for other systems are available. Accessories supplied by Wrenn are a

flexible track (914 mm) with steel or nickel silver rails, a ballast track underlay, a buffer stop, and several scenics. Moreover, they distribute the track system and some electrical items of the Lima programme.
Not the complete assortment is represented. Wrenn Railways are available from specialized dealers.

Fondée en 1950, la firme G. & R. Wrenn Ltd. s'occupe de la production de matériel de voie de qualité à l'échelle OO (16,5 mm), dont une des premières voies flexibles.
En 1955 on s'est lancé dans la production de véhicules modèle réduit. Le programme important actuel est réalisé dans quatre usines anglaises sous la marque Wrenn Railways.
Le programme de véhicules d'échelle OO comprend actuellement trois garnitures de trains complets (avec voies), 25 locomotives, 45 wagons à marchandises et 12 voitures Pullman environ. L'assortiment est toujours développé par des modèles nouveaux ou améliorés. La plupart des locomotives ont des caisses en zamac et, par conséquence des propriétés de traction particulièrement bonnes. Les châssis des wagons et véhicules sont en matière plastique, leurs essieux montés ont des surfaces de roulement en métal et pour la plupart des axes à aiguillages. Tous les véhicules sont des reproductions fidèles de prototypes anglais avec coloris et inscriptions exacts. Ils sont dont équipés d'attelages standards anglais. Il y a des garnitures d'échange pour les autres systèmes.
Comme accessoires Wrenn livre une voie flexible (914 mm) avec rails en acier ou en argentan, un heurtoir et un lit de ballast, et d'autres éléments pour l'équipement de l'installation ferroviaire. De plus, le programme offre le système de voie et quelques articles électriques du programme Lima.
Les photos ne représentent pas le programme entier. Wrenn Railways livre par l'intermédiaire du commerce spécialisé.

✉

G & R Wrenn Ltd.
7/9 Bowlers Croft
Honywood Road
GB Basildon, Essex

Güterzug-Dampflokomotive Reihe 8 F
Freight train steam locomotive class 8 F
Locomotive à vapeur marchandises
série 8 F

II = Z ✦4✦ ⊦250⊦	
LMS	W.2225
BR	W.2224
LNER	W.2240

Stromlinien-Schnellzug-Dampflokomotive
Reihe A 4
Streamlined express steam locomotive
class A 4
Locomotive à vapeur de vitesse
aérodynamique série A 4

II = Z ✦3✦ ⊦290⊦	
LNER - Sir Nigel Gresley	W.2212
BR - Mallard	W.2211
LNER - Peregrine	W.2213

Photos: Wrenn

Tiefladewagen Lowmac
Well wagon Lowmac
Wagon à plateforme surbaissée Lowmac
II = Ⓟ ◄125► W.4652

Obst- und Gemüsewagen „Babycham"
Fruit van "Babycham"
Wagon transport de fruits «Babycham»
II = Ⓟ ◄125► W.4305

Pferdetransportwagen
Horse box wagon
Wagon transport de chevaux
II = Ⓟ ◄125► W.4315

Gedeckter Mehrzweckwagen
Utility van
Wagon couverts tous services
II = Ⓟ ◄135►
SR W.4323
BR W.4324

Kühlwagen für Fisch
Refrigerated fish van
Wagon réfrigérant à poisson
II = Ⓟ ◄100► W.5001

Güterzugbegleitwagen
Goods brake-van
Fourgon à marchandises
LMS W.4311
BR W.4310
LNER W.5031

II = Ⓟ ◄100►

Hochbordwagen mit Ladung
5 plank sided open wagon with load
Wagon tombereau chargé
II = Ⓟ ◄80►
Higgs W.4635
LMS W.5032

Gedeckter Schüttgutwagen
Covered bulk freight wagon
Wagon couvert à marchandises en vrac
II = Ⓟ ◄80►
SIFTA W.4666
Star Salt W.5018

Kastenwagen mit Belüftung
Ventilated box van
Wagon couvert à aérage
II = Ⓟ ◄80►
Peek Freans W.4318
LMS W.5030

Kühlwagen
Refrigerated van
Wagon réfrigérant
II = Ⓟ ◄80►
Eskimo W.4320
GWR W.5019

Doppelsilo-Wagen
Prestwin wagon
Wagon-silos
II = Ⓟ ◄80► W.4658

Gedeckter Trichterwagen
Covered hopper wagon
Wagon-trémie couvert
II = Ⓟ ◄80►
Cerebos Salt W.5021
Kellogg's W.5020

Offener Trichterwagen
Open hopper wagon
Wagon-trémie ouvert
II = Ⓟ ◄80►
Clay Cross Ltd.
Pycroft Granite W.5017

Dreiachsiger Kesselwagen
6-wheeled tank wagon
Wagon-citerne à trois essieux
II = Ⓟ ◄90► W.4657

Photos: Wrenn

Gedeckter Großraum-Güterwagen 60'
60' high-capacity box car
Wagon couvert de grande capacité de 60'

Ⓗ ⊦210⊦ Ⓚ
Northern Pacific 321
unbemalt/undecorated/sans peinture 322

Die Firma Ye Olde Huff-N-Puff R.R. ist ein 1970 gegründetes Familienunternehmen, das Güterwagen-Bausätze in Baugröße HO und O herstellt.
Die Modelle sind Nachbildungen von amerikanischen Vorbildern und interessante Abwandlungen. Die Bausätze bestehen aus Holzelementen und einigen Zinkdruckgußteilen. Flachwagen, Begleit- und Arbeitswagen und Oldtimer sind nur unbemalt lieferbar, die anderen Modelle auch mit fertig beschrifteten Seitenwänden. Die Verarbeitung und Paßgenauigkeit der Bauteile ist gut, Erfahrung und Sorgfalt beim Zusammenbau sind jedoch angebracht. Die Bausätze enthalten keine Kupplungen, vierachsige Wagen auch keine Drehgestelle.
An Zubehör vertreibt Ye Olde Huff-N-Puff R.R. verschiedene Beleuchtungseinrichtungen für HO-Fahrzeuge. Lieferung erfolgt über den Fachhandel oder direkt.

The firm of Ye Olde Huff-N-Puff R.R. is a family enterprise founded in 1970 manufacturing freight car kits in HO and O scale. The models are reproductions of American prototypes and interesting modifications. The kits consist of wooden elements and some zinc die-cast parts. Flat cars, cabooses, work cars, and old timers are only available undecorated, the other models also with sides completely lettered. The parts are shaped and cut exactly and well finished and yet some experience and care is opportune when assembling. The kits come out less couplings, truck cars also less trucks. Accessories distributed by Ye Olde Huff-N-Puff R.R. are several lighting sets for HO scale vehicles. Delivery is made through the specialized trade or direct.

La firme Ye Olde Huff-N-Puff R.R. est une entreprise de famille fondée en 1970 produisant des wagons marchandises en maquettes à monter à l'échelle HO et O. Les modèles sont des reproductions de prototypes américains et des variations intéressantes. Les maquettes à monter se composent d'éléments en bois et de quelques éléments en zamac. Les wagons plats, fourgons de queue, wagons de travaux et wagons anciens sont livrés sans peinture seulement. Pour les autres modèles on offre aussi des parois latérales avec inscriptions. Préfabrication et finition des éléments sont bonnes. Pour le montage il faut cependant quelques expériences et d'exactitude. Les maquettes à monter sont livrées sans attelages, les wagons à 4 essieux aussi sans bogies. Comme accessoires la firme Ye Olde Huff-N-Puff R.R. débite de différents aménagements d'éclairage pour véhicules d'échelle HO.
La livraison se fait par l'intermédiaire du commerce spécialisé.

Flachwagen (ohne Ladung)
Flat car (without load)
Wagon plat (non chargé)

Ⓩ ⊦175⊦ Ⓚ 110
Ⓩ ⊦145⊦ Ⓚ 120

Oldtimer-Flachwagen 37' (ohne Ladung)
37' old time flat car (without load)
Wagon plat ancien de 37' (non chargé)

Ⓗ ⊦130⊦ Ⓚ 351
Niederbord/low sides/bords bas 352
Hochbord/high sides/bords hauts 353

Flachwagen mit Stirnwänden (ohne Ladung)
Rack car (without load)
Wagon plat à dossiers (non chargé)
Ⓩ ⊦145⊦ Ⓚ

Atlantic Coast Line 105
Missouri Pacific 106
Seaboard Coast Line 108
Wabash 109
unbemalt/undecorated/sans peinture 107

Begleitwagen „Honey Bobber"
"Honey Bobber" Caboose
Fourgon «Honey Bobber»
II = Ⓗ ⊦145⊦ Ⓚ (2) 316

✉
Ye Olde Huff-N-Puff R.R.
Richard & Shirley Koontz
4820 W. Whitehall Road
USA Pennsylvania Furnace, PA. 16865

Niederbordwagen	Pennsylvania RR.	155
Gondola	Missouri-Kansas-Texas	156
Wagon à bords bas	Monon RR.	157
	SOO Line	159
	Southern RR.	160
ⓏⱵ135Ⱶ Ⓚ	unbemalt/undecorated/sans peinture	158

Gedeckter Güterwagen 40'	Western Maryland	213
40' box car	Pennsylvania RR.	215
Wagon couvert de 40'	Bessemer & Lake Erie	216
ⒽⱵ145Ⱶ Ⓚ *	Chicago & Rhode Island	219
Chicago & North Western	214	SOO Line 220
Burlington Route	207	Louisville & Nashville 235

Kühlwagen 36'	Carnation Milk	10
36' reefer car	Great Northern	15
Wagon réfrigérant de 36'	Mobile & Ohio	21
ⒽⱵ135Ⱶ Ⓚ *	Swift	29
Armour Refrigerator Line	2	New York Central 34
Blatz Beer	7	Schlitz Beer 45

Gedeckter Güterwagen 50'	ⒽⱵ180Ⱶ Ⓚ	
50' box car	Milwaukee Road	176
Wagon couvert de 50'	Baltimore & Ohio	178
	unbemalt/undecorated/sans peinture	177

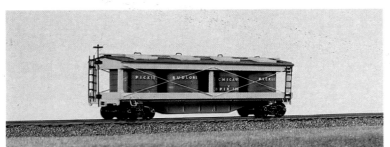

Gedeckter Güterwagen	ⒽⱵ180Ⱶ Ⓚ	
50' box car	Santa Fe	276
Wagon couvert de 50'	Pennsylvania RR.	277
	unbemalt/undecorated/sans peinture	278

Kühlwagen 50'	ⒽⱵ180Ⱶ Ⓚ	
50' reefer car	Western Fruit Express	71
Wagon réfrigérant de 50'	Pacific Fruit Express	70
	unbemalt/undecorated/sans peinture	72

Konserven-Behälterwagen	Budlong	503
Pickle tank car	Monarch	504
Wagon à réservoirs pour conserves	Lutz & Schramm	507
	Harbauer	508
ⒽⱵ155Ⱶ Ⓚ	unbemalt/undecorated/sans peinture	505

Arbeitswagen	Küche/kitchen/cuisine	331
Work car	Pausenraum/recreation/recréation	333
Wagon à travaux	Versorgung/supply/provision	334
ⒽⱵ135Ⱶ Ⓚ	Ausleger/boom/potence	335
Kantine/mess/cantine	332	Niederbord/low side/bords bas 336
Schlafraum/bunk/dortoir	330	Mannschaft/crew/équipe 337

Güterzug-Begleitwagen		314
Caboose	ⒽⱵ80Ⱶ Ⓚ	
Fourgon de queue	ohne Kuppel/without cupola/	
	sans coupole	315
	ⒽⱵ105Ⱶ Ⓚ	313

Güterzug-Begleitwagen	ⒽⱵ135Ⱶ Ⓚ	
Caboose	Seitenfenster/bay window/	
Fourgon de queue	baie latérale	311
	Seitentür/side door/porte latérale	310
	Kuppel/cupola/coupole	312

Ein Buch über Modelleisenbahnen, das die Serienmodelle der ganzen Welt zeigt, wäre unvollständig ohne einen Überblick über die verschiedenen Arten von Bausätzen, die speziell in den USA angeboten werden. Andererseits würde es jedoch den Rahmen sprengen, jedes Modell aufzuführen, das als Bausatz erhältlich ist. Denn allein in den USA gibt es weit über 60 Firmen, die sich mit der Herstellung von Modellbahnfahrzeug-Bausätzen befassen, und nur wenige von ihnen haben fertige Muster ihrer Modelle zur Verfügung. Die Firmen, von denen wir die Modelle erhalten haben, sind im Hauptteil vertreten. Einige Bausätze von anderen Herstellern wurden über den Handel besorgt, in der Redaktion zusammen-

gebaut und auf den folgenden Seiten abgebildet. Neben einigen Schnellbausätzen handelt es sich meist um sogenannte „craftsman kits", deren Zusammenbau einige handwerkliche Erfahrung und Geschicklichkeit erfordert.

A book about model railways showing the models produced in series throughout the world would not be complete without a summary of the various kinds of kits offered especially in the USA. On the other hand it would go too far to mention every model available as a kit. For but in the USA, there are more than 60 firms manufacturing model railway vehicle kits and only few of them have assembled samples of their

models disposable. The firms who made their items available to us are represented in the main section. Several kits of other manufacturers got from the trade and assembled by our editorial staff are shown on the following pages. Besides some easy-to-build kits they mostly are so-called "craftsman" kits to be assembled with a lot of dexterity and experience.

Un œuvre s'occupant de chemins de fer modèle réduit et représentant les modèles de séries du monde entier ne serait pas complet sans donner aussi un aperçu des différentes sortes de maquettes à monter, offertes surtout aux Etats-Unis. D'autre part, il est impossible de mentionner tout modèle

qui se vend comme maquette à monter. Seulement aux Etats-Unis il existe plus de 60 firmes qui s'occupent de la fabrication de maquettes de véhicules modèle réduit à monter et il n'y a que quelques-unes d'entre eux qui disposent d'échantillons déjà montés. Les firmes qui nous ont envoyé leurs modèles sont représentées dans la partie principale du livre. Quelques maquettes à monter d'autres fabricants ont été procurées par l'intermédiaire du commerce spécialisé, assemblées dans la rédaction et représentées sur les pages suivantes. Outre quelques maquettes faciles à monter il s'agit surtout de «craftsman kits» dont le montage demande une certaine habileté et expérience.

Camino Scale Models stellt Kiefernholzleisten und HO-Bauholz in fast 400 verschiedenen Abmessungen her, außerdem Holzschwellen für Spur HO und HOn3 und Boden-, Dach- und Wand-Profile zum Selbstbau von Fahrzeugen. Die Güterwagen-Bausätze sind aus exakt zugeschnittener Holzelementen und einigen Gußteilen von anderen

Herstellern zusammengestellt. Der Zusammenbau ist nicht sehr schwierig, zur Beschriftung sind Abziehbilder beigefügt. Drehgestelle und Kupplungen sind in den Packungen nicht enthalten.
Camino Scale Models liefert über den Fachhandel.

CAMINO SCALE MODELS

Camino Scale Models manufactures pine stripwood and HO scale timber in nearly 400 different dimensions, moreover wooden track ties for HO and HOn3 gauge and floor, roof, end, and side shapes for self-construction of vehicles. The freight car kits are compiled of exactly cut wood elements and some castings of other manufacturers. Assembling them is not too difficult, lettering decals are enclosed. The kits come out less trucks and couplers.
Camino Scale Models delivers through the specialized trade.

La firme Camino Scale Models produit des tringles en bois de pin et du bois de construction à l'échelle HO avec presque 400 dimensions différentes; la production comprend aussi des traverses en bois pour écartements HO et HOn3 ainsi que de profils de plancher, de toit et de paroi pour le montage individuel de véhicules. Les maquettes de wagons marchandises à monter se composent d'éléments en bois exactement taillés et de quelques moulages d'autres fabricants. Le montage n'est pas très difficile à réaliser. Planches de décalcomanie pour la décoration sont emballées. Bogies et attelages ne sont pas compris. Camino Scale Models livre par l'intermédiaire des détaillants spécialisés.

✉

Camino Scale Models
Courtney Enterprises, Inc.
P.O. Box 666
USA Cottage Grove, OR. 97424

Gedeckter Güterwagen der Central RR. of New Jersey.
Box car of the Central RR. of New Jersey
Wagon couvert de la Central RR. of New Jersey Ⓗ ⊣130⊢ Ⓚ HP 81

Gedeckter Güterwagen der Southern Pacific
Box car of the Southern Pacific
Wagon couvert de la Southern Pacific Ⓗ ⊣130⊢ Ⓚ HP 80

Gedeckter Güterwagen 40' der Santa Fe Ⓗ ⊣145⊢ Ⓚ HP 82
40' box car of the Santa Fe
Wagon couvert de 40' de la Santa Fe

Die Abbildung zeigt einige „craftsman kits" und Modelle in verschiedenen Baustadien. Aus den zahlreichen Holzstäbchen, Profilen, Gußteilen, Drahtstücken und Kunststoffteilen in einer solchen Packung kann ein perfektes Modell werden. Den für eine sinnvolle Arbeit nötigen Überblick über die Einzelteile gibt die meist recht gute Bauanleitung. Mit Geduld, Sorgfalt und geeigneter Ausrüstung kann dann schon der erste Versuch ein gelungenes Modell ergeben. Der Anfänger macht sich am besten mit einem relativ einfachen gedeckten Güterwagen mit der Methode dieser Bausätze vertraut.

The picture shows some "craftsman" kits and models in different stages of realization. The numerous wood strips, shapes, castings, wire sections, and plastics included in such a pack can become a perfect model. A survey of all the parts which is required for an effective work is given by the mostly quite good instructions. With patience,

care, and suitable tools, even the first attempt may give a capital model. The beginner should become familiar with the method of these kits by assembling some relatively uncomplicated box cars.

La photo montre quelques «craftsman kits» et des modèles en différentes étappes de construction. Avec les nombreuses baguettes en bois, profilés, moulages, pièces de fil et éléments en matière plastique emballés dans une telle boîte, on parvient à composer un modèle parfait. Une notice de montage, pour la plupart très précise, facilite l'assemblage des divers éléments. Avec patience, exactitude et au moyen d'outillages convenables dès le premier effort peut faire naître une modèle fameux. Pour se rendre familier avec la méthode de montage de ces maquettes à monter, le débutant est conseillé de commencer par un wagon marchandises couvert relativement simple.

Die La Belle Woodworking Co. fertigt seit einigen Jahren HO-Fahrzeugbausätze als Nachbildungen besonders ausgefallener amerikanischer Vorbilder. Das Programm umfaßt etwa 20 Reisezugwagen und etwa 30 Güterwagen in Baugröße HO und HOn3 sowie ein motorisiertes Triebwagen-Fahrgestell. In begrenzten Serien werden auch Triebwagen als komplette Bausätze angeboten. Die Bausätze enthalten gut vorbereitete Holzteile und einige Details aus anderen Materialien, jedoch keine Drehgestelle (außer Triebwagen) und Kupplungen. Der Zusammenbau wird durch die anschauliche Bauanleitung in logische Schritte gegliedert und so wesentlich vereinfacht.
Die Lieferung erfolgt über den Fachhandel oder direkt.

La Belle Woodworking Co.

The La Belle Woodworking Co. has manufactured HO scale vehicle kits as reproductions of rare prototypes for few years. The programme consists of about 20 passenger cars and about 30 freight cars in HO and HOn3 scale and a motorized railcar chassis. Railcars as complete kits are offered in limited runs. The kits contain well prepared wood parts and some details of other materials, but no trucks (except railcars) and couplers. The assembly is arranged as a step by step procedure by the clear instructions and thus considerably simplified. Delivery is made through specialized dealers or direct.

Depuis quelques années, La Belle Woodworking Co. produit des maquettes de véhicules à monter, reproductions de prototypes américains extraordinaires. Le programme comprend une vingtaine de voitures voyageurs et à peu près 30 wagons marchandises d'échelle HO et HOn3 ainsi qu'un châssis d'autorail motorisé. Des autorails sont offertes en séries limitées. Les maquettes à monter comportent des éléments en bois bien préparés et quelques détails en autres matières, mais pas de bogies (outre autorails) et pas d'attelages. L'assemblage se fait par étappes selon une instruction de montage très claire. La livraison se fait par l'intermédiaire des commerçants spécialisés ou par expédition directe.

✉

La Belle Woodworking Co.
P.O. Box 22
USA Oconomowoc, WI.

Kühlwagen der Colorado Midland Refrigerator Line
Reefer car of the Colorado Midland Refrigerator Line
Wagon réfrigérant de la Colorado Midland Refrigerator Line

Ⓗ ⊦130⊦ Ⓚ   HO-46

Gedeckter Güterwagen der Milwaukee Road
Box car of the Milwaukee Road
Wagon couvert de la Milwaukee Road

Ⓗ ⊦130⊦ Ⓚ   HO-56

Viehwagen der Burlington Route
Stock car of the Burlington Route
Wagon à bestiaux de la Route Burlington

Ⓗ ⊦130⊦ Ⓚ   HO-53

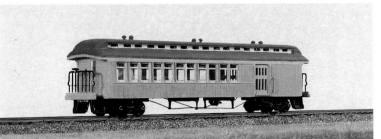

Personenwagen mit Gepäckabteil 50'
50' passenger and baggage combine car
Voiture avec compartiment à bagages de 50'

Ⓗ ⊦205⊦ Ⓚ   HO-12

Schlafwagen 80'
80' sleeping car
Voiture-lits de 80'

Ⓗ ⊦270⊦ Ⓚ   HO-9

Liberty Models

Liberty Models stellt zwei Güterwagen-Bausätze in den Baugrößen HO, S und O her sowie einige Fahrzeug- und Gebäudedetails. Die Bausätze bestehen aus Holz- und einigen Metallteilen, die mit etwas Geduld nicht allzu schwer zusammenzubauen sind. Drehgestelle und Kupplungen sind nicht enthalten.

Liberty Models manufactures two freight car kits in HO, S, and O scale and some vehicle and building details. The kits consist of wooden and a few metal parts. With some perseverance, the assembly is not too difficult. Trucks and couplings are not included.

La firme Liberty Models fabrique deux maquettes de wagons marchandises à monter d'échelle HO, S et O ainsi que quelques pièces détachées de véhicules et de bâtiments. Les maquettes à monter se composent d'élements en bois et de quelques éléments en métal. Avec un peu de patience le montage est assez facile à réaliser. Bogies et attelages ne sont pas compris.

Liberty Models, Inc.
9601 East 77th Street
USA Raytown, Mo. 64138

Oldtimer-Flachwagen (1906)
Old time flat car (1906)
Wagon plat ancien (1906)

Ⓗ ⊢125⊢ **K**

Oldtimer-Güterzugbegleitwagen
Old time caboose
Fourgon de queue ancien

Ⓗ ⊢125⊢ **K**

Prototype Modeler®

Prototype Modeler hat vor kurzem einen HO-Kühlwagenbausatz nach einem bekannten amerikanischen Vorbild vorgestellt. Er besteht aus vorgefertigten Holz- und Metallteilen, zum Teil aus dem Programm anderer Hersteller. Die Bauanleitung ist sehr ausführlich und gut zu verstehen. Kupplungen und Drehgestelle sind nicht im Bausatz enthalten.

Prototype Modeler recently introduced an HO scale reefer car kit according to a famous American prototype. It consists of prefabricated wood and metal parts, some of them from other manufacturers programmes. The instructions are well detailed and easy to understand. Couplings and trucks are not included with the kit.

Il y a peu de temps, la firme Prototype Modeler a présenté une maquette de wagon réfrigérant à monter. Il s'agit d'une reproduction d'après un prototype américain très connu à l'échelle HO. La maquette se compose d'éléments préfabriqués en bois et en métal, quelques-uns provenant du programme d'autres fabricants. L'instruction de montage est très précise et facile à comprendre. Attelages et bogies ne sont pas emballés.

Prototype Modeler
Marketing East, Inc.
44 Maple Street
USA Danvers. MA. 01923

Kühlwagen Typ R-30-13 der
Pacific Fruit Express
Reefer car type R-30-13 of the
Pacific Fruit Express
Wagon réfrigérant type R-30-13 de la
Pacific Fruit Express

Ⓗ ⊢140⊢ **K**   1001

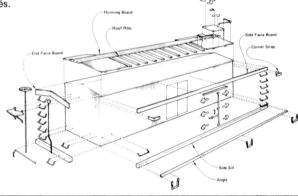

QUALITY CRAFT MODELS

Quality Craft stellt Fahrzeug- und Gebäudebausätze in den Baugrößen O, HO und N her, außerdem Einzelteile zum Fahrzeugbau und eine Serie von Spezial-Bahnfarben (Scalecoat). Das HO-Programm besteht aus rund 10 Güterwagen, die aus verschiedenen Materialien zusammengesetzt werden. Neben Holz, Zinkdruckguß, Aluminium und Kunststoff finden auch geätzte Messingbleche Verwendung. Der Zusammenbau der Modelle erfordert viel Erfahrung, obwohl die Bauteile paßgenau gearbeitet sind. Vor allem die Messingbausätze sind nicht leicht in den Griff zu bekommen. Drehgestelle und Kupplungen sind nicht enthalten. Einzelne Modelle werden in begrenzten Auflagen produziert.

Quality Craft manufactures vehicle and building kits in O, HO, and N scale, moreover vehicle construction parts and a series of special railway colour paints (scalecoat). The HO programme consists of about 10 freight cars to be assembled of different materials. Besides wood, zinc die-cast, aluminium, and plastic, etched sheet brass is used. Building the models requires much experience in spite of the exactly shaped parts. Especially the brass kits are difficult to get a knack of. Trucks and couplings are not included. Certain models come out in limited runs.

La firme Quality Craft fabrique des maquettes d'immeubles à monter en échelle O, HO et N. De plus, elle produit des pièces détachées pour la construction de véhicules et une série de couleurs spéciales pour chemins de fer. Le programme HO comporte une dizaine de wagons marchandises composés de divers matières. En plus de bois, zamac, aluminium et matière plastique on utilise aussi des tôles de laiton gravées à l'eau-forte. Le montage demande beaucoup d'expérience bien que les éléments soient exactement ajustés. Les maquettes à monter en laiton surtout, ne sont pas facile à manier. Bogies et attelages ne sont pas compris. Quelques-uns des modèles sont produits en nombres limités.

Quality Craft Models, Inc.
177 Wheatley Ave.
USA Northumberland, PA. 17857

Großraum-Kesselwagen 76'
76' high-capacity tank car
Wagon-citerne de grande capacité
de 76'

Ⓐ ⊢260⊢ **K**   337

Güterzugbegleitwagen der
Norfolk & Western
Caboose of the Norfolk & Western
Fourgon de queue de la
Norfolk & Western

Ⓗ ⊢110⊢ **K**   325

RAMAX

Ramax liefert eine Lehre zum Selbstbau von Modellgleis in Spur HO und HOn3 und einen Güterwagen in Baugröße HO. Der Wagen ist ein Bausatz aus vorgefertigten Kunststoffteilen, die zusammengesteckt und geklebt werden. Das Modell ist nicht bemalt oder beschriftet. Drehgestelle und Kupplungen sind nicht enthalten.
Ramax liefert über den Fachhandel oder direkt.

Ramax supplies a rail laying and tie spacing template tool for HO and HOn3 gauge and an HO scale freight car. This car is a kit of prefabricated plastic parts to be snapped and glued together. The model is not painted or lettered. Trucks and couplers are not included. Ramax delivers through the specialized trade or direct.

La firme Ramax livre un calibre pour la construction individuelle de la voie en écartement HO et HOn3 et un wagon marchandises d'échelle HO. Le wagon, offert en maquette à monter, se compose d'éléments en matière plastique sans peinture dont le montage se fait par assemblage et collage. Les bogies et les attelages ne sont pas compris. Ramax livre par l'intermédiaire du commerce ou directement.

✉
The Ramax Co.
1007 S. Menlo
P.O. Box 1512
USA Sioux Falls, SD. 57101

Gedeckter Feinschüttgut-Wagen
Covered center flow hopper car
Wagon-trémie couvert à granuleux fins
Ⓟ ⊢135⊢ K   326

Roller Bearing Models stellt HO-Modellbahnwagen als Bausätze her. Die Fahrzeuge haben fertig bemalte Aufbauten aus Kunststoff, Böden aus Holz oder Zinkdruckguß und Kleinteile aus verschiedenen Materialien. Abziehbilder liegen bei. Die gut vorbereiteten Einzelteile sind recht einfach zusammenzubauen. Drehgestelle und Kupplungen werden nicht mitgeliefert. Außer den abgebildeten Modellen gibt es noch einen gedeckten Schüttgutwagen, einen Hochbordwagen und einen Mannschafts-Schlafwagen.

Roller Bearing Models manufactures HO scale model railway cars as kits. The vehicles have prepainted bodies of plastic, bottoms of wood or zinc diecast, and details of various materials. Decals are enclosed. Assembling the well prepared parts is rather easy. Trucks and couplings are not supplied with the cars. Besides the shown models there are a covered hopper car, a gondola, and a crew bunk car.

La firme Roller Bearing Models produit des wagons et voitures modèle réduit d'échelle HO en maquettes à monter. Les véhicules ont des caisses peintes en matière plastique et des pièces rapportées en divers matières. Planches de décalcomanie sont emballées. Les éléments bien préparés sont faciles à assembler. Bogies et attelages ne sont pas compris. Outre les modèles représentés le programme offre encore un wagon-trémie couvert, un tombereau et une voiture-dortoir d'équipe.

✉
Roller Bearing Models, Inc.
P.O. Box 573
USA Livingston, NJ. 07039

ROLLER BEARING MODELS
B R M

Offener Schüttgutwagen	Norfolk & Western	301
Open hopper car	Pennsylvania RR.	302
Wagon-trémie ouvert	Chessie System	303
	Penn Power & Light	304
Ⓟ ⊢165⊢ K	Union Pacific	305
	unbemalt/undecorated/sans peinture	300

Gedeckter Güterwagen	Illinois Central Gulf	200
Box car	Delaware & Hudson	201
Wagon couvert	Chessie System	202
	Chicago & North Western	203
Ⓟ ⊢175⊢ K	Norfolk & Western	204
	Seaboard Coast Line	205
unbemalt/undecorated/sans peinture 206		

Gedeckter Güterwagen 50'	Rail Box	401
50' box car	Green Bay & Western	402
Wagon couvert de 50'	unbemalt/undecorated/sans peinture	400
Ⓟ ⊢180⊢ K		

Stewart Products stellt Ganzmetall-Bausätze in den Baugrößen HO und N her. Das Fahrzeugprogramm besteht aus einem Eisenbahnkran, einem kleinen Meßwagen und einer elektrischen Grubenbahn in Spur HOn3. An Zubehör gibt es eine Reisezugwagen-Waschanlage, eine Gleiswaage, eine Dieselöl-Tankstelle, ein Dienstgebäude und Hochspannungsmasten. Die Bausätze bestehen aus Zinkdruckgußteilen und Messing- und Kupferblechen. Viele Teile müssen vor dem Zusammenbau bearbeitet werden, und auch die Montage ist nicht ganz einfach.

Der Kranwagen-Bausatz enthält keine Drehgestelle und Kupplungen.

Stewart Products manufactures all-metal kits in HO and N scale. The vehicle programme has a railway crane, a small surveying car, and an electric mining railway in HOn3 gauge. Trackside accessories are a carriage cleaning installation, a railway scale, a Diesel service station, a service shanty, and high-tension masts. The kits consist of zinc die-cast elements and stamped brass and copper plates. Many parts have to be worked out before

assembling, and mounting is not easy either. The crane car kit comes out less trucks and couplers.

La firme Stewart Products construit des maquettes à monter tout à fait en métal à l'échelle HO et N. Le programme de véhicules se compose d'une grue ferroviaire, d'un petit wagon dynamomètre et d'un chemin de fer minier électrique en écartement HOn3. Comme accessoires il y a une installation à nettoyer les voitures voyageurs, un pont bascule, une station Diesel, un bâtiment de service et des poteaux

H.T. Les maquettes à monter se composent d'éléments en zamac, en laiton et en plaques de cuivre. Il est nécessaire de travailler une grande partie des éléments avant de les monter; le montage-même ne se fait pas sans difficultés. La maquette de grue à monter ne comprend ni bogies ni attelages.

STEWART
Products

Dieselelektrischer Eisenbahnkran für 25 t
Das Modell ist noch im Bau und zeigt die Verwendung der verschiedenen Materialien bei den Stewart-Bausätzen.

Diesel electric railway crane for 25 tons
The model is under construction showing the combination of various materials with Stewart kits.

Grue Diesel électrique à 25 t
Le modèle est en construction; il fait voir les diverses matières des maquettes à monter Stewart.

✉ Stewart Products
248 McCorrie Lane
Box 248
USA Portsmouth, RI. 02871

Suncoast Models liefert Güterwagen-Bausätze in Baugröße HO und O und verschiedene Bauten in Größe HO, Verladestationen, Dienstgebäude, Wasserturm und Bekohlungsanlagen. Die Bauteile der Güterwagen sind aus Holz genau vorgefertigt und werden

durch Metall- und Kunststoff-Details ergänzt. Ausführliche Bauanleitungen machen den Zusammenbau relativ leicht. Die Modelle sind unbemalt, Abziehbilder liegen jedoch bei. Kupplungen und Drehgestelle sind in den Packungen nicht enthalten.

SUNCOAST Models

Suncoast Models supplies freight car kits in HO and O scale and several trackside structures like loading stations, offices, a water tank, and coaling installations. The elements of the freight cars are exactly prefabricated of wood and added by some metal and plastic details. Clearly illustrated instructions make the assembly relatively easy. The models are unpainted, decals, however, are enclosed. Couplings and trucks are not included in the packs.

La firme Suncoast Models livre des maquettes de wagons marchandises à monter d'échelle HO et O ainsi que plusieurs bâtiments de service, château d'eau et dispositifs de chargement de charbon. Les éléments des wagons marchandises sont en bois, exactement préfabriqués, complétés par divers détails en métal et en matière plastique. A l'aide d'instructions précises, le montage est relativement facile à faire. Les modèles ne sont pas peints, mais les boîtes contiennent des planches de décalcomanie. Attelages et bogies ne sont pas compris dans l'emballage.

Hochbordwagen 45' der Missouri Pacific
45' gondola of the Missouri Pacific
Wagon tombereau de 45' de la Missouri Pacific

Ⓗ ⊦165⊦ Ⓚ   6005

✉ Suncoast Models
P.O. Box 785
USA Black Mountain, NC. 28711

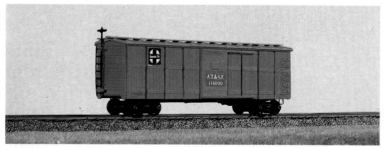

Gedeckter Güterwagen 40'
40' box car
Wagon couvert de 40'

Ⓗ ⊦150⊦ Ⓚ

Santa Fe (original)	6001
Santa Fe (modern)	6002

Kühlwagen 40'
40' reefer car
Wagon réfrigérant de 40'

Ⓗ ⊦152⊦ Ⓚ

Burlington Northern	6008
Fruit Growers Express (original)	6003
Fruit Growers Express (modern)	6004
Western Fruit Erpress (original)	6006
Western Fruit Express (modern)	6007

Der Einsatz von Straßenbahnfahrzeugen auf einer HO-Eisenbahnanlage oder der Einbau einer Straßenbahnlinie bietet betriebstechnisch interessante Erweiterungsmöglichkeiten. Genauso interessant kann natürlich auch eine selbständige Straßenbahnanlage sein mit darauf abgestimmtem Zubehör. Wie beim Vorbild, gibt es auch bei Modell-Straßenbahnen verschiedene Spurweiten. Die zur Zeit erhältlichen Straßenbahnfahrzeuge arbeiten alle nach dem Zweileiter-Gleichstromsystem, viele auch mit funktionsfähiger Oberleitung. Das Angebot an Fahrzeugen und besonders an speziellem Zubehör ist jedoch nicht sehr umfangreich. Einige Modellbahnhersteller führen Straßenbahnmodelle am Rande ihres Programms, andere haben sich ganz auf Straßenbahnen spezialisiert.

Operating tramway vehicles on an HO scale railway layout or installing a tramway line feature interesting possibilities of extended activity. As interesting can be, of course, a stand-alone tramway layout with harmonized accessories. Like the prototype, the model tramways have different gauges, too. The tramway vehicles available at present all work on the two-conductor DC system, many of them also with a live catenary. The offered range of vehicles and especially of particular accessories is, however, not very extensive. Some model railway manufacturers carry tramway models as marginal items in their programmes, others have specialized in tramways.

La mise en circulation de véhicules de tramway sur un réseau ferroviaire d'échelle HO ou l'installation d'une ligne de tramway offre des possibilités d'extension bien intéressantes. Bien entendu, un réseau de tramway indépendant avec des accessoires convenables peut être tout aussi intéressant. Les tramways modèle réduit sont construits, comme le prototype, en différents écartements. Tous les véhicules de tramways actuellement en vente fonctionnent d'après le système à deux conducteurs et courant continu, un grand nombre aussi avec une ligne aérienne fonctionnante. L'offre en véhicules et surtout en accessoires est cependant peu important, Quelques-uns des fabricants de chemins de fer modèle réduit ont introduit des tramways dans leur programme comme articles supplémentaires; mais il y a aussi d'autres qui se sont spécialisés tout á fait dans la production de tramways.

Die AHM-Oldtimer-Straßenbahn ist für Schienen- und Oberleitungs-Stromversorgung vorgesehen.

The AHM old time tramway is intended for current supply by rails or an overhead line.

Le tramway ancien AHM est pourvu pour l'amenée de courant par les rails ou par une ligne aérienne.

Triebwagen (Beiwagen) Typ Birney
Traction car (trailer) type Birney
Automotrice (baladeuse) type Birney
II = 🅿 ⚡ ✦1✦ ⊢122⊦
(II = 🅿 ⊢122⊦)

Municipal Railway	5301-C (5301-CD)
Public Service Co.	5301-B (5301-BD)
Philadelphia Transit	5301-D (5301-D)
Connecticut	5301-E (5301-ED)
United Transit Lines	5301-F (5301-FD)
3rd Avenue Railway	5301-G (5301-GD)

✉
Associated Hobby Manufacturers
401 East Tioga Street
USA Philadelphia, PA. 19134

Die Bowser-Straßenbahnen sind Bausätze aus unbemalten Zinkdruckguß-Teilen. Der Zusammenbau ist recht einfach, denn Drehgestelle und Antrieb sind montiert. Die Modelle können für Schienen- und Oberleitungs-Stromversorgung gebaut werden.
Ein Oberleitungssystem wird von Bowser geliefert.

The Bowser tramway vehicles are kits of unpainted zinc die-cast elements. The assembly is rather easy, for drive and trucks are mounted. The models can be built for rail or catenary current supply. An overhead line system is available from Bowser.

Les tramways Bowser sont livrés en maquettes à monter en éléments de zamac, sans décoration. Le montage est bien facile à réaliser les bogies et l'entraînement étant déjà montés. Les modèles peuvent être construits pour l'alimentation par les rails ou par ligne aérienne. Un système de ligne aérienne est livré par Bowser.

✉
Bowser Manufacturing Co.
21 Howard Street
USA Montoursville, PA. 17754

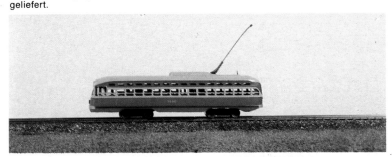

Stromlinien-Triebwagen
der St. Louis Car Co. (Pennsylvania)
Streamlined traction car
of the St. Louis Car Co. (Pennsylvania)
Automotrice aérodynamique
de la St. Louis Car Co. (Pennsylvania)

II = Ⓩ ✦2✦ ⊢165⊦ Ⓚ	125210
Anhänger/trailer/baladeuse	
II = Ⓩ ⊢165⊦ Ⓚ	125211

Triebwagen Typ Jewett „Liberty Bell"
der Lehigh Valley Transit
Traction car type Jewett "Liberty Bell"
of the Lehigh Valley Transit
Automotrice type Jewett «Liberty Bell»
de la Lehigh Valley Transit

II = Ⓩ ✦2✦ ⊢190⊦ Ⓚ	125240
Anhänger/trailer/baladeuse	
II = Ⓩ ⊢190⊦ Ⓚ	125251

Fairfield Models Europa bietet neben dem gesamten amerikanischen Fairfield-Programm auch eigene Modelle nach europäischen Vorbildern an. Sie sind aus Messing und unlackiert oder lackiert lieferbar. Die Stromabnehmer können angeschlossen werden.

Fairfield Models Europe offers some European type models besides the whole American Fairfield programme. Tey are made of brass and available unpainted or fully decorated. The overhead pick-ups can be connected.

En plus du programme complet américain Fairfield, la firme Fairfield Models Europe offre aussi des modèles propre d'aprés des prototypes européens. Ils sont livrables en laiton, vernis ou non vernis. Les pantographes peuvent être raccordés.

Fairfield Models "Europe"

Oldtimer-Triebwagen verschiedener Städte
Old time traction car of various cities
Automotrice ancienne de plusieurs villes

II = Ⓜ ✦2✦ ⊢100⊦

Triebwagen mit Beiwagen von Amsterdam
Traction car and trailer of Amsterdam
Automotrice avec baladeuse d'Amsterdam
II = Ⓜ ✦2✦ ⊢240⊦

✉
Fairfield Models Europe
E. J. Sluiters
Van Ysendykstraat 341
NL-1440 Purmerend

Fairfield Models liefert amerikanische und europäische Straßenbahnmodelle aus Feinmessing. Die Fahrzeuge sind nicht bemalt. Die Dachstromabnehmer können angeschlossen werden. Einige Fahrzeuggehäuse und Fahrgestelle sind separat lieferbar, außerdem verschiedene Oberleitungsmasten.

Fairfield Models supplies American and European type tramway models made of refined brass. The vehicles are not painted. The overhead pick-ups can be electrically joined. Some vehicle bodies and trucks are available separately, moreover several catenary masts.

La firma Fairfield Models livre des maquettes de tramway d'après des prototypes américains et européens. Les modèles ne sont pas peints. Les pantographes sur le toit peuvent être raccordé. Quelques-uns des chassis et caisse de tramway sont livrables séparément de même que divers poteaux de ligne aérienne.

Fairfield Models

✉
Fairfield Models
P.O. Box 476
USA Georgetown, CT. 06829

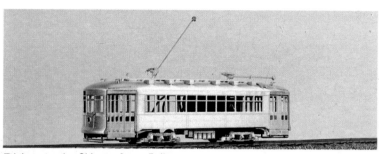

Triebwagen der Chicago Street Railway
Traction car of the Chicago Street Railway
Automotrice de la Chicago Street Railway

II = Ⓜ ✦2✦ ⊢160⊢

Triebwagen der Chicago Street Railway
Traction car of the Chicago Street Railway
Automotrice de la Chicago Street Railway

II = Ⓜ ✦2✦ ⊢160⊢

Triebwagen Typ Jones der Pittsburgh Railways
Traction car type Jones of the Pittsburgh Railways
Automotrice type Jones des Pittsburgh Railways

II = Ⓜ ✦2✦ ⊢155⊢

Triebwagen TF 13/25 und Anhänger von Berlin
Traction car TF 13/25 and trailer of Berlin
Automotrice TF 13/25 et baladeuse de Berlin

II = Ⓜ ✦2✦ ⊢242⊢

Triebwagen Typ ATAC mit Beiwagen von Rom
Traction car type ATAC with trailer of Rome
Automotrice type ATAC avec baladeuse de Rome

II = Ⓜ ✦2✦ ⊢205⊢

Arbeitswagen Typ ATAC von Rom
Work car type ATAC of Rome
Motrice à travaux type ATAC de Rome

II = Ⓜ ✦2✦ ⊢95⊢

GogTram fertigt Straßenbahnen nach älteren deutschen Einheitstypen. Die Modelle sind aus Kunststoff und fertig bemalt, weitere Details liegen bei. Triebwagen sind auf Oberleitung umschaltbar. Alle Fahrzeuge (außer Städtemodellen) gibt es in HO und HOm-Ausführung. Motorwagen und Anhänger sind auch einzeln erhältlich.

GogTram manufactures tramways according to former German standard types. The models are made of plastic and completely painted with more details enclosed. Engines can be switched to catenary power supply. All vehicles (except town-types) are available for HO or HOm gauge. Engines and trailers are available separately.

La firme GogTram produit des tramways d'après des prototypes standard allemands anciens. Les maquettes sont en matière plastique complètement peintes. D'autres accessoires sont emballés. Les automotrices sont commutables sur ligne aérienne. Tous les véhicules (exceptés les modèles de villes) sont produits en écartement

gogTram

HO et HOm. Automotrices et baladeuses sont aussi livrables séparément.

Straßenbahnzug von Ulm (1925-47)
Tramway train of Ulm (1925-47)
Train de tramway d'Ulm (1925-47)

II = Ⓟ ✦2✦ ⊢210⊢   2601

Straßenbahnzug von Reutlingen (1943-74)
Tramway train of Reutlingen (1943-74)
Train de tramway de Reutlingen (1943-74)

II = Ⓟ ✦2✦ ⊢210⊢   2613

✉
Hugo Gog
Postfach 2061
D-7900 Ulm

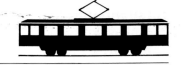

Oldtimer-Triebwagen und Anhänger mit Aufsatzdach (Baujahr 1911)	II = ℙ ✦2✦ ⊦210⊦	2531
Old time traction car and trailer	creme/cream/crème	2532
with monitor roof (built in 1911)	elfenbein/ivory/ivoire	2535
Automotrice ancienne et baladeuse	grün/green/verte	2536
avec toit haut (constr. de 1911)	rot/red/rouge	2537
	gelb/yellow/jaune	2538

Standard-Triebwagen und Anhänger mit Tonnendach (Baujahr 1925)	II = ℙ ✦2✦ ⊦210⊦	2528
Standard traction car and trailer	blau/blue/bleue	2521
with round roof (built in 1925)	creme/cream/crème	2522
Automotrice standard et baladeuse	elfenbein/ivory/ivoire	2525
avec toit à bidon (constr. de 1925)	grün/green/verte	2526
	rot/red/rouge	2527

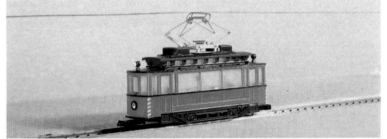

Vierachsiger Einheitstriebwagen Typ DÜWAG (Baujahr 1936)	II = ℙ ✦4✦ ⊦136⊦	4717
Standard bogie traction car	blau/blue/bleue	4711
type DÜWAG (built in 1936)	creme/cream/crème	4712
Automotrice à 4 essieux standard	elfenbein/ivory/ivoire	4715
type DÜWAG (constr. de 1936)	grün/green/verte	4716
	gelb/yellow/jaune	4718

Oldtimer-Triebwagen als Arbeitswagen	II = ℙ ✦2✦ ⊦94⊦	ATW
Old time traction car as work car		
Automotrice ancienne comme motrice		
de travaux		

Überland-Triebwagen	II = ℙ ✦4✦ ⊦136⊦	4719
Interurban railcar	II = ℙ ✦2✦ ⊦94⊦	3634
Autorail interurbain		

Nebenstrecken-Dieseltriebwagen mit Aufbaudach	II = ℙ ✦2✦ ⊦94⊦	3539
Branch line Diesel railcar	mit Tonnendach	
with monitor roof	with round roof	
Autorail Diesel pour lignes sécondaires	avec toit à bidon	
avec toit haut	II = ℙ ✦2✦ ⊦94⊦	3529

Ken Kidder stellt einen Straßenbahntyp in Baugröße HO und O her. Das Modell ist aus eingefärbtem Kunststoff und unbeschriftet. Gehäuse und Drehgestelle sind auch einzeln lieferbar.

Ken Kidder makes one tramway car type in HO and O scale. The model is of precoloured plastic and comes out undecorated. Body and trucks are available also separately.

La firme Ken Kidder produit un type de tramway en échelle HO et O. La maquette est en matière plastique teint et ne porte pas d'inscriptions. Caisse et bogies sont aussi livrables séparément.

KEN KIDDER

✉
Ken Kidder
P.O. Box 213
USA San Francisco, CA. 94191

Vierachsiger Triebwagen Typ Birney	II = ℙ ✦2✦ ⊦135⊦	1660
Bogie traction car type Birney		
Automotrice à bogies type Birney		

Die Liliput-Straßenbahn entspricht österreichischen und deutschen Vorbildern. Der Triebwagen ist für Schienen-Strom-Versorgung eingerichtet. Motorwagen und Anhänger sind einzeln lieferbar: Endziffern 01 bzw. 02.

The Liliput tramway corresponds to Austrian and German prototypes. The traction car is wired for rail current supply. Engine and trailer are available as items: end figures 01 resp. 02.

Le tramway Liliput correspond aux prototypes autrichiens et allemands. L'automotrice est aménagé pour l'alimentation en courant par les rails. Automotrices et baladeuses sont livrables séparément: fin de réf. 01 et 02.

Triebwagen Typ Fuchs mit Anhänger	Wien/Vienna/Vienne	19000
Traction car type Fuchs with trailer	Graz (grün/green/verte)	19200
Automotrice type Fuchs avec baladeuse	Stuttgart (gelb/yellow/jaune)	19400
II = ℙ ⊠ ✦2✦ ⊦250⊦	München (blau/blue/bleue)	19100
	Karlsruhe (gelb/yellow/jaune)	19300
	Linz, Berlin (creme/cream/crème)	19500

✉
Liliput Spielwarenfabrik GmbH
Walter Bücherl
Postfach 8
A-1172 Wien

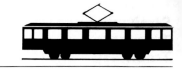

MEHANOTEHNIKA

Die Mehanotehnika-Straßenbahn ist in mehreren Ausführungen lieferbar. Der Triebwagen ist für Schienen- und Oberleitungs-Stromversorgung vorgesehen.

The Mehanotehnika tramway is available in several liveries. The traction car is intended for current supply by rails or an overhead line.

Le tramway Mehanotehnika est livrable en plusieurs décorations. L'automotrice est pourvue pour l'amenée de courant par les rails ou par une ligne aérienne.

✉
Mehanotehnika
Polje 9
YU-66310 Izola

Triebwagen Typ Birney mit Beiwagen
Traction car type Birney with trailer
Automotrice type Birney avec baladeuse

II = ℙ ⚡ ✦1➔ ⊢250⊢   * T-033

Die Rivarossi-Oldtimer-Straßenbahn läuft auf speziellen Straßen mit eingelassenen Schienen und Oberleitungsstromversorgung. Straßenstücke gibt es mit geradem Gleis (200 mm), einer Kurve (R = 100 mm), Weichen (90°) und einer

Kreuzung (90°). Die Oberleitungsmasten werden in die Straße eingesteckt, Fahrleitungen sind für alle Straßenelemente vorgefertigt.

The Rivarossi old time tramway runs on special roads with integrated rails and overhead current supply. There are road sections with straight track (200 mm), curved track (R = 100 mm), switches (90°), and a crossing (90°). The catenary masts are stuck to the road, wire sections are prefabricated for all road sections.

Le tramway ancien Rivarossi circule sur rues spéciales avec les rails incorpés. L'alimentation est assurée par des fils aériens. Il y a des sections de rue avec rails droits incorporés (200 mm), avec rails courbes (R = 100 mm), avec aiguillages (90°) et avec croisement (90°). Les poteaux de caténaire sont fixés aux sections de rue. Les câbles aériens sont préfabriqués pour toutes sections de rue.

✉
Rivarossi S.p.A.
Via Pio XI, 157/9
I-22100 Como

Triebwagen Typ Edison von Mailand
Traction car type Edison of Milan
Automotrice type Edison de Milan
II = ℙ ✦2➔ ⊢120⊢   6410

Beiwagen
Trailer
Baladeuse
II = ℙ ⊢120⊢   6420

Das Vorbild der Roco-Straßenbahn ist der moderne deutsche Großraum-Triebwagen. Das Modell kann mit Oberleitung betrieben werden. Weitere Zurüstteile liegen bei.

The prototype of the Roco tramway is the modern German city and interurban traction car. The model can be operated by overhead line. Additional detail fittings are enclosed.

Le tramway Roco est la reproduction du prototype de l'auto-motrice moderne à grande capacité allemande.
Le modèle peut être alimenté par la ligne aérienne. D'autres accessoires sont emballés.

✉
Roco
Jacob-Auer-Straße 8
A-5033 Salzburg

Gelenktriebwagen Typ DÜWAG
Articulated traction car type DÜWAG
Automotrice articulée type DÜWAG

II = ℙ ⊠ ✦2➔ ⊢185⊢
Karlsruhe (rot/red/rouge)   8501
Köln/Cologne (beige)   8500
Albtal (grün/green/verte)   8502

Swedtram fertigt Straßenbahnen nach skandinavischen Vorbildern als Bausätze aus geätzten Messingblechen und fertigen Holzdächern. Sie können auch montiert, lackiert und beschriftet geliefert werden. Einzelanfertigung von Bahnmodellen ist möglich.

Swedtram manufacturers model tramways according to Scandinavian prototypes as kits of brass etchings and shaped wood roofs. They are also available assembled, painted, and lettered. Custom-makes of railway models can be requested.

La firme Swedtram produit des tramways d'après des prototypes scandinaves en maquettes à monter se composant de tôles de laiton gravées à l'eau-forte et de toits en bois complets. Il est aussi possible de les livrés montés, peints et pourvus d'inscriptions. Des modèles sont aussi fabriqués individuellement.

SWEDTRAM

✉
Swedtram Aktiebolag
Redbergsvägen 11 B5
S-41665 Göteborg

Triebwagen M 1 und Beiwagen S 2
von Göteborg (1902)
Traction car M 1 and trailer S 2
of Göteborg (1902)
Automotrice M 1 et baladeuse S 2
de Göteborg (1902)

II = Ⓜ ✦1➔ ⊢85⊢ ⬛Ⓚ   GS M 1
II = Ⓜ ⊢85⊢ ⬛Ⓚ   GS S 2

Beiwagen S 5 von Göteborg (1906)
Trailer S 5 of Göteborg (1906)
Baladeuse S 5 de Göteborg (1906)

II = Ⓜ ⊢85⊢ ⬛Ⓚ   GS S 5

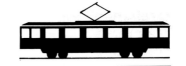

Triebwagen M 5 (1921) und	II = M ◄1► ⊣115⊢ K	GS M 5
Beiwagen S 7 (1928) von Göteborg	II = M ⊣115⊢ K	GS S 7
Traction car M 5 (1921) and		
trailer S 7 (1928) of Göteborg		
Automotrice M 5 (1921) et baladeuse S 7		
(1928) de Göteborg		

Triebwagen A 1 (1926) und Beiwagen B 19	II = M ◄1► ⊣115⊢ K	SS A 1
(1925) von Stockholm	II = M ⊣115⊢ K	SS B 19
Traction car A 1 (1926) and trailer B 19		
(1925) of Stockholm		
Automotrice A 1 (1926) et baladeuse B 19		
(1925) de Stockholm		

Triebwagen M 4 von Norrköping (1925)	II = M ◄1► ⊣100⊢ K	NS M 4
Traction car M 4 of Norrköping (1925)		
Automotrice M 4 de Norrköping (1925)		

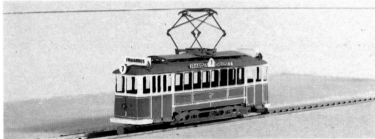

Triebwagen F von Malmö (1925)	II = M ◄1► ⊣125⊢ K	MSS F
Traction car F of Malmö (1925)		
Automotrice F de Malmö (1925)		

Triebwagen (1921) und Beiwagen (1924)	II = M ◄1► ⊣130⊢ K	HAWA M
Typ HAWA von Kristiania/Oslo	II = M ⊣130⊢ K	HAWA S
Traction car (1921) and trailer (1924)		
type HAWA of Kristiania/Oslo		
Automotrice (1921) et baladeuse (1924)		
type HAWA de Kristiania/Oslo		

Triebwagen (1924) und Beiwagen (1912)	II = M ◄1► ⊣110⊢ K	KS 24 M
Typ Main von Kopenhagen	II = M ⊣110⊢ K	KS 12 S
Traction car (1924) and trailer (1912)		
type Main of Copenhagen		
Automotrice (1924) et baladeuse (1912)		
type Main de Copenhague		

Triebwagen und Beiwagen (1930)	II = M ◄1► ⊣135⊢ K	KS 30 M
Typ Lunding von Kopenhagen	II = M ⊣135⊢ K	KS 30 S
Traction car and trailer (1930)		
type Lunding of Copenhagen		
Automotrice et baladeuse (1930)		
type Lunding de Copenhague		

Triebwagen und Beiwagen (1942)	II = M ◄1► ⊣110⊢ K	KS 42 M
Typ Scrap von Kopenhagen	II = M ⊣110⊢ K	KS 42 S
Traction car and trailer (1942)		
type Scrap of Copenhagen		
Automotrice et baladeuse (1942)		
type Scrap de Copenhague		

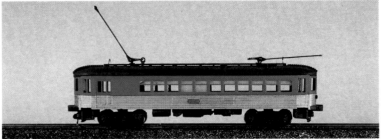

Triebwagen der Chicago,	F ⊣195⊢ K	
North Shore & Milwaukee RR.	Type Jewett 1917	933-5531
Traction car of the Chicago,	Type Pullman 1928	933-5530
North Shore & Milwaukee RR.	Type Cincinnati 1923	933-5532
Automotrice de la Chicago,	Antrieb/drive/entraînement	
North Shore & Milwaukee RR.	II = ◄2►	933-776

Die Walthers-Modelle sind Bausätze aus Holz (Boden und Dach), Stahlblech (Seitenwände) und Zinkdruckguß (Stirnwände). Drehgestelle, Antrieb und Inneneinrichtung werden separat geliefert.

The Walthers models are kits of wood (floor and roof), stamped tin-plate (sides), and zinc die-cast (end walls). Trucks, drive, and interiors are sold separately.

Les modèles Walthers sont des maquettes à monter en bois (plancher et toit), tôle d'acier (parois latérales) et zamac (parois d'about). Bogies, entraînement et aménagements intérieurs sont livrés séparément.

WALTHERS

✉
Wm. K. Walthers, Inc.
5601 W. Florist Ave.
USA Milwaukee, WI. 53218

Neuheiten
New items
Nouveautés

In diesem Neuheiten-Nachtrag sind die Modelle aufgeführt, die erst unmittelbar vor Drucklegung eingingen und aus Termingründen in den Hauptteil des Buches nicht mehr aufgenommen werden konnten. Es handelt sich teilweise um Handmuster. Neuheiten, die noch rechtzeitig vor Redaktionsschluß (Januar 1978) zur Verfügung standen, wurden unter die betreffenden Herstellerprogramme im Hauptteil eingeordnet.
Modelle, die von den Herstellern als Neuheiten angekündigt wurden, von denen aber noch keine Muster zur Verfügung standen, wurden nicht aufgenommen. Sie sind mit großer Wahrscheinlichkeit noch nicht im Handel erhältlich, wenn dieses Buch erscheint.

In these news addenda, the models are listed which were disposable just before printing. Part of them are handmade samples. For reasons of time, they could not be entered in the main section of the book. New models available in time before the editorial term (January, 1978) were filed in the concerning manufacturers' programmes in the main section.
Models announced for coming out, but not disposable as samples yet were not represented. In all probability they are not available from the trade yet when this book is published.

Ce supplément de nouveautés comprend tous les modèles qui nous sont parvenus seulement peu avant l'impression. Pour raisons de délais il n'a plus été possible de les représenter dans la partie principale de ce livre. Ils sont en partie des échantillons faits à la main. Les nouveautés qui étaient disponibles avant la dernière heure (janvier 1978) ont été rangés dans la partie principale avec les programmes des fabricants correspondants.
Les modèles annoncés par les fabricants comme nouveautés, pour lesquels aucun échantillon n'avait été mise à disposition, n'ont pas été considérés. Il est bien probable qu'ils ne seront pas encore en vente lors de l'apparition de ce livre.

ADE

Nahverkehrs-Steuerwagen für Wendezüge der DB

Suburban control trailer for reversing trains of the DB
Voiture-pilote de banlieue pour trains reversibles de la DB
II = ℙ ⊠ ⌑ ⊢304⊢(Ⓚ)   3032

AHM

Gelenk-Tenderlokomotive Typ Heisler
Articulated tank locomotive type Heisler
Locomotive-tender articulée type Heisler
II = ℙ ⌑ ⊢4⊢ ⊢165⊢   5168-D

Photo: AHM

AHM

Gelenk-Güterzuglokomotive Typ Challenger

Articulated freight locomotive type Challenger
Locomotive à marchandises articulée type Challenger
II = ℙ ⌑ ⊹6⊹ ⊢430⊢   5113-B

Photo: AHM

AHM

Schwere Elektrolokomotive Typ GG-1 in Jubiläums-Ausführung

Heavy electric locomotive type GG-1 in Bicentennial decoration
Locomotive électrique lourde type GG-1 en décoration de bicentenaire
II = ℙ ⌑ ⊹3⊹ ⊢285⊢   5161-B

Photo: AHM

AHM

Viehwagen
Stock car
Wagon à bestiaux
II = ℙ ⊢120⊢   6101

AHM

Gedeckter Güterwagen
Box car
Wagon couvert
II = ℙ ⊢120⊢   6107

AHM

Kesselwagen
Tank car
Wagon-citerne
II = ℙ ⊢105⊢   6113

AHM

Güterzug-Begleitwagen
Caboose
Fourgon de queue
II = ℙ ⊢120⊢   6110

BACHMANN

Schnellzuglokomotive Typ Northern
Reihe GS-4 der Western Pacific
Express locomotive type Northern
class GS-4 of the Western Pacific
Locomotive de vitesse type Northern
série GS-4 de la Western Pacific
II = Ⓟ ♨ ✦4✦ ⊣390⊢

BACHMANN

Schwere Güterzuglokomotive
Typ Northern der Canadian National
Railways (mit Raucheinrichtung)
Heavy freight train locomotive type
Northern of the Canadian National
Railways (with smoke generator)
Locomotive à marchandises lourde
type Northern des Canadian National
Railways (installation de fumée)
II = Ⓟ ♨ ✦4✦ ⊣425⊢

BACHMANN

Schwere Güterzuglokomotive
Typ Northern der Canadian Pacific
(mit Raucheinrichtung)
Heavy freight train locomotive
type Northern of the Canadian Pacific
(with smoke generator)
Locomotive à marchandises lourde
type Northern de la Canadian Pacific
(avec installation de fumée)
II = Ⓟ ♨ ✦4✦ ⊣425⊢

BACHMANN

Dreikammer-Kesselwagen
Three-dome tank car
Wagon-citerne à trois sections
II = Ⓟ ⊣215⊢

BACHMANN

Güterzug-Begleitwagen
Caboose
Fourgon de queue
II = Ⓟ ⊣135⊢

BEMO

Schmalspur-Tenderlokomotive der SWEG

Narrow-gauge tank locomotive
of the SWEG
Locomotive-tender à voie étroite
de la SWEG
HOe
II = Ⓩ ✦3✦ ⊣83⊢ Ⓚ   B-1005

BEMO

Schmalspur-Tenderlokomotive der SWEG

Narrow-gauge tank locomotive
of the SWEG
Locomotive-tender à voie étroite
de la SWEG
HOe
II = Ⓩ ✦3✦ ⊣83⊢ Ⓚ   B-1005

FLEISCHMANN

Lokalbahn-Dampflokomotive
Steam locomotive of a local railway
Locomotive à vapeur d'un chemin de fer
d'intérêt local
II = ℗ ✚2✚ ⊢160⊢   4111

FLEISCHMANN

Diesel-Rangierlokomotive Typ O & K MV 9

Diesel switching locomotive
type O & K MV 9
Locomotive-Diesel de manœuvre
type O & K MV 9
II = ℗ ✚2✚ ⊢96⊢   4203

FLEISCHMANN

Dieselhydraulische Rangierlokomotive
Reihe 260 der DB (neue Farbgebung)

Diesel hydraulic switching locomotive
class 260 of the DB (new livery)
Locomotive Diesel hydraulique de
manœuvre série 260 de la DB
(nouveau coloris)
II = ℗ ✿ ✚3✚ ⊢123⊢   4227

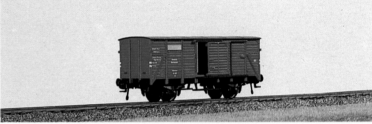

FLEISCHMANN

Gedeckter Güterwagen der ehem. DR
Covered wagon of the former DR
Wagon couvert de l'ex DR
II = ℗ ⊢110⊢   5350

FLEISCHMANN

Kesselwagen „EVA" der DB
Tank wagon "EVA" of the DB
Wagon-citerne «EVA» de la DB
II = ℗ ⊢165⊢   5475

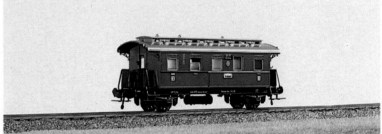

FLEISCHMANN

Kranwagen für 10 t der DB
Crane wagon for 10 tons of the DB
Wagon-grue pour poids de 10 t de la DB
II = ℗ ⊢99⊢   5019

FLEISCHMANN

Personenwagen mit Gepäckabteil
der ehem. DR

Passenger coach with luggage
compartment of the former DR
Voiture voyageurs avec compartiment
à bagages de l'ex DR
II = ℗ ⊠ (✿) C ⊢124⊢   5065

FLEISCHMANN

Personenwagen mit Traglastenabteil
der ehem. DR

Passenger coach with hand luggage
space of the former DR
Voiture voyageurs avec compartiment
à bagages à main de l'ex DR
II = ℗ ⊠ (✿) C ⊢124⊢   5067

FRISKO

✉
Lok-Atelier Friskorn
Boekbindershorst 5
NL-6710 Apeldoorn

Tenderlokomotive Reihe 62 der NS
Tank locomotive class 62 of the NS
Locomotive-tender série 62 des NS
II = Ⓜ ✚2✚ ⊢83⊢   50-C

FRISKO

Schwere Tenderlokomotive Reihe 6200
der NS

Heavy tank locomotive class 6200
of the NS
Locomotive-tender lourde série 6200
des NS
II = Ⓜ ✚4✚ ⊢156⊢   50-B

GÜNTHER

Diesel-Kleinlokomotive Reihe 322 der DB

Diesel rail tractor class 322 of the DB
Locotracteur Diesel série 322 de la DB
II = Ⓩ ✛2✛ ⊦85⊦ Ⓚ   B 201

GÜNTHER

Dampf-Schneepflug (ohne Tender) der DR

Steam snow-plough (without tender)
of the DR
Chasse-neige à vapeur (sans tender)
de la DR
II = Ⓩ ⊦165⊦ Ⓚ   B 310

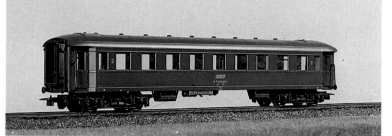

GÜNTHER

Flakwagen der ehem. DR

Anti-aircraft car of the former DR
Wagon à défense contre avions de l'ex DR
II = Ⓩ ⊦140⊦ Ⓚ

JOUEF

Schwere Güterzuglokomotive
Heavy goods train locomotive
Locomotive à marchandises lourde

II = Ⓟ ♒ ✛2✛ ⊦265⊦
DB 044   8742
SNCF 150 X   8265
SNCB/NMBS 25021   8741

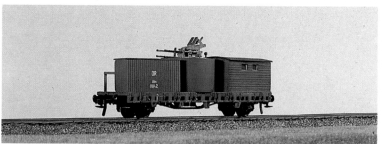

JOUEF

Eilzugwagen der SNCF (Bauj. 1935)

Express coach of the SNCF (built in 1935)
Voiture d'express de la SNCF
(constr. 1935)
II = Ⓟ ⊠ (♒) B ⊦245⊦   5121

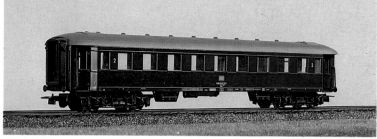

JOUEF

Eilzugwagen der DB (1935)

Express coach of the DB (built in 1935)
Voiture d'express de la DB (constr. 1935)
II = Ⓟ ⊠ (♒) B ⊦245⊦   5768

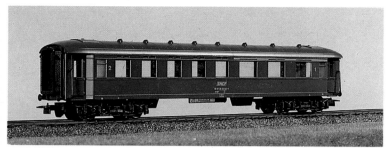

JOUEF

Eilzugwagen der SNCF (Baujahr 1935)

Express coach of the SNCF (built in 1935)
Voiture d'express de la SNCF
(constr. 1935)
II = Ⓟ ⊠ (♒) AB ⊦245⊦   5122

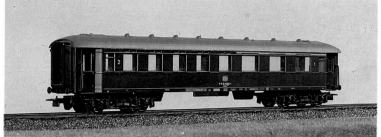

JOUEF

Eilzugwagen der DB (Bauj. 1935)

Express coach of the DB (built in 1935)
Voiture d'express de la DB (constr. 1935)
II = Ⓟ ⊠ (♒) AB ⊦245⊦   5769

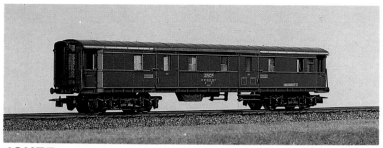

JOUEF

Gepäckwagen der SNCF (Baujahr 1930)

Luggage van of the SNCF (built in 1930)
Fourgon à bagages de la SNCF
(constr. 1930)
II = Ⓟ (♒) ⊦230⊦   5123

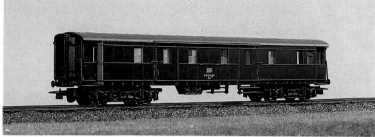

JOUEF

Gepäckwagen der DB (Baujahr 1930)

Luggage van of the DB (built in 1930)
Fourgon à bagages de la DB (constr. 1930)
II = Ⓟ (♒) ⊦230⊦   5770

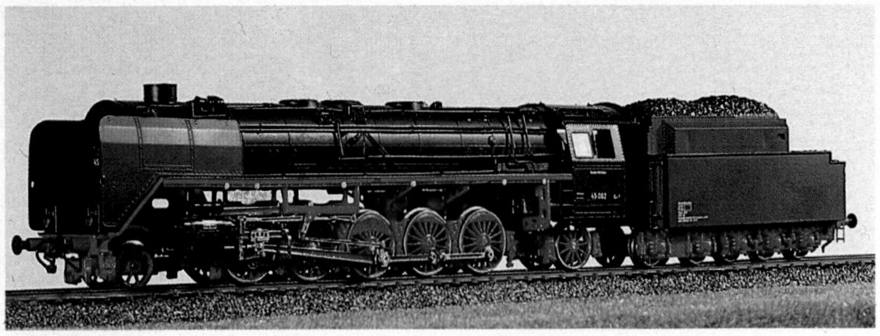

LILIPUT

Schwere Güterzuglokomotive
Reihe 45 002 der ehem. DR

Heavy goods train locomotive
class 45 002 of the former DR
Locomotive à marchandises lourde
série 45 002 de l'ex DR
II = Ⓟ ☼ ✦3✦ ⊣307⊢ 4500

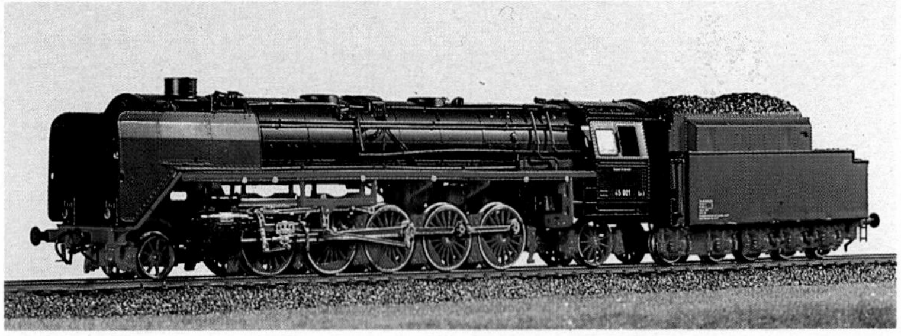

LILIPUT

Schwere Güterzuglokomotive
Reihe 45 001 der DB

Heavy goods train locomotive
class 45 001 of the DB
Locomotive à marchandises lourde
série 45 001 de la DB
II = Ⓟ ☼ ✦3✦ ⊣307⊢ 4503

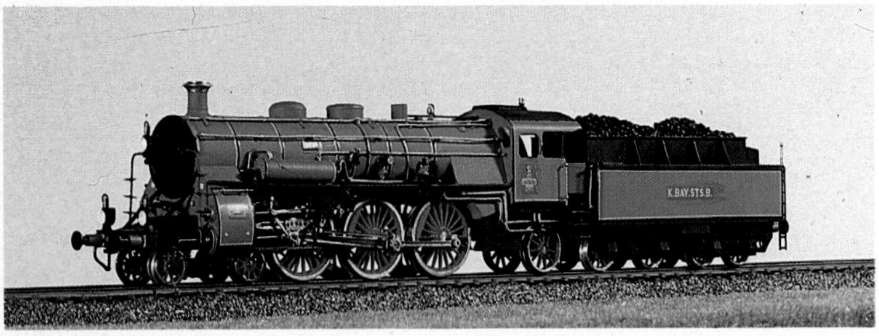

LILIPUT

Schnellzuglokomotive Reihe S 3/6
(BR 18)
Express locomotive class S 3/6 (class 18)

Locomotive de vitesse série S 3/6
(série 18)
II = Ⓟ ☼ ✦3✦ ⊣270⊢
K. bay. Sts. B. 1800
ex DR 1802

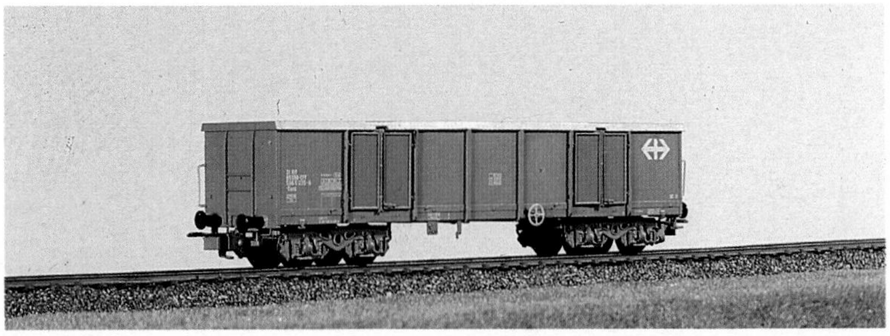

LILIPUT

Hochbordwagen der SBB/CFF

High sided open wagon of the SBB/CFF
Wagon tombereau des SBB/CFF
II = Ⓟ ⊣165⊢ 24450

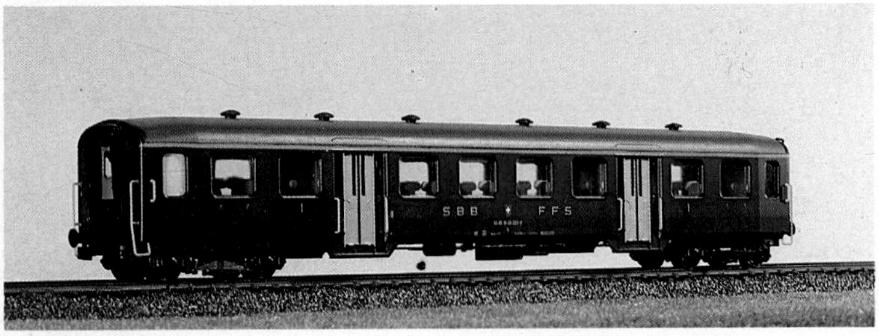

LILIPUT

Leichtstahl-Personenwagen
der SBB/CFF

Light steel passenger coach
of the SBB/CFF
Voiture voyageurs en acier léger
des SBB/CFF
II = Ⓟ ⊠ A ⊣261⊢ 87750

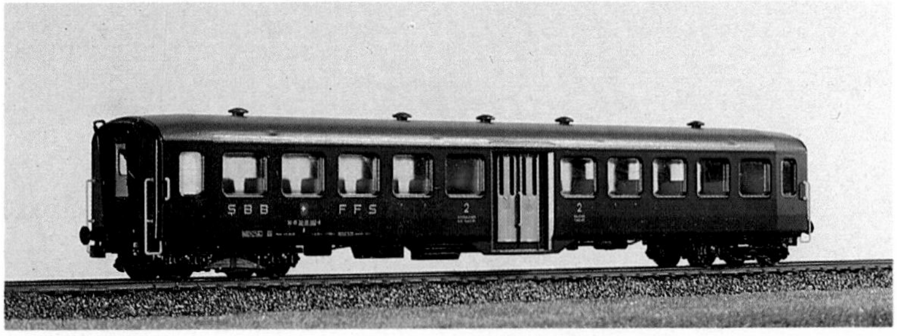

LILIPUT

Leichtstahl-Personenwagen
der SBB/CFF

Light steel passenger coach
of the SBB/CFF
Voiture voyageurs en acier léger
des SBB/CFF
II = Ⓟ ⊠ B ⊣261⊢ 87850

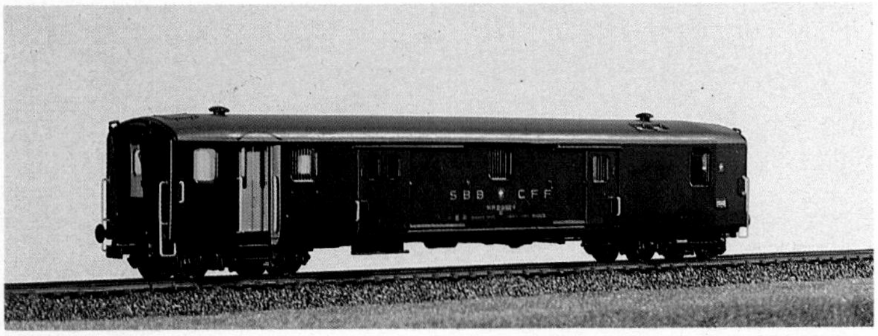

LILIPUT

Leichtstahl-Gepäckwagen der SBB/CFF

Light steel luggage van of the SBB/CFF
Fourgon à bagages en acier léger
des SBB/CFF
II = Ⓟ ⊣234⊢ 87950

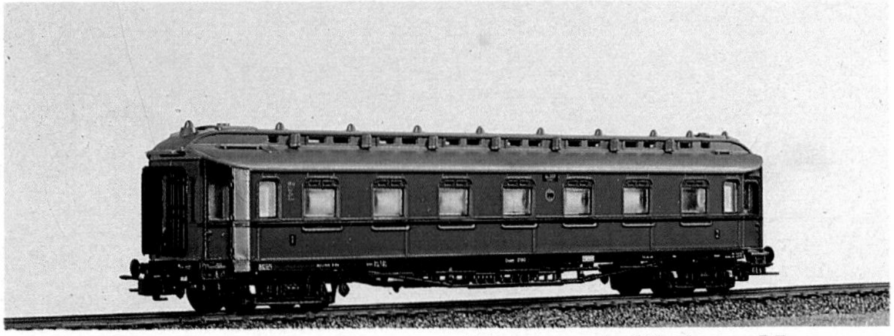

LILIPUT

Schnellzugwagen der ehem. DR

Express coach of the former DR
Voiture grandes lignes de l'ex DR
II = Ⓟ AB ⊣224⊢ 29502

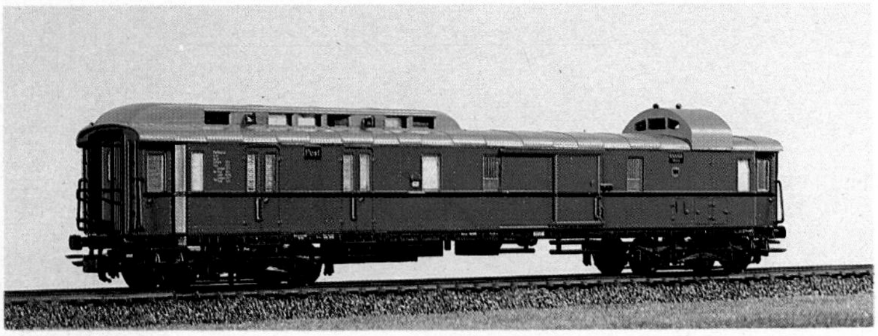

LILIPUT

Postpackwagen der ehem. DR

Mail luggage van of the former DR
Fourgon postal à bagages de l'ex DR
II = Ⓟ ⊣254⊢ 29202

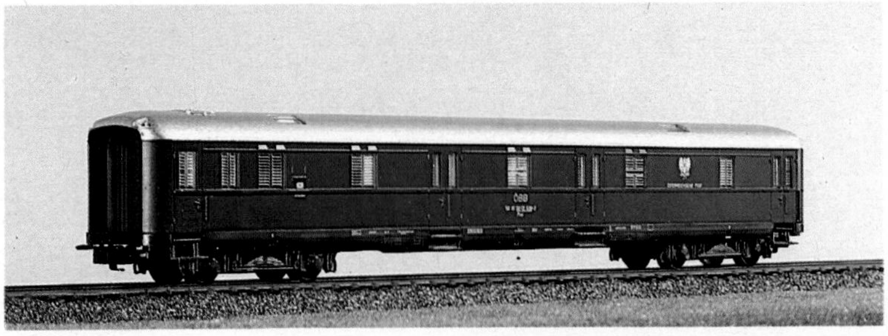

LILIPUT

Postpackwagen der ÖBB

Mail luggage van of the ÖBB
Fourgon postal à bagages des ÖBB
II = Ⓟ (☼) ⊣257⊢ 83810

LILIPUT U.K.

Getreidetransportwagen der BRT
Bulk grain wagon of the BRT
Wagon transport de céréales de la BRT

II = Ⓟ ⊦112⊦

Johnnie Walker	1380
Haig	1381
VAT 69	1383
King George IV	1384
Dewars	1385

LILIPUT U.K.

Getreidetransportwagen der BRT
Bulk grain wagon of the BRT
Wagon transport de céréales de la BRT

II = Ⓟ ⊦112⊦

Maltsters Association	1389
Crawfords	1386
White Horse Whisky	1387
Jamie Stuart	1388
Abbots Choice	1390

LIMA

Tenderlokomotive BR 80 der DB
Tank locomotive class 80 of the DB
Locomotive-tender série 80 de la DB

II = Ⓟ ⊕ ✦3✦ ⊦105⊦   1700/L

Gepäckwagen der DB
Luggage van of the DB
Fourgon à bagages de la DB

II = Ⓟ ⊦149⊦   9309

LIMA

Mehrzweck-Diesellokomotive BR V 80
der DB

Multi-purpose Diesel locomotive
class V 80 of the DB
Locomotive Diesel mixte série 80
de la DB

II = Ⓟ ⊕ ✦2✦ ⊦147⊦   1626/L

Nahverkehrs-Steuerwagen für Wendezüge der DB
Suburban control trailer for reversing
trains of the DB
Voiture-pilote de banlieue pour trains
reversibles

II = Ⓟ ⊠ B ⊦255⊦   9155

LIMA

Dieselelektrische Lokomotive BR VI88
der ehem. DR

Diesel electric locomotive class VI88
of the former DR
Locomotive Diesel électrique série VI88
de l'ex DR

II = Ⓟ ⊕ ✦2✦ ⊦250⊦   8116

Truppentransporter
Troop carrier
Voiture à troupes   9197
Eisenbahngeschütz
Railway gun
Canon ferroviaire   3500

Gedeckter Güterwagen
Covered wagon
Wagon couvert   3508
Offener Güterwagen
Open wagon
Wagon découvert   3504

LIMA

Schnelltriebwagen „Transalpin" der ÖBB
High-speed rail motor train
"Transalpin" of the ÖBB
Train automoteur de vitesse
«Transalpin» des ÖBB

Motorwagen/engine/motrice
II = Ⓟ ⊕ ✦2✦ ⊦192⊦   1070/L
Beiwagen/trailer/remorque
II = Ⓟ ⊠ B ⊦268⊦   1071

Speisewagen/dining-car/
voiture-restaurant
II = Ⓟ ⊠ B ⊦268⊦   1073
Schlußwagen/rear trailer/
remorque de queue
II = Ⓟ ⊠ A ⊦270⊦   1072

LIMA

II = P ◆3◆ |145|

BR 5110/M
GWR 5111/M

Tenderlokomotive Prairie Reihe 45xx
Tank locomotive Prairie class 45xx
Locomotive-tender Prairie série 45xx

LIMA

II = P ◆3◆ |200| 1707/MW

Dampflokomotive Fowler der CIE
Steam locomotive Fowler of the CIE
Locomotive à vapeur Fowler de la CIE

LIMA

II = P ♈◆2◆ |110|

SNCF 1658/L
FS Italia 1659/L

Diesel-Rangierlokomotive MDT
Diesel switching locomotive MDT
Locomotive Diesel de manœuvre MDT

LIMA

II = P ◆3◆ |116|

BR grün/green/verte 5108/M
BR blau/blue/bleue 5107/M
LMS 5109/M

Dieselelektrische Rangierlokomotive
Diesel electric shunting locomotive
Locomotive Diesel électrique de
manœuvre

LIMA

Australian Diesel locomotive class 930
of the V & SAR
Locomotive Diesel d'Australie série 930
de la V & SAR

Australische Diesellokomotive Reihe 930
der V & SAR

II = P ♈◆2◆ |205| 8041/L

LIMA

II = P ⊠ ♈◆2◆ |258| 8039/L

Speichertriebwagen BR 515 der DB
Accumulator railcar class 515 of the DB
Autorail à accumulateurs série 515
de la DB

Beiwagen BR 815
Trailer class 815
Remorque série 815

II = P ⊠ |258| 9195

LIMA

II = P |190| 9043

Hochbordwagen der DB
High sided open wagon of the DB
Wagon tombereau de la DB

LIMA

II = P |121| 3520

Hochbordwagen der SAR/SAS
High sided open wagon of the SAR/SAS
Wagon tombereau des SAR/SAS

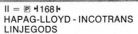

LIMA

II = P |168|

HAPAG-LLOYD - INCOTRANS 2850
LINJEGODS 2851

Containerwagen der DB
Container wagon of the DB
Wagon à containers de la DB

LIMA

II = P ⊠ |268| 9245

Speisewagen der SBB/CFF
Dining-car of the SBB/CFF
Voiture-restaurant des SBB/CFF

LIMA

Abteilwagen TEE „Rheingold" der DB

Compartment coach TEE "Rheingold"
of the DB
Voiture à compartiments TEE
«Rheingold» de la DB
II = Ⓟ ⊠ A ⱶ268ⱶ   9180

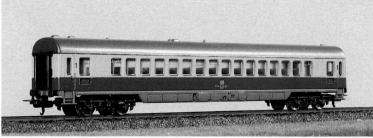

LIMA

Großraumwagen TEE „Rheingold" der DB

Saloon coach TEE "Rheingold" of the DB
Voiture-salon TEE «Rheingold» de la DB
II = Ⓟ ⊠ A ⱶ268ⱶ   9181

LIMA

Speisewagen TEE „Rheingold"
der DB/DSG

Dining-car TEE „Rheingold"
of the DB/DSG
Voiture-restaurant TEE «Rheingold»
de la DB/DSG
II = Ⓟ ⊠ ⱶ268ⱶ   9182

LIMA

Aussichtswagen TEE „Rheingold" der DB

Vista dome car TEE "Rheingold" of the DB
Voiture panoramique TEE «Rheingold»
de la DB
II = Ⓟ ⊠ A ⱶ268ⱶ   9183

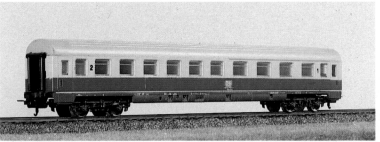

LIMA

Schnellzugwagen Eurofima der DB

Express coach Eurofima of the DB
Voiture grandes lignes Eurofima de la DB
II = Ⓟ ⊠ AB ⱶ268ⱶ   9330

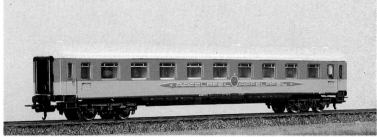

LIMA

Abteilwagen „Apfelpfeil"

Compartment coach "Apfelpfeil"
Voiture à compartiments «Apfelpfeil»
II = Ⓟ ⊠ ⱶ268ⱶ   9184

LIMA

Großraumwagen „Apfelpfeil"

Saloon coach "Apfelpfeil"
Voiture-salon «Apfelpfeil»
II = Ⓟ ⊠ ⱶ268ⱶ   9185

LIMA

Abteilwagen „Apfelpfeil"

Compartment coach "Apfelpfeil"
Voiture à compartiments «Apfelpfeil»
II = Ⓟ ⊠ ⱶ268ⱶ   9187

LIMA

Speisewagen „Apfelpfeil"

Dining-car "Apfelpfeil"
Voiture-restaurant «Apfelpfeil«
II = Ⓟ ⊠ ⱶ268ⱶ   9188

LIMA

Aussichtswagen „Apfelpfeil"

Vista dome car "Apfelpfeil"
Voiture panoramique «Apfelpfeil»
II = Ⓟ ⊠ ⱶ268ⱶ   9186

MÄRKLIN

Dieselelektrischer Triebwagenzug der Ontario Northland aus Motorwagen, zwei Mittelwagen und Steuerwagen (limitierte Auflage: 5000 Stück)

Diesel electric rail motor train of the Ontario Northland, an engine, two intermediate trailers, and a control trailer (limited run: 5000 pieces)

Train automoteur Diesel électrique de la Ontario Northland, une motrice, deux remorques intermédiaires et une remorque-pilote (série limitée: 5000 exemplaires)

⊞ ≈ Ⓟ ⊠ ♀ ✦3✦ ⊬1935⊢   3150

MÄRKLIN

Güterzuglokomotive BR 41 der DB
Goods train locomotive class 41 of the DB

Locomotive à marchandises série 41 de la DB

⊞ ≈ Ⓟ ♀ ✦4✦ ⊬275⊢   3082
HAMO
⊞ = Ⓟ ♀ ✦4✦ ⊬275⊢   8382

MÄRKLIN

Personenzuglokomotive Reihe 64 der SNCB/NMBS

Passenger train locomotive class 64 of the SNCB/NMBS
Locomotive à voyageurs série 64 de la SNCB/NMBS

⊞ ≈ Ⓩ ♀ ✦3✦ ⊬218⊢   3086

MÄRKLIN

Express locomotive class 104 of the DB
Locomotive de vitesse série 104 de la DB

Schnellzuglokomotive Reihe 104 der DB

⊞ ≈ Ⓟ ♀ ✦3✦ ⊬178⊢   3049

MÄRKLIN

Well wagon of the DB with transformer
Wagon à plateforme surbaissée de la DB avec transformateur

Tiefladewagen der DB mit Transformator   ⊞ ≈ Ⓩ ⊬250⊢   4617

MÄRKLIN

Niederbordwagen der DB
Low sided open wagon of the DB
Wagon à bords bas de la DB

⊞ ≈ Ⓟ ⊬160⊢
beladen/loaded/chargé   4474
leer/empty/vide   4473

MÄRKLIN

Niederbordwagen der DB mit Plane
Low sided wagon of the DB with tilt
Wagon à bords bas de la DB avec bâche

⊞ ≈ Ⓟ ⊬160⊢   4475

MÄRKLIN

Automobile transporter of the DB with new cars
Wagon transport d'automobile de la DB avec nouvelles voitures

Autotransportwagen der DB mit neuen Autos   ⊞ ≈ Ⓟ ⊬115⊢   4613

MÄRKLIN

Refrigerator wagon "König Pilsener" of the DB
Wagon réfrigérant «König Pilsener» de la DB

Kühlwagen „König Pilsener" der DB   ⊞ ≈ Ⓟ ⊬114⊢   4418

MÄRKLIN

Kesselwagen „Texaco" der DB
Tank wagon "Texaco" of the DB
Wagon-citerne «Texaco» de la DB
H ≈ P ⊣164⊢   4652

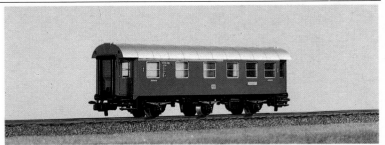

MÄRKLIN

Nahverkehrswagen der DB
Suburban coach of the DB
Voiture de banlieue de la DB
H ≈ P (♀) AB ⊣152⊢   4067

MÄRKLIN

Schnellzugwagen der ehem. DR
Express coach of the former DR
Voiture grandes lignes de l'ex DR
H ≈ P ⊠ (♀) C ⊣250⊢   4141

MÄRKLIN

Schnellzug-Gepäckwagen der ehem. DR
Express luggage van of the former DR
Fourgon grandes lignes de l'ex DR
H ≈ P (♀) ⊣226⊢   4142

MÄRKLIN

Schnellzugwagen der DB
Express coach of the DB
Voiture grandes lignes de la DB
H ≈ P ⊠ (♀) B ⊣250⊢   4139

MÄRKLIN

Schnellzug-Gepäckwagen der DB
Express luggage van of the DB
Fourgon grandes lignes de la DB
H ≈ P (♀) ⊣226⊢   4140

MÄRKLIN

Schnellzugwagen der K. bay. Sts. B.
Express coach of the K. bay. Sts. B.
Voiture grandes lignes de la K. bay. Sts. B.
H ≈ P ⊠ (♀) ⊣220⊢   4135

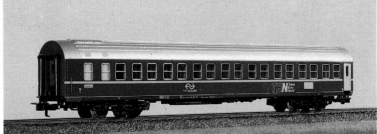

MÄRKLIN

Schnellzug-Schlafwagen
Trans Euro Nacht der NS

Express sleeping car Trans Euro Night
of the NS
Voiture-lits grandes lignes
Trans Euro Nuit des NS
H ≈ P ⊠ (♀) AB ⊣270⊢   4151

MAINLINE

Dieselelektrische Mehrzwecklokomotive
Reihe 45 der BR

Diesel electric multi-purpose locomotive
class 45 of the BR
Locomotive Diesel électrique mixte
série 45 des BR
II = P ⊹2⊹ ⊣272⊢   37050

MAINLINE

Bremswagen der BR
Brake-van of the BR
Wagon-frein des BR
II = P ⊣110⊢

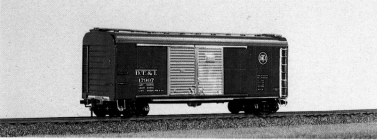

MENZIES

✉

G.F. Menzies Co.
P.O. Box 153
USA Silverton, Oreg. 97381

Gedeckter Güterwagen 40'
40' box car
Wagon couvert de 40'
II = F ⊦145⊦ K
Florida East Coast 4221
Louisville & Nashville 4222

MENZIES

Gedeckter Güterwagen 40'
40' box car
Wagon couvert de 40'

II = F ⊦145⊦ K
Detroit, Toledo & Irontown 1322
Northern Pacific 1320
Norfolk & Western 1321
Pennsylvania RR. 1323
Seaboard Air Line 1324

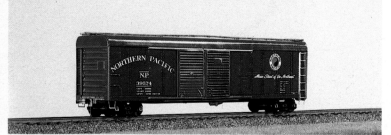

MENZIES

Gedeckter Güterwagen 50'
50' box car
Wagon couvert de 50'

II = F ⊦180⊦ K
Northern Pacific 1330
Norfolk & Western 1331
Detroit, Toledo & Irontown 1332
Pennsylvania RR. 1333
Seaboard Air Line 1334

MERKER & FISCHER

Umbausatz Turbinentender für
Märklin-Lokomotive BR 38 der ehem. DR

Alteration set turbine tender for
Märklin locomotive class 38 of the
former DR
Garniture de tender à turbine pour
locomotive Märklin série 38 de l'ex DR
M K 030

MERKER & FISCHER

Güterzuglokomotive BR 42⁹⁰
Franco-Crosti der DB

Goods train locomotive class 42⁹⁰
Franco-Crosti of the DB
Locomotive à marchandises série 42⁹⁰
Franco-Crosti de la DB
II = M +5+ ⊦264⊦ 02601

MERKER & FISCHER

Umbausatz BR 053 der DB für
Märklin-Lokomotive BR 050

Alteration set class 053 of the DB
for Märklin locomotive class 050
Garniture série 053 de la DB pour
locomotive Märklin série 050
M K 07810

MERKER & FISCHER

Gepäcktriebwagen der Lokalbahn
München
Motor luggage van of Munich
Fourgon automoteur de Munich

II = P +2+ ⊦91⊦ 21370
II = P +2+ ⊦91⊦ K 213
⊟ ≈ P +2+ ⊦91⊦ 21376
⊟ ≈ P +2+ ⊦91⊦ K 21301

MERKER & FISCHER

Klein-Turmtriebwagen der DB
Small tower railcar of the DB
Petit autorail à plateforme mobile de
la DB

II = P ⊦80⊦ K 214
Antrieb/drive/entraînement
+2+ 9624

METROPOLITAN

Schnellzuglokomotive Reihe IV h der
Badischen Staatsbahn

Express locomotive class IV h of Baden
Locomotive de vitesse série IV h
du Chemin de Fer Badois
II = M +3+ ⊦267⊦ 200 B

METROPOLITAN

Schnellzuglokomotive Reihe 232 U
der SNCF

Express locomotive class 232 U
of the SNCF
Locomotive de vitesse série 232 U
de la SNCF
II = M +3+ ⊦295⊦ 512

METROPOLITAN

Oldtimer-Drehstromlokomotive
Old time three-phase locomotive
Locomotive ancienne triphasé

II = Ⓜ ✦2✦ ⊣90⊢

METROPOLITAN

Schweizer Lokomotive Ce 4/4 „Marianne"
Swiss locomotive Ce 4/4 "Marianne"
Locomotive suisse Ce 4/4 «Marianne»

II = Ⓜ ✦4✦ ⊣115⊢   726 B

METROPOLITAN

Schweizer Lokomotive Ce 4/4 „Eva"
Swiss locomotive Ce 4/4 "Eva"
Locomotive suisse Ce 4/4 «Eva»

II = Ⓜ ✦4✦ ⊣115⊢   726 A

METROPOLITAN

Kleinlokomotive Te der SBB/CFF
Rail tractor Te of the SBB/CFF
Locotracteur Te des SBB/CFF

II = Ⓜ ✦2✦ ⊣80⊢   738

METROPOLITAN

Kleinlokomotive Tem 2/2 der BLS
Rail tractor Tem 2/2 of the BLS
Locotracteur Tem 2/2 de la BLS

II = Ⓜ ✦2✦ ⊣80⊢   706 B

METROPOLITAN

Kleinlokomotive Tem 2/2 der BLS
Rail tractor Tem. 2/2 of the BLS
Locotracteur Tem 2/2 de la BLS

II = Ⓜ ✦2✦ ⊣80⊢   706 D

METROPOLITAN

Mehrzwecklokomotive Reihe Be 5/7
der BLS

Multi-purpose locomotive class Be 5/7
of the BLS
Locomotive tous services série Be 5/7
de la BLS

II = Ⓜ ✦5✦ ⊣185⊢   701

METROPOLITAN

Schwere Berglokomotive Reihe Ae 8/8
der BLS
Heavy mountain locomotive class Ae 8/8
of the BLS

Locomotive lourde de montagne
série Ae 8/8 de la BLS

II = Ⓜ ✦8✦ ⊣356⊢   704

METROPOLITAN

Drehstromlokomotive E 554 der FS
Three-phase locomotive E 554 of the FS
Locomotive triphasé E 554 des FS

II = Ⓜ ✦5✦ ⊣125⊢   300

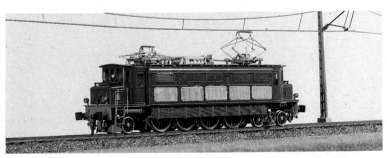

METROPOLITAN

Schnellzuglokomótive Reihe Ae 4/7
der SBB/CFF

Express locomotive class Ae 4/7
of the SBB/CFF
Locomotive de vitesse série Ae 4/7
des SBB/CFF

II = Ⓜ ✦4✦ ⊣200⊢   711

METROPOLITAN

Gepäcktriebwagen Reihe De 4/4 der
SBB/CFF

Motor luggage van class De 4/4
of the SBB/CFF
Fourgon automoteur série De 4/4
des SBB/CFF

II = Ⓜ ✦4✦ ⊣175⊢   730

METROPOLITAN

Gepäcktriebwagen Reihe De 4/4 der
VBW (Schweiz)

Motor luggage van class De 4/4 of the
VBW (Switzerland)
Fourgon automoteur série De 4/4
de la VBW (Suisse)

II = Ⓜ ✦4✦ ⊣175⊢

METROPOLITAN

Modernisierter Gepäcktriebwagen
Reihe De 4/4 der SBB/CFF

Modernized motor luggage van
class De 4/4 of the SBB/CFF
Fourgon automoteur modernisé
série De 4/4 des SBB/CFF

II = Ⓜ ✦4✦ ⊣175⊢

Vierstrom-Triebwagenzug Reihe RAe TEE „Cisalpin" der SBB/CFF aus Motorwagen, zwei Steuerwagen, zwei Salonwagen und einem Speisewagen (für Radien über 600 mm)

Four-current rail motor train class RAe TEE "Cisalpin" of the SBB/CFF consisting of an engine, two control trailers, two saloon trailers, and a dining-trailer (intended for a radius greater than 600 mm)

Train automoteur quadricourant série RAe TEE «Cisalpin» des SBB/CFF composé d'une motrice, deux remorques-pilotes, deux voitures-salons et une voiture-restaurant (destiné aux rayons de plus de 600 mm)

II = Ⓜ ⊠ ⚥ ✦2✦ A ⊬1750⊦   7200

ᴛᴇᴇ

METROPOLITAN

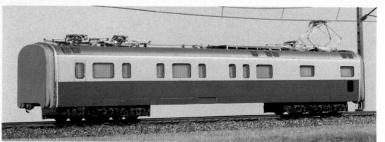

METROPOLITAN

TEE-Schnellzuglokomotive Reihe Re 4/4' der SBB/CFF

TEE express locomotive class Re 4/4' of the SBB/CFF
Locomotive TEE de grande vitesse série Re 4/4' des SBB/CFF

II = Ⓜ ✦4✦ ⊬175⊦   725

METROPOLITAN

Automobile transporter of the BLS
Wagon transport d'automobiles de la BLS

Autotransportwagen der BLS

II = Ⓜ ⊬162⊦   6101

METROPOLITAN

Reisezugwagen der SBB/CFF (verwittert)
Passenger coach of the SBB/CFF (weathered)
Voiture voyageurs des SBB/CFF (salie)

RIC		
II = Ⓟ ⊠ ⚥ C ⊬245⊦		[7000]
Ⴙ ≈ Ⓟ ⊠ ⚥ C ⊬245⊦		[7001]
UIC		
II = Ⓟ ⊠ ⚥ B ⊬245⊦		[7090]
Ⴙ ≈ Ⓟ ⊠ ⚥ B ⊬245⊦		[7091]

METROPOLITAN

Reisezugwagen der SBB/CFF (verwittert)
Passenger coach of the SBB/CFF (weathered)
Voiture voyageurs des SBB/CFF (salie)

RIC		
II = Ⓟ ⊠ ⚥ ABC ⊬245⊦		[7000]
Ⴙ ≈ Ⓟ ⊠ ⚥ ABC ⊬245⊦		[7001]
UIC		
II = Ⓟ ⊠ ⚥ AB ⊬245⊦		[7090]
Ⴙ ≈ Ⓟ ⊠ ⚥ AB ⊬245⊦		[7091]

METROPOLITAN

Reisezugwagen der SBB/CFF (verwittert)
Passenger coach of the SBB/CFF (weathered)
Voiture voyageurs des SBB/CFF (salie)

UIC		
II = Ⓟ ⊠ ⚥ A ⊬245⊦		[7090]
Ⴙ ≈ Ⓟ ⊠ ⚥ A ⊬245⊦		[7091]
RIC		
II = Ⓟ ⊠ ⚥ A ⊬245⊦		[7000]
Ⴙ ≈ Ⓟ ⊠ ⚥ A ⊬245⊦		[7001]

METROPOLITAN

Gepäckwagen der SBB/CFF (verwittert)
Luggage van of the SBB/CFF (weathered)
Fourgon à bagages des SBB/CFF (sali)

RIC		
II = Ⓟ ⊠ ⚥ ⊬235⊦		[7000]
Ⴙ ≈ Ⓟ ⊠ ⚥ ⊬235⊦		[7001]
UIC		
II = Ⓟ ⊠ ⚥ ⊬235⊦		[7090]
Ⴙ ≈ Ⓟ ⊠ ⚥ ⊬235⊦		[7091]

MODEL POWER

Kühlwagen 40' mit Werbeaufschrift
40' billboard reefer car
Wagon réfrigérant de 40' avec publicité

II = ℗ ⊣145⊢	
Chiclets	9017
Dentyne	9016
Trident	9018

MODEL POWER

Kesselwagen
Tank car
Wagon-citerne

II = ℗ ⊣180⊢	
Tank Train	9084
Hershley's	9083
Mobil	9085

RIVAROSSI

Gelenk-Tenderlokomotive Heisler der
Lehigh Coal & Navigation Co.

Articulated tank locomotive Heisler
of the Lehigh Coal & Navigation Co.
Locomotive-tender articulée Heisler
de la Lehigh Coal & Navigation Co.
II = ℗ ♈ ♦4♦ ⊣165⊢   1219

RIVAROSSI

Schnellzuglokomotive Reihe S 685
der FS

Express locomotive class S 685
of the FS
Locomotive de vitesse série S 685
des FS
II = ℗ ♈ ♦3♦ ⊣260⊢   1135
Photo: Rivarossi

RIVAROSSI

Schnellzuglokomotive Reihe 680 der FS

Express locomotive class 680 of the FS
Locomotive de vitesse série 680 des FS
II = ℗ ♈ ♦3♦ ⊣260⊢ **Ⓚ**   11136
Photo: Rivarossi

RIVAROSSI

Mehrzwecklokomotive Reihe 741
Franco-Crosti der FS

Multi-purpose locomotive class 741
Franco-Crosti of the FS
Locomotive tous services série 741
Franco-Crosti des FS
II = ℗ ♈ ♦4♦ ⊣250⊢   1142
Photo: Rivarossi

RIVAROSSI

Personenzuglokomotive Reihe 691
der FS

Passenger train locomotive class 691
of the FS
Locomotive à voyageurs série 691
des FS
II = ℗ ♈ ♦4♦ ⊣280⊢   1134
Photo: Rivarossi

RIVAROSSI

Schnellzuglokomotive Pacific der
Central RR. of New Jersey

Express locomotive Pacific of the
Central RR. of New Jersey
Locomotive de vitesse Pacific de la
Central RR. of New Jersey
II = ℗ ♈ ♦3♦ ⊣330⊢   1256
Photo: Rivarossi

RIVAROSSI

Mehrzwecklokomotive Hudson der
Chesapeake & Ohio

Multi-purpose locomotive Hudson of the
Chesapeake & Ohio
Locomotive tous services Hudson de la
Chesapeake & Ohio
II = ℗ ♈ ♦3♦ ⊣345⊢   1279
Photo: Rivarossi

RIVAROSSI

Gelenk-Güterzuglokomotive USRA ED-5
der Baltimore & Ohio

Articulated freight train locomotive
USRA ED-5 of the Baltimore & Ohio
Locomotive à marchandises articulée
USRA ED-5 de la Baltimore & Ohio
II = ℗ ♈ ♦8♦ ⊣400⊢   1265
Photo: Rivarossi

RIVAROSSI

Schwere Gelenk-Dampflokomotive
Challenger der Union Pacific in Personen-
zug-Farbgebung
Heavy articulated steam locomotive
Challenger of the Union Pacific in
passenger train livery
Locomotive à vapeur lourde articulée
Challenger de la Union Pacific en
décoration pour trains voyageurs
II = ℙ ⚡ ✦ 6 ✦ ⊣440⊢   1253

Photo: Rivarossi

RIVAROSSI

Stammholz-Transportwagen

Log carrier
Wagon transport de tiges
II = ℙ ⊣90⊢   2349

RIVAROSSI

Flachwagen der FS mit Sattelanhänger

Flat wagon of the FS with semi-trailer
Wagon plat des FS avec un
semi-remorque
II = ℙ ⊣187⊢   2100

Photo: Rivarossi

RIVAROSSI

Moderner Schnellzugwagen der FS

Modern express coach of the FS
Voiture grandes lignes moderne des FS
II = ℙ ⊠ B ⊣300⊢   2575

Photo: Rivarossi

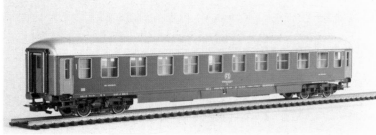

RIVAROSSI

Moderner Schnellzugwagen der FS

Modern express coach of the FS
Voiture grandes lignes moderne des FS
II = ℙ ⊠ A ⊣300⊢   2574

Photo: Rivarossi

RIVAROSSI

Schlafwagen Trans-Euro-Nacht der FS

Sleeping car Trans Euro Night of the FS
Voiture-lits Trans Euro Nuit des FS
II = ℙ ⊠ A ⊣300⊢   2573

Photo: Rivarossi

RIVAROSSI

Personenwagen der Central RR.
of New Jersey

Passenger coach of the Central RR.
of New Jersey
Voiture voyageurs de la Central RR.
of New Jersey
II = ℙ ⊠ ⊣260⊢   2648

Photo: Rivarossi

RIVAROSSI

Komfort-Schlafwagen der Union Pacific

Roomette sleeping car of the
Union Pacific
Voiture-lits grand confort de la
Union Pacific
II = ℙ ⊠ ⊣310⊢   2642

Photo: Rivarossi

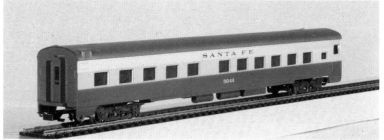

RIVAROSSI

Komfort-Schlafwagen der Santa Fe

Roomette sleeping car of the Santa Fe
Voiture-lits grand confort de la Santa Fe
II = ℙ ⊠ ⊣310⊢   2634

Photo: Rivarossi

ROCO

Goods train locomotive class 1189
"Crocodile" of the ÖBB
Locomotive à marchandises série 1189
«Crocodile» des ÖBB

Güterzuglokomotive BR 1189 „Krokodil"
der ÖBB

II = ℗ ⚡ ✦6✦ ⊦234⊦   4149

ROCO

Heavy express locomotive class Ae 6/6
of the SBB/CFF
Locomotive de vitesse lourde
série Ae 6/6 des SBB/CFF

Schwere Schnellzuglokomotive
Reihe Ae 6/6 der SBB/CFF

II = ℗ ⚡ ✦6✦ ⊦212⊦   4195
II ≈ ℗ ⚡ ✦6✦ ⊦212⊦   14195

ROCO

Covered all-door wagon "Warteck Bier"
of the SBB/CFF
Wagon couvert à parois coulissants
«Warteck Bier» des SBB/CFF

Gedeckter Schiebewandwagen
„Warteck Bier" der SBB/CFF

II = ℗ ⊦170⊦   4340 F

ROCO

Covered all-door wagon "Rivella"
of the SBB/CFF
Wagon à parois coulissants «Rivella»
des SBB/CFF

Gedeckter Schiebewandwagen „Rivella"
der SBB/CFF

II = ℗ ⊦170⊦   4340 G

ROCO

II = ℗ ⊦93⊦
Preussag   4322
DB   4323

Kübelwagen
Bucket wagon
Wagon à augets

ROCO

II = ℗ ⊦108⊦
SNCF - Transcéréales   4327
DB - Heidelberger Zement   4326

Gedeckter Schüttgutwagen
Covered hopper wagon
Wagon-trémie couvert

ROCO

Silowagen der DB
Silo wagon of the DB
Wagon-silos de la DB

II = ℗ ⊦108⊦   4324

ROCO

Silowagen der NS
Silo wagon of the NS
Wagon-silos des NS

II = ℗ ⊦108⊦   4325

ROCO

Refuse wagon of the NS
Wagon transport des immondices
des NS

Müllkippwagen der NS

II = ℗ ⊦172⊦   4368

ROCO

Self discharging ore carrier of the DB
Wagon à déchargement automatique
pour minerai de la DB

Selbstentladewagen für Erz der DB

II = ℗ ⊦170⊦   4370

ROCO

Standard express coach of the SBB/CFF
Voiture grandes lignes unifiée des SBB/CFF

Einheits-Schnellzugwagen der SBB/CFF   II = Ⓟ ⊠ (♔) ⊢285⊢   4238

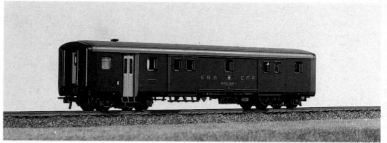

ROCO

Standard express luggage van of the SBB/CFF
Fourgon grandes lignes unifiée des SBB/CFF

Einheits-Schnellzugpackwagen der SBB/CFF   II = Ⓟ ⊢210⊢   4240

SCHMALSPURBÄHNLI

⊠

Leonhard Schwarz
Teisselberg 11
D-4300 Essen 11

Einheitsmesswagen der DB
Standard dynamometer car of the DB
Voiture dynamometre unifiée de la DB

II = Ⓟ ⊠ ⊢304⊢ Ⓚ   5001

TRIX

Schnellzuglokomotive BR 110 der DB
Express locomotive class 110 of the DB
Locomotive de vitesse série 110 de la DB

III = Ⓩ ♔ ÷2÷ ⊢189⊢   532244
II = Ⓩ ♔ ÷2÷ ⊢189⊢   522444

Photo: TRIX

TRIX

TEE-Schnellzuglokomotive BR 112 der DB
TEE express locomotive class 112 of the DB

Locomotive de vitesse série 112 de la DB

III = Ⓩ ♔ ÷2÷ ⊢189⊢   532245
II = Ⓩ ♔ ÷2÷ ⊢189⊢   522445

Photo: TRIX

TRIX

Mehrzwecklokomotive BR 217 der DB
Multi-purpose locomotive class 217 of the DB

Locomotive tous services série 217 de la DB

III = Ⓟ ♔ ÷2÷ ⊢188⊢   532251
II = Ⓟ ♔ ÷2÷ ⊢188⊢   522451

Photo: TRIX

TRIX

Bananenwagen der DB
Banana wagon of the DB
Wagon transport de bananes de la DB

III = Ⓟ ⊢104⊢   533419
II = Ⓟ ⊢104⊢   523619

TRIX

Refrigerator wagon "Härke Pils" of the DB
Wagon réfrigérant «Härke Pils» de la DB

Kühlwagen „Härke Pils" der DB

III = Ⓟ ⊢134⊢   533480
II = Ⓟ ⊢134⊢   523680

TRIX

Selbstentladewagen „Donau-Kies" der DB
Hopper wagon "Donau-Kies" of the DB
Wagon-trémie «Donau-Kies» de la DB

III = Ⓟ ⊢105⊢   533421
II = Ⓟ ⊢105⊢   523621

TRIX

Gesellschaftswagen der DB für Sonderzüge

Party coach of the DB for special trains
Voiture de sociéte de la DB pour trains spéciaux

III = Ⓟ ⊠ (♔) ⊢235⊢   533353

HO
78/79

This international standard work offers a comprehensive survey of all manufacturers of realistic and scale railway models in HO size. All models are represented comparatively and in colour.

This catalogue covering nearly 400 pages fulfils a passionate desire of many model railway friends, collectors, and amateurs. As an objective source of information, it informs about the various manufacturers, their models, their specialities and systems. Moreover, there are instructions about possible conversions. So the International Model Railways Guide HO will in the future become an important reference book for the international specialized dealers. The first edition 1978/79 comes in three languages: German, English and French. More foreign language editions are projected in case of appropriate demand.

The arrangement:
Introduction
Explanation of signs and symbols
Contents
From the toy to the ingenious leisure shaping object
–short historical summary of the model railways development
–significance of the international market
–marketing informations
HO: 87 times smaller than the prototype
–explanations to the scale
–comparison of systems and standards
Manufacturers and their models in HO scale
In this actual main part, the producer firms are listed alphabetical and their models in HO scale are shown and described. After a short introduction of the firm there are some points about specialities and remarks about the system. The models themselves are listed in the chronological sequence of their prototypes, as locomotives, goods wagons, passenger coaches, and narrow-gauge railways. References to the track system, to signals and electric accessories complete each entry.

The considerable producers of interesting accessories are represented with their products in PR-reports. Mostly these are realistic catenaries, signals and technical accessories.

Craftsman kits Tramways
News addenda
The end is made by recent new models introduced at the Nuremberg International Toy Fair for the first time.

International Model Railways Guide

More than 4000 of the world's most beautiful railway models in 1:87 scale. Edition 1978/79

NEW in the world
NEW in colour
NEW NEW NEW NEW NEW NEW NEW NEW NEW NEW NEW NEW

NEW NEW NEW NEW NEW NEW NEW NEW NEW NEW NEW NEW in colour NEW in the world NEW

Publication mode:	First edition in August 1978, following every two years. In 1979, a news addenda volume comes out to be reserved with enclosed post card at the book magazine and toy trade.
Languages:	English, German, French
Circulation:	guaranteed 100 000 copies intended 200 000 copies
Distribution:	book shops, magazine shops, specialized toy dealers
Suggested retail price:	$ 40,–

Size:	22.5 x 30.3 cm
Extent:	about 360 pages
Printing:	offset
Author:	B. Stein
Publishers:	Symposion Verlag, 7300 Esslingen, West Germany
Distribution: North America	Reflections Industries Inc. 133/3031 Williams Rd. Richmond, BC Canada V 7 E 4 G 1

Alterations of the conception reserved

Return to:
Reflections Industries Inc.
133/3031 Williams Road
Richmond, BC Canada V 7 E 4 G 1
Phone (604) 274–5717

or for USA all orders to:
Boynton Associates
Clifton House
Clifton, Virginia 22024
Phone (703) 830–1000

My dealer cannot supply me. Please send me the HO 78/79 Guide. I enclose $ 40,– in check or money order for each book ordered, postpaid.

Name _____

Street _____

City _____ State _____ Zip _____

Nutzen Sie die Chance

und bestellen Sie schon jetzt die nachfolgenden Ausgaben mit den rechts eingebundenen Bestellkarten.

Die HO-Ausgabe des Internationalen Modelleisenbahnkataloges erscheint alle zwei Jahre, die Ausgabe 80/81 also im Frühjahr 1980. Sie enthält das gesamte Weltprogramm an HO-Serienfahrzeugen. Auf über 400 Seiten mehr als 5000 farbige Abbildungen.

Auch für die Nachbestellung der Ausgabe HO 78/79 ist eine Bestellkarte vorgesehen.

Die HO-Ergänzungsausgabe mit den Neuheiten 1979 erscheint im Frühjahr 1979 und bringt neben den Neuheiten des amerikanischen Marktes und denen der Internationalen Spielwarenmesse zu Nürnberg das gesamte Fernost-Programm, das in die Erstausgabe aus Termingründen nicht mehr aufgenommen werden konnte.

Schließlich wird für die Freunde der kleineren Maßstäbe im Frühjahr 1979 auch die erste N-Ausgabe aufgelegt, in der auf rund 280 Seiten das Weltprogramm an Fahrzeugen der Baugrößen TT, N und Z aufgeführt ist.

Beachten Sie bitte, daß die Lieferung über den Buchhandel, Zeitschriftenhandel, Spielwaren- und Modelleisenbahnfachhandel oder über den Verlag erfolgen kann. Bitte vergessen Sie deshalb nicht, neben Ihrer genauen Anschrift auch diese der Firma vollständig auf der Bestellkarte anzugeben, über die Sie die Bücher beziehen wollen.

Take your advantage

of ordering the following editions already now with the order form bound on the right.

The HO edition of the International Model Railways Guide will come out every two years. The 1980/81 edition will be published in spring 1980 containing the whole world programme of HO scale serial models. More than 5000 pictures on over 400 pages.

For repeat-orders of the 1978/79 edition, there is an order form provided, too.

The HO scale supplementary edition with the 1979 news will come out in spring 1979, representing American news and those of the Nuremberg Toy Fair and, moreover, the complete Far-East programme, which could not be taken yet into the first edition for reasons of time.

For the friends of smaller scales, the first N edition will be published in spring 1979, showing the whole world programme of TT, N and Z scale models on about 280 pages.

Please note that delivery can be made through the book, magazine, toy, and model railway trade or through the distributor. Therefore don't forget to give the adress of your specialized dealer besides of yours on the order form.

Profitez de l'occasion

et commandez dès aujourd'hui à l'aide de la carte de commande ci-contre l'édition.

L'édition du guide de chemins de fer modèle réduit d'échelle HO paraîtra tous les deux ans, l'édition 80/81 donc au printemps 1980. Elle comprenda le programme mondial entier en véhicules de séries HO. Sur plus de 400 pages et plus de 5000 photos en couleurs.

De même, une carte de commande est prévue pour la commande supplémentaire de l'édition HO 78/79.

L'édition supplémentaire avec les nouveautés 1979 paraîtra au printemps 1979. Outre les nouveautés du marché américain et celles de la foire internationale de jouets à Nuremberg elle comportera le programme complet de l'extrême orient qui, pour raisons de délai, n'a pas pu être inclus dans la première édition.

Enfin, au printemps 1979 paraîtra aussi la première édition N pour les amis des écartements moins grands. Le programme mondial en véhicules d'échelle TT, N et Z sera présenté sur 280 pages environ.

Veuillez bien noter que la livraison des guides se fait par l'intermédiaire des librairies, des marchands de journaux et de jouets et des commerçants spécialisés de chemins de fer modèle réduit ou par la maison d'edition. N'oubliez donc pas d'indiquer sur la carte de commande en plus de votre adresse complète aussi celle de la firme par l'intermédiaire de laquelle vous désirez recevoir les livres.

Card 1 (top-left):

**Internationaler Modell-Eisenbahn-Katalog
International Model Railways Guide
Guide international des chemins de fer de modèle réduit**

TTNz
79/80

**Mehr als 3000 farbige Abbildungen
More than 3000 models in colour
Plus de 3000 modèles en couleur**

**Reflections Industries, Inc.
133/3031 Williams Road
Richmond, BC V7E 4G1
Canada**

Card 2 (top-right):

**Internationaler Modell-Eisenbahn-Katalog
International Model Railways Guide
Guide international des chemins de fer de modèle réduit**

HO
78/79

**Mehr als 4000 farbige Abbildungen
More than 4000 models in colour
Plus de 4000 modèles en couleur**

**Reflections Industries, Inc.
133/3031 Williams Road
Richmond, BC V7E 4G1
Canada**

Card 3 (bottom-left):

**Internationaler Modell-Eisenbahn-Katalog
International Model Railways Guide
Guide international des chemins de fer de modèle réduit**

HO
80/81

**Mehr als 5000 farbige Abbildungen
More than 5000 models in colour
Plus de 5000 modèles en couleur**

**Reflections Industries, Inc.
133/3031 Williams Road
Richmond, BC V7E 4G1
Canada**

Card 4 (bottom-right):

**Internationaler Modell-Eisenbahn-Katalog
International Model Railways Guide
Guide international des chemins de fer de modèle réduit**

HO
79

**Neuheiten
New items
Nouveautés**

**Reflections Industries, Inc.
133/3031 Williams Road
Richmond, BC V7E 4G1
Canada**

Vorbestellkarte / Advance order form / Demande de reservation

Hiermit bitte ich um Reservierung von . . . Expl. des **Internationalen Modell-Eisenbahn-Katalogs TT-N-Z 79/80.** Bei Erscheinen des Buches (etwa Mai 1979) erhalte ich Informationen über Preise und Lieferung und kann meine Bestellung bestätigen oder widerrufen. Meine Adresse habe ich umseitig eingetragen.

With this I ask for reservation of . . . copies of the **International Model Railways Guide TT-N-Z 79/80.** When the book comes out (around May, 1979) I shall get the informations about price and modes of delivery, and I can verify or cancel my order. My address I entered overleaf.

Par la présente je demande la réservation de . . . expl. du **Guide international des chemins de fer de modèle réduit TT-N-Z 79/80.** Près de la publication du livre (mai 1979 environ), je recevrai des informations du prix et de la livraison. Ensuite je pourrai confirmer ou révoquer ma commande. Mon adresse j'ai inscrit à l'autre côté.

Händler / dealer / marchand

Straße / street / rue

Ort / city / ville

Land / state / pays

Datum / date

Unterschrift / signature

Bestellkarte / Order form / Carte de commande

Hiermit bestelle ich . . . Expl. des **Internationalen Modell-Eisenbahn-Katalogs HO 78/79** zum Preis von $ 40.—. Ich wünsche die Belieferung über
den Verlag*
die Buchhandlung*:
das Spielwarengeschäft*:
das Modellbahn-Fachgeschäft*:

Falls ich direkt beliefert werden möchte, lege ich $ 40.— in bar*/einen Scheck über $ 40.—*/eine Postanweisung über $ 40.—* pro Exemplar bei. Meine Adresse habe ich umseitig eingetragen.

With this I order . . . copies of the **International Model Railways Guide HO 78/79** at the price of $ 40.—. I want delivery to be made by
the publishers*
the book shop*:
the toy shop*:
the specialized model railway shop*:

In case I want to be supplied direct, I enclose $ 40.— in cash*/a cheque of $ 40.—*/a money order of $ 40.—* for each copy ordered. My address I entered overleaf.

Par la présente je commande . . . expl. du **Guide international des chemins de fer de modèle réduit HO 78/79** au prix de $ 40.—. Je désire la livraison par
la maison d'édition*
la librairie*:
le magasin de jouets*:
le magasin spécialisé de chemins de fer modèle réduit*:

En cas je choisis la livraison directe, j'ajoute $ 40.— comptant*/un cheque de $ 40.—*/un mandat de $ 40.—* pour chaque exemplaire commandé. Mon adresse j'ai inscrit à l'autre côté.

Händler / dealer / marchand

Straße / street / rue

Ort / city / ville

Land / state / pays

Datum / date

Unterschrift / signature

* Nichtzutreffendes streichen / delete unapplicable words / rayer ce qui ne convient pas

---

Vorbestellkarte / Advance order form / Demande de reservation

Hiermit bitte ich um Reservierung von . . . Expl. des **Internationalen Modell-Eisenbahn-Katalogs HO 80/81.** Bei Erscheinen des Buches (etwa Mai, 1980) erhalte ich Informationen über Preise und Lieferung und kann meine Bestellung bestätigen oder widerrufen. Meine Adresse habe ich umseitig eingetragen.

With this I ask for reservation of . . . copies of the **International Model Railways Guide HO 80/81.** When the book comes out (around May, 1980) I shall get the informations about price and modes of delivery, and I can verify or cancel my order. My address I entered overleaf.

Par la présente je demande la réservation de . . . expl. du **Guide international des chemins de fer de modèle réduit HO 80/81.** Près de la publication du livre (mai 1980 environ), je recevrai des informations du prix et de la livraison. Ensuite je pourrai confirmer ou révoquer ma commande. Mon adresse j'ai inscrit à l'autre côté.

Händler / dealer / marchand

Straße / street / rue

Ort / city / ville

Land / state / pays

Datum / date

Unterschrift / signature

Bestellkarte / Order form / Carte de commande

Hiermit bestelle ich . . . Expl. des **Neuheiten-Nachtrages HO 79** zum Internationalen Modell-Eisenbahn-Katalog zum Preis von $ 18.—. Ich wünsche die Belieferung über
den Verlag*
die Buchhandlung*:
das Spielwarengeschäft*:
das Modellbahn-Fachgeschäft*:

Falls ich direkt beliefert werden möchte, lege ich $ 18.— in bar*/einen Scheck über $ 18.—*/eine Postanweisung über $ 18.—* pro Exemplar bei. Meine Adresse habe ich umseitig eingetragen.

With this I order . . . copies of the **New Items supplement HO 79** to the International Model Railways Guide at the price of $ 18.—. I want delivery to be made by
the publishers*
the book shop*:
the toy shop*:
the specialized model railway shop*:

In case I want to be supplied direct, I enclose $ 18.— in cash*/a cheque of $ 18.—*/a money order of $ 18.—* for each copy ordered. My address I entered overleaf.

Par la présente je commande . . . expl. de l'**Avenant de Nouveautés HO 79** au Guide international des chemins de fer de modèle réduit au prix de $ 18.—. Je désire la livraison par
la maison d'édition*
la librairie*:
le magasin de jouets*:
le magasin spécialisé de chemins de fer modèle réduit*:

En cas je choisis la livraison directe, j'ajoute $ 18.— comptant*/un cheque de $ 18.—*/un mandat de $ 18.—* pour chaque exemplaire commandé. Mon adresse j'ai inscrit à l'autre côté.

Händler / dealer / marchand

Straße / street / rue

Ort / city / ville

Land / state / pays

Datum / date

Unterschrift / signature

* Nichtzutreffendes streichen / delete unapplicable words / rayer ce qui ne convient pas